国家社会科学基金重大项目『长沙走马楼西汉简的整理与研究』（项目号： 17ZDA181）成果

『古文字与中华文明传承发展工程』项目『长沙走马楼西汉简整理与研究』（G1414）成果

『简牍高质量整理出版工程』项目成果

国家出版基金项目

长沙走马楼西汉简牍研究

国家出版基金项目
NATIONAL PUBLICATION FOUNDATION

陈松长　主编

岳麓書社·长沙

前　言

长沙走马楼西汉简是2003年在长沙市中心走马楼古井中发掘出土的一批汉武帝时期长沙国的官府文书，其数量多达2000多枚，是一批了解西汉中期长沙国官府的行政运作、司法制度和社会日常等方面的重要文献，一直被学界，特别是秦汉史学界所高度关注。

这批简牍自出土以来，长沙市文物考古研究所和长沙简牍博物馆的同仁一直在进行科学的保护和前期的清理工作，并已做了所有简牍的图像数据采集和文字的初步释读工作。2017年，湖南大学简帛文献研究中心与长沙简牍博物馆联手，以“长沙走马楼西汉简的整理与研究”为题申报国家社会科学基金重大项目，获得立项（批准号：17ZDA181），从而开始了长沙走马楼西汉简的全面整理和研究。

为了科学有效地整理这批简牍资料，我们分为五个子课题组，分别由李均明、邬文玲、宋少华、李鄂权和我一起作为子课题负责人展开研究，每个子课题组又分别由湖南大学岳麓书院、湖南师范大学历史文化学院、湘潭大学文学院和长沙简牍博物馆的中青年研究人员（包括我的在读博士）组成，从而形成了一个近20人的研究团队。我们的整理研究采用集中读简、分组整理、集体讨论的方式有序展开，经过近四年11次的集中研读，我们发现，长沙走马楼西汉简的主体内容都是不同的司法案例，于是，我们将已经整理出来的司法案例作为内容的主体，将其分为四卷来编排整理，而不能归类的其他简牍则以原始简号为序，分别附于每卷的案例之后，供大家进一步整理和研究。

随着整理研究的不断深入，课题组成员陆续分别撰写了不少研究论文，且陆续在《考古》《文物》《出土文献》《简帛研究》《简帛》《光明日报》等学术报刊上发表，稍做统计，已刊论文30余篇，此外还有尚未正式发表的论文数篇。这些论文都是以长沙走马楼西汉简为研究对象，分别对这批简牍材料所反映的年代与历法、长沙国的职官制度、司法文书与法律制度、历史地理和文字名物等问题展开的不同程度、不同角度的研究讨论。值此课题结项之际，我们将课题组成员的研究论文汇总成书，既是课题组成员给学界提供的阶段性研究成果，也是我们近五年来整理研究长沙走马楼西汉简的心路历程和总结汇报。

本论文集的编选采用专题研究的形式，将课题组成员所撰写的论文分为绪论和六个专题编排，其章目具体如下：

绪　论　走马楼西汉简牍内容述要

第一章　简牍年代与历法研究

第二章　简牍所见长沙国职官制度与王国治理研究

第三章　简牍所见长沙国司法文书研究

第四章　简牍所见长沙国法律制度研究

第五章　简牍所见长沙国历史地理研究

第六章　简牍所见文字、名物问题研究

每一章中的小节分别由课题组成员撰写的单篇论文组成，基本上是每篇论文一个小节，故每个小节的最后都署有作者名字和论文的原始出处。本次收录仅对原来内容进行了一些修订和体例格式的统一（如每节脚注文献首次出现时注明作者、书名、出版社、年份、页码，再次出现时只保留作者、书名、页码），其余均保持原貌。

论文集的编选工作，最初由李蓉负责论文的搜集和编排，后由唐强制定编辑体例，调整篇目和组织书稿校对，先后参加校对的在读博士有唐强、李蓉、莫红林、谢文奕、谢计康、蔡宜臻、吴棋子薇、杨杉等，可以说，本论文集的编选既是他们对学术的一种贡献，也是他们在攻读博士学位期间难得的一种学术历练。

本书的编辑出版还要特别感谢岳麓书社王文西副社长、文博考古编辑部邱建明主任及编辑的大力支持和精心编辑，没有他们的理解和支持，也许很难确保本论文集的学术质量，在此，我谨代表课题组全体成员向他们表示衷心的感谢！

“长沙走马楼西汉简的整理与研究”课题首席专家　陈松长

2024 年 3 月记于长沙斯是斋

目　录

绪论　走马楼西汉简牍内容述要

2003 年 11 月 6 日至 30 日，长沙市文物考古研究所的考古人员在长沙市走马楼东侧湖南省供销社综合楼工程基地编号为 J8 的古井中发掘出一批重要的汉代简牍，即走马楼西汉简。这是继 1996 年长沙走马楼吴简发现之后的又一次古代简牍的重大考古发现。

走马楼是长沙市五一广场中心地段的一条街名，它因 1996 年出土了数万枚三国吴简而名震世界。此次发掘的 J8 距出土三国吴简的 J22 直线距离仅为 90 米，距走马楼街 80 米。简牍出土于距井口 240 厘米的井底，由于井口狭窄，不便于发掘清理，考古队采取了整段揭取的办法，从井底揭取了连泥带简重 300 多公斤的整块泥土，运回长沙市文物考古研究所进行室内清理。

经过科学的揭剥、清洗和整理，考古工作者在这整段泥块中清理出了有字简牍 2195 个编号①，这批简牍在形制上有如下特征：

1. 其大小尺寸可按竹简和木简的不同大致分为两类：一类是竹简，长 21—56 厘米，宽 0. 7—3. 7 厘米，其中长约 45 厘米、宽 1. 3—1. 6 厘米的两行简至少有 89 枚，保存比较完整的多达 81 枚，故特别珍贵；而长 23 厘米、宽 0. 6—0. 9 厘米的单行简和宽 1. 8—2. 9 厘米的两行乃至多行简残断比较严重，尚无法准确统计其具体的数量。

另一类是木简，长约 23 厘米，宽 1. 4—4. 6 厘米，大致可据其抄写的行数分为单行、双行、三行、四行，共四种形式，其中四行的数量不多，且多有残缺。

2. 这批简牍上所书写的文字行数有单行、两行、三行乃至五行等多种，故我们大致可将这批简牍分为单行简、两行简和多行简三种类型。其中的两行简形制特征明显，竹简中间都有棱脊，使竹简的表面形成左右两个坡面，文字抄写于两个坡面之上，形成较为典型的两行竹简。多行简则可据其所书写的行数和竹木牍的宽度分为三行、四行、五行三种，特别引人关注的是还出现了竹觚，即将一根竹条的表面削成六个平面来书

① 注：后又清理出 444 枚，故最终揭剥清理统计有 2639 个编号。

写文字，其形制与西北汉简中的木觚大同小异，但以竹为觚，这是很罕见的发现之一。

在论述这批简牍的主要内容之前，我们简单归纳一下对这批简牍的时代认知。

早在这批简牍发掘之后的2005年，考古工作者就根据张培瑜、陈久金的《中国先秦史历表》一书，查找与简文对应的历朔，指出："简文记录的四年、五年、六年的历朔，与汉武帝元朔四年、五年、六年的历朔相合。简文记录的七年、八年、九年的历朔亦与汉武帝元狩元年、二年、三年的历朔相合。"① 应该说，这种推断大致不错，经过对简文中所有纪年进行排查和闰朔对比，其具体的时代已相当明确：简中出现的三年纪年可以与汉武帝元朔三年纪年相合，故上限可追至公元前126年。而且这批简中多次出现"定王"，是第一代刘姓长沙王刘发的谥号，由此可知这批简牍肯定是定王之后的遗存，史书记载定王在位的时间是公元前155—前127年，因此，这批简牍的上限不会早于公元前127年。简0109上记有"北平大女南姊占，定王四年产，尽今五年，年廿八"，其中定王四年是公元前152年。这一年北平大女出生，二十八岁时为"今五年"。这个"五年"恰好是第二代刘姓长沙王刘庸即位后的第五年，与这批简上的"五年"纪年内容所对应的时间正好一致，即武帝元朔五年（前124）。简0722上记"帝十五年十月庚申贡・凡五十☑"，这枚简的纪年内容比较特殊。这里的"帝"指的应该是汉武帝，据《中国先秦史历表》，汉武帝十五年为元朔四年（前125），这年十月的朔日为丙申或丁酉，当月确有"庚申"日。这个时间为二代长沙王刘庸继位的第二年。另外，还有简1646记载"曰廷尉□亡当□孝文皇帝后七年十一☑"，这里提到的孝文皇帝，显然是追记的内容。因此，从这批简牍中所见的纪年内容来看，这批简牍是第二代长沙王刘庸在位时的产物，上限可定在公元前126年，下限可定在公元前120年。②

这批产生于公元前126—前120年之间的长沙国官府文书，以不同的文书形式反映了西汉中期汉武帝时代长沙国的方方面面，下面仅就我们的研读所及，对简文的主要内容作些介绍和分析。

一、长沙国的县置新知

长沙国的区划范围曾因时代的不同而多有变化，有关吴姓长沙国和刘姓长沙国的疆域范围，曾有不少学者作过考证，这里我们并不想就长沙国的具体疆域范围进行讨论，而只是就简文中几个值得关注的县邑名来讨论一下其资料的重要性。

《汉书・地理志》："长沙国，户四万三千四百七十，口二十三万五千八百二十五。县十三：临湘，罗，

---

① 长沙简牍博物馆、长沙市文物考古研究所联合发掘组：《2003年长沙走马楼西汉简牍重大考古发现》（宋少华、金平执笔），中国文物研究所编《出土文献研究》第七辑，上海古籍出版社，2005年，第61页。

② 参见李洪财：《走马楼西汉简的断代——兼谈草书的形成时间》，邬文玲、戴卫红主编《简帛研究・二〇一八・秋冬卷》，广西师范大学出版社，2019年，第247页。

连道，益阳，下雋，攸，酃，承阳，湘南，昭陵，荼陵，容陵，安成。”① 但这批简牍文中出现的县名显然不止十三县，粗略统计，就有临湘、临沩、临沅、长赖、昭陵、迁陵、义陵、邑陵、醴陵、长陵、舂陵、棓陵、便、索、攸、充、连道、沅陵、沅阳、酉阳、富阳、辰阳、无阳、门浅等二十多个县邑名，其中好些还可与湖南出土的西汉印章和秦简牍相印证。如1998年在黔阳县黔城镇107号战国楚墓中出土过一枚直径1.8厘米的“沅阳”圆形铜玺②，由于“沅阳”之名不见史籍，故收藏单位一度将其作为战国私玺处理，现在走马楼西汉简中多次出现了“沅阳”这个县治名，如0024号简上还有“沅阳为属”的明确记载，由此可以肯定：“沅阳”不仅在汉武帝时期是长沙国的一个属县，而且在战国时代的黔阳地区早已存在。

再如1954年长沙斩犯山7号西汉墓出土一枚长、宽分别为2.7、2.6厘米的“门浅”滑石印③，由于“门浅”不见于史籍，故最开始也是将其视为私印处理的。后来，在里耶秦简中发现了“门浅”与田官并列使用的简文，故我们曾将其作为官名或官署印处理。现在，走马楼西汉简中多次出现了“门浅”，如：

五年八月丁亥朔丙午沅陵长阳令史青肩行丞事敢告临沅迁陵充沅

阳富阳临湘连道临沩索门浅昭陵姊（秭）归江陵主写劾④　（0107+0095）

简文中的“门浅”与“索”“连道”等并列，显然是一个县治名，由此也说明，这枚“门浅”滑石印乃是门浅县令或县长的官印，由此也可知史书所载的长沙国下属十三县的记载并不全面，我们应该根据新的出土材料来重新认识。

有关县治的记载，在《汉书·地理志》中很多，但有关“邑”的记载则比较简略，如《史记·吕太后本纪第九》记载：

“……今王有七十余城，而公主乃食数城。王诚以一郡上太后，为公主汤沐邑，太后必喜，王必无忧。”《集解》如淳曰：“……百官表列侯所食曰国，皇后、公主所食曰邑，诸侯王女曰公主。”……瓒曰：“天子之女虽食汤沐之邑，不君其民。”⑤

据《集解》所释，皇后、公主所食叫邑，该邑只给皇后、公主生前提供俸禄，但不主管其邑所辖之百姓。但走马楼西汉简中所看到的“定邑”显然不是所谓“汤沐之邑”，而是在长沙定王去世后，参照汉长安城的“陵邑”制度所设置的，但也许是不敢僭越身份的缘故，故并不敢像长安“五陵邑”那样直称为定陵邑，而只是称为“定邑”而已，如：

之佐固衣券今捕得定邑延年里士五□午曰迺十一月

---

① 《汉书》卷二十八《地理志》，中华书局，1962年，第1639页。

② 陈松长：《湖南古代玺印》，上海辞书出版社，2004年，第38页。

③ 陈松长：《湖南古代玺印》，第60页。

④ 简文引自尚在整理中的释文稿本，故不作标点，以下引文同此，不再出注。

⑤ 《史记》卷九《吕太后本纪》，中华书局，1959年，第398页。

中与定邑男子两固与武夺桀侯使者今固有鬼 (0522)

简文中两次出现的“定邑”，史书上没有记载，但长沙王刘发谥号为定王，故此“定邑”肯定是定王去世后所专门设置的陵邑名。

作为陵邑，按照汉王朝的陵邑制度规定，其有成套的建制，如汉初“五陵邑”的建制都是县级规模，且具有政治和军事上的特定功能和作用。这方面，在简文中多有印证：

九年正月丙申朔辛酉铁官长齐守临湘令丞忠敢告定邑主定邑令史

辛与行事长南山长行佐齿皆坐劾监临主守县官钱盗之 (0557)

二月丙寅定园长衾行定邑长事移籍 (0214)

劾夺叶侯使者钱衣都田将及固母皆毄临湘今使狱史后具

狱孽与讯以毕后今已讯以毕后固母毄定邑已孽定邑以 (0279)

从这几条不完整的简文中我们看到，这里不仅有“定邑主”“定邑长”，还有“定邑中大夫”“定邑令史”之类的官职，且临湘令丞还要向“定邑主”报告相关的行政狱案等各种情况。由此可见，“定邑”完全是具有县邑行政职权的一级管理机构，简文中所谓“定邑长”就应该类似于当时的县道之长，只是他的主要职责可能是建设陵邑和管理陵邑内百姓的日常庶务而已。

二、长沙国的职官新名

有关定邑职官设置和运行体制的解读是很有意思的研究个案，而这批简牍中所出现的一些新见职官名称也很值得注意。如“狱史”本是秦汉文献中一个很常见的职官名，但在走马楼西汉简中居然还有不同的“狱史”，例如：

三年七月乙丑具狱史钉爰书…… (0399)

三年七月丁卯具狱［史］钉爰书…… (0406)

三年七月乙酉具狱=史钉爰书…… (0633)

这三条简文所记的是同一个人，但其官名的表述则有些差异，前两枚都是“具狱史钉”，“钉”是人名，那“具狱史”就应该是其官名，但此官名并不见于史书，这该怎么解释呢？

我们在第三条简文中发现，在“狱”字下有一个重文符号，这种重文表述，在《里耶秦简（壹）》8-133中也出现过：

廿七年八月甲戌朔壬辰酉阳具狱狱史启敢□☑①

这也就告诉我们，所谓的“具狱史”其实就是“具狱狱史”的省称而已。无独有偶，在这批简中我们还看到了这样的表述：

三年六月乙丑具狱昭陵狱史削爰书……　(0133)

简文在“具狱”和“狱史”之间还插入了一个县名“昭陵”，但其简文的意思并没什么变化，意思还是昭陵具狱狱史，只是简文将“狱史”的修饰词作了错位处理而已。因此，所谓的“具狱史”也就是“具狱狱史”，“具狱”应该是“狱史”限定修饰语，也就是说，这位狱史可能是专门负责备文定案的狱史。如果这解释大致不误的话，那么，汉代的狱史可能并不是一个单一的官职名，它很可能是一群负责狱案审理官吏的专称。

此外，简文中除了“具狱狱史”之外，还有“守狱史”：

五年九月丙辰朔丁卯守狱史它爰书……　(0041)

五年七月辛巳守狱史胡人爰书……　(0008)

“守狱史”也是比较少见的“狱史”名，这里的“守”当与秦汉简牍中所常见的“守丞”的“守”一个意思，即摄职代理的意思，所谓的“守狱史”，也就是代理狱史。

此外，诸如“监田守”、“庙厨啬夫”、“扩门佐”、“将田”② 等之类的新见职官名，都是汉代县乡职官制度研究的新资料，值得关注。

三、长沙国的狱案爰书

讼案审论是汉代郡县官吏较为日常的一项繁复工作，因此，在出土的汉代官府文书中，这类司法案例很多，如张家山汉简中的《奏谳书》就是比较典型的代表。走马楼西汉简中也有许多司法案例，或者说，简文绝大部分都是这类司法案例，但其呈现方式并不是“奏谳书”，而多以“爰书”的形式，详细地记录了案件发生、告劾、讯问和论决的全部过程，简文的起首且多以“爰书”作为专门语词来概指所辩告、讯问、论决的简文内容，如：

五年九月辛酉狱史巴人爰书案相府狱属临湘赎罪以下即移……　(0002)

三年七月乙丑具狱史钉爰书召信讯先以证律辩告信乃以劾……　(0399)

---

① 陈伟主编：《里耶秦简牍校释》（第一卷），武汉大学出版社，2012 年，第 70 页。

② 有关“将田”的解释，详见陈松长、刘国庆：《走马楼西汉简中的“将田”小考》，李学勤主编《出土文献》第十四辑，中西书局，2019 年，第 314—318 页。

简文中的“巴人”是“狱史”的名字，“钉”是“具狱史”的名字，所谓“爰书”乃是秦汉时期记录囚犯供词的一种司法文书，这两份爰书就是由狱史提交的案例审讯材料。尽管目前这些爰书尚未全部完成编联和解读，但我们可以根据其爰书所记录的讯问对象和事件大致判断，这批简中至少有11个案例。其中保存相对完整，也最有代表性的一份爰书是“无阳雎夷乡啬夫襄人收賨案”，其内容是“无阳雎夷乡啬夫襄人”为收缴“府调无阳四年賨（蛮人所交的赋税）”，令他手下一位身份为士伍、名字叫“搞”的翻译去为他收取賨钱而出现纠纷的案件，这个案例牵涉人物最多，除了“啬夫襄人”、士伍“搞”之外，还有“具狱亭长庚”“守狱史胡人”“守狱史巴人”“定”“强秦”“麐”“仆”“吸”“工期”“于铁”“容”“方风”“周”等十多人，而其所交賨钱的数量计算和抵偿方式也非常复杂，故其讯词、供词反复出现，这也给汉代爰书的解读提供了崭新的研究资料，它比较具体生动地反映了汉武帝时期长沙国所用司法文书的原始面貌，很值得研究。

据史书记载，汉初实行休养生息政策，鼓励农桑，进行了一次大的司法改革，废除了秦时伤残肢体的肉刑。长沙走马楼西汉简中的这些法律案例，正好印证了西汉“文景之治”时期司法改革的事实，如在秦和西汉早期所实施的“黥面”“斩”等残酷附加刑，在汉武帝时代的长沙国已改为耻辱刑“鞭笞”及附加刑具“钳鈦”，其刑罚尺度相对比较宽松和人道。这也在一定程度上体现了汉代刑法制度的进步。①

四、长沙国的邮驿管理

秦汉时期对官府文书的传递有一整套严密的管理制度，其中对邮驿的设置和管理更是有明确的法律规定，如张家山汉简《二年律令》中就有很详细的律文：

十里置一邮。南郡江水以南，至索（?）南界，廿里一邮。（264）

一邮十二室。长安广邮廿四室，敬（警）事邮十八室。有物故、去，辄代者有其田宅。有息，户勿减。令邮人行制书、急（265）

书、复，勿令为它事。畏害及近边不可置邮者，令门亭卒、捕盗行之。北地、上、陇西，卅里一邮；地险陕不可邮者，（266）

得进退就便处。邮各具席，设井磨。吏有县官事而无仆者，邮为炊；有仆者，叚（假）器，皆给水浆。②（267）

---

① 详见欧扬：《走马楼西汉简刑制史料初探》，邬文玲、戴卫红主编《简帛研究·二〇一八·秋冬卷》，广西师范大学出版社，2019年，第215—229页。

② 彭浩、陈伟、工藤元男主编：《二年律令与奏谳书——张家山二四七号汉墓出土法律文献释读》，上海古籍出版社，2007年，第198—199页。

这是西汉初年对不同地域邮驿设置和里程距离的详细规定，其中对邮驿的职能也有具体规定，即每个驿站都要提供用于食宿的设备和工具，如果官吏未带仆人，还需提供饮食服务。

有关这种驿站传舍的功能规定，在岳麓秦简中也有非常相似的记载①：

·田律曰：侍蒌邮、门，期足以给乘传晦行求烛者，邮具二席及斧、斤、凿、锥、刀、瓮、繘，置梗（绠）井旁，吏有　（1277）

县官事使而无仆者，邮为饬，有仆，叚（假）之器，毋为饬，皆给水酱（浆）。　（1401）

这里的食宿设备比张家山汉简中的“席”“井磨”要多出不少，且特别注明“乘传晦行求烛者，邮具二席及斧、斤、凿、锥、刀、瓮、繘，置梗（绠）井旁”，可见邮驿传舍给过往官吏提供的服务和工具是具体而繁杂的，走马楼西汉简虽不是律令条文，但其有关驿站传舍设施的巡检记录正印证了上述律令文本的真实性：

案传舍二千石舍西南乡马庑屋败二所并袤丈五尺广八尺牡牝瓦各十九枚竹马仰四井鹿（辘）车一具不见马磨坏败　（0021）

简文中的“传舍”当即邮驿的房间，而且这“传舍”也是分等级的，简文所记的检查内容是一个二千石官所住的房子，其南向还有“马庑”，其屋败坏的地方长有“丈五尺”（3.4 米），广有“八尺”（2.3 米）。其传舍内配置的“竹马仰”“井鹿车”不见了，“马磨”已经败坏。简文中提及的“竹马仰”“井鹿车”和“马磨”都应该是传舍内的必备工具，现在居然有两种不见，一种败坏，这显然不符合接待二千石官传舍的标准，故简文详加记录。

走马楼西汉简中，这类检查传舍设备状况的简一共有 13 枚，另外还有 2 枚上呈劾状文书简，其简文曰：

牒书传舍屋櫄垣坏败门内户扇瓦竹不见者十三牒吏主者不智（知）数遁行稍缮治使坏败物不见毋辨护不胜任

五年七月癸卯朔癸巳令史援劾敢言之……　（0079）

这是一份由“令史援”上呈的劾状文书的一部分，简文中所书的“十三牒”即 13 枚与简 0021 一样的巡查记录简，这份劾状文书与这“十三牒”合成一册，是现在所见非常完整的一册有关传舍检查的劾状文书，该文书由“令史援”记录上呈给“长沙邸长”，再由“邸长”上报给“鄙主”。由此亦可知这次巡查的对象是由长沙国的邸长管辖范围内的邮驿传舍，而这些传舍的具体位置在鄙县的地域范围内，故后面编号为“鄙第廿九”。

由此亦可看到，西汉中期长沙国内的邮驿管理有一整套完善的巡检劾查制度，而这亦可证明西汉中期邮驿制度之完备。

① 陈松长主编：《岳麓书院藏秦简（肆）》，上海辞书出版社，2017 年，第 104 页。

五、长沙国的赋税征收

赋税征收是官府必不可少的日常行政，故有关赋税、租税的内容，多见于秦汉简牍文献之中，不仅多见于法律条文，如秦汉律令中的《田律》《金布律》等，也多见于一般的官府行政文书之中。走马楼西汉简作为长沙国的档案文书，自然少不了这方面的材料。值得注意的是，长沙国辖区内的蛮夷较多，这在史书中就有记载，如《汉书·西南夷列传》："西北有长沙，其半蛮夷，亦称王。"颜师古注："言长沙之国半杂蛮夷之人。"① 这一点，在走马楼西汉简中完全得到印证：

〼□巴人胡人讯襄人要道辞曰府调无阳四年賨糶（粜）卖取钱输临沅食官厩偿所赎童贾（价）钱皆急缓夷聚里相去离远民贫难得襄人令译士五搞收賨〼

〼□船一椱士五定所当米八斗肠七十五斤士五强秦磨仆各廿五斤非搞家賨肠襄人自责得士五共吸为大男共来予肠十五斤士五工期为〼　(0017)

简文中所记的"夷聚里"也就是蛮夷聚居的里，聚居也就意味着这些蛮夷尚处于聚落散居的状态，而"里"则说明这些聚落散居的蛮夷已经被编户管理，"夷聚里"虽然地处偏远，但仍需要上交赋税。

"府调无阳四年賨"，《说文》："賨，南蛮赋也。"② 这句话的意思也就是要去"夷聚里"征调无阳县四年（长沙庸王四年）所应收缴的赋税，为了完成这个任务，"襄人令译士五搞收賨"，据其他简文可知，这襄人是"雎夷乡啬夫"，而"搞"是"无阳蛮夷士五"，而且还是"译"人，他是襄人手下一个懂蛮夷土语和官话的士伍，故襄人派他去"夷聚里"收"賨"。有意思的是，蛮夷所交的"賨"并不是统一的钱、布，而是多用物资来顶替，如船、肉肠等，用这些东西来折算，自然也增加了不少换算的复杂性和征缴的难度，故这类蛮夷赋税征收的内容尤为珍贵。

当然，除了对蛮夷的赋税征收外，这批西汉简中还有不少一般租税的记录，如 0056 号木牍就详细记载了一个乡在一年内可貇（垦）田的田租情况：

·都乡七年貇（垦）田租簿

貇（垦）田六十顷二亩租七百九十六石五斗七升半率亩斗三升奇十六石三斗一升半

·凡貇（垦）田六十顷二亩租七百九十六石五斗七升半

出田十三顷卌五亩半租百八十四石七斗临湘蛮夷归义民田不出租

---

① 《汉书》卷九十五《西南夷传》，中华书局，1962 年，第 3851—3852 页。

② 段玉裁：《说文解字注》，中华书局，1963 年，第 131 页。

出田二顷六十一亩半租卅三石八斗六升乐人婴给事柱下以命令田不出租

·凡出田十六顷七亩租二百一十八石五斗六升

定入田卌三顷九十五亩租五百七十八石一升半

提封四万一千九百七十六顷七十亩百七十二步

其八百一十三顷卅九亩二百二步可豤（垦）不豤（垦）

四万一千一百二顷六十八亩二百一十步群不可豤（垦）　（0056）

在另一枚残简 0456 中还有这类田租簿上计的记录：

移豤（垦）田租簿常会六月

内史府敢言之　（0456）

也就是说，西汉长沙国在每年六月要对其所有的豤（垦）田租簿进行会计工作，可见这是长沙国财税征收和控管的日常，至于“常会六月”到底是长沙国一年的会计还是半年的会计，由于材料的限制，尚待研究。

六、长沙国时代的文字异写和草化

从文字演变和书体发展的角度来看，走马楼西汉简又给文字学界和书法史学界提供了汉武帝时期的丰富资料。大家知道，在文字隶变的过程中，在隶书的形体未经国家规范之前，隶书经历了一个从古隶到汉隶的自由演变过程，走马楼西汉简的文字正是这个演变过程中所留下来的一部分原始材料，它自然而生动地反映了汉字隶变过程中的各种异写现象。而这些异写现象也就产生了为数众多的异写字，这种异写现象的形成，往往是同一个书手在写同一个字时，其笔画或偏旁构件随意变化造成的，但仔细查看，这种随意性又往往有其异写演变的痕迹可循，如简文中比较常见的“钱”字，就有多达七八种形体，这些异写的字，如果不在上下文的语义环境中，多有不认识的可能性。如  1014 和  1037，这两个字单独拿出来，一下子难以辨认，但如果我们将这些形体各异的“钱”字排出来，则其异写变化的线索还是很清楚的，如：

① 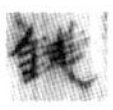 1001　②  1037　③ 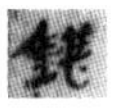 1037　④  1037　⑤  1013　⑥  1013　⑦  1014

这 7 个“钱”字，有的还出自一条简上，如 1037 简中出现 3 次，但每次都不一样，由此可见其字的书写相当自由。但有趣的是，这个字左边的“金”旁很少变化，右边却在不断的变化中，这也许是此字的右边在当时尚未定型，故书手可以随意书之。仔细观察，其未定型的主要表现反映在点画的变异之中，如以第一个字形作为定型的形体来看其他 6 个字形，其笔画的变异都有迹可寻，如第②个字与第①个字的差别，主要是结尾的那一斜笔变成了点画而已，而第③个字与第②个字的差异是上面的一点穿过了三横画，变成了一笔长斜画。第④个字则将上面的三横省掉了一笔，变成了两横，第⑤个字则是三横都不横穿那一竖笔，变得与“片”字的构形相仿，第⑥个字则是将那一长斜笔断成两截，且中间错位，并将下部简化成了“下”字，第⑦个字则是在将那一长斜笔断开错位的同时，其收尾还向右横拖来强化原来的勾笔，形成一种特殊的形体。

从文字构形的原理来分析，这种文字异写的现象，大都表现为随意增减笔画、笔画夸张变形、构件简省、构件同化和异化等几个方面，同时，我们还发现其中好些文字的构形直接取法了秦简文字和马王堆帛书的文字形体，① 这在很大程度上也反映了秦汉之际简帛文字构形和书写特点的延伸和发展。

走马楼西汉简不仅有丰富的文字异写资料，其书体也多种多样，特别是其隶草的材料相当丰富，为草书形成时代的确定提供了新的佐证资料，例如下表：

史	邑	别	遣	何	得	从
 0094	 0096	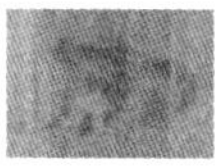 0096	 0162	 0194	 0299	 0340
临	案	赖	临	湘	史	书
 0340	 0340	 0344	 0344	 0344	 0347	 0391
买	武	为	律	宫	将	吴
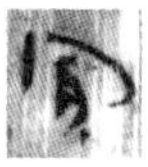 0425	 0518	 0481	 0474	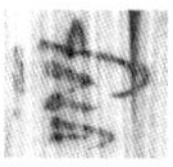 0525	 0525	 0538
留	迺	寅	谓	死	分	宛
 0531	 0522	 0547	 0547	 0391	 0385	 0383

从这些字形可以看出，走马楼西汉简中很多文字并不只是简单的草率写法，而是已具备草书的基本特征：牵连与简省。在此之前也确实可以看到一些牵连简省的文字，但只能说明萌芽的个别现象，而在整批走马楼简中牵连与简省已经不是个别偶尔现象，类似上面的草字还有很多，说明走马楼西汉简中的草书已经可

① 详见陈松长：《长沙走马楼西汉简中的文字异写现象例说》，邬文玲、戴卫红主编《简帛研究·二〇一八·秋冬卷》，广西师范大学出版社，2019 年，第 208 页。

作为一种书体形式，而不是草书的萌芽状态。许慎在《说文解字·叙》中说“汉兴有草书”，其所指的应该就是走马楼这种草书。[①] 因此，我们可以根据走马楼西汉简的时代大致判断，草书的形成年代至少可以提前到西汉中期的汉武帝时代。

除了以上六个方面之外，简文中尚有许多需要仔细研读和发掘的内容，诸如长沙国的刑制史料和法律文书、蛮夷编户管理、火政制度、采铜和矿业开发、名物制度和社会习俗等等，我们已组织课题组成员集体研读（按：详见本书各章节），分别攻关，有关走马楼西汉简的价值和意义的进一步阐释，值得大家关注和期待。

（陈松长，本文原载于《考古》2021 年第 3 期）

① 参见李洪财：《走马楼西汉简的断代——兼谈草书的形成时间》，第 249 页。

第一章　简牍年代与历法研究

第一节　再论走马楼西汉简牍的年代

2003年长沙走马楼8号古井中出土一批西汉简牍。① 经初步考证，应为西汉武帝时期刘氏长沙国第二代康王刘庸（前128—前101）在位前期的官方行政文书。② 简牍的种类繁多，内容丰富，其中行政司法文书占有较大的比重，涉及长沙国的官僚行政体制、署曹设置、官吏分职、功墨考课、刑制改革、法律诉讼、乞鞫覆狱、求盗捕亡、囚徒管理、土地租税、垦田将田、上计案阅、牢狱行值、邮驿传邸、郡县交通、蛮夷管理、政区版图、疆域辖治等等诸多方面，呈现了武帝时期南方诸侯王国体制的复杂面相，具有鲜明的时代特征与地域特征。对于研究汉代法律制度的演变，特别是诸侯王国法制状况无疑具有重要的价值。

关于走马楼西汉简牍的年代，包括对个别历简年代的讨论，目前仍有着不同的认识，概括为三说：

一、简牍年代为汉长沙国刘氏第二代康王（戴王）刘庸在位前期的（前125—前120）年间。③

二、此批简牍的上限可定在公元前128年，下限可定在公元前120年，但仍认为纪年存在着很多问题，断代也并不如发掘者最初所说的那么简单。④

---

① 走马楼西汉简牍发掘出土之后，曾作过简讯报道，见长沙简牍博物馆、长沙市文物考古研究所联合发掘组：《2003年长沙走马楼西汉简牍重大考古发现》（宋少华、金平执笔），中国文物研究所编《出土文献研究》第七辑，上海古籍出版社，2005年，第57—64页。

② 《史记》卷十七《汉兴以来诸侯王年表》云："孝武元朔元年，长沙康王庸元年。"《汉书》卷十四《诸侯王表》云："元朔二年，戴王庸嗣。"本文从《史记》说。

③ 长沙简牍博物馆、长沙市文物考古研究所联合发掘组：《2003年长沙走马楼西汉简牍重大考古发现》（宋少华、金平执笔），第61页。

④ 李洪财：《走马楼西汉简的断代——兼谈草书的形成时间》，邬文玲、戴卫红主编《简帛研究·二〇一八·秋冬卷》，广西师范大学出版社，2019年，第238—250页。

三、个别历简的年代为汉长沙国刘氏第三代王刘鲋鮈五年（前96）。[①]

为此，笔者不揣谫陋，拟对走马楼西汉简牍相关的纪年朔日稍加梳理，援引若干简牍文例略作辨析，以就教于方家。

一、出土简牍纪年干支朔日举例分析

J8出土的简牍共清洗出2195个编号。经统计，载有年、月、日的历简达300余枚，约占简牍总数的七分之一，其中纪年、干支朔日记载明确者达110余枚，占纪年简数的三分之一多。这对判定简牍的年代提供了较为可靠的依据。据简文所见，其纪年方式仅记年数、干支月朔历日，未见年号。所记年数，自元年始至九年止。兹将相关历简择列如下（括号中的数字乃简牍清理编号）：

元年：六月［庚辰朔］辛丑（0399、0406）

二年：十月己卯朔（1852）、四月（丙子朔）丙申（0006）

三年：二月辛未朔（0796）、六月己巳朔壬午（1282）、七月己亥朔（2015）

四年：二月乙未朔戊戌（0006）、五月甲子朔庚寅（0046）、七月癸亥朔己卯（0752）、八月壬辰朔己未（0256）、八月壬辰朔戊午（0324）

五年：七〈十〉月癸〈辛〉卯朔癸巳[②]（0079）、二月己丑朔丁酉（0054）[③]、三月己未朔丁丑（0047）、四月戊子朔壬子（0618）、六月丁亥朔壬辰[④]（0506）、八月丁亥朔戊申（0088）、九月丙辰朔戊午（0042）、九月丙辰朔癸亥（0205）、九月丙辰朔丁卯（0102）、九月丙辰朔壬申（0085）、九月丙辰朔丁丑（0084）

六年：十一月乙酉朔丙戌（0538）、四月壬子朔乙卯（0187）、五月壬午朔辛卯（0244）、六月辛亥朔乙卯（0508）、六月辛亥朔丙寅（0528）、六月辛亥朔辛未（1331）、九月庚辰朔癸卯（0699）

七年：十一月己卯朔乙酉（0257）、正月戊寅朔戊子（0138）、二月戊申朔壬戌（0389）、三月丁丑朔癸未（0194）、三月丁丑朔庚子（0211）、元年五月丙子朔己丑（0503）、五月丙子朔甲申（0544）、

① 胡平生：《〈简牍名迹选2〉所刊“走马楼前汉简”释文校考》，《胡平生简牍文物论稿》，中西书局，2012年，第274—275页。

② 此简所书纪年的月份、干支朔日书写有误，可参见本文有关论证。

③ 此简纪年乃武帝元朔五年纪年。可参考本节有关论证。

④ 张培瑜《秦汉朔闰表》五年六月为戊子朔，其朔日栏下列出另一法复原的朔日为丁亥。详见张培瑜：《中国先秦史历表·秦汉朔闰表》，齐鲁书社，1987年，第237页。陈久金、陈美东：《临沂出土汉初古历初探》，《中国天文学史文集》编辑组《中国天文学史文集》，科学出版社，1978年，第74页。李忠林《秦至汉初朔闰表》中武帝元朔五年六月为丁亥朔，参看李忠林：《秦至汉初历法研究》，中华书局，2016年，第262页。

五月丙子朔壬辰（0707）、五月丙子朔乙未（1801）、七月乙亥朔庚寅（0231）、八月乙巳朔壬申（0115）

八年：十月甲辰朔丁卯（0368）、二年十一月癸酉朔戊戌①（0379）、十二月癸卯朔庚戌（0134）、四月辛丑朔戊辰（0666）、五月辛未朔壬申（0795）、六月庚子朔丁卯（0542）、九月乙巳朔□巳（0533）、后九月戊戌朔丙辰（1806）

九年：十一月丁酉朔（1805）、正月丙申朔辛酉（0557）、二月丙寅朔乙丑（0534）、四月乙丑朔丁丑（0200）、五月乙未朔己酉（0868）、六月甲子朔庚午（0574）、七月甲午朔（1798）

自20世纪70年代以来至本世纪初，我国出土了大量秦汉时期的简牍，其中不少简牍上记有历朔。如1972年山东临沂银雀山汉墓出土汉武帝时期《元光元年历谱》②、湖北荆州关沮周家台秦墓出土历谱竹简③、湖南龙山里耶出土纪年秦简④等。一批从事古历研究的学者纷纷撰文探讨，掀起了讨论秦至汉初历法的热潮，此后陆续有研究成果问世。⑤ 利用这些研究成果与走马楼西汉简牍中月朔日历记载明确者比对，张培瑜先生给出的《秦汉朔闰表》⑥ 与李忠林先生给出的《秦至汉初（前246—前104）朔闰表》⑦ 中，其武帝元朔元年（前128）至元狩三年（前120）的朔闰干支除极个别外，均与上述所列纪年简历朔相合。出土历简记录的二年至六年的朔日干支与武帝元朔二年至六年的历朔相合。历简记录的七年至九年的朔日干支与武帝元狩元年至三年的历朔相合。由于这批简牍大部分都是长沙国当时使用的行政文书，简文所载皆为对各类行政事务的发生、报告、处置、结果这一过程的即时记录，历朔当不应有明显的差错，因此可大体推定这批简牍的年代。武帝元朔元年至六年即为公元前128—前123年，元狩元年至三年即为公元前122—前120年。走马楼西汉简牍绝大部分的纪年，皆为长沙王刘庸的纪年（仅出少量载有武帝及其他帝王纪年之简）。⑧ 除长沙王刘庸元年、二年的历朔与相关事件为追记外，其实际产生与行用的时间当在公元前126—前120年之间。

---

① 简503、简379所载纪年干支朔日，经查对，张培瑜《秦汉朔闰表》、李忠林《秦至汉初（前246—前104）朔闰表》，与武帝元狩元年、二年纪年相合，所用纪年为武帝纪年，详见本节有关论述。

② 吴九龙：《银雀山汉简释文》，文物出版社，1985年，第233—235页。

③ 湖北省荆州市周梁玉桥遗址博物馆：《关沮秦汉墓简牍》，中华书局，2001年。

④ 湖南省文物考古研究所：《里耶发掘报告》，岳麓书社，2007年。

⑤ 张培瑜：《中国先秦史历表》，齐鲁书社，1987年；《新出土秦汉简牍中关于太初前历法的研究》，中国社会科学院考古研究所《中国古代天文文物论集》，文物出版社，1989年，第69—82页；《根据新出历日简牍试论秦和汉初的历次》，《中原文物》2007年5期。陈久金、陈美东：《从元光历谱及马王堆帛书天文资料试探颛顼历问题》，中国社会科学院考古研究所《中国古代天文文物论集》，文物出版社，1989年，第83—103页。饶尚宽：《春秋战国秦汉朔闰表》，商务印书馆，2006年。徐锡祺：《西周（共和）至西汉历谱》，北京科学技术出版社，1997年。黄一农：《秦汉之际（前220—前202年）朔闰考》，《文物》2001年第5期。李忠林：《秦至汉初历法研究》，中华书局，2016年。

⑥ 张培瑜：《中国先秦史历表·秦汉朔闰表》，齐鲁书社，1987年，第237—238页。

⑦ 李忠林：《秦至汉初（前246—前104）历法研究》，《中国史研究》2012年第2期。

⑧ 本文历简择例介绍之简503、简379，乃武帝元狩元年、二年的纪年简文，承邹水杰先生明示。特此致谢！

西汉前期各地的诸侯王乃至列侯，都以自己在位时的王侯年数纪年，自成一独立的纪元体系。研究者认为："西汉前期，诸王、侯均有纪年，《史记》之《汉兴以来诸侯王表》《高祖功臣侯者年表》《惠景间侯者年表》以及《建元以来侯者年表》《建元以来王子侯者年表》诸表记述累累，开卷自见。"① 这些诸王侯的纪年方式与汉天子并没有太大的区别，仅是年数不同而已。

研究者指出："湖北江陵张家山出土汉简，其《奏谳书》所录秦王、汉初高祖时期的司法案例，但书某年某月某日，而俱无朝代、帝王之区别，吕后时期《二年律令》，也是仅题作'二年律令'，不记其王为何人朝代。张家山出土高祖五年至吕后二年间诸年历谱竹简，马王堆出土西汉文帝时期的帛书《五星占》，都是仅仅记作元、二、三等年份数，而无年号之载。"②

近年，湖北云梦睡虎地77号西汉墓出土的官府文书简册《五年将漕运粟属临沮令初殿狱》及畜息文书，整理者认为文书年代为文帝时期，所记内容为文帝后元五年、六年（前159—前158）之事，所见纪年亦未见文帝之年号。③

中国古代帝王年号纪年的启用时间，这是史学界多年来颇为关注的学术论题。关于汉初至武帝太初改历之前帝王纪年，辛德勇先生认为：汉文帝在位时期改元一次，景帝在位时期改元两次。这在当时则不管其为前元、中元、后元，都一样，但谓之"今上某年"或是只称"某年"而已。文景改元之目的，意味着除旧布新，与民更始，恒延其年。武帝即位后，在阴阳数术观念的支配作用下，改元变得愈为频繁，迄至元封，一直是每六年一改元，太初以后变为四年一改元。旧史所见汉武帝行用过的年号，依次为建元、元光、元朔、元狩、元鼎、元封、太初、天汉、太始、征和（延和）、后元，实际上武帝即位以后，在很长一段时间内，只是沿承文、景两帝成规，屡屡改启新元而已，并没有使用年号纪年。这一时期的年号都是出自后来追记。④ 辛先生的观点对于辨析走马楼西汉简牍的纪年问题，值得参考与重视。当然，关于我国古代以帝王年号纪年的启用时间，始于武帝元封元年（前110），还是太初元年（前104），目前仍存在着不同意见，展开讨论是一件很有意义的事情。⑤ 走马楼西汉简牍的纪年年数及朔日干支仅与武帝元朔、元狩纪年相关，与元封、太初纪年无涉，故不在讨论之列，从已整理释读的纪年简牍观察，无论是中央朝廷纪年还是王国纪年，迟至元狩三年（前120）尚未见启用帝王的年号纪年。

走马楼西汉简牍之历简只录年数而无年号的情况与史实相符，所记元年至九年的年份数，应是长沙国自行颁布的王纪年。公元前128年，长沙定王刘发之子刘庸继位，庸在位二十八年，太初四年（前101）卒，

① 辛德勇：《重谈中国古代以年号纪年的启用时间》，《文史》2009年第1期。

② 同①。

③ 熊北生、陈伟、蔡丹：《湖北云梦睡虎地77号西汉墓出土简牍概述》，《文物》2018年第3期。

④ 同①。

⑤ 郭永秉：《旅顺博物馆藏洛阳武库钟是赝品吗?》，"文汇学人"微信公众号，2017年3月4日。

谥康王。武帝元朔、元狩各自纪元为六年，并无九年之数。因长沙康王刘庸继位的建元之年恰好与武帝元朔建元同年，故其元年至六年的纪年之序与之相同。俟武帝改纪新元，出土历简所见“七年”“八年”“九年”则与武帝新元年序不合，应是刘庸长沙王纪年的延续，由此可证西汉前期诸王均有自立的纪元体系。

以上从简牍的纪年干支朔日与年数的对应使用时间及学者的研究成果上讨论了简牍的年代问题，以下将结合若干具体简文，对简牍年代作进一步论述。

二、相关简文年代辨析

出土简牍中记录编户民出生时间与现今年纪的简文，为简牍年代的确定提供了重要依据。近来已有学者对相关的简文进行了研究，对其年代进行了考证①，所论合理，与史实相符。这里再稍作补充，略加申说。举例简文如下：

1. 北平大女南，母姊占定王四年产，尽今五年，年廿八。 (0109)（图一）

2. 五年九月丙辰朔丁卯，都乡佐鼻敢言之。廷移临湘书曰：北平大女南坐

负罚金，临湘库弗能入。居。迺四年六月中去亡。捕得。南辞：五年五月中自出 (0102)（图二）

研究者认为该简例 1 与记录大女“南”的名爵里的簿籍有关②，笔者以为除此之外，与处理大女“南”相关的司法案例联系更为密切。限于探讨的主题，此处对案情不加讨论。据简文可知，“南”为其母姊自占生年，生于（定王）四年。到现任长沙王的第五年时，已年 28 岁。据《史记 · 汉兴以来诸侯王年表》载，景帝前元元年（前 156）“复置长沙国”，前元二年（前 155）三月甲寅为“定王发元年”，武帝元朔元年（前 128）为“康王庸元年”。另据《史记 · 五宗世家》载：“（发）立二十七年卒。子康王庸立，二十八年卒。”“定王”乃长沙王刘发谥号，“定王四年”乃刘发在王位时的年数，即公元前 152 年。“今五年”，“今”当为现在位的长沙王刘庸，“五年”乃刘庸在王位时的年数，即公元前 124 年。当时之人对在位的帝王一般尊称作“今上”或者称为“今”。书作“今上”的例子，如司马迁在《史记》当中即屡屡称用。省写为“今”的用例，如湖北云梦睡虎地秦墓竹简之《叶书》，写录于秦始皇三十年（前 217），其记述秦始皇时年代，即始自“今元年”。③ 由此可进一步证明，“定王四年”与“今五年”所记年份数，实为长沙国自成体系的王国纪年。此外，汉人叙事中“尽今某年”或“尽今某某年”，也是一种常用语态，表示从某一时段起，至迄今为止的时间计量，通常以年为单位，并不一定指代帝王。此例颇多，不一一赘举。据简文所载纪年，

① 杨芬：《读长沙走马楼西汉简札记——纪年与证律》，邬文玲、戴卫红主编《简帛研究 · 二〇一八 · 秋冬卷》，广西师范大学出版社，2019 年，第 230—236 页。

② 同①，第 231 页。

③ 辛德勇：《重谈中国古代以年号纪年的启用时间》，《文史》2009 年第 1 期。

大女“南”生于定王四年（前152），到现任长沙王五年（前124）时为28岁。若按公元年推算却为29岁，当有一岁之差，究其原因，还应从汉代官府造籍的标准时间上加以考虑。张荣强先生认为，秦汉时期存在岁尽增年的做法，当时官府造籍的标准时间在八月，官方年龄的增年时间节点也在八月。① 鲁家亮先生据此对睡虎地秦简所载小史“喜”揄史年龄的分析，为我们探究原因提供了非常有益的启示。其文云：据《叶书》记载，“喜”出生于秦昭王四十五年十二月甲午日鸡鸣时，揄史的时间为秦王政三年八月，由此可以推测其揄史的实际年龄为18岁又8或9个月。而“喜”揄史的时间也在八月，也就是说“喜”揄史的同时，也在官方增年之时，即官方年龄被认可为19岁。② 鲁文强调的是，“喜”揄史时虽未满19岁，但因在官方增年的时间节点上，故被官方认可为19岁。由此，我们再回到对大女“南”年龄的分析上，笔者在前揭中曾推测为此简所录与司法案录相连，而非造籍登年。如推测不误的话，大女“南”不论是生于定王四年的八月前还是八月后，其年龄的认定不存在增年的问题。进一步言，即便可能其年龄或已是超过28岁若干个月，但仍未到官方增年的时间节点上，未被官方认可，也只能录为28岁。

对大女“南”实际年龄的推算，大概率可为二个结果：一是恰满28岁；二是虽已超过28岁，但未到29岁的增年点，官方未予认可。因无更多的材料帮助了解到“南”出生的确切月份，故只能作些推测。假设“南”生于定王四年十月至三月的上半年，即公元前153年11月—前152年4月间，即使按最晚的三月起计，至康王刘庸四年的三月（前125年4月）就已满28岁了，再至八月的增年节点时，也已是28岁5个月。而到五年的三月（前124年4月）就已满29岁，至八月的增年节点，已是29岁又5个月，应被官方认定为29岁，甚或30岁。显然与简文所记的年龄不合。若“南”生于定王四年四月至八月的下半年，即公元年前152年5月—9月，即按以最晚的八月起计，至康王刘庸四年的八月则刚满28岁，再至五年的上半年（前124年4月前）也仅为28岁半，未到官方认定的增年时间节点。由于简文没有书写具体的纪年历朔，故笔者臆测，大女“南”或生于定王四年的下半年某月间，而简文书写的时间可能在康王刘庸五年的上半年间或在官方认定的增年时间节点之前。这样稍为细致推测或可排除因为简单加减公元年数的粗算而造成的误差。

另复检与之相关简文。从简例2看，都乡佐鼻上行文书的时间是在五年九月十二日。从其所言县廷下移

① 张荣强：《从岁尽增年至岁初增年——中国中古官方计令方式的演变》，《历史研究》2015年第2期。

② 鲁家亮：《里耶秦简所见“小史”刍议》，出土文献与中国古代文明研究协同创新中心中国人民大学分中心编《出土文献的世界——第六届出土文献青年学者论坛论文集》，中西书局，2018年，第97页。

文书中获知，大女南因坐负罚金未入临湘库罪，服居期间于四年（前125）六月中逃亡。[①] 捕得后，南辩称其为五年（前124）五月中自到官府投案服罪。大女南虽为自出者，但属本罪与逃亡罪并犯，官府必会依法律程序处置。《二年律令·亡律》简157："吏民亡，盈卒岁，耐；不盈卒岁，毄（系）城旦舂；公士、公士妻以上作官府，皆偿亡日。其自出殹（也），笞五十。给逋事，皆籍亡日，軵数盈卒岁而得，亦耐之。"及简166："诸亡自出，减之；毋名者，皆减其罪一等。"由此推测官府对大女南狱讯案录的时间当在五月中之后，或在五六月间，此与笔者推测的时间亦相去不远。以上对大女"南"年龄展开的分析，亦在说明简牍的年代应属长沙康王刘庸时期。

值得提到的是，纪年简牍中亦发现数枚载有帝王的纪年。如前揭历简择例所举之"五年二月已丑朔丁酉"（0054）、"元年五月丙子朔己丑"（0503）、"二年十一月癸酉朔戊戌"（0379）即是。这是目前所见历朔明确的武帝纪年简，据朔日干支推定，均与武帝元朔五年（前124）、元狩元年（前122）、元狩二年（前121）相合。更为重要的是，有简文为年代的断定，提供了十分明确的信息，兹录于下：

3. 牒书：郡出钱买置传车被韦（?）毋大农责及隃侈不称者各一牒，皆不宜出……

五年二月己丑朔丁酉，大农卒史熹劾……

二月己亥，大农令当时敢言郡大守卒人移诸侯相，以律令【从】事，移夬（决）。敢告卒人。卒史

☑ （0054）（图三）

大农，"秦名治粟内史，汉初因之，景帝后元年更名为大农令。武帝太初元年更名大司农"。[②] 大农令为中朝官，位列九卿，掌管国家钱谷、租税等财政收入与支出。简文"大农令当时"，即为时任大农令郑当时。据《汉书·百官公卿表》云："元光五年，詹事郑当时为大农令，十一年免。"元光五年（前130）到元狩三年（前120），郑当时为大农令，在任十一年。元狩四年（前119）颜异接任大农令。其传云："郑当时字庄，陈人也。其先郑君尝事项籍，籍死而属汉……郑君死孝文时。当时以任侠自喜，脱张羽于阸，声闻梁楚间。孝景时，为太子舍人……武帝即位，当时稍出为鲁中尉，济南太守，江都相，至九卿为右内史。以武安魏其时议，贬秩为詹事，迁为大司农。当时为大吏，诫门下：'客至，亡贵贱亡留门（下）者。'执宾主之礼，以

① 按：笔者窃以为简例2所言之"居"，应是一种罚作行为，是服居者对欠负官府罚金的抵偿劳役或是其他代偿役作。与秦律"居赀赎债"的影响关联密切，可能是秦之赎刑在西汉前中期的承绪与衍变。朱红林先生认为："秦律'居赀赎债'即汉律之'居官府偿日'。"（参看氏著：《张家山汉简〈二年律令〉集释》，社会科学文献出版社，2005年，第85页。）当然，另有学者认为："西汉绝大部分时间里……'居'也销声敛迹，不复使用。"（参看张铭新：《关于〈秦律〉中的"居"——〈睡虎地秦墓竹简〉注释质疑》，《考古》1981年第1期；李均明、刘国忠、刘光胜、邬文玲：《当代中国简帛学研究（1949—2019）》，中国社会科学院出版社，2019年，第540页。）但新出走马楼西汉简牍仍有见零散、数量不多与之相关的简文。笔者冒昧认为，对此问题仍或有可以探讨的空间。因与本节论述的主旨关涉不大，兹不展开，拟另撰文探讨。

② 安作璋、熊铁基：《秦汉官制史稿》，齐鲁书社，1984年，167页。

其贵下人。性廉，又不治产，仰奉赐给诸公。然其馈遗人，不过具器食……其推毂士及官属丞史，诚有味其言也，常引以为贤于己。未尝名吏，与官属言，若恐伤之。闻人之善言，进之上，唯恐后。山东诸公以此翕然称郑庄……汉征匈奴，招四夷，天下费多，财用益屈，当时为大司农，任人宾客僦，入多逋负。司马安为淮阳太守，发其事，当时以此陷罪，赎为庶人。顷之，守长史，迁汝南太守，数岁，以官卒……当时死，家亡余财。"① 由此知郑当时于武帝元光五年（前130）任大农令，在位十一年。简文"五年"乃武帝元朔五年（前124），时郑为大农令第七年，尚在任内。此简所记乃大农府因某郡侯国购置传车未按大农令的规定，违制逾侈，构成职务犯罪，对此犯罪行为，下达了问责纠劾的文书，并通报各郡国。此乃长沙国所收录的大农府下行的文书，简文所记人物、姓名、官职等与传世文献所载可互为对应。大农令在武帝太初元年更名为大司农，故此简年代的下限不可能晚至太初元年（前104）之后。这为简牍年代的确定提供了有力的证据。

4. 甲午□□廿日辛卯，率臣请，下御史，有臣昧死请。

制曰：可。/二年十一月癸酉朔戊戌，大常平、丞祭下御史府，承书从事。　(0379+0391)(图四)

简例4请制诏书所记时任太常平可与文献记载相对应。《汉书·百官公卿表》云，元朔六年（前123），"绳侯周平为太常，四年坐不缮园陵，免"。② 《汉书·高惠高后文功臣表》载：周平的曾祖乃高景侯周成，成以其父功封，"孝文后五年，谋反，下狱死"。孝景中元年（前149），周平的父亲周应以周成孙绍封为（绳）侯。周平嗣父爵，元狩四年（前119），"坐为太常不缮园屋，免"。③ 《汉书》两表记载的内容基本相一致。

另据《百官公卿表》知，元狩元年（前122）乐安侯李蔡为御史大夫，一年迁。元狩二年（前121）三月戊寅（三月初八），丞相公孙弘薨。壬辰（三月二十二日），御史大夫李蔡为丞相。④ 由上引文献可以推知，简文所载"大常平"，即为太常周平，其时尚在任内，至元狩四年（前119）方坐免。明确了官职人名，又可反证简文所记年数朔日即为武帝元狩二年无疑。御史大夫当为李蔡，蔡以军功封侯。⑤ 此诏书下御史府的时间为（元狩）二年十一月癸酉朔戊戌，即汉历十一月二十六日（前122年12月）。李蔡转年三月才接任丞相，实际上已到公历年（前121）的4月了，是故简文之二年十一月至三月之前御史大夫李蔡仍在任内。

大常的主要职责是宗庙礼仪，就是"欲令国家盛大、社稷长存，故称太常，以列侯为之，重宗庙也"。⑥

---

① 《汉书》卷五十《郑当时传》，中华书局，1962年，第2323—2326页。

② 《汉书》卷十九《百官公卿表》，第773页。

③ 《汉书》卷十六《高惠高后文功臣表》，第595页。

④ 《汉书》卷十九《百官公卿表》，第770、774页。

⑤ 《汉书》卷十七《景武昭宣元成功臣表》云："安乐侯李蔡。以将军再击匈奴得王，侯，二千户。（元朔四年）四月乙巳封，六年，元狩五年，坐以丞相侵卖园陵道壖地，自杀。"按：《功臣表》称安乐侯，《百官表》则称乐安侯。

⑥ 《史记》卷五《孝景本纪》云："（中六年）更命廷尉为大理……奉常为太常。"《汉官仪》《后汉书·光武纪》注及《北堂书钞》设官部引。

太常主要属官有丞，《汉书·百官公卿表》说丞秩千石，实际上是太常的副职，有时也能作为太常的代表。① 因简文而得知，大常之丞名祭。两人请治之事大概与皇家宗庙礼仪、陵寝管理方面有关。按诏书下达的程序，皇帝制曰可之后，须经由御史大夫下达给丞相，由丞相下发给朝中将军、二千石官员及郡国守相，再由守、相下发所属县、道、邑、侯国及都尉。故见请制诏书下御史府承书从事，再由御史府转经丞相府下达至各郡，此时的长沙国亦建有奉祀高祖、孝文的宗庙，当与之相关联。周平本人于数年后因不缮园陵罪坐免。

出土简文恰与传世文献所载互为验证，从而为简牍年代的确定，提供了颇具说服力的例证。

三、"长沙顷王五年说"讨论

古人书简纪历并非全无疏漏讹误，整理此批出土简牍时，亦发现存在一些纪年历朔书写笔误之处，这些问题有待进一步探讨分析。关于诸如此类问题，恕不备举，仅就个别披露后引起年代讨论的简文②，结合已整理释读的相关简文稍加辨析。兹列简文如下：

5. 牒书：传舍屋、櫄垣坏败，门、内户扇、瓦、竹不见者十三牒。吏主者不知数遁行，稍缮治，使坏败物不见。毋辨护，不胜任。

五年七〈十〉月癸〈辛〉卯朔癸巳，令史援劾，敢言之。谨案：佐它主。它，鄭佐。前以诏遣故长沙军司马贳死烝阳。敬写移，谒移鄭，以律令从事。敢　(0079)（图五）

6. 言之。/令史援。

十月癸巳，长沙邸长斋（?）移鄭。/令史援。/二月丙午，长沙邸斋敢告鄭主：谨写重，敢告主。/令史援。　·鄭第廿九。　(0015)（图六）

走马楼汉简发掘简讯发表后，参加初期整理的学者根据披露的部分简文，对其中个别历简的年代提出过意见。认为汉简中的"五年"，"以历朔推算，参考书风书体，应当是长沙顷王鲋鮈五年"。"长沙顷王鲋鮈五年应为太始元年（前96），查张培瑜《三千五百年历日天象》，太始元年七月癸卯朔，正与'五年癸卯朔癸巳元朔日'相合。"但又指出"此处'癸巳'却明显错误，因为既然是'七月癸卯朔'，则月内根本不可能有'癸巳'"。③ 面对朔日与历日不合的问题，文章虽已提出质疑，但未给出解决的方案，故所提出"顷王

① 安作璋、熊铁基：《秦汉官制史稿》，齐鲁书社，2007年，第92页。

② 长沙简牍博物馆、长沙市文物考古研究所联合发掘组：《2003年长沙走马楼西汉简牍重大考古发现》（宋少华、金平执笔），第61页。

③ 胡平生、宋少华：《走马楼汉简"牒书传舍壖垣坏败"考释》，黎明钊编《汉帝国的制度与社会秩序》，牛津大学出版社，2012年，第430页。胡平生：《〈简牍名迹选2〉所刊"走马楼前汉简"释文校考》，《胡平生简牍文物论稿》，中西书局，2012年，第274—275页。

五年说”仍存在疑问。其实造成这一疑问的原因，盖因公布的简文资料有限所致。当是之时，汉简资料尚未进行全面整理，发布的仅为极少的一部分。随着汉简整理工作的全面展开，可资简册集成的条件已基本具备，故可对此再作分析。

细读所举简例，笔者以为集成的简文实为同一册书的内容。所述同为一事，文义前后连贯，当为一份完整的举劾移送文书，很可能是留存于邸府的副本。此份平行文书的大致梗概是：五年七月〈十月〉癸卯〈辛卯〉朔癸巳日，长沙邸令史援将案查传舍设施用品等“坏败不见”的情况书录于牒，起诉传舍管理者（吏主者）失职犯罪。该份起诉书抄写后移送鄗县，要求对原传舍管理者，现为鄗佐的它，依律令予以处罚。当日（十月癸巳）经由长沙邸长蒿签发后移送鄗县。其后简文云：“二月丙午，长沙邸蒿敢告鄗主：谨写重，敢告主。”其文大意为：二月丙午日，长沙邸长蒿告知鄗县主官，（我）恭敬慎重地再次抄写与此前移送相同内容的文书告知（您）。由是便知这是一份再次移送相同内容的平行文书。前一枚简例 5 乃复述首发移文的内容，后一枚简例 6 则表明再次抄写移送，意在催促鄗县主官尽快处罚失职者。重移劾文书起首所书移文时间为“五年七月癸卯朔癸巳”，文末签发日期落款则为“十月癸巳”。已有学者对秦汉劾文书格式演变作过研究探讨，其归纳西汉中期的劾文格式大致可分成三部分：一、案验详情；二、总结调查结果，概括被告所犯罪行；三、呈文（年月日+某劾、敢言之+被劾者讯息+写移，谒某县某狱以律令从事）。并对简册编联的形制，依据悬泉汉简的《传车亶举簿》等的情况作了推测，即案牒在前，呈文在后。① 其归纳与推论颇有新见，对深入认识劾文书格式演变颇有意义的。根据拙作新集成的简文，该简册呈文格式还可补充为：年月日+某劾、敢言之+被劾者讯息+写移，谒某县（狱）以律令从事+（月日+某移）。似可更加完整。

笔者在关注学习秦汉劾文书格式不同时期的演变形态时，对日期书署的方式也给予观察比较。秦汉时期但凡涉及书檄类文书，李均明先生认为“为了明确责任，常备日期、发文者、收文者、起草人等要素，并位于特定位置上”②。尽管学界对秦汉劾文书格式还存在不同的理解与讨论③，但呈文日期书署的位置、格式在西汉早期至西汉末年及东汉初期，似未有太大的变化，直至东汉中期才看到发生改变。④ 日期书署的格式，文首必署年月日+某劾或某敢言之……，文末必署月日+某移、某写移……。例如居延简“建武六年三月庚子朔甲辰，不侵守候长业”的劾状呈文，即：（1）年月日+敢言之；（2）年月日+某移劾；（3）月日+某移

① 唐俊峰：《秦汉劾文书格式演变初探》，徐世虹主编《中国古代法律文献研究》第十一辑，社会科学文献出版社，2017 年，第 131—159 页。

② 李均明：《秦汉简牍文书分类辑解》，文物出版社，2009 年，第 128 页。

③ 同①。

④ 长沙市文物考古研究所、清华大学出土文献研究与保护中心、中国文化遗产研究院等编：《长沙五一广场东汉简牍选释》，中西书局 2015 年，第 122 页。

狱。① 又例如居延简“建武五年九月癸酉朔壬午，令史立劾状呈文”，其格式即为：（1）年月日+某劾；（2）年月日+某敢言之；（3）月日+某移居延，写移……②

我们看到建武六年三月甲辰之呈文，文首日期年月日书写完整，乃建武六年三月五日，文末日期因同年，仅署“三月己酉”，即（建武六年）三月十日。可知候长业的上级在接到其劾状呈文后第五天才移书居延。而建武五年九月壬午之呈文，文首日期书写完备，乃建武五年九月十日，文末日期仅署“九月壬午”，知是同一天移书居延。此种日期书署的例证甚多，兹不一一列举。可见书檄类中劾书呈文日期书署的基本格式，文首必须完备无缺，文末则可省略，若是同年则省署年号。这种日期书写的格式或称之为特定位置上的要素，恰可用于验证日期书署的正误。按此格式，我们看到长沙邸劾文书的呈文首尾日期的历日相同，月份却有差，其中必有一误。查张培瑜、李忠林的《秦汉朔闰表》，武帝元朔五年七月初一为丁巳朔，月中无“癸巳”日，武帝太始元年七月初一虽为癸卯朔，月中亦无“癸巳”日。另见有（元朔）二年九月癸卯朔、（元狩）二年十二月癸卯朔等，但月中皆无“癸巳”日。故朔日为癸卯之月者，均可排除，不在考察之列。复检“五年”中相邻之月朔历日者，唯武帝元朔五年十月为辛卯朔（前125年11月7日），其月有“癸巳”日，即十月三日。对比劾文书首尾的日期，笔者以为，文首日期“七月”当为“十月”之误写，此有文末落款日期“十月癸巳”可为证。“七”与“十”笔画简略，横竖长短稍有随意，误写便有可能产生，且易被误释。唯有联系上下文义，反复推敲，方能减少失误。若此，更“七月”为“十月”，则月朔癸卯当可认定为“辛卯”的误写。走马楼汉简其年数朔日干支误写者不乏其例，兹不加赘举，可参看李洪财先生文。③ 联系其后“二月丙午，长沙邸萧敢告鄗主：谨写重。敢告主”之简文，知此为重抄写移送的时间。“二月丙午”应为武帝元朔五年二月，月初己丑朔（前124年3月5日），月内有“丙午”日，即二月十八日。若按岁首十月推算，至岁中二月，这在时序的沿续上就不会产生矛盾。汉朝自高祖立国以来，一直沿用秦朝的历法制度与服色，以夏正十月为岁首，至武帝太初元年方改易正朔服色。“夏五月，正历，以正月为岁首。”师古注曰：“谓以建寅之月为正也，未正历之前谓建亥之月为正，今此言以正月为岁首，史追正其月名。”④ 将岁首由夏正十月改至正月乃武帝太初元年之事，改历之前以十月为岁首，简文“五年”之纪年朔日当为改历之前的历朔。“十月”恰为岁首之月，自十月三日起，经十一月、十二月、正月至二月十八日时已相隔达四

---

① 居延新简EPT68：劾状（3）54、55、59、60、61、62、63、64、57、58、68、69、70、71、72、73、74、75、76、56二十简为一册书。参见李均明：《秦汉简牍文书分类辑解》，文物出版社，2009年，第72页。

② 唐俊峰：《秦汉劾文书格式演变初探》，第144—145页。表一《令史立劾状》格式排序：附件之劾24、25、26A、22（表中未注简号，据李书补）、23；状16、17、18、19、20、21、27、28。正件之文书B：14、15；呈文A：13；中转文书C：78。另参见李均明：《秦汉简牍文书分类辑解》（第70—71页），《居延新简》EPT68：13、24、25、26A、26B、27、28、14、15、16、17、18、19、20、21、22、23。

③ 李洪财：《走马楼西汉简的断代——兼谈草书的形成时间》，第238—247页。

④ 《汉书》卷六《武帝纪》，第199页。

个多月之久矣。前移酃之劾文书久未见复处置结果，故才有长沙邸长蓊“谨写重”，再次重抄移书，催问责处之事发生。

综上所述，两简所述同为一事，实为同一册劾文书之第二、第三部分（另有十三枚案验情况的牒书作为附件置前），其书风相同，皆出令史援一人之手，文义前后通贯，无有歧义。所载移文的时间经过勘误后，时序先后关系明确，衔接合乎逻辑。首次移酃的时间为五年岁首“十月辛卯朔癸巳”，再次移酃的时间乃同年岁半之“二月丙午”，其间相隔四个多月。否则从劾文起诉追责的时间上推理则自相抵牾，两简之文义更是难以疏通，断无重复之事发生在未做之前的。① 以上所作的辨析与推论只是笔者个人的一些粗浅认识，若尚属合理的话，那么简例6所书月份、朔日干支乃为抄写者令史援书误所致，当更为“五年十月辛卯朔癸巳”为妥，其年代为康王刘庸五年，即武帝元朔五年（前124）。

四、结语

以上从多个方面举证分析论述走马楼西汉简牍年代断代的问题，从初步获得的证据链观察，年代数据的指向也是比较明确清晰的，故此拙作认为简牍年代定在公元前126年至前120年之间是较为适宜的。如果包括追述元朔元年、二年所涉某些案件发生的时间，则可宽延至武帝元朔元年至元狩三年，即公元前128年至前120年之间。

当然仍有学者认为，“七月癸卯朔”不能武断说是偶然错误，很可能另一种历法的“七月朔日是癸卯”的意见也应值得重视②，这是一种谨慎的态度。

走马楼西汉简牍的释文校读工作尚在进行之中，仍不排除在后续的整理与研读中或有发现个别简牍纪年存在更早或更晚的情况。笔者愿与读者及时分享并纠正自己的浅识。

---

① 按：若首次移文的时间仍以“（元朔）五年七月（前124）”计，且不论月朔历日干支不合的问题，仅是再次移文时间便要写成“六年（前123）二月”，年数则又不合。若首次移文以“太始元年（前96）七月”，即“长沙王鲋鮈五年”计，且不说年号有无之事，仅再次移文的二月，便与岁首改易之后的时序相悖，令移文先后的时间本末倒置。故无论按上述哪一种纪年朔日推考，其所存裂隙始终难以自洽。

② 李洪财：《走马楼西汉简的断代——兼谈草书的形成时间》，第242页。

图一 109

图二 102

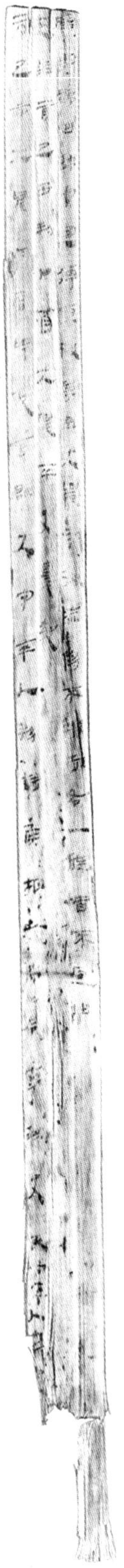
图三 54

图四 379+391

图五 79

图六 15

（宋少华，本文原载于韩国庆北大学人文学术院《东西人文》第 15 号，2021 年 4 月）

第二节　《都乡七年垦田租簿》的年代问题商榷

——兼论走马楼西汉简牍的年代

走马楼西汉简牍“都乡七年垦田租簿”资料披露之后，陆续有学者围绕计簿格式、内容、田租征收①，纪年问题、田制、田租②，垦田性质、租簿性质③，乐人④等问题，展开了多方面探讨，这对于走马楼西汉简牍的深入研究起到了积极的推动作用。其中对于垦田租簿年代问题的讨论也引人关注，其讨论的范围已超出“都乡七年垦田租簿”材料自身，而涉及整批简牍的年代，这本是出土文献整理研究的一个必然延续的过程，相信这种有益的探讨还将持续相当一段时间。

关于对“都乡七年垦田租簿”年代的讨论，目前大致分为两种意见。第一种意见认为“七年”应属长沙国纪年，为长沙王刘庸七年（前122）。最先提出走马楼西汉简牍年代属武帝早期，其简文所见的“四年”至“九年”的纪年为长沙王刘庸纪年的意见，见于长沙简牍博物馆、长沙市文物考古研究所联合发掘组《2003年长沙走马楼西汉简牍重大考古发现》（以下简称《发现》）一文。⑤其后马代忠先生在此基础上，结合参加释文整理所见的新材料，对“都乡七年垦田租簿”牍文所涉的年代及相关问题进行了初步考察，其在所撰《长沙走马楼西汉简〈都乡七年垦田租簿〉初步考察》（以下简称《考察》）一文中认为“七年，应属长沙国纪年，即长沙王刘庸七年”。⑥ 2017年之后参与“长沙走马楼西汉简的整理与研究”课题组有关专

---

① 朱德贵：《新出简牍与秦汉赋役制度研究》第二节《长沙走马楼西汉简牍所见“都乡七年垦田租簿”》，中国人民大学出版社，2021年，第93—109页。

② 晋文：《走马楼西汉简〈都乡七年垦田租簿〉的年代问题》，《山东师范大学学报（社会科学版）》2021年第3期。晋文：《秦汉土地制度研究》第五章《走马楼汉简中的田制等问题》，社会科学文献出版社，2021年，第170—209页。

③ 高智敏：《秦及两汉前期的垦田统计与田租征收——以垦田租簿为中心的考察》，《简帛研究·二〇一七·春夏卷》，广西师范大学出版社，2017年，第44—60页。

④ 李立：《西汉时期乐人公职服务问题考论——以走马楼西汉简“都乡七年垦田租簿”为中心》，《中原文化研究》2021年第3期。

⑤ 长沙简牍博物馆、长沙市文物考古研究所联合发掘组：《2003年长沙走马楼西汉简牍重大考古发现》（宋少华、金平执笔），中国文物研究所编《出土文献研究》第七辑，上海古籍出版社，2005年，第61页。

⑥ 马代忠：《长沙走马楼西汉简〈都乡七年垦田租簿〉初步考察》，中国文化遗产研究院编《出土文献研究》第十二辑，中西书局，2013年，第213—214页。

家学者陆续发表文章，大多赞同“简牍的年代为武帝时期，简牍纪年为长沙王刘庸纪年”的意见。① 有的学者认为，亦不排除在整理研究中仍有发现年代或早或晚简牍的可能。② 第二种意见认为，“七年”为长沙王吴右七年，当是文帝前元元年（前 179），走马楼西汉简牍的年代为吕后至文帝时期。此为晋文先生在其《走马楼西汉简〈都乡七年垦田租簿〉的年代问题》（以下简称《年代问题》）一文中提出。③ 笔者赞成第一种意见，认为晋文先生虽然对“都乡七年垦田租簿”的年代作了颇为细致的分析与梳理，其所作的推论也有简牍材料与文献依据，但其对年代的结论，仍存在可以讨论的空间。故不揣谫陋，对“七年垦田租簿”的年代以及与其相关的简牍年代问题略申管见，以求教于方家。

在展开讨论之前，先对《年代问题》一文就公布汉简历朔材料的疑问之处进行相关的说明。

首先，《发现》一文认为：“简文记录的四年、五年、六年的历朔，与汉武帝元朔四年、五年、六年的历朔相合。简文记录的七年、八年、九年的历朔亦与汉武帝元狩元年、二年、三年的历朔相合。”《年代问题》却认为：“查验张培瑜《中国先秦史历表》，可知这些历朔确如整理者所说但所谓‘相合’，实际只是与整理者提供的上述历朔相合，却并非与简文记录的所有相关历朔相合。”④

“实际只是与整理者提供的上述历朔相合”的说法，似乎容易让人理解为，简牍整理者对简牍纪年，只是选择相合的历朔，而并非与简文记录的所有相关历朔相合。对此，需要予以说明的是，《发现》一文发表于 2005 年，仅是一篇考古简讯。该简讯所公布的走马楼西汉简牍历朔材料，是依初步清洗的部分简牍释文。对其年代、性质、价值的评估是与受邀来长沙指导汉简整理的胡平生、李均明两位先生共同斟酌讨论后，商

---

① 杨芬：《读长沙走马楼西汉简札记——纪年与证律》，邬文玲、戴卫红主编《简帛研究·二〇一八·秋冬卷》，广西师范大学出版社，2019 年。李洪财：《走马楼西汉简的断代——兼谈草书的形成时间》，邬文玲、戴卫红主编《简帛研究·二〇一八·秋冬卷》，广西师范大学出版社，2019 年。欧扬：《走马楼西汉简刑制史料初探》，邬文玲、戴卫红主编《简帛研究·二〇一八·秋冬卷》，广西师范大学出版社，2019 年。李均明、宋少华：《长沙走马楼西汉简狱政资料的整理与考证》，《出土文献研究》第十八辑，中西书局，2019 年，第 150—158 页。王勇：《对走马楼西汉简“非纵火时擅纵火”的考察》，中国文化遗产研究院编《出土文献研究》第十八辑，中西书局，2019 年，第 159—167 页。杨芬、宋少华：《长沙走马楼西汉简〈宫司空令史儿等为武擅解脱易桎弗举劾案〉初步考察》，邬文玲、戴卫红主编《简帛研究·二〇二〇·秋冬卷》，广西师范大学出版社，2021 年，第 235—252 页。陈松长：《长沙走马楼西汉古井出土简牍概述》，《考古》2021 年第 3 期。熊曲、宋少华：《长沙走马楼西汉简临湘驾论血娄、齐盗赃案初探》，（韩国）庆北大学人文学术院《东西人文》第 15 号，2021 年 4 月，第 137—156 页。邬文玲：《走马楼西汉简所见赦令初探》，《社会科学战线》2022 年第 4 期。李洪财：《走马楼西汉简岐异干支谈汉初历法混用问题》，《社会科学战线》2022 年第 4 期。朱德贵：《新出简牍与秦汉赋役制度研究》第二节《长沙走马楼西汉简牍所见“都乡七年垦田租簿”》，第 93—109 页。

② 长沙简牍博物馆、长沙市文物考古研究所：《长沙市走马楼西汉古井及简牍发掘简报》，《考古》2021 年第 3 期。宋少华：《再论走马楼西汉简牍的年代》，（韩国）庆北大学人文学术院《东西人文》第 16 号，2021 年 8 月，第 489—513 页。宋少华：《长沙走马楼西汉简牍所见年代疆域琐议》，中国文化遗产研究院编《出土文献研究》第二十辑，中西书局，2021 年。

③ 晋文：《走马楼西汉简〈都乡七年垦田租簿〉的年代问题》，《山东师范大学学报（社会科学版）》2021 年第 3 期。

④ 同③。

定的一个初步意见。

走马楼西汉简牍更多的历朔材料，整理组成员已陆续发布了一些，可见李洪财先生的《走马楼西汉简的断代——兼谈草书的形成时间》（以下简称《断代》）及正式的发掘简报《长沙市走马楼西汉古井及简牍发掘简报》（以下简称《简报》）二文。剔除存疑者，《断代》公布了十余条新的历朔材料。《简报》在原《发现》的基础上亦增补了三十余条历朔材料。①《年代问题》一文已分别征引、提及二文，然而却未将其一并纳入整体考察的范围之内。

其次，针对《发现》一文附录简文“五年七月癸卯朔癸巳”的一则历朔材料，《年代问题》认为：这个历朔和元朔五年（前124）、元狩五年（前118）的历朔并不相合，而且和吴臣五年（前197）、吴回五年（前189）、吴右五年（？）、吴著五年（前173）、刘发五年（前151）和刘庸五年（前124）的历朔均不相合。可见“七年”为刘庸七年的推断，乃至整批汉简的年代推断，实际并不完全准确。另据胡平生研究，“五年七月癸卯朔”实际应为长沙王刘鲋鮈五年七月癸卯朔，刘鲋鮈五年即汉武帝太始元年（前96）。②《年代问题》的这一结论，显得不够谨慎。“五年七月癸卯朔癸巳”这条历朔材料本身是矛盾的，“癸卯”朔的当月无法排入“癸巳”日。胡平生先生亦对“癸巳”日不合朔提出质疑，认为是错误。③《发现》的作者则认为是书误所致，当更为“五年十月辛卯朔癸巳”。④ 这一认识亦获得李洪财先生的认同。⑤

对“七年垦田租簿”的年代以及与其相关的简牍年代问题，拟从以下五个方面予以讨论。

一、《西汉前中期相关历朔对照表》 辨疑

《年代问题》一文公布了一幅《西汉前中期相关历朔对照表》（以下简称“对照表”）⑥，择取部分已发表的走马楼西汉简牍二年至九年的历朔材料与吕后四年至文帝三年（前184—前177）及武帝元朔二年至元狩三年（前127—前120）的部分历朔比较，由此推论走马楼西汉简牍的年代为吕后至文帝时期。其云：

---

① 李洪财：《走马楼西汉简的断代——兼谈草书的形成时间》，邬文玲、戴卫红主编《简帛研究·二〇一八·秋冬卷》，广西师范大学出版社，2019年。长沙简牍博物馆、长沙市文物考古研究所：《长沙市走马楼西汉古井及简牍发掘简报》，《考古》2021年第3期。

② 晋文：《走马楼西汉简〈都乡七年垦田租簿〉的年代问题》，《山东师范大学学报（社会科学版）》2021年第3期。

③ 胡平生：《走马楼西汉简“牒书传舍屋壖垣坏败”考释》，《胡平生简牍文物论稿》，中西书局，2012年，第281页。

④ 参看长沙简牍博物馆、长沙市文物考古研究所：《长沙市走马楼西汉古井及简牍发掘简报》。宋少华：《再论走马楼西汉简牍的年代》一文，（韩国）庆北大学人文学术院《东西人文》第16号，2021年8月，第489—513页。

⑤ 参看李洪财：《从走马楼西汉简歧异干支谈汉初历法混用问题》，《社会科学战线》2022年第4期。以下简称“历法混用”。李洪财先生进一步认为：“证明错误不能简单地对照当下各种历表不合为主要依据，而需要更多内容、形式以及校勘学才能定论。”

⑥ 同②。

不难看出，表中除了六年四月的“壬午”与“壬子”冲突外，三年至八年的所有历朔都完全相同。根据“二年十一月癸酉朔戊戌”（0379），可判断表中二年并不一定是指吕后四年或刘庸二年；而根据九年四月有两个不同朔日，亦可判断表中九年并不一定是指文帝三年或刘庸九年。[①] 这表明走马楼汉简所记此表三年至八年历朔还很能是在吕后五年到文帝前元二年（前183—前178）。[②]

其《对照表》见下：

表一 西汉前中期相关历朔对照表

西汉前期	二	三	四	五	六	七	八	九	十一	西汉前期	二	三	四	五	六	七	八	九	十一	简牍纪年
吕后四年									戊申	元朔二年									戊申	二年
五年	辛未				己巳	己亥				三年	辛未				己巳	己亥				三年
六年	乙未			甲子						四年	乙未			甲子						四年
七年	乙丑[③]	己未	戊子		丁亥		丁亥	丙辰		五年	己丑	己未	戊子		丁亥		丁亥	丙辰		五年
八年			壬午							六年			壬子							六年
文帝元年		丁丑								元狩元年		丁丑								七年
二年			辛丑							二年			辛丑							八年
三年		丙申	乙丑						丁酉	三年		乙未	乙丑						丁酉	九年

说明：本表依据张培瑜《中国先秦史历表》，并参考李洪财《走马楼西汉简的断代——兼谈草书的形成时间》而制定。[④]

《年代问题》虽未说明比对的张培瑜《中国先秦史历表》中何种历法，但笔者经过仔细比较之后发现，《年代问题》所选用的出土汉简二年至九年的历朔材料只是与张培瑜《秦汉朔闰表》中吕后四年至文帝三年的“实历”与“颛顼历”的历朔相比对，虽多相合，却与“汉历”多不合，而且历朔比对还有采用“实历”与“颛顼历”交叉互补的方式，取其相合者而列之。拙文依据《对照表》所列上表的对应年代另作一表，

① 关于“二年十一月癸酉朔戊戌”，待到本节第四部分再作讨论。关于“九年四月有两个不同朔日（乙丑、乙未）”的问题，简例源于李洪财《走马楼西汉简的断代》一文之表9，其举6例九年四月朔、历日干支，5例可与武帝元狩三年四月朔日相合，历日可排入。唯残简0660（乙未）不合，是否书误，暂且存疑。

② 晋文：《走马楼西汉简〈都乡七年垦田租簿〉的年代问题》，《山东师范大学学报（社会科学版）》2021年第3期。

③ 张培瑜《中国先秦史历表·秦汉初朔闰表》所载高后七年二月朔，实历为“己丑”，颛历、殷历皆为“庚寅”。疑《对照表》引证实历朔干支时将实历“己丑”误印为“乙丑”。

④ 晋文：《走马楼西汉简〈都乡七年垦田租簿〉的年代问题》之《西汉前中期相关历朔对照表》，《山东师范大学学报（社会科学版）》2021年第3期。

详列张培瑜《秦汉朔闰表》中同期实历、颛历、汉历的朔闰干支及已发表的西汉简朔日干支记录要素较完备者（疑似、残缺者皆剔除）予以比对。①

表二 《秦汉初朔闰表》实历、颛历、汉历朔日干支与走马楼西汉简牍朔日干支对照表

西汉前期	历名	十	十一	十二	正	二	三	四	五	六	七	八	九	后九
高后四年（前184）	实	戊寅	戊申	丁丑	丁未	丁丑	丙午	丙子	乙巳	乙亥	甲辰	甲戌	癸卯	
	颛	己卯	戊申	戊寅	丁未	丁丑	丁未	丙子	丙午	乙亥	乙巳	甲戌	甲辰	
	汉	己卯	己酉	戊寅	戊申	丁丑	丁未	丁丑	丙午	丙子	乙巳	乙亥	甲辰	
二年	汉简②		戊申											
高后五年（前183）	实	癸酉	壬寅	壬申	辛丑	辛未	庚子	庚午	庚子	己巳	己亥	戊辰	戊戌	丁卯
	颛	癸酉	癸卯	壬申	壬寅	辛未	辛丑	庚午	庚子	己巳	己亥	己巳	戊戌	戊辰
	汉	甲戌	癸卯	癸酉	壬寅	壬申	辛丑	辛未	庚子	庚午	庚子	己巳	己亥	戊辰
三年	汉简					辛未				己巳	己亥			
高后六年（前182）	实	丁酉	丙寅	丙申	乙丑	乙未	甲子	甲午	癸亥	癸巳	癸亥	壬辰	壬戌	
	颛	丁酉	丁卯	丙申	丙寅	乙未	乙丑	甲午	甲子	癸巳	癸亥	壬辰	壬戌	
	汉	戊戌	丁卯	丁酉	丙寅	丙申	乙丑	乙未	甲子	甲午	癸亥	癸巳	壬戌	
四年	汉简					乙未			甲子		**癸亥**	**壬辰**		
高后七年（前181）	实	辛卯	辛酉	庚寅	庚申	己丑	戊午	戊子	丁巳	丁亥	丁巳	丙戌	丙辰	
	颛	辛卯	辛酉	辛卯	庚申	庚寅	己未	己丑	戊午	戊子	丁巳	丁亥	丙辰	
	汉	壬辰	壬戌	辛卯	辛酉	庚寅	庚申	己丑	己未	戊子	戊午	丁亥	丁巳	
五年	汉简	**辛卯**				己丑	己未	戊子		丁亥		丁亥	丙辰	
高后八年（前180）	实	丙戌	乙卯	乙酉	甲寅	甲申	癸丑	壬午	壬子	辛巳	辛亥	庚辰	庚戌	庚辰
	颛	丙戌	乙卯	乙酉	甲寅	甲申	甲寅	癸未	癸丑	壬午	壬子	辛巳	辛亥	庚辰
	汉	丙戌	丙辰	乙酉	乙卯	乙酉	甲寅	甲申	癸丑	癸未	壬子	壬午	辛亥	辛巳
六年	汉简		**乙酉**					壬子	**壬午**	**辛亥**			**庚辰**	

① 用于比对的走马楼西汉简牍历朔，采自李洪财《走马楼西汉简的断代——兼谈草书的形成时间》及长沙简牍博物馆等《长沙市走马楼西汉古井及简牍发掘简报》。

② 走马楼西汉简牍，表中简称“汉简”。按：《对照表》所列简牍纪年“二年十一月戊申”朔、“九年三月乙未”朔，走马楼出土汉简中并无此两历朔的记载，亦未做过披露，不知《对照表》所据何来，故填涂灰色示意以作区别。

续表

西汉前期	历名	十	十一	十二	正	二	三	四	五	六	七	八	九	后九
文帝元年（前179）	实	庚戌	己卯	己酉	戊寅	戊申	丁丑	丙午	丙子	乙巳	乙亥	甲辰	甲戌	
	颛	庚戌	己卯	己酉	戊寅	戊申	丁丑	丁未	丙子	丙午	丙子	乙巳	乙亥	
	汉	庚戌	庚辰	己酉	己卯	戊申	戊寅	丁未	丁丑	丁未	丙子	丙午	乙亥	
七年	汉简		**己卯**		**戊寅**	**戊申**	丁丑		**丙子**		**乙亥**	**乙巳**		
文帝二年（前178）	实	癸卯	癸酉	癸卯	癸酉	壬寅	壬申	辛丑	庚午	庚子	己巳	戊戌	戊辰	戊戌
	颛	甲辰	甲戌	癸卯	癸酉	壬寅	壬申	辛丑	辛未	庚子	庚午	己亥	己巳	己亥
	汉	乙巳	甲戌	甲辰	癸酉	癸卯	壬申	壬寅	辛未	辛丑	庚午	庚子	己巳	己亥
八年	汉简	**甲辰**	**癸酉**	**癸卯**				辛丑	**辛未**	**庚子**				**戊戌**
文帝三年（前177）	实	丁卯	丁酉	丁卯	丁酉	丙寅	丙申	乙丑	甲午	甲子	癸巳	壬戌	壬辰	
	颛	戊辰	戊戌	丁卯	丁酉	丙寅	丙申	乙丑	乙未	甲子	甲午	癸亥	癸巳	
	汉	己巳	戊戌	戊辰	丁酉	丁卯	丙申	丙寅	乙未	乙丑	甲午	甲子	癸巳	
九年	汉简		丁酉		**丙申**	**丙寅**	**乙未**	乙丑	**乙未**	**甲子**	**甲午**			

说明：本表依据张培瑜《中国先秦史历表》而制作。表中汉简朔日干支黑体字者为《对照表》所未选，计24条。字体未加粗者为《对照表》所择选，计16条。

从表二中可见：

1. 高后五年（前183）二月朔，实历、颛历皆为辛未，汉历为壬申，汉简三年二月辛未朔。
2. 高后五年（前183）六月朔，实历、颛历皆为己巳，汉历为庚午，汉简三年六月己巳朔。
3. 高后五年（前183）七月朔，实历、颛历皆为己亥，汉历为庚子，汉简三年七月己亥朔。
4. 高后六年（前182）二月朔，实历、颛历皆乙未，汉历为丙申，汉简四年二月乙未朔。
5. 高后六年（前182）五月朔，实历为癸亥、颛历为甲子，汉历为甲子，汉简四年二月甲子朔。
6. 高后六年（前182）七月朔，实历、颛历皆癸亥，汉历为癸亥，汉简四年七月癸亥朔。
7. 高后六年（前182）八月朔，实历、颛历皆壬辰，汉历为癸巳，汉简四年八月壬辰朔。
8. 高后七年（前181）十月朔，实历、颛历皆辛卯，汉历为壬辰，汉简五年十月辛卯朔。
9. 高后七年（前181）二月朔，实历为己丑，颛历为庚寅，汉历为庚寅，汉简五年二月己丑朔。
10. 高后七年（前181）三月朔，实历为戊午，颛历为己未，汉历为庚申，汉简五年三月己未朔。
11. 高后七年（前181）四月朔，实历为戊子，颛历为己丑，汉历为己丑，汉简五年四月戊子朔。
12. 高后七年（前181）六月朔，实历为丁亥，颛历为戊子，汉历为戊子，汉简五年六月丁亥朔。
13. 高后七年（前181）八月朔，实历为丙戌，颛历为丁亥，汉历为丁亥，汉简五年八月丁亥朔。

14. 高后七年（前181）九月朔，实历、颛历皆为丙辰，汉历为丁巳，汉简五年九月丙辰朔。

15. 高后八年（前180）十一月朔，实历、颛历皆为乙卯，汉历为丙辰，汉简六年十一月乙酉朔。

16. 高后八年（前180）四月朔，实历为壬午，颛历为癸未，汉历为甲申，汉简六年四月壬子。

17. 高后八年（前180）五月朔，实历为壬子，颛历为癸丑，汉历为癸丑，汉简六年五月壬午朔。

18. 高后八年（前180）六月朔，实历为辛巳，颛历为壬午，汉历为癸未，汉简六年六月辛亥朔。

19. 高后八年（前180）九月朔，实历为庚戌，颛历为辛亥，汉历为辛亥，汉简六年九月庚辰朔。

20. 文帝前元元年（前179）十一月朔，实历、颛历皆为己卯，汉历为庚辰，汉简七年十一月己卯朔。

21. 文帝前元元年（前179）正月朔，实历、颛历皆为戊寅，汉历为己卯，汉简七年正月戊寅朔。

22. 文帝前元元年（前179）二月朔，实历、颛历皆为戊申，汉历为戊申，汉简七年二月戊申朔。

23. 文帝前元元年（前179）三月朔，实历、颛历皆为丁丑，汉历为戊寅，汉简七年三月丁丑朔。

24. 文帝前元元年（前179）五月朔，实历、颛历皆为丙子，汉历为丁丑，汉简七年五月丙子朔。

25. 文帝前元元年（前179）七月朔，实历为乙亥，颛历为丙子，汉历为丙子，汉简七年七月乙亥朔。

26. 文帝前元元年（前179）八月朔，实历为甲辰，颛历为乙巳，汉历为丙午，汉简七年八月乙巳朔。

27. 文帝前元二年（前178）十月朔，实历为癸卯，颛历为甲辰，汉历为乙巳，汉简八年十月甲辰朔。

28. 文帝前元二年（前178）十一月朔，实历为癸酉，颛历为甲戌，汉历为甲戌，汉简八年十一月癸酉朔。

29. 文帝前元二年（前178）十二月朔，实、颛历皆为癸卯，汉历为甲辰，汉简八年十二月癸卯朔。

30. 文帝前元二年（前178）四月朔，实历、颛历皆为辛丑，汉历为壬寅，汉简八年四月辛丑。

31. 文帝前元二年（前178）五月朔，实历为庚午，颛历为辛未，汉历为辛未，汉简八年五月辛未朔。

32. 文帝前元二年（前178）六月朔，实历、颛历皆为庚子，汉历为辛丑，汉简八年六月庚子朔。

33. 文帝前元二年（前178）后九月朔，实历为戊戌，颛历为己亥，汉历为己亥，汉简八年后九月戊戌朔。

34. 文帝前元三年（前177）十一月朔，实历为丁酉，颛历为戊戌，汉历为戊戌，汉简九年十一月丁酉。

35. 文帝前元三年（前177）正月朔，实历、颛历皆为丁酉，汉历为丁酉，汉简九年正月丙申朔。

36. 文帝前元三年（前177）二月朔，实历、颛历皆为丙寅，汉历为丁卯，汉简九年二月丙寅朔。

37. 文帝前元三年（前177）四月朔，实历、颛历皆为乙丑，汉历为丙寅，汉简九年四月乙丑朔。

38. 文帝前元三年（前177）五月朔，实历为甲午，颛历为乙未，汉历为乙未，汉简九年五月乙未朔。

39. 文帝前元三年（前177）六月朔，实历、颛历皆为甲子，汉历为乙丑，汉简九年六月甲子朔。

40. 文帝前元三年（前177）七月朔，实历为癸巳，颛历为甲午，汉历为甲午，汉简九年七月甲午朔。

以上所举40例历朔材料，经比对统计：高后五年（前183）至文帝前元三年（前177）间，实历、颛历与汉简三年至九年间历朔相合为19例，即高后五年二月、六月、七月，六年二月、七月、八月，七年十月、九月，文帝前元元年十一月、二月、三月、五月，文帝前元二年十二月、四月、六月，三年二月、四月、六月；取实历独与汉简历朔相合者为7例，即高后七年二月、四月、六月，文帝前元元年七月，文帝前元二年十一月、后九月，文帝前元三年十一月；取颛历独与汉简历朔相合者为8例，即高后六年五月，七年三月、八月，文帝前元元年八月，文帝前元二年十月、五月，文帝前元三年五月、七月。完全不相合者6例，即高后八年十一月、四月、五月、六月、九月，文帝前元三年正月。两历相合者仅占总数的47.5%左右，单历相合者实历占17.5%，颛历占20%，不合者占15%。反观汉历与汉简三年至九年间历朔比对，其相合者仅7例，即序号为5、6、13、22、31、38、40者，不合者为33例，占总比82.5%。暂且不论两者之间的年代是否能真正对应，仅就比对方法而言，采用实历、颛历双历相合或互搭相合的方式是否恰当颇值讨论。出土历简的朔日干支比对何类历法为宜，我们不妨再回看一下张培瑜先生对秦汉初期朔闰表所列数类历法的说明：

> 实——实朔干支（即用现代天文方法计算所得实朔干支）；颛——颛项历；殷——殷历；汉——依新出秦汉简牍复杂的汉初历法；初——另一法复原的汉初历法。仅列出与上法相异处。①

其实张培瑜先生在该书《前言》中对复原的汉初历法已作了清晰的阐述：

> 由于近年来纪日秦汉简牍接连出土，这个问题可以说基本上解决了。我们根据新出土秦汉历日材料复原了汉初历法。现在知道汉初所用历法虽也是四分法，但与颛项历、殷历上元及气朔不同。它既不是殷历，也不是颛项历，而是一种新的历法。本书根据“汉初历法”的法数推出了秦汉初朔闰表。同时列出用殷历、颛项历方法计算所得的结果，以资比对。②

由于张培瑜先生《中国先秦史历表》一书出版甚早，其中自会存在某些不足。此后三十余年间各地出土历简材料日益丰富，其后来学人的科研成果也日渐累积，更趋严谨完备。此亦可借助后出之新成果、新材料来验证前辈学贤之推断与考论。据此，先以徐锡琪先生《西周（共和）至西汉历谱》、李忠林先生《秦至汉初历法研究》之《秦至汉初朔闰表》与之比对，其高后五年（前185）至文帝前元三年（前177）的历朔与张培瑜先生《秦汉初朔闰表》中依新出秦汉简牍复原的汉初历法——汉历所推算出的历朔，两者基本相合，而与走马楼西汉简牍二年至九年的历朔大多不合。③ 其次，以近年湖北荆州胡家草场M12出土西汉简牍为例，李志芳、蒋鲁敬两位先生将胡家草场M12出土西汉“历简”的朔日干支与张培瑜《秦汉初朔闰表》比对后认为：“文帝后元元年（前163）至武帝太初元年（前104）每年朔日干支多与《先秦史历表》‘秦汉初朔闰表’中依出土秦汉简牍复原的汉初历法吻合，个别略有出入，与湖北随州孔家坡汉简，山东临沂银雀山

---

① 张培瑜：《中国先秦史历表凡例》，齐鲁书社，1987年，“凡例”，第2页。

② 张培瑜：《中国先秦史历表凡例》，齐鲁书社，1987年，“前言”，第4页。

③ 徐锡琪：《西周（共和）至西汉历谱》，北京科技出版社，2016年，第1315—1330页。按：徐书“汉文帝前元元年七月丙午朔”，疑为印误。核检该书六月二十九日干支为“乙亥”，七月二日干支为“丁丑”，七月朔日干支当为“丙子”，见氏著第1326页。李忠林：《秦至汉初历法研究》，中华书局，2016年，第226—231页。

汉简历日基本一致。”① 蒋鲁敬先生在此基础上将各家历法推算结果作更为细致的比对后认为：

“历”简中对应文帝后元元年（前163）至武帝元封六年（前105）的朔日干支，与《西周（共和）至西汉历谱》《中国先秦史历表》“秦汉初朔闰表”中依出土秦汉简牍复原的汉初历法所推算的朔日干支大多相吻合。②

既然胡家草场出土西汉“历”简的朔日干支与《秦汉初朔闰表》中“汉历”所推算的朔日干支大多相吻合，作为出土文献的走马楼西汉简，其朔日干支的比对，当宜以张培瑜先生据“汉初历法”的法数推出的“汉历”为其基本的依据，再辅以近来重要研究成果如徐锡祺《西周（共和）至西汉历谱》、李忠林《秦至汉初历法研究》等及重要考古发现作为参证，似为更加妥当。从本节列表比对的结果表明，走马楼西汉简牍的年代不属吕后——文帝时期。

二、长沙王吴右纪年推考

《年代问题》将《对照表》中走马楼西汉简牍所记三年至八年历朔，对应到吕后五年至文帝前元二年，其强调云：“究其原因，这固然是考虑当时的田租乃十五税一。”③ 出于这一原因的需要，《对照表》将《史记》《汉书》所载长沙恭王吴右在位时间对应高后、文帝的在位时间自作了一番微调并解释道：

案《史记·汉兴以来诸侯王年表》《汉书·异姓诸侯王表》，恭王吴右（若）七年均为吕后八年（前180）。但前者记恭王在位九年，如孝文三年（前177），长沙“靖王著元年”；后者记恭王在位八年，孝文二年，长沙“靖王产嗣”。这种现象主要是源于史家对当年嗣立还是次年嗣立的混乱记载。若吴右在位的最后一年确实是《史记》记载的文帝二年，而吴右的在位时间又确实是《汉书》记载的八年，那么吴右七年便应当是文帝前元元年（前179）。这意味着吕后至文帝时期亦大致与上述公布的历朔相合。④

这种将《史记》《汉书》明确记载长沙恭王吴右在位的第七年为高后八年（前180），下调至文帝前元元年（前179）的做法，固然可以满足《对照表》所设置年代比对的需求，但是将《汉书》所载吴右在位第八年，即文帝前元元年（前179），擅挪至《史记》所载吴右在位的第九年的年位上，即文帝前元二年（前178），从而将吴右七年顺势下调至文帝前元元年（前179），这种过于牵强的调补年位的方法似乎欠妥。仅是对传世文献的率性解说所引起的连锁反应，恐是《对照表》设计者未曾预料的，由此所产生的系列疏漏，

---

① 李志芳、蒋鲁敬：《湖北荆州市胡家草场西汉墓M12出土简牍概述》，《考古》2020年第2期。

② 蒋鲁敬：《胡家草场M12出土竹简中的“历”与“日至”初探》，武汉大学简帛研究中心主办《简帛》第二十三辑，上海古籍出版社，2021年，第54页。

③ 晋文：《走马楼西汉简〈都乡七年垦田租簿〉的年代问题》，《山东师范大学学报（社会科学版）》2021年第3期。

④ 同③。

恐是更加难以弥平。兹试作辨析：

首先，依据《史记·汉兴以来诸侯王年表》《汉书·异姓诸侯王表》的记载，两表所载恭王吴右嗣位时间及前三王（吴芮、吴臣、吴回）在位时间、年数是基本一致，是清楚明确的。见表三：

表三 《史记》《汉书》所载长沙国吴氏诸王纪年比对表

汉纪年	嗣、在位年	薨年	汉纪年	嗣、在位年	薨年
高祖五年（前202）	二月乙未衡山王吴芮为长沙王（在位4月）	文王吴芮六月	汉五年（前202）	二月乙未王吴芮始（在位4月）	六月薨
高祖六年（前201）	成王臣元年（在位8年）	孝惠六年（前194）	汉六年（前201）	成王臣嗣（在位8年）	孝惠六年（前194）
孝惠二年（前193）	哀王回元年（在位7年）	高后元年（前187）	孝惠二年（前193）	哀王回嗣（在位7年）	高后元年（前187）
高后二年（前186）	恭王右元年（在位9年）	孝文前元二年（前178）	高后二年（前186）	共王若嗣（在位8年）	孝文元年（前179）
孝文前元三年（前177）	靖王著元年（在位21年）	孝文后元七年（前157）	孝文二年（前178）	靖王产嗣（在位22年）	孝文后元七年（前157）

说明：据《史记》卷十七《汉兴以来诸侯王年表》第807—838页（表左）、《汉书》卷十三《异姓诸侯王表》第366—387页（表右）制作。

清代学者王先谦在梳证这一段史实时，其《汉书补注》（以下简称《补注》）基本是沿袭《汉书》的说法（表四）。

表四 《汉书补注》所载汉长沙国吴氏诸王年表

序号	诸王谥名	汉长沙国吴氏诸王嗣位薨年
1		（汉）四年（前203）九月初置长沙国
2	文王吴芮	（汉）五年（前202）二月乙未吴芮始，六月薨
3	成王吴臣	（汉）六年（前201）成王臣嗣，孝惠帝元年（前194）臣八年
4	哀王吴回	孝惠帝二年（前193），哀王回嗣，高后元年（前187）（回）七年
5	共王吴若	高后二年（前186），共王若嗣，孝文元年（前179）（若）八年
6	靖王吴产	孝文二年（前178），靖王产嗣，（孝文）后元七年（前157）（产）二十二年来朝，薨，无子国除

说明：据王先谦《汉书补注》（中华书局，1983年，第151—157页）制作。

从以上所举两表的比较中可以清楚地看到，《史记》《汉书》对长沙恭（共）王吴右（若）嗣位的时间记载明确，皆为高后二年（前 186），由此下推恭王吴右七年只能是对应高后八年（前 180）。所存不同只是吴右七年之后的在位年数，《史记》载吴右在位 9 年，薨于孝文前元二年（前 178）。《汉书》《补注》载共（恭）王吴若（右）在位 8 年，薨于孝文前元元年（前 179）。其薨年相差一年，虽有影响，但也只会影响到吴右七年之后最终的在位年数及后来嗣位的靖王吴著在位的年数。《史记》载靖王吴著在位为 21 年，《汉书》载靖王吴产（著）在位为 22 年。这在《史记》《汉书》各列《诸侯王年表》《异姓诸侯王表》中记载得非常清楚。

《史记》《汉书》对于恭王吴右嗣位的时间均记载明确，皆为高后二年（前 186），因此恭王吴右七年只能是对应高后八年（前 180），《年代问题》将吴右七年下调至文帝前元元年（前 179），是既不合《史记》，又不合《汉书》。面对史家存在不同的说法，后来研究者通常采取较为慎重的态度，或从一家之言，或并举两家之说，参酌比较而取其信者，差别之处保留，不作改变，供学者自作考量。复观今之治地方史志学者，对于西汉吴氏长沙王诸王在位年数，或从史迁之说，或随班书之言，相互之间并无扞格，① 更不必以甲长而适乙短。

其次，倘若为求证恭王吴右七年必是对应文帝前元元年（前 179）的话，也须先解决好《史记》《汉书》共同认定的，吴右嗣位高后二年（前 186）与吴右七年在高后八年（前 180）这一关键性的前提，而不应仅仅因为某种原因而自作更改。细阅《年代问题》设计的《西汉前中期相关历朔对照表》，其对年代朔日干支对应的整体编排，或是为了证明走马楼西汉简牍的年代属于高后至文帝时期的结论所作的铺垫，将《汉书》所载恭王吴右在位八年中的最后一年（前 179）变成《史记》所载恭王吴右在位九年中的最后一年（前 178），由此顺理成章地将吴右七年从高后八年（前 180）下调为文帝前元元年（前 179），从而为“都乡七年垦田租簿”为高后至文帝时期说提出一合理的依据。

窃以为，此种自改传世文献有关王国纪年的方式非但不够严谨，推论亦缺乏理据，其结果还容易造成吴氏长沙王年表上的混乱，产生一系列连锁反应的问题。假设恭王吴右七年果如《对照表》所说在文帝前元元年（前 179）的话，那么吴右元年就会下移为高后三年（前 185），《对照表》虽未排列出高后三年与吴右元年的对应栏，但其编年自身的逻辑顺序已体现出这种年代对应关系。如此一来，《史记》《汉书》所共载吴右元年在高后二年（前 186）的年位则会空置出来，那么这一年又该归属哪一位王的在位年或薨年呢？倘若恭王吴右之前诸王都循此法依次下移一年而不留空档的话，其所造成的不合之处岂不更多，其所产生的连锁

① 伍新福《湖南通史·古代卷》（湖南出版社，1994 年，第 156 页）从《史记》说，吴右在位 9 年（前 186—前 178）。罗庆康《长沙国研究》（湖南人民出版社，1998 年，第 12—33 页）从《史记》说，吴右（前 186—前 178）在位 9 年。长沙市志编纂委员会《长沙市志》（湖南人民出版社，2004 年，第 66 页）从《史记》说，吴右高后二年（前 186）嗣位，文帝二年（前 178）卒。何旭红《汉代长沙国考古发现与研究》（岳麓书社，2013 年，第 3 页）从《汉书》说，吴右在位 8 年（前 186—前 179）。

变化与问题岂不与《史记》《汉书》所载相悖更远。即便空置的高后二年（前 186）不与前三王有所关联，其所空置的原因，又该作何种解释呢？由此看来，当改变前提或前提错误时，一年之差虽在毫厘之间，但其结果或结论所造成困惑始终难以纾解。通过以上辨析，笔者认为《年代问题》之《对照表》所编排的年代对应关系，尤其是将恭王吴右七年移位至文帝前元元年（前 179）的推论，显得依据不足，论证似过随意，存在着可商榷探讨的空间。为便于以下讨论，关于吴、刘两氏长沙王世系（刘氏仅限于定王、康王），拙文从《史记》说。

为进一步厘清走马楼西汉简牍的年代，兹将《史记》《汉书》所载长沙恭王吴右、长沙康王刘庸即位后的前九年与张培瑜先生《中国先秦史历表·秦汉初朔闰表》之“汉历”（表中简称《历表》）、李忠林先生《秦至汉初历法研究·秦至汉初朔闰表》（表中简称《历法》）所推同年历朔，与走马楼西汉简牍历朔材料相比对（表中简称“汉简”，朔日干支下编号为简牍清理序号），分别列表五、表六如下。

表五　汉长沙国恭王吴右在位年（元年至九年）与西汉简朔日干支比对表

朝廷纪年	来源	10	11	12	1	2	3	4	5	6	7	8	9	后9	王国纪年
吕后二年（前 186）	历表	辛酉	辛卯	庚申	庚寅	己未	己丑	戊午	戊子	丁巳	丁亥	丙辰	丙戌	乙卯	恭王吴右元年
	历法	辛酉	辛卯	庚申	庚寅	己未	己丑	戊午	戊子	丁巳	丁亥	丙辰	丙戌	乙卯	
元年	汉简														
三年（前 185）	历表	乙酉	乙卯	甲申	甲庚	癸未	癸丑	壬午	壬子	辛巳	辛亥	庚辰	庚戌		二年
	历法	乙酉	乙卯	甲申	甲庚	癸未	癸丑	壬午	壬子	辛巳	辛亥	庚辰	庚戌		
二年	汉简														
四年（前 184）	历表	己卯	己酉	戊寅	戊申	丁丑	丁未	丁丑	丙午	丙子	乙巳	乙亥	甲辰		三年
	历法	己卯	己酉	戊寅	戊申	戊寅	丁未	丁丑	丙午	丙子	乙巳	乙亥	甲辰		
三年	汉简					辛未 796				己巳 1282	己亥 2015				
五年（前 183）	历表	甲戌	癸卯	癸酉	壬寅	壬申	辛丑	辛未	庚子	庚午	庚子	己巳	己亥	戊辰	四年
	历法	甲戌	癸卯	癸酉	壬寅	壬申	辛丑	辛未	庚子	庚午	庚子	己巳	己亥	戊辰	
四年	汉简					乙未 6			甲子 46		癸亥 752	壬辰 324			
六年（前 182）	历表	戊戌	丁卯	丁酉	丙寅	丙申	乙丑	乙未	甲子	甲午	癸亥	癸巳	壬戌		五年
	历法	戊戌	丁卯	丁酉	丙寅	丙申	乙丑	乙未	甲子	甲午	癸亥	癸巳	壬戌		

续表

朝廷纪年	来源	10	11	12	1	2	3	4	5	6	7	8	9	后9	王国纪年	
五年	汉简	辛卯 79				己丑 54	己未 47	戊子 618		丁亥 506		丁亥 88	丙辰 42			
七年（前181）	历表	壬辰	壬戌	辛卯	辛酉	庚寅	庚申	己丑	己未	戊子	戊午	丁亥	丁巳		六年	
	历法	壬辰	壬戌	辛卯	辛酉	庚寅	庚申	己丑	己未	戊子	戊午	丁亥	丁巳			
六年	汉简		乙酉 538					壬子 187	壬午 467	辛亥 1331			庚辰 699			
八年（前180）	历表	丙戌	丙辰	乙酉	乙卯	乙酉	甲寅	甲申	癸丑	癸未	壬子	壬午	辛亥	辛巳	七年	
	历法	丙戌	丙辰	乙酉	乙卯	乙酉	甲寅	甲申	癸丑	癸未	壬子	壬午	辛亥	辛巳		
七年	汉简		己卯 257		戊寅 138	戊申 389	丁丑 194		丙子 1801		乙亥 231	乙巳 115				
文帝元年（前179）	历表	庚戌	庚辰	己酉	己卯	戊申	戊寅	丁未	丁丑	丁未	丙子	丙午	乙亥		八年	
	历法	庚戌	庚辰	己酉	己卯	戊申	戊寅	丁未	丁丑	丁未	丙子	丙午	乙亥			
八年	汉简	甲辰 368	癸酉 379	癸卯 134				辛丑 666	辛未 795	庚子 542				戊戌 1806		
二年（前176）	历表	乙巳	甲戌	甲辰	癸酉	癸卯	壬申	壬寅	辛未	辛丑	庚午	庚子	己巳	己亥	吴右九年	吴产元年
	历法	乙巳	甲戌	甲辰	癸酉	癸卯	壬申	壬寅	辛未	辛丑	庚午	庚子	己巳	己亥		
九年	汉简		丁酉 1805		丙申 557	丙寅 534		乙丑 200	乙未 868	甲子 574	甲午 1798				史①	汉②

表六 汉长沙国康王刘庸元年至九年与走马楼西汉简牍朔日干支比对表

武帝纪年	来源	10	11	12	1	2	3	4	5	6	7	8	9	后9	王国纪年《史记》
元朔元年（前128）	历表	甲申	甲寅	癸未	癸丑	壬午	壬子	辛巳	辛亥	庚辰	庚戌	庚辰	己酉		康王刘庸元年③
	历法	甲申	甲寅	癸未	癸丑	壬午	壬子	辛巳	辛亥	庚辰	庚戌	庚辰	己酉		
元年	汉简														

① 《史记》，表中简称《史》。

② 《汉书》，表中简称《汉》。

③ 长沙王刘庸谥号，《史记》云“康王”，《汉书》云“戴王”，本表从《史记》说。

续表

武帝纪年	来源	10	11	12	1	2	3	4	5	6	7	8	9	后9	王国纪年 《史记》
二年 （前127）	历表	己卯	戊申	戊寅	丁未	丁丑	丙午	丙子	乙巳	乙亥	甲辰	甲戌	癸卯		二年
	历法	己卯	戊申	戊寅	丁未	丁丑	丙午	丙子	乙巳	乙亥	甲辰	甲戌	癸卯		
二年	汉简														
三年 （前126）	历表	癸酉	癸卯	壬申	壬寅	辛未	辛丑	庚午	庚子	己巳	己亥	戊辰	戊戌	丁卯	三年
	历法	癸酉	癸卯	壬申	壬寅	辛未	辛丑	庚午	庚子	己巳	己亥	戊辰	戊戌	丁卯	
三年	汉简					辛未 796				己巳 1282	己亥 2015				
四年 （前125）	历表	丁酉	丙寅	丙申	乙丑	乙未	乙丑	甲午	甲子	癸巳	癸亥	壬辰	壬戌		四年
	历法	丁酉	丙寅	丙申	乙丑	乙未	乙丑	甲午	甲子	癸巳	癸亥	壬辰	壬戌		
四年	汉简					乙未 6			甲子 46		癸亥 752	壬辰 324			
五年 （前124）	历表	辛卯	辛酉	庚寅	庚申	己丑	己未	戊子	戊午	戊子 （丁亥）	丁巳	丁亥	丙辰	丙戌	五年
	历法	辛卯	辛酉	庚寅	庚申	己丑	己未	戊子	戊午	丁亥	丁巳	丁亥	丙辰	丙戌	
五年	汉简	辛卯 79				己丑 54	己未 47	戊子 618		丁亥 506		丁亥 88	丙辰 42		
六年 （前123）	历表	乙卯	乙酉	甲寅	甲申	癸丑	癸未	壬子	壬午	辛亥	辛巳	庚戌	庚辰		六年
	历法	乙卯	乙酉	甲寅	甲申	癸丑	癸未	壬子	壬午	辛亥	辛巳	庚戌	庚辰		
六年	汉简		乙酉 538					壬子 187	壬午 467	辛亥 1331			庚辰 699		
元狩 元年 （前122）	历表	庚戌	己卯	己酉	戊寅	戊申	丁丑	丁未	丙子	丙午	乙亥	乙巳	甲戌		七年
	历法	庚戌	己卯	己酉	戊寅	戊申	丁丑	丁未	丙子	丙午	乙亥	乙巳	甲戌		
七年	汉简		己卯 257		戊寅 138	戊申 389	丁丑 194		丙子 1801		乙亥 231	乙巳 115			

续表

武帝纪年	来源	10	11	12	1	2	3	4	5	6	7	8	9	后 9	王国纪年 《史记》
二年（前 121）	历表	甲辰	癸酉	癸卯	壬申	壬寅	壬申	辛丑	辛未	庚子	庚午	己亥	己巳	戊戌	八年
	历法	甲辰	癸酉	癸卯	壬申	壬寅	壬申	辛丑	辛未	庚子	庚午	己亥	己巳	戊戌	
八年	汉简	甲辰 368	癸酉 379	癸卯 134				辛丑 666	辛未 795	庚子 542				戊戌 1806	
三年（前 120）	历表	戊辰	丁酉	丁卯	丙申	丙寅	乙未	乙丑	乙未	甲子	甲午	癸亥	癸巳		九年
	历法	戊辰	丁酉	丁卯	丙申	丙寅	乙未	乙丑	乙未	甲子	甲午	癸亥	癸巳		
九年	汉简		丁酉 1805		丙申 557	丙寅 534		乙丑 200	乙未 868	甲子 574	甲午 1798				

通过上列两表的比较，可以清楚地看到：按照《史记》所载长沙恭王吴右元年至九年（前 186—前 178）的纪年时间（按：《汉书》所载为八年），表五所列《历表》与《历法》朔闰干支与走马楼西汉简牍朔闰干支比对皆不相合，即便是《对照表》所采用的实历与颛历互搭的方式亦多不相合（可参比前揭表二）。而按照《史记》所载长沙康王刘庸元年至九年（前 128—前 120）的纪年时间（按：《汉书》所载刘庸元年至九年为公元前 127—前 119 年，均晚一年），表六所列《历表》与《历法》朔闰干支与走马楼西汉简牍朔闰干支比对则基本相合。因此，拙文认为走马楼西汉简牍的年代应属武帝时期。

三、从西汉前期置闰的规律上观察走马楼西汉简牍的年代

为进一步深入探讨“七年垦田租簿”及与之相关的走马楼西汉简牍整体的年代，我们可以从汉历置闰的角度再作观察。从表五、表六中，笔者注意到长沙恭王吴右元年至九年，即高后二年（前 186）至文帝前元二年（前 178）间与长沙康王刘庸元年至九年，即武帝元朔元年（前 128）至元狩三年（前 120）间，在置闰的排闰序位上发生了明显的变化，这种变化表现为：长沙恭王吴右元年至九年中置闰年位为元年、四年、七年、九年；长沙康王刘庸九年中置闰年位为三年、五年、八年。这种变化产生的原因颇值得关注。近年来一些历法专家学者的研究成果为探究这一原因提供重要的依据，亦为甄别走马楼西汉简牍的年代提供了一个新的观察视角。

关于古代置闰的基本规律，李忠林先生认为：

我们知道，现代天文学测得的朔望月平均长度为 29.530589 日，回归年为 365.24219879 日，一回归年较十二个朔望月还长 10.87513079 日，这样至少两个平年前后均为闰年。也就是说，存在两年一闰和三年一闰两种模式，即“（闰）—平—闰”和“（闰）—平—平—闰”。而且我们很容易证明不会出现“（闰）—平—闰—平—闰”这种模式，而只能是“（闰）—平—闰—平—平—闰”或“（闰）—平—平—闰—平—闰”这种模式。古代历法虽疏，但岁实和朔策与真值的差距总在百分位以后，因此这一规律在阴阳合历的置闰法则中具有普适性。①

李忠林在考察置闰法则在秦至汉初实际应用的情况后认为：

从秦王政元年至汉太初改历前的实际置闰年份可以通过出土文献和《史记》《汉书》纪志中的“后九月”记录考得，这个工作张培瑜、陈久金等先生曾做过，陈久金的考证最为翔实，他共考得这一时期的实际置闰年份 36 个，其中 11 个是史书直接有后九月记载的年份，其余为推得的，这些推得的闰年是可信的，许多得到了新出历简的证实。②

李忠林在前人考证的基础上，制作出秦至汉初实际闰年表并根据新出历简又补充 9 个闰年（表中带括号的“闰”字即是），详见后表③。

表七　秦至汉初（前 246—前 104）实际闰年表

闰							
245	226	207	188	169	150	131	112
244	225	206	187	168	149	130	111
闰	闰	闰	闰	闰	闰	闰	闰
242	223	204	185	166	147	128	109
241	222	203	184	165	146	127	108
闰	闰	闰	闰	闰	闰	闰	闰
239	220	201	182	163	144	125	106
238	219	200	181	闰	闰	闰	闰
(闰)	闰	闰	闰	161	142	123	104
236	217	198	179	160	141	122	——
(闰)	闰	闰	闰	闰	闰	闰	——
234	215	196	177	158	139	120	——
233	214	195	176	157	138	119	——

① 李忠林：《秦至汉初历法研究》，中华书局，2016 年，第 101 页。

② 李忠林：《秦至汉初历法研究》，第 100 页。

③ 李忠林：《秦至汉初历法研究》，第 103 页。

续表

闰							
(闰)	闰	闰	闰	闰	闰	闰	——
231	212	193	174	155	136	117	——
230	211	192	173	154	135	116	——
(闰)	闰	闰	闰	闰	闰	闰	——
228	209	190	171	152	133	114	——
(闰)	闰	闰	闰	闰	闰	闰	——

说明：采自李忠林《秦至汉初历法研究》中《秦至汉初（公元前246—前104年）实际闰年表》。表中填灰色框处为拙文所加。

李忠林先生认为该表置闰出现变化的原因是：

> 这一时期置闰遵循了“3—3—3—2—3—3—2”的规律，只是在文帝后元元年（公元前163年）出现了变革，这一变革显然不是临时调整的，此后一直遵照改的方式排闰，也可以看作在公元前169年至前162年，这段时间里一次性排入了一个“3—3—2”的小闰周，当然这样做的目的是为了调历，出土历简和传世文献也从不同侧面反映了这次历法变革，这一点陈久金和张培瑜也曾有过讨论。①

李忠林在论述秦至汉初（前246—前104）使用不同历法时说道：

> 许多学者都注意到了文帝时期的历改，据《汉书》载，文帝曾“召公孙臣以为博士，草立土德时历制度，更元年”……我们也注意到了公元前162年置闰的变革，即将公元前161年的闰月提前到了公元年162年，种种迹象表明了这一年有过历改。②

从李忠林制作的《秦至汉初（公元前246—前104年）实际闰年表》中可以看到，文帝后元时期的改历，即将公元前161年的闰月提前到了公元前162年，导致文帝后元元年（前163）至武帝太初元年（前104）在置闰年位排序上发生了变化（见表七填加灰色处）。虽然改历后依然遵循置闰的规律，但由于置闰年位原来的排序已经改变，因而改历后置闰年位便呈现出新的变化。这种改历前后的变化不仅在李忠林《秦至汉初（公元前246—前104年）实际闰年表》中看得非常清楚，而且在汉长沙国吴、刘两氏长沙王，特别是恭王吴右、康王刘庸王国纪年的置闰年位上也得到了充分的验证。以下拙文将高后至武帝年间长沙国吴右、吴著、刘发、刘庸嗣位后元年至九年的置闰年位，在《秦至汉初（公元前246—前104年）实际闰年表》中

① 李忠林：《秦至汉初历法研究》，第117页。李注、张培瑜：《新出土秦汉简牍中关于太初前历法的研究》，陈久金、陈美东：《从元光历谱及马王堆帛书天文资料试探颛顼历问题》，均载于中国社会科学院考古研究所编《中国古代天文文物论集》，文物出版社，1989年，第69—103页。

② 李忠林：《秦至汉初历法研究》，第144页。

标识出来，做一对比。诸王即位、在位时间、薨年皆从《史记》说。

表八　西汉长沙国诸王（元年至九年）置闰年位对比表（公元前纪年）①

朝廷纪年	王国纪年	置闰年位	朝廷纪年	王国纪年	置闰年位	朝廷纪年	王国纪年	置闰年位	朝廷纪年	王国纪年	置闰年位	朝廷纪年	王国纪年	置闰年位
惠帝七年	吴回六年	前 188	十一	九	前 169	七	六	前 150	四	廿五	前 131	五	十七	前 112
高后元年	七	前 187	十二	十	前 168	中元	七	前 149	五	廿六	前 130	六	十八	前 111
二	吴右元年	前 186（闰）	十三	十一	前 167（闰）	二	八	前 148（闰）	六	廿七	前 129（闰）	元封元年	十九	前 110（闰）
三	二	前 185	十四	十二	前 166	三	九	前 147	元朔元年	刘庸元年	前 128	二	廿	前 109
四	三	前 184	十五	十三	前 165	四	十	前 146	二	二	前 127	三	廿一	前 108
五	四	前 183（闰）	十六	十四	前 164（闰）	五	十一	前 145（闰）	三	三	前 126（闰）	四	廿二	前 107（闰）
六	五	前 182	后元	十五	前 163	六	十二	前 144	四	四	前 125	五	廿三	前 106
七	六	前 181	二	十六	前 162（闰）	后元	十三	前 143（闰）	五	五	前 124（闰）	六	廿四	前 105（闰）
八	七	前 180（闰）	三	十七	前 161	二	十四	前 142	六	六	前 123	太初元年	廿五	前 104
文帝元年	八	前 179	四	十八	前 160	三	十五	前 141	元狩元年	七	前 122	二	廿六	前 103
二	九	前 178（闰）	五	十九	前 159（闰）	武帝建元	十六	前 140（闰）	二	八	前 121（闰）	三	廿七	前 102
三	吴著元年	前 177	六	二十	前 158	二	十七	前 139	三	九	前 120	四	廿八	前 101
四	二	前 176	七	二十一	前 157	三	十八	前 138	四	十	前 119			
五	三	前 175（闰）	景帝前元		前 156（闰）	四	十九	前 137（闰）	五	十一	前 118（闰）			
六	四	前 174	二	刘发元年	前 155	五	廿	前 136	六	十二	前 117			
七	五	前 173	三	二	前 154	六	廿一	135	元鼎元年	十三	前 116			
八	六	前 172（闰）	四	三	前 153（闰）	元光元年	廿二	前 134（闰）	二	十四	前 115（闰）			
九	七	前 171	五	四	前 152	二	廿三	前 133	三	十五	前 114			
十	八	前 170（闰）	六	五	前 151（闰）	三	廿四	前 132（闰）	四	十六	前 113（闰）			

① 此表据李忠林《秦至汉初（公元前 246—前 104 年）实际闰年表》制作。表中填涂灰色处为诸王即位后元年至九年的置闰年位。

从表八四王即位后前九年置闰年位的比较中可以看到：长沙恭王吴右，高后二年（前186）即位，在位九年（前186—前178）中其置闰时段恰处在一个大置闰模式中的前一小闰周内，其元年嵌入第一个三年一闰组的闰年。若用数字图形表示，即3-3-3-2-3-3-2①，体现在置闰年位上则为王（吴右）元年、四年、七年、九年。长沙靖王吴著，孝文前元三年（前177）即位，在位二十一年，孝文后元七年薨（前157）。即位后前九年（前177—前169），置闰时段与恭王右同处在一个大置闰模式中后一小闰周，余尾一年则跨入文帝改历排入的一个“3-3-2”小闰周之首，若用数字图形表示，即3-3-3-2 -3-3-2 3-3-2体现在置闰年位上则为王（吴著）三年、六年、八年。长沙定王刘发，景帝二年（前155）即位，在位二十七年，武帝元光六年（前129）薨，即位后前九年（前155—前147）置闰时段，位于一个大置闰模式的中间，横跨前后二个小闰周，用数字图形表示，即3-3 -3-2-3- 3-2体现在置闰年位上则为王（刘发）三年、五年、八年。长沙康王刘庸，武帝元朔元年（前128）即位，在位二十八年，武帝太初四年（前100）薨。即位后前九年（前128—前120）的置闰时段横跨于二个大置闰模式之间，前五年位于前大置闰模式内后一小闰周内，后四年处在后一大置闰模式内前一小闰周内，用数字图形表示，即3-3-3-2-3 -3-2 3-3-3-2-3-3-2，体现在置闰年位上，则为王（刘庸）三年、五年、八年。现将吴、刘四王即位后前九年置闰年位数字图形排列如下：

1. 长沙恭王吴右3-3-3-2-3-3-2
2. 长沙靖王吴著3-3-3-2 -3-3-2 3-3-2
3. 长沙定王刘发3-3 -3-2-3- 3-2
4. 长沙康王刘庸3-3-3-2-3 -3-2 3- 3-3-2-3-3-2

从以上排列的数字图形中可以看出，诸王即位后前九年的置闰年位上存在着明显的差别。其差别不仅表现数字图形上的排列，更体现在置闰年位的实际状况上。这种状况产生的结果有二：

一、吴氏二王置闰时段因位于3-3-3-2或3-3-2置闰模式的序位上，其置闰的年位只能出现元年、四年、七年、九年与三年、六年、八年这样两种结果。

二、刘氏二王置闰时段皆位于3-2-3的序位上，其置闰的年位只会产生三年、五年、八年一种结果。

造成这种结果的原因很清楚，皆因文帝的改历，影响到置闰模式内排闰序次发生变化。发现这些微小的差别的存在，揭示这种差别的意义，恰可成为我们观察出土历朔资料年代的新视角。联系到前揭所举《年代问题》一文之《西汉前中期相关历朔对照表》，无论该文作者将长沙恭王吴右即位之年，按《史记》《汉书》

① 说明：数字图形中填灰色处，即表示置闰时段，以下诸图形皆同。

所载，确定在吕后二年（前186），还是擅自下移至吕后三年（前185）；无论是将吴右七年按《史记》《汉书》所言确定在吕后八年（前180），还是擅自下移至文帝元年（前179），其置闰的年位都不会因此而改变。若在吕后二年（前186）即位，置闰年位只能是元年、四年、七年、九年；若在吕后三年（前185）即位，置闰年位只能是三年、六年、八年，绝不会出现置闰年位在三年、五年、八年的情况。同理，长沙康王刘庸即位后前九年的置闰年位，只能是三年、五年、八年的结果，绝不会与长沙恭王吴右置闰年位相同，即便是按照《汉书》载刘庸即位之年为武帝元朔二年（前127），其置闰年位只会变成二年、四年、七年，而不会出现元年、四年、七年、九年的结果。

在这里，笔者可以说置闰年位的不同恰是判定年代不同的重要标识。至此，我们再回头审视走马楼西汉简牍历朔材料的年代，虽然其四年至七年的简文中并无置闰后九月的明确记载，但却可通过相邻月份中已知的月朔进行推求，并可在李忠林《秦至汉初朔闰表》中得以验证。

由于出土汉简元年、二年的材料偏少，八年已见置闰后九月的历朔，故不列作观察对象（见前揭表七）。兹选三年、四年、五年、六年、七年的置闰情况做一个比较。

先检三年，据《简报》载，简2015为三年七月己亥朔，简0006为四年二月乙未朔戊戌。① 检李忠林《秦至汉初朔闰表》，武帝元朔三年七月己亥朔，元朔三年八月戊辰朔，九月戊戌朔，后九月丁卯朔，元朔四年十月丁酉朔，十一月丙寅朔，十二月丙申朔，正月乙丑朔，二月乙未朔。② 经推算比对，汉简三年七月己亥朔至四年二月乙未朔之间为236天，计有8个月的天数，即三年七月之29天、八月30天、九月29天、后九月30天、四年七月29天、十一月30天、十二月29天、正月30天，可证三年置润后九月。

次检四年，据《简报》载，简0324为四年八月壬辰朔戊午，简0079为五年〈十〉月癸〈辛〉卯朔癸巳。③ 检李忠林《秦至汉初朔闰表》，武帝元朔四年八月壬辰朔，元朔四年九月壬戌朔，元朔五年十月辛卯朔。④ 经推算比对，汉简四年八月壬辰朔至五年十月辛卯朔之间为59天，仅有2个月的天数，即八月之30天、九月之29天，可证四年未置闰后九月。

次检五年，据《简报》载，简0042为五年九月丙辰朔戊午，简0538为六年十一月乙酉朔丙戌。⑤ 检李

---

① 长沙简牍博物馆、长沙市文物考古研究所：《长沙市走马楼西汉古井及简牍发掘简报》，《考古》2021年第3期。

② 李忠林：《秦至汉初历法研究》，第261—262页。

③ 长沙简牍博物馆、长沙市文物考古研究所：《长沙市走马楼西汉古井及简牍发掘简报》，《考古》2021年第3期。《简报》注24指出简79月份、历朔为书误，当更为“五年十月辛卯朔癸巳”。参见宋少华：《再论走马楼西汉简牍的年代》，（韩国）庆北大学人文学术院《东西人文》第16号，2021年8月，第489—513页。李洪财：《从走马楼西汉简岐异干支谈汉初历法混用问题》，《社会科学战线》2022年第4期。

④ 李忠林：《秦至汉初历法研究》，第262页。

⑤ 长沙简牍博物馆、长沙市文物考古研究所：《长沙市走马楼西汉古井及简牍发掘简报》，简报认为“六年”为长沙王刘庸的纪年，其历朔与武帝元朔六年（前123）相合（《文物》2021年第3期）。

忠林《秦至汉初朔闰表》，武帝元朔五年九月丙辰朔，元朔五年后九月丙戌朔，元朔六年十月乙卯朔，元朔六年十一月乙酉朔。[①] 经推算比对，汉简五年九月丙辰朔至六年十一月乙酉朔之间相隔 89 天，恰为 3 个月的天数，即九月之 30 天、后九月之 29 天、十月之 30 天，可证五年置闰后九月。

次检六年，据《简报》载，简 0699 为六年九月庚辰朔癸卯，简 0257 为七年十一月己卯朔乙酉。[②] 检李忠林《秦至汉初朔闰表》，武帝元朔六年九月庚辰朔，元狩元年十月庚戌朔，元狩元年十一月己卯朔。[③] 经推算比对，汉简六年九月庚辰朔至七年十一月己卯朔之间相隔 59 天，仅为 2 个月的天数，即九月之 30 天、十月之 29 天，由此可证六年未置闰后九月。

再检七年。据《简报》载，简 0115 为七年八月乙巳朔壬申、简 0368 为八年十月甲辰朔丁卯。[④] 检李忠林《秦至汉初朔闰表》，武帝元狩元年八月乙巳朔，元狩元年九月甲戌朔，元狩二年十月甲辰朔。[⑤] 经推算比对，汉简七年八月乙巳朔至八年十月甲辰朔之间相隔 59 天，仅为 2 个月的天数，即八月之 29 天、九月之 30 天，由此可证七年未置闰后九月。

通过所列历朔材料推求比较，可以看到，走马楼西汉简牍除三年、五年置闰外，其四年、六年、七年均未置闰。因八年置闰已有历朔材料可证，其九年不置闰亦明。这与李忠林《秦至汉初（公元前 246—前 104 年）实际闰年表》及张培瑜《中国先秦史历表》中武帝元朔、元狩年间置闰的情况完全相合。据此反观长沙恭王吴右元年至九年即吕后二年（前 186）至文帝前元元年（前 178）的置闰情况，其三年（前 184）、五年（前 182）、八年（前 179）未置闰甚明。通过以上论析可以推定，长沙走马楼西汉简牍的年代应属武帝时期。目前出土汉简历朔资料显示，尚未发现按《汉书》所载刘庸在武帝元朔二年（前 127）即位之后的置闰证据。换言之，《史记》所载康王刘庸即位与在位的时间，得到了走马楼西汉简牍置闰历朔材料支持。尽管走马楼西汉简牍长沙王元年、三年的历朔村料所见甚少，但我们可以借助三年至九年众多的与武帝元朔三年至元狩三年（前 126—前 120）相合的历朔材料以及某些涉年案情，如“临湘令史乘之回避逗留案”等，反推元年、二年当与武帝元朔元年、三年对应的结论。由此可确认，简文所言元年、二年应是长沙康王刘庸的元年、二年，此与《史记》所载武帝元朔元年（前 128）为刘庸嗣位之年相符，又可证定王刘发的薨年必在此年之前，当在武帝元光六年（前 129）。而非《汉书》所云，刘发薨于元朔元年（前 128）、刘庸嗣位于元

---

① 李忠林：《秦至汉初历法研究》，第 262—263 页。

② 长沙简牍博物馆、长沙市文物考古研究所：《长沙市走马楼西汉古井及简牍发掘简报》，简报认为“七年”为长沙王刘庸的纪年，其历朔与武帝元狩元年（前 12）相合（《考古》2021 年第 3 期）。

③ 李忠林：《秦至汉初历法研究》，第 264 页。

④ 长沙简牍博物馆、长沙市文物考古研究所：《长沙市走马楼西汉古井及简牍发掘简报》，简报认为“八年”为长沙王刘庸的纪年，其历朔与武帝元狩二年（前 121）相合（《考古》2021 年第 3 期）。

⑤ 李忠林：《秦至汉初历法研究》，第 264 页。

朔二年（前127）的记载。这样两重证据互勘印证比较所得推论似更与历史真相接近。这也是拙文在论述西汉前期长沙国诸王年代世系时择从《史记》说的缘由。

四、走马楼西汉简牍年代判定的其他旁证

除了运用推求置闰年位的方法之外，需要强调的是，讨论简牍的年代，不仅要关注历朔材料本身，更要关注历朔与简文内容之间的联系，在未清楚地了解内容之前，不宜匆下结论，否则结论往往会有失偏颇。例如《年代问题》曾对两枚走马楼西汉简牍的年代提出了质疑，认为：

> （《长沙市走马楼西汉古井及简牍发掘简报》）公布了两枚西汉皇帝的纪年简，即“元年五月丙子朔己丑”（0503）和“二年十一月癸酉朔戊戌”（0379）。作者据此认为：“这是目前所见历朔明确的武帝纪年简。据朔日推算，其不仅与武帝元狩元年（前122）、元狩二年（前121）相合，亦与长沙王刘庸七年、八年的纪年的相合，两者恰可互为印证，从而为简牍年代的确定，提供了比较有说服力的旁证。”其实不然。根据《中国先秦史历表》，这两枚简的朔日同样与文帝元年、二年相合，亦同样与长沙王吴右七年、八年的纪年相合。可见，其年代问题也确有进一步探讨的必要。①

是否确如《年代问题》一文所认为的那样，可从不同角度展开分析。

首先，就历朔比对本身而言，若是对标张培瑜《秦汉初朔闰表》，前揭第二节已用事例说明应以比对汉历为妥。《简报》公布的“元年五月丙子朔己丑”（0503）和“二年十一月癸酉朔戊戌”（0379）两枚历简，其年朔日干支与张培瑜《秦汉朔闰表·汉历》武帝元狩元年（前122）五月、二年（前121）十一月的朔日比对，其结果完全相合。李忠林《秦至汉初朔闰表》之武帝元狩元年（前122）五月、二年（前121）十一月朔日干支亦与之相合。② 而与文帝前元元年（前179）五月丁丑朔、二年（前178）十一月甲戌朔干支则不合。③ 检视《年代问题》所称相合者，其所比对的则是《秦汉初朔闰表》中的实历与颛顼历，即文帝前元元年（前179）五月，实历、颛历皆为丙子朔，汉历为丁丑；前元二年（前178）十一月实历为癸酉朔，颛历为甲戌，汉历为甲戌。比对何种历法更为合宜，前揭已作辨析，此不赘述。至于长沙恭王吴右七年能否如作者所愿与文帝元年对应，还是遵从《史记》《汉书》所载与吕后八年对应，前揭亦作有关论述，亦不再复述。

其次，分析历朔的年代还应与简文内容紧密联系。现将《简报》公布的与西汉朝廷纪年相关简文完整列

① 晋文：《走马楼西汉简〈都乡七年垦田租簿〉的年代问题》，《山东师范大学学报（社会科学版）》2021年第3期。

② 张培瑜：《中国先秦史历表·秦汉朔闰表》，第238页。李忠林：《秦至汉初历法研究·秦至汉初朔闰表》，第263、264页。

③ 张培瑜：《中国先秦史历表·秦汉朔闰表》，第230页。李忠林：《秦至汉初历法研究·秦至汉初朔闰表》，第229、230页。

举如下：

例1：

元年五月丙子朔己丑，右仓昌敢言之：廷下长沙内史、临湘书曰：遣令史农夫是丞相六年计，栋〈校〉终〈缪〉

长一牒。六年长沙临湘少内禁钱计，付大仓右仓禾稼计。茹卵一石，受二石，合青笥二，合韦橐（0503）

例2：

二枚，受四。不相应，处写〈实〉入所言。谨案：大仓右仓禾稼计，五年实受临湘少内禁钱计，茹卵一石、韦橐二枚：聂广各尺五寸，　（0505）

例3：

六年六月癸〈辛〉亥朔乙亥①，右仓佐□敢言之：廷下临湘书，使令史农夫输六年茹卵一石及所盛饬物，受

为报。今已受，谒移临湘，定以如校，付大仓右仓禾稼计，计六年，大仓上校大农府。它如书。令农夫校，敢言之。　（0508）

上列三例简文皆属"六年长沙临湘少内禁钱计付大仓右仓禾稼计误脱案"的相关文书，其年代与"元年"有关。案情梗概：因元狩元年（前122）朝廷有关机构在审核长沙临湘少内元朔六年（前123）奉输至大农太仓的调物及校券（临湘少内禁钱计）时，发现临湘少内所付校券中书写的物品数量与太仓右仓核收实物的账目不符。经往复追查，终于查清乃临湘少内佐某坚在移送太仓元朔六年（前123）的校付券书中，未将所书物品数量说明应为五年与六年两年的合计物数，而只书写成六年之数，遂造成误脱案事。从三例简文内容、用语、行文格式及运行方向看，当属中央大农府下属机构大仓之右仓的上行文书。例3或为案情取证所涉当年右仓与临湘往复文书的副本。其所用纪年当是遵用朝廷纪年。

再次，我们还可从简文所见职官名称考辨其年代。例3简0508所见"大仓上校大农府"，"大农"职官名在"长沙临湘少内禁钱计付大仓右仓禾稼计误脱案"文书中有数见。《汉书·百官表》云："治粟内史，秦官，掌谷货，有两丞。景帝后元元年更名大农令，武帝太初元年更名大司农。"② 又高帝元年（前206）执盾襄为治粟内史。景帝后元二年（前142）大农令惠。武帝元光五年（前130）詹事郑当时为大农令，十一年免。武帝元鼎元年（前116）大农令张成。武帝天汉元年（前100）大司农桑弘羊。③ 据文献记载可知

① 简508"六月癸亥朔"为书误，当更为"辛亥朔"。根据与案情相关联的众多历朔干支材料反复比校，其年代与武帝元朔六年至元狩元年历朔均相合，故据此订正。

② 《汉书》卷十九《百官公卿表第七》，第731页。

③ 《汉书》卷十九《百官公卿表第七》，第746、766、770、780、785页。

“大农”职官之名出现在景帝后元元年，倘若“元年”为文帝前元元年（前179）的话，此时“大农”则应称“治粟内史”。故据“大农”职官更名的时间推考简文的年代，其上限在景帝后元元年（前143）之后，其下限在武帝太初元年（前104）之前。联系此案相关历朔年代，考其职官及任者姓名，此简所载“大农”，当为武帝元狩元年（前122），时任大农令郑当时所在之大农府。①

例4：

甲午□□廿日辛卯，率臣请下御史，有臣昧死请

制曰：可。丿二年十一月癸酉朔戊戌，大常平、丞祭下御史府，丞〈承〉书从事　(0379+0391)

例4简文应属汉朝皇帝制可诏书下行传抄件的残篇。“太常”，职官名。《史记·孝景本纪》云：“中六年……更命延尉为大理，将作少府为将作大匠，主爵中尉为都尉，长信詹事为长信少府，将行为大长秋，大行为行人，奉常为大常，典客为大行，治粟内史为大农。”②《汉书·百官公卿表》云：“奉常，秦官，掌宗庙礼仪，有丞。景帝中六年更名太常。”③ 检核《汉书·百官公卿表》，高祖七年（前200），叔孙通为奉常，三年徙为太子太傅。十二年复为奉常。孝惠七年（前188）奉常免。高后七年（前181）奉常根。孝文二年（前178）奉常饶。孝文十二年（前168）奉常昌闾。后元七年（前157）奉常信。孝景二年（前155）奉常斿。……中元六年（前144）奉常利更为太常。④ 元朔六年（前123），“绳侯周平为太常，四年坐不缮园陵，免”。⑤ 简文所见“太常平”，与以上所列孝惠七年（前188）至景帝中元六年（前144）期间，任职奉常、太常的人名皆不合，唯能与绳侯周平相对应，周平于武帝元朔六年（前123）任太常职，其四年因治理皇家园陵不力而获罪免职，元狩二年为周平任职的第三年，其尚在任内，简文“大常平”恰可与其对应。倘若“二年”为文帝前元二年（前178）的话，此时“太常”则应称“奉常”。故据“大常”职官之名更名时间、任职者姓名及历朔干支比对可以推定简文的年代，应为武帝元狩二年（前121）。

通过以上简例的分析讨论，拙文认为，探讨历朔的年代，宜应联系简文内容进行多角度、多方面的分析，不预设前提，方不失之偏颇。以下回到篇首最初的议题，结合相关简文内容讨论“都乡七年垦田租簿”的年代。

① 参看宋少华：《再论走马楼西汉简牍的年代》，（韩国）庆北大学人文学术院《东西人文》第16号，2021年8月，第489—513页。

② 《史记》卷十一《孝景本纪》，中华书局，1959年，第446页。

③ 《汉书》卷十九《百官公卿表第七》，第726页。

④ 《汉书》卷十九《百官公卿表第七》，第751—765页。

⑤ 《汉书》卷十九《百官公卿表第七》，第773页。

五、“都乡七年垦田租簿”年代讨论

关于“都乡七年垦田租簿”所涉走马楼西汉简牍整体年代的讨论，前揭诸节中已作了相关的说明与辨析。本节援引相关简文，对该簿具体的年代问题展开探讨。举例如下：

例 5：

（第一栏）

·都乡七年豤（垦）田租簿

豤（垦）田六十顷二亩，租七百九十六石五斗七升半，率亩斗三升，奇十六石三斗一升半。

·凡豤（垦）田六十顷二亩，租七百九十六石五斗七升半。

出田十三顷卌五亩半，租百八十四石七斗，临湘变（蛮）夷归义民田不出租。

出田二顷六十一亩半，租卅三石八斗六升，乐人婴给事柱下以命令田不出租。

（第二栏）

·凡出田十六顷七亩，租二百一十八石五斗六升。

定入田卌三顷九十五亩，租五百七十八石一升半。

提封四万一千九百七十六顷七十亩百七十二步，

其八百一十三顷卅九亩二百二步可豤（垦）不豤（垦），

四万一千一百二顷六十八亩二百一十步群不可豤（垦）。　（0056）

例 6：

八年十月甲辰朔丁卯，都乡守啬夫武敢言之：廷移临湘书曰：或遝七年豤（垦）田租簿，田百一十九顷七十五亩，租千五百六十五石三斗。出其田二顷六十一亩半，租卅三石八斗六升，乐（0368+1564+1584）

例 7：

八年五月辛未朔壬申，南山令史恚敢告临湘令史：男子戍自诣，辟（辞）：故不更，别治长赖稷里，为都乡啬夫，主治七年豤田租簿，不故不以实，不亡。临湘以亡驾论命戍完为（城旦）。　（0795）

例 8：

☑移豤（垦）田租簿常会六月

☑内史府敢言之　（0456）

简例 6、7 与都乡七年垦田租簿关联密切。观其简文，我们了解到一名叫“戍”的男子，拥有不更爵位，“别治长赖”（县）稷里或为其治所，亦或籍贯。其任都乡啬夫，主治七年垦田租簿事。临湘以其虚假治簿

“故不以实”“逃亡”罪，对其加处刑罚，驾论命成为完城旦。我们注意到从简例6行文语气上看，其呈上行文书格式，当为某县都乡主吏向上级县廷报告的文书。文书的报告者为某县都乡守啬夫武，文书的内容，是武根据本县廷要求，对所移来自临湘县因治狱需征逻该县“都乡七年垦田租簿”一事所作的专项回复报告。临湘治狱需征逻的很可能与该县都乡上报垦田租簿后所留之正本有关。

对两例简文的解读存在不同的理解。有学者认为，简例6“严格说来不是逻书，或是逻书的回复文书”。“南山令史给临湘令史发文，表示临湘对故都乡（按：应指临湘都乡）啬夫成的判罚有误，成原来主治七年垦田租簿籍，不是故意记录不实，也没有逃亡，但临湘县按‘故不（以）实’处罚并以‘亡’加论成。成自行投到南山邑，南山邑应该是移狱到长沙内史，长沙内史审理此案时需七年垦田租簿，故向临湘县征逻。因此，上揭的十月文书，也即临湘都乡的回复文书中才会提到‘廷移临湘书曰或逻七年垦田租簿’。”认为“廷移……书”之“廷”为长沙内史府。①

笔者赞同简例6是对逻书的回复文书，但认为“廷”应指县廷，为长沙内史府恐不确。若为内史府的移文，则应称“府移”。从简例6引述的“逻书”格式观察，颇与里耶秦简8-133与益阳兔子山J⑥：6逻书格式相类。刘自稳先生认为：“由实物所见的秦汉几份逻书来看，功能都是申请遣送司法审判中涉及的文书材料或涉案人员。”其在比较辨析秦汉初与西汉中后期的逻书文书内部结构和书写载体存在的差异后认为，逻书演进的形态“由秦至汉初的单行概说演变成西汉中后期的详细名籍。文书书写载体则从单板木牍变成编联简册”。刘文的表一所作汉初逻书文书层次的划分及在其后的论述中认为，“或逻……书”“或逻……簿”为其文书起首的表述方式。② 刘自稳先生对逻书所作的论析对我们辨识逻书的演变形态，颇有助益。从简例6廷移临湘书中所引述的逻书看，其文书起首语即采用了“或逻……簿”的表述方式，尚带有西汉早期逻书形态的痕迹。虽然文书多有阙失，但该“或逻七年垦田租簿”的内容，并非一简所能容下，可以看出引述的“逻书”应由一定数量的简册编联，与汉初逻书的单板木牍形态已有区别，其表现形态上应晚于汉初。是否为逻书的过渡形态仍有待观察。对于逻书的移送方与接受方，斟酌文意，笔者以为，逻书的移送方为临湘县，接受方或为国都附近的某县（按：或为南山县）。

简例7则是一份由南山县令史恵移送临湘县令史的平行文书。内容是向临湘方面说明，以逃亡罪加判重刑的男子成，已自出到南山县投案，向有关部门申诉后情。由于该册文书亦多阙失，最终结果不得而知。

如对上列文书内容大意理解无大误的话，其中有几点值得关注：一、此“都乡”或与南山（县）有关联，是否为临湘之都乡，暂且存疑。从南山令史移书所引自出者申诉词的内容看，男子成应是在任职的本县投案，故仅称为“都乡啬夫”，这在本县具狱爰书中并不会产生歧义，故不用特别表明其任职地为不同的县

① 温俊萍：《秦至汉初治狱制度研究》，湖南大学博士后出站报告，2022年6月，第73—74页。

② 刘自稳：《逻书新论——基于湖南益阳兔子山遗址J7⑥：6木牍的考察》，《文物》2021年第6期。

乡。类似的案例在走马楼西汉简牍材料中亦有见。若是异地审理，受审吏员的姓名、籍贯、居址、爵位、任职的县乡、职务均须一一署定。二、两份文书的内容相互关联，时间前后衔接，前者为岁首（十月二十四日），后者乃岁中过半（五月二日），虽相隔达八月之久，却仍在同年之内，文书内容与“七年垦田租簿”案事有关。三、简 8 似表明，长沙国内史府规定所属县、道每年移送垦田租簿的期会时间定在六月，此项工作似由长沙内史府官员主持。我们知道《二年律令・田律》规定：“县道已垦田，上其数二千石官，以户数婴之，毋出五月望。”① 学者多认为《二年律令》颁布的时间在吕后时期。此据简例 8 可知，至少在武帝元狩年间汉长沙国已将每年各属县移送垦田租簿的时间规定在六月，年终考课审核还应在计断九月。考课中若发现虚假、瞒报不实等问题，由审计官员上报内史府言决处罚。内史或可指定相关属县（通常所见为首县临湘）案验查实，而这种案审的时间常有可能跨越年度。故有见简例 6 所载，因主审县临湘移文某县征逻涉案七年垦田租簿一事，继而有该县的都乡守啬夫于八年岁首（十月）丁卯（二十四日）按所在县廷的指令要求，呈送相关情况的报告。随着案情审理的进展，相继出现了涉案人员因故逃亡而加判其罪，随后又自出到所在南山县投案请求复治等种种状况。故有简例 7 所见南山县令史向主审县令史陈述复治后情的移文。

上举简例 6 与“都乡七年垦田租簿”对照比较，差别明显处便是垦田顷亩数与纳租数量的变化。简例 6 为“田百一十九顷七十五亩，租千五百六十五石三斗”，而简例 5“都乡七年垦田租簿”仅为“垦田六十顷二亩，租七百九十六石五斗七升半”，两者垦田、纳租数量之比相差近达一倍。相同之处则同名为“七年垦田租簿”与“出其田二顷六十一亩半，租卅三石八斗六升，乐”的内容。另外，由此推算田亩租率，两簿皆近为“率亩斗三升”。看来，相同之处不应是偶然的巧合，两简所指或为一事。高智敏在比较里耶秦简“迁陵县卅五年垦田租簿”与走马楼西汉简牍“都乡七年垦田租簿”的内容后认为：“这两份垦田租簿登载的应是当年五月已垦田数及应纳田租额，统计的垦田是民户所占民田。从两份垦田租簿反映的亩租额来看，秦及西汉前期实行的是程租税田制。乡吏每年五月调查民户垦田，‘度稼得租，确定其应纳田租额，制作垦田租簿’。五月望日逐级呈报至县、郡。”② 高文所作分析对我们认识“七年垦田租簿”的性质甚有启示。据此笔者以为，“都乡七年垦田租簿”与“或逻七年垦田租簿”的性质相同，其记录的应是当年六月已垦田数及应纳田租额。两份文书所载垦田纳租数量上的差别，以及“出田”与“临湘蛮夷归义民田不出租”事或成为临湘据以“故不以实”“逃亡”等罪名论处主治垦田租簿者的原因。而简例 6 南山令史悳移告临湘令史的公函中复述垦田租簿主治者的申诉辞，似乎暗示造成“都乡七年垦田租簿”出现如此重大差错的状况，或是事出有因。由于简册的阙失，我们无法揣测其中的缘由，故不便再作无据的推考。虽存遗憾，但简文记载明确

① 张家山二四七号汉墓竹简整理小组编：《张家山汉墓竹简（二四七号墓）》（释文修订本），文物出版社，2006 年，第 42 页。

② 高智敏：《秦及两汉前期的垦田统计与田租征收——以垦田租簿为中心的考察》，邬文玲、戴卫红主编《简帛研究・二〇一七・春夏卷》，广西师范大学出版社，2017 年，第 44 页。

的纪年干支，却可以使我们了解事件发生的时间及七年垦田租簿编制的年代，这对进一步探讨其他相关问题将有所帮助。

简例6的纪年干支为“八年十月甲辰朔丁卯”，简例7纪年干支为“八年五月辛未朔壬申”，检张培瑜《秦汉朔闰表》（汉历）、李忠林《秦至汉初朔闰表》，与高祖八年（前199）十月丁未朔、五月癸酉朔，吕后八年（前180）十月丙戌朔、五月癸丑朔，文帝前元八年（前172）十月庚午朔、五月丁酉朔，与之比对皆不合。① 景、武时期各改元之纪皆无八年，故可不作比对。依张、李两表再检西汉前期长沙国在位八年以上吴臣、吴右、吴著、刘发、刘庸诸王。吴臣为吴氏第二代长沙王，谥成王，其八年乃惠帝元年（前194），该年“十月戊寅朔”“五月甲辰朔”；吴右为吴氏第四代长沙王，谥恭王，其八年乃文帝前元元年（前179），该年“十月庚戌朔”“五月丁丑朔”；吴著为吴氏第五代长沙王，谥靖王，其八年乃文帝前元十年（前170），该年“十月戊子朔”“五月己卯朔”。刘发为刘氏第一代长沙王，谥定王，其八年乃景帝中元二年（前148），该年“十月辛巳朔”“五年丁未朔”。② 经比较上述四王各八年的十、五之月朔与之比对皆不合。唯刘氏第二代长沙王，康王刘庸的八年十月、五月朔干支与武帝元狩二年（前121）十月、五月朔日干支相合，其十月甲辰朔，廿四日为丁卯，其五月辛未朔，二日为壬申。③ 故由此推测“都乡七年垦田租簿”所涉年代应在武帝元狩年间。

以上讨论涉及对举例简文文意的理解，仍有许多值得推敲探讨的地方，例如：“都乡”的归属，是临湘县都乡，还是南山县都乡，或它县之都乡；“逻书”的发出者、回应者是何廷；本节举例的简文与“七年垦田租簿”有无关联；“七年垦田租簿”的性质是当年六月的期会之簿，还是秋冬岁尽的考课之簿；“七年垦田租簿”所云临湘蛮夷归义民是属临湘境内，还是由临湘迁置它县；等等。上述讨论仅是我们对简文内容的初步理解，倘若存在认识上歧义与偏差，亦不会影响举例简文纪年干支所属年代的改变。

综上所述，拙文以出土简牍纪年朔日干支为基点，从五个方面分析探讨了“都乡七年垦田租簿”及走马楼西汉简牍的年代问题，认为出土简牍的主体年代应在长沙王刘庸元年至九年之间，即武帝元朔至元狩年间（前128—前120），但仍不排除存在个别年代或早或晚简牍的可能。

---

① 张培瑜：《中国先秦史历表·秦汉朔闰表》，第227、229、231页。李忠林：《秦至汉初历法研究·秦至汉初朔闰表》，第217、229、233、234页。

② 宋少华：《长沙走马楼西汉简牍所见年代疆域琐议》，中国文化遗产研究院编《出土文献研究》第二十辑，中西书局，2022年。其注24所言刘发八年为景帝中元三年有误，当更为景帝中元二年，特此说明。

③ 张培瑜：《中国先秦史历表·秦汉朔闰表》，第227、230、231、234、238页。李忠林：《秦至汉初历法研究·秦至汉初朔闰表》，第220、229、235、248、264页。

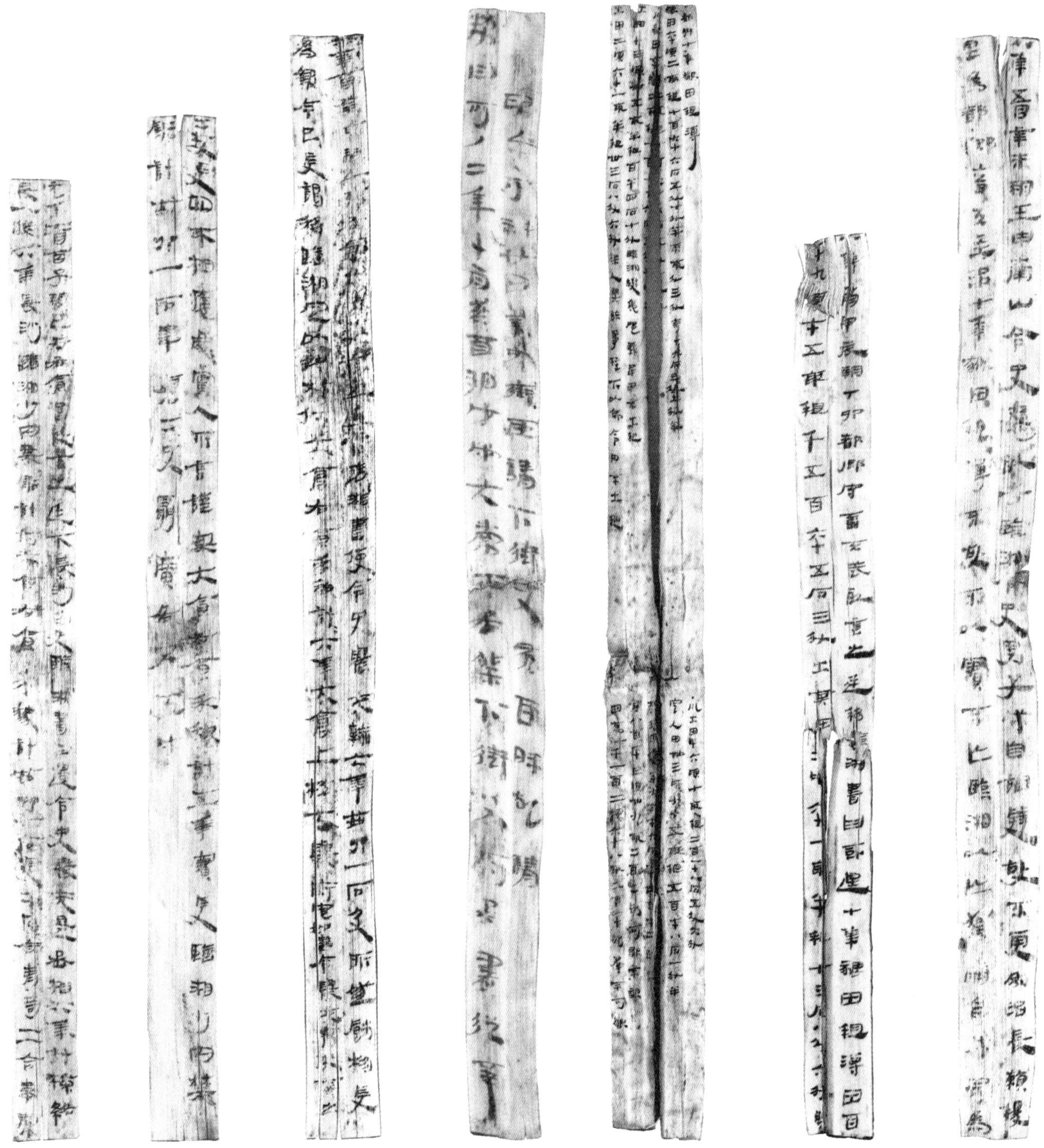

例 1　简 0503　例 2　简 0505　例 3　简 0508　例 4　简 0379+0391　例 5　简 0056　例 6　简 0368+1564+1584　例 7　简 0795

（宋少华，本文原载于《第五届简帛学国际学术研讨会暨〈简帛研究〉创刊三十周年座谈会论文集》，2023 年 11 月）

第三节 从走马楼西汉简歧异干支谈汉初历法混用问题

文献载汉初继承秦之颛顼历，但有学者发现汉代的很多历法材料与颛顼历并不全合。随着越来越多的新材料出土，丰富的月朔干支材料，既让历表复原越来越接近“真实”，也呈现出越来越明显的复杂性。新出材料既提供了佐证，也带来了很多新问题。

1974 年 4 月临沂银雀山 2 号汉墓出土竹简《七年视日》（武帝元光元年，前 134），后一般称为元光历谱。此历谱 54%的朔日干支与颛顼历相合，77%的朔日干支与殷历相合。① 也就是说，出土的汉初元光历谱说明汉初使用的历法既不是颛顼历，也不是殷历。

元光历谱出土后，张培瑜、陈久金、张闻玉、黄一农、朱桂昌等学者都试图利用这份新材料来复原秦至汉初历表，但各家最后得出的结果都有一些差异。② 影响较大的当属张培瑜《中国先秦史历表》（本节简作《历表》）③。《历表》除了考订古六历的朔干支，还结合文献与新出材料制定了汉历。不过，随着出土材料不断更新，出现了很多与此汉历分歧的干支材料（本节称作“歧异干支”）。2001 年周家台秦简历谱公布后，掀起了新一波秦汉历法讨论，但结果一如从前，仍然没有统一的认识。由于周家台历谱与《历表》存在差异，张培瑜根据这份新材料对秦至汉初历表作了修订。通过分析周家台历谱，张培瑜直言道，很难找到一种合乎所有出土材料的历法。④ 里耶秦简出土公布后，李忠林尝试用新材料对秦汉历法中的史料、置闰、后天数值等问题作深入讨论，全面梳理了秦至汉初文献中的干支材料，对一些歧异干支作了辨析校定，并制定了最新的秦至汉初朔闰表。⑤

各家历表复原的整体框架都在四分术之下，对于歧异干支材料和不合四分术的材料，采取排除或校正的办法。比如在讨论周家台历谱时，张培瑜认为三十四年历谱出现了 8 个小月，3 个连大月，平朔推步下最多

---

① 张培瑜、彭锦华：《周家台三〇号秦墓历谱竹简与秦、汉初的历法》，湖北省荆州市周梁玉桥遗址博物馆《关沮秦汉墓简牍》，中华书局，2001 年，第 233 页。

② 具体的差异可参见李忠林：《秦至汉初历法研究》，中华书局，2016 年，第 34—43 页。

③ 张培瑜：《中国先秦史历表》，齐鲁书社，1987 年。

④ 张培瑜：《先秦秦汉历法和殷周年代》，科学出版社，2015 年，第 106 页。

⑤ 李忠林：《秦至汉初历法研究》，第 189—275 页。

出现 7 个小月，2 个连大月，由此断定此历谱一定有误，并对其校正。[①] 再如李忠林在考订文献中的干支材料时，按照四分术规律用正确干支材料校正歧异干支，比如里耶秦简 8-27 “卅五年九月己丑朔”，李忠林根据里耶秦简 8-934、8-1539、8-2248 中均出现 “卅五年九月丁亥朔”，认定前者有误。[②] 专注秦汉历法复原的学者还有不少，虽各持己见，但使用的方法基本一致，差异主要体现在月朔的小余值上。[③] 李忠林通过干支材料对小余值校正，不断缩小小余值范围，比如他将周家台三十四年历谱十月的小余值定在 440—430，这就将小余值缩小到 11 种范围内。

随着越来越多歧异干支材料的出现，有些学者开始重新审视这些所谓的错误干支。推测歧异干支现象可能是不同历法版本或多种历法并用的反映。比如陈伟提出汉代民间存在多个版本历法，他说：“对于同时行用的历日存在的这些差异，学者多以为一方错误。其实，这里存在另外的可能。即这些大同小异的历日，是同时存在的不同版本。里耶简牍多为官府文书，其历日应具官方性质。而与之有异者，即如岳麓秦简二十七年质日、周家台秦简三十四年历表所代表的，则当是民间流行的版本。”[④] 我们很早提出过秦汉时期 “多种历谱共享，或实行另一种目前尚不明确的特殊历法”[⑤]。陈侃理也提出汉代历法具有多样性的观点。他说：“汉初郡国并行，诸侯国官方所用历朔就与汉朝不尽一致。民间更有多种历法同时流行……民间治历者众多，不同历法广泛传习，秦汉时代的实用历法当然也不可能完全统一。”[⑥] 还有，郭津嵩提出：“出土历朔中的歧异现象指向历法复原研究所依赖假设的潜在缺陷，同时也展现出秦汉社会时间秩序的多元性。”[⑦] 随着历法研究中出现越来越多的歧异现象，主张汉代历法多样并存已经成为一股新流。

歧异干支材料虽然越来越多，但各批材料很分散，很难找到共性规律，无法从歧异材料本身去讨论。尽管陈侃理在《出土秦汉历书综论》中列举了传世文献中反映汉初历法多样性的材料，但数量很少，而且这些文献都是侧面的反映，并不直接。所以目前学界虽然意识到汉初存在多种历法差异，但这种认识还仅仅只是就现象提出来的推测，并没有具体有力的例证。走马楼西汉简或为解决这个问题提供新的契机。走马楼西汉

---

① 张培瑜、彭锦华：《周家台三〇号秦墓历谱竹简与秦、汉初的历法》，第 233 页。

② 李忠林：《秦至汉初历法研究》，第 97 页。

③ 按：李志芳、程少轩《胡家草场历简的重要价值》（简帛网，2020 年 1 月 13 日）已指出：“根据银雀山汉简元光元年历谱的历朔干支，张培瑜先生推得该年首月十月小余当在 824—881 之间。”这就意味着存在 57 种小余值的可能。该文还说：“张培瑜先生考虑到节气等其他因素，取 881 这一定值，并以此为起点推算出秦至汉初历表。”“陈久金、陈美东两位先生则结合古人研究，以借半日法之方案，取元光元年十月小余为 394+470=864，同时也推算了一份历表。”

④ 陈伟：《岳麓书院秦简“质日”初步研究》，简帛网，2012 年 11 月 17 日。

⑤ 李洪财：《岳麓秦简（肆）中的纪年问题》，李学勤主编《出土文献》第十四辑，中西书局，2015 年。

⑥ 陈侃理：《出土秦汉历书综论》，杨振红、邬文玲主编《简帛研究·二〇一六·秋冬卷》，广西师范大学出版社，2017 年。

⑦ 郭津嵩：《出土简牍与秦汉历法复原：学术史的检讨》，浙江大学艺术与考古研究中心编《浙江大学艺术与考古研究》第三辑，浙江大学出版社，2018 年。

简中有丰富的纪年干支材料，是目前出土西汉太初年以前汉简中纪年干支最多、序列最完整的材料。对研究西汉初期历谱的复原与历法行用问题都有非常重要的作用。通过走马楼西汉简中的歧异干支材料，寻找其共性规律，可为汉初历法多样混用问题提供更加直接的参考依据。

一、走马楼西汉简纪年内容中的歧异干支

《走马楼西汉简的断代——兼谈草书的形成时间》（本文简作《断代》）① 曾对简中的纪年干支情况作过通盘考察，公布了这批简中的主要纪年干支内容，得出简中元年到九年与汉武帝元朔元年（前128）到元狩三年（前120）的对应关系，从而确定了这批简的断代。《断代》中已指出这批简存在很多纪年干支矛盾和歧异之处。通过深入研究，发现这批简中很多的歧异干支是历法混用造成的，就此再作讨论。

（一）长沙国纪年和武帝纪年混用的情况

《断代》说简中的元年、二年的朔日干支有些与元狩元年、二年对应，但当时受单一历法思维的限制，将与元狩年相合的内容当作巧合。后受宋少华《再论长沙走马楼西汉简牍的年代》（下文简作《年代》）② 启发，确定这两年的纪年干支中确实有元狩年内容。

《年代》中举了邹水杰提供的两枚简，证明元年、二年的纪年干支中确实有武帝元狩元年、二年的内容。两简文如下：

元年五月丙子朔己丑，右仓昌敢言之：廷下长沙内史、临湘书曰：遣令史农夫是丞相六年计，栋〈校〉终〈缪〉/长一牒。六年长沙临湘少内禁钱计，付大仓右仓禾稼计。茹卵六石，受二石，合青笥二，合韦橐 （0503）

甲午□□廿日辛卯，率臣请下御史有臣昧死请/制曰：可。／二年十一月癸酉朔戊戌，大常平、丞祭下御史府丞〈承〉书从事。 （0379+0391）

《年代》已经指出这两枚简中“元年五月丙子朔己丑”和“二年十一月癸酉朔戊戌”，与《历表》中元狩元年、二年的干支朔日相合。并指出简0379+0391中的“大常平”即《汉书》中的太常周平。《汉书·百官公卿表》载元朔六年（前123）“绳侯周平为太常”，符合简0379+0391中周平任太常的“二年”只能是元狩二年（前121）。据此可确定0379+0391简的“二年”就是武帝元狩二年（前121），而非长沙国刘庸二年（前127）。由此可推知0503简“元年五月丙子朔己丑”符合《历表》元狩元年（前122）朔日干支，也非

① 李洪财：《走马楼西汉简的断代——兼谈草书的形成时间》，邬文玲、戴卫红主编《简帛研究·二〇一八·秋冬卷》，广西师范大学出版社，2019年。

② 宋少华：《再论长沙走马楼西汉简牍的年代》，（韩国）庆北大学人文学术院《东西人文》第16号，2021年8月，第489—513页。

巧合。这两枚简所用的纪年都是武帝纪年。

按照两种纪年并用的思路再重新查证，发现二年中有一枚特殊简，简文如下：

〼……丞……□书责二年十二月丙午□□案当辄上令以下

……相史安郧主皆坐……佐壬寅□令……

……守令□移……以律令从事。〼　(0043)

这枚简因残损严重导致简文不甚完整，但原简“二年十二月丙午”字迹清晰完整。查《历表》可知：元朔二年（前127）十二月戊寅朔，丙午在当月最后一日；元狩二年（前121）十二月癸卯朔，丙午在当月四日。即此简纪年内容归在元朔、元狩皆可。但按照文字书手和简文内容推测，当属于元朔二年（前127）。这种两可的情况提醒我们，以往根据纪年内容对汉初文物断代中，也可能存在这种两可的情况。只是没有对比参照无法发现。

除了这三枚简外，其他简中元年、二年内容全部都与《历表》元朔元年、二年相合，即与二代长沙王元年、二年相合。比如简中多次“元年六月辛丑”①，还有“元年六月癸卯”(0633)②、“二年四月丙申”(0006)③，都可与《历表》中元朔元年（前128）的相应日期相合，而与元狩年的朔闰不合。由此可知，至少在元年、二年纪年干支中有中央和侯国两种纪年方式并用的情况。

三年的纪年内容出现三种情况，具体如下对照表一。从表中可以看到，第一列0796简中日干支与朔干支冲突，即辛未朔下不能出现壬戌。此简的朔干支与元朔年合，而日干支与元朔、元狩年朔日干支皆不合。第二列中的“丙申”与元朔年朔干支合，但“丙午”日，与元朔、元狩年朔日干支皆不合。第三列与元朔年朔干支不合，与元狩年朔干支合。从对照情况来看，三年的纪年内容也是中央与侯国纪年并用。而两者皆不合的情况，不排除属于其他历法的可能。另外0399、0559中的“三年七月乙丑”，只与殷历、汉历的元朔三年（前126）七月己亥朔相合。

① 按：相同纪年干支内容还见于简0395、0399、0406、0423、0559、0754。

② 按：《历表》记元狩元年六月甲子朔，辛丑、癸卯都不在当月。

③ 按：《历表》记元狩二年四月辛丑朔，丙申不在当月。

表一　走马楼西汉简三年纪年内容对照情况

<table>
<tr><td>序</td><td colspan="2">1</td><td colspan="2">2</td><td colspan="2">3</td></tr>
<tr><td>月份</td><td colspan="2">二月</td><td colspan="2">四月</td><td colspan="2">六月</td></tr>
<tr><td>走马楼干支</td><td colspan="2">辛未朔壬戌（0796）</td><td colspan="2">丙申、丙午（0081）</td><td colspan="2">乙丑（0133）</td></tr>
<tr><td>元朔年朔干支</td><td>颛顼/殷/汉</td><td>辛未朔</td><td>颛顼/殷/汉</td><td>庚午朔</td><td>颛顼/殷/汉</td><td>己巳朔</td></tr>
<tr><td rowspan="2">元狩年朔干支</td><td>颛顼</td><td>乙丑</td><td>颛顼</td><td>甲子</td><td rowspan="2">颛顼/殷/汉</td><td rowspan="2">甲子</td></tr>
<tr><td>殷/汉</td><td>丙寅</td><td>殷/汉</td><td>乙丑</td></tr>
<tr><td>对照结果</td><td colspan="2">元朔、元狩皆不合</td><td colspan="2">丙申合元朔，丙午皆不合</td><td colspan="2">只与元狩合</td></tr>
</table>

五年的纪年问题主要集中在七月的干支朔日中。除此外其他月份的干支朔日都与元朔五年（前124）相合。按照《历表》元朔五年（前124）七月丁巳朔，元狩五年（前118）七月壬午朔。按照这两个时间核对简中七月的纪年干支内容，有如下表中几枚简存在问题。

表二　走马楼西汉简五年七月的歧异纪年内容

序	1	2	3	4
走马楼干支	癸卯朔癸巳（0079）	丁卯（0152/0010）	辛巳（0008）	癸卯（1372）
与元朔年对应情况	朔日皆不合	合	合	不合
与元狩年对应情况	日合朔不合	不合	不合	合

表中2、3列中的五年七月干支内容各有对应，但第1列中的0079简，朔干支与日干支明显有冲突，即癸卯朔下不可能出现癸巳日，与表一第1列0796简是相同情况。此简《年代》指出抄写有误，这个问题我们放在后面讨论。表中第4列1372简本为两行，原简“五年七月癸卯”为第二行顶头书写。遗憾的是“卯”字正在残断处，下部内容缺失。若按照常见的“年+月+朔干支+日干支”行文格式，简中的“癸卯”可能也是朔干支。但无论是不是这种情况，癸卯都不可能出现在元朔五年（前124）七月。所以这枚简属于元狩五年（前118）。另外，《年代》指出走马楼西汉简五年纪年内容中的0054简也用中央纪年。具体简文如下：

牒书：郡出钱买置傅车被韦（?）毋大农责及险侈不称者各一牒，皆不宜出……

五年二月己丑朔丁酉，大农卒史熹劾……

二月己亥，大农令当时敢言郡大守卒人移诸侯相，以弗令事【从】事，移夬（决）。敢告卒人。

卒史☐

此简下部断残，很多字迹磨蚀不清，但纪年内容都比较清楚。《年代》正确地指出“大农令当时”就是史书所载大农令“郑当时”。按照《汉书·百官公卿表》郑当时任期和简牍的断代限定，以及与《历表》干支朔日的核对，简中所记五年只能是元朔五年（前124）。虽然元朔五年（前124）与二代长沙王五年的纪年数相同，但《年代》指出此简为中央下发至各郡国的文书，其所行用的是武帝纪年。其说可从。据此可知，五年的纪年内容也是中央与侯国纪年并用。

（二）其他纪年内容中的歧异与矛盾

六年的纪年内容中同样出现一个朔干支与日干支冲突的例子。简0428“六年八月庚辰朔甲寅”，庚辰朔下不可能有甲寅日。且出现同一个月两个不同朔干支的情况，即“六年六月辛亥朔癸酉”（0275）和“六年六月癸亥朔乙卯”（0508）。前者与《历表》元朔六年朔日干支相合，后者日干支与朔干支矛盾，找不到合适的对应关系。还有一枚简记“六年十一月庚辰”（0726），《断代》中标示此简释字存在疑问，今察原简红外线图和彩色照片，知此简当为“七年十一月庚辰”。二代长沙王七年为元狩元年（前122），此年十一月己卯朔，庚辰为当月二日，故此简不存在歧异。

七年纪年内容与《历表》武帝元狩元年（前122）的时间基本相合。八年的纪年内容大多与《历表》武帝元狩二年（前121）相合。但此年同样出现朔干支与日干支冲突的情况。简0416记“八年四月辛丑朔丁酉”，以辛丑为朔当月不可能有丁酉日，与辛丑最近的丁酉日当在上一个月的倒数第四天。不过《历表》这一年出现了闰月，这种错乱可能与闰月有关。八年内容中再次出现了两个月同一个朔干支的情况，即“八年十一月癸卯朔庚戌”（0134）和“八年十二月癸卯朔己巳”（0293）。后者与《历表》元狩二年（前121）十二月癸卯朔相合，前者仍然找不到合适对应。武帝时期与前者相合的只有元朔三年（前126）十一月癸卯朔。但这与“八年”不匹配，除非这个“八年”是指元光八年，但找不到相同例证。

九年纪年内容大多与《历表》武帝元狩三年（前120）相合。这年再次出现了一个月两种朔干支的情况，即“九年四月乙丑朔丙寅”（0283）和“九年四月乙未朔”（0660）。前者与《历表》元狩三年（前120）四月乙丑朔合。查《历表》武帝时期“四月乙未朔”者，只有元狩四年（前119）是四月乙未朔，也无法解释“九年”究竟属于哪个序列的“九年”。此外，0176简“九年三月丁丑朔癸未”，原《断代》释文有误。其中“九”原简字迹并不是很清晰，仅见横竖笔画。走马楼西汉简0194简中有“七年三月丁丑朔癸未”，两者简文内容都是“不知何人纵火”案，可知“九年三月丁丑朔癸未”实际是“七年三月丁丑朔癸未”。原释文当纠正。

综上查证，可以非常确定的是，走马楼简中的历法内容至少存在中央纪年与侯国纪年两个序列。此外，还有不少纪年内容与这两者都不合，所以不排除还有另一种历法存在的可能。

二、 走马楼西汉简中歧异干支的内部规律

（一）歧异干支综合分析

以往大多数学者将干支不合的情况视为书写讹误。但讹误大多存在偶然性，一般不具备规律。如果这些歧异干支本身有系统，那么与《历表》相差天数也应该大致相同。因为即使历法体系不同，历法推算规律基本一致。两种历法起点或大小余虽有差距，但相差天数应该有一定规律。下面将这些歧异干支与对应《历表》后的特殊情况列表如下。

表三 走马楼西汉简中的歧异干支情况

序	歧异干支	《历表》朔干支	歧异与特殊情况
1	三年二月辛未朔壬戌（0796）	元朔三年二月辛未朔 元狩三年二月丙寅朔	元朔三年有闰；日干支在辛未朔前 9 天，在丙寅前 4 天
2	五年七月癸卯朔癸巳（0079）	元朔五年七月丁巳朔 元狩五年七月癸未	元朔与元狩五年有闰；日干支在元狩下；日干支在癸卯前 10 天；癸卯在丁巳前 14 天，在癸未的后 20 天
3	六年六月癸亥朔乙卯（0508）	元朔六年六月辛亥朔 元狩六年六月丁丑朔	前一年都有闰；日干支在癸亥前 8 天；日干支在元朔下；癸亥在辛亥后 12 天，在丁丑前 14 天
4	六年八月庚辰朔甲寅（0428）	元朔六年八月庚戌朔 元狩六年八月丙子朔	前一年有闰；颛顼庚辰朔，庚辰与庚戌差 30 天；日干支在庚辰前 27 天；日干支在元朔下
5	八年四月辛丑朔丁酉（0416）	辛丑朔	此年有闰，日干支在辛丑前 4 天
6	八年十一月癸卯朔庚戌（0134）	癸酉朔	此年有闰，朔干支相差 30 天
7	九年四月乙未朔（0660）	乙丑朔	前一年有闰，朔干支相差 30 天
8	三年四月丙午（0081）	元朔三年四月庚午朔 元狩三年四月乙丑朔	元朔三年有闰；丙午在庚午前 24 天，在乙丑前 20 天

表中的歧异干支有三种情况：第一种是自身记录中就存在日干支与朔干支的矛盾，即日干支不在简文所记朔干支下，第 1 到第 5 全属于这种情况。这 5 例与《历表》的相差天数没有相同规律，但第 4 例日干支与汉历相合，朔干支与颛顼历合，揭示了这些干支的自身矛盾可能与两种历法混用有关系。第二种是朔干支在

《历表》中找不到对应，2、3、6、7 属于这种情况。第三种是日干支不在《历表》所记朔干支下，8 属于这种情况。还可以看到，这些歧异干支基本处在闰年或之后，因此歧异与闰月可能有关系。第 6、7 两例相差天数都是 30 天，这两例很可能属于另一种历法体系。下面就尝试用四分术推步法来证明这两例歧异干支是否存在内部规律。

（二）用假定小余值推演的办法看内部规律

1. 历法推演的条件

四分术下的历法计算要有五个条件。第一个条件是地球公转一周的数值，即岁实是 $365\frac{1}{4}$。第二个是月亮绕地球一周的数值，即朔策是 $29\frac{499}{940}$。先秦两汉时期，虽然历法的小余值、月序、置闰等有差异，但所有历法都基本符合这两个数值，只有这两个数值符合才不至于历法在使用过程中，出现月相不和、节气错乱等问题。第三个条件是计算起点月朔干支和大小余或每个节气的定点。知道了月朔干支就知道了起点日，知道了大小余就可以确定大小月。如果不知道月朔干支和大小余，知道每个节气的定点也可以推排历表。因为一个回归年分布 24 个节气，每个节气相隔 $365\frac{1}{4}\div24=15\frac{7}{32}$，也就是每 $15\frac{7}{32}$天一个节气。有了这个条件就能推得大小月。第四个条件是月序排列的问题，比如殷历以十二月为岁首，周历以十一月为岁首，到了秦则以十月为岁首。第五个条件是闰月放在哪里的问题。因为 19 年有 7 个闰月，这 7 个闰月放在哪里，直接导致月序变化。有的是岁末置闰，有的是在无中气月置闰。有了这五个条件，就可以准确复原历表，得到比较准确的月序、节气、闰月位置。

在走马楼西汉简中，前两个条件基本可以确定，岁实是 $365\frac{1}{4}$，朔策是 $29\frac{499}{940}$。第四和第五个条件也可知，因为在走马楼西汉简 1806 中出现了“八年戊戌朔丙辰后九月”，所以可以确定十月为岁首，岁末置闰。四分术下都是 19 年 7 闰，所以置闰可参考《历表》。最后就是第三个条件计算起点问题。上表中起点月的朔干支比较多，这个容易得。但起点月的大小余和节气在材料中都没有显示，而且我们的目的是探索特殊歧异干支的历法体系问题，最终是为了确认这些歧异干支是否有自己独立的系统。所以要以歧异干支所揭示的数据为起点，其他已确立的历法体系数据就不能作为参考。没有确定的大小余信息，这是多数出土文献历法复原研究中都要面临的问题。通常的办法是通过假定小余值，再结合月朔点不断缩小取值范围。只有确定小余值的大致范围才能确定大小月的排序。下面就暂用假定值来尝试考察。

2. 建立假定朔策值的推演与核对

朔策 $29\frac{499}{940}$是取一蔀 76 年 940 月的平均值（$365\frac{1}{4}\times76\div940=29\frac{499}{940}$），也就是大余 29，小余 499。当小余满 940，大余加一日，变成大月，不满 940，就是小月。月小余值的取值范围在［0，939］之间。大小余

除了产生大小月变化，还有连大月的变化。[1] 我们假定起点月的小余是X。按照每月加$29\frac{499}{940}$推步，当X在［0，440］时，下月就是小月。当X在［441，881］时，下月就是大月。当X在［882，939］时，出现连大月。

按照上面的条件和规律，我们尝试以0134简“八年十一月癸卯朔”为中心，向前后推步。经过反复计算和调整小余值，最后得出如下表：

表四 八年、九年推演表

<table>
<tr><td rowspan="2">八年</td><td>十月大
癸酉 911</td><td>十一月大
癸卯 470</td><td>十二月小
壬申 29</td><td>一月小
壬寅 80</td><td>二月大
辛未 579</td><td colspan="2">三月小
辛丑 138</td></tr>
<tr><td>四月大
庚午 637</td><td>五月小
庚子 196</td><td>六月大
己巳 695</td><td>七月小
己亥 254</td><td>八月大
戊辰 753</td><td>九月小
戊戌 312</td><td>后九月大
丁卯 811</td></tr>
<tr><td rowspan="2">九年</td><td>十月小
丁酉 370</td><td>十一月大
丙寅 869</td><td>十二月小
丙申 428</td><td>一月大
乙丑 927</td><td>二月大
乙未 486</td><td colspan="2">三月小
乙丑 45</td></tr>
<tr><td>四月大
乙未 544</td><td>五月小
乙丑 103</td><td>六月大
壬辰 602</td><td>七月小
壬戌 161</td><td>八月大
辛卯 660</td><td colspan="2">九月小
辛酉 219</td></tr>
</table>

按照这个推演结果核对八年和九年的歧异干支。表三第6行的“八年十一月癸卯朔庚戌”（0134）与表四完全相合。表三第7行的“九年四月乙未朔”（0660）也与此表完全相合。在没有改朔的情况下，以六十干支纪月日，当然存在干支重合的概率，时间越长巧合的情况就会越多。但重合的情况未必在朔干支上。能连续两年都有朔干支重合点，绝对不是偶然，巧合的概率非常小。由此可证明走马楼西汉简中所谓歧异干支也有自身的系统。

推演表所揭示的历法既不与中央历法相同，也与侯国历法存在差异，我们暂称之为民间历法。由此可知，走马楼西汉简中至少有三种历法同时并用。不过这里的中央纪年和侯国纪年除了纪年序列不同外，朔日干支大多可与《历表》对应。但这并不代表，两者只是年序的差异。从《断代》所列的相合朔干支情况看，两个体系的月朔干支也有区别，有的月朔只与殷历合，有的只与颛顼历合，有的只与汉历合。如同殷历、颛顼历、汉历的差别一样，各历法之间年序上基本一致，但在朔干支上却有同有异。推演表所揭示的民间历法，在年序和置闰上也与中央和侯国纪年一致，但在月朔干支上有较大差异。

---

① 按：由于朔策的分子值是499，正常推步下是不会产生连小月的变化，除非调整朔策值。

三、汉初历法的中央与地方、多样与版本差异等问题的思考

（一）历法的中央与地方之别

明末顾炎武《日知录》中说“汉时诸侯王得自称元年”，“不独王也，即列侯于其国中亦得自称元年”，[①]并举了文献中很多地方自有纪年法的例子。走马楼西汉简元年到九年虽然出现了不同纪年序列，但主线还是长沙国纪年法。这不是“一种私家纪年”，它应该在封国内通行使用。[②] 中央纪年与诸侯王国纪年虽然在序列上有区别，但所使用的历法应该保持统一，这在《断代》中的各年干支对比中已证明。上文分析结果证明，除了与中央统一的历法外，在民间还应有其他不同的历法流行。这种民间历法，与中央或侯国历法在排朔上有区别，但仍然符合四分术规律，很可能是一种流传于当地的古历。后世历法中就有类似的情况。邓文宽在整理敦煌历法文献时曾遇到地方使用独立历法的情况，他说：

> 敦煌地方具注历日的闰月与同一时期中原历的闰月很少相同，朔日也不尽一致，常有一到二日的差别，若遇闰年则更多。这种差别何以产生，目前尚无法说明，因为迄今尚未获知敦煌地方历日编制的依据，但纪日干支连续性同中原历却十分一致，表明中国古来干支纪日法的连续性并未因地方自编历日而中断。[③]

这里所说的历法差异与走马楼西汉简中的历法问题非常相似。都是干支编排形式基本一致，但是存在朔干支差异，而且也是遇闰年差异更大。上文表四所揭示的历法很可能就是这类民间历法，表三的歧异干支有些也可能源自这类民间历法，这种历法很可能脱胎于古六历或者地方自编而来。当旧历法持续使用而不修订，加上窜入错误干支，那么这种历法就会与四分术规律抵牾。

既然汉初历法存在中央与地方之别，那么过去研究汉初历法的方法就需要反思。以往在使用历法材料时，常以古六历为参照，以一方为基准，或者以自拟的一套算法为准，用一方校对另一方，未将中央与地方的地域差异作为考察因素。现在看来，应改变汉初历法体系单线研究的思维模式，多角度看待干支歧异现象。出土纪年材料越来越丰富，但汉初历法的差异现象却越来越多。如果一味地限于单一历法思维去研究，恐怕无法摆脱平衡各朔干支的纠缠中，不利于历法研究的推进。

---

① 张京华：《日知录校释》，岳麓书社，2011 年，第 816 页。

② 按：朱桂昌认为王侯纪年是一种私家的纪年，它并不在封境内的民间通用，社会上正式使用的是西汉朝廷的纪年，任何王国和侯国都必须奉汉的正朔；王侯纪年仅仅使用在王侯个人的某些活动上，如庆典、著述、殿堂的落成等方面，带有一种个人纪念的意义。参考朱桂昌：《秦汉史考订文集·从〈五凤刻石〉谈到西汉王侯的纪年问题》，云南大学出版社，2009 年，第 172 页。

③ 邓文宽：《敦煌天文历法文献辑校》，江苏古籍出版社，1996 年，“前言”，第 10 页。

（二）历法多样与混用问题

前文已经说到，由于出土历谱中存在不少歧异干支，有学者结合文献中的一些证据，提出汉初多样历法的观点。但证据并不直接，也缺少力度。现在用走马楼西汉简可以证明，汉初确实存在多种历法并存混用的情况。走马楼简中的混用情况表现在三个方面：第一是同一批材料中多种历法的使用。第二是同一支简中出现符合两种历法的干支内容。比如表三中 1、4、5 的朔干支合于一种历法，日干支合于另一种历法，就是这种表现。第三是找不到一种适用于各年各月纪年内容的历法。比如五年的纪年内容中，八月的朔日只与汉历相对应。六年的纪年内容中，八月的朔日只与颛顼历相合。七年的纪年内容中，二月只与汉历相合。八年的纪年内容中，十一月的朔日与任何历法都不合。九年的纪年内容中，五月的朔日只与汉历相合。不仅是走马楼西汉简，银雀山汉简、张家山汉简也同样找不到适合所有简牍的统一历法。以前古六历无法解释出土文献的纪年问题，后来张培瑜先生根据出土历谱和相关纪年内容推出汉历，但随着越来越多有纪年信息的材料出土，很多纪年内容与汉历也无法完全对应。后来张先生也逐渐改变观点，他说："恐怕很难找到一种使用平朔（不限定四分术）的历法能全部符合近 30 年出土的周家台 30 号墓、张家山 247 号汉墓和汉武帝元光元年历书的全部历日。"①

传世文献表明汉初沿用秦颛顼历，但各侯国与民间的用历习惯恐怕并不能随着朝代更替迅速改变。以我们现代人的用历习惯为例，官方使用公元纪年，民间农耕生产、生日宴请、结婚喜事等场合还有很多以农历为准。结合走马楼西汉简的纪年情况来看，至少在西汉武帝太初以前，人们在日常生活中是各种历法混用的。正因为如此，才会出现用任何一种历法推算都无法得到统一结果的现象。已有不少学者看到历法研究中偏执一方的弊端，主张多角度看待历法材料中的特殊情况。但不宜用官方与民间不同版本之差来解释。② 我们比较赞同说民间有多种历法流行。以前这个说法缺少充足材料支撑，现在走马楼西汉简可以作为更加有力的证据。

四、汉初历法的讹误与改朔问题的辩证

（一）关于"讹误造成历法分歧"的辩证

早期的文献整理过程中，对歧异干支常视为书写错误所致。这种观点在以前曾是主流，比如银雀山汉简、张家山汉简等汉初历谱中，也都存在歧异干支。过去有多位学者对这类历谱作考订，基本将其归结于干

① 张培瑜：《先秦秦汉历法和殷周年代》，科学出版社，2015 年，第 106 页。

② 按：按照版本学上所说的一本书存在不同版本，是说内容一致，在传抄或翻刻过程形成差异。官方与民间不同版本之差，意思是同一种历法官方本抄写精良无误或少误，民间本有误或多误。这种情况形成的差异实质是各种错误之别，无法构成规律性，和我们上面所分析的歧异干支不是一回事。

支误写，然后按照已知的历法推算，校订这些干支错误。[①] 即使近些年的新出材料整理和历法研究中，仍然有同样的观点。[②]

通过走马楼纪年干支的情况来看，历法内容中的“错误”要分别看待，不能一概而论。一方面，对待歧异干支不能陷入已有历法体系的桎梏中，应保持历法体系存在差异的态度，不能轻言错误。尤其是官府文书行文要求严谨准确，偶然的讹误不可避免，但不会出现大量的讹误。当所谓的讹误数量越来越大时，便要考虑内因。以走马楼西汉简歧异干支而言，有些错误实际有内在规律。另一方面，虽然存在多种历法混用造成的误差，但不能简单的把歧异干支全部归结为历法问题。如果能从多角度证明错误，有必要澄清错误。但证明错误不能简单以对照当下各种历表不合为主要依据。而需要更多内容、形式以及校勘学、文字学上的证据才能定论。比如走马楼“五年七月癸卯朔癸巳”（0079），宋少华先生根据简文内容、格式及文字学证据，再对比同类文书的时间特点，证明其为“五年十月辛卯朔癸巳”，论证充分有理。历史研究中没有准确的时间坐标，就会影响文献整理与进一步深入，所以在研究中仍需根据内容寻找合理的解释，否则研究内容就会缺少断代条件。

（二）改朔造成的干支歧异

文献中常说到新王或新皇帝继位要改朔。如《春秋繁露·二端》：“故王者受命，改正朔，不顺数而往，必迎来而受之者，授受之义也。”《白虎通论·三正》：“王者受命必改朔何？明易姓，示不相袭也。明受之于天，不受之于人，所以变易民心，革其耳目，以助化也。”但并未明确说改朔的方法。近些年新出简牍材料揭示了改朔的方法，刷新了对改朔的认识。

张家山 247 号墓汉简历谱中记载高祖九年“七月丁酉朔”，但《汉书》中不止一次说到高祖九年“六月乙未晦”，知七月当为“丙申朔”，《历表》所示古六历也是丙申朔。就此差异很多学者用古六历和平朔推步证明张家山汉简记载有误。[③] 比如张培瑜论证云：

> 汉高祖九年七月丁酉朔可确认是简误，应为七月丙申朔。因为：一是在唐以前，中国古历一直采用平朔，此处七月、八月两月连小，平朔推步是不可能出现这种情况的；二是《汉书·五行志》记载：

---

① 例如张培瑜：《周家台 30 号秦墓历谱竹简与秦、汉初的历法》，湖北省荆州市周梁玉桥遗址博物馆编著《关沮秦汉墓简牍》，中华书局，2001 年，第 231 页。李忠林：《秦至汉初历法研究》，中华书局，2016 年，第 36—42、97—100 页。胡永鹏《西北边塞汉简纪年及相关问题研究》（福建人民出版社，2017 年，第 74—77 页）介绍了非常多考证简文所记月日干支与历表不合的文章，其中提到很多将原简书写错误作为不合的原因。胡永鹏：《西北边塞汉简纪年及相关问题研究》。

② 李忠林《秦至汉初历法研究》（第 98—99 页）书中把所有歧异干支都视为错误。

③ 例如：陈久金、陈美东：《临沂出土汉初古历初探》，《中国天文学史文集》编辑组编《中国天文学史文集》，科学出版社，1978 年，第 70 页。黄一农：《汉初百年朔闰析究——兼订〈史记〉和〈汉书〉纪日干支讹误》，《“中央研究院”历史语言研究所集刊》第七十二本第四分，“中央研究院”历史语言研究所，2001 年，第 768 页。李忠林：《秦至汉初历法研究》，第 98 页。许名玱：《胡家草场汉简历简天象管窥》，简帛网，2020 年 2 月 19 日。

“高帝九年六月乙未晦，日有食之，既，在张十三度。”这次日全食现代天文计算可以确认，由此可确知，是时实行历法的七月朔日的纪日干支不是丁酉是丙申。①

从实际天象和历法推步而言，上举论证没有错。但汉初日常用历和实历未必相合。对此简的朔日取舍，张培瑜在后来的文章中放弃了上举论证，将丁酉、丙申并存。② 近出胡家草场汉简《岁纪》中，有一条改朔的记载正可与此简相应。《岁纪》简 18 记载汉高祖九年（前 198）“七月以丙申朔，朔日食，更以丁酉”。③这是我们在文献中首次见到因“朔日食”而改朔的实例。更为难得的是，此改朔恰好与张家山汉简历谱完全相合。以此而言，以往之聚讼皆失之原貌。由此再度提醒我们，汉初历法研究不能固执于古六历与四分术推步。

五、历法混用与行用问题的思考

政府管理和文书运行必须有统一的时间标准。否则就会因为时间差产生各类问题。汉初历法既然存在多种历法混用，那么在文书记录和运行过程中就要面临历法转换问题。理论上说，政府管理中必须有统一的时间标准，但在多种历法并行状态下，会不会造成历法转换的困难和误差，这是值得思考的问题。

西汉初年号没有使用前，纪年直书年数。对于地方侯国来说，需要转换的是中央新登基皇帝和地方侯国的在位年数。以走马楼西汉简为例，元年、二年、三年纪年内容中就是中央与侯国纪年并用，对于当时的文书经手者，如果不自动转换就会出现很多朔日干支的错乱。而对于不同历法日期的转换，也应该如年数的转换一样灵活完成。如同现代乡下有些老人能快速准确地转换公历与农历一样，而在苗历、藏历使用区也同样是要这样转换。并不会因为历法多样导致很大的转换困难。

多种历法要灵活转换，那么在转换中就容易产生错误，上表三 1 到 5 出现朔干支与日干支冲突的现象，应该就是书写者在历法转换中出现错误的表现。不仅如此，不同历法存在月朔和大小月之差，不同的历法统计日数就一定会出现差异，比如里耶秦简 8-1450 记载駋从廿五年二月辛巳到九月，除掉两天的病假，“定视事二百一十一日”。按照历表颛顼历秦始皇廿五年二月丁巳朔，辛巳日为二月二十五日，此日至九月结束总计 213 天，除去病假两天，正好 211 天。但若按照夏历则二月己未朔，辛巳日是当月二十三日，至九月结束

① 张培瑜：《根据新出历日简牍试论秦和汉初的历法》，《中原文物》2007 年第 5 期。

② 参见张培瑜：《先秦秦汉历法和殷周年代》，科学出版社，2015 年，第 98—116 页。该文内容与《根据新出历日简牍试论秦和汉初的历法》大多相合，但删去了“丁酉”之误的论证内容，并在表 24《张家山 247 号墓历日历书》中作“丁酉（丙申？）”（第 103 页），可见其观点改变。

③ 蒋鲁敬、李志芳：《荆州胡家草场西汉墓 M12 出土的简牍》，中国文化遗产研究院编《出土文献研究》第十八辑，中西书局，2019 年。李志芳、蒋鲁敬：《湖北荆州市胡家草场西汉墓 M12 出土简牍概述》，《考古》2020 年第 2 期。

为214天，除去两天变为212天。就会有一天之差。因此文献中出现日数不合的情况也许与历法并用有关，比如张家山247号墓中的《奏谳书》有如下一段记述：

御史书以廿七年二月壬辰到南郡守府，即下，甲午到盖庐等治所，其壬寅挚益从治，上治（125）它狱。·四月辛卯䳋有论去。五月庚午朔益从治，盖庐有资（赀）去。八月庚子朔论去。尽廿八年九月甲午已。（126）凡四百六十九日。朔病六十二日，行道六十日，乘恒马及船行五千一百卌六里，衛（率）之，日行八十五里，（127）畸（奇）卌六里不衛（率）。除弦（元）、伏不治，它狱四百卌九日，定治十八日。（128）①

以上诸简编连与释文采自《二年律令与奏谳书》。原整理者已经指出简中的“廿七年”指的是秦始皇二十七年（前220）。并指出：“自二十七年二月甲午至二十八年后九月甲午共六百零一天，减去朔病及行道一百二十二天，得四百七十九天，与简文记日数相差十天。”这段简文就存在历法歧异的问题。如果按照《历表》秦始皇二十八年丁酉朔，此月不能出现甲午日，甲午日在丁酉朔的前三天，而且此年也无闰月。按照《历表》所记颛顼历推算，从二十七年二月甲午日到二十八年九月，共573日，除去122天朔病及行道，得450天。与简文“凡四百六十九日”不合。即使以二十八年有闰月计算，闰月也只能是丙寅朔，到甲午日最多28天，总计600天。除去122天病及行道，最后得479天。仍然有10天之差。这里虽然记录的是秦始皇时期的案例，但其中的日期统计之差应该与历法差异有关。

历法转换除了带来统计上的误差，还会带来文献解读的问题。比如海曲汉简中有“天汉二年城阳十一年”的记录，有学者将传世文献和出土材料对读后得到的结果是：“《汉书·诸侯王表》，第五代城阳王惠王武是汉武帝元封三年嗣，天汉二年当为第五代城阳王惠王武十年，现在看来，或是第三十八简‘天汉二年城阳十一年’书写有误，或是《汉书·诸侯王表》记载有误，目前还难以定夺。”② 从走马楼西汉简历法内容来看，海曲汉简的一年差，不是书写之误，也不是记载之误，其实是历法转换的问题。同类问题，早在睡虎地《编年记》（或称《葉书》）中就已出现。黄盛璋已经作出了很好的解释，可作参看。③

---

① 彭浩、陈伟、工藤元男主编：《二年律令与奏谳书——张家山二四七号汉墓出土法律文献释读》，上海古籍出版社，2007年，第363—364页。

② 刘绍刚、郑同修：《日照海曲简〈汉武帝后元二年视日〉研究》，中国文化遗产研究院编《出土文献研究》第九辑，中华书局，2010年，第57页。

③ 黄盛璋：《云梦秦简〈编年记〉初步研究》，《考古学报》1977年第1期。

六、总结

本文通过对走马楼西汉简中的歧异干支材料，共论证如下几个问题：第一，重新清理了走马楼西汉简中歧异干支，纠正了过去的一些误判，并证明简中多年干支内容存在中央与侯国纪年并用的情况。第二，通过假定小余值的办法，证明走马楼西汉简中可能存在区别于古六历或汉历的另一种历法。第三，综合走马楼西汉简歧异干支的规律和表现，提出汉初历法的中央与地方之差，并再次讨论历法多样混用表现下的研究方法问题。提出汉初历法研究应摆脱古六历和四分术推步的单线思维模式。第四，结合汉初历法的多样混用证据，再次讨论以往历法研究与利用过程中“讹误造成历法分歧”的观点，提出辩证地看待所谓的“讹误”，应该尽量寻找其内部规律，注意多角度寻找证据，不轻言书写错误。并分析了改朔造成的干支歧异，以证明汉初历法的复杂性。第五，针对历法多样混用状态下，可能产生行用问题，讨论了历法转换和文献解读歧异现象。提出多种历法转换没有很大困难，但历法多样会带来日数统计和文献解读的差异。汉初历法存在中央与地方之别，并有多种历法混用的现象，那么过去研究汉初历法的方法就需要反思。以往在使用历法材料时，常以古六历为参照，以一方为基准，或者以自拟的一套算法为准，用一方校对另一方，未将中央与地方的地域差异及多种历法混用现象作为考察因素。现在看来，应改变汉初历法体系单线研究的思维模式，多角度看待干支歧异现象。出土纪年材料越来越丰富，但汉初历法的差异现象越来越多。如果一味地限于单一历法思维去研究，恐怕无法摆脱平衡各朔干支的纠缠，不利于历法研究的推进。

（李洪财，本文原载于《社会科学战线》2022 年第 4 期）

第四节　读走马楼西汉简札记

——纪年与证律

一、纪年

关于西汉走马楼简的时代，发掘者曾根据天文史学者如张培瑜、陈久金的《中国先秦史历表》一书，查找与简文对应的历朔，指出："简文记录的四年、五年、六年的历朔，与汉武帝元朔四年、五年、六年的历朔相合。简文记录的七年、八年、九年的历朔亦与汉武帝元狩元年、二年、三年的历朔相合。"① 简文记录的这六年时间是从武帝元朔四年（前125）至元狩三年（前120）。发掘者的这一观点，可从走马楼西汉简简文中得到验证。如0109号简：

北平大女南，母姊占定王四年产，尽今五年年廿八　（0109，图一）

上简记录了名"南"大女的"名爵里"。南是定王四年出生，到五年时年龄为28岁。《史记·汉兴以来诸侯王年表》记载景帝前元元年（前156）"复置长沙国"，前元二年（前155）三月甲寅为"定王发元年"。武帝元朔元年（前128）为"康王庸元年"。②《史记·五宗世家》记载："（刘发）立二十七年卒，子康王庸立。二十八年，卒，子鲋鮈立为长沙王。"③ 因此公元前155—前129年，定王刘发在位，共27年，公元前128—前101年，康王刘庸在位，共28年。④ 本条简文记载的大女南，于定王四年（前152）出生，则28岁应为公元前124年，正好即康王五年。从现已整理的简文看，简文记录的时间含括了自长沙康王元年至九年（前128—前120）共9年时间。

走马楼西汉简中的纪年多是长沙王纪年，但也偶有使用汉帝王纪年的例子。

---

① 长沙简牍博物馆、长沙市文物考古研究所联合发掘组：《2003年长沙走马楼西汉简牍重大考古发现》（宋少华、金平执笔），中国文物研究所编《出土文献研究》第七辑，上海古籍出版社，2005年，第61页。

② 《史记》卷十七《汉兴以来诸侯王年表》，中华书局，1959年，第838—840、858页。

③ 《史记》卷五十九《五宗世家》，第2100页。

④ 何旭红：《汉代长沙国考古发现与研究》，岳麓书社，2013年，第7页。

帝十五年十月庚申□·凡五十□☑　（0722，图二）

这是一枚残简，其中“帝十五年”之“帝”应指汉武帝。《史记·孝武本纪》：“孝景十六年崩，太子即位，为孝武皇帝……元年，汉兴已六十余岁矣，天下乂安，荐绅之属皆望天子封禅改正度也。”① 景帝十六年即公元前 141 年，武帝元年为公元前 140 年，十五年即公元前 126 年，正处于西汉走马楼简纪年时段公元前 128—前 120 年之间。

汉初岁首不在正月，而是十月。《史记·张丞相列传》：“以高祖十月始至霸上，因故秦时本以十月为岁首，弗革。”② 说明汉初沿用了秦十月为岁首的历法，并未改变。《史记·汉兴以来将相名臣年表》记载武帝太初元年（前 104）：“改历，以正月为岁首。”③ 所以直到武帝时期，才将原来以十月为岁首改为以孟春正月为岁首。所以走马楼西汉简记录的时间与中央一致，应当是以十月为岁首。其中“帝十五年十月”正好是新年首月，对应的长沙王纪年应即长沙康王四年。

二、证律

走马楼西汉简记录了一宗案卷，涉案者名为襄人、挢等。之前曾发表相关的两枚简牍④，已有三位学者对其进行过讨论⑤。2018 年 5 月，走马楼西汉简整理小组在长沙简牍博物馆举行了一次读简活动，我们得以研读该案卷更多相关的简牍。其中有一份麐、强秦、仆三人的讯辞，可命名为《译当讯麐、强秦、仆辞》，经过缀合之后标点如下：

（某年某月干支）狱史胡人爰书以襄人、挢辞证律告麐、强秦、仆。麐、强秦、仆皆不能楚言，即以襄人、挢辞，“证不言请（情）”“择（译）讯人出入罪人律”出择（译）共里不更当。令讯麐、仆、强秦。当曰：强秦、麐、仆辞曰：皆士五，居㶇溏（？）□。轻半士五共挢来言曰：为雕夷主襄人收賨，麐、仆、强秦予挢肠各廿五斤，不智（知）当米数，挢去后，不识日强秦、麐、仆之田，到栖溪涌（？）见一吏□　（0161+0003，图三）

---

① 《史记》卷十二《孝武本纪》，第 451—452 页。

② 《史记》卷九十六《张丞相列传》，第 2681 页。

③ 《史记》卷十七《汉兴以来诸侯王年表》，第 1141 页。

④ 长沙简牍博物馆、长沙市文物考古研究所联合发掘组：《2003 年长沙走马楼西汉简牍重大考古发现》（宋少华、金平执笔），第 57—64 页。西林昭一：《简牍名迹选 2·湖南篇二》，（日本）二玄社，2009 年，第 28—37 页。

⑤ 张俊民：《对长沙走马楼西汉简牍几条简文的认识》，简帛网，2009 年 7 月 18 日。胡平生：《〈简牍名迹选 2〉所刊“走马楼前汉简”释文校订》，张德芳主编《甘肃省第二届简牍学国际学术研讨会论文集》，上海古籍出版社，2012 年，第 415—420 页。刘乐贤：《谈走马楼西汉简中的两条简文》，《首都师范大学学报（社会科学版）》2013 年第 6 期。

▨□曰：前令共木收賨溗中，共木言曰得麿、仆、强秦肠各廿五斤，凡七十五斤。令襄人当与麿、仆、强秦为券，襄人即予强秦、麿、仆券，已予。·如襄人、挢▨　(0016+0123，图四)

0161、0003号简是两枚残简，但两段简残断处茬口相合，辞例相接，因而可缀合。其中0161号残简长4.2厘米，0003号残简长43.6厘米。两段残简缀合之后简长47.8厘米，此长度为完整简长度，但简上段右侧仍有约4.2厘米部分内容缺失，其缺失的文字可据其他简辞例推出为“某年某月干支”。

0016、0123号简也是两枚残简，其残断处茬口亦相合，另外“当与麿、仆、强秦为券”的辞例正好连读，可缀合。0016简残长25.6厘米，0123残长14厘米，两段缀合后残长39.6厘米，依然缺失约6厘米的简长。

以上缀合的二简与之前公布的两枚简字迹略有差异，书手应非一人。前次所公布的两枚简文字舒展，而简（0161+0003）与（0016+0123）两简文字书写略显紧张，笔画圆润。下面疏通以上两枚缀合简的文义。

胡人，狱史之名。爰书，司法文书。《汉书·张汤传》：“汤掘熏得鼠及余肉，劾鼠掠治，传爰书，讯鞫论报，并取鼠与肉，具狱磔堂下，父见之，视文辞如老狱吏，大惊，遂使书狱。”颜师古注：“传，谓传逮，若今之追逮赴对也。爰，换也，以文书代换其口辞也。”① 襄人、挢，两个人名，在最早的释文稿中，“挢”原释作“撟”，胡平生先生改释作“挢”。② 证律告，亦可言“证律辨告”，常见的法律术语。麿、强秦、仆，三个人名，③ 三位是这份讯辞的讯问对象，当是少数民族。

不能楚言，不会说楚人的方言。④ 此案件发生的地方无阳⑤，原为楚地，尽管已是汉朝统治，但百姓通行语言仍是楚语。麿、强秦、仆等三人是少数民族，居住在少数民族人口聚居地，所以不懂楚语。

襄人、挢辞，襄人和挢此前曾提交给官府讯辞。请，读为“情”，实情、事实。择，读为“译”，翻译。⑥“证不言请（情）”“译讯人出入罪人律”为两条律文，所以断读，即作证不实律，以及翻译讯问相关人等不实事求是、出入罪人之律。

出译共里不更当，即挑选出一位翻译，他同样居住在共里，名“当”，爵位为“不更”。

令讯麿、仆、强秦，命当作为翻译，讯问麿、仆、强秦等三人。因麿、强秦、仆三人“不能楚言”，不能在讯问中正常的交流，所以请能通楚语与夷语的翻译当来讯问。

皆士五，强秦、麿、仆等三人都是士五。

---

① 《汉书》卷五十九《张汤传》，中华书局，1962年，第2637页。

② 胡平生：《〈简牍名迹选2〉所刊“走马楼前汉简”释文校订》，第417页。

③ 刘乐贤：《谈走马楼西汉简中的两条简文》，《首都师范大学学报（社会科学版）》2013年第6期。

④ “楚”字，释文初稿未能释出，此为读简会时陈松长先生所释。

⑤ 根据0080+0152号简文“挢，无阳共里壻子”可知。

⑥ 此观点为欧扬博士在一次小范围读简会上首次提出。

轻半，地名。[①] 共抚，人名，即为襄人收賨的抚，身份是士五。

脽，丘阜。《史记·孝武本纪》：“于是天子遂东，始立后土祠汾阴脽上，如宽舒等议。”[②] 司马贞《索隐》：“脽，丘。”脽夷，一种少数民族的称谓，或类似山越。賨，秦汉少数民族所缴的一种赋税。《说文·贝部》：“賨，南蛮赋也。”

肠，一种可以当米交賨的物资。

共木，或与共抚有一定的关系。从其他简文看，襄人原是委托共抚去帮忙收賨，但这里又称作共木。

以上是对简文的简单疏通。其内容涉及的“证律”及“译讯人出入罪人律”两条律文值得讨论。

在走马楼西汉简中，“证律”常以“以证律告”（在简牍中也称作“以证律辨告”或“以证律辩告”）的辞例出现。“辩告”“辨告”，用字不一，但意义一样。在秦汉简中，辨告出现的频次多于辩告。辨告，即颁布。《汉书·高帝纪下》：“吏以文法教训辨告，勿笞辱。”颜师古注：“辨告者，分别义理以晓喻之。”[③]“以证律辨（辩）告”即以证律辨（辩）告之义。下面再引走马楼西汉简两例。

五年七月丁卯[具]狱亭长庚爰书，先以证律辨告抚，乃讯。辞曰：士五，无阳共里壻子，吏令为臾皇人择（译）。乃二月中不识日，啬夫襄人在轻半，令抚收责溠溪，臾人□⧄五定予五桊船一㮴，当米八斗。士五强秦、麐、仆予肠各廿五斤，凡七十五斤。抚令安居士五周乘船下。抚先去溠溪，中环（还）轻半。襄人所收责（债）得[船]⧄　(0080+0152)[④]

⧄□书召[多]□[先]以证律辨告□□[名]劾（?）乘之辞

⧄[里]乃元年为临湘监□啬夫廷调多为守令史备盗贼　(0250)

“证律辨告”类似辞例，亦出现在其他简牍中，或更详细，如居延新简。[⑤]

建武三年十二月癸丑朔乙卯，都乡啬夫宫，以廷所移甲渠候书召恩诣乡，先以“证财物故不(EPF22：1) 以实，臧五百以上；辞已定，满三日而不更言请者，以辞所出入罪反罪之律”辨告，乃(EPF22：2) 爰书验问。(EPF22：3)

建始元年四月甲午朔乙未，临木候长宪敢言之。爰书：杂与候史辅，验问燧长忠等七人，先以从所主及它部官卒买⧄

---

① 刘乐贤：《谈走马楼西汉简中的两条简文》，《首都师范大学学报（社会科学版）》2013 年第 6 期。

② 《史记》卷十二《孝武本纪》，第 461—462 页。

③ 《汉书》卷一《高帝纪》，第 54—55 页。

④ 简 0080 原已发表，走马楼西汉简整理小组在第一次读简过程中，发现 0080 可与编号 0152 缀合。152 号简长 3. 6 厘米，0080 长约 39. 5 厘米，缀合之后的简仍约有 3 厘米的缺失，可容 3—5 字。

⑤ 下引简文参甘肃省文物考古研究所等编：《居延新简：甲渠候官与第四燧》，文物出版社，1990 年。

三日而不更言请书律辨告，乃验问。燧长忠、卒赏等辞皆曰：名、郡、县、爵、里、年、姓、官除各如牒。忠等毋从所主卒及它▨　(EPT51：228)

▨……□先以证不请律辨告，乃验问，定

▨……□□□□□前，游君前亡去，不知区处，来中　(EPT52：417)

而不更言请，辞所出入罪反罪之律辨告，乃爰书验问。恭辞曰：上造，居延临仁里，年廿八岁，姓秦氏。往十余岁，父母皆死，与男同产兄良异居。以更始三年五月中，除为甲渠吞远燧长，　(EPF22：330)

▨先以证财物不以实律辨

▨□有敢不予何齐　(EPT53：181)

以上相关辞例表述最为详细者是编号 EPF22：3 的简文："证财物故不以实，臧五百以上；辞已定，满三日而不更言请者，以辞所出入罪反罪之律"，这段简文出自著名的《候粟君所责寇恩事》简册。其律文整体意思即：作伪证故意不按事实说明财产情况，获赃钱超过五百钱以上，证辞确定后，满三日不更改伪证说明实情的人，以其所作伪证使别人定罪或脱罪的罪名定其罪。

其中"财物故不以实，臧五百以上"与具体案情有关的，候粟君寇恩案本即财物纠纷。张家山汉简《二年律令·盗律》55、56 号简："盗臧（赃）直（值）过六百六十钱，黥为城旦舂。六百六十到二百廿钱，完为城旦舂。不盈二百廿到百一十钱，耐为隶臣妾。不盈百一十钱到廿二钱，罚金四两。不盈廿二钱到一钱，罚金一两。"[①] 张家山汉简这段简文盗赃的标准未见五百钱这一档次。寇恩案记录乃东汉初年的案例，较《二年律令》的西汉时代晚，具体量刑已经发生变化。所以到东汉时期，盗赃罪的标准已有"五百钱"这一量刑标准。

"辞已定，满三日而不更言请者，以辞所出入罪反罪之律"，张家山汉简有相关律文。《二年律令·具律》110 号简："证不言请（情），以出入罪人者，死罪，黥为城旦舂；它各以其所出入罪反罪之。狱未鞫而更言请（情）者，除。吏谨先以辨告证。"[②] 《具律》所言"狱未鞫而更言请（情）者，除"的"鞫"是"讯"后的一个诉讼环节。"狱未鞫而更言请（情）者，除"即言讯问结束之后，还没有到鞫这一环节时，若更改了伪证，即可免罪。言下之意，若到了鞫这一环节还未更改伪证，那么依然要"以其所出入罪反罪之"。对比张家山《二年律令·具律》，寇恩案因时代更晚，具体律文会有变化。两者相比，可看出西汉时期到东汉初年，这一条律令的量刑由以程序标准改为具体以三日作为标准。

① 张家山二四七号汉墓竹简整理小组编：《张家山汉墓竹简（二四七号墓）》（释文修订本），文物出版社，2006 年，第 16 页。

② 张家山二四七号汉墓竹简整理小组编：《张家山汉墓竹简（二四七号墓）》（释文修订本），第 24 页。

以上居延新简中“辞已定，满三日而不更言请者，以辞所出入罪反罪之律辨告”等类似辞例在走马楼西汉简中减省作“以证律辨告”，这说明证律的具体律文即如上文所言，因时代不同有所区别。在居延新简所属时代，其部分律文即“辞已定，满三日而不更言请者，以辞所出入罪反罪之”。但在张家山汉简所属时代，其具体律文即《具律》中的“证不言请（情），以出入罪人者，死罪，黥为城旦舂；它各以其所出入罪反罪之。狱未鞫而更言请（情）者，除。吏谨先以辨告证”。其有三层含义：一是“证不言请，以其所出入罪反罪之”；二是“证不言请，狱未鞫而不更言请（情）者，以其所出入罪反罪之”；三是吏在讯问之前，必先“以证律辨告证”。走马楼西汉简、居延新简中的司法讯问文书证明，在实际操作中，“吏谨先以辨告证”的讯问程序一直要履行，所以讯问文书的讯辞中均有“以证律辨告”等类似内容。

值得注意的是，“不更言请者”中的“请”通“情”字，《荀子·正名》：“正名而期，质请而喻。”王先谦《集解》引王念孙曰：“请，读为情。情，实也。言本其实而晓喻之也。”① 无论在张家山汉简、走马楼西汉简，还是上引居延新简中，都用的是“言请”。《唐律疏议·诈伪》：“诸证不言情，及译人诈伪，致罪有出入者，证人减二等，译人与同罪。”② 唐律中才开始使用“证不言情”。

以上讨论的《译当讯靡、强秦、仆辞》中，“以襄人、挢辞，‘证不言请’‘择讯人出入罪人律’出译共里不更当”，包含了两层含义：一层是找到翻译之人当为讯问和被讯问方做翻译。二层是对当进行辨告，其辨告者有三，分别是襄人与挢的讯辞、证律、译讯人出入罪人律等。其中“译讯人出入罪人律”的内容与张家山汉简《二年律令·具律》111 号简相似：“译讯人为訲（诈）伪，以出入罪人，死罪，黥为城旦舂；它各以其所出入罪反罪之。”③ 对比前引张家山汉简《二年律令·具律》“证不言请（情），以出入罪人者，死罪，黥为城旦舂；它各以其所出入罪反罪之”，说明汉时翻译讯问时作伪，与证人作伪证，陷人入罪或为人脱罪，其罪行量刑等同。但在唐律之中，二者的量刑却有了很大的变化。前引《唐律疏议·诈伪》条：“诸证不言情，及译人诈伪，致罪有出入者，证人减二等，译人与同罪。”唐律作伪证可减罪二等，而翻译作伪，与罪人同罪，与西汉时期差别已大。

除了以上提到的四简，走马楼西汉简中还有襄人、挢案卷其他不同涉案人的讯问之辞。这些简长度一致，为完简长约 46 厘米的长简，一般书文字两行。对这些简进行综合考虑，应更能接近案件的事实原貌。

---

① 王先谦：《荀子集解》，中华书局，1988 年，第 423—424 页。

② 长孙无忌等：《唐律疏议》，中华书局，1983 年，第 475 页。

③ 张家山二四七号汉墓竹简整理小组编：《张家山汉墓竹简（二四七号墓）》（释文修订本），第 24 页。

图一　0109

图二　0722

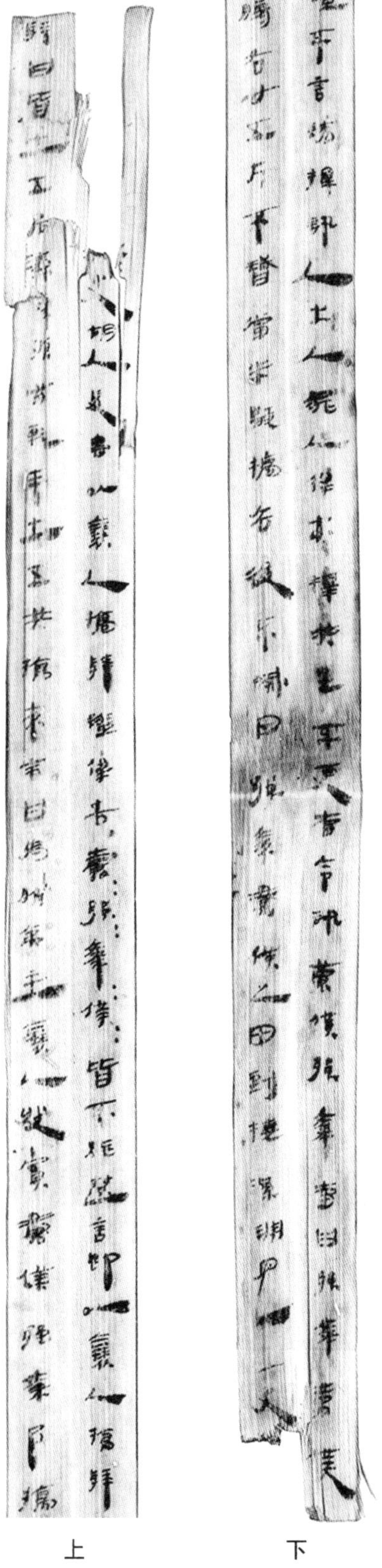

图三　0161+0003

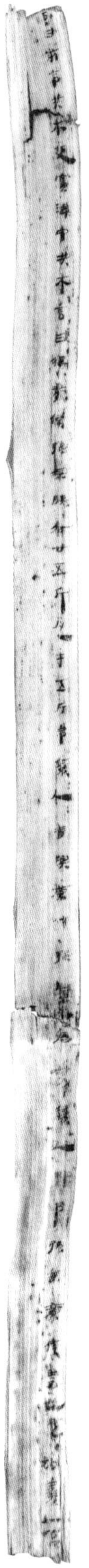

图四　0016+0123

（杨芬，本文原载于邬文玲、戴卫红主编《简帛研究・二〇一八・秋冬卷》，广西师范大学出版社，2019 年）

第五节　走马楼西汉简的断代

——兼谈草书的形成时间

走马楼西汉简自2003年在长沙出土后就受到学界的高度关注，2005年发掘组在《出土文献研究》上刊文说明了这批简的断代情况。[①] 发掘组将这批简的断代大致定为西汉武帝早期，其断代主要依据历朔和书风书体，并说到这些材料与陈垣《二十史朔闰表》存在差异，但与张培瑜《中国先秦史历表》（以下简作《历表》）相合，简文记录的四年、五年、六年与汉武帝元朔四年、五年、六年的历朔相合，七年、八年、九年历朔也与元狩元年、二年、三年的历朔相合。依此将这批简的确切年代定为元朔四年至元狩三年，即公元前125至公元前120年。这批简有非常多的纪年内容，对西汉的历法研究和这批简的断代，无疑提供了非常重要的参考材料。但根据我们的释文清理和初步研究，其中的纪年内容存在很多问题，同时这批简的断代也并不是如发掘者最初所说的那么简单，很多纪年内容既有内部自身矛盾之处，也有不少与现有的各种历法冲突的地方。关于这批简的朔日与《历表》冲突的现象比较复杂，参考本章第三节，本文主要根据最新释文对原有的断代作修订，确定断代后再谈谈这批简的文字对草书形成的重要意义。

一、走马楼西汉简纪年内容与《历表》对照

走马楼西汉简的纪年信息非常丰富，而且很多简牍都记录了年月及朔日，为这批简牍断代提供了非常重要的依据。不过，根据我个人的整理，这批简所显示的纪年问题很复杂，虽然可以确定是西汉简，但并不是完全如发掘者所说与《历表》相合。而且其年代的上限问题也需再讨论。走马楼西汉简中的纪年从“元年”到“九年”，而且每年都有多个月朔点。另外还出现了“帝十五年”“定王四年”，这也为断代提供了重要信息。通过查对，与《历表》相合主要在武帝时期，但是也有很多朔日与景帝时期的朔日相合，为了确定其中是否有向前追述的内容，将可对应景帝时期的朔日也一并列出。这批简中有不少重要的纪年内容字迹不是十分清楚，为了减少干扰，完全无法确认的纪年内容不作参考，有些字迹虽然不清楚，但是基本可确认释读，

① 长沙简牍博物馆、长沙市文物考古研究所联合发掘组：《2003年长沙走马楼西汉简牍重大考古发现》（宋少华、金平执笔），中国文物研究所编《出土文献研究》第七辑，上海古籍出版社，2005年，第57页。

在文首加＊标明，并将不清楚的字迹用外框标示。下面我们按照简牍中所见的纪年信息进行说明。

（一）元年与二年

走马楼西汉简中出现可确定为元年与二年且有月日内容的简牍比较少，而且重复内容较多，故将两年的内容合在一起考察。这两年的具体纪年内容如下表一。从表中可以看到，元年纪年内容其实只有一处明确了朔日，据此我们对照《历表》查到西汉景帝以后五月出现“丙子朔”的有：

景帝四年（前 153）的颛顼历、殷历、汉历①，五月丙子朔。

武帝元狩元年（前 122）的颛顼历、殷历、汉历，五月丙子朔。

如果按照五月丙子朔推算，五月为大月，六月应该是丙午朔，五月为小月，六月应该是乙巳朔。按照这两个朔点查询，六月不可能有“辛丑”这一天。二年纪年内容中除了表一所列，还有几枚原简字迹含混不清无法确定的简牍，暂不作参考。其中 10 列 0379 简“十一月癸酉朔”明确了朔日，据此查找《历表》有：

景帝中元三年（前 147）的实历②，十一月癸酉朔。

武帝元狩二年（前 121）的颛顼历、殷历、汉历，十一月癸酉朔。

接着按照《历表》可对应的这两个时间点，继续查四月和十二月朔日，分别可知：四月为辛丑朔，十二月为癸卯朔。按照这两个朔日推算，则四月无“丙申”日，距离四月最近的“丙申”日则在前一月的倒数第五天。十二月丙午即十二月初四。

表一　走马楼西汉简元年、二年纪年内容

序	1	2	3	4	5	6	7	8	9	10	11
简号	0503	0633	0395	0399	0406	0423	0559	0754	0006	0379	0043
纪年内容	元年五月丙子朔己丑	元年六月癸卯	元年六月辛丑	元年六月辛丑	元年六月辛丑	元年六月辛丑	元年六月辛丑	元年六月辛丑	二年四月丙申	二年十一月癸酉朔戊戌	二年十二月丙午

（二）三年

走马楼西汉简中出现三年的纪年内容也较少，而且确定的朔日点不多，具体内容如下表二。经核对原简，其中加＊号的两枚简释文中的加□字有些模糊，不是十分确定。尤其是第 1 列的 0796 简，年、朔日、都比较清晰，唯独月份不是十分清晰。

---

①　按：这里的汉历是指张培瑜先生根据出土文献信息复原的一套历法。

②　按：这里的实历是指根据现代天文学计算出的，当时实际应当用的历法。

表二　走马楼西汉简三年纪年内容

序	1	2	3	4	5	6	7	8	9	10	11
简号	0796	0080	0092	0133	0633	0754	1282	0399	0406	0559	2015
纪年内容	*三年[二]月辛未朔壬戌	三年三月乙丑，四月丙申、丙午	三年四月丙申	三年六月乙丑	三[年]六月乙酉	*三[年]六月丁[亥]	三年六月己巳朔壬午	三年七月乙丑	三年七月丁卯	三年七月乙丑	三年七月己亥朔

按照确定的七月朔日，查找《历表》较相合的年月有：

景帝五年（前152）的实历、颛顼历二月辛未朔；颛顼历六月己巳朔；颛顼历、殷历、汉历七月己亥朔。

武帝元朔三年（前126）的颛顼历、殷历、汉历二月辛未朔；颛顼历、殷历、汉历六月己巳朔；殷历、汉历七月己亥朔。

走马楼西汉简与《历表》对照可知，简中所记第1列“二月辛未朔”可对应，但当月无壬戌日。三月是庚子朔或辛丑朔，依此推算可知当月都有乙丑日。第2列“三月乙丑”可对应。四月是己巳、庚午朔，依此推算当月有丙申日，第3列纪年内容可对应，但此月没有丙午日，第2列中的四月丙午无法对应。依此办法逐个对照，六月纪年内容与《历表》有冲突。按照《历表》朔日推算，六月可以有乙酉（第5列）、丁亥（第6列），但不可能出现第4列的“乙丑”日。而且日期是按照一甲子顺序排列，六月有乙丑日，下一个乙丑日当在八月份，七月不可能连续再出现乙丑日（第8列）。按照《历表》七月朔日推算，七月有乙丑日，但只有在殷历、汉历的情况下七月才可能出现丁卯日（第9列）。

（三）四年

四年的纪年内容具体如下表三。其中二月、五月、七月、八月都明确了朔日，第4列0046简中出现了两个时间点。按照确定的朔日，查找《历表》有：

景帝元年（前156）的颛顼历、殷历、汉历二月乙未朔；殷历、汉历五月甲子朔；殷历、汉历七月癸亥朔；殷历、汉历八月壬辰朔。

武帝元朔四年（前125）的殷历、汉历二月乙未朔；汉历五月甲子朔；汉历七月癸亥朔；颛顼历、殷历、汉历八月壬辰朔。

表三　走马楼西汉简四年纪年内容

序	1	2	3	4	5	6	7	8	9
简号	0006	0173	0856	0046	0243	0752	0256	0324	0964
纪年内容	四年二月乙未朔戊戌	四年二月戊戌	四年四月癸丑	四年五月甲子朔庚寅……六月丙申	四年七月癸亥朔丙子	四年七月癸亥朔己卯	四年八月壬辰朔乙未	四年八月壬辰朔戊午	四年八月壬辰

（四）五年

五年的纪年内容非常多，而且朔日点也多，多数月份的朔日点明确，具体内容如下表四。按照确定的朔日，查找《历表》有：

景帝七年（前150）的实历、颛顼历二月己丑朔；颛顼历、殷历、汉历三月己未朔；实历四月戊子朔；实历六月丁亥朔；七月实历丙辰朔、颛顼历和殷历丁巳朔、汉历戊午朔；颛顼历、殷历、汉历八月丁亥朔；颛顼历九月丙辰朔。

武帝元朔五年（前124）的实历、颛顼历、殷历、汉历二月己丑朔；殷历、汉历三月己未朔；实历、颛顼历、殷历、汉历四月戊子朔；颛顼历、殷历六月丁亥朔；七月实历丙辰朔、颛顼历和殷历及汉历丁巳朔；汉历八月丁亥朔；颛顼历、殷历、汉历九月丙辰朔。

以上两年的月朔，除了七月之外都可以对应。五年七月在走马楼西汉简中至少出现了五次，其中有两次的纪年内容完全一致，仅第10列明确了朔日，第12列也出现了癸卯，但内容不完整，与第10列对比而言应该也是朔日，不过此朔日存在问题。按照其他几个月的朔日推算，七月的朔日应该是丁巳才对。因为第6、7列已经明确六月丁亥朔，第14、15、17列都明确了八月丁亥朔，可知七月应该是大月，朔日在丁巳。而且，如果七月癸卯为朔日，那么辛巳（第8列）、癸巳（第10列）都当在上一个月中。如果以丁巳为朔日，那么丁卯、辛巳都在当月。因此日干支可能是以《历表》所载朔干支推算的，但七月“癸卯朔”也不能说是错，毕竟重复了两次“癸卯”，不能武断说是偶然错误，很可能另一种历法的七月朔日是“癸卯”。

表四　走马楼西汉简五年纪年内容

序	1	2	3	4	5	6	7	8	9	10
简号	0054	0047	0504	0618	0638	0506	1808	0008	0010	0079
纪年内容	五年二月己丑朔丁酉……二月己亥	五年三月己未朔丁丑	五年四月戊子朔戊子	五年四月戊子朔戊子	五年四月戊子朔戊子	五年六月丁亥朔壬辰	五年六月丁亥朔癸巳	五年七月辛巳	五年七月丁卯	五年七月癸卯朔癸巳
序	11	12	13	14	15	16	17	18	19	20
简号	0152	1372	0044	0088	0322	0009	0107	0002	0205	0034
纪年内容	五年七月丁卯	五年七月癸卯	五年八月戊申	五年八月丁亥朔戊申	五年八月丁亥朔庚戌	五年八月庚戌	五年八月丁亥朔丙午	五年九月辛酉	五年九月丙辰朔癸亥	五年九月甲戌
序	21	22	23	24	25	26	27	28	29	30
简号	0041	0042	0049	0084	0085	0102	0121	1792	0848	0562
纪年内容	五年九月丙辰朔丁卯	五年九月丙辰朔戊午	五年九月己未	五年九月丙辰朔丁丑	五年九月丙辰朔壬申	五年九月丙辰朔丁卯	五年九月丙辰朔辛酉	五年九月丁巳	五年十月甲辰	五年十月壬辰

（五）六年

下表五为六年的纪年内容，这一年的纪年内容非常特殊，其中出现了一个月有两个朔日的情况（第7、8列），还出现了连续两个月同一个朔日的情况（第12、13列）。我们对照《历表》作了排查，结果如下：

景帝三年（前154）的颛顼历、殷历、汉历二月癸丑朔，实历壬子朔；颛顼历、殷历四月壬子朔；颛顼历、殷历的六月辛亥朔；颛顼历、殷历八月庚戌朔，实历八月己酉朔，汉历八月辛亥朔；颛顼历、殷历、汉历九月庚辰朔；殷历、汉历十一月乙酉。

武帝元朔六年（前123）的实历、汉历的二月癸丑朔；实历、汉历的四月壬子朔；汉历的六月辛亥朔；颛顼历八月庚戌朔；殷历九月庚辰朔；殷历、汉历十一月乙酉。

通过对比排查，走马楼西汉简六年的纪年内容大部分与以上两年相合，但一个月两种不同的朔干支，和两个月同一朔日的情况，与《历表》不符。而且第12列的庚辰朔，在当月不可能有甲寅日。

表五 走马楼西汉简六年纪年内容

序	1	2	3	4	5	6	7	8	9	10	11	12	13	14	15
简号	0628	0908	0187	0467	0265	0476	0508	0275	1331	1483	0373	0428	0699	0538	0726
纪年内容	六年三月己亥	六年三月辛丑	六年四月壬子朔乙卯	六年五月壬午	＊六年六月辛亥朔丁未	＊六年六月辛亥朔	六年六月癸亥朔乙卯	六年六月辛亥朔癸酉	六年六月辛亥朔辛未	六年六月甲子	六年七月戊戌	六年八月庚辰朔甲寅	六年九月庚辰朔癸卯	六年十一月乙酉朔丙□	＊六年十一月庚辰

（六）七年

七年的纪年内容中有几枚简文字太不清晰，为了排除不确定因素都暂不作考察对象。下表六是走马楼西汉简中释文比较确定的纪年内容。按照确定朔日点对照《历表》，能够基本相合的结果如下：

景帝四年（前153）的实历、颛顼历、殷历、汉历正月戊寅朔；殷历、汉历二月戊申朔；颛顼历、殷历、汉历三月丁丑朔；颛顼历、殷历、汉历五月丙子朔；颛顼历、殷历、汉历七月乙亥朔；殷历、汉历八月乙巳朔；颛顼历、殷历、实历、汉历十一月己卯朔。

武帝元狩元年（前122）的颛顼历、殷历、汉历正月戊寅朔；汉历二月戊申朔；颛顼历、殷历、汉历三月丁丑朔；颛顼历、殷历、汉历五月丙子朔；颛顼历、殷历、汉历七月乙亥朔；殷历、汉历八月乙巳朔；实历、颛顼历、殷历、实历、汉历十一月己卯朔。

表六 走马楼西汉简七年纪年内容

序	1	2	3	4	5	6	7	8	9
简号	0138	0389	0194	0211	0540	0645	0369	0418	0509
纪年内容	七年正月戊寅朔戊子	七年二月戊申朔壬戌	七年三月丁丑朔癸未	七年三月丁丑朔庚子	七年三月戊寅	七年三月丁丑朔己亥	七年五月甲辰	七年五月丙子朔丙申	七年五月丙子朔丙申
序	10	11	12	13	14	15	16	17	18
简号	0513	0544	0619	0707	0714	0769	0807	0882	2019
纪年内容	七年五月丙子朔甲午	七年五月丙子朔甲申	七年五月丙子朔丁酉	七年五月丙子朔壬辰	七年五月丙子朔乙未	七年五月丙子朔甲午	七年五月庚子	七年五月丙子朔丙□	七年五月丙子朔癸巳
序	19	20	21	22	23	24	25	26	27
简号	1801 正	0231	0334	1237	0115	0246	0955	0257	0441
纪年内容	七年五月丙子朔乙未	七年七月乙亥朔庚寅	七年七月乙亥朔庚寅	七年七月丙申	七年八月乙巳朔壬申	七年八月己巳	七年八月辛未	七年十一月己卯朔乙酉	七年十一月戊戌

（七）八年

下表七为八年的纪年内容，对照《历表》排查，得到可对应的结果如下：

景帝中元三年（前 147）的颛项历、殷历四月辛丑朔；颛项历、殷历、汉历五月辛未朔；实历、颛项历六月庚子朔；颛项历、汉十月甲辰朔；实历十一月癸酉朔，颛项历、殷历、汉历十一月甲戌朔；颛项历、殷历十二月癸卯朔。

武帝元狩二年（前 121）的颛项历、殷历、汉历四月辛丑朔；汉历五月辛未朔；颛项历、殷历、汉历六月庚子朔；殷历、汉历十月甲辰朔；实历十一月壬申朔，颛项历、殷历、汉历癸酉朔；殷历、汉历十二月癸卯朔。

这里面第 2 列因为原简字迹漫漶，年月释字不是十分确定，但是朔日和后面的日期比较清晰，对比可以确定释字。这里同样存在日期冲突问题，辛丑朔下面不可能有丁酉日。辛丑朔，丁酉日当在上一个月的倒数第四天。

表七　走马楼西汉简八年纪年内容

序	1	2	3	4	5	6	7	8	9	10	11	12
简号	1875	0416	0666	1575	0795	1006	0542	0368	0134	0293	1806	1807
纪年内容	八年正月戊戌	八年四月辛丑朔丁酉	八年四月辛丑朔戊辰	八年四月辛丑朔壬寅	八年五月辛未朔壬申	八年六月庚子朔丙午	八年六月庚子朔丁卯	八年十月甲辰朔丁卯	八年十一月癸卯朔庚戌	八年十二月癸卯朔己巳	八年后九月戊戌朔丙辰	八年后九月戊戌朔丙辰

（八）九年

根据我们的调查，整个走马楼西汉简纪年内容只到九年，之后再无连续的纪年内容。这批简中纪年内容最多的是九年，而且从正月到六月朔日点连续排列。对照《历表》排查，得到可对应的结果如下：

景帝六年（前 151）的实历、颛项历、殷历正月丙申朔；实历、颛项历、殷历、汉历二月丙寅朔；实历、颛项历、殷历三月乙未朔，汉历三月丙申朔；颛项历、殷历、汉历四月乙丑朔；汉历五月乙未朔；颛项历、殷历、汉历六月甲子朔；颛项历、殷历、汉历十一月丁酉朔。

武帝元狩三年（前 120）的颛项历、殷历、汉历正月丙申朔；殷历、汉历二月丙寅朔；实历三月甲午朔，颛项历、殷历三月乙未朔；殷历、汉历四月乙丑朔；汉历五月乙未朔；颛项历、殷历、汉历六月甲子朔；颛项历、殷历、汉历十一月丁酉朔。

这里唯有三月朔日与《历表》不合。如果以三月朔日推算二月和四月的朔日，则结果与简中九年二月、四月的朔日都冲突。所以如果第 9 列的纪年内容无误，这月的纪年与同年其他月份的纪年可能不是一种历法。

表八　走马楼西汉简九年纪年内容

序	1	2	3	4	5	6	7	8	9	10	11	12
简号	0557	0967	0127	0341	0534	0547	0575	0626	0176	0200	0283	0660
纪年内容	九年正月丙申朔辛酉	九年正月丙申朔□	九年二月丙寅朔甲申	九年二月丙寅朔甲申	九年二月丙寅朔己丑	九年二月丙寅朔甲申	九年二月丙寅朔丙寅	九年二月乙未	九年三月丁丑朔癸未	九年四月乙丑朔丁丑	九年四月乙丑朔丙寅	九年四月乙未朔丁□
序	13	14	15	16	17	18	19	20	21	22	23	24
简号	1333	1550	2122	0118	0132	0232	0233	0525	0583	0591	0597	0671
纪年内容	九年四月甲戌	九年四月丁丑	九年四月丁丑	九年五月乙未朔丁未	九年五月乙未朔辛酉	九年五月乙未朔丁未	九年五月乙未朔戊申	九年五月乙未朔丁未	九年五月己未朔丁未	九年五月乙未朔丁未	九年五月乙未朔丁未	九年五月乙未朔癸卯
序	25	26	27	28	29	30	31	32	33	34	35	36
简号	0797	0868	0057	0166	0215	0465	0574	0578	2026 背	2057	0403	1805
纪年内容	九年五月乙未朔丁未	九年五月乙未朔己酉	九年六月甲子朔甲戌	九年六月甲子朔庚午	九年六月甲子朔庚午	九年六月甲子朔戊子	九年六月甲子朔庚午	九年六月甲子朔庚午	九年六月辛未	九年六月甲子	九年十一月丁酉朔庚子	九年十一月丁酉朔

二、走马楼西汉简的断代问题

从上面的对比可以看到，各年都出现与《历表》的朔干支冲突现象，这涉及历法问题，比较复杂，我们另文讨论。抛开这个问题，也可看到走马楼西汉简纪年序列与《历表》也并不能完全对应。而且并不只是与武帝纪年可对应，有部分与景帝纪年也可对应。我们把上面的对应情况列表如下：

表九　走马楼西汉简纪年与《历表》纪年对照

走马楼简	元年	二年	三年	四年	五年	六年	七年	八年	九年
景帝	景帝四年（前153）	景帝中元三年（前147）	景帝五年（前152）	景帝元年（前156）	景帝七年（前150）	景帝三年（前154）	景帝四年（前153）	景帝中元三年（前147）	景帝六年（前151）
武帝	武帝元狩元年（前122）	武帝元狩二年（前121）	武帝元朔三年（前126）	武帝元朔四年（前125）	武帝元朔五年（前124）	武帝元朔六年（前123）	武帝元狩元年（前122）	武帝元狩二年（前121）	武帝元狩三年（前120）

对照上表可以明显看到，武帝时期的纪年与这批简的纪年内容比较符合，而且序列比较规整，而景帝时期的对应内容排列无序，可排除从元年到九年的序列中有追述景帝的纪年内容，所以还应从武帝时期的对应纪年来考察这批简。不过，即使以武帝时期为对照，这里还可看到元年、二年有明显的不对应问题。首先前面已经排除这两年为向前追述的纪年内容。按照这批简元年、二年的朔干支推算，这两年只能是武帝元狩元年、元狩二年。那么，元年、二年纪年内容的对应时间与后面的三年、四年……纪年内容就不在一个序列上。按照对应序列，这两年应该是元朔元年、二年。假设这批简元年、二年的朔干支有问题，将此元年、二年作为元朔元年、二年考察。查得《历表》元朔元年五月的朔干支分别是实历己酉、颛顼庚戌、殷历和汉历都是辛亥朔。以这几个朔干支来考察这批简元年五月、六月的日干支，可知第 1 列五月的己丑日不在当月，但六月的辛丑日在当月。《历表》元朔二年四月的实历甲戌朔、颛顼乙亥朔、殷历和汉历是丙子朔，那么表一中四月的日干支都在当月，但表一第 10 列的日干支仍无法对应。虽然有无法对应的情况，但从纪年的数字序列来看，元年到九年是长沙王自己的纪年序列，如果夹杂另一种纪年方式应该有所区别，比如后面要说到的“帝十五年”“定王四年”等，在年数前有限定。这里说的“定王”在这批简中多次出现，其无疑是指景帝之子刘发，《史记》载其在景帝二年（前 155）到武帝元朔元年（前 128）为长沙王。刘发薨，刘庸继位。刘庸元年就是武帝元朔元年（前 128）。所以这两年与元狩元年、二年干支对应的情况应该只是巧合，这两年一定是元朔元年、二年。既然出现了刘发的谥号，至少可确定这批简上限不早于公元前 128 年。

接着说下限的问题，这批简所见的纪年最晚是“九年”，根据《历表》这一年是武帝元狩三年，即公元前 120 年。以此可以作为这批简的下限时间。而且，九年纪年内容在这批简中出现的频次最高，共出现了将近 40 次，九年之前的纪年内容逐渐减少，三年、四年的纪年内容都只有十枚左右，这应该与此批简通行使用的时间有关。离实际使用时间越远涉及的人事就越少，纪年内容也就越少。所以这批简的下限可定在公元前 120 年。这与发掘者所得时间一致。

此外还有几枚简内容也可作断代的参考信息。0109 简记有“北平大女南姊占定王四年产尽今五年年廿八”。其中定王四年是公元前 152 年。这一年北平大女出生，二十八岁时为“今五年”。这个“五年”恰好是二代刘姓长沙王刘庸即位后的第五年，与这批简上的“五年”纪年内容所对应的时间正好一致，此年即武帝元朔五年（前 124）。简号 0722 简记“帝十五年七月庚申[贡]·凡五十☐”。这里的“帝”指的应该是汉武帝，据《历表》汉武帝十五年为元朔三年（前 126），这年七月确有“庚申”日。此年为二代长沙王刘庸继位的第二年。另外还有简号 1646 内容为：“曰廷尉□亡当□孝文皇帝后七年十一☐。”这枚简提到孝文皇帝，显然是追记内容。总之，从所见的纪年内容来看，此批简实际就是二代长沙王刘庸在位时的产物，上限可定在公元前 128 年，下限可定在公元前 120 年。

三、从走马楼西汉简看草书的成熟时间

我们曾对草书的萌芽与成熟时间有专文讨论，当时还未见到这批简，现在有必要根据这批新材料对过去讨论的问题再作补充。草书的萌芽和产生问题目前众说纷纭，尚无统一定论，除非有更早的草书新材料发现，否则这个问题很难再有突破。所以这里不多说草书的萌芽和产生问题，主要讨论草书的形成时间下限问题。

首先还要再提沙孟海先生的文章。1930 年，沙孟海发表《隶草书的渊源及其变化》① 一文。该文先对整个中国文字的分体作了概说，对传世文献中的籀书、篆书、隶书、草书（章草）、今隶（真书）、行书、今草七个主要书体作了概述。然后对文献中记载的书体排列顺序、来源作了讨论，提出传世文献记载中隶书、草书的演变顺序存在问题。然后从《流沙坠简》中选取出有年号、书体风格有代表性的简，并按照字体分类。根据分类材料得出的结论是：隶法在战国时已有了，至迟在前汉宣帝时已成熟。草法在前汉宣帝时已有了，至迟在前汉末后汉初已成熟。今隶在前汉宣帝时也萌芽了，至迟在后汉顺帝时已成熟。今草成熟期，约在后汉中叶。② 我们曾说过，这篇文章虽然结论存在一些问题，但不能不说极有开创之功，很多后世研究结论与此文结论相差并不大。如唐兰《中国文字学》认为“草书的成熟，至晚也在西汉末，东汉初”③，还有裘锡圭认为“草书正式形成为一种字体，大概在西汉中期偏后”，“至迟不会晚于元、成之际，很可能在宣、元时代就已经形成了”。④ 唐、裘二人研究结论与沙孟海结论基本不差多少。⑤ 也是目前在草书最后形成时间上相对认可的结论。后来的大多数学者基本沿用了这一说法。不过现在走马楼西汉简出土之后，这个说法要重新修改。

走马楼西汉简中出现了大量草书字形，而且很多字形与后来的草书字形基本一致。为了方便对比，下面我们截取一些字形。

---

① 沙孟海：《沙孟海论书文集》，上海书画出版社，1997 年，第 75 页。

② 沙孟海：《沙孟海论书文集》，第 86 页。

③ 唐兰：《中国文字学》，上海古籍出版社，2009 年，第 138 页。

④ 裘锡圭：《从马王堆一号汉墓“遣册”谈关于古隶的一些问题》，《考古》1974 年第 3 期。

⑤ 此段内容转述拙文《汉代简牍草书整理与研究》，吉林大学博士学位论文，2014 年，第 3 页。

表十　走马楼西汉简中的草书举例

史	邑	别	遣	何	得	从
 0094	 0096	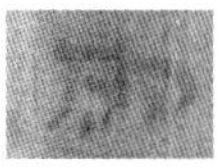 0096	 0162	 0194	 0299	 0340
临	案	赖	临	湘	史	书
 0340	 0340	 0344	 0344	 0344	 0347	 0391
买	武	为	律	宫	将	吴
 0425	 0518	 0481	 0474	 0525	 0525	 0538
留	迺	寅	谓	死	分	宛
 0531	 0522	 0547	 0547	 0391	 0385	 0383

从表中所截取的字形可以看出，走马楼西汉简中很多文字并不只是简单的草率写法，而是已具备草书的基本特征：牵连与简省。在此之前的一些材料中，也确实可以看到一些牵连、简省的文字，但只能说明萌芽的个别现象，而在整批走马楼西汉简中牵连与简省已经不是个别偶尔现象，类似上面的草字还有很多，说明走马楼西汉简中的草书已经可作为一种书体形式，而不是草书的萌芽状态。许慎在《说文》序中说“汉兴有草书”，其所指的应该就是走马楼西汉简中的这种草书。

走马楼西汉简草书出现的形式、草化方法、草化程度都与居延汉简中的草书十分相似。都主要以时行时草的间杂形式出现，都是简省为主、牵连为辅的草化方法，草化程度虽比较高但还不具备规范性（图一—图三）。不过相对而言，走马楼西汉简确实没有居延汉简的简省程度高，比如上表第一行“得”、第二行的“书”、第三行的“将”，这几个字在这批简中出现的频率比较高，在居延汉简中字形如下：

得（居新 EPT59・30）　书（居 271・18）　将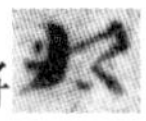（居 103・11）①

这类字在居延汉简中出现的频率也比较高，对比可以看出居延汉简的草写简省程度已经基本与后世完全成熟的草书字形一致。这类字形只保留了原字的主要轮廓，但在走马楼西汉简中出现频率较高的字形没有像居延汉简一样简省，书写仍然较复杂。不过这并不能因此而否定这批简中的文字是以草书为主，而这种草化特点反映了草书发展初期的状况。居延汉简的草书与后世完全成熟的草书对比也是如此。可以说，走马楼西汉简代表的是草书形成初期的特点，到了宣、元之际开始发生较大变化，因为我们看到宣元之际的材料，其草书文字的牵连、简省程度和在具备草法文字的数量上，都明显变得更高更多。约到了王莽时期，草书出现飞跃式的变化，我们看到这个时期前后的尹湾汉简中的草书《神乌赋》、马圈湾汉简中的草书，在用笔、结体、牵连形式等方面更加接近传世的章草或今草。这时期所见的草书远超西汉草书，此时草书已经完全成熟。至此草书开始进入不断规范统一和艺术变化阶段。我们可以看到，东牌楼东汉简、尚德街东汉简中的草书，与传世王羲之的草书已经十分接近了。而且这时草书的草法不再是以前简单的简省和牵连，已经有很丰富的艺术表现力和变化形式。因此，如果从现在所见的实物来说，走马楼西汉简属于草书形成后初期的状态，宣元之际或西汉后期的草书简代表的是草书发展中期的状态，东牌楼东汉汉简、尚德街东汉简中的草书代表的是汉代草书全盛阶段的状态。

总之，走马楼西汉简的文字可确定为草法特征明显的草书，那么以往草书的形成时间要因为这批新材料重新界定。可以确定，最迟在西汉武帝元朔年间草书已通行，并已经成为一种新兴字体。如果按照文字的发展规律来看，走马楼这种草书应该是很长一段时间演变的结果，据此可知许慎所说的汉兴草书，应该就是走马楼西汉简这种形成初期的草书。

---

① 字形引自李洪财：《汉简简牍草字整理与研究》（下编），中国社会科学出版社，2022 年，第 70、134、139 页。

图一 0041

图二 0125

图三 0197

（李洪财，本文原载于邬文玲、戴卫红主编《简帛研究·二〇一八·秋冬卷》，广西师范大学出版社，2019 年）

第二章　简牍所见长沙国职官制度与王国治理研究

第一节　走马楼西汉简所见长沙国职官建置论考

1995年易图强结合古文献资料和出土印章材料，从王府官系统和县级基层官系统两方面对西汉时期长沙国的职官建置情况进行过初步考察。① 由于走马楼西汉简的出土，大大丰富了我们对西汉武帝时期长沙国职官设置的认识，如宋少华在《长沙走马楼西汉古井及发掘简报》中就对走马楼西汉简所见职官与官署均有例举性的讨论②，陈松长、刘国庆、王博凯也曾分别对走马楼西汉简中出现的“将田”“具狱史”“采铜”等职官或官署作过讨论③。可以说，走马楼西汉简为我们复原西汉武帝时期长沙国的职官建置提供了宝贵的资料。

一、长沙国的王国职官建置

《汉书·百官公卿表》载：“诸侯王，高帝初置，金玺盭绶，掌治其国。有太傅辅王，内史治国民，中尉掌武职，丞相统众官，群卿大夫都官如汉朝。景帝中五年令诸侯王不得复治国，天子为置吏，改丞相曰相，

---

① 易图强：《西汉长沙国的职官建置》，《湖南教育学院学报》1995年第3期。

② 长沙简牍博物馆、长沙市文物考古研究所：《长沙走马楼西汉古井及简牍发掘简报》，《考古》2021年第3期。

③ 陈松长、刘国庆：《长沙走马楼西汉简中的“将田”小考》，李学勤主编《出土文献》第十四辑，中西书局，2019年，第314页。陈松长《长沙走马楼西汉古井出土简牍概述》，《考古》2021年第3期。王博凯：《长沙走马楼西汉简所见“采铜”项议》，《出土文献》2020年第3期。

省御史大夫、廷尉、少府、宗正、博士官，大夫、谒者、郎诸官长丞皆损其员。”① 从走马楼西汉简的记载来看，西汉武帝时期长沙国的建制是“三府主事”，“三府”分别为长沙相府、长沙内史府、长沙中尉府。

（一）长沙相府

《后汉书 · 百官志》载：“皇子封王，其郡为国，每置傅一人，相一人，皆二千石。本注曰：傅主导王以善，礼如师，不臣也。相如太守。有长史，如郡丞。”② 西汉时期，各诸侯国皆置有一相，秩一般为二千石，且设有长史。走马楼西汉简中有关“诸侯相”“相府”“长沙相”“相史”等与“长沙相府”直接相关的简文共计有 34 条，其中较为完整的简文有 22 条，其余皆为残片。这些简文，出自走马楼西汉简中多个案例，如“无阳乡啬夫襄人敛賨案”（简称“襄人案”）“卯劾僮诈为书案”“长沙临湘少内禁钱计误案”（简称“禁钱计误案”）“男子嬴等木欧高成娗年案”等。从这些案例中，我们大致可知长沙相府的职掌主要体现在以下几个方面：

其一，主理长沙国与他郡的司法案件。长沙相府吏员参与联合办案、拟写司法文书报告，再由长沙相府作出最终判决。如“卯劾僮诈为书案”中，长沙相史驾与武陵郡守卒史纵、辰阳令史野共同审理此案。再如“襄人案”中，相史与无阳长共同参与该案对于铁、方风以及工期之母地的讯问等。

1. 四年五月甲子朔庚寅案事，长沙相史驾、武陵守卒史纵、辰阳令史野劾。

六月丙申案事，长沙相史驾、武陵守卒史纵移辰阳，以律令从事，言夬（决）相府。/相史驾、卒史纵　（0046）

其二，保存长沙国与他郡的司法往来谳狱文书。如“襄人案”的最终审判结果和谳狱文书都要移交至长沙相府，如：

2. 五年三月己未朔丁丑，长沙相史倚案事劾。

三月丁丑，长沙相史倚案事，移无阳，服捕，以律令从事，言夬（决）属所，[移]献（谳）相府。/相史倚　（0047）

其三，核查长沙国所辖属县人口户籍、物资数目等。属县的计簿文书均需上交至长沙内史府，内史府负责归总，而长沙相府则负责数据的核实比对，也就是所谓的“校”。经由“校”这一行为后，如若出现与计簿所载数目有所出入的情况，则会以“缪书”的形式记录，再追责至主事史员。

3. ☐国都乡户隶计，受长沙国临湘都乡户隶计大

☐入校长沙相，弗上，是服处实入所，以律令从事。　（0520）

---

① 《汉书》卷十九《百官公卿表》，中华书局，1962 年，第 741 页。

② 《后汉书 · 志第二十六 · 百官志》，中华书局，1965 年，第 3627 页。

4. 橐二，弗计，在四月丙辰赦前谨以缪书，上谒元年，谒言相府，敢言之。　（0124）

长沙相府的职掌当然不限于以上三点，但这有限的简文记载多少说明了这一时期诸侯王国相的职能主要在于辅王执政，而不是行使其行政职权，如：

5. ☐年三月甲戌，南郡大守充国☐☐卒史☐☐书☐　（0429）

6. 二年（?）四月（?）己亥，南郡太守充国沅☐　（0430）

7. 五年八月戊申，狱史☐☐书案：充国迁为长沙相，狱（?）☐

为内官令，罢室为武库丞，狱属少府，埶为车府丞，狱属太（?）☐　（0044）

汉初，诸侯王国的相经历了几次更名，从高祖时期的“相国”至惠帝元年（前194）更名“丞相”，景帝中五年（前145）“更名诸侯丞相为相”①。长沙相府由长沙相主事，走马楼西汉简的司法文书中出现过长沙相充国，他在二年三月、四月时，曾任南郡太守，五年八月时，迁为长沙相。由此可知，《汉书·孔光传》中所言“诸侯王相在郡守上”② 并非虚言。从走马楼西汉简中可知，长沙相府一共出现了四位长沙相史。一位名驾，出现于四年五月、六月；一位名为倚，出现于五年三月；一位名绮，出现于八年五月，绮同时还是太子傅；还有一位名昌，职官名全称为“丞相史”，出现年月不详。西汉景帝中五年，更名诸侯丞相为相。据此可以推断，“丞相史昌”应是简文中所记最早的一位长沙相史，他应比“相史驾”任职的“四年五月”更早。

王国相府设有的属官，《汉书》中载有长史、少史、从史、舍人、相掾。③ 走马楼西汉简中既有长沙相史，也有长沙少史，如：

8. [贳]买金一斤☐[御]史少史烒年客夫告卒史助曰：县相偿之，☐所盗赋臧六百以上，丞相史昌、长沙少史守卒史助劾皆不审[共]　（0425）

简文中“丞相史昌”与“长沙少史守卒史助”一前一后同时出现于一份文书中，据此可以推测，走马楼西汉简中所载“丞相史”“长沙相史”“相史”很有可能就是“丞相长史”“长沙相长史”“相长史”的省称。长沙相府所处理的司法案件中，相史与少史、卒史共同负责具体的司法审讯、判决以及谳狱文书的记录、收发等。除长沙相史、长沙少史外，相府属吏还设有“门下亭长”。走马楼西汉简“男子嬴等木欧高成烒年狱”案中，临湘高成里烒年被嬴与其弟基望木殴后，烒年前往临湘县廷状告二人，临湘县廷未能捕得嬴与基望，因而立刻派人将情况上报给相府门下亭长。该案现存简数量较少，残断严重，内容不甚完整，案情发展不连贯。但我们也能从中知晓，相府设有门下亭长，协助临湘县廷办理案件，追捕罪犯。相府门下亭长

① 《汉书》卷五《景帝纪》，第148页。

② 《汉书》卷八十一《孔光传》，第3352页。

③ 安作璋、熊铁基：《秦汉官制史稿》，齐鲁书社，2007年，第248—249页。

参与其辖区内的罪犯抓捕行动。

（二）长沙内史府

《汉书·百官公卿表》中载“内史治国民”，《后汉书·百官志》又载“内史主治民”。诸侯国内史主治民，职能范围较广。《汉旧仪》载：“国中汉置内史一人，秩二千石，治国如郡太守、都尉职事，调除吏属。相、中尉、傅不得与国政，辅王而已。当有为，移书告内史。内史见傅、相、中尉，礼如都尉。”[1] 内史由汉中央所置，秩二千石，其职权与郡之太守、都尉相当，有置吏权、调除权。而相、中尉、傅的地位虽高，却不得参与国政。在西汉武帝这一时期诸侯国三府中，内史府职权当为最盛。走马楼西汉简中“内史”的简文有36条，内容较为完整的简文有22条，其他10余条均为残断简。经初步整理，这些简牍分别被收入多个案例中，如“襄人案”“便移五年计书误案”“禁钱计误案”“临湘吏言案行廷狱与治囚等事书”等。从这些案例中，我们大致可知，西汉武帝长沙国内史府的职能有如下几个方面。

在日常政务上，撰写发往长沙国所辖直属机构与界内属县的日常行政文书。

在物资调派上，以计簿或校券等文书形式，接收长沙国所辖属县机构发往汉王朝中央机构的物资报告，如临湘县少内输送五年、六年调茹卵和象骨等至太仓、大医，同时向内史府报告，参见“禁钱计误案”。长沙国所辖县级机构与汉王朝中央机构的所有物资往来文书应当是需要向长沙内史府报备留底的，每份计簿、校券类文书至少是三份或以上，还有一份和物资同时移交至汉王朝的中央机构，如：

9. 五年四月戊子朔癸丑，少内佐误敢言之：谨使佐倚相输五年调茹卵十三斤、象骨一斤大医及所以盛饬物，并为校券一，谒关内史府，移少 (0618)

10. 六年四月壬子朔乙卯，少内佐监敢言之：谨使令史农夫奉输六年调茹卵太仓及所以盛饬，并为校券一，谒关内史府，移大仓，令官定以物如校，受长沙临湘少内禁钱计六年，问计官名所上校二 (0187)

在长沙国与汉王朝的物资输送中，内史府不仅需要文书留底备案记录，同时直接参与属县的物资输送行动。长沙内史还是长沙国属县物资运往汉王朝中央机构的主事官，如：

11. ▨四月乙卯，长沙内史齐客、南山长行守丞移大仓。/卒史扩、书佐丙。

▨六月癸亥，大仓令正里、丞万年谓右仓：下真券一，以律令从事。/令史福 (0507)

在司法审讯上，接收、处理来自他郡或侯国对长沙国辖属县的劾文书。同时参与人口统计、户籍管理、狱政管理、赋税征收、蛮夷管理等多方面的司法审讯与判决。如“襄人案”中涉及无阳地区蛮夷的赋税征收问题，最后案件交由长沙内史府来判决。在“便移五年书计误案”中，长沙内史卒史乙也直接参与司法案件

① 孙星衍等辑：《汉官六种》，中华书局，1990年，第80页。

的审讯和记录。

长沙相空缺时，内史代行长沙相事，如：

12. 令史事相史以缪出入计者，毋上校，书到言胜（?）依衣□□□三月庚午，长沙内史齐客行长沙相事，□长如行长史事告内史□□印移　(0216)

长沙内史府的职能涉及长沙国及其所辖属县的多个方面，对内多体现在日常政务上，如赋税征收、司法审讯、蛮夷管理、狱政管理等。对外尤其体现在主持长沙国属县向汉中央机构的物资输送。长沙内史府的高效运行有赖于内史府每个职官分工合作、积极配合。长沙内史府由长沙内史主事，走马楼西汉简所见长沙内史有齐客、充。除内史外，长沙内史府还设有丞，走马楼西汉简中就有丞尊、丞寿。内史府属吏有卒史、书佐等。由于内史府事务繁多，而吏员建置又较少，故长沙内史府多见由其他长吏守丞或行丞事协同内史办理事务的情形，如简 0175“长沙邸长始守丞”、简 0507“南山长行守丞”、简 0530“舂陵长始守丞”、简 0335“南阳长建行丞事”等。

（三）长沙中尉府

走马楼西汉简中含“中尉”的简文共有 15 条，其中完整简牍 8 枚，残断简 7 枚。长沙中尉府相关文书相较于长沙相府、长沙内史府的记载略少，走马楼西汉简中仅有“乘之案”“便移五年计书误案”“临湘吏言案行廷狱与治囚等事书”与“长沙中尉府”直接相关。传世文献中，诸侯国中尉的职掌为“掌武职”“备盗贼”，王国中尉府负责维持长沙国治安、督察军吏。走马楼西汉简中对“长沙中尉府”的职掌记载主要体现在维持长沙国治安这一方面，具体表现在以下三个方面：

一是督盗贼。督盗贼是长沙中尉府的一项日常政务，也是中尉府的主要职责。“乘之案”中，中尉卒史则在接受狱史钉的讯问中，就言明其主要工作为“督盗贼”。“督”谁呢？也就是督长沙国辖县所有的备盗贼吏，督察他们追捕盗贼工作是否及时、有无回避逗留的情况等。“乘之案”中的临湘令史乘之就是因追盗贼回避逗留而被论罪，故而由中尉卒史则负责其案件的劾、鞫狱和决狱工作。走马楼西汉简中，长沙国临湘县设有专门的“备盗贼吏”，如主备盗贼令史。由此可知，中尉府的属吏是各司其职的。《汉书·何武传》记载：

（何武）及为御史大夫司空，与丞相（翟）方进共奏言：“往者诸侯王断狱治政，内史典狱事，相总纲纪辅王，中尉备盗贼。今王不断狱与政，中尉官罢，职并内史，郡国守相委任，所以壹统信，安百姓也……”①

文中所言的“中尉备盗贼”，从走马楼西汉简来看，这表述并不准确，因为中尉的职责主要是“督盗贼”而已，如：

① 《汉书》卷八十六《何武传》，第 3485 页。

13. 三年七月丁卯，具狱史钉爰书：讯则，以劾乘之辤（辞），辨告乃讯，辤（辞）曰：临沅庄里，为中尉卒史案督盗贼，乃元年六月辛丑夜昏有顷时，不智（知）何人四男子劫临湘邸里 （0406）

二是参与针对官吏的司法案件审讯与判决。如“便移五年计书误案”中便县五年人口计簿数目的记录有误，至于如何判决由长沙中尉府论定。长沙相府、内史府、中尉府皆参与到长沙国司法案件的审讯与判决，他们的区别主要在于：长沙中尉府所参与的司法案件对象为官吏，所有对官吏论罪的判决都是移交中尉府。再如“乘之案”，临湘令史乘之因回避逗留论罪、乞鞫后加论罪以及逃亡后加论罪、在汉郡乞鞫再次加论罪，都是由长沙中尉卒史则参与劾、鞫狱、论罪等司法审讯程序。“临湘吏言案行廷狱与治囚等事书”也是如此。

三是为长沙国界中各属县狱政管理工作的最高督察机构，接收来自长沙国内属县各级狱政管理日常工作情况的汇报文书。李均明、宋少华对临湘县的狱政管理资料做了整理和排序工作，他们指出，临湘县监狱内部由狱史率领狱卒把守牢房，隔绝内外。外部则有多层防卫，由狱门到扩门，再到城门与垣墙，多层守卫巡行，每日向临湘县廷汇报督察情况。[①] 其实，他们还漏收了一枚由临湘县令向中尉丞汇报督察巡行情况的文书简，其简号是0566。据此可知，长沙国内各属县狱政管理的最高负责机构当为长沙中尉府，县令还需向中尉府呈报各级狱政管理工作，如：

14. 七年五月丙子朔甲午，临湘令寅敢言之：□□备中尉丞，狱史、吏卒守囚者，皆在治所治囚，不擅出狱门见人及为通言语为 （0566）

长沙中尉府由长沙中尉掌事，属官设有中尉丞，其他属吏还有中尉卒史。如走马楼西汉简中有中尉丞庆、中尉卒史则、中尉守卒史癸等。

由上可知，长沙相、长沙内史、长沙中尉皆置有专门办公府邸，三府中都设有卒史协助处理日常政务工作。除卒史外，三府还设有书佐、府史、府佐等小吏，三府都参与长沙国内司法案件的审理、判决等。同时，内史府主治民，对内下辖各县，权力辐射至户籍管理、计簿档案、司法审讯、赋税征收、蛮夷管理等诸多方面。对外负责与中央各机构的物资往来，以及其他郡或诸侯的司法案件处理等。

（四）三府之外的职官

长沙国除三府外，还有很多其他王国职官。这些职官又大致可分为王国职官和直属机构职官两大类。

第一类，王国职官，有大傅、大子傅/太子傅、长沙郎中、殿西宫府门郎中、长沙军司马、南部都尉、宫西夕门佐等。

---

① 李均明、宋少华：《长沙走马楼西汉简狱政资料的整理与考证》，中国文化遗产研究院编《出土文献研究》第十八辑，中西书局，2019年，第150—158页。

15. 大傅讯人为公子部（邮?）……　（1722）

16. 五月乙未，长沙［沙］相［相］|极|作大子傅绮行长史事，□趣言毋留/相史倚、令史娓　（0261）

17. 八年五月辛未朔□丞长沙相史大子傅绮行长史事，告内史丞：尉以上系义陵出不夬（决）罚令史于见上丞相□□□　（0120）

18. ☑受太子傅绮谓万岁公有告欲缚万岁去|寰邮|后☑　（1718）

走马楼西汉简中仅见“大傅”1例，“大傅”即“太傅”，文帝时贾谊曾为长沙王太傅。[①] 走马楼西汉简多次出现大子傅/太子傅绮，据简0261、0120、1718可知，太子傅绮也时常参与政事，常行长沙相史、长史事。

关于长沙郎中，简0057记载有“临湘箧里”某人即“故为长沙郎中，此外还有“殿西宫府门郎中”，从简0278、0321这类王“命”文书中，在长沙王接见其他官吏时，“郎中”充当了引入谒见吏员的角色。郎中为长沙王的侍卫近臣，和长沙王的关系较为亲密，如：

19. |命|：令殿西宫府门郎中□□臣青北伏地，拜曰：夜引入临湘狱史乘之，臣再拜受令。（0278）

20. ……命：令殿西宫府门郎中□□臣青北伏地，拜曰：夜引入临湘狱史乘之，|臣|再拜受令☑（0321+0947）

简中所见长沙王国职官还有长沙军司马、南部都尉，如：

21. 牒书：传舍屋、樄垣坏败，门内户扇、瓦竹不见者十三牒，吏主者不智（知）数，遁行，稍缮治，使坏败物不见，毋辩护，不胜任。

五年七月癸卯朔癸巳，令史援劾，敢言之：谨案佐它主，它，鄰佐，前以诏遣故长沙军司马贳死烝阳，敬写移，谒移鄰，以律令从事，|敢|　（0079）

22. □史。·谨案今年以临湘都乡户隶计，实付豫☑

南部都尉、都梁侯移都乡户隶计大女一人□☑　（0266）

二、直属机构职官

第二类，直属机构职官。《后汉书·百官志》载：“至景帝时，吴、楚七国恃其国大，遂以作乱，几危汉室。及其诛灭，景帝惩之，遂令诸王不得治民，令内史主治民，改丞相曰相，省御史大夫、廷尉、少府、宗

① 《汉书》卷四十八《贾谊传》，第2222页。

正、博士官。”① 走马楼西汉简中有“少府”，但这一时期的“少府”应是指汉王朝中央少府，而非长沙国少府。长沙国少府虽已不置，其原有直属机构却仍旧存在。《汉书·百官公卿表》载：“初，置郡国邸属少府，中属中尉，后属大鸿胪。”② 西汉武帝时期长沙国设有长沙邸，走马楼西汉简中所见长沙邸设有邸长、佐。李均明曾著专文讨论了走马楼西汉简中的《长沙邸传舍劾文书》，对该卷册 15 枚简牍释文进行重新排序复原，还对长沙邸以及传舍设施等予以研究考证。③ 走马楼西汉简中，临湘县多次出现一个里名“临湘邸里”，它与“长沙邸”有何关联？“临湘邸里”是否即“长沙邸”的所在地？这些都还有待考证。

走马楼西汉简中出现了很多长沙国直属机构，如御府、内官、宫司空、食官、采铜、将作、都水、铁官、厩马府等。每个机构都设有吏员管理，御府设有御府长、御府丞，内官设有内官长，宫司空有宫司空丞、宫司空令史、宫司空狱史，食官有食官长、丞，采铜有采铜长、采铜丞，都水有都水丞，铁官有铁官长、铁官啬夫，长沙厩马府设有厩丞、厩马佐、厩马府佐等。由于长沙国直属职官以及机构众多，本文仅选“采铜”官署的隶属以及其与“寿陵”的关系两个问题略作讨论。

王博凯曾对走马楼西汉简中的“采铜”官署问题予以初步考察④，其采铜直属于中央的观点也许还值得再作讨论。从走马楼西汉简的官府行政文书中，可知采铜至少在行政管理上，应当是受长沙国管辖。首先，我们来看简 0175：

23. 三月甲申，长沙内史齐客、邸长始守丞谓临湘、宫司空、食官、寿陵、采铜、烝阳、南阳、连道邑、别治醴陵，移牒临湘长一短二，采铜、宫司空、食官、烝阳各一，醴陵 (0175)

三月甲申日，长沙内史齐客、长沙邸长始守丞下发文书给“临湘、宫司空、食官、寿陵、采铜、烝阳、南阳、连道邑、别治醴陵”这 9 个直属机构或县廷。这条简文仅短短一句，便对长沙国直属机构及其属县有了详细的介绍。直属机构有宫司空、食官、采铜，属县有临湘、寿陵、烝阳、南阳、连道、别治醴陵。移送牒书至临湘为长牒一份、短牒二份，采铜、宫司空、食官、烝阳则长牒、短牒各一份。还有移送至寿陵、南阳、连道以及醴陵的牒书份数和形制在另一枚简上，暂不可知。值得我们注意的是，这份下行文书的“谓”，即官府行政文书中为上级对直属下级的专用语，且这 9 个属县或机构皆受长沙内史府管辖。

再者，“临湘令史乘之案”中，“采铜”与“宫司空”行政互动较多。

24. 劾（?）追劫人者逗留回辟（避），宫司空鞫耐【乘】[之]为司寇，气（乞）鞫不审，去亡，未命，得，[驾]（加）论耐鬼新（薪），输采铜，复……□亡，临沩论 (1656+1607)

① 《后汉书·百官志》，第 3627 页。
② 《汉书》卷十九《百官公卿表》，第 730 页。
③ 李均明：《走马楼西汉简〈长沙邸传舍劾文书〉解析》，《中州学刊》2021 年第 1 期。
④ 王博凯：《长沙走马楼西汉简所见“采铜”琐议》，《出土文献》2020 年第 3 期。

25. □□[得]，狱史乙与丞佚鞫其狱，以亡驾（加）论，耐乘之为鬼新（薪），输采铜，以罪不当气（乞）鞫汉郡，亭长言将夜诣临湘止卖田宅，未行，意以亡劾乘之，移临沩，丞苍、狱史异 （0620）

在宫司空狱中，临湘令史张乘之因“追劫人回避逗留”坐罪，又因“去亡”加论罪耐为鬼薪，输采铜。“采铜”为接收刑徒劳作的机构，应当与拘系囚犯刑徒的“宫司空”为同级机构，且均隶属于长沙国，“采铜”还受长沙内史府的管辖。王博凯所引之岳麓简 2003“郡徒隶少员者，各作之其郡采金、采铁、盐官。其毋此官者，各作之其郡勮（剧）作县”①，简文所言之“采金”“采铁”和“盐官”皆是隶属于郡，而西汉武帝时期郡、国所辖机构相当，此处之“郡采金、采铁、盐官”也就相当于长沙国的“采铜”。因而，笔者推论“采铜”应当是隶属于长沙国，负责长沙国疆域内铜矿开采、冶炼以及生产制作、徒隶管理等事务的郡（或诸侯王国）级地方特设官署。至于寿陵与采铜的关系，王博凯所言“西汉武帝在长沙国寿陵地区设置了采铜官署”的判断也值得进一步思考。笔者在整理走马楼西汉简的过程中，检索所有有关“寿陵”的文例，发现仅有简 0175 是“寿陵”与“采铜”同时出现。

26. 九年三月丁丑朔癸未，临湘令寅谓南乡，告尉、别治长赖、醴陵，敢告寿陵、西山主：不智（知）何人非纵 （0176）

在司法文书中“谓”的对象为直管下级机构，“告”的对象为非直管下级机构，“敢告”的对象为平级机构。据简 0176，南乡直属临湘令管辖，临湘尉低于临湘令，且非临湘令直管，别治长赖、醴陵也是如此。而寿陵、西山与临湘为平级机构。在简 0176 中“西山”与“寿陵”也是与“宫司空”同级机构。在简 0188 所在官府行政文书中，“寿陵”与“南阳”“连道”也是并列关系，据《汉书・地理志》可知，“连道”为长沙国属县。因而“寿陵”很可能也是直接隶属于“长沙国”的机构或属县。

27. 南阳、连道、寿陵……吏追（?）服处实入（?）所必得缪不相应，与者名毋留/卒史当、书佐䏝 （0188）

28. 追搜索寿陵界中□寿陵界中临湘旁 （0739）

29. ▨衣各二，麻皂复衣二，小束检一合，丝皂复绔一两，黄里瘳庆（?）▨一椑，寿陵西都士五朝练丝复衣一，[铜铆]一，不知何人米 （0153）

30. 罗复函领一绪ᒪ麻单衣各二，麻皂复衣三，小束检一合，并[帛]复绔一两，黄里瘳庆?栱船一椑寿陵西都士五朝练丝复 （0259）

从简 0739“寿陵界中临湘旁”可知，“寿陵”为县邑名，有具体的行政管辖范围。走马楼西汉简中“某

① 此简收入《岳麓书院藏秦简（柒）》。据该简形制，为三道编绳，结合其内容，应为《岳麓书院藏秦简（肆）》中《亡律》所漏收简。

某界中”的用法，也均为“某县界中”，如“无阳界中”“临沩界中”等。再看简 0153 和 0259 中的“寿陵西都士五”，“寿陵”也当为县邑名，“西都”为里名，如“定邑烻年里士五”等。因此结合以上诸多证据，“寿陵”当为未记载入《汉书·地理志》中的长沙国所属县邑之一。

三、长沙国所属侯国职官设置

汉初高祖分封异姓诸侯王，后又大封同姓诸侯王，诸侯王势力迅速发展，影响到汉王朝的稳固统一。从孝惠、景帝时期起，就有分封诸侯王诸子为侯的政策。《汉书·贾谊传》中贾谊数上疏陈政事，言：“欲天下之治安，莫若众建诸侯而少其力。力少则易使以义，国小则亡邪心。”①《史记·惠景间侯者年表》载与“长沙”相关的侯国有便侯、轪侯、沅陵、醴陵。② 惠景年间，长沙国内封侯主要有两类情况：一是爵位继承，被封侯对象都为长沙王子，如便侯吴浅为长沙王吴芮子、沅陵顷侯吴阳为长沙成王臣子；二是因功封侯，如轪侯利仓、醴陵侯越都曾为长沙相。武帝时期，又继续颁行主父偃所提出的“推恩令”，《史记·建元已来王子侯者年表》中载，西汉武帝时期，元光六年（前 129）七月乙巳、元朔四年（前 125）三月乙丑、元朔五年（前 124）三月癸酉三次分封长沙定王子为侯，共计有 15 人。长沙定王十五子所封侯国有在长沙国境内，也有在其他郡内。走马楼西汉简中，有便侯、叶侯、都梁侯。

31. 五年八月丁亥戊申，便侯相嘉移临湘、少府、大仆、江陵、临沮、棓陵、零、夷道，案赎罪以下写劾、辟报、爰书，移书到令史可论充 (0088)

32. 之佐固衣器，今捕得定邑烻年里士五□午，曰：乃十二月中，与定邑男子唐固，与劫夺叶侯使者，今固有它 (0522)

33. □史。·谨案今年以临湘都乡户隶计，实付豫▨

南部都尉，都梁侯移都乡户隶计，大女一人□▨ (0266)

走马楼西汉简所处年代为西汉武帝元朔、元狩年间。③《史记·惠景间侯者年表》载：“（孝景）前六年，侯广志元年。（孝武）元鼎五年，侯千秋坐酎金，国除。”④ 孝景前六年为公元前 151 年，孝武元鼎五年为公元前 112 年，《史记》《汉书》中未载侯千秋元年，据此推测，走马楼西汉简所处时期，便侯大概率为千秋。

---

① 《汉书》卷四十八《贾谊传》，第 2237 页。

② 《史记》卷十九《惠景间侯者年表》，中华书局，2014 年，第 1170、1177、1182 页。

③ 对走马楼西汉简年代问题的讨论，参见长沙简牍博物馆、长沙市文物考古研究所：《长沙走马楼西汉古井及简牍发掘简报》，《考古》2021 年第 3 期。李洪财：《走马楼西汉简的断代——兼谈草书的形成时间》，邬文玲、戴卫红主编《简帛研究·二〇一八·秋冬卷》，广西师范大学出版社，2019 年。

④ 《史记》卷十九《惠景间侯者年表》，第 1170 页。

且《汉书·地理志》载便为县名，属桂阳。

《史记·建元已来王子侯者年表》载："叶，（孝武）元朔四年三月乙丑，康侯刘嘉元年。元鼎五年，侯嘉坐酎金，国除。"① 走马楼西汉简"固等劫夺叶侯使者钱衣器案"中载有"叶侯"，我们也可以据此佐证：这批简的书写年代应当晚于武帝元朔四年（前 125）三月乙丑日，早于元鼎五年（前 124）。走马楼西汉简中还出现了"都梁侯"，《史记·建元已来王子侯者年表》载："都梁，（孝武）元朔五年六月壬子，敬侯刘遂元年。元鼎元年，今侯系元年。"② 由此可知，都梁侯受封于武帝元朔五年。因而，我们可以进一步推断，这批简的书写年代当不早于武帝元朔五年，即公元前 124 年。

34. ……者到卒史执给事令史倚庄、便侯丞胜、令史意、掾啬夫可丁、佐虏见出钱万四千八百，买雜韦寺薄土四，皆隃侈，不宜出☑　（0024）

35. ☑□□□书一□便侯相持畴、令史意、啬夫莫当、佐会出钱万一千八百九十，买雜韦寺薄土二□韦轻□周倚冯（凭）二、阔□☑　（0031）

36. ☑□□便侯相持畴、令史任、啬夫它人、尊当、佐间、亭长□☑　（0110）

侯国也有一套职官体系，走马楼西汉简中以便侯的吏员设置最具有代表性，由此也可窥见西汉武帝时期侯国吏员设置的一隅。这批简所见的侯国职官有相、丞、令史、掾啬夫、啬夫、佐、亭长等。如简 0024 中有便侯丞胜、令史意、掾啬夫可丁、佐虏，简 0031 中有便侯相持畴、令史意、啬夫莫当、佐齐，简 0110 中有便侯相持畴、令史任、啬夫它人、佐间、亭长等。侯国的职官建置大体和小县、邑的吏员构成相当，至于具体职掌，侯国相与县邑长相当，丞、令史、掾啬夫、啬夫、佐、亭长等与县级同类吏员基本一致。同时，侯国还常派"使者"与母国（王国）保持往来。

四、长沙国所辖县级吏员设置

《汉书·地理志》载："长沙国，户四万三千四百七十，口二十三万五千八百二十五。县十三：临湘，罗，连道，益阳，下隽，攸，酃，烝阳，湘南，昭陵，荼陵，容陵，安成。"③《汉书·地理志》载西汉时期长沙国有十三县，这和我们走马楼西汉简中所见长沙国所辖属县有所出入。走马楼西汉简中所记载的县道邑名可分为三类。第一类是可以确定的长沙国属县，这一类县道邑名既载于《汉书·地理志》中，也出现在走马楼西汉简的长沙国官府行政文书中，如临湘、连道、罗、益阳、攸、酃、昭陵、安成、烝阳。这一类地名

① 《史记》卷二十一《建元已来王子侯者年表》，第 1301 页。
② 《史记》卷二十一《建元已来王子侯者年表》，第 1311 页。
③ 《汉书》卷二十八《地理志》，第 1639 页。

的确定，既有传世文献材料的支撑，又有出土文献的佐证。第二类为可以确定的他郡所辖属县，这一类县道邑名也如第一类一样，既见于走马楼西汉简中，也见于《汉书·地理志》中。两者有所不同的是第一类县邑是隶属于长沙国，第二类隶属于他郡，如索、临沅、沅陵、辰阳、义陵、酉阳、无阳、镡成、迁陵、充十县属武陵郡，江陵、秭归属南郡，蕲春属江夏郡，富阳属泰山郡，舂陵为侯国属南阳郡等。第三类则是未见于《汉书·地理志》的地名。但这一类地名出现于走马楼西汉简中，如南阳、醴陵、长赖、西山、南山、定邑、门浅、沅阳、临沩、寿陵等。

有关县级吏员的设置，在西汉武帝时期大多相差无几，走马楼西汉简中以临湘县最为典型，记载也最为丰富。临湘县设有令、丞、守丞、尉、掾、主治计、计丞、令史、狱史、尉史、佐、校长、亭长、狱门啬夫、狱门亭长、求盗、牢监、牢监佐、邮人等。临湘县置有两尉，即左尉、右尉，走马楼汉简0372就有临湘“左尉”，印证了《汉官仪卷上》所述之“大县丞、左右尉，所谓命卿三人。小县一尉、一丞，命卿二人”。①这比尹湾汉简所出《东海郡吏员簿》有关“大县两尉”的记载要早一百年。值得注意的是，从“乘之案”中可知，临湘县令史中还专设“主备盗贼令史”，也称为“守令史备盗贼”。此外，县令有门下吏，门下吏也参与日常行政事务。如临湘县的门下亭长信就是门下吏的代表，他参与抓捕盗贼，联系县廷其他吏员，且直接听命于临湘令。临湘县廷直属机构有库、司空、仓、少内等，这些机构的吏员大多设有啬夫、佐，如少内啬夫、少内佐、仓啬夫、仓佐、司空啬夫、司空佐、库啬夫等。临湘县下辖乡有都乡、南乡、中乡、东乡、安阳。每乡都设有啬夫和佐，如都乡啬夫、都乡佐、南乡啬夫、南乡佐、东乡啬夫、中乡佐、安阳啬夫等。

长沙国的其他属县大多设有长、丞、佐、令史、狱史等吏员，如鄙长、鄙丞、鄙佐、罗丞、益阳佐、昭陵狱史等等。临湘县的吏员设置直接反映了西汉武帝时期县廷、县属机构以及所辖乡的吏员配置情况，为我们研究西汉时期县乡职官建置提供了新的材料，也是研究秦汉时期基层社会管理演变的重要文献。

五、新见职官名略考

走马楼西汉简中所出现的职官名，不仅有长沙王国、侯国以及属县的职官，还有一些其他郡、县等的职官。其中有一些我们在传世文献和其他出土材料中所未曾见过的新出职官名，如“将田”“具狱史”“监田守”“庙厨啬夫”“扩门佐”等。② 除此之外，还有主治计、主系令史、主系佐、主系啬夫、车长、具狱狱史、具狱计丞、具狱亭长、广门佐、监葆啬夫、厨佐、将田佐、将田义陵佐、将田沅阳佐等。

① 孙星衍等辑：《汉官六种》，第154页。

② 陈松长、刘国庆：《长沙走马楼西汉简中的“将田”小考》，李学勤主编《出土文献》第十四辑，中西书局，2019年。陈松长：《长沙走马楼西汉古井出土简牍概述》，《考古》2021年第3期。

其中与“具狱”相关的职官名，除了“具狱狱史”，还有“具狱计丞”“具狱亭长”等。《汉书·于定国传》中记载了一件其父于公为县狱史、郡决曹时的孝妇杀姑案，“吏验治，孝妇自诬服。具狱上府，于公以为此妇养姑十余年，以孝闻，必不杀也。太守不听，于公争之，弗能得，乃抱其具狱，哭于府上，因辞疾去”。师古曰：“具狱者，狱案已成，其文备具也。”① 此处的“具狱”与走马楼西汉简中的“具狱”含义似乎有所不同。

其一，这里的“具狱”为名词，走马楼西汉简中的“具狱”为动词。“固等劫夺叶侯使者钱衣器案”案中定邑县廷先是在捕得士五午后，经审讯得知固也是劫夺叶侯使者钱衣器的罪犯之一，固与固母因它罪系于临湘狱，定邑县廷则派狱史后去临湘“具狱”。

37. 劾得及固、固母皆系临湘，今使狱史俊〈后〉具狱临湘，书到，主可令毋害吏听与俊〈后〉，杂以午辞，讯固、固母，听展其辞。　(0516)

其二，走马楼西汉简中的“具狱”多是在案件尚未结案时派出审讯，而《汉书·于定国传》中的“具狱”是指案件已经判决定罪。“固等劫夺叶侯使者钱衣器案”中的“具狱”如果理解为“狱案已成，其文备具”就很难读通了。因为案件并没有审理完，仅是抓捕和审讯了其中一个罪犯，供出了他的同伙。《广韵·遇韵》：“具，备也，办也。”② “狱”，即狱案、争讼。此处的“具狱”即办理狱案。“具”还有一个引申义为陈述、报告，因而，“具狱”也可以理解为报告案情、陈述案件经过。无独有偶，里耶秦简中的“具狱”也有这种用法：

38. 元年七月庚子朔丁未，仓守阳敢言之：狱佐辨、平、士吏贺具狱，县官Ⅰ食尽甲寅，谒告过所县乡以次续食。雨留不能投宿赍。Ⅱ来复传。零阳田能自食。当腾期卅日。敢言之。/七月戊申，零阳Ⅲ龏移过所县乡。/齮手。/七月庚子朔癸亥，迁陵守丞固告仓啬夫：Ⅳ以律令从事。/嘉手。Ⅴ　(里耶简5-1)③

39. ……

男卅人会建它县

男卅人与吏□具狱

……

① 《汉书》卷七十一《于定国传》，第3041—3042页。

② 陈彭年等：《宋本广韵》，江苏凤凰教育出版社，2008年，第105页。

③ 陈伟主编：《里耶秦简牍校释》（第一卷），武汉大学出版社，2012年，第1页。《里耶秦简牍校释》（第一卷）引用了两条关于“具狱”的观点，一条是张春龙、龙京沙先生提出的“案件审结后记录呈报”，第二条是马怡先生认为的“指定案或据以定罪的全部案卷”。《校释》又引《二年律令·兴律》396号简：“县道官所治死罪及过失、戏而杀人，狱已具，勿庸论，上狱属所二千石官。”提出“具狱似亦指完成狱案文书”。以上观点皆见于陈伟主编《里耶秦简牍校释》（第一卷），第2页。

男卅人付司空

男卅人与史谢具狱

…… (里耶简 10-1170 第四栏)①

党翊翀在论述以往学者对“具狱”含义认识的基础上，指出“具狱”确有完成文书、办理案件的含义，但又不局限于此。官吏处理案件，需要搜集整理书面证据，为了确保证据的可靠性，就必须当面向相关涉案人员进行审讯、对质，在这种情况下就需要官员出差办案，最终完成狱案文书并审结呈报，因此他认为“具狱”即是包括这一系列相关行为在内的动态过程的统称。② 里耶秦简 10-1170 中记载的作徒与官吏一同具狱，也表明官吏前往他县具狱时，有作徒协助，作徒参与官吏办案的抓捕、审讯、看押等具体行动。由此我们可知，“具狱狱史”“具狱亭长”“具狱计丞”皆为承办案件的“狱史”“亭长”“计丞”。如“乘之案”中的“具狱狱史钉”，“襄人案”中的“具狱亭长庚”。而“具狱狱史”“具狱亭长”“具狱计丞”在办理某一个狱案后，均须撰写一份“爰书”来报告案情、陈述案件经过。

40. 三年七月乙丑，具狱史钉爰书：召信讯，先以证律辨告信，乃以劾乘之辤（辞）讯，辤（辞）曰：大夫，临湘令寿门下亭长，乃元年六月辛丑夜人定有顷，临湘令寿召信 (0399)

41. 五年七月丁卯，具狱亭长庚爰书：以襄人辤（辞）召共吸，先以证律辨告，乃讯，辤（辞）曰：士五无阳共里，与同产小男共来同居，乃二月中不[识]日，啬夫襄人□□共来四年賨，共吸为予襄人肠十五[斤]，当米石五斗，襄人与分券，券受，肠当米如。它如辤（辞），证之。 (0010)

42. 五月望相府失期不言，解何？乃三月庚辰下丞相，为邮事期会失负筭品，二千石丞史常置，治前须录毋失期甚具[狱]计丞 (0273)

简 0273 的“计丞”与“狱史”“亭长”等相类，当为县廷属吏，负责县廷的计簿档案文书管理工作。走马楼西汉简中的“计丞”也是沿袭秦制而来，里耶秦简中即有“迁陵将计丞”。

43. □□年后九月辛酉朔丁亥，少内武敢言之：上计☑ Ⅰ

□□而后论者狱校廿一牒，谒告迁陵将计丞☑ Ⅱ

上校。敢言之。☑ Ⅲ (里耶简 8-164+8-1475)

☑九月丁亥水十一刻刻下三，佐欣行廷。欣手。☑ (里耶简 8-164 背+8-1475 背)

走马楼西汉简中的“计丞”与“迁陵将计丞”应是指的同一个职官，在秦及西汉早期县廷官吏设置中，有多个“丞”，其中应即包括“计丞”。走马楼西汉简“大女南坐负罚金临湘库案”中的“主治计”（简

① 宋少华、张春龙、郑曙斌、黄朴华：《湖南出土简牍选编》，岳麓书社，2013 年，第 213—214 页。

② 党翊翀：《读秦简札记二则》，简帛网，2021 年 3 月 17 日。

0103），很有可能就是“主治计丞”的省称，简文曰：

44. ☐问蔡土，蔡土曰：五月中，主治计下视官事，不受南自出。案：南☐□书，敬写年藉〈籍〉一牒，谒移临湘，以从事，敢言之。（0103）

走马楼西汉简中还有一类与“具狱狱史”“具狱亭长”“具狱计丞”用法很相近的职官，即“主系啬夫”“主系令史”“主系佐”等。“主”，即主持、负责。“系”，即拘系、监禁。《汉书·王章传》中王章为京兆尹时，上封事书后，“书遂上，果下廷尉狱，妻子皆收系”①。

45. ☐朔丙寅，主系啬☐

☐□邸邑☐　（1328）

46. 臧（赃）六百，公士以上盗，武系宫司空狱。请主系令史儿，儿为武擅解脱易桎。狱史外、不识知武请儿，听武请，为武擅解脱易桎，论完　（0529）

47. 九年四月丁丑，狱史河人爰书：□☐

秩四百石，主系令史儿坐劾□髡☐　（1550）

48·簿问主系佐客人丁未也盗戒〈械〉　（1522）

走马楼西汉简1328的“主系啬”后残断，很可能就是“主系啬夫”的残文。简1522有“主系佐”，但具体案例不详。简0529、1550均为“令史儿等为武擅解脱易桎举劾案”，其内容主要讲武这个人因盗所主守赃六百坐罪，系于宫司空狱中。武请求其主系令史儿为其解脱易桎，狱史外、不识两人知晓这一情况却没有举劾，狱史外、不识因监临见知故纵弗举劾而坐罪。简1550即为该案件相关的审讯爰书。与简0529内容相同的简还有7枚，分别编联于其他7份文书中。据此，我们可知长沙国宫司空狱中每个牢房或是每个案件都设有专门的主系令史来负责囚犯的看管、刑具的佩戴和脱卸。而狱史则要负责牢房日常的巡视与狱卒监管。如果发现有主系令史为囚犯擅解脱易桎的情形，狱史对主系令史负有举劾之责。由此可知，西汉武帝时期令史、狱史的职权、职能范围应是有所区别的，和我们以往认知的秦汉时期令史为身份、狱史为职事的观点又有所不同。

当然，走马楼西汉简中所新见的职官名有待研究的还很多，如临湘监葆啬夫、监田守、扩门佐、庙厨啬夫等，这些职官何时设置、消失于何时、他们的职能如何、他们隶属于哪一机构、他们的升迁调转过程怎样等问题，这里不再展开，我们将另文再作讨论。

（陈松长、陈湘圆，本文原载于《社会科学战线》2022年第4期）

① 《汉书》卷七十六《王章传》，第3239页。

第二节　走马楼西汉简所见“采铜”琐议

走马楼西汉简是汉武帝时期的行政文书，其内容蕴含了西汉长沙国地方治理的诸多信息，是了解长沙国及汉代历史的珍贵资料。我们在研读中发现有几枚简记载了一些与“采铜”有关的信息，对认识汉代的职官设置、长沙国矿产资源的开发等问题颇有助益。今不揣浅陋，结合传世文献及考古材料对其作一考察，不当之处，敬请方家指正。

一、走马楼西汉简中的“采铜”

走马楼西汉简中多次出现“采铜”一词，经初步检索释文，该词共出现约9次，为便于本文讨论，现将其中相关简文移录于下：

八月癸丑，采铜长齐移临湘令史　（0135）

戍

三月甲寅，采铜丞骄守□　（0169）

三月甲申，长沙内史齐客，邸长始，守丞谓临湘宫司空、食官、寿陵采铜、烝阳

南阳、连道邑、别治醴陵移牒临湘，长一短二，采铜、宫司空、食官、烝阳各一，醴陵　（0175）

□追劫人者逗留、回辟，宫司空鞫论耐

审去亡未命，得，驾论耐鬼薪输采铜复　（1656）

从简文中“采铜”设长、丞看，这里的“采铜”显然是一个官署名。“采铜”作为官署名不见载于《汉书·百官公卿表》及《后汉书·百官志》等传世文献，亦未见于其他秦汉简牍资料，仅现存西汉封泥中有“楚采铜丞”①，上海博物馆藏有西汉“采铜”封泥②，可与走马楼西汉简相印证。

0175号简的“寿陵采铜”应连读，与前“临湘宫司空、食官”并列，均是“地名+官署名”的形式。这个“寿陵”应该就是“采铜”官的治所，“寿陵”也多次出现在走马楼西汉简中，如“寿陵西都”“寿陵西

① 周晓陆主编：《二十世纪出土玺印集成》，中华书局，2010年，第496页。

② 孙慰祖主编：《两汉官印汇考》，上海书画出版社，1993年，第203页。

山”等，但因无传世文献供参照，其具体地望难以考察。

走马楼西汉简据初步考证为武帝时长沙国刘发之子刘庸在位时的行政文书①。这一时期，汉政府正实行盐铁官营政策，汉中央垄断铜、铁的经营权，在各地设立专门的铁官、盐官等官署管理盐、铁等资源的开采和经营。当然，铜矿的开采理应也由中央所设铜官进行管理。武帝时就曾在丹阳郡设立铜官，《汉书·地理志》载“丹扬郡”注：“故鄣郡。属江都。武帝元封二年更名丹阳……有铜官。”② 不少学者认为，汉代仅在此一处设立了铜官，现在看来并非如此。走马楼西汉简“采铜”官署的出现表明，汉王朝在当时的长沙国亦设有铜官“采铜”来管理长沙国疆域内的铜矿开发事务。

二、“采铜”官的设置及隶属情况

关于“采铜”官的设置和隶属关系，此前学界有过探讨，如吴幼潜先生将其归入汉县邑道官的体系之中。③ 孙慰祖先生认为，“采铜”应是郡国特设掌采铜之官。④ 这些成果丰富了我们的认识，但论述均较笼统，对其官署性质和设置的时代演变亦未作详细探究。

“采铜”官，其实早在秦时已存在，出土秦封泥中即有“采铜”⑤，此外，秦封泥中还见有“采金”，如“采金府印”“西采金印”“隍采金丞”“采赤金丞”⑥ 等。对汉以前“铜”“金”二字的关系，有学者认为，汉以前往往将“铜”称“金”。现在看来，至少在秦代，“铜”“金”可能就已经区分得很清楚了。除“采金”外，秦文献中还多见“采银”“采铁”“采青”等记载。说明秦代采矿业职官的体系已经非常细密，分工具体明确，汉代“采铜”官的设置当源于此。

那么，秦代“采铜”是设置于什么层级上的职官，其官署性质及隶属关系怎样？这些问题透过岳麓秦简的记载或可作些推论。岳麓秦简中有一枚简记载了秦矿业类职官的设置情况：

郡徒隶少员者，各作之其郡采金、采铁、盐官，其毋此官者，各作之其郡居作县　(2003)⑦

这条史料表明，秦代此类矿业职官多是在郡一级设立，但并非每个郡都有设置，而应是在部分矿产资源

① 长沙简牍博物馆、长沙市文物考古研究所联合发掘组：《2003年长沙走马楼西汉简牍重大考古发现》（宋少华、金平执笔），中国文物研究所编《出土文献研究》第七辑，上海古籍出版社，2005年，第57页。

② 《汉书》卷二十八《地理志上》，中华书局，1962年，第1592页。

③ 吴幼潜：《封泥汇编》，上海古籍书店，1984年，第130页。

④ 孙慰祖主编：《两汉官印汇考》，第203页。

⑤ 2019年7月19日，孙慰祖先生在贵阳孔学堂所作讲座中提及，后向其请教得知这一信息。

⑥ 王伟：《秦玺印封泥职官地理研究》，中国社会科学出版社，2014年，第167页。

⑦ 此简收入《岳麓书院藏秦简（柒）》，上海辞书出版社，2022年。

丰富的郡才有，“采铜”官的设置也应与此类似。在劳动力的使用上，使用刑徒劳作，且对刑徒具有优先使用权，这也反映出当时矿产资源的开采对劳动力需求之大。

秦文献中对“采铜”的记载不多，但“采铁”却多见。如睡虎地秦简《秦律杂抄》：“大（太）官、右府、左府、右采铁、左采铁课殿”。① 有关“采铁”的性质，学界倾向于其属都官体系。② 简牍材料表明，与秦都官关系最密切的当为内史，秦都官受内史的监督和管理，睡虎地秦简《金布律》：“其金及铁器入以为铜。都官输大内……以书时谒其状内史。”又《内史杂》：“都官岁上出器求补者数，上会九月内史。”③《汉书·百官公卿表》“内史”条载：“内史，周官，秦因之……属官有长安市、厨两令丞，又都水、铁官两长丞。”④ 可见“内史”属官有“铁官”长、丞，“采铁”当属铁官体系的一部分，地方都官应属中央内史管辖。因此作为铜官体系的“采铜”很可能也应属内史。

西汉早期，中央官府机构中是否有“采铜”之设，文献未载，但汉地方诸侯国确已有设立。汉封泥“楚采铜丞”的出现，说明在当时的楚国即设有“采铜”官。汉初，对铜、铁、盐等矿产资源允许民间自由经营，诸侯王私营铜铁现象非常普遍。《史记·吴王濞列传》载：“吴有豫章郡铜山，濞则招致天下亡命者盗铸钱……”⑤ 诸侯王可私自开采铜山，因此“采铜”应是诸侯国设立的专门负责此项事务的官署。但从地方诸侯国“宫室百官，同制京师”推断，汉初中央机构中很可能亦设有“采铜”官。

汉武帝时实行盐铁官营，收回地方诸侯国铜、铁等矿产的私采私铸权，《汉书·食货志》载：“于是悉禁郡国毋铸钱，专令上林三官铸。”⑥ 同时，在地方郡县设立铁官、盐官、铜官等官署，专门负责矿产开发及器物铸造。《后汉书·百官志》云：“凡郡县出盐多者置盐官，主盐税。出铁多者置铁官，主鼓铸。”⑦ 尹湾汉简载东海郡下设两处铁官、一处盐官及两处盐官别治，统计时说郡内“都官二”⑧，说明汉中期铁官、盐官均属都官体系。文献明确记载西汉在地方设铜官是在武帝元封二年（前109），《汉书·地理志》“丹扬郡”，注：“故鄣郡。属江都。武帝元封二年更名丹阳……有铜官。”⑨ 可见，武帝时在丹阳曾设立铜官，这个铜官应该同前面述及的铁官、盐官一样，为汉中央在丹阳所设的都官。走马楼西汉简的时代明确，该时期又严禁

① 陈伟主编：《秦简牍合集·释文注释修订本（壹）》，武汉大学出版社，2016年，第167页。

② 邹水杰、游逸飞持此观点，参看陈松长等著：《秦代官制考论》，中西书局，2018年。此外，汤超、刘鹏亦持此说。参看汤超：《秦铁官体系与冶铁业新识》，《江汉考古》2019年第2期。刘鹏：《秦官营铁农具的生产管理及民间供给》，《古代文明》2019年第2期。

③ 陈伟主编：《秦简牍合集·释文注释修订本（壹）》，第93、135页。

④《汉书》卷十九《百官公卿表上》，第736页。

⑤《史记》卷一百〇六《吴王濞列传》，中华书局，1982年，第2822页。

⑥《汉书》卷二十四《食货志下》，第1169页。

⑦《后汉书》卷一百一十八《百官志》，中华书局，1965年，第3625页。

⑧ 连云港市博物馆等编：《尹湾汉墓简牍》，中华书局，1997年，第77页。

⑨《汉书》卷二十八《地理志上》，第1592页。

诸侯国进行铜、铁等矿产开采，诸侯国王府也就不应再设置这方面的特种官署。因此，简中的“寿陵采铜”当是汉中央在长沙国寿陵地区设立的专门负责开采铜矿的铜官，其也应是直属汉中央的都官。

三、“采铜”的秩级、职能及与其他官署间的关系

从0135、0169号简“采铜”设有“长”“丞”等属官看，其级别应该不会太低。0175号简显示，“采铜”与“宫司空”“食官”并列，且位置亦可互换，说明三者秩级应大体相同。这里的“宫司空”与“食官”显然是长沙国王府官署，考古发掘的西汉长沙国墓中也出土了“宫司空丞之印”。① 张家山汉简《秩律》载有“大匠宫司空”秩六百石，韩厚明先生汇集诸家观点并指出，这里的“大匠”和“宫司空”不应连读，是两个机构。② 此说可从，“食官”的分布比较广泛，一般认为分詹事属官、少府属官和奉常属官三类，秩级大体相同，《后汉书·百官志》：“先帝陵，每陵食官各一人，六百石。本注曰：‘掌望晦时节祭祀。’”③ 可见“食官”的秩级也为六百石。西汉时王国官制同制京师，其设置和秩级应大体相同，故“采铜”的秩级可能也应为六百石。

关于“采铜”的执掌，有学者认为，“采铜”为负责铜矿开采和铸钱的低级官吏，且为铁官体系中的一员。④ 此说法并不确切，首先，从简文看，“采铜”是官署名而非具体官吏。其次，汉代中央铸钱之官据文献记载最初应属少府，后为水衡都尉属下上林三官，其“钟官”负责铸钱。地方诸侯王国亦有钟官之设⑤，其也是汉初隶属于王国少府的货币、铜器铸造机构。盐铁官营后，地方郡国铸币权被收回，故“采铜”更不可能有铸币之职能。再次，“采铜”应不属于铁官体系，秦汉文献中既有铁官，也有铜官，“采铜”“采铁”“盐官”均是分别而置。因此，秦汉时期铜、铁、盐三官虽都是直属中央的都官，但内部应互不统属，各自独立成体系。我们从字面意思看，“采铜”就是指开采铜矿之事。贾谊《新书》载“采铜者弃其田畴，家铸者损其农事”⑥，这里的“采铜”就是单指开矿。但我们从考古资料看，西汉铜矿遗址中往往开采、冶炼，甚至器物铸造均在一起进行。如河北承德的一处西汉铜矿遗址，集采矿、选矿和冶炼于一体；安徽铜陵（汉属丹阳郡）设有铜官，其胡村遗址同时发现矿洞和冶铜遗址，发现大量的炉渣堆积；西昌东坪冶铸工场址还

---

① 陈松长：《湖南古代玺印》，上海辞书出版社，2004年，第55页。

② 韩厚明：《张家山汉简字词集释》，吉林大学博士学位论文，2018年，第188页。

③ 《后汉书》卷一百一十五《百官志》，第3574页。

④ 郭俊然：《汉官丛考——以实物资料为中心》，华中师范大学博士学位论文，2013年，第121页。

⑤ 参看吴小平：《两汉时期的工商政策对铜器的影响评价》，《中国社会经济史研究》2004年第4期。

⑥ 阎振益、钟夏：《新书校注》卷三《铜布》，中华书局，2000年，第111页。

兼及铜制品铸造。[①] 可见，当时铜矿开采后便就地进行选矿和冶炼，甚至还进行铜器铸造。在当时运输条件不发达的情况下，这种方式倒能集中人力、物力进行铜业生产。因而我们推论，“采铜”官在职能上可能除了采矿之外，还负责选矿、冶炼等事宜。另从1656号简看，刑徒“鬼薪”大多输往“采铜”官署进行劳作，故其自然也有监管刑徒劳作之职责。

关于“采铜”与其他官署间的关系，0135号简“采铜长齐”移书“临湘令史成”，移书为平行机构间的来往公文，说明二者为不相统属的平行官署，两官署间有公务上的往来。秦汉时期，县级机构普遍设有令史，有关令史的职能，刘晓满先生作过系统考察，认为主典文书和主管籍账是其主要职能。[②] 上行或下行文书均要由令史负责核查、启封及署名，因此，“采铜”官署的一些文书簿籍在传送时可能也需要令史进行监督。而0175号简长沙内史齐客要求“采铜”“临湘宫司空”“南阳、连道邑”等要“移牒”临湘，并规定了移牒的数量，说明这些官署也要接受长沙国内史的考核，受其监督。“内史”，《汉书·百官公卿表》载：“诸侯王，高祖初置……内史治国民。”[③] 吴荣曾先生认为，王国相不治民，治理王国庶政落到内史手中。[④] 长沙“内史”掌管王国辖区内的政务，上述官署不管是王府职官、地方县道官还是中央特设都官均要接受其考核，与其存在密切关联。这一点在尹湾汉简中也有体现，从《东海郡下辖长吏名籍》及《东海郡下辖长吏不在署、未到官名籍》看，盐铁官吏均包含于郡吏员中，吏员事务均要与郡县长官汇报，且考核也归所在郡负责。走马楼西汉简所见“采铜”虽属汉中央在长沙国特设都官，其治所在寿陵，但在一些事务和考核中可能要接受上级长官及长沙国内史的监督考核。从1656号简看，宫司空和采铜官署之间可能也有联系，宫司空主管王国刑狱之事，对“逃亡未命”者加论耐鬼薪输往采铜官署劳作，两官署也就难免在刑徒交接等方面存在一定的业务联系。

四、“采铜” 官与西汉长沙国冶铜业的发展

汉代文献中多见铜矿产地及开采的记录，如《史记·货殖列传》：“南则巴蜀。巴蜀亦沃野，地饶卮、姜、丹沙、石、铜、铁、竹、木之器。”[⑤] 又《史记·吴王濞列传》：“吴有豫章郡铜山。”[⑥] 《汉书·地理

① 参看中国社会科学院考古研究所：《中国考古学·秦汉卷》，中国社会科学出版社，2010年，第666页。

② 刘晓满：《秦汉令史考》，《南都学坛》2011年第4期。

③ 《汉书》卷十九《百官公卿表上》，第741页。

④ 吴荣曾：《西汉王国官制考实》，《北京大学学报（哲学社会科学版）》1990年第3期。

⑤ 《史记》卷一百二十九《货殖列传》，第3261页。

⑥ 《史记》卷一百〇六《吴王濞列传》，第2822页。

志》："邛都，南山出铜。"① 但却未见西汉长沙国疆域内有铜矿及开采的文献记载，走马楼西汉简"采铜"官署的出现说明当时的长沙国不仅有铜矿，而且汉中央已经在这里设置专门的铜官来管理铜矿开采、冶炼等事务。

（一）西汉长沙国铜矿开采渊源

长沙地区铜矿开采和铜器铸造在很早以前已经出现。商周时期，湖南地区的铸铜技术已经达到较高的水平，出土于黄材塞子山的商代青铜器兽面纹铜罍，内贮铜斧多达224件，可见冶铸规模之大。且许多青铜器带有湖南商器特征，文物工作者通过对冶炼的坩埚、熔铜炉及铜器的综合分析，推测出土青铜器大部分是在湖南本地铸造，即湖南在商代中期已能铸造青铜器，进入青铜时代。西周时期，湖南出土的青铜器种类丰富，有乐器、礼器、工具、兵器等，这些青铜器大部分也是在湖南铸造。② 春秋战国时期，铜矿开采技术进一步成熟，湖南多地考古发现楚铜镜，达数百面。1979年发现的湖南麻阳古铜矿遗址，有古采矿区14处，分地表开采和地下开采两种，技术和规模都达到了新高度。③ 这些情况说明，西汉长沙国的铜矿开发和铜器铸造有着深厚的历史渊源。

（二）汉初"弛山泽之禁"与长沙国的铜矿私营

《史记·货殖列传》载："汉兴，海内为一，开关梁，弛山泽之禁，是以富商大贾周流天下，交易之物莫不通。"④ "弛山泽之禁"是汉初统治者实行的一项重要经济举措，目的在于改变秦以来经济残破的景象，促进经济恢复。"弛山泽之禁"的重要一环即为铜矿开采和钱币铸造。允许民间经营，但并非放任，而是用法令予以必要的干预，张家山汉简《二年律令》中的《钱律》《津关令》有专门对盗铸钱及铜矿买卖的规范，即是明证。在这一政策的引导下，长沙国出现铜矿私采私铸现象。

当时长沙国百姓私采冶铜现象非常普遍，贾谊在任长沙王太傅时，专门就当时私人采铜、铸铜钱一事向文帝上疏，指陈私人冶铜的危害。《新书·铜布》载："铜布于下，采铜者弃其田畴，家铸者损其农事，谷不为则邻于饥，此三祸也。"⑤ 可见当时大批民众抛田弃农，不专于本业而趋于采铜、铸器的情景。贾谊当时在长沙国，相关情景的描写应属亲见。当然，民间私采、私营与国家的鼓励政策分不开，汉初鼓励民间私铸，同时政府课以重税，张家山汉简《金布律》：

> 采铁者五税一；其鼓销以四三七为成器，有（又）五税一。采铅者十税一。采金者租之，人日十五

① 《汉书》卷二十八《地理志上》，第1600页。

② 详见王晓天主编：《湖南经济通史·古代卷》，湖南人民出版社，2013年，第106页。

③ 湖南省博物馆、麻阳铜矿：《湖南麻阳战国时期古铜矿清理简报》，《考古》1985年第2期。

④ 《史记》卷一百二十九《货殖列传》，第3261页。

⑤ 阎振益、钟夏：《新书校注》卷三《铜布》，第111页。

分铢二。民私采丹者租之，男子月六斤九两，女子四斤六两。四三八①

简文虽未明确记载针对采铜的征税标准，但对其课税应是没什么问题的。此则律令是就全国而言，长沙国理当涵盖其中。这一方面有利于促进地方矿冶业的发展，同时又增加了国家税收，对恢复残破的经济局面有益。此外，政府又对为盗铸钱者提供铜料的行为予以规范，张家山汉简《钱律》203 载："智（知）人盗铸钱，为买铜、炭，及为行其新钱，若为通之，与同罪。"② 这说明当时私人间买卖铜的现象也很普遍。

（三）长沙国的官营冶铜业

长沙国的官营冶铜业主要体现在汉中央政府在长沙国设置专门机构管理铜矿开采，以及地方诸侯王进行铜矿开采和铸造上。走马楼西汉简中的"采铜"官署即为中央在长沙国设置的铜料开采机构，属官有长、丞，负责处理日常政务，铜矿的开采需要大量的劳动力，《汉书·贡禹传》载："今汉家铸钱，及诸铁官皆置吏卒徒，攻山取铜铁，一岁功十万人已上。"③ 在当时的技术条件下，开采铜铁的役力之巨可窥一斑。当时在"采铜"官署劳作者大多是刑徒鬼薪，走马楼西汉简多次出现"论耐鬼薪输采铜"的记载。当时的长沙国铜器铸造技术亦很发达，长沙汤家岭汉墓曾一次性出土铜器 101 件，十分精美，且有显示成套制作痕迹的编号④，足见当时铜器冶铸规模之大。对此情况，袁鑫、游振群先生认为，不排除贵族官僚家庭向政府工官订购铜器的可能。⑤ 汉初，地方诸侯王也经营铜矿，热衷于铜矿开发，冶铸钱币。如《史记·吴王濞列传》载："吴有豫章郡铜山，濞则招致天下亡命者盗铸钱……"⑥ 地方诸侯国大多有自己专门的采铜和铸铜机构，如汉封泥"楚采铜丞"就是西汉早期楚国负责铜矿开采的官吏。出土的西汉长沙国铜鼎铭文有"剌庙铜鼎一，容斗五升，有盖，并重十四斤四两，长沙元年第一"，又"剌庙铜鼎，容斗五升，有盖，并重十五斤六两，长沙元年造第三"。⑦ 这里均采用长沙王纪年，这一纪年方式在走马楼西汉简中也多次出现，有学者考证应为长沙炀王元年（前 49），大体不误。湖南博物院也藏有"剌庙牛灯"，铭文"剌庙牛灯四，礼乐长监治"。这些器物均为长沙国内部铜器铸造机构所造，说明在西汉中后期，虽然禁止地方诸侯开采铜铁等矿产，禁止铸币，但似乎对诸侯国私铸铜器物并未予以严格限制，诸侯王私铸铜器现象依然存在。不过有些铜器需

① 张家山二四七号汉墓竹简整理小组编：《张家山汉墓竹简（二四七号墓）》（释文修订本），文物出版社，2006 年，第 68 页。

② 张家山二四七号汉墓竹简整理小组编：《张家山汉墓竹简（二四七号墓）》（释文修订本），第 35 页。

③ 《汉书》卷七十二《贡禹传》，第 3075 页。

④ 湖南省博物馆：《长沙汤家岭西汉墓清理报告》，《考古》1966 年第 4 期。

⑤ 袁鑫、游振群：《小议湖南省博物馆馆藏西汉长沙国铜器》，《湖南省博物馆馆刊》第十二辑，岳麓书社，2016 年，第 355 页。

⑥ 《史记》卷一百〇六《吴王濞列传》，第 2822 页。

⑦ 周世荣：《湖南战国秦汉魏晋铜器铭文补记》，中国古文字研究会、中华书局编辑部编《古文字研究》第十九辑，中华书局，1992 年，第 200 页。

要在中央官员监督下铸造，体现了当时中央王朝对诸侯国铜资源的管控。

此外，从西汉长沙国考古出土的器物亦可窥见其冶铜业发展的境况。1952 年文物普查发现，西汉长沙国鄗县城址的一段城垣附近出土有铜渣及铁剑①，这个铜渣很可能就是当时的冶铜残留。从考古出土器物的种类看，有鼎、铜灯、熏炉、铜镜、盒、壶、钫、釜、盆、耳杯、兵器、铜钱等几乎所有常见器物。从出土数量看，几乎每座墓葬均有出土，有的一座墓葬出土多达数十件，如长沙沙湖桥西汉墓出土铜器达 60 件，前文述及的汤家岭汉墓曾一次性出土铜器 101 件，可见冶铸规模之大。西汉中前期，刘氏长沙国也进行货币铸造，1972 年，在湖南攸县网岭旺村曾出土两块铜制西汉五铢钱范。据邓昭辉先生研究，此为目前湖南地区发现的有确切出土地的西汉五铢钱范，为长沙国铸钱提供了直接物证，其认为长沙国曾铸造五铢钱，地点在攸县。② 另外，其铜镜、兵器等的铸造也很发达，几乎每个长沙国贵族墓葬均有铜镜出土，《长沙发掘报告》M211 汉墓铜镜铭文载有"延年益寿""千秋万岁长生未央"之类的吉祥语词，应属当时私营作坊冶铸。西汉长沙国的铜兵器铸造亦很发达，风篷岭张氏王后墓中出土有铜镞、铜弩机。此外亦见有铜剑及其他配饰。长沙国地处南部边陲，其与南越国经常交战，因而对兵器的需求量巨大，在当时运输条件欠发达的条件下，很可能是在铜料产地直接铸造兵器来供应前线。

总之，走马楼西汉简所见"采铜"官署，是作为汉中央管控地方铜矿开采的机构，亦是汉中央加强中央集权的重要举措。汉代，铜作为重要矿产资源，与很多经济、政治问题都有关联。"采铜"官的设置表明，汉王朝将铜资源的管控纳入了国家治理的范畴，这对后世也产生了深远影响，成为此后历代王朝坚持的基本国策。因此，对"采铜"官的考察亦可作为观察汉代长沙国地方治理的一个视角。但由于目前文献记载有限，对"采铜"官及其背后历史文化信息的认识尚不能全面，这将有待于以后更多新资料的发现。

（王博凯，本文原载于《出土文献》2020 年第 3 期）

---

① 参看何旭红：《汉代长沙国考古发现与研究》，岳麓书社，2013 年，第 47 页。

② 邓昭辉：《西汉长沙国铸钱三考》，《湖南考古 2002》，岳麓书社，2004 年，第 654—655 页。

第三节 从走马楼西汉简看西汉归附蛮夷的编户化管理

秦汉时期归附蛮夷要向国家承担一定的义务。汉初《蛮夷律》规定：蛮夷成年男子“岁出賨钱，以当徭赋”。[①] 如果不了解蛮夷的户口情况，政府对賨的征收自然就没有依据。然而，一般认为是否著籍成为编户是区分群蛮与华夏的根本性标志，正是由于将蛮夷纳入户籍系统，让其正常纳税服役，导致了东汉以后蛮夷的不断反抗。那么编户化之前，政府如何对蛮夷摊派义务？学者注意到“史书记各类非华夏民族投降或归附中原政权，通常会明载其户数和口数”，进而推断“这个数字显然不是中央政权正常户口统计的结果，但很可能并非仅仅具有象征意义，也就是说，各族群对中央承担的义务，可能就基于他们自己所上报的户口数”。[②] 笔者在参与整理走马楼西汉简的过程中，发现西汉对蛮夷的管理方式不同于既有的印象，当时对归附的蛮夷已经实行编户化管理，而且蛮夷需缴纳的賨也是由基层官吏直接征收，而不是由蛮夷君长代为收缴。

一、走马楼西汉简中的蛮夷编户

走马楼西汉简是汉武帝时期长沙国的政府文书。西汉长沙国蛮夷色彩浓厚，《汉书·两粤传》载汉初南越王赵佗曾说：“西北有长沙，其半蛮夷，亦称王。”师古曰：“言长沙之国半杂蛮夷之人。”[③] 西汉末年王莽改长沙国为填蛮郡，亦可见原长沙国境内蛮夷数量众多。走马楼汉简中有涉及蛮夷的材料，如简 0011：

〼卯具狱亭长庚以襄人辞召于铁，先以证律辨告，乃讯。辞曰：士五，无阳皇里，与共里大女妹、子方风、小女容异籍同居。啬夫襄人责于铁、方风、容往四年所

〼出賨。方风以米石四斗予襄人，为母妹入賨。于铁予襄人米石，为容入賨。凡二石四斗。襄人未受券书，不智方风、容已受券。妹、方风、容不告于铁。后相史

这枚简上端有残损，加上个别词句不易理解，有不清楚的地方。但大致可以知道这是由于收賨引起的官

① 张家山二四七号汉墓竹简整理小组编：《张家山汉墓竹简（二四七号墓）》（释文修订本），文物出版社，2006 年，第 91 页。

② 罗新：《王化与山险——中古早期南方诸蛮历史命运之概观》，《历史研究》2009 年第 2 期。

③ 《汉书》卷九十五《两粤传》，中华书局，1962 年，第 3851—3852 页。

司，起因可能是收賨后没有给予凭据，从而引发争议。这个事件中，收賨的一方是襄人，其身份是乡啬夫①，纳賨的一方是于铁、妹、方风和容，于铁、妹可能兄妹，而方风、容是妹的子女。賨，《说文解字·贝部》解释为“南蛮赋也”②。《后汉书·南蛮列传》记载西汉对蛮夷的赋税优待时有提到賨，其文曰：长沙武陵蛮，“汉兴，改为武陵。岁令大人输布一匹，小口二丈，是谓賨布”；板楯蛮，“至高祖为汉王，发夷人还伐三秦。秦地既定，乃遣还巴中，复其渠帅罗、朴、督、鄂、度、夕、龚七姓，不输租赋，余户乃岁入賨钱，口四十”。③ 张家山汉简《奏谳书》中高帝十一年的“毋忧案”亦有将賨钱作为蛮夷赋税的记载。案件中蛮夷男子毋忧奉命屯戍而逃亡，他在辩解中声称“蛮夷大男子岁出五十六钱以当徭赋，不当为屯”，而诘问他的夷道官员则认为“律蛮夷男子岁出賨钱，以当徭赋，非曰勿令为屯也，及虽不当为屯，窑已遣毋忧，即屯卒，已去亡，何解”。④ 这里双方争论的焦点在于屯戍是否属于徭役，或者已被派遣而后逃亡如何惩处，至于蛮夷男子“岁出賨钱，以当徭赋”则是双方的共识。由此可见，西汉时期“賨”的确是面向蛮夷的赋税。无阳，据《汉书·地理志》，属武陵郡，是当时武陵蛮的活跃地区。简文中要纳賨的于铁、妹、方风和容，其族属应该就是蛮夷。值得注意的是，他们都已经被纳入乡里系统，分别居住在无阳县由襄人任啬夫的某乡下辖的皇里与共里。

简 0017 也与襄人收賨有关：

〼□巴人、胡人讯襄人要道。辞曰：府论无阳四年賨，糶（粜）卖取钱输临沅，食官厩，偿所赎童贾（价）钱，皆急缓。夷聚里相去离远，民贫难得。襄人令译士五搞【收】〼

〼□船一㮳士五定所，当米八斗；肠七十五斤，士五强秦、磨、仆各廿五斤，非搞家賨肠。襄人自责得士五共吸为小男共来予肠十五斤，士五工期为〼

这枚简同样有地方意思不是很清楚，但涉及的事件是武陵郡要求无阳县征收某年的賨，出售后将钱输往临沅。由于无阳蛮夷的聚里相隔遥远，加之蛮夷大多又很贫困，賨的征收比较困难，于是乡啬夫襄人让搞协助一起征收。搞在此前西林昭一《简牍名迹选》公布的“走马楼前汉简”简 1（实际编号 0080）中出现过，“是无阳共里壻子”。简 0017 提及收到的肠“非搞家賨肠”，前引简 0052 有“无阳蛮夷士五搞”，“搞家当出賨米，毋米”，可见搞也是要纳賨的蛮夷。可能正由于搞是蛮夷，能听懂蛮夷的语言，熟悉蛮夷的情况，所以才能充当替官府服务的“译”，襄人也才会让他协助收賨。值得注意的是，身为蛮夷的搞同样已经被纳入乡里系统，与简 0011 中的方风、容一样，都编在无阳县的共里。

① 走马楼西汉简 0052：“无阳蛮夷士五搞言，腓夷乡啬夫襄人歛賨，搞家当出賨米，毋米，予襄人五梓船一㮳，当〼肠七十五斤；工期钱三百，当米未有数；于铁米二石四斗，皆弗家与券书。”据简文，襄人是“腓夷乡啬夫”。

② 段玉裁：《说文解字注》六篇下，上海书店，1992 年，第 282 页。

③ 《后汉书》卷八十六《南蛮列传》，1965 年，第 2831、2842 页。

④ 张家山二四七号汉墓竹简整理小组编：《张家山汉墓竹简（二四七号墓）》（释文修订本），第 91 页。

简文称蛮夷的居住区为“聚里”，说明无阳蛮夷的居住点大体已纳入行政编制，有了各自的里名。蛮夷往往散居于山谷林野，距离行政中心较远。由于对蛮夷的控制较弱，政府在蛮夷聚居区设置乡里时，估计只是对蛮夷进行行政编组，而少有可能做迁徙与合并居住点的尝试。因此，尽管纳入了乡里系统，其聚落分布仍维持原有的样态，体现出“夷聚里相去离远”的特点。

从走马楼西汉简的记载看，西汉官府不仅将蛮夷纳入乡里系统，直接掌握蛮夷的户口情况，而且还直接掌握蛮夷占有农田的情况。此前刊布的简 0056 载：

·都乡七年貇（垦）田租簿

貇（垦）田六十顷二亩，租七百九十六石五斗七升半，率亩斗三升，奇十六石三斗一升半。

·凡貇（垦）田六十顷二亩，租七百九十六石五斗七升半。

出田十三顷卌五亩半，租百八十四石七斗，临湘变（蛮）夷归义民田不出租。

出田二顷六十一亩半，租卅三石八斗六升，乐人嬰给事柱下以命令田不出租。

·凡出田十六顷七亩，租二百一十八石五斗六升。

定入田卌三顷九十五亩，租五百七十八石一升半。

提封四万一千九百七十六顷七十亩百七十二步，

其八百一十三顷卅九亩二百二步可貇（垦）不貇（垦），

四万一千一百二顷六十八亩二百一十步群不可貇（垦）。①

这份走马楼西汉简中的临湘县“都乡垦田租簿”所罗列的，有属于临湘蛮夷归义民的垦田，数量是“十三顷卌五亩半”，占该乡垦田总数的 22.4%，为数不算少。蛮夷的垦田，簿中标注为“出田”，可以不出田租。但即便具有豁免田租的特权，官府还是会对这部分垦田进行登记，从而了解蛮夷实际占有农田的数量。

二、走马楼汉简所见官府对蛮夷编户的管理

从文献记载看，秦汉政府对蛮夷的管理曾借助蛮夷君长的作用。《史记·东越列传》载：“闽越王无诸及越东海王摇者，其先皆越王勾践之后也，姓驺氏。秦已并天下，皆废为君长，以其地为闽中郡。”② 《后汉书·南蛮列传》载：“及秦惠文王并巴中，以巴氏为蛮夷君长，世尚秦女，其民爵比不更，有罪得以爵除。”③ 以往多认为秦与西汉时期蛮夷君长仍拥有对自己属民的统治权，对于归附蛮夷，政府主要是通过蛮夷

① 释文参见马代忠：《长沙走马楼西汉简〈都乡七年垦田租簿〉初步考察》，中国文化遗产研究院编《出土文献研究》第十二辑，中西书局，2013 年，第 213—214 页。此处释文据图版略有修订。

② 《史记》卷一百一十四《东越列传》，中华书局，1982 年，第 2003、2979 页。

③ 《后汉书》卷八十六《南蛮列传》，第 2841 页。

君长进行间接的管理。然而走马楼汉简的记载反映出，在掌握蛮夷户口与田地的情况下，西汉长沙国对于蛮夷的赋役、狱讼等问题是由政府任命的基层官吏直接处理，并没有通过蛮夷君长。

前引简0011中，具狱亭长庚召蛮夷于鐵讯问，于铁在证词中提到，啬夫襄人向自己与妹、方风、容收取在四年应缴纳的賨，方风给了米石四斗予襄人，于铁自己也给了米一石予襄人，总共是二石四斗。但是襄人并没有给自己纳賨的券书，同时也不知道方风、容已经收到过券书。这里，蛮夷要缴纳的賨是由代表官府的乡啬夫襄人直接向每户征收的，收賨后乡啬夫襄人还应分别给予每户券书作为其各自已经纳賨的凭据。案件可能是由于发现襄人征收的賨数量不对，涉嫌贪污，具狱亭长庚根据襄人的辩辞，传唤了纳賨予襄人的于铁出庭作证。从简文看，在于铁等纳賨及于铁受传唤出庭的过程中，并没有蛮夷君长居间作用。

前引简0017与《简牍名迹选》公布的简1（编号0080）、简3（编号0077）都涉及襄人让搞帮助其收賨的问题，为便于理解，先引两简释文如下：

〼具狱亭长庚爰书，先以证律辨告搞，乃讯。辞曰：士五，无阳共里堉子，吏令为臾皇人译。乃二月中不识日，啬夫襄人在轻半令搞收责溓溪臾人□〼

〼船一樓，当米八斗。士五强秦、麐、仆予肠各廿五斤，凡七十五斤。搞令安居士五周乘船下，搞先去溓溪中，环轻半，襄人所收责得船〼　(0080)

襄人自责得五棒船一樓士五定所，当米八斗。肠七十五斤，士五强秦、麐、仆各廿五斤。令安居士五周乘船，船未到，襄人不得受定船，去，去后周船到，搞有令临中臾〼

是下船属襄人，襄人在所，后长始问搞，搞以所责得船、肠对曰，已予襄人，襄人不与搞券书。今问强是，强是不以船属襄人，襄人不受船，船在强是所，搞所以予襄人肠〼　(0077)①

结合简0017看，简文中提到的要纳賨的士伍强秦、麐、仆、定、共来等也都应该是蛮夷。其中共来作为小男，需纳肠十五斤，这部分賨肠是由啬夫襄人亲自征收的。至于强秦、麐、仆各自纳肠廿五斤，定出船一艘以当賨米八斗，是由啬夫襄人亲自索得，还是协助襄人收賨的搞征收的，似乎在案件中是存在争论的地方。不过搞肯定不是蛮夷中的头面人物，他只是官府任命的译者，在官府直接与蛮夷打交道时，由于语言不通，他能起到翻译的作用。让搞收賨很可能是襄人的个人行为，搞征收到的賨需交予襄人，并且按理襄人应该给予其券书。不同于于铁是由于涉及到襄人的辩辞而被传唤，搞直接被具狱亭长庚讯问，有可能是由于他是襄人贪污案的当事者之一。而从襄人让"译者"搞协助其向蛮夷收賨看，襄人也不太可能是蛮夷出身。襄人斂賨时，搞家"毋米"缴纳"当出賨米"，可见搞是蛮夷中的贫困者。如果襄人出身蛮夷，他能被任命为乡啬夫，应该在蛮夷中颇有声望，或者本就是蛮夷君长，完全可以让族群中的强有力者协助自己。

从上述司法文书可以看出，西汉长沙国在征收蛮夷赋役以及处理涉及蛮夷的狱讼时，都是由代表官府的

① 简牍照片见西林昭一：《简牍名迹选2·湖南篇二》，（日本）二玄社，2009年，第28—33页。

基层官吏直接与蛮夷打交道。这与张家山汉简《奏谳书》所载“毋忧案”反映出的情况是一致的。“毋忧案”原文如下：

十一年八月甲申朔己丑，夷道介、丞嘉敢潚（谳）之。六月戊子发弩九诣男子毋忧，告为都尉屯，已受致书，行未到，去亡。·毋忧曰：“变（蛮）夷大男子岁出五十六钱，以当繇（徭）赋，不当为屯。”尉窑遣毋忧为屯，行未到，去亡，它如九。·窑曰：南郡尉发屯有令，变（蛮）夷律不曰勿令为屯，即遣之，不智（知）亡故，它如毋忧。·诘毋忧，律变（蛮）夷男子岁出賨钱，以当繇（徭）赋，非曰勿令为屯也，及虽不当为屯，窑已遣毋忧，即屯卒，已去亡，何解？毋忧曰：有君长，岁出賨钱，以当繇（徭）赋，即复也，存吏，毋解。·问，如辤（辞）。·鞫之：毋忧变（蛮）夷大男子，岁出賨钱，以当繇（徭）赋，窑遣为屯，去亡，得，皆审。·疑毋忧罪，它县论，敢潚（谳）之，谒报。署狱史曹发。·吏当：毋忧当腰斩，或曰不当论。·廷报：当腰斩。①

西汉初年夷道蛮夷男子毋忧因逃避都尉屯受到起诉并被处以腰斩。夷道尉窑在证词中称：“南郡尉发屯有令，蛮夷律不曰勿令为屯，即遣之。”毋忧被征调屯戍，是由夷道尉直接派遣的，这说明夷道县廷应该掌握县内归附蛮夷的户口情况，并且直接管理蛮夷的赋役问题。尽管毋忧自称“有君长”，但在征调他屯戍的过程中，我们并没有看到蛮夷君长出面。而且对毋忧的审讯也跟一般编户犯案没有区别，在整个审讯过程中，同样没有见到蛮夷君长出面。由此看来，当时归附蛮夷的君长，尽管应该在蛮夷中有较高威信，也能够协调蛮夷成员间的纠纷，却不是官府与蛮夷民众之间必定要有的联系纽带。在蛮夷君长之外，仍然是由官府任命的官员处理蛮夷编户的赋役与狱讼等问题。

尽管如此，西汉官府对蛮夷编户的治理与一般编户仍然存在很大的差异。走马楼汉简“都乡七年貇（垦）田租簿”中明确标注“蛮夷归义民田不出租”，官府虽然掌握蛮夷编户的农田数量，却对于这部分农田免征田租。蛮夷编户对国家承担的义务主要是纳賨。前引《奏谳书》“毋忧案”记载，汉初规定“蛮夷大男子岁出五十六钱，以当徭赋”，而当时一般编户每位成年人仅人头税算赋一项即需 120 钱。因此，蛮夷“岁出賨钱，以当徭赋”，更看重的应该只是其所体现的承认王朝统治的象征意义。从走马楼汉简的记载看，即便是“岁出五十六钱”的賨钱其实也可以用米、肠等实物替代，而且蛮夷要纳的賨米、賨肠负担也不重。简 0011 中啬夫襄人需要向于铁等征收的是“往四年”所要纳的賨。从字面理解，这有可能是过往四年要纳的賨，反映出当时蛮夷拖欠賨的情况相当突出，而官府对于賨的征收并不迫切，在之前几年应该没有采取过于强硬的措施催征。当然，如果结合简 0017 中的“府论无阳四年賨”看，“往四年”也可能是指某位长沙王在位第四年要纳的賨。简 0011 中方风以米石四斗予襄人，是为大女妹入賨；于铁予襄人米石，是为小女容入賨。我们推测一石四斗和一石分别是蛮夷成年与未成年女子一年应纳的賨米数。睡虎地秦简《仓律》载：

① 张家山二四七号汉墓竹简整理小组编：《张家山汉墓竹简（二四七号墓）》（释文修订本），第 91 页。

“隶臣妾其从事公，隶臣月禾二石，隶妾一石半。”① 按照这样的标准，賨米大概是蛮夷编户接近一个月的口粮。

西汉时期官府对蛮夷编户在赋役上的优待应该有笼络蛮夷的意图，但同时也是不得已的行为。上引简0017载：“夷聚里相去离远，民贫难得。”由于蛮夷住处僻远且经济不发达，即便只要其缴纳为数不多的賨，但赋税的征收仍然相当困难。简文中的賨肠大概是用各种肉馅制作的肉肠，估计也是适应蛮夷有相当比例人口仍然以渔猎谋生，无法缴纳賨米，而采用的变通措施。另外，从走马楼汉简中啬夫襄人让“译”搞帮助收賨看，语言其实也是很大的问题。《后汉书·南蛮列传》载：“及其化行，则缓耳雕脚之伦，兽居鸟语之类，莫不举种尽落，回面而请吏，陵海越障，累译以内属焉。”② 南方蛮夷的语言在当时被通称为“鸟语”，不仅与华夏人群的语言存在差异，而且相互之间也有很大不同，对于异地为官者，肯定很难听懂。在这样的情况下，官府要实现对蛮夷编户的深入管理，自然不会容易。《后汉书·度尚传》载，徐抗“初试守宣城长，悉移深林远薮椎髻鸟语之人置于县下”。③ 徐抗将居住在“深林远薮”的蛮夷迁移到县治附近，目的就是加强对他们的控制。《魏书·僭晋司马叡传》载，在东晋控制下，“巴、蜀、蛮、獠、溪、俚、楚、越，鸟声禽呼，言语不同，猴蛇鱼鳖，嗜欲皆异”，司马叡“羁縻而已，未能制服其民”。④ 语言或方言的不同，亦足以阻断官府与蛮夷的交流。

三、蛮夷的编户化与华夏化问题

中古早期南方蛮夷民族的华夏化问题是学界讨论得较多的问题。鲁西奇先生曾提出区别华夏与群蛮的根本标志在于蛮族“不著户籍，不服徭役，不纳或少纳赋、调”以及“不居城郭，散处山谷林野之村落中，形成散居状态”。⑤ 这一说法在学界得到相当普遍的认同。不过，在他的叙述中，“不著户籍”与“复除徭役，但纳賨钱”间是可以画等号的，蛮夷一旦著籍，即意味着要按照华夏民的标准承担赋税。而从走马楼汉简的记载看，蛮夷的著籍与“但纳賨钱”间并不冲突，西汉中期长沙国的蛮夷有相当部分是纳賨的，但是已经纳入乡里系统，由代表官府的基层官吏直接管理。由此可见，将是否著籍视为区分群蛮与华夏的根本性标志并不完全准确。

秦汉六朝存在蛮夷编户是近年来方引起学界注意的现象。魏斌先生提出张家山汉简《奏谳书》中的蛮夷

---

① 睡虎地秦墓竹简整理小组编：《睡虎地秦墓竹简》，文物出版社，1990年，第32页。

② 《后汉书》卷八十六《南蛮列传》，第2860页。

③ 《后汉书》卷三十八《度尚传》，第1286页。

④ 《魏书》卷九十六《僭晋司马叡传》，中华书局，2003年，第2093页。

⑤ 鲁西奇：《释“蛮”》，《文史》2008年第3辑。

男子"毋忧"就是已经纳入编户化管理的蛮民，其活动自由因而受到了很多限制。他推断"编户化了的蛮民部落，处于种落君长和郡县乡亭的双轨体制之下"，并引《隶续》卷一六所收东汉石刻《繁长张禅等题名》所录题名既有郡县掾吏，也有夷王、夷侯、邑君、邑长，来论证这种双轨体制的存在。在他看来，蛮夷编户"是兼具种落与编户两种色彩的蛮人"①。蛮夷编户的存在，将蛮夷的编户化与华夏化区别了开来，但这种说法似乎影响不大。最近胡鸿先生提出蛮夷民众变身成为华夏化有一个长期过程，要经历"生蛮—熟蛮—非华夏编户—普通编户"四个阶段。他所理解的非华夏编户是"政治体意义上的华夏化已经完成而文化认同上的华夏化尚在进行中"，仍然认为蛮夷一旦著籍，其管理形式便与华夏编户没有差别，只是其非华夏身份仍被强调。② 在魏斌先生看来，蛮夷编户与熟蛮在一定程度上是重合的，而在胡鸿先生看来，熟蛮与非华夏编户仍然要视为蛮夷华夏化过程中的两个不同阶段。

走马楼汉简的记载，证实了魏斌先生所理解的具有编户色彩的蛮人的存在。秦汉统一时期对于归附蛮夷有可能一开始就是将其纳入乡里系统，由官府掌握归附蛮夷的户口、土地等情况，进行直接管理的。秦与西汉的蛮夷编户在此前刊布的材料中没有明确记载，但并非没有迹象可寻。

里耶古城曾出土一批秦迁陵县南阳里户籍简，值得注意的是，户籍中的20余户除一人为"荆大夫"外，其余成年男子都有"荆不更"的爵位，未成年男子也都有"上造"的爵位。③ 秦代对爵位控制相当严格，这种男子普遍受爵的现象，学者多认为或许是秦占领楚地后笼络民心的做法。④ 但从里耶秦简的记载可以看出，迁陵县其他里并不存在这种情况。我们推测这批户籍可能与蛮夷编户有关。这批户籍简中保留户主姓氏的有黄姓三户，以及大□、五□、蛮强、䜌喜、彭奄、宋午、李獾。其中户数最多的黄姓是武陵蛮族大姓，他们在汉代非常活跃。《风俗通义》卷九"世间多有蚍作怪者"条载"会武陵蛮吏黄高，攻烧南郡"⑤，《隶释》卷七"车骑将军冯绲碑"载其"南征五溪蛮夷黄加少"⑥，这些武陵蛮族的反叛就是由黄姓首领带领的。大、五不是华夏族姓氏，这两户自然以属蛮夷的可能性最大。蛮氏一般认为是楚芈姓之后，但"蛮"为类名，蛮强为蛮夷的可能仍不能排除，另外䜌喜的"䜌"有可能是"蛮"的省写。尽管仅凭姓氏，其实无法确定南阳里的编户仍是蛮夷，还是已经华夏化了的蛮族成员。但如果将其视为蛮夷，则里内男子人人有爵且爵位整齐一致便好理解了。《后汉书·南蛮列传》载："及秦惠文王并巴中，以巴氏为蛮夷君长，世尚秦女，其民爵比

① 魏斌：《古人堤简牍与东汉武陵蛮》，《"中央研究院"历史语言研究所集刊》第八十五本第一分，（台北）"中央研究院"历史语言研究所，2014年，第61—101页。

② 胡鸿：《六朝时期的华夏网络与山地族群——以长江中游地区为中心》，《历史研究》2016年第5期。

③ 湖南省文物考古研究所编著：《里耶发掘报告》，岳麓书社，2007年，第203—208页。

④ 邢义田：《龙山里耶秦迁陵县城遗址出土某乡南阳里户籍简试探》，简帛网，2007年11月3日。张荣强：《汉唐籍账制度研究》，商务印书馆，2013年，第29页。

⑤ 王利器：《风俗通义校注》，中华书局，2013年，第438页。

⑥ 洪适：《隶释·隶续》，中华书局，1985年，第86页。

不更，有罪得以爵除。”① 张家山汉简《二年律令·置后律》：“疾死置后者……不更后子为上造。”② 迁陵县南阳里成年男子都有不更的爵位，未成年男子都有上造的爵位，可能是由于秦政府对归附蛮夷的优待。归附蛮夷在登记为编户时，原本“爵比不更”的待遇直接转换为“不更”的爵位。

另外，江陵松柏汉墓出土53号木牍载有武帝初年南郡地区的编户统计，其中江陵的情况是：“江陵，使大男四千七百二十一人，大女六千七百六十一人，小男五千三百一十五人，小女二千九百三十八人。·凡口万九千七百三十五人。延大男八百三十九人，延大女二百八十九人，延小男四百四十三人，延小女三百六十八人。延口千九百三十九人，其千五百四十七人外越。”③ 当时江陵的编户分为“使户”与“延户”，延户的口数单独统计，其中包括“外越”1547人。魏斌先生认为，这里的“延”即东晋南朝史书中常见的“蜑”，当时“蜑”和“蛮”一样具有“类名”性质，具体则指巴郡、南郡、武陵郡相邻地区的蛮人，而南郡户口名簿籍上的延户应属于蛮夷编户。④ 蜑人一般被认为是先秦生活在南方的百越的后裔。延户的“延”是否确实指“蜑”，并没有很直接的依据。但《汉书·两粤传》载高后时别异蛮夷，令“毋予蛮夷外粤金铁田器”，师古注“言非中国，故云外越”。⑤ 江陵延户以“外越”为主体，他们与使户的区分，最大的可能还是蛮夷编户与一般编户的区别。使有“役使”之意，将延户与使户区别开来，可能是因为在官府看来，蛮夷编户尚不是能够正常役使的对象。

蛮夷的编户化并不意味着华夏化过程的完成。《后汉书·南蛮列传》载：章帝“建初元年，武陵澧中蛮陈从等反叛，入零阳蛮界。其冬，零阳蛮五里精夫为郡击破从”；“安帝元初二年，澧中蛮以郡县徭税失平，怀怨恨，遂结充中诸种二千余人，攻城杀长吏。州郡募五里蛮六亭兵追击破之，皆散降。赐五里、六亭渠帅金帛各有差”。⑥ 学者推测：“‘五里’、‘六亭’之称，或暗示五里蛮已纳入乡、亭、里之编组，其蛮户或已成为编户齐民。”⑦ 五里蛮尽管是已经编户化的蛮族，但他们仍然是蛮族而非汉人。晋潘岳《马汧督诔》称：“属羌反未弭，而编户之氐又肆逆焉。”⑧ 这里的“编户之氐”仍然是氐人。《魏书·獠传》载：南朝梁益二州的獠人，“与夏人参居者颇输租赋，在深山者仍不为编户”。⑨ 这里“与夏人参居者”与“在深山者”并

---

① 《后汉书》卷八十六《南蛮列传》，第2841页。

② 张家山二四七号汉墓竹简整理小组编：《张家山汉墓竹简（二四七号墓）》（释文修订本），第59页。

③ 释文转引自彭浩：《读松柏出土的四枚西汉木牍》，武汉大学简帛研究中心主办《简帛》第四辑，上海古籍出版社，2009年，第338页。

④ 魏斌：《古人堤简牍与东汉武陵蛮》，《“中央研究院”历史语言研究所集刊》第八十五本第一分，第61—101页。

⑤ 《汉书》卷九十五《两粤传》，第3851—3852页。

⑥ 《后汉书》卷八十六《南蛮列传》，第2832—2833页。

⑦ 鲁西奇：《释“蛮”》，《文史》2008年第3辑。

⑧ 严可均：《全上古三代秦汉三国六朝文》，中华书局，1958年，第1993页。

⑨ 《魏书》卷一百〇一《獠传》，第2249页。

列，作者强调后者“不为编户”，意味着前者已经纳入编户化管理，但他们仍然是獠人而不是夏人。

由于居处僻远、经济落后，尤其是语言、习俗的差异，官府最初无法对蛮夷编户进行深度统治。随着蛮夷编户与官府的交往日益密切，官府方逐渐对其采取与一般编户同样的管理方式。从这个意义上来讲，是否已经从蛮夷编户成为一般编户，对于判断蛮夷的华夏化显然具有更加重要的意义。东汉以后蛮夷多次反叛，起因不在编户，而是官府试图取消或降低对蛮夷的赋役优待，将其逐渐等同于汉人。《后汉书·南蛮列传》记载：“顺帝永和元年，武陵太守上书，以蛮夷率服，可比汉人，增其租赋。”尚书令虞诩反对说：“……先帝旧典，贡税多少，所由来久矣。今猥增之，必有怨叛。……”顺帝不从。“其冬澧中、溇中蛮果争贡布非旧约，遂杀乡吏，举种反叛。”① 根据虞诩的奏文，安帝时曾与武陵蛮有过约定，确定了其应纳贡税的数额。而澧中、溇中蛮所争的“贡布”，应该是汉初的规定。前引《后汉书·南蛮列传》载：汉初武陵蛮“岁令大人输布一匹，小口二丈，是谓賨布”。顺帝时官府试图让武陵蛮与汉人缴纳同样的租赋，但武陵蛮反而借此机会否定了安帝时的约定，要求回到汉初只纳賨布的时代。由此可见，蛮夷要承担的赋役是可以逐渐调整的，随着归附时间变久，官府会让他们承担越来越重的义务。蛮夷的编户化是一次性的，而“增其租赋”却可以多次发生，每次增加租赋都可能引起蛮夷反抗。《后汉书·南蛮列传》中提到东汉蛮族反抗的原因有“赋税失平”，“收税不均”，“愁苦赋役”，而没有哪次是由于著籍编户。

（王勇，本文原载于邬文玲、戴卫红主编《简帛研究·二〇二一·秋冬卷》，广西师范大学出版社，2022 年）

① 《后汉书》卷八十六《南蛮列传》，第 2833 页。

第四节　西汉国家权力对蛮人族群的渗透
——基于走马楼西汉简所见无阳蛮人的探讨

《后汉书·南蛮列传》是最早专门记载长江中游地区蛮族的篇章，篇中所载武陵蛮、长沙蛮、巴郡蛮等蛮人种落的持续性反乱，是东汉时期引人注目的历史现象。东汉蛮族的反抗，大都与国家权力的介入，尤其是赋役征发有关。而在东汉以前，蛮族则相当沉寂。据《后汉书·南蛮列传》记载，西汉建立之初，延续此前秦王朝的做法，对长江中游地区蛮民仅收取象征性的贡纳，以表达某种臣服关系。郡县长官亦不直接治理蛮民，而是通过蛮族君长来维持对蛮族的间接统治。岳麓秦简《亡律》载："诱隶臣、隶臣从诱以亡故塞徼外蛮夷，皆黥为城旦舂；亡徼中蛮夷，黥其诱者，以为城旦舂；亡县道，耐其诱者，以为隶臣。"① 秦律将逃亡罪犯的惩处区分为"亡故塞徼外蛮夷""亡徼中蛮夷""亡县道"三种情形，说明秦王朝在法律上承认边界内有超出县道掌控的蛮夷聚居区。不过，张家山汉简《奏谳书》所载西汉初年"毋忧案"中，夷道蛮夷男子毋忧逃避都尉征调屯戍，并自称"有君长，岁出賨钱以当徭赋"，"不当为屯"，而官府在该判决"腰斩"还是"不当论"的讨论后，最终将其处以腰斩。② 这似乎表明西汉统治者处理蛮族问题的思路已有所变化，开始偏向直接管理归附的蛮民。在这样的治理思路之下，西汉王朝具体如何处理与蛮族的关系，由于传世史料极其缺乏，已很难了解清楚。但在走马楼西汉简中，却有一些可供探讨的线索。

一、"卯劾僮诈为书"案中的农田经营

走马楼西汉简中有份暂命名"卯劾僮诈为书"的案卷，事关将田沅阳佐卯在"为大农将赁人田无阳界中"期间，涉嫌伪造券书以消除欠债。案件所涉农田的经营方式相当特殊，我们认为西汉官府组织的这次垦田活动可能与引诱无阳蛮人有关。案卷部分内容如下：

六年二月乙丑朔丁酉，服捕命未得者尉史骄爰书：命男子卯自诣，辞曰：故公大夫，沅阳昌里，为

① 陈松长主编：《岳麓书院藏秦简（肆）》，上海辞书出版社，2015年，第72页。

② 张家山二四七号汉墓竹简整理小组编：《张家山汉墓竹简（二四七号墓）》（释文修订本），文物出版社，2006年，第91页。

沅阳仓佐，均镡成库佐，镡成遣卯趣作仓役无阳、义陵、沅阳。相史驾、卒史纵劾卯以詐（诈）为书，辟负辟偿，臧（赃）六百以上，移辰阳……　（0040）

简文中的“六年”是长沙戴王刘庸六年，即公元前123年，汉武帝元朔六年。① 据卯定罪逃亡后，又主动投案诉冤时的供词，他是沅阳昌里人，任沅阳仓佐，“均镡成库佐”，由镡成派遣他至无阳、义陵、沅阳作“仓役”。据同案卷简0004记载，此次仓役的具体任务即“为大农将赁人田无阳界中”。正是在负责雇人垦种的过程中，卯被相史驾、卒史纵举劾“诈为书，辟负偿”。案卷中记录有卯涉嫌伪造的券书：

案：将大农田官移赁庸出券，券三：其一钱四千七百廿一，素缯五尺五寸，直钱卌九。钱六百五十六。一钱五千一百廿五，絣缯四匹一［丈九尺二寸］，直钱千九百七十一，卷草缯二匹二寸，直千一百卌九，缇缯三丈五尺，直钱四百五十五。三年三月乙丑、四月丙申、丙午，将田义陵佐僮，沅阳佐［卯出以赁无］（0081）阳安成里公乘伉、充，南阳公乘午，所具庸，击禾为米四百七十二石，作盛粟筐三百六枚，连粟为米五百廿二石六斗，积徒四百七十一人，人日卅钱。伉庸长，三月乙丑受钱万五百一。问庸人公乘野、貍、豹等皆未得钱。伉受野等赁钱，不予野等，与令史葵、守令史相声，正午共盗。伉等实不受缯。僮（0078）

将大农田官提供了戴王刘庸三年三月乙丑和四月丙申、丙午，署名将田义陵佐僮、沅阳佐卯出具的三份雇佣费用支付凭据。一份是“钱四千七百廿一，素缯五尺五寸，直钱卌九”，一份是“钱六百五十六”，一份是“钱五千一百廿五，絣缯四匹一丈九尺二寸，直钱千九百七十一，卷草缯二匹二寸，直千一百卌九，缇缯三丈五尺，直钱四百五十五”。这些钱、缯标明是用于支付雇佣公乘伉、充、午等击禾、连粟的费用。但调查发现，伉等只是在三月乙丑那天收到“钱万五百一”，即三份券书中钱的总数，并没有收到缯。也就是说，券书中支付给受雇者的缯是虚造的开支。而据卯所说，这些券书其实是将田义陵佐僮冒用其名义出具的。事实上，卯此前就因此事举劾过僮。

二年四月丙申，将田义陵佐僮、沅阳佐卯出赁安成里公乘伉、充、南阳公乘午等连粟，已禀，卯实不与僮共出钱、缯以付充等，僮詐（诈）以卯为券书。

四年二月乙未朔戊戌，将田沅阳佐卯劾。　（0006）

上简是戴王刘庸四年二月卯举劾僮的文书。卯称自己在戴王刘庸二年与僮一起雇佣伉、充、午等连粟，但事后并没有与僮一起出钱、缯支付充等，而僮却冒用自己名义伪造了券书。据走马楼西汉简0172+0076

① 据整理者研究，走马楼西汉简牍绝大部分的纪年，皆为长沙王刘庸的纪年。除长沙王刘庸元年、二年的历朔与相关事件为追记外，其实际产生与使用的时间大体在公元前128—前120年之间。长沙简牍博物馆、长沙市文物考古研究所：《长沙市走马楼西汉古井及简牍发掘简报》，《考古》2021年第3期。

"四年二月戊戌卯劾僮，移无阳，无阳论僮。其五月庚寅相史驾、武陵卒史纵、辰阳令史野以僮所詐（诈）以卯名为立券书劾卯，移辰阳"，卯举劾僮后，僮即被移交无阳审讯论罪。但相史驾、武陵卒史纵等仍然怀疑卯与此事脱不了干系，在当年五月依据僮冒用卯名义出具的券书举劾了卯。

四年六月甲午守狱史胡人讯僮。道状辞曰：为义陵都乡长，陵启▨

禀出谷，获田大农卒史令卯助僮赁人，去、连出都田所得▨　(0094)

▨佐，调为大农将赁人田无阳界中，与沅阳佐卯各为一都田·卯都田事已

▨粟米禀，僮独往受钱无阳，及收賨邸负田官钱、缯者，因以偿所赁人公乘充　(0004 下)①

等，时卯不在，僮诚詐（诈）以卯名共为出券书，毋辟，有它重罪，詐（诈）为不追，辟负偿，臧（赃）六百以▨　(0032)

这是戴王刘庸四年僮被审讯时的文书，从文义看，简 0094 与简 0004 下似可缀合。僮自称是义陵都乡长，与沅阳佐卯一道，受命为大农带领受雇者在无阳境内垦种农田。卯分配的任务完成后，获田大农卒史又令卯协助僮雇人连粟。但在僮支付受雇者时，卯并不在场，僮确实是冒用卯的名义伪造了券书。

以上是卯涉嫌"诈为书"的大致情节。之所以说案件中农田的经营方式特殊，首先在于农田管理者卯、僮的身份。卯、僮在获田大农卒史的指挥下，"为大农将赁人田无阳界中"。走马楼西汉简 0049 亦载"迺二年中将大农田无阳"。这里的农田是属于大农的公田，地点明确是在无阳，但卯、僮两人既不是大司农属吏，也不是无阳县的地方官吏。卯原本是沅阳仓佐，"均"镡成库佐，由镡成派遣以服"仓役"的形式来到无阳。"均"作为一种任职方式，含义不明确。里耶秦简 8-1277 载"均佐上造郁郅往春曰田□"，又简 8-197 载迁陵守丞上书称"佐均史佐日有泰（大）抵已备归，居吏被徭使及▨前后书，至今未得其代，居吏少，不足以给事"，《校释》引简 8-1013"令史最日备归"，释"日备"为"期满"。② 均史、均佐在简文中与居吏并举，且期满后要返归。卯"均"镡成库佐可能只是借调镡成，仍保留沅阳仓佐的身份。而僮原本是义陵都乡长，他们在无阳经营大农公田时的身份是"将田沅阳佐""将田义陵佐"，其头衔中的沅阳、义陵显然是他们的原任职地。"将田沅阳佐""将田义陵佐"的头衔表明，卯、僮虽然来到无阳负责垦种，他们在沅阳、义陵的职务仍然得到保留。而且卯的"将田沅阳佐"还常省称为"沅阳佐"，更表明他仍被认定是沅阳县吏，是以沅阳县吏的身份在无阳管理属于大农的公田。

---

① 走马楼西汉简 0004 原简为"五年九月己未狱史吴人讯卯，要道状辞曰：故公大夫，沅阳，为仓佐，均镡成［库］佐，调为大农将赁人田无阳界中，与沅阳佐卯各为一都田·卯都田事已（左行），自受钱移为都赁庸田，僮自出所受钱、缯物贳予庸人田，收禾、连粟，粟米毕，僮独往受钱无阳及收賨邸负田官钱、缯者，因以偿所赁人公乘充（右行）"。此简为双行简，断成两段，左行于"库""佐"间，右行于"连粟""粟米"断开。简文上段为讯问卯的记录，卯的供词中似不应该出现"与沅阳佐卯各为一都田"，上、下两段应该不能缀合。

② 陈伟主编：《里耶秦简牍校释》（第一卷），武汉大学出版社，2012 年，第 54、304、108 页。

里耶秦简中有迁陵县“将田乡守敬作徒簿”（简 9-1781+9-2298）[①]。秦代县内主管公田的机构是田官，乡守敬“将田”亦属临时或兼管的任务。但与走马楼西汉简中将田的卯、僮不同，乡守敬是迁陵本地官吏。又《秦汉南北朝官印征存》“新莽官印”收录有一“将田己部右候”官印，注释称“将田己部无考，右候官名”。[②] 事实上，将田己部右候很可能是在西域掌管屯田事务的己校尉属官。“将田”在悬泉汉简中多次出现，如“永光五年五月甲辰朔己巳，将田车师己校尉长乐兼行戊校尉事，右部司马丞行……”（Ⅱ0215②：21）；“将田渠犁军候、千人会宗上书一封。初元□……”（Ⅱ0216②：26）；“将田渠犁校尉史移安汉□□□送武，军司令史田承□□□□。谨长至罢，诣北军以传。诏为驾一封轺传，传乘为载”（91DXC：59）。[③] 值得注意的是，简文中的车师、渠犁均位于西域。汉代边郡屯田设农都尉、农令、部农长、别田令史、农亭长等农官管理，但西域地区没有单独的屯田管理体系，而是军事、屯田管理一体化。因此所谓“将田车师己校尉”“将田渠犁军候”“将田渠犁校尉”，其实就是“车师己校尉”“渠犁军候”“渠犁校尉”。西北汉简中“将田”只存在于西域，而不见于边郡屯田系统，正印证了这个头衔本身就具有兼职的性质。

其次，卯、僮垦种公田使用的是雇佣劳动。汉代农业雇佣关系在民间并不罕见，国家赈济灾民、鼓励移民时亦常有“赐给公田，为雇耕佣”的举措。但当时公田经营主要采用假田于民或者屯田的方式，也有利用刑徒、奴婢等官有劳动力垦种的情况，至于雇人垦种公田，汉代史籍中很难找到例子。公田之所以不使用雇佣劳动，很大原因是管理成本太高，而且佣价也不合算。《汉书·吴王濞传》服虔注：“以当为更卒，出钱三百，谓之过更。”[④] 宋杰统计汉代史籍中各种佣价数据，发现其中心价格和“服虔说月三百钱，即每日十钱的数据比较接近”。[⑤] 而汉代奴婢价格通常在一万至四万之间。林甘泉指出：“经常雇佣一名庸客，不用几年，其所支付的佣钱就相当于购买一名奴隶的价格；而购买一名奴隶之后，却可以数十年役使而无须给予报酬。这也就是为什么在汉代地主田庄中使用奴隶劳动比雇佣劳动要多一些的原因。”[⑥]

卯、僮在无阳是“将赁人田”，而且佣价似乎不低。前引简 0078 提到“积徒四百七十一人，人日卅钱”。每日三十钱是西汉一般佣价的三倍。睡虎地秦简《司空律》载：“有罪以赀赎及有责（债）于公，以其令日问之，其弗能入赏（偿），以令日居之，日居八钱；公食者，日居六钱。”[⑦] 替官府做工抵债，每日劳动按六至八钱计算，每日三十钱是这个数字的四倍左右。可见卯、僮在无阳使用雇佣劳动，并非基于当地劳动力，

① 陈伟主编：《里耶秦简牍校释》（第二卷），武汉大学出版社，2018 年，第 360 页。
② 罗福颐主编：《秦汉南北朝官印征存》，文物出版社，1987 年，第 97 页。
③ 胡平生、张德芳：《敦煌悬泉汉简释粹》，上海古籍出版社，2001 年，第 120、123 页。
④ 《汉书》卷三十五《吴王刘濞传》，中华书局，2002 年，第 1905 页。
⑤ 宋杰：《汉代雇佣价格辨析》，《北京师院学报（社会科学版）》1988 年第 2 期。
⑥ 林甘泉：《中国经济通史·秦汉经济卷》，经济日报出版社，1999 年，第 376—377 页。
⑦ 睡虎地秦墓竹简整理小组编：《睡虎地秦墓竹简》，文物出版社，1990 年，第 51 页。

相对低廉。而且从保留的案卷看，他们应该是将农作过程的不同环节分割开来，逐段雇人完成，这更会增加管理的成本。前引简0004下载获田大农卒史是令卯协助僮雇人“击、连出都田所得”，简0078载卯、僮雇用伉等的任务是“击禾为米”“作盛粟筐”“连粟为米”。此外，同案卷的简0173+0076有“为别，具庸人稟僮田所得粟。伉等受赁钱，连粟稟。已，僮未予伉等钱”。简文中的“别”为契约名，《释名·释书契》：“莂，别也。大书中央，中破别之也。”① 可见卯、僮雇用伉等，双方订立的契约中明确约定就只是收获环节的脱粒工作。

卯、僮在无阳垦种大农公田，既是调用它县官吏兼职管理，又不厌其烦地将农作过程分割开来逐项与受雇者签定契约。这两个特征加在一起，可以推断官府对于这部分公田并没有长期经营的打算，似乎随时准备将其转交予他人。至于转交的对象，则应该是无阳境内的蛮人。前引僮的供词中称“为大农将赁人田无阳界中，与沅阳佐卯各为一都田”。这里的“都”是无阳县内的地界区划。走马楼西汉简“无阳乡啬夫襄人敛賨”案卷中，简0005载“时正收责（债）賨上都、下都”。无阳县至少有上、下两都，而賨是针对蛮民的赋税，可见无阳上、下都均是蛮民集中居住的区域。② 僮与沅阳佐卯在无阳“各为一都田”，他们管理的虽然是大农公田，但这些公田其实是给居住在各都的蛮民准备的。这种垦田多少带有拓荒性质，并随时可能交付给都内的蛮民。事实上，授田予归附蛮夷，西汉法律亦有明确要求。荆州胡家草场出土文帝时《蛮夷律》规定：“蛮夷邑人各以户数受田，平田，户一顷半；山田，户二顷半。阪险不可豤（垦）者，勿以为数。”③

二、导蛮务农与提高对蛮人地区的控制力度

“卯劾僮诈为书”案中官府在无阳组织的垦种，显现出诱导当地蛮民从事农耕的意图，而这背后，是西汉王朝提高对蛮人地区控制力度的努力。从走马楼西汉简中“无阳乡啬夫襄人敛賨”案所透露的信息看，无阳蛮人的居住环境与经济形态等，是阻碍当时政府管理在蛮人社会深入的重要因素。襄人是无阳县雎夷乡啬夫，因征收本乡戴王刘庸四年的賨时涉嫌贪污而被举劾。下简记载有襄人受讯时的供词：

五年九月丁巳，狱史巴人、胡人讯襄人要道辞曰：府调无阳四年賨，糶（粜）卖取钱输临沅食官厩，偿所赎童贾（价）钱，皆急缓。夷聚里相去离远，民贫难得，襄人令译士五（伍）搞收责【濊】溪

① 刘熙撰，毕沅疏证，王先谦补：《释名疏证补》，中华书局，2008年，第205页。

② 中古蛮族首领称号有“都老”。《隋书·地理志》卷三十载：俚人“俗好相杀，多构雠怨，欲相攻则鸣此鼓，到者如云。有鼓者号为‘都老’，群情推服”。俚人首领称“都老”，《隋书》认为是“倒老”的讹言。结合无阳上、下都的情况看，“都”起初也可能是蛮族中出现过的社会组织。

③ 荆州博物馆、武汉大学简帛研究中心编著：《荆州胡家草场西汉简牍选粹》，文物出版社，2021年，第197页。

臾人，环（还），言：得五棒船一艘士五（伍）定所，当米八斗；肠七十五斤，士五（伍）强秦、廧、仆各廿五斤，非搞家賨肠。襄人自责得士五（伍）共吸为小男共来予肠十五斤，士五（伍）工期为☒（1792+0017）

襄人在供词中强调征賨的困难，其中“夷聚里相去离远”是无阳蛮人松散聚居状态的写照。蛮人聚落往往距离行政中心较远，而且彼此相互隔离。事实上，脽本就有丘阜的含义。《史记·孝武本纪》载“于是天子遂东，始立后土祠汾阴脽上，如宽舒等议”，《索隐》“脽，丘”。① 襄人任啬夫的乡取名脽夷乡，说明当地属山区，而蛮人便主要居住在山中。山地通常交通闭塞，由于山路险阻，居住在这里的蛮人与外界联系常常依赖山间河谷的溪流。

五年七月丁卯具狱亭长庚爰书，先以证律辨告搞乃讯。辞曰：士五（伍）无阳共里堺子，吏令为臾皇人择（译），迺二月中不识日，啬夫襄人在轻半，令搞收责（债）溌溪臾人□☒五（伍）定予五棒船一艘，当米八斗。士五（伍）强秦、廧、仆予肠各廿五斤，凡七十五斤。搞令安居士五（伍）周乘船下，搞先去溌溪，中环轻半。襄人所收责（债）得船☒ （0152+0080）

上引简文是无阳狱吏讯问搞的文书。搞曾替襄人至溌溪收賨。他的证词与前引襄人供词都提到从士伍定那里得到五棒船一艘，抵其应纳的賨米八斗。棒船是用篾席做成的船帆，一艘五棒船与八斗米价值相差悬殊，这里的五棒船应该只是为此次收賨而临时征用，所有权仍属于定。据搞的证词，脽夷乡治可能在轻半，而搞收賨的对象住在溌溪。搞在溌溪从强秦、廧、仆那里收到肠七十五斤后，即用船送至襄人处。《水经注·沅水》载：“武陵有五溪，谓雄溪、樠溪、无溪、酉溪，辰溪其一焉。夹溪悉是蛮左所居，故谓此蛮五溪蛮也。”② 无阳蛮人在山区大概也是夹溪而居，但分布相当疏散。从简文内容看，搞在溌溪似乎只是收到强秦、廧、仆三户的賨。而山间溪流晴天与雨时的水位悬殊，枯水期与洪水期水况不等，也不一定能提供稳定的交通联系。

襄人供词中的“民贫难得”强调了无阳蛮人的经济状况。据襄人敛賨案卷，当时无阳蛮人纳賨的方式可以多样，但最后都要折算成米来衡量。简 0011 载：“（于铁）与共里大女妹子方风、小女容异籍同居。啬夫襄人责于铁、方风、容往四年所出賨，方风以米石四斗予襄人，为母妹入賨，于铁予襄人米石，为容入賨。”简文中的妹为大女，容为小女，“往四年”可以理解成过往四年，但结合简 0017 中的“府调无阳四年賨”看，更可能是指长沙戴王刘庸四年，一石四斗和一石估计分别是蛮人成年与未成年女子一年应纳的賨米数。又简 0010 载“啬夫襄人□□共来四年賨，共吸为予襄人肠十五斤，当米石五斗”，简 0017 载“肠七十五斤，士五（伍）强秦、廧、仆各廿五斤”，简文中的共来是小男，肠十五斤当米石五斗，则肠廿五斤可当米二石

① 《史记》卷十二《孝武本纪》，中华书局，2003 年，第 461—462 页。

② 郦道元著，陈桥驿校证：《水经注校证》，中华书局，2007 年，第 868—869 页。

五斗。据此推测，蛮人成年男子与未成年男子一年应纳的賨米可能分别是二石五斗和一石五斗。睡虎地秦简《仓律》载："隶臣妾其从事公，隶臣月禾二石，隶妾一石半……小城旦、隶臣作者，月禾一石半石；未能作者，月禾一石。小妾、舂作者，月禾一石二斗半斗；未能作者，月禾一石。"① 按照这样的标准，无阳蛮人应纳賨米大概是其一个月左右的口粮。

无阳蛮人缴纳賨米的标准并不高，但很多蛮人仍无米可交。简 0052 载"搞家当出賨米，毋米"；简 0008 载工期家亦"毋米"，只能让襄人去取周奢欠他的钱来抵应纳的賨。作为变通措施，官府允许蛮人缴纳肠、钱或者提供运输的船只来"当米"。这种状况反映出无阳蛮人社会中尽管有农业生产，但其农作水平应该不高。里耶秦简 8-355 载："黔首习俗好本事不好末作，其习俗槎田岁更，以异中县。"② 简文中的槎田即山地民族的刀耕火种之田，由于刀耕火种主要利用林木的灰烬，起初耕地砍种一年后就要抛荒，因而槎田必须"岁更"。秦朝的迁陵百姓习惯于烧山游耕。无阳位于沅水上游，相对于迁陵，更远离武陵郡核心区域。尽管已经是西汉中期，居住在山地的无阳蛮人可能仍主要采用刀耕火种。无阳蛮人缴纳的肠大概是用各种肉馅制作的肉肠。《齐民要术》中有"灌肠法"，是见诸文字的我国最早的香肠类食品加工技术，但肠在这里大概主要为了延长肉食的保存时间。襄人敛賨案中，无阳蛮人除米之外，最常见的缴纳物品就是肠。前面提到共吸替小男共来及强秦、磨、仆纳賨，都是用纳肠折算成米的方式。这说明当地蛮人可能普遍以渔猎来维持生计。

语言不通同样会增加官府征賨的难度。从啬夫襄人让"译"搞帮助其收賨看，无阳蛮人有自己的语言。搞在证词中自称"吏令为臾皇人译"，而襄人令其"收债潇溪臾人"。里耶秦简 9-2300 载："都乡黔首毋濮人、杨人、臾人。"③ 臾人与濮人、杨人一样，都是蛮夷部族名。搞充当的就是无阳官府与臾人间的译人。简 0003 载："☐狱史胡人爰书：以襄人、搞辞、证律告磨、强秦、仆。磨、强秦、仆皆不能楚言，即以襄人、搞辞、证不言请（情）择（译）讯人出入罪人律出择（译）共里不更当，令讯磨、仆、强秦。"磨、强秦、仆是居住在潇溪的臾人，因纳賨予搞而牵涉襄人案，他们在接受问讯时，因"皆不能楚言"，官府只得另外安排译人居间沟通。"楚言"是楚地的汉语方言，贾谊《新书·保傅》称："习与正人居之，不能无正也，犹生长于楚，不能不楚言也。"④ 无阳虽属楚地，但这里的蛮人有很大部分并不会当地通用的汉语方言。

蛮人相对隔绝的居住环境，游耕与渔猎相结合的经济形态以及独特语言，自然导致官府向其征賨困难，也成为阻碍官府管理在蛮族社会深入的主要因素。对此，"卯劾僮诈为书"案中由官府在有蛮人的县道组织

---

① 睡虎地秦墓竹简整理小组编：《睡虎地秦墓竹简》，第 32 页。
② 陈伟主编：《里耶秦简牍校释》（第一卷），第 136 页。
③ 陈伟主编：《里耶秦简牍校释》（第二卷），第 466 页。
④ 贾谊撰，阎振益、钟夏校注：《新书校注》，中华书局，2010 年，第 184 页。

垦田，并将其授予愿意归附的蛮人，便是一种针对性很强的做法。这种做法最直接的结果是能改变蛮人生计，使其走上农耕经济道路，并且逐渐走向精耕细作。以烧山游耕或者渔采狩猎为生，维持自我及家庭生存没有太大问题，要为国家稳定地交纳粮谷及承担其他义务则不容易。而在接受官府授予的农田后，蛮人通过定居农业谋生，便可能为国家持续创造财富和劳力。其次是促使蛮人出山。官府组织垦田，通常会选择交通、农业条件较为优越的河谷和山前地带，而且会有相当规模和持续发展的条件。生活在周围大山中的蛮人因受田而逐渐迁至河谷或山前地带聚居，就能给官府直接管理提供便利。《宋书・夷蛮传》载："雍州刺史刘道产善抚诸蛮，前后不附官者，莫不顺服，皆引出平土，多缘沔为居。"① 可见让阻隔在山谷中的蛮人迁至平地，始终是华夏政权控制诸蛮的有效措施。最后，随着蛮人出山定居务农，他们的语言习俗也很容易汉化。无阳蛮族其实与汉文化早有接触，襄人敛賨案所牵涉到的蛮人中，真正不能"楚言"的只有麿、仆、强秦。值得指出的是，麿、仆、强秦纳賨都是用肠来抵应纳的米，可能完全以渔猎采集为生计，相对于已接触农作的蛮人，他们更多地保持了蛮族固有习俗。

中国传统的重农思想认为民众务农不仅可以尽地利，更可以改造其心性。《吕氏春秋・上农》称，"古先圣王之所以导其民者，先务于农。民农非徒为地利也，贵其志也。民农则朴，朴则易用，易用则边境安，主位尊。民农则重，重则少私义，少私义则公法立，力专一。民农则其产复，其产复则重徙，重徙则死其处而无二虑"②，指出务农能使民众淳朴，民众淳朴则容易驱使，便于贯彻国法，利于君主统治，也能使其积累财富而安土重迁。侯旭东指出："战国以降，官方开始确立以农立国的策略，针对民众不乐农耕、轻易迁徙，立法律与政策措施驱之务农，并将其束缚在土地上，作为一个群体的农民与定居农耕社会在此背景下逐步形成。"③ 走马楼西汉简的记载反映出西汉政府将驱民务农的举措也施用到了蛮人族群。不仅"卯劾僮诈为书"中官府组织垦田授予蛮人是引诱蛮人务农，规定无阳蛮人纳賨最后都要折算成"米"来计量，也有引导蛮人以农耕为业的意图。此外，据走马楼西汉简 0056"都乡七年豤（垦）田租簿"，当年长沙国临湘县都乡有属于临湘蛮夷归义民的垦田，数量为"十三顷卌五亩半"，占该乡垦田总数"六十顷二亩"的 22.4%。这些垦田本应缴"租百八十四石七斗"，却因为属于蛮夷归义民而被标注为"出田"，可以不出田租。官府规定蛮夷的垦田可免除田租，明显表达了对归义蛮夷务农的鼓励。西汉政府这些导蛮务农的做法，目的之一应该就是将蛮人塑造为农民，将蛮人社会改造成定居农业社会，进而提高官府对蛮人地区的控制力度。

① 《宋书》卷九十七《夷蛮》，中华书局，1974 年，第 2396 页。

② 许维遹：《吕氏春秋集释》，中华书局，2009 年，第 682—683 页。

③ 侯旭东：《渔采狩猎与秦汉北方民众生计——兼论以农立国传统的形成与农民的普遍化》，《历史研究》2010 年第 5 期。

三、无阳蛮人社会中的国家权力印迹

官府在无阳组织垦种农田以招徕蛮人的行为，反映了西汉政府对境内蛮人的基本态度。西汉政府并不满足于对蛮族仅仅维持象征性统治，即便是被挤压、阻隔在山区的蛮人，官府也并非完全不闻不问。与此同时，西汉政府在控制蛮族方面也没有急于求成。官府对蛮人社会的介入，仍然建立在尊重蛮族原有传统的基础上，对蛮人的控制也更多地是采用引诱而非强制的举措。因此，西汉时期国家权力对蛮人族群的渗透应该是平和而缓慢的，但经过约八十年的发展，到走马楼西汉简的年代，无阳蛮人社会中已经明显存在西汉王朝的影响。

西汉王朝的基层行政组织乡里已经延伸到蛮人地区，并且将蛮人卷入其中。襄人斂賨案中牵涉的蛮人搞、共吸、工期、于铁及麐、强秦、仆都曾被官府召唤作证。案卷中保存有当时对他们的讯问文书：

五年七月丁卯具狱亭长庚爰书，先以证律辨告搞乃讯。辞曰：士五（伍），无阳共里壻子，吏令为臾皇人择（译）。迺二月中不识日，啬夫襄人在轻半令搞收责（债）濊溪臾人……　（0152+0080）

五年七月丁卯具狱亭长庚爰书，以襄人辞召共吸，先以证律辨告乃讯。辞曰：士五（伍），无阳共里，与同产小男共来同居。迺二月中不识日，啬夫襄人□□共来四年賨……　（0010）

五年七月辛巳守狱史胡人爰书，以劾襄人辞，先以证律辨告工期乃讯。辞曰：士【五】，无阳皇里。迺往不识月日，啬夫襄人取賨……　（0008）

☐卯具狱亭长庚以襄人辞召于铁，先以证律辨告乃讯。辞曰：士五（伍），无阳皇里，与共里大女妹子方风、小女容异籍同居。啬夫襄人责于铁、方风、容往四年所出賨……　（0011）

☐狱史胡人爰书，以襄人、搞辞、证律告麐、强秦、仆。麐、强秦、仆皆不能楚言，即以襄人、搞辞、证不言请（情）择（译）讯人出入罪人律出择（译）共里不更当，令讯麐、仆、强秦……（0003）辞曰：皆士五（伍），居濊【溪】，□□轻半，士五（伍）共搞来言曰：为脽夷主襄人收賨……（0161+0003）

从上引简文可以看出，无阳蛮人很多都已经被纳入乡里系统，其中搞、共吸、共来、妹、方风、容居住在由襄人任啬夫的脽夷乡共里，工期、于铁居住在脽夷乡皇里。襄人斂賨案牵涉的蛮人中，只有麐、强秦、仆自称居住在濊溪，应该尚没有被编入乡里。前引襄人供词中称“夷聚里相去离远”，由于对蛮人的控制较弱，官府在蛮人地区设置乡里时，估计只是对蛮人进行行政编组，而没有做迁徙和合并居住点的尝试，故而其聚落分布仍维持原有形态而呈现出“相去离远”的特点。但通过编户化，官府掌握蛮人户口，便有了通过乡里直接管理蛮人的条件。事实上，无阳共里、皇里蛮人的賨就是由代表官府的乡啬夫襄人直接向每户征收的，而且收賨后乡啬夫襄人还应分别给予每户券书作为其各自已经纳賨的凭据。共吸、工期等蛮人被召唤作证，就是由于襄人涉嫌在收賨后没有给予他们券书。当然，没有被编入乡里并不意味着国家权力对其不起作用。磨、强秦、仆三人同样缴纳了賨，只是对他们征賨的过程更加复杂，是由啬夫襄人委托译人搞到瀁溪代征的。

二十等爵制是西汉王朝构建身份体制的重要手段。爵制秩序当时同样已延伸至蛮人社会，无阳蛮人也以“爵”来标志社会身份。前引襄人斂賨案所牵涉蛮人的证词显示，搞、共吸、工期、于铁、磨、强秦、仆都是“士伍”。《汉旧仪》称：“无爵为士伍。”① 士伍虽然没有爵位，却也是西汉爵制身份体系中的一级。张家山汉简《二年律令·户律》规定：“关内侯九十五顷……公士一顷半顷，公卒、士五（伍）、庶人各一顷，司寇、隐官各五十亩”，“彻侯受百五宅，关内侯九十五宅……公士一宅半宅，公卒、士五（伍）、庶人一宅，司寇、隐官半宅”。② 汉初根据身份配授田宅的规定中，士伍与公卒、庶人同列，介于最低一级爵位公士与司寇、隐官之间。又前引简 0003 中出现“译共里不更当”，译人当被编在脽夷乡共里，这是襄人所谓的“夷聚里”，同里的搞、共吸、共来、妹、方风、容都是蛮人。其中搞的身份也是译人，简 0157“无阳蛮夷士五（伍）搞言：脽夷乡啬夫襄人斂賨，搞家当出賨米，毋米”，明确记载搞是蛮夷，也要纳賨。译人当是蛮人，而他拥有不更爵，这是二十等爵制的第四级。从无阳蛮人绝大多是士伍推断，西汉朝廷经常性地向吏民赐爵应该没有惠及蛮人。但蛮人仍然可以通过其他途径获得爵位，并且在官府处理涉及蛮人事务时，同样会用爵位来标志其身份，西汉王朝的爵制秩序自然随之渗透进蛮人社会。

无阳蛮人需要承担一定的国家义务，也就是纳賨。这在前面的叙述中已经很清楚，而且征賨的工作是由汉政权任命的基层官吏具体施行。与此同时，无阳蛮人涉及狱讼问题，也是由政府官员来处理。前引襄人斂賨案所牵涉蛮人的证词显示，搞、共吸、于铁与工期、磨、强秦、仆分别接受了无阳具狱亭长庚和守狱史胡人的讯问，并且是“先以证律辨告乃讯”。张家山汉简《二年律令·具律》规定：“证不言请（情），以出入罪人者，死罪，黥为城旦舂；它各以其所出入罪反罪之。狱未鞫而更言请（情）者，除。吏谨先以辨告证。”③ 其中前两句可能就是“证律”的具体内容，而“吏谨先以辨告证”是对讯问程序的规范。襄人斂賨案讯问文书中的“先以证律辨告乃讯”，表明官府在涉及蛮人的司法活动中，同样要遵循汉政府的法律规范。

无阳蛮人在生活中需要时常与乡里基层官吏接触，即便是阻隔在山谷且不能“楚言”的蛮人也不能完全避免与官府交往，译人群体就是替他们准备的。与此同时，他们也有可能接触到更高级的官员。

---

① 孙星衍等辑：《汉官六种》，中华书局，2012 年，第 85 页。

② 张家山二四七号汉墓竹简整理小组：《张家山汉墓竹简（二四七号墓）》（释文修订本），第 52 页。

③ 张家山二四七号汉墓竹简整理小组：《张家山汉墓竹简（二四七号墓）》（释文修订本），第 24 页。

五年七月辛巳，守狱史胡人爰书，以劾襄人辞，先以证律辨告工期乃讯。辞曰：士【五】无阳皇里。迺往不识月日，啬夫襄人取賨。工期□□□□所余賨，毋米。共里周奢负工期钱三百，工期告襄人为賨取钱奢所，以当予余賨襄人钱，后襄人责券得钱二百廿五，襄人即与工期为予余当米石五斗，襄人即与工期分券，归不告母地已受券。(0008) 后相史、无阳长来问母地，时工期不在家，母地不智（知）工期已受券，对曰：子工期令襄人责奢钱三百当賨，未受券。工期实不予襄人钱三百，它如辞，证之。(0007)

上简是守狱史胡人讯问工期的文书。工期说襄人来收賨时自己家里没米，由于共里的周奢欠他三百钱，于是让襄人去周奢那取欠他的钱来抵予余的賨。后来襄人在周奢那里拿到二百二十五钱，即抵了工期给予余纳的一石五斗米，并且给了工期券书。但工期回去后并没有告诉他母亲已经拿到券书。所以后来相史、无阳长来问他母亲的时候，由于自己不在家，而他母亲不了解情况，说工期让襄人从周奢那里拿了三百钱当賨，却没有收到券书，其实自己并没有给襄人三百钱。这里的无阳长是无阳县长，而相史则是长沙相史，前引简0040中举劾卯的“相史驾、卒史纵”在同案卷的简0046中就记载为“长沙相史驾、武陵守卒史”。[①] 前引襄人供词提到其征賨的起因是：“府调无阳四年賨，粜（粜）卖取钱输临沅食官厩，偿所赎童贾（价）钱，皆急缓。”这里的府即长沙相府，这批賨在收取之前，长沙相府就已经规划好其用度，故而长沙相史能够发现襄人涉嫌贪污的线索，并且后来与无阳县长一道，亲自或派人到蛮人家中调查取证，甚至在工期家里没碰到工期，只好向他母亲了解情况。

南方蛮族华夏化是一个缓慢的、逐渐扩散的过程，其加速进行主要在东汉以后的六朝时期。西汉时期国家权力对蛮人族群的渗透，无论广度，还是深度总体上都还有限，在不同的蛮人部族以及不同地理单元的蛮族间也有很大差异。走马楼西汉简中的无阳蛮人能够见载于官府文书，应该属于当时官府控制力度较强的一群。他们已经处于编户体制之内，其日常生活受到西汉王朝行政制度、身份秩序、国家义务、法律规范的影响，并且与政府官吏常有接触。在这一蛮人地区，蛮族原有的政治传统已然破坏，无论是卯劾僮诈为书案，还是乡啬夫襄人敛賨案，都不见蛮人首领出面处理蛮人与官府之间的关系，反倒是官府通过译人与蛮民进行沟通。对于已经编户化的蛮夷，西汉王朝是优待的。他们需承担的国家义务不重，而且有机会获得官府授予的农田。从后来的情况看，在逐渐习惯、得益并认同官府主导的编户生活后，他们对官府的态度亦与游离于编户体制之外的蛮人区分了开来。《后汉书·南蛮列传》载：肃宗建初元年武陵澧中蛮陈从等反叛，“零阳蛮五里精夫为郡击破从”；建初三年溇中蛮覃儿健等复反，“募充中五里蛮精夫……击澧中贼”；安帝元初二年

---

① 根据走马楼西汉简的记载，无阳所在的武陵郡在西汉武帝时也属长沙国疆域。参见长沙简牍博物馆、长沙市文物考古研究所联合发掘组：《2003年长沙走马楼西汉简牍重大考古发现》（宋少华、金平执笔），中国文物研究所编《出土文献研究》第七辑，上海古籍出版社，2005年，第64页。

澧中蛮攻城杀长吏，“州郡募五里蛮六亭兵追击破之”,① 这三次应募讨伐叛蛮的蛮人都属于“五里蛮”。魏斌认为“所谓五里、六亭，或许就是兼具种落和编户色彩的蛮人种落”。他们有自己的君长，同时也处于乡、里、亭管理之下。他们与官府关系密切，并愿意为官府所用。② 东汉时期蛮人内部呈现出的分化，显然与西汉以来国家权力对蛮人族群的渗透有关。

（王勇、杨芬、宋少华，本文原载于《社会科学战线》2022 年第 8 期）

① 《后汉书》卷八十六《南蛮列传》，中华书局 1985 年，第 2832—2833 页。

② 魏斌：《古人堤简牍与东汉武陵蛮》，《“中央研究院”历史语言研究所集刊》第八十五本第一分，（台北）“中央研究院”历史语言研究所，2014 年，第 84—90 页。

第五节　从走马楼西汉简“纵火”简看汉代长沙国火政问题

长沙走马楼西汉简中有一组“纵火”简，为西汉武帝时期长沙国防火政令中的几条具体措施。简文中“纵火”已与先秦文献中“火耕”的含义不同，当与田猎有关。结合简文中“伐茭”的时间推断，长沙国六月至十二月均为可“纵火”的时间，但不同季节，用火的人员及地点均有严格的限定。此外，通过分析解读，可知长沙国下设“劝田史”“都田啬夫”“大行”与“亭长”等职官分管农业、“更火”与田猎方面的用火。

火政即指古时政府设立的用火与防火制度。据现有甲骨卜辞来看，殷商时期火政已然成形，入周以后，该制度日渐完善。随着阴阳五行说的产生与火崇拜的演进，战国秦汉时火政趋于精细、复杂。关于此话题，学界已有一定的讨论，但囿于史料所阙，对于秦汉时期的相关研究未成系统，只是在一些官制或民俗研究中对相关问题有所涉及。① 而长沙走马楼西汉简和其他出土简牍的陆续公布，为我们进一步了解西汉时期的火政提供了珍贵材料。

一、走马楼西汉简所见“纵火”释义

虽然关于汉代用火的政策在文献中已有案可稽，但走马楼西汉简里出现的几处“纵火”简为我们进一步深入了解相关政策的具体细则提供契机。为便于讨论，兹辑录如下。

（1）七年正月戊寅朔戊子库啬夫繇行丞事告尉谓南乡不智（知）何人，非纵火时擅纵火焫燔梅材茭草书到益关吏卒徒求　（0138）

（2）九年三月丁丑朔癸未临湘令寅谓南乡告尉别治长赖醴陵敢告寿陵

西山主不智（知）何人非纵　（1076）

① 参看倪根金：《周代火政述略》，《灾害学》1989 年第 1 期。裘锡圭：《寒食与改火——介子推焚死传说研究》，《中国文化》1990 年第 1 期。何浩：《祝融、火正与火师》，《求索》1992 年第 3 期。卜风贤：《周秦两汉时期农业灾害致灾原因初探》，《农业考古》2002 年第 1 期。李采芹：《中国历朝火灾考略》，上海科学技术出版社，2010 年。张小稳：《改火、更火、出火及其融合》，《社会科学战线》2015 年第 9 期。

火时擅纵火娗燔梅材茭草不智（知）何人亡满卅日不得

出驾论命不智（知）何人耐为隶臣得出有后请▨　（0181）

（3）谨求捕不智（知）何人非从（纵）火时擅从（纵）火者亡满卅日不

得谒报敢言之　（0192）

（4）七年三月丁丑朔癸未尉史充国敢言之狱书曰不智（知）何人非从（纵）火时擅

从火娗燔梅材茭草书到益关吏徒求捕亡满卅日不得报今　（0194）

（5）▨何人非纵火时擅纵　（0451）

从简文中“纵火”所为何事，学界尚有不同见解。龙岗秦简见有“殹（也），纵火而□▨（71·3）”，张金光先生认为“纵火”或与火耕有涉[①]，陈伟先生认为其指行猎时放火[②]。从文献记载来看，“纵火”的目的亦主要为此两种情况。施行火耕需要良好的灌溉条件，据文献所载，时人往往通过自然雨水或以大型水利工程为依托。然而据《礼记·月令》载：“季夏之月……是月也，土润溽暑。大雨时行，烧薙行水，利以杀草，如以热汤。”郑玄注：“薙谓迫地芟草也。此谓欲稼莱地，先薙其草，草干烧之，至此月大雨，流水潦畜于其中，则草死不复生，而地美可稼也。《薙人》‘掌杀草’职，曰‘夏日至而薙之’，又曰‘如欲其化也，则以水火变之’。”[③] 此类火耕方法需要将所烧杂草浸于水中，使之腐烂，成为肥料，并依靠季夏之月多雨，使之变为肥田。这一方法对时节要求严苛且行之于西汉时期，如《淮南子·时则训》即载有：“季夏之月……是月也，树木方盛，勿敢斩伐，不可以合诸侯，起土功，动众兴兵，必有天殃。土润溽暑，大雨时行，利以杀草粪田畴，以肥土疆。”[④] 上引简文的纵火时间为正月至三月，显然不符合火耕条件且火耕耗时较长，于政府禁止纵火时间内进行较难实现。据此，简文中“纵火”应与行猎有关。

《礼记·郊特牲》云：“季春出火，为焚也。然后简其车赋，而历其卒伍，而君亲誓社，以习军旅，左之右之，坐之起之，以观其习变也……天子适四方，先柴。”郑注：“谓焚莱也，凡出火，以火出，建辰之月，火始出。简、历谓算具陈列之也，君亲誓社，誓吏士以习军旅。既而遂田，以祭社也。言祭社，则此是仲春之礼也。仲春以火田，田止弊火，然后献禽，至季春火出，而民乃用火。今云季春出火，乃誓社，记者误也。”孔颖达疏：“为焚者，谓焚烧除治宿草。”[⑤] 依文意，西周时统治者需于仲春“出火”活动时，进行

① 张金光：《秦制研究》，上海古籍出版社，2004年，第82页。

② 陈伟主编：《秦简牍合集·释文注释修订本》（叁），武汉大学出版社，2016年，第48页。

③ 郑玄注，孔颖达疏：《礼记正义》卷十六《月令》，北京大学出版社，1999年，第513页。

④ 何宁：《淮南子集释》卷五《时则训》，中华书局，1998年，第409—410页。

⑤ 郑玄注，孔颖达疏：《礼记正义》卷二十五《郊特牲》，第793页。

“火田”。所谓“出火”，实时人于春耕、秋收时进行的庆典活动。① 此时“火田”除有演习军旅的目的外，更具有劝导民众开荒种地的意图。且田猎所获之物，均用于社祭，以祈祷农事丰收。此即说明当时的火田与殷商时期相似，为行猎与开辟农田同时进行的一种活动。② 上引孔颖达疏即是言此。春季进行火耕，除政治与宗教因素外，可能与相关地区水利便利有一定关联。另从《周礼》所见秋官司烜氏“中春，以木铎修火禁于国中”、天官宫正“春秋以木铎修火禁”③ 等相关执掌，结合《礼记・王制》“草木零落，然后入山林，昆虫未蛰，不可以火田”④，西周时田猎火禁应设于仲春时、季秋内火之后与昆虫蛰伏之前等时段，而春季出火之后，仍许“民乃用火”，此处“用火”应指田猎与垦荒两种含义。

然而从走马楼西汉简的内容来看，三月季春纵火已为非法。时间在其后的敦煌悬泉置《四时月令诏条》亦见有相关内容的记载：“毋焚山林・谓烧山林田猎，伤害禽兽□虫草木……［正］月尽……”整理小组认为“正”前应有“从”字，毋焚山林应从正月始，尽于八月。⑤ 降及西汉时，火禁政策与《礼记・月令》所载仅仲春月“毋竭川泽，毋漉陂池，毋焚山林”相比发生较大变化⑥，春夏时纵火均受禁止。

另据学者研究，秦汉时民众春夏季狩猎仍受许可。⑦ 枚乘《梁王菟园赋》、扬雄《蜀都赋》等则分别描写有汉代邯郸与蜀地贵族在春夏时行猎的内容。⑧ 张衡《南都赋》中更载“群士”于三月初三时行猎。从地域分布来看，汉代贵族的狩猎亦盛行于春夏时。据上所述，可以反映出两点内容：其一，西汉时一改季春“火田”这类竭泽而渔的狩猎与垦荒方式，应当是经济发展与环境破坏严重的表现；其二，至迟至春秋时的“出火”仪式尚具有原始天人合一的思想内涵，属于殷商时期的火历遗俗。但随着西汉武帝时《太初历》的施行，该习俗很可能已为“改火”等习俗所融合替代，时人完全以生物生长规律进行狩猎活动。⑨ 上已述及，《淮南子・时则训》所载汉代的火耕可能也常于季夏时进行，因此冬季进行纵火田猎可能也意味着“火田”与农耕逐渐分割。如《汉书・长沙王传》载“子剌王建德嗣，宣帝时坐猎纵火燔民九十六家，杀二人，

---

① 庞朴与张小稳先生对此均有详细讨论，此不赘述。参看庞朴：《火历钩沉——一个遗失已久的古历之发现》，《中国文化》1989 年创刊号。张小稳：《改火、更火、出火及其融合》，《社会科学战线》2015 年第 9 期。

② 参看孟世凯：《殷商时代田猎活动的性质与作用》，《历史研究》1990 年第 4 期。

③ 孙诒让撰：《周礼正义》，中华书局，1987 年，第 2090、223 页。

④ 郑玄注，孔颖达疏：《礼记正义》卷十二《王制》，第 373 页。

⑤ 中国文物研究所、甘肃省文物考古研究所：《敦煌悬泉月令诏条》，中华书局，2001 年，第 5、19 页。

⑥ 郑玄注，孔颖达疏：《礼记正义》卷十六《月令》，第 477 页。

⑦ 参看王勇：《秦汉渔采狩猎与农耕经济的关系》，《中国社会经济史研究》2013 年第 4 期。

⑧ 参看费振刚等校：《全汉赋・枚乘〈梁王菟园赋〉》，北京大学出版社，1993 年，第 29—30 页。《全汉赋・杨雄〈蜀都赋〉》，北京大学出版社，1993 年，第 162—163 页；

⑨ 庞朴先生研究认为，上古至殷商时，人们依据大火星（天蝎座的第一星，α 星，又为二十八星宿中的第二颗星）的运行规律制定历法——火历。时人以大火星东出时进行春耕，西入时进行秋收，而这两个节点在后世逐渐发展出出火与内火两种庆典活动。参看庞朴：《火历钩沉——一个遗失已久的古历之发现》，《中国文化》1989 年创刊号。

又以县官事怨内史，教人诬告以弃市罪，削八县，罢中尉官”① 即为一证。而简中“火时”是否仅指行猎时间，则需进一步探明。

二、走马楼西汉简所见“纵火”时令及相关问题

前揭敦煌悬泉置《四时月令诏条》整理者注云，毋焚山林应从正月始，尽于八月，即仲秋时开火禁。然而前引《礼记·王制》“草木零落，然后入山林，昆虫未蛰，不可以火田”十月冬季为蛰虫备藏时，《淮南子·主术训》中亦见有相同记载②，可知该时令在汉代亦被继承。另从《后汉书·礼仪志》引《魏书》“汉承秦制，三时不讲，唯十月车驾幸长安水南门，会五营士，为八阵进退，名曰乘之”③ 推断，有汉一代，官方田猎应亦遵循“昆虫蛰伏”的时令。而秋季田猎，可能并非常制。这也说明，走马楼西汉简中“纵火时”如指田猎时间，应为十至十二月。

值得注意的是，简（1）（2）（4）均载燹燔“梅材”“茭草”。梅亦见于里耶秦简，为杏属灌木植被。④ 茭草则为饲料，属政府刍稿税收之一。上揭走马楼简均言“非纵火时纵火”而非严禁纵火，可知在一段时间内，纵火焚烧梅材与茭草在长沙国内应受许可。据此，笔者认为简文中的“时”应与二者的焚烧时间存在极大关系。关于何时焚烧茭地，传世文献所载均语焉不详。居延简中见有“七月辛巳卒□二人，一人守茭，一人除陈茭地”的记载，王子今先生认为“除陈茭地”为清理伐茭之后的土地，且该地应不会再作为茭地了。⑤ 如按上揭走马楼西汉简所载，火烧茭草可能是“除陈茭地”的方式。但居延为汉代屯戍之地，其与长沙国的气候环境差异极大，耕作方式亦不相同。因此，以火除陈茭地的目的可能未必与农耕有关。另一方面，西北居延地区通常将所用剩余的茭进行交易，作为政府“稍入钱”以缓解资金压力。⑥ 这也说明茭本身具有很高的经济价值。而走马楼西汉简中亦见有相似的记载：

（6）输七年同里□□六石□……□□百卌六石三钧十斤

（7）毋刍茭以钱六千六百七十五□钱九千五百卅九予庙厨啬夫援约为　（0859）

其与居延地区“茭”的买卖所不同的是，当地政府尚缺乏刍茭，需要大量钱购买。这也从侧面说明，长

① 《汉书》卷五十三《景十三王传》，中华书局，1962 年，第 2427 页。

② 何宁：《淮南子集释》卷九《主术训》，中华书局，1998 年，第 687 页。

③ 《后汉书·志五·礼仪志》，中华书局，1965 年，第 3124 页。

④ 陈伟主编：《里耶秦简牍校释》（第一卷），武汉大学出版社，2012 年，第 375 页。

⑤ 王子今：《秦汉名物丛考》，东方出版社，2016 年，第 110 页。

⑥ 郭浩：《秦汉时期现金管理刍议——以岳麓秦简、居延汉简“稍入钱”为例》，《中国社会经济史研究》2013 年第 3 期。

沙国地区如需将除茭地用作其他途径，也应当是在伐茭之后。关于伐茭的时间，王子今先生认为主要集中于每年三月与六至九月。但其所依据的“甲渠官绥和二年三月省□部卒治大司农茭名”是否指伐茭，笔者认为尚值得商榷。《齐民要术·养羊》引崔寔“七月七日刈蒭茭”；同卷另载：“种大豆一顷，杂谷并草留之，不须锄治。八九月中，刈作青茭”“凡秋刈草，非直为羊然，大凡悉皆倍胜”。① 如文意茭的种植方式不同，伐茭时间亦有不同，但均以秋季为最佳采伐时间。故此，以火烧茭草的时间应当在七至九月间，而王子今先生所述的“除陈茭地”亦在“七月辛巳”（E. P. T49：10）②。综上所述，走马楼西汉简中“纵火时”应为六月至十二月，但不同季度用火人员、用途与地点均有很大差异。③

除此之外，“改火”与“更火”之俗虽然未必与简中“纵火时”有关，但其在长沙国内应亦有严格的时间规定。关于“更火”与“改火”的内涵演变，张小稳先生已作过详细探讨，兹不赘述。④ 远古时，已有改火习俗，于一年之中设固定时间举行。据《管子》所载，至春秋时，改火已被纳入春令，成为重要的习俗活动：“教民樵室钻燧……天子之春令也”，“当春三月，萩室熯造，钻燧易火”。⑤ 至汉代这一习俗仍然延续，但施行时间却有更易，据《居延汉简》所载：

（1）御史大夫吉昧死言：丞相相上大常昌书言大史丞定言，元康五年五月二日壬子日夏至，宜寝兵，大官抒井、更水火、进鸣鸡。谒以闻，布当用者。·臣谨案：比原泉御者、水衡抒大官御井，中二千石、二千石令官各抒。别火　（10·27）

（2）官先至夏至一日，以除燧取火，授中二千石、二千石官在长安、云阳者，其民皆受，以日至易

① 贾思勰著，石声汉校释：《齐民要术今释》，中华书局，2009 年，第 554—555 页。

② 甘肃省文物考古研究所、甘肃省博物馆等：《居延新简》，文物出版社，1990 年，第 144 页。

③ 此处需要说明的是，睡虎地秦墓竹简《田律》中载：“春二月，毋敢伐材木山林及雍（壅）堤水不〈泉〉。夏月，毋敢夜草为灰。”虽然学界对“夜”字理解尚聚讼纷纭，但其所指为火耕则为赵平安等多数学者所认可。另张家山汉简《田律》中亦见有相似记载：“禁诸民吏徒隶，春夏毋敢伐材木山林，及进〈壅〉堤水泉，燔草为灰。”可知春夏时毋烧草为灰在秦汉时似为通例。但其意如为禁止火耕，则与上引《礼记·月令》与《淮南子·时则训》于季夏之月火耕相矛盾。关于此，敦煌悬泉月令诏条整理小组认为，火耕水耨，不应在季夏之月。如“火耕于季夏行之”，又明令禁止，是断农生计也。然而据《齐民要术·水稻》载：“凡稼泽，夏，以水殄草，而芟夷之。”可知如种稻田，以水淹草需在夏日。其后引郑司农之说：“将以泽地位稼者，必于夏六月之时，大雨时行，以水病绝草之后生者；至秋，水涸，芟之。明年乃稼。”汉代火耕时节应如《礼记·月令》所载，行于季夏时，整理小组之说不确。换言之，烧草为灰很可能与火耕无涉。关于其具体含义，《礼记·月令》载有：“毋烧灰，毋暴布。”孙希旦考曰：“《考工记》湅帛者用栏灰渥淳之，蜃灰淫之，沃而盝之，昼暴诸日，夜宿诸井。湅布之法，盖亦如此。是月阳气大盛，不可烧灰湅布，暴之日中，恐脆伤其布也。”今从孙氏说。参看陈伟主编：《秦简牍合集·释文注释修订本》（壹），武汉大学出版社，2016 年，第 42—43 页。赵平安：《也谈睡虎地秦简“夜草为灰”》，《中原文化研究》2018 年第 6 期；张家山二四七号汉墓竹简整理小组：《张家山汉墓竹简（二四七号墓）》，文物出版社，2006 年，第 42 页。甘肃省文物考古研究所、中国文物研究所：《敦煌悬泉月令诏条》，中华书局，2001 年，第 23—24 页。贾思勰著，石声汉校释：《齐民要术今释》，中华书局，2009 年，第 161—162 页。郑玄注，孔颖达疏：《礼记正义》卷十六《月令》，第 504 页。

④ 参看张小稳：《改火、更火、出火及其融合》，《社会科学战线》2015 年第 9 期。

⑤ 黎翔凤撰，梁运华整理：《管子校注》，中华书局，2004 年，第 1017、1529 页。

故火。庚戌寝兵不听事，尽甲寅五日。臣请布，臣昧死以闻。 (5.10)[①]

简文为汉宣帝元康五年申请将改火易至夏至的奏疏，其与前引《管子》“教民樵室钻燧”的方式不同，改由官方负责，改火时间应为夏季。关于“更火”，《逸周书·月令》载：“春取榆柳之火，夏取枣杏之火，季夏取桑柘之火，秋取柞楢之火，冬取槐檀之火。”[②] 点明四时五改火，然而据张小稳先生研究认为，更火之俗或为时人将改火配属五行的一种理论，于现实中未能落实。[③] 但值得注意的是，《天水放马滩秦简》中“伐木忌”条下载：“春三月甲乙不可伐大榆东方，父母死”“夏三月丙丁不可伐大棘（枣）南［方］，长男死”“戊己不可伐大桑中央，长女死之”（乙·二九贰—乙·三一贰）。[④] 不同时节内，严禁采伐某一特定树种，且相似的伐木禁忌亦见于睡虎地秦简《木日》篇：“木忌，甲乙榆、丙丁枣、戊己桑、庚辛李、壬辰桼（漆）。”[⑤] 简文中五木与天干的对应关系与《放马滩秦简》相同。而随州孔家坡汉简《日书》“伐木日”条下亦记载“甲子、乙丑伐榆，父死；庚辛伐桑，妻死；丙寅、丁卯、己巳伐枣，□母死；壬癸伐□□，少子死”，陈炫玮认为“壬癸”所伐应为“漆木”[⑥]。如按陈氏之说，则该《日书》所载伐木时间与放马滩秦简所见相异，但树木种类却是一致的。说明此类伐木禁忌在不同地域之间具有一致性，应为当时社会广泛遵从的风俗。而上载木种榆、枣、桑均为先秦时“更火”所用的木种，虽然简文所载与《逸周书·月令》并不完全相合，但因与干支相配，很可能“李”与“漆”亦具有五行属性。换言之，如伐木禁忌与“更火”存在联系，则后者实际执行时间与所用木料并不完全按文献所载。

三、走马楼西汉简中“纵火” 时令管理及汉代火官

据《周礼》等文献记载，周代时已设置专职管理用火的职官。除了前述秋官司烜氏、天官宫正管理国中、军旅、宫廷等地区的火禁外，亦载有司爟“掌行火之政令，四时变国火，以救时疾”[⑦]，掌握四时更火及焚莱火田等。火官制度已具雏形。降及秦汉，中央至地方官员的设立已发生极大变化。随着走马楼西汉简等出土文献的公布，为我们管窥这一时期火官的建置提供了珍贵的资料。

上已述及，前揭简文中的“纵火时”应包含田猎、火耕与“除陈茇地”三方面的时令，而“更火”与

① 谢桂华、李均明等：《居延汉简释文合校》，文物出版社，1987年，第8、16页。
② 黄怀信、张懋镕等：《逸周书汇校集注》卷六《月令》，上海古籍出版社，2007年，第658页。
③ 参看张小稳：《改火、更火、出火及其融合》，《社会科学战线》2015年第9期。
④ 孙占宇：《天水放马滩秦简集释》，甘肃文化出版社，2013年，第155页。
⑤ 睡虎地秦墓竹简整理小组：《睡虎地秦墓竹简》，文物出版社，1990年，第235页。
⑥ 陈炫玮：《孔家坡汉简日书研究》，（台湾）清华大学历史研究所硕士学位论文，2007年，第27页。
⑦ 孙诒让：《周礼正义》，第2396页。

"改火"等民俗宗教活动亦有严格的时令限定。这些时令，应当分由相关官员管理。

首先，关于田猎。前文已述，周代春季时有大蒐之礼，以火田狩猎，以达到检阅军旅与开辟农田的目的。然而至秦汉时期，皇室及王侯狩猎多于苑囿中进行，且王侯狩猎亦有诸多礼制限定。此外，检阅军旅的田猎制度在汉代亦改由冬季"校猎"时举行，而汉代个别火田情况也与农耕无关。这也说明，当时官方火田已不成制度，应并未设有专员管理。但对于农耕较为落后地区，狩猎仍为当地重要生活物资来源，而这种活动亦有可能伴随着纵火。据《史记·田叔列传》载，任安任武功县亭长时"邑中人民俱出猎，任安常为人分麋鹿雉兔，部署老小当壮剧易处，众人皆喜，曰：'无伤也，任少卿分别平，有智略。'明日复合会，会者数百人"①。按文意，地方百姓大规模狩猎时，需由官吏亭长带领。故此，百姓火田及相关时令应当亦由此类官吏管理。

其次，火耕的管理者。汉代农管设立纷繁复杂，前人已有颇多研究。据《史记·平准书》载："江南火耕水耨，令饥民得流就食江淮间。"② 汉代经济落后处仍用火耕。前已述及，火耕常于一年季夏时进行，县中公田当设有官吏负责相关事宜。居延简中见有大量"都田啬夫"的记载，汉郡国官印封泥亦见有"都田"③，王勇先生认为，"都田"或为署印，都田啬夫为该署衙长官，属于中央派至县内的农官，其职掌为管理全县公田。④ 其说当是。此外，尹湾汉简《东海郡属吏设置簿》与《敦煌悬泉汉简》中分别见有"劝田史"与"劝农史"（Ⅱ0114：294）⑤，二者名异实同，均为郡下秩次较低的属吏，诸曹统领，负责劝课农桑，或参与管理百姓火耕水耨。

复次，关于居延简中的"除陈茭地"，王子今先生认为，居延汉简里见有大量"大司农茭"与"大农茭"记载，其所指为"茭草"生长的土地无论开垦与否，均"属大司农所辖，也就是属大司农所属的农都尉或田官所辖"⑥。然而汉代西北地区为政府建设军屯与民屯之所，当地农官设置与内地大不相同。大司农为管理中央政府财政的首要机构，其在内地诸郡国主掌"钱谷"收支状况。而武帝时期由大司农派驻各地的部丞，也仅用于"调阴阳，均有无，补不足"⑦，并未参与实际生产。故此，长沙国内的茭地很可能部分仍由上述农官管理，其余则以刍稿税向民众征收。据上揭走马楼西汉简（1）与（2）所载均为县廷所向尉下达指令文书，可知茭地纵火时间应由县廷设定，具体细则或由其下乡部管理。

① 《史记》卷一百〇四《田叔列传》，中华书局，2014年，第3363页。

② 《史记》卷三十《平准书》，第1733页。

③ 吴幼潜：《封泥汇编》，上海古籍书店，1964年，第65页。

④ 王勇：《秦汉地方农官建置考述》，《中国农史》2008年第3期。

⑤ 连云港市博物馆、东海县博物馆等：《尹湾汉墓简牍》，中华书局，1997年，第107页。胡生、张德芳：《敦煌悬泉汉简释粹》，上海古籍出版社，2001年，第92页。

⑥ 王子今：《汉代河西的"茭"——汉代植被史考察札记》，《甘肃社会科学》2004年第5期。

⑦ 王利器：《盐铁论校注》卷三《轻重》，中华书局，1992年，第199页。

最后，据《汉书·百官公卿表》载："典客，秦官，掌诸归义蛮夷，有丞。景帝中六年更名大行令，武帝太初元年更名大鸿胪。属官有行人、译官、别火三令丞及郡邸长丞。武帝太初元年更名行人为大行令，初置别火。"如淳曰："《汉仪注》别火，狱令官，主治改火之事。"① 可知武帝时初设火官，隶属于大鸿胪，此或为汉代"改火"之俗上升为制度之滥觞。又现有封泥"载国大行"②，文献未见有载，陈直先生考证其或与"戴侯胜"有关③，今从其说。即侯国类同中央，设有大行，掌管境内少数民族。值得注意的是，上引居延汉简（5.10）（10·27）两条简阐明了自皇帝批准"改火"日期变更后，相关政令的传递与执行过程。该政令"明确了诏书按顺序向下级传达的情形，而且明确了诏书自发出至张掖郡边疆的时间"④。且需在夏至前一天取火，并在夏至日授予长安与云阳的各级官府与百姓。此即说明改火仪式并非由中央政府象征举行，而是全国郡县层级于改火日同时进行。故此，笔者推测均国内应当设有与郡"大行"同级职官，以执行中央改火政令。⑤

（罗启龙）

① 《汉书》卷十九《百官公卿表上》，第730页。

② 周明泰：《再续封泥考略》，艺术印书馆，1982年，第102页。

③ 陈直：《汉书新证》，天津人民出版社，1979年，第70页。

④ 大庭修著，林剑鸣等译：《秦汉法制史研究》，上海人民出版社，1991年，第200—201页。

⑤ 除上述纵火的管理外，防火亦属于火政的重要方面。关于此，刘太祥先生已从法律角度作过详细可靠的阐述，本文不再探讨。但需要说明的是，出土西汉印章见有"属廥左尉"，当为属国官吏，廥为存放刍稿之处，其与内地廥仓的管理制度不同，相关防火之责应亦由武官担任，而非令史与官啬夫。参看刘太祥：《简牍所见秦汉社会治安行政管理制度》，《南都学坛（人文社会科学学报）》2018年第5期。罗福颐：《秦汉南北朝官印征存》，文物出版社，1987年，第10页。

第六节　走马楼西汉简中的经济作物管理

经济作物涉及面甚广，除蚕桑、果蔬外，亦包含苜蓿、茭草等饲料及药材等，其在秦汉乃至整个中国古代都是政府及民众经济收入的重要来源，因此，经济作物的贮藏、运输及相关的耕地等各环节的安全管理，被历朝历代政府所重视。关于此话题，学界或从仓廥安全，或从虎患等角度，有一定的讨论①，但走马楼西汉简中两则案例的公布，为我们进一步了解西汉时期政府对梅材、茭草等野生经济作物，以及药材等运输方面的安全管理，提供了新的珍贵材料。故此，笔者不揣谫陋，对此问题试作蠡测。不当之处，谨请方家指正。

一、走马楼西汉简中对焚烧野生经济作物的规定

据张家山汉简《二年律令·田律》所载“禁伐山林”条可知，西汉时期统治者对山林川泽中的经济作物的保护问题较为重视，但因为归属权的不同，时任政府对经济作物的焚毁损坏者的惩罚力度是否一致，史无明载。而走马楼西汉简中的部分内容对该问题有所涉及，故对此类简牍的解读，有利于我们进一步了解西汉政府针对经济作物是如何进行多元化管理的。

走马楼西汉简中涉及一批关于“茭草”与“梅材”的辞例，关于梅材，里耶秦简 8-1664 号简见载有迁陵县有芋、芹、韭、析与梅等经济作物②。关于茭，《说文·艸部》：“茭，干刍。”③ 清人朱骏声说茭为牛马所喜食的干刍。④ 在古代社会，是家畜喂养的重要饲料。据《汉书·沟洫志》所载：

> 故尽河堧弃地，民茭牧其中耳，今溉田之，度可得谷二百万石以上。

---

① 参看卜凤贤：《周秦两汉时期农业灾害致灾原因初探》，《农业考古》2002 年第 1 期。李采芹：《中国历朝火灾考略》，上海科学技术出版社，2010 年，第 66—101 页。刘太祥：《简牍所见秦汉社会治安行政管理制度》，《南都学坛（人文社会科学学报）》2018 年第 5 期。王博凯：《秦代道路安全问题及其治理》，《中州学刊》2021 年第 7 期。王伟雄：《秦仓制研究》，花木兰文化出版社，2013 年，第 35—40 页。刘薇：《里耶秦简与秦代地方行政研究——以农仓管理和公物管理为中心》，湖南师范大学硕士学位论文，2015 年，第 24、25 页。谢坤：《秦简牍所见仓储制度研究》，上海古籍出版社，2021 年，第 98—107 页。

② 陈伟：《里耶秦简牍校释》（第一卷），武汉大学出版社，2012 年，第 357 页。

③ 许慎：《说文解字》，中华书局，2013 年，第 19 页。

④ 朱骏声：《说文通训定声》，中华书局，1984 年，第 690 页。

颜师古曰："茭，干草也。谓收茭草及牧畜产于其中。茭音交。"[1]

按《汉书》所载，茭生于"故尽河壖弃地"，民间所用为野生茭草，并非人工种植。茭具体为何种植物，学界已有较多讨论，但该问题并非本文研究主旨，不赘。[2] 从上揭引文来看，我们认为，茭很可能为汉代牛马粗饲料的泛称，并非单指一种草类，因此，茭草属于重要的刍槁原料。

该批简经整理小组缀合后，定名为"非纵火时擅纵火案"，为西汉武帝时期涉及"茭草"的律令简。通过对该批简的释读分析，可窥知汉代对不同性质土地上的经济作物有不同的管理规定，为便于讨论，现将简文移录于下：

(1) 七年正月戊寅朔戊子库啬夫繇行丞事告尉，谓南乡，不智何人非从（纵）火时擅从（纵）火，爇燔梅材、茭草，书到，益关吏卒徒求（0138）死（捕?）。有物故，亡满卅日不得、出，具报毋留，若律令·即徒后行。(0139)

(2) 七年三月丁丑朔癸未尉史充国敢言之：狱书曰：不智何人非从（纵）火时擅从（纵）火，爇燔梅材、茭草，书到，益关吏徒求捕。亡满卅日不得，报。今（0194）谨求捕不智何人非从（纵）火时擅从（纵）火者，亡满卅日不得，谒报。敢言之。(0192)

(3) 七年三月丁丑朔癸未临湘令寅谓南乡，告尉、别治长赖、醴陵，敢告寿陵、西山主，不智何人非纵（0176）火时擅纵火，爇燔梅材、茭草。不智何人亡满卅日不得、出，驾论命不智何人耐为隶臣。得、出，有后请□□（0181）

⍁何人非纵火时擅纵⍁ （0451）

⍁□□□能智□

⍁□诚非从火时擅从火爇⍁ （1148）

⍁非从火时⍁

⍁人（?）七十食以令⍁ （1517）

⍁朔乙未□□⍁

⍁陵西山主不智⍁ （1275）[3]

该文所指七年为长沙王刘庸纪年，时为武帝元狩元年（前122）。该年正月因有人于南乡"擅纵火"焚烧茭草与梅材后潜逃，由库啬夫繇发文于县尉，要求其派遣关吏卒徒对纵火者进行抓捕。是年三月，县尉史

① 《汉书》卷二十九《沟洫志》，中华书局，1962年，第1680页。

② 王子今：《汉代河西的"茭"——汉代植被史考察札记》，《甘肃社会科学》2004年第5期。

③ 文中所引走马楼西汉简内容均见于长沙简牍博物馆、湖南大学简帛文献研究中心编著：《长沙走马楼西汉简牍》，岳麓书社，2024年。下文不再重复标注。

充国向县廷汇报，称追捕已超过三十日，仍未抓捕纵火者。临湘县令当天随即下发文书于尉、别治长赖等人，称抓捕逃匿者后将罪名改为耐为隶臣。

对于事件本身，我们不必过多关注，本文所要重点关注的是“擅纵火”时焚烧的茭草和梅材。梅材和茭草是喂养牛马等家畜的饲料，但是野生茭草是否具有经济作物属性，需要进一步说明。我们可从两个方面看：

第一，茭草是否可以作为赋税方式上缴朝廷，是否可以用钱币代替实物。据《二年律令·田律》载：

入顷刍稿，顷入刍三石

收入刍稿，县各度一岁用刍稿，足其县用，其余令顷入五十五钱以当刍稿。刍一石当十五钱，稿一石当五钱。[①]

汉初刍稿税征收方式承袭秦，采用钱与实物并征这种方式，即当所收刍稿足够县廷使用，剩余部分通过官方折价方式以货币来代替。另走马楼西汉简载有另一种情况：

输七年同里□□六石□……□□百卌六石三钧十斤，毋刍茭以钱六千六百七十五□钱九千五百卅九予庙厨啬夫援约为。　(0859)

该简“七年”所指仍为武帝元狩元年，从文意看，该简似为向某官署缴纳物资，需要将茭草输送给庙厨啬夫，没有茭草的就输钱代替。无论茭是特指某一种植物抑或是干刍的泛称，其可以用钱替代则是确定无疑的，但其折价是否如《田律》所载“刍一石当十五钱”，则需要更多材料加以印证。

第二，目前所出土的西北汉简当中记载有“茭钱”，且有民间以钱买茭的记载，谢桂华先生认为茭在市场之中均按束来计价，但其价格因质量与地域不同有所差异，大致在每束一钱至一点五钱之间。[②] 汉代西北边陲地区刍稿消耗量大，内地是否存在茭草买卖目前没有直接材料加以印证，但据学者研究，汉代刍税分为“田刍”与“户刍”两种，前者以田亩面积征收，以实物缴纳，后者按户征收，缴纳钱。[③] 从上揭走马楼西汉简所载内容来看，长沙国内输入“庙厨啬夫”的刍茭尚存在较大的缺口，推测存在与邻县或邻郡交易的情况，以满足日常上缴实物赋税所需。即茭草无论是野生，抑或人工种植，对汉廷各级政府而言都属于重要的物资，且具有一定的经济价值，是一种经济作物。

从以上两个方面来看，茭草可以用钱币充当赋税收入，也可以进行买卖，应当具有一定的经济作物属性。

明确了茭草的经济作物属性，我们再来看秦汉时期对焚烧损毁经济作物的惩罚规定。

---

① 张家山二四七号汉墓竹简整理小组编：《张家山汉墓竹简（二四七号墓）》（释文修订本），文物出版社，2006年，第41页。

② 谢桂华：《“茭钱”试解》，《历史研究》2006年第2期。

③ 朱德贵：《新出简牍与秦汉赋役制度研究》，中国人民大学出版社，2021年，第88—89页。

秦汉时涉及失火、纵火与防火的律令处罚条例极多，但我们从走马楼西汉简所记载的内容可以看出，对于纵火焚烧不同地区的经济作物，政府的惩罚力度还是有所区别的。

秦简中常见有“水火败亡”的相关辞例，徐世虹先生认为“水火败亡”除不可抗力外，也包含人为纵火、溺水等行为所导致的损害后果。①“水火败亡”作为秦时课志的主要内容之一，其所惩戒对象主要为相关吏员。据睡虎地秦墓竹简《秦律十八种·内史杂》载：

有实官高其垣墙

善宿卫，闭门辄靡其旁火，慎守唯敬（儆）。有不从令而亡，有败、失火，官吏有重罪，大啬夫、丞任之。 （196）②

造成“失火”者相关官吏直接处以重罪，且“大啬夫、丞”也需要承担一定罪责。但其罪具体为何，该简并未言及，而《效律》当中有因管理不善，致使漏水导致禾粟“败之”的记载，根据损失程度不同，处罚程度不尽相同，但均为“赀甲”。因“水火败亡”常为并称，如徐氏观点成立，则失火或被纵火后，官吏的处罚为“赀甲”。

上述情况均为对仓廥的管理，西北诸多汉代简牍均见有关茭的出入簿，且存在大量属大司农所直管茭地③，即无论仓廥抑或茭地，均要对茭的情况进行考课，如遇失火，官吏很可能受到惩处。据最新公布的张家山汉简三三六号墓《汉律十六章·贼律》载：

贼燔城、官府及县官积冣（聚），弃市。燔寺舍、民室屋、庐舍、积冣（聚），黥为城旦舂。其【失】（四六）火延燔之，罚金四两，责（债）所【燔】。乡部、官啬夫、吏主者弗得，罚金各二两。（四七）

失火延燔宫周卫、中殿、屋及亶（擅）观林臺（台）者，皆赎死，责（债）所燔；直（值）其行在所宫也，耐之；官啬夫吏（四八）主者皆免，戍各二岁。（四九）

贼伐、燔、毁伤人树木、稼穑它物、冢树及县官擅伐取之，直（值）其贾（价）与盗同法。（五〇）④

简文对纵火者与官吏的处罚均有明确规定，根据“失火延燔”的区域不同，处罚则有所不同，该律令显然承袭秦代而来。其中据简四七中规定来看，如纵火者“弗得”，相关官吏均要罚金，但上揭走马楼西汉简内容并未言及对官吏的处罚，除资料阙如的因素外，还存在一种可能，即所焚烧的“梅材”与“茭草”很可能为未开垦的荒地。

① 徐世虹：《秦“课”刍议》，武汉大学简帛研究中心主办《简帛》第八辑，上海古籍出版社，2013年，第254页。

② 陈伟主编：《秦简牍合集（壹）》，武汉大学出版社，2016年，第139页。

③ 于豪亮：《居延汉简中的“省卒”》，《于豪亮学术文存》，中华书局，1985年，第214页。

④ 荆州博物馆编：《张家山汉墓竹简（三三六号墓）》，文物出版社，2022年，第170页。

而对纵火者的处罚可作为另一佐证：简四七与四九主要涉及焚烧官府房屋、宫殿等的刑罚，重者可达到弃市；简五〇则是针对焚烧私人所种“树木、稼穑它物、冢树”等，按“盗”罪比附处罚。据张家山汉简《二年律令·盗律》载：

盗臧（赃）直（值）过六百六十钱，黥为城旦舂。六百六十到二百廿钱，完为城旦舂。不盈二百廿十到百一十钱，耐为隶臣妾。不盈百一十钱到廿二钱，罚金四两。不盈廿二钱到一钱，罚金一两。①

按汉代刑名体系，刑罚由重到轻依次为“死”“刑”“耐”“赎”“赀”“谇”数等，盗赃根据价值不等，对盗者处罚由“赀”刑的罚金到“刑”刑的黥为城旦舂多个等级，范围较广，但当时针对“非纵火时擅纵火”者的处罚却与上述处罚程度有很大的不同。

据《长沙尚德街东汉简牍》中亦见有“非纵火时擅纵火，烧山林□司寇”的记载，该条为法律条文的摘抄。② 另据睡虎地秦简《法律问答》简8载：“司寇盗百一十钱，先自告。可（何）论？当耐为隶臣，或曰赀二甲。”③“耐隶臣”的处罚显然重于“司寇”，现有的研究结论认为“耐司寇”与“耐为隶臣妾”实际区别为身份差异，庶人犯耐罪先“耐司寇”，若再犯耐罪，则改其为“耐隶臣妾”。④ 从前揭西汉简中县廷曾两次下发追捕文书，并在其逃亡三十日后将罪行定为“耐隶臣”可以看出，这是对其惩罚力度加重了，将原本的“司寇”进行了加罪处理。

尚德街东汉简与走马楼西汉简针对“非纵火时擅纵火”者的处罚并未遵从《汉律十六章·贼律》进行“盗”罪比附，而是直接以“耐”刑最轻刑罚处置的，加罪也并未升格至“刑”刑，即刑罚相对固定。且上文已述及，秦汉时期需缴纳田刍，又据《齐民要术·养羊》引崔寔“七月七日刈蒭茭”的记载以及同卷“种大豆一顷，杂谷并草留之，不须锄治。八九月中，刈作青茭”“凡秋刈草，非直为羊然，大凡悉皆倍胜”的记载来看⑤，民间私人耕地当种有茭草，倘若此处纵火所焚烧为私人田地中的茭草，则刑罚与《汉律十六章·贼律》不合。故，我们认为，很大的可能性是纵火者所烧之地为无主荒地，无法对具有经济价值的“梅材”与“茭草”损失进行估量。即焚烧归属私人的经济作物，因便于估算损失，按“盗罪”对纵火者处以“赀”到“刑”四种等级的刑罚，但对于无主荒地，无法估算经济损失，则其惩罚则仅为“耐”刑。

有汉一代，虽然农耕发展迅速，但野生动植物无须田间劳作便能果腹，尤其在灾荒之际，属于重要的生存资源。据《史记·平准书》所载武帝诏书言“江南火耕水耨，令饥民得流就食江淮间，欲留，留处”⑥，

---

① 张家山二四七号汉墓竹简整理小组编：《张家山汉墓竹简（二四七号墓）》（释文修订本），第16页。

② 长沙市文物考古研究所编：《长沙尚德街东汉简牍》，岳麓书社，2016年，第221页。

③ 陈伟主编：《秦简牍合集（壹）》，第186页。

④ 徐世虹：《秦律研究》，武汉大学出版社，2017年，第263页。

⑤ 贾思勰：《齐民要术今释》，中华书局，2009年，第554—555页。

⑥ 《史记》卷三十《平准书》（修订本），中华书局，2014年，第1733页。

当时长江中下游地区农耕生产开发尚较落后，甚至至东晋南朝时，相关区域的平原区耕地也尚未达到饱和的状态。①

秦汉时期，南方地区气候温暖湿润，野生生态资源更为丰富，成为人们生产生活的重要物资来源。但出于时令的考量，以及承袭秦“壹山泽”政策的影响，汉政府对野生资源亦采取一定的管控措施，如张家山汉简《二年律令·田律》载：

禁诸民吏徒隶，春夏毋敢伐材木山林，及进〈壅〉隄水泉，燔草为灰，取产麛卵鷇；毋杀其绳重者，毋毒鱼。②

简文中仅对采伐林木的时节与幼兽保护有所规定，难窥见汉代山林保护政策的全貌，而前揭走马楼西汉简虽然仅针对“梅材”与“茭草”，但从尚德街东汉简的律文来看，“非纵火时擅纵火”条例应是指的包含“梅材”与“茭草”在内的整个天然林木区。如此观点成立，则表明汉代律令对仓廥、私人田园及野生山林区域的同一类经济作物有不同的保护规定。即针对损坏或纵火焚烧贮存于官府仓廥的经济作物，除犯案者很可能处以极刑外，管理官员亦须承担相应的罪责，甚至可达“重罪”程度。而对于损坏私人耕种或储存的经济作物的行为，需要根据物主的损失来对犯案者量刑，最重惩罚为黥为城旦舂。如果有人未按规定在不能焚烧的时节焚烧自然区中的野生经济作物，亦要受到惩处，但仅为耐罪中最轻一档。

二、走马楼西汉简中对野生经济作物焚烧时间的规定

先秦时期，人们依据天文与物候，融合阴阳五行说，形成了一套万物四时节律的理论。至汉代，《月令》被视经学，是汉代政府实施军事行动、祭祀、生产生活等诸多政令的重要参考依据。我们从睡虎地秦简《田律》及张家山汉简《二年律令·田律》所载内容可知，秦汉政府通过将时令理论法律化的方式，将其广泛推广并践行于域内的生产生活之中。在时令理论法律化的管控之中，朝廷对农作物及经济作物的焚烧时间进行限制，是当时政府保护经济作物的重要举措之一。但汉代地域广阔，经济作物种类繁多，汉政府对不同类型田地的经济作物，是否采用同一时令进行管理，是一个值得探讨的问题。

上文所引走马楼西汉简“非纵火时擅纵火”中的“时”，具体为何时，该简未能明载，但可以理解为，在特定的时间内，“纵火”的行为是被允许的，且被纳入律法当中，应属于一种常态行为。而在其他时间，则是不被允许的，是一种违法行为，应当受到法律的制裁。“纵火”行为违法与否，需要从纵火目的和纵火时间来分析。

---

① 王勇：《汉晋南朝长江中下游环境与农业发展》，中华书局，2021年，第315页。

② 张家山二四七号汉墓竹简整理小组编：《张家山汉墓竹简（二四七号墓）》（释文修订本），第42—43页。

1. 纵火的目的

简文中“纵火”所指为何事，因汉简中资料阙如，未见明指，但龙岗秦简有纵火的相关记载：

殹（也），纵火而□☑　（71・3）

张金光先生认为“纵火”或与火耕有涉，陈伟先生认为其指行猎时放火。① 两种观点虽可资借鉴，但或与西汉简所指并不相同。

第一，火耕。据《汉书・武帝纪》应劭注对火耕有所阐述：

烧草，下水种稻，草与稻并生，高七八寸，因悉芟去，复下水灌之，草死，独稻长，所谓火耕水耨也。②

从应劭注所载内容来看，火耕与水耨往往连贯而行，并非简单地将杂草烧掉了之，而是需要先将杂草割除后，再行焚烧，而后播种，在水稻与杂草并生的时候，之后再以水淹灌土地，将又长成的杂草淹死，使稻苗独活，《礼记・月令》明确记载了火耕技术的步骤：

季夏之月……是月也，土润溽暑。大雨时行，烧薙行水，利以杀草，如以热汤。

郑玄注：“薙谓迫地芟草也。此谓欲稼莱地，先薙其草，草干烧之，至此月大雨，流水潦畜于其中，则草死不复生，而地美可稼也。《薙人》‘掌杀草’职，曰‘夏日至而薙之’，又曰‘如欲其化也，则以水火变之’。”③

火耕的目的并非单独去除杂草，而在于以水淹灌之后使所烧杂草变为肥料，且使之不会再生。但依照文意，水耨并非依靠水利工程方法进行灌溉，而是需要等到“季夏”时节雨季到来。汉代同样如此，如《淮南子・时则训》载：

季夏之月……是月也，树木方盛，勿敢斩伐，不可以合诸侯，起土功，动众兴兵，必有天殃。土润溽暑，大雨时行，利以杀草粪田畴，以肥土疆。④

从以上文献资料来看，《淮南子・时则训》与《礼记・月令》所载相合，即在武帝时期，长江中下游的水耨对时节有严格的要求，而上揭走马楼西汉简库啬夫于“七年正月戊寅朔戊子”，即正月十一日向县廷报告，纵火者大致于十二月底至元月初纵火，如果真是这个时间施行的纵火行为，则其目的显然不是为了“火耕”。

而且秦汉律属于稳定且成熟的法律规范，既涵盖了刑事规范，亦包含行政规范。⑤ 即汉律适用于疆域之

① 陈伟主编：《秦简牍合集（壹）》，第 18 页。

② 《汉书》卷六《武帝纪》，第 183 页。

③ 郑玄注，孔颖达疏：《礼记正义》，北京大学出版社，1999 年，第 513 页。

④ 何宁：《淮南子集释》，中华书局，1998 年，第 409—410 页。

⑤ 徐世虹：《秦律研究》，第 97 页。

内，且长期稳定，而令虽具有法律效力，但更相当于行政文书。这也说明，“非纵火时擅纵火”的律文应从西汉延及尚德街简文所涉及的东汉，且应颁行于全国。

火耕水耨是耕作水稻时采用的一种方式，汉代稻作农业虽有一定发展，但在干旱少雨的西北地区仍以麦、粟、黍等作物为主。当时在黄河流域水稻虽已有广泛耕种，但已采用移栽、稻田精耕技术①，所以火耕技术并不适用于汉朝全境，仅在南方一些水稻栽种区使用，如果“非纵火时擅纵火”这一律令是颁行于全国的法令，则将“纵火”释为“火耕”，仅从耕作方式与栽培作物来看，似于理不合，不符合实际情况，所以，走马楼西汉简中所记载的纵火目的，并非为了火耕而采取的必要措施。

第二，行猎。对于古代社会的纵火行猎，却有案可稽，孟世凯等学者据甲骨卜辞，认为殷商时有火田习俗，即纵火焚林，以便驱赶林中动物，且所焚之林难以再生，第二年开垦为田地。② 据敦煌悬泉置《四时月令诏条》中有载：

毋焚山林

·谓烧山林田猎，伤害禽兽□虫草木…… [正] 月尽……③

整理小组认为“正”前应有“从”字，毋焚山林应从正月始，尽于八月。并注引张虙《月令解》：

春田主用火，因焚莱除陈草，此惟蒐时为然耳，常时固有禁也，亦所以遂生物之性也。

又孙希旦《集解》：

《周礼》春田用火，此国家大蒐之礼也。若民间焚山林则有禁，以蛰虫已出故也。④

可知殷商之后，纵火焚山逐渐演变成制度性的大蒐之礼，具有重要的象征意义，而民间则设有时禁，其目的有二：一为通过田猎达到军事演习的目的，二为“焚莱除陈草”。又根据《四时月令诏条》记载，焚山林是为了“烧山林田猎”，这一行为在史籍中亦有例证，如《汉书·长沙王传》载：

子剌王建德嗣，宣帝时坐猎纵火燔民九十六家，杀二人，又以县官事怨内史，教人诬告以弃市罪，削八县，罢中尉官。⑤

汉代长沙国自然资源丰富，因此简文中纵火者的目的很大可能仅是为了获取猎物。需要注意的是，“非纵火时擅纵火”简文中的“纵火时”属于法律范畴，与“纵火者”的目的并不能完全等同。

《礼记·郊特牲》云：

---

① 邹逸麟：《历史时期黄河流域水稻生产的地域分布和环境制约》，《复旦学报（社会科学版）》1985年第3期。

② 孟世凯：《殷商时代田猎活动的性质与作用》，《历史研究》1990年第4期。

③ 中国文物研究所、甘肃省文物考古研究所编：《敦煌悬泉月令诏条》，中华书局，2001年，第5页。

④ 中国文物研究所、甘肃省文物考古研究所编：《敦煌悬泉月令诏条》，第19页。

⑤ 《汉书》卷五十三《景十三王传》，第2427页。

季春出火，为焚也。然后简其车赋，而历其卒伍，而君亲誓社，以习军旅，左之右之，坐之起之，以观其习变也。

天子适四方，先柴。

郑注："谓焚莱也，凡出火，以火出，建辰之月，火始出。简、历谓算具陈列之也，君亲誓社，誓吏士以习军旅。既而遂田，以祭社也。言祭社，则此是仲春之礼也。仲春以火田，田止弊火，然后献禽，至季春火出，而民乃用火。今云季春出火，乃誓社，记者误也。"

孔颖达疏："为焚者，谓焚烧除治宿草。"①

依文意，西周时统治者需于仲春"出火"活动时，进行"火田"。所谓"出火"，其实就是人们于春耕、秋收时进行的庆典活动。② 此时"火田"除军旅演习的目的外，更具有劝导民众开荒种地的意图。且狩猎所获之物均用于社祭，以祈祷农事丰收。此即说明当时的火田与殷商时期相似，其目的在于除草并开辟农田，与《月令解》的说法相合。

翻检史书，秦汉时期，"纵火"行猎颇为少见，如《汉书·地理志》载：

定襄、云中、五原，本戎狄也，颇有赵、齐、卫、楚之徙。其民鄙朴，少礼文，好射猎。雁门亦同俗，于天文别属燕。③

内地郡县"颍川、南阳"等亦多好渔猎。④

上述地区民众有长期狩猎传统，且汉代狩猎常为捕获猎物，因此不太可能使用"纵火"这种竭泽而渔的方式。

秦汉时的狩猎行为多集中在春夏季节。里耶秦简 9-31 及 8-1559 中记载迁陵县用"捕羽及鸟"与"捕猿"来完成当年赋贡，其规定时间分别为"廿八年二月辛未朔庚寅"与"卅一年五月壬子朔辛巳"。⑤ 枚乘《梁王菟园赋》、扬雄《蜀都赋》都有描写汉代邯郸与蜀地贵族春夏狩猎的内容。⑥ 从地域分布来看，汉代贵族狩猎亦行之于春夏时节。因此，如律法中"纵火时"指的是可在某一时间纵火狩猎的话，则与时人习俗相悖，因此，笔者认为律法中的"纵火"主要指通过焚烧山林草地开辟农田，指代狩猎的情况虽然存在，但并

---

① 郑玄注，孔颖达疏：《礼记正义》，第 793 页。

② 庞朴与张小稳先生对此均有详细讨论，此不赘述。参看庞朴：《火历钩沉——一个遗失已久的古历之发现》，《中国文化》1989 年创刊号。张小稳：《改火、更火、出火及其融合》，《社会科学战线》2015 年第 9 期。

③ 《汉书》卷二十八《地理志》，第 1656 页。

④ 《汉书》卷二十八《地理志》，第 1654 页。

⑤ 陈伟主编：《里耶秦简牍校释》（第二卷），武汉大学出版社，2018 年，第 43 页。陈伟主编：《里耶秦简牍校释》（第一卷），武汉大学出版社，2012 年，第 358 页。

⑥ 枚乘：《梁王菟园赋》，费振刚等校《全汉赋》，北京大学出版社，1993 年，第 29—30 页。杨雄：《蜀都赋》，费振刚等校《全汉赋》，北京大学出版社，1993 年，第 162—163 页。

非常态。

2. 纵火的时间

如该结论成立，则“纵火时”当指可以开辟荒地的时节，其为何时，需要进一步分析。据《齐民要术·耕田》载：

凡开荒山泽田，皆七月芟艾之，草干，即放火。至春而开。根朽省功。……三岁后，根枯茎朽，以火烧之。入地尽矣。……明年，乃中为谷田。①

即在积水地与山地需要在七月割草放火，其中山林茂密之地，需要将树木茎秆切割，等待三年后才可焚烧。据此，地形不同，植物不同，所用焚烧方式亦不同，“纵火时”应不是一个统一的时间规定。根据不同的垦田类型，而有所区别。

秦朝的垦殖田分为“槎田”“草田”“故桑地”“桑田”，如《里耶秦简》所载：

☐黔首习俗好本事不好末事其习俗槎田岁更以异中县 (8-355)

卅五年三月庚寅朔丙辰贰春乡兹爰书南里寡妇憗自言谒豤草田故桑地百廿步在故└步北恒以为桑田 (9-15)

卅三年六月庚子朔丁巳守武爰书高里士五武自言谒豤草田六亩 (9-2344)②

“槎田”指的是在山地斫木为田，“草田”“故桑地”“桑田”为在盆地所开垦的耕田，属于“公田”或“黔首田”，除草田外，其他三种都是常年耕种，无须轮歇，即山地与盆地田地所采用的耕作方式不同。③

降至汉代，官方依据土地特性，将土地分为“定垦”田、“可垦可不垦”田、“邑居道路，山川林泽”等“群不可垦”田三类。如《汉书·地理志下》记载：

本秦京师为内史，分天下作三十六郡……提封田一万万四千五百一十三万六千四百五顷，其一万万二百五十二万八千八百八十九顷，邑居道路，山川林泽，群不可垦，其三千二百二十九万九百四十七顷，可垦不可垦，定垦田八百二十七万五百三十六顷。民户千二百二十三万三千六十二，口五千九百五十九万四千九百七十八。汉极盛矣。④

从律法角度看，在“定垦田”中纵火于理不合。据《汉书·沟洫志》将茭地“溉田之”，以及尚德街东汉简在不允许的时限内“烧山林□司寇”可知，律法规定的“纵火时”实际主要针对后两种“可垦可不垦”田及“群不可垦”田，这两种田应是野生经济作物的重要产出地。但从里耶简与《齐民要术》所载可知，“群不可垦”田多在今长沙地区，武帝时该地区承袭“槎田”的可能性较大。若如是，则在纵火焚田前，需

① 贾思勰：《齐民要术今释》，中华书局，2009年，第6页。

② 陈伟主编：《里耶秦简牍校释》（第一卷），第136页。陈伟主编：《里耶秦简牍校释》（第二卷），第21、477页。

③ 王星光、李平：《从民族农业史视角看里耶秦简中的槎田》，《中国农史》2022年第5期。

④ 《汉书》卷二十八《地理志》，第1639—1640页。

要用“槎田”的方法，先砍伐树木，留下树桩，而后烧山，并抛荒一年。

对于砍伐树木方面的律令，张家山汉简《二年律令・田律》已有明确记载：

禁诸民吏徒隶，春夏毋敢伐材木山林，及进〈壅〉隄水泉，燔草为灰，取产麛卵鷇；毋杀其绳重者，毋毒鱼。

即正月至季夏六月，伐木纵火焚山“燔草”均被禁止，由此可知，春夏时节禁止烧草为灰在汉时似为通例。

据敦煌悬泉置《四时月令诏条》整理者注可知，毋焚山林应从正月始，尽于八月，即仲秋九月时开火禁，但该时禁与“季夏之月”烧草火耕明显冲突。关于此，敦煌悬泉月令诏条整理小组认为，火耕水耨，不应在季夏之月。如“火耕于季夏行之”，又明令禁止，是断农生计也。① 然而据前引《齐民要术・水稻》载：“凡稼泽，夏，以水殄草，而芟夷之。”② 可知如种稻田，以水淹草需在夏日。其后引郑司农之说：“将以泽地为稼者，必于夏六月之时，大雨时行，以水病绝草之后生者；至秋，水涸，芟之。明年乃稼。”③ 可知汉代火耕行于季夏并无问题，整理小组之说并不准确。但为何会有此矛盾之处，笔者认为存在一种可能，即彼时五行与四季对应，如同四时五改火，季夏对应中央土，被单独抽出与四时并列，即季夏不属于春夏之列。④ 即是说，实际六月已开始烧草，但纵火开田很可能行之于七月。如居延简中见有“七月辛巳卒□二人，一人守茭，一人除陈茭地”的记载，王子今先生认为“除陈茭地”为清理伐茭之后的土地，且该地应不会再作为茭地了，似可为另一佐证。⑤ 概而言之，在“定垦田”内，因火耕时令要求，以火烧草的时间应在季夏六月，但结合前引《齐民要术・耕田》可知，纵火烧草开辟农田则要在七月秋季，而如果走马楼西汉简所记纵火者是在十二月“纵火”，为“非纵火时”，则很可能烧草开田在冬季同样被禁止，只能于七月至九月的秋季进行。

但是，焚山开田的时间要求与草田有一定差异，如《礼记・王制》记载：“草木零落，然后入山林，昆虫未蛰，不可以火田。”⑥《淮南子・主术训》中亦见有“昆虫未蛰，不得以火烧田”的记载。⑦ 昆虫蛰伏，当在十月，所以，昆虫未蛰伏时，禁止火田。《礼记・郊特牲》虽载有“仲春”时火田，但据《敦煌悬泉月令诏条》：“愚谓《周礼》春田用火，此国家大蒐之礼也。若民间焚山林则有禁，以蛰虫已出故也。”⑧ 可知

① 中国文物研究所、甘肃省文物考古研究所编：《敦煌悬泉月令诏条》，第 23—24 页。
② 贾思勰：《齐民要术今释》，中华书局，2009 年，第 161 页。
③ 贾思勰：《齐民要术今释》，第 161—162 页。
④ 参考张小稳：《改火、更火、出火及其融合》，《社会科学战线》2015 年第 9 期。
⑤ 王子今：《秦汉名物丛考》，东方出版社，2016 年，第 110 页。
⑥ 郑玄注，孔颖达疏：《礼记正义》，第 373 页。
⑦ 何宁：《淮南子集释》，第 687 页。
⑧ 中国文物研究所、甘肃省文物考古研究所编：《敦煌悬泉月令诏条》，第 19 页。

“仲春”仅是统治者执行“大蒐之礼”时的特殊礼制，民间仍被禁止。另据《四时月令诏条》《季秋纪》载：“是月也，天子乃教于田猎，以习五戎。”① 九月开禁可能便于统治者狩猎，但民间纵火焚山很可能始于十月孟冬时节，与焚烧河谷地区“草田”用于开荒耕地所要求的“秋季”相差极大。

总之，如上述结论成立，则“纵火时”可能因地貌不同，要求各异，生长于河谷地区的灌木、禾草等“草田”可能于七月焚烧，但乔木植被茂密的山林地区自七月砍伐后，很可能十月才允许烧山。如走马楼西汉简中“纵火”焚烧茭草为十二月，则可能冬季“草田”同为禁止焚烧的区域。换言之，天然山林地区因涉及众多野生动物和经济林木，焚烧毁林开田的时令的选择并非是“肥田”的最佳时期，而是依据动植物的物候来定的，只能于冬季十月至十二月进行。但河谷地区的“草田”，涉及茭草、梅材等禾本科和灌木林等经济作物，则在采割之后的七月即可焚烧开田，但冬季则可能被禁止。即汉代政府依据不同地形中经济作物特点，制定了不同的时令政策，并非进行整齐划一式的管理模式，而是具有多样性。

三、走马楼西汉简中关于经济作物安全运输的规定

汉代的经济作物收获之后，一作为赋税缴纳至地方政府，二作为贡赋，进献给朝廷。作为赋税缴纳的经济作物品种较多，如茭草、蚕丝、木材等，这方面的研究成果也较多，此处不再赘述。贡赋给朝廷的经济作物主要有水果、药材等，学界对此方面的研究成果较少，值得关注。

走马楼西汉简中有一批简，涉及武帝时期长沙国重要的经济作物——草药的处理，简文对草药运输有详细的记载，可窥见作为贡赋的经济作物在运输过程中的安全管理流程，该批简经整理小组释读缀合，现胪列如下：

五年四月戊子朔戊子，少内佐误敢言之。谨使佐倚相输五年调茹卵十三斤、象骨一斤大医及所以盛饬物并为校券一，谒关内史府，移少（0618）府大医，令官定以物如校，受长沙临湘少内禁钱计。六年问官名所，上校二千石官名为报，临湘上校长沙长沙内史府，敢言之。(0667)

五年四月戊子朔戊子，少内佐误敢言之：谨使倚输五年调茹一石及所以盛饬物并校券一，谒大仓。令官定以物如校，受长沙临湘少内禁钱计。计六年。问计官名所，上校二千石官为报。报临湘，(0504)

五年四月戊子朔戊子，大医入所官受临湘少内佐误茹卵十三斤直钱四百五十五率斤卅五象骨一斤直钱卅五橐笥一帛繞□□袤二丈二尺韦橐一聂广二尺袤二尺五寸，帛橐一袤二尺　(0638)

---

① 中国文物研究所、甘肃省文物考古研究所编，第23页。

少内禁钱计。实付大医左府乘与药计。五年所输茹卵十三斤，象骨一斤，韦、帛ㄴ橐各一，笥一合，缣织　(0521)

七年七月乙亥朔庚寅，临湘令寅敢言之。府移临湘六年计，校缪短二牒，其一曰六年长沙临(0191) 湘少内禁钱计付大医左府乘与药计，茹卵十三斤，受廿三斤，象骨一斤，受二斤，缣织一，袤二丈二(0130)

以上简文中均为长沙国纪年，五年当指长沙王康王五年，即武帝元朔五年（前124）。该册文书大意为：（长沙国康王）五年至六年期间，长沙临湘少内分别向大农府的太仓以及少府的太医左府缴纳物品，到了武帝元狩元年（前122）有关部门发现物账不对，便下达文书至长沙国，要求长沙县廷核查此事，并将核查结果以缪书的形式向大农府呈报。

根据整理小组释读，认为该简记载西汉武帝元朔、元狩年间，长沙国临湘县向中央朝廷缴纳药材的程序大致如下：缴纳的主体一般为县，主要负责人为县少内，具体从事人员为其佐官；缴纳物品的随附文书称之为"临湘少内禁钱计"；缴纳的程序是：由县少内负责向中央朝廷的大农与少府分别运送，向少府缴纳物品时，需向王国（长沙国）内史府报告，即简文中所提之"谒关内史府"，上缴完物品后，必须与接收方进行账物核对，缴往少府太医的物品存放于太医左府，而相关双方核对用的校券名称则为"乘与药计"。同时，送入大农的物品，不一定向长沙内史府汇报，可直接交与太仓，即简文中的"谒大仓"。上缴完物品后，双方必须核对留档，物品存放于太仓右仓，双方核对用的校券名称为"太仓右仓禾稼计"。

简文中的少府，是秦汉时期的官职，《汉书·百官公卿表》载少府"秦官，掌山海池泽之税，以给共养，有六丞。属官有尚书、符节、太医"①，秦汉时期的少府为九卿之一，其下设有"太医"。"大医左府"应为"太医"下辖机构，秦代封泥已见有"泰医左府""泰医右府"等机构之印②，但资料阙如，我们难以明晰二者具体职能或者区别，从"乘与药计"内容来看，太医左府似为收纳物资的机构，其所收纳物品有"茹卵"与"象骨"，均属药材。根据雷长巍先生考证，"象骨"在后世医书中常有记载，如《本草纲目》五十一卷《兽部·象》载"（象）骨【主治】解毒"③，属于常见的中药。"茹卵"史籍阙载，雷长巍先生推测：

"茹卵"或为茜草。茜草，又名茹芦，多年生攀援草本。主治血热咯血、吐血、衄血、尿血、便血、崩漏、经闭、产后瘀阻腹痛，跌打损伤，风湿痹痛，黄疸、疮痈，痔肿。《黄帝内经》："四乌贼骨一芦茹丸。"是茜草入药的最早记载。又湖南西部和西北部（桑植、武岗）产卵叶茜草。因其叶为卵形，故古人又称之为"茹卵"。

① 《汉书》卷十九《百官公卿表》，第731页。
② 傅嘉仪：《秦封泥汇考》，上海书店出版社，2007年，第7页。
③ 李时珍：《本草纲目》，华夏出版社，1998年，第1852页。

雷氏观点，权备一说。然另据《尔雅注疏》卷八《释草》载邢昺疏云：

茹藘，茅蒐。释曰：今染绛蒨也。一名茹藘，一名茅蒐。《诗·郑风》云："茹藘在阪。"陆机云："一名地血，齐人谓之牛蔓，即今之蒨草是也。"①

时人多用于"染绛"，汉时未必常用于药材。而居延新简 EPT16·2② 与 EPT27·25③ 中均有输茹与调茹的记载，目前尚不能确定二者是否是同一物种，更不能说它就是湖南西部的产物。④ 但无论雷氏观点正确与否，"茹卵"为药用植物应无问题。

简 0504 载长沙临湘少内佐倚相向太仓缴纳了"茹一石及所以盛饬物并校券一"，太仓为九卿大司农所辖，主管郡国漕粮，《通典》卷二六载："秦官有太仓令、丞，汉因之，属大司农，后汉令主受郡国传漕谷。"⑤

秦代户赋包含布、茧、钱、刍槁等，乡县政府分五月与十月两次征收，并上输给郡守。至汉初，承袭秦制，仍于五月、十月征收，其中五月所征缴部分须由郡守二千石呈送于皇室，十月则亦缴于郡国，充于国用。但从走马楼西汉简所载内容来看，其上缴时间与方式显然与赋税不符。从以上分析来看，该批药草，很可能是诸侯国向皇室与国家所缴纳的贡赋税——献。

里耶秦简 8-768 中载有"四时献"：

卅三年六月庚子朔丁未迁陵守丞有敢言之守府下∟四时献者上

吏缺式曰放式上今牒书◎∟书者一牒上敢言之　（正）

六月乙巳旦守府即行　履手　（背）

"四时献"即"四季进献于皇帝"⑥，按里耶秦简所记，四时献所贡物品包含"锦缯""鲛鱼""卢鱼""枳枸""羽毛""猿皮"等布帛与动植物，经济作物为其大宗。对于其缴纳流程，鲁家亮、沈刚、李兰芳等诸位学者已有详细讨论，此不赘述。⑦ 总体而言，乡守须将此类动植物的生长、分布等情况向县级汇报，再

---

① 郭璞注，邢昺疏：《尔雅注疏》，上海古籍出版社，2010 年，第 232 页。

② 甘肃省文物考古研究所、甘肃省博物馆、中国社会科学院历史研究所等编：《居延新简：甲渠候官与第四燧》，文物出版社，1990 年，第 64 页。

③ 甘肃省文物考古研究所、甘肃省博物馆、中国社会科学院历史研究所等编：《居延新简：甲渠候官与第四燧》，第 79 页。

④ 按后世诸多医书所载药材中，常见有"竹茹"，为禾本科植物青秆竹，产地甚广，简中所载"茹"或为其当时的称谓。

⑤ 杜佑：《通典》，中华书局，2012 年，第 728 页。

⑥ 陈伟编：《里耶秦简牍校释》（第一卷），第 222 页。

⑦ 参看鲁家亮：《里耶出土秦"捕鸟求羽"简初探》，魏斌主编《古代长江中游社会研究》，上海古籍出版社，2013 年，第 91—111 页。沈刚：《秦简所见地方行政制度研究》，中国社会科学出版社，2021 年，第 344—354 页。李兰芳：《试论里耶秦简中的"献"》，《中国农史》2019 年第 6 期。

由官府刑徒进行采取，所获之物县廷须统计后定期报告于太守府。①

根据《汉书·高帝纪》载，

二月，诏曰："欲省赋甚。今献未有程，吏或多赋以为献，而诸侯王尤多，民疾之。令诸侯王、通侯常以十月朝献，及郡各以其口数率，人岁六十三钱，以给献费。"②

高帝时，因民生凋敝、制度草创等问题，将秦时"四时献"改为十月朝献，并以"献费"代物。至文帝时，曾有献马的记载，很可能彼时已恢复"四时献"。但从走马楼西汉简所载，武帝时的"四时献"除输于少府后作为皇帝私奉养外，仍有一部分缴于太仓，说明"献"在当时也已作为中央政府收入的一部分。

除走马楼西汉简外，松柏汉简"令丙第九"中也记载了关于汉初"四时献"的令文：

丞相言：请令西成、成固、南郑献枇杷各十，至，不足，令相备不足，尽所（Ⅱ）得。先告过所县用人数，以邮、亭次传。人少者，财助。献起所为檄，(Ⅲ) 及界，邮吏皆各署起、过日时，日夜走，诣行在所司马门，司马门更取（?）(Ⅳ) 大官，大官上檄御史。御史课县留稺（迟）者。御史奏，请许。(Ⅴ)

制曰：可。孝文皇帝十年六月甲申下。(57Ⅵ)③

该令文书写虽用文帝谥号，但颁布应为文帝十年（前170）。西成、成固、南郑当时均属汉中郡所辖县，与走马楼西汉简同，均由县直接呈交至"行在所司马门"即文帝所在之处，不经过郡，并由地方出资运输，且需将沿途损耗考虑在内，并由进献之县拟定文书，同时呈送至经过的邮亭进行签署，以明确责任，以备检验。结合上揭走马楼西汉简，可知物资交付后，须以辨券作为物资出入的凭证。武帝时期的辨券史无明文，但从其运转流程来看，似与秦时邻县之间物资交付有相似之处，即县廷运输者必须与接收方进行账物核对，而后双方留档，以便上级部门定期核查。

结合松柏汉简与走马楼西汉简所载内容可知，汉时"少府""太仓"等机构，通过文书与校券等方式对"四时献"的付受、流程、参与人员等进行双重核验，严格监管，保证相关经济作物在呈缴过程中的准确性和安全性。

---

① 另，现今所见秦汉印章封泥中见地方设有专管果蔬的官吏，如"桃枳丞印""严道橘丞"等，很可能负责地方蔬果的种植采摘，但史书未记，可能并非普遍设置。李兰芳认为两汉时有"献曹"专管献贡，但笔者认同姚立伟先生的观点，即县内政务由诸官到列曹体系的转变大致形成于西汉中后期。即实际上"献曹"承担主要事务可能要在宣帝以后。参看赵平安、李婧、石小力：《秦汉印章封泥文字编》，中西书局，2019年，第447、468页。姚立伟：《从诸官到列曹：秦汉县政承担者的转变及其动因考论》，《史学月刊》2020年第1期。

② 《汉书》卷一《高帝纪》，第70页。

③ 彭浩：《读松柏出土的四枚西汉木牍》，武汉大学简帛研究中心主办《简帛》第五辑，上海古籍出版社，2009年，第334页。

结语

综上所述，根据走马楼西汉简所见内容，汉廷政府针对不同类型的经济作物，管理方式各异。开采之前通过将时令以律令化的方式，对生长特点不同、生长地区不同的经济作物的播种、收获规定以不同的时令，将采伐或焚烧的时间加以严格的限制，如有违反，则根据其所属权不同，分别施以不同程度的刑罚，即损坏归属于官府的经济作物处罚最重，属于私人的经济作物则以“盗”罪比附，自然荒地虽然无主，则亦有相应的惩罚措施，但力度最轻。而经济作物从开采到运输至政府仓库的过程中，则是通过校券，详细记录每个运输关卡的物品情况并详定责任人，以确保各个运输环节的安全性。运输到仓库后，则通过审计方式再次核验各类经济作物的情况，如果发现账目不对，再进一步核查。

总而言之，从以上分析可知，汉代政府从经济作物的生长、开采、运输及贮存各个环节均有完善的安全管理流程。

（罗启龙，本文原载于《中州学刊》2024年第2期）

第三章　简牍所见长沙国司法文书研究

第一节　走马楼西汉简“襄人斂賨案”相关问题略论

长沙走马楼西汉简的构成主体是长沙国官府文书中的司法案例，经整理小组反复研读，现已整理出各类司法案例20余例，由于简的保存状况并不理想，故好些案例多有缺简，读起来都不是很完整，但这并不影响对其案情缘起、司法审讯过程的大致了解，而每一个案例都多少可以揭示西汉中期长沙国司法运作的某个方面和某些具体问题，本文所介绍讨论的所谓“襄人斂賨案”就是这20多个案例中的一个。下面仅就个人的研读所及，略论几个相关问题如下。

一、襄人斂賨案的简牍形制简说

襄人斂賨案的全称叫“无阳乡啬夫襄人斂賨案”，即无阳县雁夷乡的乡啬夫襄人斂收少数民族区域赋税案。案件发生在简文说记的“五年三月”至“五年九月”之间，即汉武帝元朔五年，长沙王刘庸在位的第五年，即公元前124年的三至九月之间。案例全文由31个编号的简牍组成，这31个编号经仔细研读拼缀，已合并成21枚简牍，只剩有一块很小的残片尚没有拼合进去。通过研读，我们发现，本案例的内容尚有四个地方缺简，但到底缺多少简尚无法确定。

值得注意的是，现在拼合的这21枚简牍在形制上并不相同，它分别由16枚两行简、4枚单行简和一枚三行竹牍组成。而且，这三种简的尺寸也不一样，两行简的简长是42.5—46厘米左右，单行简和三行竹牍的长度则大约是两行简的一半，均为22—23厘米左右。同时，经过仔细查验，我们还发现这组简没有编绳的痕迹，简背也没有背划线，故其简序的编联主要依靠对简文内容的解读。此外，这 21 枚简牍的文字也不是一人所书写，最后的一枚简和三行竹牍上的文字显然为另一位书手所写，这多少也说明，这是一件经手多人的案例卷宗，而 4 枚比较短的单行简上所记都是某某人的供词标识，它应该是这组简中几份爰书的标题简。应该说，这种长短不一简牍合成一个案例的卷宗形制，至少是在里耶秦简或其他西汉简中都未曾见过的，这多少也更新了我们对秦汉司法文书卷宗组合形制的认知。

二、案例中所见“爰书” 略说

这个案件的卷宗主体由几份不同的“爰书”组成，见诸简文上的“爰书”有“具狱亭长庚爰书”“守狱史胡人爰书”“狱史巴人爰书”，其中前二者各有 2 份，可知此案例至少有 5 份爰书。从其所记录的内容来看，这些爰书都是对案情所涉人员进行审讯的记录，其格式基本相同。如简 0152+0080“五年七月丁卯，具狱亭长庚爰书：先以证律辨告搞，乃讯。辞曰”，简 0010“五年七月丁卯，具狱亭长庚爰书：以襄人辞召共皮，先以证律辨告，乃讯。辞曰”，这是同一天同一个人，即“具狱亭长庚”提交的“爰书”，从文书格式来看，除了讯问的对象不同之外，其他都是一样的，这多少也说明，至少是在西汉中期长沙国的司法文书中，其“爰书”主要就是这一类记录被告人供词的讯问记录。

有关爰书的性质和内容，有很多的讨论，最近发表的两篇文章可能比较具有代表性，一篇是刘玉环《秦汉爰书考辨》，其认为：爰书不是案件审理情况的记录；原告的诉讼词、被告人的辩供词、证人的证词和办案人员的检讯词等都有可能形成爰书；爰书一旦形成，又供原告、被告、证人、司法人员等公堂审案时引述。① 按，这里所述颇有自相矛盾之处，既然爰书不是案件审理情况的记录，那所谓“原告的诉讼词、被告人的辩供词、证人的证词和办案人员的检讯词”又怎么变成爰书呢？其实，所谓爰书就是对原告的诉讼词、被告辩供词、证人证词和办案人员检讯词等的综合记录，而这记录是与案件的审理过程密不可分的。另一篇是杨振红最近在《史学集刊》上发表的论文，她在分析长沙五一广场东汉简中一个案例后指：“此案中的‘爰书’指经自诉人确认的具有法律效力的正式诉词。同样，经被告、证人确认的供词、证词也属于爰书。……此外，如以往学者所论，现场勘查、法医检验的记录以及审判记录、判决书等也属于爰书。推而言之，汉代的‘爰书’当是具有法律效力的正式的诉讼法律文书。”②

这里，我们并不想对爰书展开专门的研究，但本案例中的 5 份爰书多少可以给我们提供西汉中期长沙国

① 刘玉环：《秦汉爰书考辨》，《五邑大学学报》2022 年第 1 期。

② 杨振红：《五一广场简谢豫言考实雷旦诉书佐张董索贿案假期书补论——兼论“爰书”》，《史学集刊》2023 年第 2 期。

司法审讯案例中的爰书范本，同时，从简 0121 中将“写劾、辟、爰书”并列作为移书来看，所谓“爰书”尚不包括诉讼的劾状和判决书之类的“辟”书，这是否也说明：有关“爰书”的内涵和外延在不同的时代也可能会有些变化和差异，因而似乎不能泛泛地圈定“爰书”的内涵和外延。

在这个案例的卷宗中，上述几份爰书，也就是经审讯而获得的几个被告人的供词都是附件，其主件是简 1792+0017 以下的几枚简，即五年九月，由狱史巴人、胡人所作的“要道辞”和移交卷宗给临湘狱及长沙内史去判决的上行文书，而这几份“爰书”只是这份上行文书的附件而已。

三、案例所涉人员小议

应该说，这个案件的情节很简单，主要追究的事由就是无阳的乡啬夫襄人受命去收賨，但在收賨之后没给作为收据凭证的券书，有贪腐的嫌疑，故被起诉。但就这个简单的案例，涉及的人员可不少。

先说一下办案人员，简文中出现的官员就有具狱亭长、具狱狱史、守狱史、狱史、令史、无阳长、长沙相史、临湘主等，这些办案人员中，有些官名很值得注意，如“具狱亭长”就是比较少见的职官名之一。我们知道，“亭长”是地方行政中最基层的吏员之一，秦代就设有亭长，所谓十里一亭，也就是说，亭是“里”之上、“乡”之下的行政管理机构，亭长的主要职能一般是协助管理所辖各里的治安等事务，但这案例告诉我们，至少是在西汉中期的长沙国内，“亭长”还有一种特别的职能，就是“具狱”，即备文定案，也就是准备定案的全部案卷。《汉书・于定国传》：“于公争之，弗能得，乃报其具狱，哭于府上，因辞疾去。”颜师古注：“具狱者，狱案已成，其文备具也。”① 因此，所谓的“具狱亭长”应是负责准备定罪文案，或者说是负责狱案卷宗的最低级官吏之一。

与“具狱亭长”的职责相类似的有“具狱狱史”，所谓“狱史”，是最常见的专掌狱事的基层官吏，数量很大。我们曾做过统计，在 2000 余枚走马楼西汉简中，“狱史”就出现过 129 次，② 可见“狱史”确实是最常见的狱吏之一。但尽管都是“狱史”，其所执掌的狱事却相当繁杂，或者说各不相同，故其“狱史”的官名之前，往往多有特定的限制定语，这里的“具狱狱史”就是其例，其执掌的狱事当也与“具狱亭长”一样。此外，所谓“守狱史”即是代理狱史之称。

大家知道，“令史”一般是郎以下负责文书工作的小吏，在秦汉简牍文书中，常作为“丞”的属官出现，其所执掌的事务范围比“狱史”要多，其秩级也比“狱史”要高。但本案例中“令史”的名字却与一

① 《汉书》卷七十一《隽疏于薛平彭传》，中华书局，1962 年，第 3042 页。

② 参看陈松长：《再论秦汉时期的“狱”——以长沙走马楼西汉简为中心》，《华东政法大学学报》2022 年第 1 期。

位“狱史”的名字相同，在简1792+0017和0002中，都叫“狱史巴人”，但在简0121中却是“令史巴人”，且简0002和0121所记时间是同一天，即“五年九月辛酉”，这说明这“狱史巴人”和“令史巴人”应该是不同的两个人，因为在同一天内，不可能将“狱史”升任为“令史”，且在上行文书中有所记载。

此外，还有“守狱史胡人”和“狱史胡人”就很可能不是两个人，因为简0008中是“五年七月辛巳，守狱史胡人爰书”，也就是说，在“五年七月辛巳”的爰书中，“胡人”还是“守狱史”，即代理狱史，而到了“五年九月丁巳”，也就是两个月之后，他已不再是代理，而是正式的“狱史”了。

值得注意的是，这个案例是长沙相史“倚”到无阳县核查审讯的一个项目，故作为一县之长的“无阳长”和长沙相史都参与了审讯复查，如简0007“后相史、无阳长来问母地”，简0171+0012“后相史、无阳长问于铁，于铁与方风别居，不得见，问方风，以为毋（无）券，对曰：襄人斂于铁家賨弗券书，方风可问验”。这简文分别见于“具狱亭长庚”和“守狱史胡人”的“爰书”之中，这说明相史和无阳长确实都参与了案例审讯，并且还是由他们两位和狱史胡人共同举劾，由此也可见此案并非一般的小案。

从这些办案人员的身份可知，在这位乡啬夫斂賨案的诉讼过程中，先是由“长沙相史”来无阳鞫审这个在“无阳服捕”的斂賨案，接着由“具狱亭长”“守狱史”准备好的审讯记录，以及具狱亭长、守狱史、狱史准备上呈的“爰书”，再由两位“狱史”拟定“要道辞”，然后由“狱史胡人”以上行文书的格式上报“临湘主”，最后由长沙相史“倚言夬（决）属所、长沙内史府”。但这份卷宗中尚没有长沙内史府的判决书，故此卷宗还仅仅是等待判决前的数据卷宗，其附件也仅仅是几份审讯记录的“爰书”而已。

再说一下涉案人员，如前所说，这本来是一个很简单的案件，但涉案人员还真不少，且其身份还有点复杂，故无妨稍加分析之。

犯案的主犯是奉命去“斂賨”的“无阳乡啬夫襄人”，但这个人的身份和名字都值得注意，简文中明确记载“无阳长”都参与审核，这也就说，本案是发生在长沙国的无阳县，这位襄人则是无阳县所属脽夷乡的乡啬夫，简文中既说他是脽夷乡啬夫，又说他是“脽夷主”，可见他的身份不低，“脽夷”虽不可考，但显然是夷人居住比较集中的地方，“脽夷主”也就是这个地方的主管。也许正因为这种特殊的身份，故作为一县之长的无阳长和长沙相史才可能亲自参与此案件的鞫审和核查。

参与这次斂賨的涉案人员有“搞”“共皮”“工期”“于铁”“定”“强秦”“磿”“仆”“周”“强是”“共来”“共木”“方风”“容”“地”“周奢”“当”十七人，其中“搞”“当”是身份比较特别的人员，故拎出来略加分析。

简文中“搞”的身份是“无阳蛮夷士伍”，又是翻译，简1792+0017中记载：“夷聚里相去离远，民贫难得，襄人令译士五（伍）搞收责瀁溪臾人。”可见他既是需要缴賨的对象，同时又是受襄人之命作为翻译去协助襄人斂賨的人，故他是比较特殊的涉案者。在“搞”自己的供词中首先就说道：“搞家当出賨米，毋

(无) 米，予襄人五椊船一樓，当米八斗；肠七十五斤。” 但实际上这艘船并不是 “搞” 本人的，而是他在帮襄人收賨时收来的，故在审讯中，“搞” 交代 “所受搞肠非搞家賨，襄人不受定船”，所以襄人也不给他缴賨的券书。可以说，这敛賨案之所以有点复杂，与 “搞” 这个人以权谋私有直接的关系。

“当” 在此案中也是很特别的人物，他是一个懂楚语和蛮夷语的翻译，但他并未出现在 “敛賨” 的过程中，而是出现在审讯的过程中。简文曰：“出择（译）共里不更当，令讯麐、仆、强秦。” 即派出译人去审讯那些涉案人员，这位译人是共里人，还是一位有爵位的翻译，我们知道，“不更” 乃秦爵名，《汉书·百官公卿表上》：“爵：一级曰公士，二上造，三簪袅，四不更。” 颜师古注：“言不豫更卒之事也。”① 是知这位译者是可以免除更卒之事的专业人员。

在简文中还有这样一句：“士五（伍）无阳共里埍子，吏令为臾、皇人择（译）。” 我们在读简时，按照简文的表述习惯，曾认为 “埍” 或 “埍子” 也应该是人名，但总是感觉有点奇怪。众所周知，在秦汉简中，“埍” 多读为 “婿”，为赘婿的常用字，“子” 或可为语缀，如果是这样的话，“埍子” 当不是人名，而应该是其身份的一种表述。简文中本有一位 “共里不更当” 者是派出的翻译，有意思的是，他也是 “共里” 人，且这里并没说他是赘婿与否，而只是说了他的爵位，因此，很怀疑简文中作为翻译的 “埍子” 和 “当” 就是一个人，他的身份除了是 “不更” 之外，他还可能是共里的赘婿，只是在不同的供词中各有侧重而已，不然，这个案例的审问中出现两个翻译也有点不太合情理。

四、賨与券书的关系

《说文解字·贝部》载 “賨，南蛮赋也”②，所谓 “敛賨”，也就是收缴少数民族的赋税，本案中的主角就是 “脽夷乡啬夫襄人”，他是奉命在其主管的 “脽夷乡” 征收赋税。很显然，这次 “敛賨” 肯定是长沙国落实该年赋税收入的一个重要组成部分。至于这次 “敛賨” 的目的，在简文中也交代得很清楚，“府调无阳四年賨，糴（粜）卖取钱输临沅食官、厩，偿所赎童贾（价）钱，皆急缓”。也就是说，这次征调无阳县四年（长沙国第二代王刘庸四年）的少数民族赋税，是为了输往临沅的食官、厩苑和补偿 “赎童贾钱”，并且都是很急的任务。可见这是长沙国当年必须支出的财政项目之一，或许正因为如此，长沙相史才亲自追查复核案件，这多少也说明，这次 “敛賨” 可能是当年长沙国赋税征收的重要组成部分，因此，它多少也反映了长沙国赋税征收的某些地方特色。

① 《汉书》卷十九《百官公卿表上》，第 739—740 页。

② 许慎：《说文解字》卷六，中华书局，2013 年，第 127 页。

值得注意的是，这里特别强调了“糶（粜）卖取钱”，也就是说，征收的賨是要粜卖之后，换成钱才输送给临沅官府的，这也就意味着这賨的多样式和复杂性。

大家知道，秦汉时期的赋税制度规定，当时主要征收的是田税、人头税和徭役、兵役等，本案所征收的显然都是人头税，而这税所交的种类却是五花八门，从简文中可以看到的就有“五棒船、肠、米、钱”等。因为要上交的赋税主要是钱，故收賨的过程中就有很具体的换算关系，其中由米换成钱大概是有统一标准的，但船和肠就很特别了，特别是“肠”，大概是当时的蛮夷最主要的肉类食品之一。在无米纳税的情况下，他们就以肠来冲抵，按简文的记录“共皮为予襄人肠十五斤，当米石五斗”，也就是十五斤肠可抵米“石五斗”，也就是一斤肠可以换一斗米，可见这肠还是很值钱的生活必需品之一。而这“石五斗”米，大概也是当时“斂賨”的一个基本标准，如简0010：“乃二月中不识日，啬夫襄人□□共来四年賨，共皮为予襄人肠十五斤，当米石五斗。襄人与分券，券受肠当米如。”“共皮”因为给了肠十五斤，当米石五斗，故“襄人与分券”，且券上所记的肠当米数如实，这也就告诉我们，“共皮”在交了“肠十五斤”后，襄人就给他券书了，也就是说，他应该是已完成了缴賨任务，故襄人就给了作为纳税凭证的券书。不可思议的是，那“五棒船”则并不值钱，它仅能“当米八斗”，这也就是说，你交了一条船也不够冲抵纳税所需的米石五斗的。

其实，从简文所记录的供词情况来看，这“斂賨”还真不容易。如上揭纳賨的品种就很各不一样，需要具体换算，而纳賨的每一个个体也不一样，其中如“搞”，他既是收賨的士伍，也是负责与蛮夷沟通的翻译，还又是纳賨的对象，故他就可以在收賨的过程中浑水摸鱼，用收来的“賨”冒充自己要上缴的“賨”来糊弄乡啬夫襄人。也许是襄人已察觉到这种情况，故他并没给“搞”券书。再如“工期”，他所应缴的“賨”是“钱三百”，但“工期”却说，“共里周奢负工期钱三百”，故要襄人去奢的所在地取钱以当他的賨钱，后来襄人责奢得钱二百廿五，用来冲抵了工期应缴的賨钱，且“当米石五斗”。“即与工期分券”，这说明襄人在斂賨的过程中确实经历了不同的状况。实属不易。

“斂賨”的方式大概是由受命“斂賨”的乡啬夫襄人带着具体的任务指针，同时带着收賨的凭证，也就是券书去收賨，正常的程序是收了賨就要给纳賨人券书，以示纳賨之人已完成纳税的任务，故这券书的发放与否就是本案查验的主要对象。

秦汉简中“券书”一词常见，岳麓秦简和张家山汉简中都有“三辨券”的记载，[①] 一般说来，这券书都是一式三份，一份留存官府备查，另两份是经办人和纳税人各持一份为凭证的。乡啬夫襄人之所以被举劾，其主要原因应该是这券书所记斂賨的数目不符。当然，最主要的原因可能还是没有按数完成“斂賨”的

① 陈松长主编：《岳麓书院藏秦简（肆）》，上海辞书出版社，2015年，第108页。张家山二四七号汉墓竹简整理小组编：《张家山汉墓竹简（二四七号墓）》（释文修订本），文物出版社，2006年，第54页。

任务。但不管具体是何原因引起的诉讼，从审讯的记录来看，查问审核的主要问题就是券书的发放与否。如果襄人在敛賨的过程中收了賨而不给券，或者是收的“賨”与券数不符，那他就有贪污的嫌疑，所以简文中反复出现了未给券或给了“工期”券而其母不知晓者的证词等，但从审讯的结果可知，这位乡啬夫襄人的主要过错也仅仅是在“要道辞”中所说的“襄人受容家賨米一石，诚诈弗与券”而已。而这么繁杂的案件审理，其被举劾之人仅有贪污賨米一石的嫌疑，这多少有点小题大做。当然，或者由此也可窥见西汉中期长沙国吏治的严厉程度。

（陈松长）

第二节　走马楼西汉简“无阳乡啬夫襄人敛賨案”浅析

长沙走马楼西汉简牍是刘姓长沙国留下的档案文书，是研究当时社会状况的第一手资料。简牍整理小组根据内容将这批材料分成一个个独立的案件，其中一件由数十枚简牍构成的文书被命名为“无阳乡啬夫襄人敛賨案”。为了行文方便，我们简称它为“敛賨案”。“敛賨案”涉及不少问题，短时间内难以全部厘清，本文仅就当前兴趣所在之处略陈浅见，希望得到同好者指教。

一、賨钱征收及相关问题

《说文解字》将“賨”解释为“南蛮赋”①，即在南方少数民族地区征收的一种赋税。许慎的这一解释，有其他传世文献可作为支撑。《后汉书·南蛮西南夷列传》：“秦昭王使白起伐楚，略取蛮夷，始置黔中郡。汉兴，改为武陵。岁令大人输布一匹，小口二丈，是谓賨布。虽时为寇盗，而不足为郡国患。”② “至高祖为汉王，发夷人还伐三秦。秦地既定，乃遣还巴中，复其渠帅罗、朴、督、鄂、度、夕、龚七姓，不输租赋，余户乃岁入賨钱，口四十。”③ 武陵郡和巴郡“賨”的征收方式似有差异，武陵郡缴纳賨布，成年人一匹，未成年者二丈；巴郡缴纳賨钱，不分大小，每人缴纳四十钱。

张家山《奏谳书》有一案件，也正好涉及賨钱征收问题：

> 十一年八月甲申朔己丑，夷道介丞嘉敢潚（谳）之。六月戊子发弩九诣男子毋忧，告为都尉屯，已受致书，行未到，去亡。·毋忧曰：“变（蛮）夷大男子岁出五十六钱以当繇（徭）赋，不当为屯。”尉窑遣毋忧为屯，行未到，去亡，它如九。·窑曰：南郡尉发屯有令，变（蛮）夷律不曰勿令为屯，即遣之，不智（知）亡故，它如毋忧。·诘毋忧，律变（蛮）夷男子岁出賨钱，以当繇（徭）赋，非曰勿令为屯也，及虽不当为屯，窑已遣毋忧，即屯卒，已去亡，何解？毋忧曰：有君长，岁出賨钱以当繇（徭）赋，即复也。存吏，毋解。·问，如辞。·鞫之：毋忧变（蛮）夷大男子，岁出賨钱以当繇

① 许慎：《说文解字》（注音版），岳麓书社，2006 年，第 131 页。

② 《后汉书》卷八十六《南蛮西南夷列传》，中华书局，1965 年，第 2831 页。

③ 《后汉书》卷八十六《南蛮西南夷列传》，第 2842 页。

（徭）赋，窑遣为屯，去亡，得，皆审。·疑毋忧罪，它县论，敢潚（谳）之，谒报。署狱史曹发。·吏当：毋忧当要斩，或曰不当论。·廷报：当要斩。①

蛮夷聚集之地设道进行管辖，中原王朝只需要他们臣服即可，故蛮夷相对一般的编户齐民，享有某些徭赋优惠政策，赋税缴纳只是象征性的，一般情况下也无须服徭役和兵役。夷道属南郡，夷道长吏碰到一桩棘手案件，案件发生在汉高祖十一年（前 196），问题的症结在于无忧身份之判定，若视其为普通的蛮夷男子，只需要按时缴纳賨钱即可。若视作戍卒，临阵脱逃按律当腰斩。廷尉最终将无忧当作戍卒看待，判处腰斩。应当说，此案有相当之典型性，故能被人摘抄下来作为范例。

在蛮夷聚集区，民众直接统治者为部族首领，即无忧强调的“君长”。“君长”与县长吏最大的区别在于中央王朝无法直接决定前者的人选，而只能设法笼络。荆州胡家草场汉简“第 3 卷包括腊、祠、司空、治水、工作课、传食、外乐、葬、蛮夷复除、蛮夷士、蛮夷、蛮夷杂、上郡蛮夷间等律”，“与蛮夷管理有关的蛮夷律、蛮夷杂律、蛮夷复除律、蛮夷士律、上郡蛮夷间律等皆为首次发现，涉及分封、拜爵、徭役、賨赋、除罪、朝见等诸多事项”。② 整理者披露的部分简文，有利于深化我们对西汉早期民族政策的理解：

蛮夷长死，欲入禾粟戎葬者，许之。邑千户以上，入四千石；不盈千户，入二千石；不盈百户，入千五百石；不盈五十户及毋邑人者，入千石。　(2621+2630)

蛮夷君当官大夫，公诸侯当大夫、右大夫、左大夫，肓彻公子当不更。　(2597)③

从简 2621+2630 可知，蛮夷首领应当采用汉朝葬俗安葬，这也是臣服中央王朝的标志之一。然移风易俗并非一朝一夕之事，为了减少阻力，汉廷采取了缴纳禾粟以保留旧俗的办法，缴纳数额依据部族户口数而定。汉廷赐予蛮夷大小首领封号，如“君”“公诸侯”“肓彻公子”之类，封号与汉朝民爵相对应。爵位越高，享受的权利就越多。

西汉初年，根据律令，蛮夷大男子缴纳賨钱五十六以当徭赋，但并不代表蛮夷无须服役，蛮夷身份不代表可以免除屯戍之役。胡家草场汉简埋藏于汉文帝时期，年代不早于汉文帝后元元年（前 163）。④《蛮夷复除律》应对蛮夷徭役赋税之征发有详细规定，这些律令条文同样适用于王国和侯国境内，是汉文帝时期及以后处理民族问题的准则。汉武帝时期长沙国境内在处理涉及蛮夷诸问题时，应充分参照这些法令。

关于西汉中期早段賨钱的征收标准，可先看以下简文：

五年七月丁卯，具狱亭长庚爰书：以襄人辞召共皮，先以证律辨告，乃讯。辞曰：士五（伍），无

① 彭浩、陈伟、工藤元男主编：《二年律令与奏谳书——张家山二四七号汉墓出土法律文献释读》，上海古籍出版社，2007 年，第 332—333 页。

② 李志芳、蒋鲁敬：《湖北荆州市胡家草场西汉墓 M12 出土简牍概述》，《考古》2020 年第 2 期。

③ 同②。

④ 荆州博物馆：《湖北荆州市胡家草场墓地 M12 发掘简报》，《考古》2020 年第 2 期。

阳共里，与同产小男共来同居。乃二月中不识日，啬夫襄人□□共来四年賨，共皮为予襄人肠十五斤，当米石五斗。襄人与分券，券受肠当米如。它如辞，证之。 (0010)①

“五年七月丁卯”指长沙王刘庸五年，相当于汉武帝元朔五年，即公元前124年，距离张家山《奏谳书》所载賨钱案发生的时间已逾七十年。根据共皮的供词，成年男子每年缴纳賨赋折合为米石五斗，共皮无米，以肠十五斤作为替代物。据此可知，賨赋的缴纳方式十分灵活，只要价值相当，可用土特产替代。未成年的男子亦需缴纳賨赋，简文特意强调“与同产小男同居”，是因为“大男”“小男”缴纳数额存有差异。秦汉简牍中“小男”“小女”有多重含义，一般与“大男”“大女”相对而言，“大”“小”之界定一般有年龄和身高两种。“小男”“小女”需缴纳賨赋的直接证据来自以下简文：

【五年七月丁】卯，具狱亭长庚以襄人辞召于铁，先以证律辨告，乃讯。辞曰：士五（伍），无阳皇里，与共里大女妹、子方风、小女容异籍同居。啬夫襄人责于铁、方风、容往四年所出賨。方风以米石四斗予襄人，为母妹入賨，于铁予襄人米石，为容入賨，凡二石四斗。襄人未受（授）券书，不智（知）方风、容已受券，智（知）方风、容不告于铁。后相史、(0011) 无阳长问于铁，于铁与方风别居，不得见，问方风，以为毋券，对曰：襄人敛于铁家賨弗券书，方风可问验。它如辞，证之。(0171+0012)②

“方风以米石四斗予襄人，为母妹入賨，于铁予襄人米石，为容入賨，凡二石四斗。”可知大男、大女每年缴纳賨米石四斗，小男、小女为一石。据走马楼0005简，缴纳賨米为粢米。《尔雅·释草》“粢，稷”，即谷子。宋玉《招魂》：“稻粢穱麦。”《说文解字·禾部》：“秶，稷也，或从次。”《越绝书》中也提及这种粮食：

王曰：“然巨阙初成之时，吾坐于露坛之上，宫人有四驾白鹿而过者，车奔鹿惊，吾引剑而指之，四驾上飞扬，不知其绝也。穿铜釜，绝铁鑩，胥中决如粢米，故曰巨阙。”③

里耶秦简所谓粢粟、粢粟米当是粢米之异称：

【廿六】年十二月癸丑朔己卯，仓守敬敢言之：出西廥稻五十Ⅰ□石六斗少半斗输；粢粟二石以禀乘城卒夷陵士五（伍）阳□Ⅱ□□□。今上出中辨券廿九。敢言之。 □手。Ⅲ (8-1452)④

廿六年五月庚戌，痲舍守欧、佐秦出粢粟米四斗一升泰半升，以食痲者居貣（贷）士五（伍）朐忍宜新符积十三日，日少半斗，积四斗少半升。令史肆监。 (9-2292+9-2303)⑤

① 长沙简牍博物馆、湖南大学简帛文献研究中心编著：《长沙走马楼西汉简牍》（壹），岳麓书社，2024年。
② 同①。
③ 袁康撰，李步嘉校释：《越绝书校释》，中华书局，2018年，第301页。
④ 陈伟主编：《里耶秦简牍校释》（第一卷），武汉大学出版社，2012年，第330页。
⑤ 陈伟主编：《里耶秦简牍校释》（第二卷），武汉大学出版社，2018年，第464页。

(卅五年) 十一月辛卯，都乡守择与令史就杂取市贾平。

秫米石廿五钱。

粢（粢）米石廿钱

毋【卖】它物者。

十一月乙未旦，都乡佐启以来。/就发。　(9-1088背+9-1090背+9-1113背)①

【迁】陵粢粟石八十三钱☐　(9-1258)②

无阳见于里耶秦简，与迁陵同为秦洞庭郡属县，二者地貌和气候相近，种植的粮食作物也应相同。里耶秦简中关于粢米价格的记载，一石值钱二十或八十三钱，后者是前者四倍多，或与年成丰歉有一定关系。简单取其平均价格，秦代洞庭郡区域内粢米一石当值五十钱左右。考虑到从秦代到西汉中期，社会生产力并无显著提升，汉武帝时期无阳境内粢米的价格应与秦代相当。无阳皇里"大男""大女"每年缴纳粢米石四斗，值钱七十左右；"小男""小女"缴纳粢米一石，约值钱五十。《奏谳书》说蛮夷"大男"每年缴纳賨钱五十六以当徭赋，虽是汉高祖时的标准，然到汉武帝时征收标准并无大的变动。

二、无阳地望及相关问题

无阳稀见于传世文献，原因是多方面的，主要是由于东汉以后漫长岁月里中原王朝失去对它的掌控，故其出现在正史中的频率大大降低了。《汉书·地理志》载武陵郡属县有无阳，自注文字为："无水首受故且兰，南入沅，八百九十里。"③ 无阳之得名，当源于无水，即今㵲水。无水在历史上又作舞水、㵲水。晋改无阳县为㵲阳县。《宋书》卷三十七《州郡三》："舞阳令，前汉作无阳，后汉无，晋太康地志有。"④

《水经注》"沅水"条下载"沅水出牂柯且兰县，为旁沟水，又东至镡成县，为沅水，东过无阳县"，郦道元注云："无水出故且兰，南流至无阳故县，县对无水，因以氏县。无水又东南入沅，谓之无口。沅水东迳无阳县，南临运水，水源出东南岸许山西北，迳其县南流，注于熊溪。"⑤

当代学者对无阳地望的界定，多见于各种实用辞书中。《中国历史大辞典》对无阳县的介绍如下："西汉置，以在无水之阳得名。治今湖南芷江县东北。东汉废。西晋太康中复置，作舞阳县。东晋义熙中移治故镡

① 陈伟主编：《里耶秦简牍校释》(第二卷)，第253页。
② 陈伟主编：《里耶秦简牍校释》(第二卷)，第282页。
③ 《汉书》卷二十八《地理志》，中华书局，1962年，第1595页。
④ 《宋书》卷三十七《州郡三》，中华书局，1974年，第1126页。
⑤ 郦道元著，陈桥驿校证：《水经注校证》，中华书局，2007年，第868页。

成县（今靖州县西南）。南朝齐作潕阳县。梁改为龙标县。历朝皆属武陵郡。”① 《中国历史地名大辞典》：“西汉置，属武陵郡。治所在今湖南芷江侗族自治县东南。《水经·沅水注》：‘县对无水，因以氏县。’东汉废。”② 诸如以上解释均根据传世文献有限记载立论，结论虽然无法让人完全信服，然在新材料面世之前，若不能革新考证方法，也难以得出新的可靠的结论。周振鹤等学者认为无阳县“确地无考”，“当在今湖南芷江侗族自治县东北”③，此处依然沿用了先前学者的观点。

1953 年，长沙仰天湖一座战国楚墓（M25）出土楚简 42 支，内容为遣册，编号为 1 的简文为“鄦昜公一紡衣，绿緹”，④ 鄦昜公为赗赠者姓名，但先前学者常依据许慎《说文解字》的解释，将“鄦”读为“许”。⑤ 我们认为“鄦昜”即秦汉文献所见之“无阳”，无阳因无水得名，设县必筑城，故添加邑旁。又楚文字中“阝”之有无，并不影响其真正的意思，如包山楚简中表示“邓”地时选用“登”字⑥，作为姓氏的吕均写作“郘”。⑦ “鄦昜公”，是楚国对鄦昜县长官的称呼，里耶简有“迁陵公”。楚在无阳置县除了有里耶简材料作为旁证外（迁陵距离郡治的距离远大于无阳），还有其他证据。长沙楚墓 M869 外椁上有五个圆形烙印，其中一个被吴铭生先生释为“沅昜于国”⑧，曹锦炎先生改释为“沅昜𢓊（衡）”⑨，为古代掌管山林的职官。考古发现，沅阳城址和无阳城址均位于无水旁，二者相距仅数十公里，详见后文。因此，沅阳、鄦昜成为楚置县的时间也应相近。

里耶秦简材料公布以后，极大程度改写了秦与西汉早期的历史地理知识。里耶秦简披露的洞庭郡、苍梧郡、沅阳、醴阳、上衍、门浅、新武陵等郡县名，不见于传世文献，又如无阳、临沅、迁陵、沅陵、酉阳、零阳、辰阳等之前认为始设于西汉的县，至迟在秦代就已设立。已刊布里耶秦简中与无阳有关的材料如下：

狱东曹书一封，丞印，诣无阳。·九月己亥水下三刻，□□以来。 (5-22)⑩

冗佐上造临汉都里曰援，库佐冗佐。 AⅠ

为无阳众阳乡佐三月十二日， AⅡ

---

① 中国历史大辞典·历史地理卷编纂委员会编：《中国历史大辞典·历史地理卷》，上海辞书出版社，1996 年，第 104 页。

② 史为乐主编：《中国历史地名大辞典》，中国社会科学出版社，2005 年，第 313 页。

③ 周振鹤、李晓杰、张莉：《中国行政区划通史·秦汉卷》（上），复旦大学出版社，2017 年，第 440 页。

④ 湖南省博物馆等：《长沙楚墓》，文物出版社，2000 年，第 420 页。

⑤ 史树青：《长沙仰天湖出土楚简研究》，群联出版社，1955 年，第 30 页。李学勤：《谈近年新发现的几种战国文字资料》，《文物参考资料》1956 年第 1 期。

⑥ 陈伟等著：《楚地出土战国简册［十四种］》，经济科学出版社，2009 年，第 17 页。《包山楚简》第 43 简：“十月辛巳之日不归板于登（邓）人以至（致）命于郢。”

⑦ 陈伟等著：《楚地出土战国简册［十四种］》，第 37 页。《包山楚简》第 82 简并列了六位郘姓人名。

⑧ 吴铭生：《长沙战国墓木椁上发现烙印文字》，《文物参考资料》1956 年第 12 期。

⑨ 曹锦炎：《释楚国的几方烙印》，《江汉考古》1994 年第 2 期。

⑩ 陈伟主编：《里耶秦简牍校释》（第一卷），第 13 页。

凡为官佐三月十二日。　AⅢ

年卌七岁。　BⅠ

族王氏。　BⅡ

为县买工用，端月行。　CⅠ（8-1555）

库六人。　（8-1555 背）①

女卅人居赀无阳，

女廿三人与吏上计，

女七人行书酉阳，

女卅人守船，

女卅人付库。　（10-1170）②

《里耶秦简牍校释》一书对无阳地望的界定，并未能超越前人，"无阳，县名，《汉书·地理志》属武陵郡，县治约在今湖南芷江侗族自治县东北"③。2005 年，湖南省文物考古研究所启动了"湖南楚汉城址调查"项目，旨在搞清湖南境内楚汉遗址、城址的性质，弄清战国秦汉时期今湖南地区的行政建置及变化情况。目前基本完成沅水和澧水流域楚汉城址的调查工作，取得了一些突破性成果。"为了寻找无阳县城的位置，我们在芷江县城一带开展了大范围调查，结果不仅没找到城址，连墓葬也没发现几座。因此我们扩大范围对整个㵲水流域做了一个系统调查，发现有两个地方战国秦汉时期的遗存分布特别密集：一个是现在中方县荆坪古村及对岸的中方新县城一带；一个是现在洪江市的城关镇黔城镇一带。根据黔城附近出土的玺印、封泥等文字材料，我们确认以黔阳古城为中心的聚落应是沅阳县城所在。"④高成林先生在《湖南汉代考古概述》一文指出，根据《水经注》等传世文献记载，以怀化中方县荆坪村为中心的聚落与秦汉无阳地望比较符合，关键点在于传世文献记载能得到现代科学考古的佐证。⑤ 因此，高先生对无阳县城址位置的界定，我们认为是可信的，相信以后还会得到更多材料证实。

根据湖南省文物考古研究院的最新勘探成果，可知秦汉无阳县城址当在今怀化中方县荆坪村一带。又据里耶秦简、走马楼西汉简可知，当时无阳县下辖乡有众阳乡和脽夷乡。脽夷乡所辖里有皇里和共里。脽夷乡

① 陈伟主编：《里耶秦简牍校释》（第一卷），第 357 页。

② 里耶秦简博物馆、出土文献与中国古代文明研究协同创新中心中国人民大学中心编著：《里耶秦简博物馆藏秦简》，中西书局，2016 年，第 56 页。

③ 陈伟主编：《里耶秦简牍校释》（第一卷），第 13 页。

④ 高成林：《湖南汉代考古概述》，《南方文物》2022 年第 2 期。

⑤ 同④。

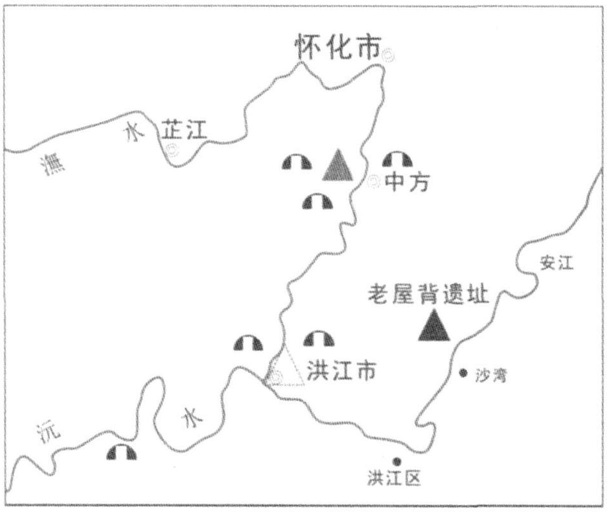

图四　潕水流域楚汉遗存分布图[1]

是臾人（又称臾皇人）聚集地，不能讲楚言，故襄人征收賨钱时需要借助当地人搞为翻译：

五年七月丁卯，具狱亭长庚爰书：先以证律辨告搞，乃讯。辞曰：士五（伍）无阳共里壻子，吏令为臾、皇人择（译），乃二月中不识日，啬夫襄人在轻半，令搞收责潫溪臾人，□☒

五（伍）定予五棒船一艘，当米八斗，士五（伍）强秦、麐、仆予肠各廿五斤，凡七十五斤。搞令安居士五（伍）周乘船下，搞先去潫溪，中环（还）轻半，襄人所收责得船☒　（0152+0080）[2]

臾人又见于里耶秦简：

都乡黔首毋濮人、杨人、臾人。　(9-2300)[3]

☒□不通濮人曰臣臾人[曰]☒

☒濮人臾补须濮人臾人大☒

☒……☒　(9-1145)

臾人当是部族名，很可能是侗族先民。西汉末期逐渐活跃在历史舞台上的“五溪蛮”当包括臾人、杨人、濮人等部族。

根据走马楼西汉简牍可知，汉武帝元朔年间（前128—前123），无阳县仍旧被牢固地操控在长沙国手中。境内部分蛮夷被“编户化”，需要按时向官府缴纳賨赋，触犯法律时会被官府讯劾定罪。这些被“编户化”的蛮夷，除了享受赋税徭役方面的某些照顾之外，与一般汉民在权利与义务方面并无多大差异。终西汉

① 潕水流域楚汉城址分布图采自高成林《湖南汉代考古概述》。
② 长沙简牍博物馆、湖南大学简帛文献研究中心编著：《长沙走马楼西汉简牍》（壹）。
③ 陈伟主编：《里耶秦简牍校释》（第二卷），第466页。

一朝，长沙国对无阳地区的控制都很得力，《汉书·地理志》武陵郡下属县有无阳即可证明。

长沙市文物考古研究所收藏的一批漆器或有和无阳有关的铭文，漆器类型及铭文如下：

素面漆耳杯（标本010），杯外侧腹部一侧朱漆书“门浅库”，另一侧刻画“十一年，无阳长秦、丞状、库萛、工喜造第卅三”。① 素面漆盘（标本107），外上腹刻画“十一年，无阳长秦、丞状、库萛、工喜造第十二”。② 素面漆盘（标本108），外上腹刻画“十一年，无阳长秦、丞状、库萛、工喜造第十八”。③

“十一年”是长沙王还是汉帝纪年，见后文考证，以上3件漆器均由无阳制造，由县长和县丞督造，库啬夫主造，工匠制造，这种三级督造所构成的所谓“物勒工名”制度，可以比较有效保证器物的质量，这种制度在战国时期就很成熟，出土器物多次证明，此不赘述。

以上3件漆器非科学发掘所得，乃公安部门追缴获得，然后移交给文物部门。移交的被盗文物共有249件（套），除2件清代玉镯外，其余均出土于湘江西岸沿岸低矮丘陵上的4座墓葬内。据盗墓分子供词，移交的漆木器均出土于同一座墓葬（即庙坡山汉墓。其中1件剑椟存疑），共计140件。④ 出自同一座墓葬的漆器尚有素面漆耳杯（标本市博04）一件，杯外侧一侧刻画“九年醴阳长尊、丞徐、库术、工则造”。⑤ 此漆耳杯由醴阳县制造，后出现在长沙汉墓之中。

醴阳见于里耶秦简、张家山汉简、香港中文大学藏河堤简和荆州松柏汉简，该县一直隶属于南郡。发掘报告认为荆州松柏汉简埋藏年代为汉武帝前期⑥，所列南郡属县有醴阳。然《汉书·地理志》中并无此县，可知此县必废于汉成帝元延三年（前10）之前。⑦ 我们先假设制器时醴阳仍为汉廷直接控制的县，则其制造的器物上所刻年份当为汉帝纪年。汉高祖九年为公元前198年，惠帝、吕后无九年，文帝九年为公元前171年，武帝纪年变换频繁，未有使用时间达九年者。武帝以后年号制度成熟，一般会以年号加上帝王在位年数来纪年。研究者据长安未央宫骨签纪年材料归纳得出“从文帝后元至武帝元鼎九个纪年组，除文帝后元和景帝前元纪年为一至七年之外，其余诸纪年组纪年均在一至六年或六年以内”⑧。又同庙坡山汉墓的一件漆耳杯底部中央有锥刻铭文“六年沅陵侯相泽之、丞盾（?）、少内辟、工贤造”，腹部有朱漆书“门浅库”。⑨ 而沅

---

① 长沙市文物考古研究所编：《西汉长沙王陵出土漆器辑录》，岳麓书社，2016年，第82页。

② 长沙市文物考古研究所编：《西汉长沙王陵出土漆器辑录》，第84页。

③ 长沙市文物考古研究所编：《西汉长沙王陵出土漆器辑录》，第86页。

④ 长沙市文物考古研究所编：《西汉长沙王陵出土漆器辑录》，第25页。

⑤ 长沙市文物考古研究所编：《西汉长沙王陵出土漆器辑录》，第80页。

⑥ 荆州博物馆：《湖北荆州纪南松柏汉墓发掘简报》，《文物》2008年第4期。

⑦ 马孟龙：《西汉侯国地理》，上海古籍出版社，2013年，第75—83页。

⑧ 中国社会科学院考古研究所汉长安城工作队、西安市汉长安城遗址保管所合编：《汉长安城遗址研究》，科学出版社，2006年，第538页。

⑨ 长沙市文物考古研究所编：《西汉长沙王陵出土漆器辑录》，第52页。

陵侯始封在高后元年（前187），考虑到器物的使用年限，同一批漆木器制造的年代应相近，故高祖九年可以排除。

“六年沅陵侯相泽之、丞盾（?）、少内辟、工贤造”之“六年”若为长沙王吴著六年，则当公元前173年。考虑到同一批器物另一件漆耳杯（053号）腹部刻有“十□□沅陵长系丞视库□工□造”，外侧腹部有朱漆书“沅陵”。杯外底正中斜向烙印戳记“仓”字。[①] 这两件漆耳杯出自一墓，制作时间不应相差过远。053号漆耳杯铭文出现“沅陵长”，显示此时沅陵侯国已废。沅陵侯国废于公元前141年。故“六年沅陵侯相泽之”之“六年”应为沅陵侯国纪年，而且为末代沅陵侯的可能性更大，然末代沅陵侯吴周仅在位5年，吴周之父吴福在位17年，吴福六年为公元前157年。吴福（前162—前146为沅陵侯）为吴芮之孙，吴著（前178—前157为长沙王）为吴芮玄孙，沅陵侯吴福辈分比长沙王吴著高两辈，这或许是沅陵侯不奉长沙国纪年的原因之一。

末代沅陵侯吴周薨于公元前141年（当为汉景帝后元三年），因无后，侯国被除为县，属武陵郡。考虑到汉景帝在位期间，没有一个纪年周期超过十年，故“十□□沅陵长系丞视库□工□造”所见纪年必为长沙王纪年。综合考虑可知，这段铭文所在器物制造的年代上限为长沙王刘发十一年，即公元前145年，下限为刘发十九年，即公元前137年。如此，同墓所出漆器，最早制造年份为公元前171年，最晚为公元前137年，相距34年。考虑到一般漆木器使用年限难以达到30年以上。故先前设定醴阳制造器物上九年为汉帝纪年当有问题。

既然不是汉帝纪年，则为某王国或侯国纪年，铭文出现“醴阳长”，故当时醴阳为侯国的可能性被排除。醴阳的具体地望仍待研究，但因其曾属南郡，又与孱陵相距不远，其在长江以南可以确定。又考虑到“澧”“醴”音同以及古代地名命名原则，醴阳当位于澧水之北。零阳正位于澧水上游，同墓出土漆耳杯内部黑漆书“零”，应是“零阳”省称。零阳为武陵郡属县，武陵郡在西汉属长沙国。那么，邻近的醴阳被划入长沙国的可能性也是极大的。刘发为汉景帝之子，武帝之兄，刘发封地所在长沙国，与同时受封的其他王国相比，不仅人口少，而且气候不佳，或是出于补偿，将孱陵、醴阳划拨给长沙国，这也是为何在汉武帝初年仍属南郡的孱陵，到了《汉书·地理志》之中出现在武陵郡之下的原因。

若将醴阳所造漆耳杯上所见“九年”理解为定王刘发九年，所有的问题都可以迎刃而解。长沙定王刘发九年为公元前147年。前文已论证“六年沅陵侯相泽之”之“六年”为公元前157年。据此，无阳所造三器所刻铭文“十一年”当为公元前145年。“十□【年】沅陵长系丞视库□工□造”最晚制造时间为公元前137年。同一墓葬所出漆木器，最早与最晚时间相差20年，是可以成立的。

需要补充的是，尚有另外一种可能。“六年沅陵侯相泽之”之“六年”为长沙定王六年，即公元前150

① 长沙市文物考古研究所编：《西汉长沙王陵出土漆器辑录》，第50页。

年，则“十□【年】沅陵长”所缺之数字必须大于五，因为末代沅陵侯薨于长沙定王十五年。

之所以不厌其烦论证无阳所造器物上所见纪年具体所指，是因为它牵涉颇多问题。“十一年”确定为公元前145年，而走马楼汉简所见賨钱案发生在刘庸五年（前124），二者相距仅21年，各项制度和当地情况不会发生大的变异。铭文三次出现“无阳长秦”，可知无阳当时为人口少于万户的小县。无阳制造的漆耳杯、漆盘或被门浅县收藏，或直接流入长沙国高等级贵族之室，① 足以说明无阳当地手工制造业较为发达。漆器在西汉时期可列入奢侈品行列，并非一般平民和小贵族可以享用。汉墓所出陪葬品中若有漆器，尤其是数量众多者，墓主级别非王即侯。漆器制造工艺比较繁复，《盐铁论·散不足》载“一杯用百人之力，一屏风就万人之功”。据此可知无阳县内从事漆器制造的工人数量不少。

汉代中期以后，史书有关无阳的记载甚少，《后汉书·郡国志》武陵郡下已不见无阳和义陵，可知汉廷已失去对二县的控制，沅水上游已经被五溪蛮占据。这当与王莽时期的民族政策有直接关系。无阳具体何时脱离汉廷控制，个中具体缘由何在，还有待他日仔细考察。

三、“不能楚言” 彰显的族群关系和语言权利

出土文献之所以可贵就在于被后人篡改的概率较小，当时人记录当时事，能最大程度上展现古人思维方式和当时的典章制度。“无阳乡啬夫襄人敛賨案”在记录无阳雎夷乡臾人不能和官府直接交流时，用了一个有意思的表述方式——“不能楚言”：

> ▨狱史胡人爰书：以襄人、搞辞、证律告麐、强秦、仆。麐、强秦、仆皆不能楚言，即以襄人、搞辞、证不言请（情）、择（译）讯人出入罪人律，出择（译）共里不更/当，令讯麐、仆、强秦。当曰：强秦、麐、仆/辞曰：皆士五（伍），居溠【溪】，□□轻半，士五（伍）共搞来言曰：为雎夷主襄人收賨，麐、仆、强秦予搞肠各廿五斤，不智（知）当米数，搞去。后不识日，强秦、麐、仆之/田，到栖溪涌见一吏▨　(0161+0003)②

因为语言隔阂，治狱官吏不能与被审讯者直接对话，故委托共里不更当，让他审讯麐、仆、强秦。当爵位为不更，据史书，不更爵以上者可免除某些徭役，当在本地具有一定地位。当为无阳县雎夷乡共里人，他平时所操语言应与麐、仆、强秦相同。当需要向官府报告审讯情况，因而可知他不仅能楚言，而且能用汉字将审讯过程记录下来。本来搞是当地主官在雎夷乡的“御用”翻译，因为搞本人也涉及案情，故需要回避。

“麐、强秦、仆皆不能楚言”，暗示在无阳地区，乃至整个长沙国境内，楚言为官方语言。要进入统治阶

① 同墓所出漆器铭文可证墓主身份之高贵，详见《西汉长沙王陵出土漆器辑录》一书相关材料。

② 长沙简牍博物馆、湖南大学简帛文献研究中心编著：《长沙走马楼西汉简牍》（壹）。

层，或者希望与统治者正常交流，必须会楚言。搞、当等臾人，并非官员，却能说楚语，能写汉字，于铁能与无阳长、相史直接对话，也说明了楚语作为强势语言对蛮夷地区进行了有效渗透。

据里耶秦简材料，沅水流域在秦王政二十五年（前222）就并入秦版图，这其中也包括无阳。由于秦人在该地区的统治只维系了区区十几年，加上楚国先前已在沅水流域经营多年，故秦语在当地产生的影响很有限。当然，秦文字幸运地被历史选中，汉以后成为中国各地通行文字，秦文字对当地臾人产生过相当重要的影响。户籍信息、赋税缴纳、契约签订、审讯爰书等，均由此种文字记录。

回到“不能楚言”的讨论。楚言或为汉代官方通行语言，汉代前期尤其如此。因为汉朝的开创者多来自丰沛一带，故为楚地。刘邦能将东方各地的人才网罗在一起，实得始皇之助。刘邦与东方各路诸侯士人交流时，多赖秦隶，而非言语。楚国之内，方言各殊，或不能直接交流，遑论他处。试简述汉代开国元勋籍贯所习语言文字于下。

张良父祖为韩相，自小习三晋文字，说韩语。张耳乃大梁（今河南开封市）人，曾为信陵君门客，习三晋文字，说魏语。彭越为砀郡人。砀郡本宋国旧地。公元前286年，宋国发生内乱，齐国便趁机联合楚国、魏国攻打宋国，宋亡，三国瓜分其疆土。申屠嘉史载为魏人，当与彭越、张耳一样，自小习三晋文字，说魏语。

陈平，阳武户牖乡（今河南新乡市）人，《史记·秦始皇本纪》载：“二十九年，始皇东游。至阳武博狼沙（博浪沙）中，为盗所惊。求弗得，乃令天下大索十日。”公元前266年后，阳武地区属秦。故陈平乃新秦人，自小学秦文字，说魏语。

韩信为淮阴县（今江苏淮阿市淮阴区），英布为九江郡六县（今安徽六安市）人，均属楚地。英布早年坐罪，受到黥刑，故史书又称黥布。吴芮籍贯未明，秦代为鄱阳令，必非鄱阳人（秦代法律规定县令必须由他县人担任），考虑到秦代县令和郡守常由秦地人担任，我们倾向于吴芮为秦人。

此外，刘邦等来自沛县者，要与魏国王族魏豹、韩王信、燕国臧荼、陈留郦食其以及来自齐地的田氏、娄敬、叔孙通等人交流，恐怕要借助秦隶或翻译。

刘邦、萧何、曹参、周昌、任敖、周勃、樊哙、夏侯婴、卢绾、王陵，均为沛县人，自小说楚语，或能书楚文字。刘邦、萧何、夏侯婴、曹参曾为秦吏，必能同时熟练使用秦隶和楚文字。他们是可以用语言直接交流的。由于这个群体在汉初政权中起主导作用，他们使用的楚言也就成为“官话”。这也是走马楼西汉简中特意强调夷人“不能楚语”。汉代的“楚语”就如《论语》中提及的“雅言”，只不过春秋时代的“雅言”是指周天子所在洛阳一带的方音。西汉初期的“楚言”，或可以理解为沛县一带的方言。楚国疆域广阔，在秦汉时就有东楚、西楚、南楚之别，区域内必有次方言区。长沙国位于南楚，长沙自战国以来就是楚国南疆最为重要的城市，也是政治、文化和经济中心。因此长沙国内通行的楚言，与汉代的“雅言”定有一些差异。

四、余论

南越王赵佗在写给汉文帝的书信中说“西北有长沙，其半蛮夷，亦称王”①，言语中饱含鄙夷之情，然却道出长沙国内族群众多、汉夷混杂的历史事实。沅水中上游地区本为蛮夷聚集区，战国末年以来，该区域成为秦楚反复争夺之处，多次易手。战国中晚期，楚人在沅水及其重要支流设置了一批县，如迁陵、酉阳、无阳、沅阳、辰阳、沅陵等，这些县最初只是作为军事据点而存在，县城更像是一座军用城堡。然驻军需要大量物资，虽然可以通过沅水调运，终归是远水难解近急。于是就近购买或用武力强征亦是题中之义。在当地土著眼中，楚人就是一群外来侵略者。反抗侵略的活动从来不会停止，无奈势力悬殊，土著只能放弃祖居的滨水平原之地而迁徙到山高林密之处，里耶秦简 9-2300 载秦代迁陵县“都乡黔首毋濮人、杨人、臾人”②，即是此种情形。都乡为县衙署所在之乡，如今天的城关镇，一般会选在地势平坦交通便利之处。里耶古井出土的楚简上有“迁陵公”这一称谓，楚国常将县令称为公。楚国在迁陵设县，秦人占领迁陵后在都乡竟然找不到世居此地的濮人、杨人和臾人。可见外来势力侵入对土著的影响是相当深刻的。

秦灭楚，成为沅水流域新的统治者，并往此地迁徙、派遣了大量的刑徒、戍卒和罪吏。沅水流域比之前更加热闹了。巴蜀的物资和军队可以通过沅水源源不断地运往南越前线。《淮南子·人间训》言秦始皇“利越之犀角、象齿、翡翠、珠玑，乃使尉屠睢发卒五十万，为五军，一军塞镡城之岭”③，“镡城”在里耶秦简、走马楼西汉简中均写作“镡成”，镡城县最迟在秦代就已设置，《汉书·地理志》中为武陵郡属县。据《水经注》沅水正从镡城县经过，且位于无阳县上流。一般认为镡城县治位于今湖南靖州县西南，位于沅水支流。镡城乃沅水流域距离南越最近的一座县城，来自巴蜀的物资和军队需要通过沅水来调拨，需依次通过迁陵、酉阳、沅陵、辰阳、沅阳等地，才能到达镡城。

正是由于楚秦均用大力经营沅水流域，为汉长沙国管控此区域奠定了良好基础，终西汉一朝，沅水流域均被牢牢掌握在汉廷手中。

（周海锋）

---

① 《汉书》卷九十五《西南夷两粤朝鲜传》，第 3851—3852 页。

② 陈伟主编：《里耶秦简牍校释》（第二卷），第 466 页。

③ 刘文典：《淮南鸿烈集解》卷十八《人间训》，中华书局，1989 年，第 617 页。

第三节　走马楼西汉简“长沙邸传舍劾文书”解析

长沙走马楼西汉简中有一些与传舍有关的记载，其中15枚属于同一册书，是一份关于长沙国邸传舍损坏情况的举劾通报，内容完整，对我们了解郡国邸及其传舍的设置、建筑设施乃至管理过程来说都是不可多得的珍贵史料，试解析于下。

一、释文排序

册书原由15枚竹简编联而成，其中2枚为屋脊形竹两行，每简书写两行文字，为册书主件；另外13枚较窄，每简皆书一行文字，是册书的附件。按自身文字格式及惯例，附件居前，主件居后。为便于阅读，试据内容及数列规律，重新排序如下：

1. 桉：传舍二千石东舍门屋牡瓦廿一枚，后厕屋牡、牝瓦各十枚，其东内户扇广四尺四寸，袤七尺，皆不见。　（1036）

2. 桉：传舍二千石舍西南乡马庑、屋败二所，并袤丈五尺，广八尺，牡、牝瓦各十九枚，竹马仰四、井鹿一具不见，马磨坏败。　（1021）

3. 按：传舍承朋舍西乡屋败一所，袤四丈五尺，广四尺五寸，【牡】瓦六十三枚、牝瓦卌七枚，竹皆不见。　（1022）

4. 桉：传舍承朋舍椿垣、牡瓦五十枚、牝瓦四枚┗、门┗夬卧内户扇四皆不见。　（1020）

5. 桉：传舍五王第一至第四舍坏败，牡、牝瓦各七十枚，井坏败。鹿车一具，袤丈四尺，皆不见，马磨坏败。　（1026）

6. 桉：传舍五王西乡凝庑牡瓦七十枚不见。　（1045）

7. 案：邸传舍五王东乡马庑牡、牝瓦各卅枚不见。　（1025）

8. 案：邸传舍西第一舍櫄垣败二所，其一所袤丈六尺┗，一袤三丈五尺五寸，牡瓦卅三枚、牝瓦廿一枚，竹皆不见。　（1030）

9. 案：邸传舍西第二舍大屋牡瓦十枚、牝瓦三；櫄垣一败一所，袤四丈四尺，牡瓦十五枚、牝瓦十

枚；竹卧内户扇一、井鹿车一具，皆不见。　(1027)

10. 案：邸传舍西第三舍大屋牡瓦六枚、牝瓦五枚；樔垣败一所，袤三丈五尺，牡瓦二十五枚、牝瓦四枚；竹卧内柎、上冠皆不见。　(1029)

11. 案：邸传舍西第四舍樔垣败二所，袤四丈七尺；牡瓦卌四枚、牝瓦十四枚，门夬，卧内户扇，柎、冠各一，竹皆不见。　(1023)

12. 案：传舍西乡中樔垣、门败，袤十一丈；牡、牝瓦各二百一十二枚，皆毁败，竹不见。　(1028)

13. 案：传舍西北乡庑牡瓦十一，犯仰，井鹿皆不见。马磨皆坏败。　(1019)

14. 牒书：传舍屋、樔垣坏败，门内户扇、瓦竹不见者十三牒。吏主者不智数遁行、稍缮治，使坏败、物不见，毋辩护，不胜任。

五年七月癸卯朔癸巳，令史援劾，敢言之。谨案：佐它主。它，鄱佐，前以诏遣故长沙军司马贯死烝阳。敬写移，谒移鄱，以律令从事，敢　(1079)

15. 言之。/令史援

十月癸巳，长沙邸长斋移鄱。/令史援/二月丙午，长沙邸斋敢告鄱主，谨写重，敢告主。/令史援·鄱第廿九　(1015)①

据内容，以上十五简无疑属于同一册书。例 14 之 1079 简云“牒书……十三牒”乃指其附件由 13 枚简构成，恰好与 13 枚单行字竹简的数量相合，则表明此册完整无缺。今见大部分简号靠得比较近甚至连贯，只有 1079 及 1045 简被甩出较远，又有与本册内容无关的少量其他竹简嵌入其中，表明出土前卷册虽然曾被扰动，但大体仍抱团而未完全散乱。可是如果完全按原顺序号码从大到小，或从小到大排列，排序结果不尽符合数列规律，故重新排序如上。

上述排序，在关注原顺序号的前提下，首先按内容组合，如把关于“二千石”传舍、“五王”传舍、“邸传舍”的调查记录分别放在一起。每一组合内部则按人们的数列习惯重排，如“邸传舍”组合按从“第一舍”到“第二舍”“第三舍”“第四舍”的自然数列排序（例 5 之 1026 简文云“传舍第一至第四舍”印证了这种数列习惯）；“五王”传舍、“承朋”传舍组合则按建筑的重要程度，即从主建筑至附属建筑排列。又同为“按”的意思，例 1 至 6 写作“桉”，例 7 至 13 则写作“案”，亦可作为分组的依据。但大的顺序还有可能倒过来依“邸传舍”、“五王”传舍、“承朋舍”、“二千石”传舍的顺序排列。此册所有竹简皆见编痕，当可成卷摆放，就规模而言，卷册从里到外至少有三层。考察复原后的位置与原号码顺序之间的关系，推测卷册中的竹简存在同层易位、嵌入里层及溢出外层的现象，但错位的距离都不大。不过此事尚待发掘报告及揭剥图公布后才能作进一步的探讨。

① 长沙简牍博物馆、湖南大学简帛文献研究中心编著：《长沙走马楼西汉简牍》（壹），岳麓书社，2024 年。

二、文书性质与背景分析

文书性质。此册为一份举劾通报，其中1079、1015简是劾文正件，其他13枚简所载为劾状状辞，作为附件连缀于劾文之前。举劾人为“令史援”。此掾当为长沙邸令史，所以报告是写给长沙邸长的，同时谒请长沙邸长转发给鄙主。据《汉书·地理志》，“鄙”为长沙国属县[①]。被举劾人是曾主持长沙邸传舍工作的鄙县书佐它。举劾过程中鄙佐它因“以诏遣故长沙军司马贯死”事不在长沙邸传舍治所，所以转呈鄙县县主协助处理。“十月癸巳”“谨写重，敢告主。/令史援”是长沙邸长蒿写给鄙县主的转发文。“·鄙第廿九”是发往鄙县的文件序号。劾文正件中“传舍屋、櫄垣坏败，门内户扇、瓦竹不见者十三牒。吏主者不智数遁行、稍缮治，使坏败、物不见”是对举劾事实的概括，详目见附件；而“毋辩护，不胜任”是举劾结论。毋辩护，指无正当理由而不作为，亦简称“不办”。《居延新简》EPT57·1：“期会，皆坐办其官事不办，论罚金各四两，直二千五百。”[②]《汉书·食货志》：“明年，天子始出巡郡国。东度河，河东守不意行至，不辩，自杀。”[③] 不胜任，不称职。《居延汉简释文合校》285·24：“常乐不事官职而与卒□，不胜任。”[④]《居延汉简释文合校》110·29：“软弱不任候望，吏不胜任。”[⑤]《汉书·百官表》：“孝元永光四年，光禄大夫琅邪张谭仲叔为京兆尹，四年，不胜任免。”[⑥]

关于年代。简文“五年七月癸卯朔癸巳”提供了明确的年代线索。长沙走马楼西汉简屡见“定王营”的记载。“定王”乃汉景帝刘启第六子刘发的谥号，为死后追谥，是后人按其生平事迹给予的评价，即所谓“安民大虑曰定”，不是在任时的称谓。据《汉书·诸侯王表》，长沙定王刘发死于元朔元年（前128）[⑦]，知这批西汉简的年代上限不早于此。查《二十史朔闰表》，从此至长沙王国废除前符合“七月癸卯朔”条件者，唯有汉武帝太始元年及汉宣帝本始四年。[⑧] 走马楼西汉简纪年不署汉皇帝年号，而仅用长沙王序年（这种用自己封国的纪年的现象，是西汉同姓诸侯王权势地位的象征），据《汉书·诸侯王表》，汉武帝天汉元年，长沙顷王鲋鮈继承王位，在位五年后正好是太始元年，那么简文所云“五年”乃指长沙王鲋鮈五年，即

① 《汉书》，中华书局，1962年，第163页。
② 甘肃省文物考古研究所等编：《居延新简：甲渠候官与第四燧》，文物出版社，1990年，第337页。
③ 《汉书》，第1172页。
④ 谢桂华、李均明、朱国炤：《居延汉简释文合校》，文物出版社，1987年，第481页。
⑤ 《居延汉简释文合校》，第17页。
⑥ 《汉书》，第819—820页。
⑦ 《汉书》，第413页。
⑧ 陈垣：《二十史朔闰表》，中华书局，1962年，第17、18页。

汉皇帝太始元年，时当公元前96年。[①] 而汉宣帝本始四年与长沙王“五年”的条件不合，可排除。

又，按六十干支排序，癸卯至癸巳相距五十位，而每月不超过三十天，知“癸卯朔”之月份不可能有癸巳日，则简文“癸巳”当为误写。

关于长沙邸。传世史籍所见郡国邸，大多指各郡国驻京师的办事处。《汉书·百官表》大鸿胪“属官有行人、译官、别火三令丞及郡邸长丞”，师古注：“主诸郡之邸在京师者。”[②]《汉书·哀帝纪》见定陶王被征为太子时的答谢，含“臣愿且得留国邸，旦夕奉问起居”。[③] 此为郡国邸之在京师者。但简文所见长沙邸并非是长沙国设于京师的办事处，而是设于本地的接待处，用于接待内外宾客。走马楼西汉简1175：“三月甲申，长沙内史齐客、邸长始守丞谓临湘、宫司空、食官、寿陵、采铜、烝阳。”此邸长能守丞事，必然驻于当地而非远在京师者。又走马楼西汉简1017见“临湘邸里”，当为长沙邸所在，故以名里。其他汉简所见，郡国以下的机构亦设邸，如《居延汉简释文合校》267·17：“八月丁丑：鄣卒十人，其一人守阁，一人守邸。”[④]《居延汉简释文合校》139·4：“省卒三人：其一人守邸，一人守阁。”[⑤] 当然候官（相当于县级）邸的规模比较小。

关于邸传舍。邸是负责接待事务的管理机构，传舍是具体的招待所。长沙邸设传舍，犹如悬泉置有传舍，二者有一定的可比性。《汉书·郦食其传》：“沛公至高阳传舍。”师古注：“传舍者，人所止息，前人已去，后人复来，转相传也。”[⑥] 传舍接待的一般是持有公务通行证的人员，简牍所见通行证中有相关的规定，如：

> 神爵四年十一月癸未，丞相史李尊送护神爵六年戍卒河东、南阳、颍川、上党、东郡、济阴、魏郡、淮阳国诣敦煌郡、酒泉郡。因迎罢卒送致河东、南阳、颍川、东郡、魏郡、淮阳国，并督死卒传槥。为驾一封轺传。御史大夫望之谓高陵，以次为驾，当舍传舍，如律令。（《敦煌悬泉汉简释粹》例40）[⑦]

> 元延二年七月乙酉，居延令尚、丞忠移过所县、道、河津关。遣亭长王丰以诏书买骑马酒泉、敦煌、张掖郡中，当舍传舍，从者如律令。 守令史诩、佐褒。 七月丁亥出。（《居延汉简释文合校》170·3A）

---

① 《汉书》，第413页。
② 《汉书》，第730页。
③ 《汉书》，第333页。
④ 谢桂华、李均明、朱国炤：《居延汉简释文合校》，第448页。
⑤ 谢桂华、李均明、朱国炤：《居延汉简释文合校》，第229页。
⑥ 《汉书》，第2106、2107页。
⑦ 胡平生、张德芳：《敦煌悬泉汉简释粹》，上海古籍出版社，2001年，第45页。

居延令印

七月丁亥出　（《合校》170·3B）①

御制通行证亦然：

建平四年五月壬子，御史中丞臣宪承御史大夫延下长安，承书以次为驾。

制诏御史曰：敦煌玉门都尉忠之官，为驾一乘传，从者当舍传舍，如律令。六月丙戌西。　（《敦煌悬泉汉简释粹》例33）②

以上三简出土于不同地区，所见关于舍传舍的规定相同：只有通行证中写明“舍传舍”者才能入住。可见“舍传舍”是持公务通行证者才能享受的待遇。有此通行证，便可得到食宿待遇。《汉书·翟义传》：“义行太守事，行县至宛，丞相史在传舍，立持酒肴，谒丞相史。”③《汉书·灌夫传》：“乃戏缚夫，置传舍。”④传舍提供膳食有具体规定，秦简《秦律十八种·仓律》“公使有传食”⑤，即因公差出行者可宿于传舍，又享有膳食。出行者身份不同，待遇亦有别，秦简《秦律十八种·传食律》：“御史卒人使者，食粺米，酱四分升一，菜羹，给之韭葱。其有爵者，自官士大夫以上，爵食之。使者之从者，食粝米半斗；仆少半斗。”“不更以下到谋人，稗米一斗，酱半升，菜羹、刍稿各半石。宦奄如不更。”“上造以下到官佐、史毋爵者，及卜、史、司御、寺、府、粝米一斗，有菜羹，盐廿二分升二。”⑥汉代也有类似的规定，张家山汉简《二年律令·传食律》：“丞相、御史及诸二千石官使人，若遣吏、新为官及属尉、佐以上征若迁徙者，及军吏、县道有尤急言变事，皆得为传食。车大夫粺米半斗，参食；从者粝米，皆给草具。车大夫酱四分升一，盐及从者人各廿二分升一。食马如律，禾之比乘传者马。使者非有事，其县道界中也，皆毋过再食。其有事焉，留过十日者，禀米令自炊。以诏使及乘置传，不用此律。县各署食尽日，前县以谁（推）续食。食从者，二千石毋过十人，千石到六百石毋过五人，五百石以下到二百石毋过二人，二百石以下一人。使非吏，食从者，卿以上比千石，五大夫以下到官大夫比五百石，大夫以下比二百石；吏皆以实从者食之。诸吏乘车以上及宦皇帝者，归休若罢官而有传者，县舍食人、马如令。”⑦长沙邸传舍亦当遵守类似的规定。公务接待分等级的现象在长沙邸传舍之房屋分区中也有体现，简文所见分四区。1036、1021简所见“二千石”舍，为政府高官住宿区。1026、1045、1025简所见“五王”舍，为诸侯王住宿区。1022、1020简所见“承朋”舍，为重要客

① 谢桂华、李均明、朱国炤：《居延汉简释文合校》，第271页。

② 胡平生、张德芳：《敦煌悬泉汉简释粹》，第38页。

③ 《汉书》，第3425页。

④ 《汉书》，第2387页。

⑤ 睡虎地秦墓竹简整理小组：《睡虎地秦墓竹简》，文物出版社，1990年，“释文 注释”第31页。

⑥ 睡虎地秦墓竹简整理小组：《睡虎地秦墓竹简》，第60页。

⑦ 张家山二四七号汉墓竹简整理小组：《张家山汉墓竹简（二四七号墓）》，文物出版社，2001年，第164、165页。

人住宿区。1030、1027、1029、1023简所见传舍第一至第四舍，为普通客人住宿区。1028、1019简所见则属公共区域。

这些屋舍朝向显然不同，如普通客舍皆为西舍，二千石舍为东舍。其内部装修及设施也应当有区别，这批简文虽然没有记载，悬泉汉简所见则可供参照。

·右使者到县置，共舍第一传，大县异，传食如式：

龟兹王、王夫人舍次使者传。　堂上置八尺床一，张皂若青帷可为贵人坐者。

闲内共上四卧，皆张帷床内。置吏二人道。　［《悬泉汉简》（一）Ⅰ90DXT0114①：112］①

式，规范。《说文》："式，法也。"上例所见无疑是接待贵宾的规定。长沙邸传舍的接待规格未必与此全同，但差别对待却是必然的。

据例12之1028简，传舍西围墙仅损坏部分就达"十一丈"，合今24米多，其实际边长当大于此数，则知传舍的规模相当大。

三、传舍设施考证

简册所反映的传舍重要设施如下：

牡、牝瓦。长沙历来多雨，覆瓦完整对屋舍的维护非常重要，所以是检查的重点。简文所见，瓦分牡、牝：前者为覆瓦，弓弧朝下，用以排水；后者为仰瓦，弓弧朝上，接牡瓦流下来的水，也称作"瓴"。《说文》"瓬，屋牡瓦也"，段玉裁注："屋瓦下载者曰牝。昌邑王传之版瓦也。上覆者曰牡。"② 瓦下需要垫着竹条，以便将瓦码放在屋顶，此即简文所云"瓦竹"，或省称为"竹"。

櫄垣，櫄木围墙。《说文》"杶，木也"，段注："杶，本又作櫄。"③ 櫄木为楚地特产，《周礼·考古记总序》记载："燕之角，荆之干。""此材之美者也。"孙诒让正义引贾疏云："按《禹贡》，荆州贡櫄干栝柏及箘楛。"④ 可用于上贡，知其亦为上好木材。1020简见"櫄垣牡瓦五十枚、牝瓦四枚"，其他简也多见櫄垣设有牡、牝瓦的记载，知当时的櫄木墙上设有瓦盖，以防日晒雨淋。

户扇，门扇，亦称"扉"。《说文》："扉，门扇也。"⑤ 1020简之"卧内户扇"乃指寝室门扇。卧此处指

---

① 甘肃简牍博物馆等编：《悬泉汉简》（壹），中西书局，2019年，第193页。

② 段玉裁：《说文解字注》，上海古籍出版社，1981年，第444页。

③ 段玉裁：《说文解字注》，第242页。

④ 孙诒让：《周礼正义》，中华书局，1987年，第3119页。

⑤ 段玉裁：《说文解字注》，第586页。

寝室，亦可指床具（见下文）。《汉书·韩信传》："张耳、韩信未起，即其卧，夺其印符，麾召诸将易之。"①

庑，廊屋。《说文》："庑，堂周屋也。"②《后汉书·顺帝纪》"茶陵百丈庑灾"，李贤注："庑，廊屋也。"③ 1028简"西北乡庑"当指普通回廊。1045简"西乡娫（延）庑"指延伸出去的廊屋。除常规廊庑外，1021、1025简所见"马庑"，当指马棚，形制同庑，故称。传舍须常备马匹，但湖南地区不适合养马，大多需从北方引进。《张家山汉简·津关令》："十六：相国上长沙丞相书言，长沙邸卑湿，不宜马。"④ 传舍设马庑正体现对马匹的爱护有加。

竹卧内柎、上冠。1029简见"竹卧内柎、上冠"，1023简仅作"柎、冠"。竹卧，竹制卧具，犹今床具。柎，足架。《说文》："柎，阑足也，从木，付声。"段玉裁注："凡器之足皆曰柎。"⑤ 冠，卧具上部构件，犹今床首。

仰，读"枊"，拴马的桩子，1021简径称之为"马仰"，但1019简之"犯仰"待考。《说文》："枊，马柱。"段注："谓系马之柱也。"⑥《三国志》记载："督邮以公事到县，先主求谒，不通，直入缚督邮，杖二百，解绶系其颈着马枊，弃官亡命。"⑦ 简文见"马仰四"则该传舍同时可栓系四匹马以上。敦煌汉简所见悬泉置设有厩啬夫专门负责马厩的管理，拥有传马数十匹。

井鹿车，即井辘轳，竖架加转轮式提水工具，见1027简。1026简见"鹿车一具，袤丈四尺"，1019简省称为"井鹿"。可见此传舍设有较多水井及辘轳。多方向设井，或与消防也有关。《仪礼·大射礼》"有丰幕"，郑玄注"丰，以承尊也。说者以为若井鹿卢"，贾公彦疏："鹿卢之形，即葬下棺碑间鹿卢之辈。今见井上竖柱，夹之以索，绕而挽之是也。"⑧ 可见辘轳的用途较广。1026简所见鹿车"袤丈四尺"，合今3米多，形制较大，或还有其他用途。

马磨，马推石磨。磨，必备粮食加工工具，北方称之为"硙"，多见于西北简，如：

> 广地南部言永元五年六月官兵釜硙月言簿。承五月余官弩二张，箭八十八枚，釜一口，硙二合。
>
> 今余官弩二张，箭八十八枚，釜一口，硙二合。赤弩一张，力四石，木关。
>
> 陷坚羊头铜鍭箭卅八枚。
>
> 故釜一口，鍉有锢口呼长五寸。

---

① 《汉书》，第1872页。

② 段玉裁：《说文解字注》，第443页。

③ 《后汉书》，中华书局，1965年，第262页。

④ 张家山二四七号汉墓竹简整理小组：《张家山汉墓竹简（二四七号墓）》，第209页。

⑤ 段玉裁：《说文解字注》，第265页。

⑥ 段玉裁：《说文解字注》，第267页。

⑦ 《三国志》，中华书局，1959年，第872页。

⑧ 阮元校刻：《十三经注疏》，中华书局，1980年，第1029页。

硙一合，上盖缺二所，各大如疏。

·右破胡隧兵物。

·赤弩一张，力四石五，木破，起缴往往绝。

盲矢铜鍭箭五十枚。

硙一合，敝尽不任用。

·右涧上隧兵物。

·凡弩二张，箭八十八枚，釜一口，硙二合。毋入出。

……（下略）　（《居延汉简释文合校》128·1）①

可见当时每一个基层机构都备有釜、硙之类炊事及加工器具，传舍亦然，且传舍规模比烽隧大，故备有多个石磨。石磨分上下两层磨盘，其间有刻齿，上盘设孔用以放入谷物等，通过两盘间之旋转摩擦脱壳或碾碎，下盘有导出槽及出物口，故以“合”为量词。《庄子·天下》：“若磨石之隧。”成玄英疏：“磨，硙也。”②《急就篇》：“碓硙扇隤舂簸扬。”师古注：“碓，所以舂也；硙，所以礰也，亦谓之磚。古者雍父作舂，鲁班作硙。”③

厕，厕所。例1之1036简见“后厕”，指设于后屋之厕所。《汉书·汲黯传》：“上居厕视之。”如淳注：“厕，溷也。”④《墨子·备城门》：“五十步一厕，与民同圂。”诒让按：“上厕为城上之厕，圂则城下不洁之处，《旗帜篇》所谓民圂也。”⑤

门夬，固门器具。夬，或读“鐍”。《庄子·胠箧》：“将为胠箧探囊发匮之盗而为守备，则必摄缄縢，固扃鐍。”成玄英疏：“扃，关钮也；鐍，锁钥也。”“缄结绳约，坚固扃鐍，使不慢藏。”⑥

综上，长沙邸传舍位于临湘县，是长沙国专设的招待所，接待内外宾客。由长沙邸管理，指派书佐负责具体事务。传舍有一定规模，设施较齐全。以木构建筑为主，故主体房屋乃至廊庑及围墙皆设瓦盖，适合南方多雨天气。

（李均明，本文原载于《中州学刊》2021年第1期）

---

① 谢桂华、李均明、朱国炤：《居延汉简释文合校》，第211页。

② 郭庆藩：《庄子集释》，中华书局，1961年，第1088页。

③ 张传官：《急就篇校理》，中华书局，2017年，第335页。

④ 《汉书》，第2318页。

⑤ 孙诒让：《墨子间诂》，中华书局，1986年，第478页。

⑥ 郭庆藩：《庄子集释》，第342页。

第四节　对走马楼西汉简“非纵火时擅纵火”的考察

长沙尚德街出土东汉简牍中，212 号木牍残片是法律条文的摘抄，其中有条是“非纵火时擅纵火，烧山林□司寇”。① 汉律明确规定，如果在非纵火的时间擅自纵火，焚烧到山林，纵火者要处以司寇的惩罚。但汉律“非纵火时擅纵火”的法理依据与具体含义如何，因为没有留下对律文的解释，现在已经比较模糊。由于正在整理的走马楼西汉简中有份涉及失火案的司法文书，失火原因便是“非纵火时擅纵火”，故拟就此问题略陈管见。

一、走马楼西汉简中的失火案

走马楼西汉简中涉及失火案的司法文书，目前尚无法复原，其部分简文如下：

七年正月戊寅朔戊子，库啬夫繇行丞事告尉，谓南乡不智（知）何人非从（纵）火时擅从（纵）火，烻燔梅材、茭草，书到，益关吏卒徒求　(0138)

七年三月丁丑朔癸未，尉史充国敢言之：狱书曰，不智（知）何人非从（纵）火时擅从（纵）火，烻燔梅材、茭草，书到，益关吏徒求捕。亡满卅日不得报。今　(0194)

谨求捕不智（知）何人非从（纵）火时擅从（纵）火者，亡满卅日不得，谒报。敢言之。(0192)

七年三月丁丑朔癸未，临湘令寅谓南乡告尉、别治长赖、醴陵，敢告寿陵、西山主，不智（知）何人非纵（0176）火时擅从（纵）火，烻燔梅材、茭草。不智（知）何人亡满卅日不得、出，驾论命不智（知）何人耐为隶臣。得、出，有后请皆□□（0181）

这几枚简牍属同一文书，其中简 0176 与简 0181 似可连读。文书中的七年指的是长沙戴王刘庸七年，即汉武帝元狩元年（前 122）。当年正月十一日行临湘丞事的库啬夫繇行丞事发文临湘尉，称南乡不知是谁“非纵火时擅纵火”，引起失火，火烧到了附近的梅材和茭草，要求其收到文书后，发关吏卒徒排查并抓捕纵火者。当年三月初七临湘尉史充国向县廷汇报，称纵火者逃匿已经超过三十日，却仍未捕得。按照前引尚德

① 长沙市文物考古研究所编：《长沙尚德街东汉简牍》，岳麓书社，2016 年，第 221 页。

街东汉简所载汉律，“非纵火时擅纵火”，焚烧到山林，纵火者要处以司寇的惩罚。临湘南乡的这位纵火者，由于逃匿满三十日导致刑罚升级。临湘令寅在接到尉史充国上书的当天，再次发文，要求将缉拿文书中纵火者的罪名提高到耐为隶臣。

发生在西汉中期长沙国临湘县的这一失火事件，行临湘丞事繇发文要求临湘尉发关吏徒抓捕纵火者是在正月十一日，而且在三月初七临湘尉史充国的上书，以及临湘令寅的发文中，均明确提到这位纵火者已经逃匿超过三十日。事件中所谓“擅纵火”，最可能的发生时间应该是当年正月初或前一年的十二月底。事件中因失火而受损的主要是梅材与茭草。梅材在这里可能是指人工栽培的用于结果实的梅树，《周礼·地官·委人》“委人掌敛野之赋，敛薪刍，凡疏材木材，凡畜聚之物”，贾公彦疏“疏是草之实，材是木之实”，[①] 茭草则是做饲料的干草。可见，失火应该是在离聚落不太远的原野中擅纵火导致的。从官府排查三十余日仍没有找到纵火者看，纵火者应该不是在自己的农田上烧田，或其他跟自己有权属关系的场地上纵火，其纵火对象很可能是无主的林边隙地或稀疏林地。

二、“非纵火时擅纵火”无关时禁

走马楼西汉简所载失火事件是在原野中纵火导致的，而且司法文书中反复强调系“非纵火时擅纵火”，很容易让人联想到唐律对“非时烧田野”的惩处。《唐律疏议·杂律篇》“失火及非时烧田野”条载：“诸失火及非时烧田野者，笞五十。”本注：“非时，谓二月一日以后、十月三十日以前。若乡土异宜者，依乡法。”疏议曰：“‘失火’谓失火有所烧，及不依令文节制而非时烧田野者，笞五十。其于当家之内失火者，皆罪失火之人。注云‘非时，谓二月一日以后、十月三十日以前。若乡土异宜者，依乡法’，谓北地霜早，南土晚寒，风土亦既异宜，各须收获总了，放火时节不可一准令文，故云‘各依乡法’。”[②] 唐代规定在二月一日至十月三十日之间禁止烧田野，违反者不管是否造成失火，都要笞五十。

唐代对“非时烧田野”的惩处属于时禁的范畴。《礼记·王制》载：“昆虫未蛰，不以火田。”孔颖达疏：“昆虫未蛰，不以火田者，谓未十月之时，十月则得火田……今俗放火张罗，从十月以后至仲春皆得火田。”[③] 所谓火田，即是用焚烧林莱的方式驱兽围猎。《王制》中“昆虫未蛰，不以火田”与“獭祭鱼，然后虞人入泽梁。豺祭兽，然后田猎。鸠化为鹰，然后设罻罗。草木零落，然后入山林”并列，遵循的都是“取物必顺时候”的原则。这一点在后来宋真宗诏书的表述中可以看得很清楚。宋代延续了唐代十月结束后方能

---

① 郑玄注，贾公彦疏：《周礼注疏》，阮元校刻《十三经注疏》，中华书局，2009 年，第 1607 页。

② 刘俊文：《唐律疏议笺解》（下），中华书局，1996 年，第 1892—1893 页。

③ 郑玄注，孔颖达正义：《礼记正义》，阮元校刻《十三经注疏》，第 2776 页。

烧田野的规定。《宋史·食货志》载真宗大中祥符四年（1011）“令十月后方得焚烧野草诏”，曰：“火田之禁，著在《礼经》，山林之间，合顺时令。其或昆虫未蛰，草木犹蕃，辄纵燎原，则伤生类。诸州县人畬田，并如乡土旧例，自余焚烧野草，须十月后方得纵火。”① 强调此举是为了“合乎时令”。至于二月以后禁止焚烧山林，月令更有直接的要求。《礼记·月令》载，仲春之月，“是月也，毋竭川泽，毋漉陂池，毋焚山林”，郑玄注“顺阳养物也”。②

月令在汉代的地位及其对当时政治与制度构建的影响，学界已有过细致的考察。③ 秦汉法律中也有关于时禁的内容。如云梦睡虎地出土秦律《田律》：“春二月，毋敢伐材木山林及雍（壅）堤水。不夏月，毋敢夜草为灰，取生荔、麛𪊨（卵）𪉈，毋□□□□□□□毒鱼鳖，置穽罔（网），到七月而纵之。唯不幸死而伐绾（棺）享（椁）者，是不用时。”④ 律文规定自二月开始即不许砍伐山林、阻断流水、焚烧草木、捕捉幼鸟幼兽、探取鸟卵、毒杀鱼鳖、设置陷阱和罗网，至七月方解除禁令，野生动植物及其栖息地在春夏两季受到国家法令保护。张家山出土汉初《二年律令·田律》也有类似规定：“禁诸民吏徒隶，春夏毋敢伐材木山林，及进〈壅〉堤水泉，燔草为灰，取产麛（麛）卵㲉（鷇）；毋杀其绳重者，毋毒鱼。”⑤ 然而，前面指出走马楼西汉简记载的失火事件中，所谓的“擅纵火”最可能发生在正月初，其次是前一年的十二月底。按照《礼记·月令》的要求与唐律“非时烧田野”的规定，这恰恰是在可以烧田野的期间。由此看来，汉律“非纵火时擅纵火”与唐律“非时烧田野”的立法依据很可能不是一回事。

那么这是否由于汉唐两代的时禁在月份上存在差异呢？我们注意到，敦煌悬泉置出土西汉元始五年（5年）《四时月令诏条》仲春月令“毋焚山林”条后注：“谓烧山林田猎，伤害禽兽□虫草木……［正］月尽……”⑥ 如果“毋焚山林”的禁令确实始于正月，则走马楼西汉简所载纵火事件就发生在当时禁焚山林期间。然而，诏条这里的“正月”不无疑问，据整理者注释，条文中“正”字残泐，最初曾误释为“四”，在比照其他各条后，疑全句当为“从正月尽八月”。⑦ 经查看图版，从字形上看，这个字与“四”相当接近。整理者提出疑问，可能是看到《四时月令诏条》中各条月令的禁止时限一般用“尽某月”表示从当月到某月止，或者表述为“从某月尽某月”，这时当月在前后两某月之间，如果“毋焚山林”的时禁始于四月，则无法将仲春包括在内。但《四时月令诏条》显然要以月令为主要依据，同时参照其他儒家经典确定。而《周礼·夏官·

① 《宋史》，中华书局，2004年，第4162页。

② 郑玄注，孔颖达正义：《礼记正义》，阮元校刻《十三经注疏》，第2949页。

③ 邢义田：《月令与西汉政治——从尹湾集簿中的“以春令成户”说起》，（台湾）《新史学》1998年第9卷第1期；杨振红：《月令与秦汉政治再探讨——兼论月令源流》，《历史研究》2004年第3期。

④ 睡虎地秦墓竹简整理小组：《睡虎地秦墓竹简》，文物出版社，1990年，第20页。

⑤ 张家山二四七号汉墓竹简整理小组编：《张家山汉墓竹简（二四七号墓）》，文物出版社，2001年，第42—43页。

⑥ 中国文物研究所、甘肃省文物考古研究所编：《敦煌悬泉月令诏条》，中华书局，2001年，第5页。

⑦ 中国文物研究所、甘肃省文物考古研究所编：《敦煌悬泉月令诏条》，第19页。

大司马》"遂以搜田……火弊，献禽以祭社"，郑玄注"火弊，火止也。春田主用火，因焚莱除陈草，皆杀而火止"；[①]《周礼・夏官・牧师》载其职"孟春焚牧"。[②] 如果要求正月始即"毋焚山林"，则与《周礼》的规范存在冲突。而且"毋焚山林"在《礼记・月令》《吕氏春秋・十二纪》《淮南子・时则》中都是仲春月令，《四时月令诏条》中孟春、仲春月令各条的禁止时限都是当月开始"尽某月"，"毋焚山林"照理不应例外。

参照《四时月令诏条》中孟春月令"毋筑城郭"条后注："谓毋筑起城郭也……三月得筑，从四月尽七月不得筑城郭。"[③] 颇怀疑诏条中"毋焚山林"的时限可能是"三月得焚，从四月尽某月不得焚山林"，即从当月开始到某月，但三月例外。这样，无须将条文中的"四"改释为"正"，也符合诏条的表述方式，而且《周礼・夏官・司爟》称"司爟掌行火之政令，四时变国火，以救时疾。季春出火，民咸从之；季秋内火，民亦如之"；[④]《礼记・郊特牲》"季春出火，为焚也"，郑玄注"谓焚莱也"，[⑤] 三月焚林是合乎经典的。唯一的问题是，图版中"伤害禽兽□虫草木"与"四（正）月尽"间的空白，似乎容不下"三月得焚从"五个字。但《四时月令诏条》出土时已经破碎，拼合和修补时难免存在问题。整理者在注释月令条文时，多次提到"从《修补本》某行移来"，"《修补本》误拼在某行下"，而且在注释第"九五行"时提到"《修补本》将'中二千石下郡太守诸侯相'一句残块与上文拉开很大距离"。[⑥] 因此，图版中"四（正）月尽"残块与"伤害禽兽□虫草木"间的距离不一定是诏条破碎前的原始距离。

仔细比较法律条文，可以发现汉律"非纵火时擅纵火"与唐律"非时烧田野"的惩处对象其实存在差异。唐律中"非时烧田野"与"失火"并列，"非时烧田野者笞五十"，其惩处在于"非时"，不管是否引起失火。而汉律"非纵火时擅纵火，烧山林□司寇"，其惩处主要在于擅自纵火导致的失火行为，并不是纵火行为本身。《周礼・夏官・司爟》："凡国失火，野焚莱，则有刑罚焉。"汉人郑玄注："野焚莱，民擅放火。"强调对"野焚莱"的惩处在于"擅放火"。唐人贾公彦将之与时禁联系在一起，疏曰："野焚莱有罚者，《大司马》仲春田猎云'火弊'，郑云：'春田主用火，因除陈生新。'则二月后擅放火则有罚也。"[⑦] 但孙诒让指出，郑玄所说其实可能不是指搜狩，"民间擅放火焚莱，则有刑罚。此禁盖四时通有，不徒二月以后、十月以前也"。[⑧] 古代学者对"野焚莱，则有刑罚焉"的不同理解，有可能就是体现了汉唐两代在对于"野焚莱"的需求以及管理上的差异。

---

① 郑玄注，贾公彦疏：《周礼注疏》，阮元校刻《十三经注疏》，第1805—1806页。
② 郑玄注，贾公彦疏：《周礼注疏》，阮元校刻《十三经注疏》，第1860页。
③ 中国文物研究所、甘肃省文物考古研究所编：《敦煌悬泉月令诏条》，第5页。
④ 郑玄注，贾公彦疏：《周礼注疏》，阮元校刻《十三经注疏》，第1821页。
⑤ 郑玄注，孔颖达正义：《礼记正义》，阮元校刻《十三经注疏》，第3140页。
⑥ 中国文物研究所、甘肃省文物考古研究所编：《敦煌悬泉月令诏条》，第36页。
⑦ 郑玄注，贾公彦疏：《周礼注疏》，阮元校刻《十三经注疏》，第1821页。
⑧ 孙诒让：《周礼正义》，中华书局，2008年，第2401页。

三、纵火与汉代南方地区的农业生产习俗

纵火焚烧山林、原野在先秦时期相当普遍。除了驱兽围猎，在垦荒整地上，焚烧林莱也是最有效的方式，这两者往往又是联系在一起的。用火驱逐野兽，会将长满杂树野草的猎场烧成空地，这种空地又适合被利用来垦辟农田。而且农业发展初期，由于耕垦工具落后，人们普遍采用刀耕火种的方式，即便是农业发展到一定阶段后，焚烧田地里的杂草与庄稼残余部分做肥料仍然长期存在。唐律“失火及非时烧田野”条规定“若乡土异宜者，依乡法”，疏议指出是由于“北地霜早，南土晚寒，风土亦既异宜，各须收获总了，放火时节不可一准令文”，这里针对的应该就是庄稼收获后，焚烧秸秆、化草为粪的措施。由于南北各地气候条件、地理环境相异，庄稼收获时节不同，故而禁止“烧田野”的时限需要根据各地农作的情况有所调整。

“依乡法”的补充规定，反映了在通常情况下，唐代“非时烧田野”的禁令同样适用于农业生产上的烧田。而西汉《四时月令诏条》仲春月令“毋焚山林”条后注：“谓烧山林田猎，伤害禽兽□虫草木。”由于注解的目的是使诏条的内容更加明确，从而方便执行，这说明汉代“毋焚山林”的时禁针对的其实只是围猎害生的行为。之所以有这种区别，前引宋真宗大中祥符四年诏书给了我们启示。该诏书提到“诸州县人畬田，并如乡土旧例”，将畬田排除在“十月后方得纵火”的范围之外。畬田是采用刀耕火种方法耕作的农田。宋范成大《劳畬耕》诗序：“畬田，峡中刀耕火种之地也。春初斫山，众木尽蹶。至当种时，伺有雨候，则前一夕火之，借其灰以粪。明日雨作，乘热土下种，即苗盛倍收。”① 畬田烧地的时间大都在春季，而且要根据雨候，与“十月后方得纵火”的时禁存在冲突。汉代月令“毋焚山林”不针对农业生产上的烧田，可能就在于当时刀耕火种仍有相当规模。

汉代南方地区有不少火耕的记载，尤其是西汉时期。《史记·平准书》载武帝元鼎年间关东河灾后诏曰：“江南火耕水耨……令饥民得流就食江淮间，欲留，留处。”② 火耕水耨出现在武帝诏书中，代表了官方对当时江南地区农作方式的概括。《盐铁论·通有》记载：“荆、扬……伐木而树谷，燔莱而播粟，火耕而水耨，地广而饶材。”③ 莱是轮休的田地，《周礼·地官司徒·县师》“而辨其夫家人民田莱之数”，郑玄注“莱，休不耕者。郊内谓之易，郊外谓之莱。”④ 也指丛生的灌木杂草。《诗·小雅·楚茨》序“田莱多荒”，孔颖达疏：“田废生草谓之莱。”⑤ 撂荒后的田地，重新利用时采用“燔莱”的方式，其实也就是火耕。火耕自然是

① 范成大：《石湖居士诗集》，商务印书馆，1937年，第158页。

② 《史记》，中华书局，2003年，第1437页。

③ 王利器：《盐铁论校注》，中华书局，2011年，第41—42页。

④ 郑玄注，贾公彦疏：《周礼注疏》，阮元校刻《十三经注疏》，第1567页。

⑤ 毛亨传，郑玄笺，孔颖达疏，陆德明音释：《毛诗注疏》，阮元校刻《十三经注疏》，第1003页。

一种比较落后的农作方式，但放火焚烧后的土壤十分疏松，不用锄头松土就可以下种或移栽作物；以焚烧的茂草为灰肥，直接播种于灰中，一般也可以不再使用其他肥料，劳动效率还是不低的，因而有其存在价值。

里耶秦简 8-355：“［黔］首习俗好本事不好末作，其习俗槎田岁更，以异中县。”① 槎有“斫”意，也用于指树或农作物砍、割后留下的短桩。原始的刀耕火种在砍伐树木时往往要保留树干或树桩，这样做既是图省力与方便，更重要的是利于树木再生，因为刀耕火种在抛荒后下一轮砍种依然要依靠再生林的繁茂。槎田的所谓“槎”，估计就是得名于刀耕火种田中砍伐树木后留下的树桩。由于刀耕火种主要利用林木的灰烬，起初耕地砍种一年后就要抛荒，因而槎田必须“岁更”。槎田是落后的刀耕火种之田，但适应迁陵地处深山丛林，人口稀疏的社会特征。里耶秦简 9-22 载：“廿八年正月辛丑朔丁未，贰春乡敬敢言之：从人城旦皆非智（知）筭田殴，当可作治县官府。谒尽令从人作官府及负土、佐甄，而尽遣故佐负土男子田。及乘城卒，诸黔首抵辠（罪）者皆智（知）筭田，谒上财（裁）自敦遣田者，毋令官独遣田者。谒报。敢言之。”② 筭田即槎田。迁陵县贰春乡啬夫敬请求安排不知道耕作槎田的新来刑徒从事作官府、负土等劳役，而让抵罪的本地百姓及其他知道耕作槎田者从事田作。可知即便是秦人进来后，迁陵百姓习惯的这种农作方式仍然没有被淘汰，而且秦政府在当地垦辟的官田也有不少采用了这种农作方式。

连续耕作的大片农田由于地表及周边的树木清除得比较干净，尽管在农田内焚烧秸秆、杂草也可能导致失火，但这种危险性还不是太大。而焚烧林莱，稍有疏忽便可能酿成灾祸。《左传・桓公七年》“焚咸丘”，杜预注“焚，火田也”，孔颖达疏引李巡、孙炎皆云“放火烧草，守其下风”。③ 当时狩猎放火要安排人守在下风方向，就是担心火势蔓延无法控制。对我国南方少数民族原始农业的调查显示，刀耕火种民族在选择耕地时，一般是“选择森林的边沿、隙地或林木比较稀疏的林地进行砍种”，因为“即使是林间隙地或边沿地带，也有较厚的腐殖黑土，人们又可以把灌木和小树砍倒，甚至可以把周围的枯枝败叶扒过来，晒干焚烧后用作肥料”④。这些地带林木丰茂且方便砍伐，却很容易导致山火，所以烧地时必须非常小心。事实上，他们在烧地上也积累了丰富的经验。为了防止山火蔓延，烧地之前要先开防火道，把山地周围两米左右宽地带内的灌木杂草清除干净；点火要先从高处点起，再在两边烧一点，然后从下往上烧，这样山火就不会无边际蔓延。另外，烧地时往往大家一齐出动，分派到地四周监视火情，防止发生火灾。⑤

汉律既然有“非纵火时擅纵火”的规定，说明当时其实有纵火的需求，以及对纵火行为进行规范的必要。这种需求当主要集中于南方地区，当时长江流域尚处在初步开发阶段，不管是焚林开垦耕地，还是刀耕

① 陈伟主编：《里耶秦简牍校释》（第一卷），武汉大学出版社，2012 年，第 136 页。
② 陈伟主编：《里耶秦简牍校释》（第二卷），武汉大学出版社，2018 年，第 33—34 页。
③ 何休解诂，徐彦疏：《春秋左传注疏》，阮元校刻《十三经注疏》，第 3807 页。
④ 李根蟠、卢勋：《中国南方少数民族原始农业形态》，农业出版社，1987 年，第 53—54 页。
⑤ 尹绍亭：《人与森林——生态人类学视野中的刀耕火种》，云南教育出版社，2000 年，第 237 页。

火种下的烧地，都比较普遍。而进行规范的必要，就在于焚烧林莱可能导致失火的危险。所谓“非纵火时擅纵火”，既然与时禁无关，应该主要就是针对刀耕火种中焚烧林莱的行为。汉代已经很懂得珍惜山林资源，为了防止山火及任意毁林，大概是禁止百姓擅自放火焚烧林莱的。可能需要在约定俗成的时间，大家一齐出动以监视火情。或者需要在焚烧林莱前向乡里吏员报备，然后确定合适的时间，在其监管下进行。不过，由于当时焚烧林莱相当普遍以及对垦荒的鼓励，汉代对于纵火的管控也不是特别严厉，“非纵火时擅纵火”，只有在“烧山林”，即导致失火的情况下，才对纵火者施以刑罚。汉代主要针对农业生产的“非纵火时擅纵火”与针对田猎的“毋焚山林”时禁，发展到唐代逐渐合一，以“非时烧田野”囊括避免田猎害生与收获后烧田两方面的内容，在一定程度上体现了汉晋南朝以来长江流域农田拓展以及连种制普及的成果。

回到走马楼西汉简记载的失火事件，“非纵火时擅纵火”行为发生在正月初或十二月底，这其实不是刀耕火种常见的烧地时间。刀耕火种下的烧地一般在三月到五月间进行，过早的话，烧成的火灰容易流失且生长杂草，过迟则会影响整地和播种。当然，烧地的时间除了选择好的天气外，具体还是得根据林木的情况。比如，“独龙族的原始森林地一般在头年秋收前砍伐，在天气干爽的冬天焚烧，只有这样才能烧掉巨大的树干”，① 至于抛荒后能长出较大的树木的林地（样伯），以及抛荒后能长出中等树木的林地（样沙）则可以在春天焚烧。走马楼西汉简所载失火事件，从纵火时间看，纵火者焚烧的有可能是原始林地，是为了焚林开荒导致的失火。

（王勇，本文原载于中国文化遗产研究院编：《出土文献研究》第十八辑，中西书局，2019 年）

① 李根蟠、卢勋：《中国南方少数民族原始农业形态》，第 58 页。

第五节　走马楼西汉简“宫司空令史儿等为武擅解脱易桎弗举劾案”初步考察

走马楼西汉简记录了西汉长沙国不少司法案件，其中一份案例，涉案者分别名武、儿、外、不识，其相关文书有数份保存相对完整，有较高的文献价值。以下本文试对该案例进行相关考察。

一、文书的编联及内容

根据首简以纪年历朔干支起始，末简以“敢告主”套语结束的基本格式，我们对已散乱文书进行集合、编联，现择录其中两份文书释文如下：

文书一：

九年五月乙未朔丁未[1]，临湘令坚[2]、长赖丞尊守丞告尉谓仓[3]、都乡[4]，敢告宫司空[5]、攸[6]、南阳[7]、将作[8]。定王后营徒髡钳城旦[9]、故大夫临湘泉阳里武，完城旦（0118a）徒[10]、故官大夫攸大里儿，宫司空令史、公乘攸臧郢里外，佐、公乘南阳平阳里不识，皆坐。故临武丞武[11]，盗所主守钱臧六百[12]，公士以上盗[13]，武（0518）毄宫司空[14]，请主毄令史儿为武擅解脱易桎[15]。狱史外[16]、不识知武请儿[17]，听武请[18]，为武解脱易桎。论完儿为城旦[19]，不劾（0573）论武[20]，监临见知纵故弗举劾[21]，外、不识，公士以上，得，毄牢[22]。武、儿、外、不识皆有它重罪[23]。坐。复治[24]。笃武笞百、钛左止[25]，髡钳儿、外、不识，（0589）皆为城旦籍髡笞[26]。得论行武、儿、外、不识重罪[27]。如律令。敢告主。(0582)

报（0118b）

文书二：

九年五月乙未朔丁未，临湘令坚、长赖丞尊守丞告尉谓仓、都乡，敢告宫司空、攸、南阳、将作定王后。定王后营徒髡钳城旦、故大夫临（0591）湘泉阳里武，完城旦徒、官大夫攸大里儿，宫司空令史、公乘□攸臧郢里外，佐、公乘南阳平里不识，皆坐。武故为临武丞，盗所（0594）主守臧六百，公士以上盗，武毂宫司空狱，请主毂令史儿为武擅解脱易桎。外、不识知武请儿，听武请，为武擅解脱易桎。(0546) 论完为城旦，不劾论武，监临见知纵故弗举劾，外、不识，公士以上，得，毂牢。驾论武笞百、钛止，髡钳儿、外、不识，皆为城旦籍髡笞。(0207) 令人将致[28]。其听书[29]。仓受入髡傅衣所当依服[30]。移校九年应狱计[31]。它以从事[32]。敢告主。(0598)。

从原简看（文书一见附图一、文书二见附图二），两份文书显非出自一人手书，文书一字迹简率，文书二则相对规整。编联之后的各简，文义首尾相接，不漏简，不缺字，是两份完整文书。以下对文书进行简单的文义疏通：

［1］九年五月乙未朔丁未，属长沙康王九年，汉武帝元狩三年（前120）。据张培瑜《三千五百年历日天象》一书，元狩三年五月乙未朔，① 合于简文。本简所用为长沙王纪年，月朔与汉中央武帝元狩三年一致。

［2］临湘，长沙国国都所在县，今湖南长沙。《汉书·地理志下》“长沙国……县十三：临湘，罗，连道，益阳，下隽，攸，酃，承阳，湘南，昭陵，荼陵，容陵，安成。”② 临湘令名“坚”。

［3］长赖，地名，未见于传世文献，具体地望不详，或为位于王国都畿附近的机构。该地名亦见于长沙五一广场东汉简，为亭部或乡，如长沙五一广场东汉简CWJ1③：265-1“延平元年八月十七日壬戌起于长赖亭”，《长沙五一广场东汉简牍（贰）》537+786号简“长赖乡啬夫彭竞名印”。③ 另，长沙博物馆展厅陈列展示了一方“长赖长”印章。

守，大致可分为两种情况。一是试守，满岁为真，二是代理，主官临时不在署时，安排权宜者代理。④ 长赖丞名“尊”，其与临湘令“坚”连署，可证尊乃暂时代理临湘丞行文书事。告、谓，均为上对下之文书用语。尉，临湘县尉。县尉为临湘长吏之一，协助临湘令处理事务。秦汉郡县皆设有尉，为太守、县令的副职，“典武职甲卒”。⑤

［4］都乡，一县之首乡，此为临湘都乡。

［5］宫司空，学者有不同意见。《史记·扁鹊仓公列传》有“齐北宫司空”，安作璋、熊铁基二位先生认为是主后宫罪人之官⑥，长沙出土有“宫司空丞之印”，黄盛璋先生认为凡冠以“宫”字，应皆属诸侯王

---

① 张培瑜：《三千五百年历日天象》，河南教育出版社，1990年，第75页。

② 《汉书》卷二十八《地理志下》，中华书局，1962年，第1639页。

③ 长沙市文物考古研究所等编：《长沙五一广场东汉简牍选释》，中西书局，2015年，第154页。长沙市文物考古研究所等编：《长沙五一广场东汉简牍（贰）》，中西书局，2018年，第121页。

④ 参见孙闻博：《里耶秦简“守”“守丞”新考——兼谈秦汉的守官制度》，卜宪群、杨振红主编《简帛研究·二〇一〇》，广西师范大学出版社，2012年，第74—75页。

⑤ 《汉书》卷十九《百官公卿表上》，第742页。

⑥ 安作璋、熊铁基：《秦汉官制史稿》（下），齐鲁书社，1984年，第262页。

国。[1] 宋杰先生认为宫司空是诸侯王国之“司空”，其职能除治狱和役使刑徒劳作，还有监管宫廷手工业作坊的生产事务。[2] 按：宫司空应皆属诸侯王国，走马楼西汉简为西汉长沙国的档案，纪年亦多使用长沙王纪年，其中“宫司空”应即长沙国的司空机构。其职掌应和汉代其他司空一样，包括管理刑徒。《汉书·百官公卿表上》注引如淳云：“律，司空主水及罪人。贾谊曰：‘输之司空，编之徒官’。”《汉书·陈咸传》颜师古注：“司空，主行役之官。”[3] 日本学者宫宅洁讨论了汉代中央到县的“司空”。他认为到西汉末，县司空掌管全部的强制劳动人员，管理刑徒只是其职责的一部分。狱司空一职的设置或许表明司空也负责囚禁未决囚。西汉末东汉初，司空的职掌从管辖所有强制劳动力向专门管理狱囚和刑徒转化。管理士卒的职务由尉曹来承担，而司空的职责似乎已转化为“狱司空”，专门负责狱，例如负责给狱囚发放粮食和管理狱舍。[4]

［6］攸，长沙国属县，见于《汉书·地理志下》“长沙国”条，今湖南攸县。

［7］南阳，据“南阳平阳里不识”辞例，“南阳”似当为县名，今地望不详，《汉书·地理志》长沙国、武陵郡、桂阳郡条均未有“南阳”记载。

［8］将作，指长沙国的将作，应与汉的“将作大匠”职掌相似。“将作大将”主要职掌营造宫室、陵园、宗庙及为重臣建造坟茔及祠堂等等。《汉书·百官公卿表上》：“将作少府，秦官，掌治宫室，有两丞、左右中候。景帝中六年更名将作大匠。属官有石库、东园主章、左右前后中校七令丞，又主章长丞。”[5]《后汉书·百官四》：“将作大匠一人，二千石。本注曰：承秦，曰将作少府，景帝改为将作大匠。掌修作宗庙、路寝、宫室、陵园木土之功，并树桐梓之类列于道侧。丞一人，六百石。”[6]《汉书·张安世传》：“天子赠印绶，送以轻车介士，谥曰敬侯。赐茔杜东，将作穿复土，起冢祠堂。子延寿嗣。”[7] 简 0591 也作“将作定王后”，推测此专指负责营造定王后陵墓的机构。

［9］营，或通假作“茔”，《礼记·月令》：“茔丘垄之大小、高卑厚薄之度，贵贱之等级。”[8]《吕氏春

---

① 黄盛璋：《邗江胡场汉墓所谓“文告牍”与告地策谜再揭》，《文博》1996 年第 5 期。

② 宋杰：《秦汉国家统治机构中的“司空”》，《历史研究》2001 年第 4 期。除了以上有关“宫司空”的记载，张家山汉简《二年律令》462 号简有“大匠官司空”，其秩次为六百石，日本学者认为“官”是“宫”的错字，断读为“大匠·宫司空”。参看冨谷至编：《江陵张家山二四七号墓出土汉律令の研究——译注篇》，（日本）朋友书店，2006 年，第 288、292 页注释 21。《二年律令与奏谳书》一书依整理者释文，认为“大匠官司空”之大匠当主土木营建，司空主罪人作役，大匠官司空主罪人土木营造之官。参见彭浩、陈伟、工藤元男主编：《二年律令与奏谳书——张家山二四七号汉墓出土法律文献释读》，上海古籍出版社，2007 年，第 270、287 页。

③ 《汉书》卷十九上《百官公卿表上》，第 731 页。卷六十六《陈咸传》，2901 页。

④ 宫宅洁著，杨振红等译：《中国古代刑制史研究》，广西师范大学出版社，2016 年，第 237、240 页。

⑤ 《汉书》卷十九上《百官公卿表上》，第 733 页。

⑥ 《续汉志》卷二十七《百官四》，中华书局，1965 年，第 3610 页。

⑦ 《汉书》卷五十九《张安世传》，第 2653 页。

⑧ 郑玄注，孔颖达疏：《礼记正义》卷一七《月令》，阮元校刻《十三经注疏》，中华书局，1980 年，第 1381 页。

秋·孟冬纪》："营丘垄之小大高卑薄厚之度，贵贱之等级。"[①]"营徒"指营造定王后冢茔之刑徒。

髡钳城旦（舂），刑名，徒刑的一种，男刑徒称为髡钳城旦，女为髡钳舂。城旦（舂）是在司法机关役使下强迫劳作的罪犯。城旦刑名大概是从最初被迫修筑城墙而得，其所役作之事不仅仅限于筑城；舂也不限于"舂作米"。[②]《史记·秦始皇本纪》裴骃《集解》引如淳曰："《律说》'论决为髡钳，输边筑长城，昼日伺寇虏，夜暮筑长城'。"[③]汉代，髡钳城旦舂是死刑之下的一个刑名，适用于重罪犯人，通常所受的刑罚至少有两个方面。首先是髡，即髡发和剃发，就是剃短犯人的长发。受过髡刑之后，犯人头上所留头发的长度一般在三四寸左右；其次是钳，用铁钳束颈，白天黑夜都需戴着。[④]《汉书·陈咸传》颜师古注："钳在颈，釱在足，皆以铁为之。"[⑤]东汉卫宏说髡钳城旦舂是五岁刑。[⑥]

[10] 完城旦（舂），刑名。是低于髡钳城旦舂一等的刑罚。所谓完，与髡钳相对而言，即指不髡犯人头发、不在颈上加着铁钳，不在脚杆上套铁圈。[⑦]《后汉书·明帝纪》"完城旦舂至司寇作三匹"，李贤注："完者，谓不加髡钳而筑城也。"[⑧]卫宏说完城旦舂是四岁刑。

[11] 临武，地名，《汉书》卷二十八《地理志》为桂阳郡属县。[⑨]

[12] 主守臧六百，监守自盗六百。《汉书·陈咸传》："咸前为郡守，所在残酷，毒螫加于吏民。主守盗，受所监。"颜师古注引如淳曰："律，主守而盗直十金，弃市。"《汉书·匡衡传》颜师古注："十金以上，当时律定罪之次，若今律条言一尺以上，一匹以上。"[⑩]六百亦本案发生时定罪之次。

[13] 公士以上盗，公士为二十级爵的第一级，公士以上即有爵之人。根据张家山汉简《二年律令·具

---

① 陈奇猷：《吕氏春秋新校释》卷一〇《孟冬纪》，上海古籍出版社，2002年，第523页。

② 参见张晋藩主编：《中国法制通史》第二卷，徐世虹主编《战国秦汉卷》，法律出版社，1999年，第158、159页。

③ 《史记》卷六《秦始皇本纪》，中华书局，1959年，第255页。

④ 徐世虹、张积等先生认为髡钳通常所受的刑罚有四个方面，除了髡、钳，还包括釱，釱是套在脚杆上的铁圈。西汉时，加脚釱分"釱左趾""釱右趾""釱左右趾"三种情况。最后是笞。汉文帝废除肉刑后，对髡钳城旦舂要附加二百笞刑。参见张晋藩主编：《中国法制通史》第二卷，徐世虹主编：《战国秦汉卷》，第509页。按：我们结合下面的简文，武原判即为髡钳城旦，复治后，驾论笞百，釱左止，所以髡钳城旦必备的条件并不包括笞和釱，这些都应属于髡钳的加刑。

⑤ 《汉书》卷六十六《陈咸传》，第2901页。

⑥ "凡有罪各尽其刑，男髡钳为城旦，城旦者，治城也；女为舂，舂者，治米也，皆作五岁。完四岁，鬼薪三岁。鬼薪者，男当为祠祀鬼神，伐山之薪蒸也；女为白粲者，以为祠祀择米也，皆作三岁。罪为司寇，司寇男备守，女为作如司寇，皆作二岁。男为戍罚作，女为复作，皆一岁到三月。"卫宏著，孙星衍辑：《汉旧仪》，孙星衍等辑，周天游点校《汉官六种》，中华书局，1990年，第85页。下引从略。

⑦ 参见张晋藩主编：《中国法制通史》第二卷，徐世虹主编《战国秦汉卷》，《战国秦汉卷》，第510页。

⑧ 《后汉书》卷二《明帝纪》，中华书局，1965年，第98页。

⑨ 《汉书》卷二十八《地理志》："桂阳郡……县十一：郴，临武，便，南平，耒阳，桂阳，阳山，曲江，含洭，浈阳，阴山。"《汉书》卷二十八《地理志》，第1594页。简文说明临武与长沙国在行政上有一定的隶属关系，康王时临武应属长沙国。

⑩ 《汉书》卷六十六《陈咸传》，第2902页；《汉书》卷八十一《匡衡传》，第3347页。

律》，爵级可作为减刑的参照。①

［14］ 毄，即繫（系），拘囚。《说文》殳部“毄”字，段玉裁注：“假借为系字，今之系也。”② “武毄宫司空”在文书二中作“武毄宫司空狱”，说明武被收系在宫司空狱。③

［15］ 请，请求。

主毄令史儿，宫司空狱的主系令史，名儿。据简 1550，宫司空主毄令史秩次为四百石。

擅，擅自。

解脱，指解除钳釱。《史记·酷吏列传》：“是时九卿罪死即死，少被刑，而成极刑，自以为不复收，于是解脱，诈刻传出关。归家。”司马贞《索隐》：“谓脱钳釱。”另“为死罪解脱”裴骃《集解》注引孟康《汉书音义》曰：“律，诸囚徒私解脱桎梏钳赭，加罪一等；为人解脱，与同罪。”④ 解脱易桎，它简文也作“解易桎”，“易”或许为了强调“移除”钳釱的行为。

［16］ 狱史，宫司空狱史。县狱史秩禄大概在百石⑤，至于宫司空狱史的秩禄应略高于县狱史。

［17］ 知，知晓。

［18］ 听，许，听从。

［19］ 完儿为城旦，简 0207 对应简文作“完为城旦”。

［20］ 劾，就法律意义而言，根据文献有两种意思，一是揭发过失或罪行。《汉书·翟方进传》：“方进劾立‘怀奸邪，乱朝政，欲倾误要主上，狡猾不道，请下狱。’”⑥ 二是审理，判决。《史记·淮南衡山列传》：“衡山王入朝，其谒者卫庆有方术，欲上书事天子，王怒，故劾庆死罪，强榜服之。”⑦ 在秦汉诉讼中，“劾”属起始阶段的程序，指举罪、告发。官僚机构内部官告发官的行为称作“劾”，民告发民、民告发官

① 张家山二四七号汉墓竹简整理小组编：《张家山汉墓竹简（二四七号墓）》（释文修订本），文物出版社，2006 年，第 20 页。

② 段玉裁：《说文解字注》卷三，上海古籍出版社，1981 年，第 119 页。

③ 宫宅洁先生认为，至少县狱和司空有密切的联系，突出表现在“狱司空”的存在。萧吉《五行大义》所引刘向《洪范五行传》描述了西汉末年的县廷组织，其中有如下记载“尉曹以狱司空为府（腑），主士卒、牢狱、逋亡”，说狱司空职掌牢狱。参见宫宅洁著，杨振红等译：《中国古代刑制史研究》，第 234—235 页。

④ 《史记》卷一百二十二《酷吏列传》，第 3135、3146 页。

⑤ 《汉书·张敞传》注引如淳曰：“赵广汉奏请令长安游徼狱史秩百石，又《循吏传》左冯翊有二百石卒史，此之谓尤异也。”《汉书》卷七十六《张敞传》，第 3220 页。

⑥ 《汉书》卷八十四《翟方进传》，第 3419 页。

⑦ 《史记》卷一百一十八《淮南衡山列传》，第 3095 页。

以及官告发民的行为称作“告”。[①]

论是判决的意思[②]。劾论是审判用语，见于龙岗秦简18号简“吏弗劾论，皆与同罪”[③]。宫宅洁先生认为“论”是量刑，劾论并用，明显是审判用语。[④]

［21］见知纵故弗举劾，后文详述。

［22］公士以上，得，毄牢，外、不识两人爵在公士以上，被官府控制（得），拘系于牢，两人在此次“复治”之前并未被论刑，因此其身份未变，依然拥有公士爵位。

［23］皆有它重罪，四人皆有其他重罪。学者对法律文书中“它”的含义有不同意见。如籾山明先生认为“它如爰书”之“它”，不可解作“其他”，而是指整个爰书，即“以上为爰书”这一爰书的结尾用语。宫宅洁先生则认为，奏谳书出现的“毋它人与谋”“它如前”等中的“它”，只能解作“其他”。供述末尾出现的“它如某某”，恐怕是指将听取的供述与他人的供述比较，“其他与某某供述无异”之意。[⑤]

［24］复治，再次审理。

［25］驾，加。

笞百，笞刑一百。釱左止，即釱左趾。釱，古代脚镣类刑具，用以钳足趾。《史记·平准书》“釱左趾”裴骃《集解》引韦昭曰：“釱，以铁为之，著左趾以代刖也。”[⑥] 关于釱趾刑，其确立的时间及相关内涵，学界有不同意见，但随着新材料的进一步公布，学者对其认识也越来越清晰。富谷至先生认为，釱趾刑确立时间是在景帝即位后的早些时期——景帝元年左右，在此后的西汉时期一直保持着正刑位置，经过两汉最终融入了被称为“髡刑”的刑罚群。《晋书·刑法志》的“髡刑四”即髡钳城旦春釱左右趾、髡钳城旦春釱右趾、髡钳城旦春釱左趾、髡钳城旦春等四等级。[⑦] 张建国先生则认为，由于既不能恢复斩趾的肉刑，又嫌生刑太轻，釱趾作为附加于徒刑的最高级的加重措施便出现了，出现的时间大约应在汉武帝时。并推测东汉明帝诏书中“右趾至髡钳城旦春”之间的等级为：1. 釱右趾、髡钳城旦春加笞二百；2. 釱左趾，髡钳城旦春

---

① 参见徐世虹：《汉劾制管窥》，李学勤主编《简帛研究》第二辑，法律出版社，1996年，第314页。宫宅洁著，杨振红等译：《中国古代刑制史研究》，第248页。当然也存在不同的观点，如刘庆先生认为告的适用范围更为宽泛，民对民、民对官、官对民、官对官的起诉皆可称告，而劾的提出者往往是官吏，被劾对象多数是官，也可以是民。参见刘庆：《秦汉告、劾制度辨析》，《中国史研究》2016年第4期。

② 如徐世虹先生认为，就案件的诉讼程序而言，“劾鞫论”是基本要件，反映了起诉、审讯、判决这三个环节。参见徐世虹：《西汉末期法制新识——以张勋主守盗案牍为对象》，《历史研究》2018年第5期。

③ 整理报告断读为“吏弗劾，论皆与同罪”。参见刘信芳、梁柱：《云梦龙岗秦简》，科学出版社，1997年，第30页。

④ 宫宅洁著，杨振红等译：《中国古代刑制史研究》，第258页。

⑤ 籾山明先生观点与宫宅洁先生观点均引自宫宅洁撰，徐世虹译：《秦汉时期的审判制度——张家山汉简〈奏谳书〉所见》，杨一凡、寺田浩明主编《日本学者中国法制史论著选·先秦秦汉卷》，中华书局，2016年，第280—282页。

⑥ 《史记》卷三十《平准书》，第1429页。

⑦ 富谷至著，柴生芳、朱恒晔译：《秦汉刑罚制度研究》，广西师范大学出版社，2006年，第75、79、80页。

加笞二百；3. 髡钳城旦舂加笞一百；4. 髡钳城旦舂。① 欧扬先生认为，釱趾作为刑罚组成部分当是汉文帝制诏规定的，改制之后籍笞与釱趾是有固定的搭配关系的，在汉景帝改笞数之后即籍笞一百釱左趾，籍笞一百、二百釱左右趾。② 按：综合以上诸位学者的讨论，本简所言“驾武笞百釱左止”之“笞百釱左趾”是刑罚改制之后的固定搭配，武原审判结果是髡钳城旦，复审之后加判为髡钳城旦笞百、釱左趾。

［26］籍，加。籍髡笞，加髡笞。《汉书·刑法志》载文帝时，丞相张苍、御史大夫冯敬奏言：“臣谨议请定律曰：诸当完者，完为城旦舂；当黥者，髡钳为城旦舂；当劓者，笞三百；当斩左止者，笞五百；当斩右止，及杀人先自告，及吏坐受赇枉法，守县官财物而即盗之，已论命复有籍笞罪者，皆弃市。”颜师古注：“今流俗书本‘笞三百’‘笞五百’之上及‘劓者’之下有‘籍笞’字，‘复有笞罪’亦云‘复有籍笞罪’，皆后人妄加耳，旧本无也。”景帝针对文帝时制定的刑制造成受笞的罪人“率多死”的问题进行改革，元年（前156）下诏曰：“加笞与重罪无异，幸而不死，不可为人。其定律：笞五百曰三百，笞三百曰二百。”至中元六年（前144）又下诏曰“加笞者，或至死而笞未毕”“其减笞三百约二百，减二百曰一百”。③ 张建国先生认为景帝诏两次都提到“加笞”的词语，可以有充分的理由认为，“籍笞”的含义就是“加笞”，“籍”等于“加”。“笞”不是一般作为独立刑法的笞，而是附着于髡钳城旦之上的附加刑。④ 按：颜师古在为《汉书·刑法志》作注时认为“籍笞三百”“籍笞五百”“复有籍笞罪”之“籍”为后人妄加。走马楼西汉简中见“籍髡笞”“籍笞”等词，如简0623“籍笞二百至隶臣”，说明《汉书·刑法志》颜师古注流俗本“籍笞”或许并非后人妄加。

城旦籍髡笞，欧扬先生认为是一种城旦刑徒名类，区别于“城旦”“髡钳城旦”等其他名类，刑罚对应“髡钳城旦笞一百釱左止”。⑤

［27］得论行武、儿、外、不识重罪，可论决执行武、儿、外、不识四人之重罪。

［28］令人将致，简0592有“驾论武笞百釱左止，髡钳儿、外、不识为城旦髡笞。令人将致其罪”等内容，说明“令人将致”或可理解为命人送达其论决结果。

［29］其听书，即听书从事，依照文书行事。

［30］受人，表“接受”义，与给予相对而言。《春秋左传正义》“文公六年”《疏》引郑玄：“书契，

---

① 张建国：《论文帝改革后两汉刑制并无斩趾刑》，收入其著《帝制时代的中国法》，法律出版社，1999年，第187、189页。

② 欧扬：《走马楼西汉简刑制史料初探》，邬文玲、戴卫红主编《简帛研究·二〇一八·秋冬卷》，广西师范大学出版社，2019年，第228、229页。

③ 《汉书》卷二十三《刑法志》，第1099、1100页。

④ 张建国：《前汉文帝刑法改革及其展开的再讨论》，收入其著《帝制时代的中国法》，第193、194页。

⑤ 同②，第225页。

谓出予受入之凡要也。”[①] 傅衣，穿戴囚服刑具。《岳麓伍》093—094号简：“·制诏御史：闻反者子年未盈十四岁，有辠为城旦舂者，或婴儿殹（也），尚抱负及毚（才）能行，县官即皆令衣傅城旦舂具，其勿令衣傅之。”[②] 陈伟先生认为“衣傅城旦舂具”是指城旦舂必须穿戴囚衣、刑具。[③]

按：仓受入髡傅衣所当依服，即仓领受应当依法穿着所需的刑具、衣服等。秦汉时期，刑徒被要求“衣服如法”，即按法律规定令已决犯身着囚服。益阳兔子山西汉简牍J3⑤：1《张勋主守盗案牍》中：“数罪以重，爵减，髡钳勋为城旦，衣服如法，驾责如所主守盗，没入臧县官，令及同居会计，备偿少内，收入司空作。”[④]《汉书·陈咸传》：“所居以杀伐立威，豪猾吏及大姓犯法，辄论输府，以律程作司空，为地臼木杵，舂不中程，或私解脱钳釱，衣服不如法，辄加罪笞。”[⑤] 出土秦简有刑徒穿着囚服的具体规定，包括穿戴囚服的颜色、佩戴囚具的样式、何种情形下能脱去囚服囚具、私自脱去囚服囚具体会受何种刑罚、官吏擅自去除刑徒的囚衣囚具体应当以何罪论罚等等。睡虎地秦简《秦律十八种·司空律》记载了“城旦舂衣赤衣，冒赤㡊（毡），拘椟欙杕之”[⑥]。《岳麓肆》167、168号简：“《司空律》曰：城旦舂衣赤衣，冒赤毡，枸椟杕之。诸当衣赤衣者，其衣物毋（无）小大及表里尽赤之，其衣裘者，赤其里，□仗，衣之。”《岳麓伍》220—223号简：“·诸当衣赤衣冒擅（毡），枸椟杕及当钳及当盗戒（械）而擅解衣物以上弗服者，皆以自爵律论之。其辠鬼薪白粲以上，有（又）驾（加）辠一等。以作暑故初及卧、沐浴而解其赤衣擅（毡）者，不用此令，敢为人解去此一物，及吏徒主将者擅弗令傅衣服，及智（知）其弗傅衣服而弗告劾论，皆以纵自爵辠论之，弗智（知），赀二甲。告劾，除。徒出将吏坐之，居吏弗坐。诸当钳枸椟杕者，皆以钱〈铁〉当（铛）盗戒（械），戒（械）者皆胶致桎梏。不从令，赀二甲。”[⑦]

本简要求领受执行“受入髡傅衣”的机构是仓，与文书开始“临湘令丞告尉谓仓”相对应。在走马楼西汉简记载中，执行这一任务的机构还有司空，如0596号简“司空受入髡傅依所当衣服”。司空是主刑徒的机构，由司空受入髡傅衣可以理解，而本简为何由仓受入髡傅衣？仓是官府存储粮食等的机构，和刑徒管理存在一定的联系。里耶J1（16）：6释文如下：

廿七年二月丙子朔庚寅，洞庭守礼谓县啬夫、卒史嘉、叚（假）卒史谷、属尉：令曰：传送委输，

---

① 杜预注，孔颖达疏：《春秋左传正义》卷一九《文公六年》，阮元校刻《十三经注疏》，第1843页。我们亦怀疑此处“入”或可属下读，即“入髡”，可理解为受髡刑。

② 陈松长主编：《岳麓书院藏秦简（伍）》，上海辞书出版社，2017年，第70页。

③ 陈伟：《〈岳麓书院藏秦简（伍）〉校读（续三）》，简帛网，2018年3月21日。

④ 徐世虹：《西汉末期法制新识——以张勋主守盗案牍为对象》，《历史研究》2018年第5期。

⑤ 《汉书》卷六十六《陈咸传》，第2901页。

⑥ 睡虎地秦墓竹简整理小组编：《睡虎地秦墓竹简》，文物出版社，1990年，“释文 注释”第53页。

⑦ 陈松长主编：《岳麓书院藏秦简（肆）》，上海辞书出版社，2015年，第123页。陈松长主编：《岳麓书院藏秦简（伍）》，第141、142页。

必先悉行城旦舂、隶臣妾、居赀赎责（债），急事不可留，乃兴繇。今洞庭兵输内史及巴、南郡、苍梧，输甲兵当传者多节传之。必先悉行乘城卒、隶臣妾、城旦舂、鬼薪、白粲、居赀赎责（债）、司寇、隐官、践更县者。田时殹（也），不欲兴黔首。嘉、谷、尉各谨案所部县卒、徒隶、居赀赎责（债）、司寇、隐官、践更县者簿，有可令传甲兵，县弗令传之而兴黔首，兴黔首可省少弗省少而多兴者，辄劾移县，县亟以律令具论。当坐者，言名夬（决）泰守府，嘉、谷、尉在所县上书。嘉、谷、尉，令人日夜端行。它如律令。 （正）

三月庚戌，迁陵守丞敦狐敢告尉、告乡、司空、仓主听书从事。尉别书都乡、司空，司空传仓；都乡别启陵、贰春，皆勿留脱。它如律令。/扣手。庚戌水下六刻，走袑行尉。

三月戊午，迁陵丞欧敢言之：写上。敢言之。/扣手。己未旦，令史犯行。

三月戊申夕，士五（伍）巫下里闻令以来。/庆半。扣手。 （背）①

以上里耶秦简所载迁陵守丞“敢告尉、告乡、司空、仓主”和本案中“告尉谓仓、乡”相似。宫宅洁先生认为有关刑徒的事情，向仓主传达指示，可能是出于向刑徒供给粮食的需要，有必要掌握刑徒名籍及现状。②从本简看，仓不仅负责提供刑徒所需粮食，而且还应领受“髡傅衣”。

［31］移校九年应狱计，这类套语亦见走马楼西汉简0549、0596号简，其释文为：“驾论髡钳血娄、齐，血娄笞一百、二百、釱左右止，齐笞百、釱左止，皆为城旦籍髡笞。其听书。司空受入髡傅依所当衣服。移校九年应狱计”③ 其中涉及两个法律文书的名词，一为“校”，一为“狱计”。居延汉简293.7简与肩水金关简73JT24：101+116简，分别为“张掖郡肩水庾候官本始三年狱计”与“大仆未央厩地节三年狱计”，彭浩先生将“狱计”定性为是县、郡及相应级别机构的狱讼统计文书，也是年终上计簿册的组成部分。郡及相应机构年终上报的“狱计”是日常“狱校”文书汇总而成。④ 按：走马楼西汉简一枚简中同时出现“校”“狱计”二词，说明“狱校”“狱计”既有联系，也有区别。“狱计”是诉讼统计文书，“狱校”或许指具体个案的狱讼文书。“应狱计”之“应”或可理解为“相应”之意，表示移送狱校至九年狱计存档备案，应与正式编制的狱计相应，不得存在谬误。“九年”说明汉政府是以年作为周期的制定狱计，进行上计。益阳兔子山西汉简J3⑤：2“盗所主守加钱论决言相府，计后狱夷〈第〉一”中“计后狱”是指年末发生的狱事计入下

① 里耶秦简博物馆、出土文献与中国古代文明研究协同创新中心中国人民大学中心编：《里耶秦简博物馆藏秦简》，中西书局，2016年，第207、208页。

② 宫宅洁著，杨振红等译：《中国古代刑制史研究》，第208、209页。

③ 欧扬先生已撰文说明0549、0596号简可连读，其文中“受入”二字原释作“吴人”，今据图版及文义改释。参见欧扬：《走马楼西汉简刑制史料初探》，第222页。

④ 彭浩：《河西汉简中的“狱计”及相关文书》，邬文玲、戴卫红主编《简帛研究·二〇一八·春夏卷》，广西师范大学出版社，2018年，第221—231页。

一年狱讼统计①，长沙五一广场东汉简 CWJ1③：201-1“以劾律爵咸（减）论，雄、俊、循、竟、赵耐为司寇，衣服如法，司空作，计其年”②，其中“计其年”亦应指将该狱讼计入当年的狱计。

［32］它以从事，汉代文书习惯用语，疑即“以它从事”，“它”为代词，指按此行事。

综上，“宫司空令史儿等为武擅解脱易桎弗举劾案”案情分析如下：涉案人武，临湘泉阳里人，原爵为大夫，曾为长沙国临武县县丞。任职期间，武监守自盗。根据汉律，他所犯为主守盗赃六百以上，据公士以上盗律，应被论罪为髡钳城旦，武被囚系在宫司空狱。主管拘系武的宫司空令史（主系令史）名儿。武请求儿为其解除钳桎。宫司空狱史外、不识，不仅知晓武请求儿为其解除钳桎，而且听任武、儿所为而不举劾。因而儿、外、不识皆因武坐罪。儿，攸县大里人，原爵为官大夫；外，攸县臧郢里人，爵为公乘；不识，南阳平里人，爵为公乘。儿犯擅自为武解脱钳桎，外、不识犯监临见知纵故弗举劾罪。之前武已被论刑为髡钳城旦，儿已论刑为完城旦，髡钳城旦徒武、完城旦徒儿已是将作定王后营徒。而外、不识之爵位均在公士以上，拘系于牢，尚未论罪。因武、儿、外、不识皆有其他重罪，当坐罪，因而对四人的案情重新审理。最终的论刑，武加服笞刑一百，并釱左趾，儿、外、不识髡钳为城旦。

武、儿、外、不识四人复治前后情况表

	复治前归属	复治前之刑	复治后之刑	刑前身份
武	将作定王后营徒	髡钳城旦	髡钳笞百釱左止为城旦	故大夫临湘泉阳里，故临武丞
儿	将作定王后营徒	完城旦	髡钳城旦	故官大夫攸大里，宫司空主縠令史
外	得縠牢	未执行刑罚	髡钳城旦	公乘攸臧郢里，宫司空令史
不识	得縠牢	未执行刑罚	髡钳城旦	公乘南阳平阳里，佐

二、关于“将作定王后营徒” 的断读

以上所录两份文书内容大部分重复相似，仅结尾处有所不同。与之内容重复的文书，现存还有六份，均保存较好。③ 所以相似文书一共是八份，其中四份以“得论行武、儿、外、不识重罪。如律令。敢告主”结

① 参见徐世虹：《西汉末期法制新识——以张勋主守盗案牍为对象》，《历史研究》2018 年第 5 期。

② 长沙市文物考古研究所等编：《长沙五一广场东汉简牍选释》，“释文 注释”第 220、221 页。

③ 编号分别是 0232+0229+0234+0592，0525+0125+0529+0299+0263，0583+0524+0117+0519+0580，0597+0208+……+0590，0797+0799+0804+0810+0808+0801，0814+0798+0803+0809+0811。

尾，四份以“移校九年应狱计。它以从事。敢告主”结尾。应是两套文书各抄写了四份。

其中 8 枚首简中有 4 枚简“定王后”三字或标记有重文符号，编号分别是 0232、0525、0591、0597（如下图），其重文符号标点处不尽相同，存在两种情况：一种是“定”“王”“后”三字均标有重文符号，如简 0591、0597；一种是“定”“后”二字标有重文符号，如简 0525。①

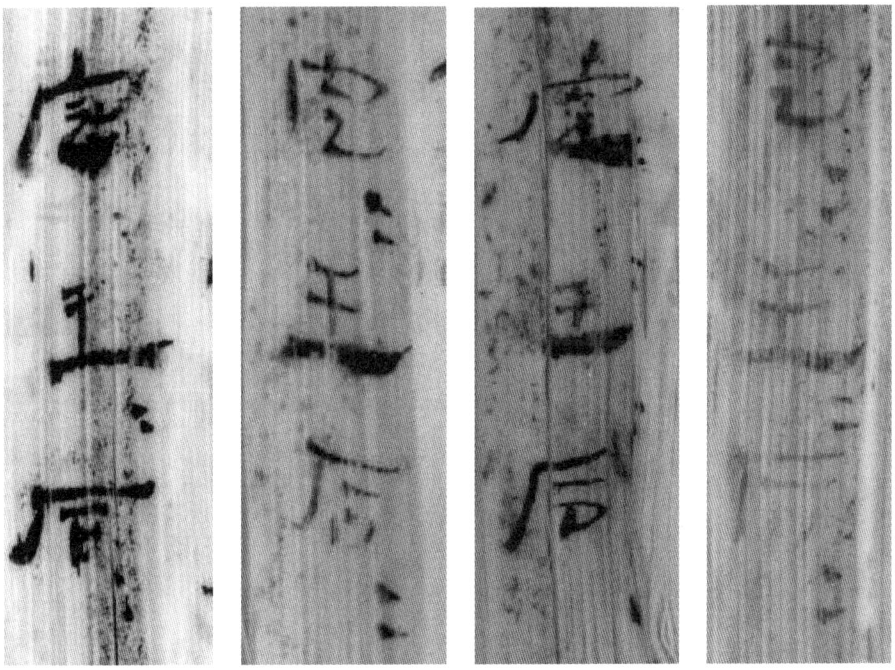

0232　　0525　　0591　　0597

骈宇骞先生分析出土的战国、秦、汉简帛文献实物中，重文符号的使用约有四种形式，其中一种即“在若干个重文号连着使用时，处于中间的重文符号有时会省略不标”，如睡虎地秦简《秦律十八种 · 效律》“谒县=啬夫=令人复度及与杂出之”，读作“谒县啬夫，县啬夫令人复度及与杂出之”；《法律答问》“今或益〈盗〉=一肾=赃不盈一钱”，读作“今或盗一肾，盗一肾赃不盈一钱”。② 0525 号简中“王”字后无重文符号，排除书手漏写的情况，应该考虑是省略了重文符号。

此时已是康王九年，定王陵应已修建完毕。定王刘发，在位二十七年，其即位之时便开始营造身后安葬的墓陵，从简文所言“定王后营徒”可知定王后逝于定王之后。

对于首简所涉及“定王后”三字的文句断读，无重文号断为“将作：定王后营徒”，有重文号则均应断为“将作定王后：定王后营徒”。简文中的“将作”即“将作定王后”的省称。“将作定王后”应指将作定王后陵的机构，其主要职掌是负责定王后陵的营建，或下辖于将作大匠，专为造后陵而设。建造后陵的劳动力，其来源之一当为完城旦、髡钳城旦等刑徒。

① 从实物、彩色照或扫描照片，并不能判断 0232 号简的“定”字后是否有重文符号，所以暂不予以考虑。

② 骈宇骞：《简帛文献纲要》，北京大学出版社，2015 年，第 162 页。

三、中央律令在王国的推行

长沙走马楼西汉简对我们认识汉中央法律与王国法律的关系提供了更多的资料。仅从此案例中，我们即可看到武帝时期汉中央律令在王国实行的情况。

（一）文帝废除肉刑在王国的推行

本案犯罪主体是武、儿、外、不识四人。以武为例，其所犯为“主守臧六百以上，公士以上盗”。武所犯罪的具体量刑可参看张家山汉简《二年律令·盗律》55、56号简：“盗臧（赃）直（值）过六百六十钱，黥为城旦舂。六百六十到二百廿钱，完为城旦舂。不盈二百廿到百一十钱，耐为隶臣妾。不盈百一十钱到廿二钱，罚金四两。不盈廿二钱到一钱，罚金一两。”① 与武所犯相似的量刑等级应当为“盗臧直过六百六十钱，黥为城旦舂”，因张家山汉简是吕后时期，本案是汉武帝时期，其量刑标准六百六十钱与本案六百以上略有不同。黥属肉刑。吕后时期当论罪为“黥城旦”，而在本案论罪为“髡钳城旦”，与西汉文帝改革肉刑的诏令有关。

《汉书·刑法志》记载文帝十三年（前167），缇萦上书文帝救父淳于意，天子怜悲其意，遂下令曰：“今法有肉刑三，而奸不止，其咎安在……夫刑至断支体，刻肌肤，终身不息，何其刑之痛而不德也！岂称为民父母之意哉？其除肉刑，有以易之；及令罪人各以轻重，不亡逃，有年而免。具为令。”又载丞相张苍、御史大夫冯敬奏言：“……诸当完者，完为城旦舂；当黥者，髡钳为城旦舂；当劓者，笞三百；当斩左止者，笞五百；当斩右止，及杀人先自告，及吏坐受赇枉法，守县官财物而即盗之，已论命复有笞罪者，皆弃市。”② 本案中，武、儿、外、不识等人所论罪的“髡钳”“釱止”“笞”等，正是文帝废除肉刑后所用之刑罚。另外，吕后时期的张家山汉简《二年律令》中，“黥”“劓”“斩左右止”“腐”“宫”等刑均见，但武帝时期的走马楼西汉简中，这些相关刑名均未见，这亦可见文帝废除肉刑诏令在王国的推行。

（二）武帝见知之法在王国的推行

本案涉及“监临见知纵故弗举劾”这一罪行。与之相似的“见知之法”的记载屡见传世文献，现条例如下：

1.《史记·酷吏列传》：“与张汤论定诸律令，作见知，吏传得相监司。用法益刻，盖自此始。”

2.《史记·平准书》：“自公孙弘以《春秋》之义绳臣下取汉相，张汤用峻文决理为廷尉，于是见知之法生，而废格沮诽穷治之狱用矣。”

3.《汉书·刑法志》：“于是招进张汤、赵禹之属，条定法令，作见知故纵、监临部主之法，缓深故之罪，急纵出之诛。”

---

① 张家山二四七号汉墓竹简整理小组编：《张家山汉墓竹简（二四七号墓）》（释文修订本），第16页。

② 《汉书》卷二十三《刑法志》，第1098—1099页。

4.《晋书·刑法志》："张汤、赵禹始作监临部主、见知故纵之例。其见知而故不举劾，各与同罪，失不举劾，各以赎论，其不见不知，不坐也，是以文约而例通。"①

本案所言"纵故"，文献作"故纵"，字序稍异其意同，指见知人犯法，而任其作为，却不举劾。②《史记·平准书》裴骃《集解》引张晏曰："吏见知不举劾为故纵。"③《汉书·刑法志》颜师古注："见知人犯法不举告为故纵，而所监临部主有罪并连坐也。"④ 高恒先生认为，监临指负责监督、检查法律执行情况的官吏。部主指负责主管官吏。他们如果见到或知晓部属成员犯罪，不予举劾，要连坐受罚。据此可见，负责监督法律执行情况者，或有关主管官吏，有责任举劾违法者。⑤ 宋国华先生认为，见知故纵罪名全称是"监临部主见知故纵罪"，其准确的犯罪主体应理解为官吏中的"监临、部主"，是指监察或主管官吏知民或吏犯法而不举告、揭发，监管或主管官吏应负连带之责。⑥《晋书·刑法志》所载"见知之法"的犯罪量刑的三个层次，其具体应理解如下：监临部主见知故纵，与同罪；监临部主见知失不举劾，即非故意者，以赎罪论；监临部主不见不知，无罪。因而我们赞同宋国华先生的理解，监临部主是见知罪名成立的前提条件，是犯罪主体。

反观"儿为武解脱易桎"案，武坐罪系宫司空狱后，狱史外、不识二人或负有看守武之责，而此二人见知主系令史儿听从武请求，擅自为其解除钳桎之事，却不举劾武、儿二人的犯罪行为。"监临部主见知故纵"之法使得"吏传得相监司"，尽管外、不识的秩次低于儿，或许仍应负有监司之责。"其见知而故不举劾，各与同罪"，所以儿、外、不识三人同罪。

宋国华先生推算张汤、赵禹始制定"见知之法"时间为元朔五年（前124）。⑦ 本案例发生时间是长沙康王九年，即元狩三年（前120），证明宋氏所论符合史实。同时也说明了武帝制定"见知之法"后，该法在长沙国已得推行。

（三）中央大赦令在王国的推行

0223号简是一枚残简，其内容为"擅解脱桎，纵故弗举劾，狱未断，会五月乙未赦，遣自复作"。这枚残简从内容判断，与本文讨论的宫司空令史儿案相关，所以其中"五月乙未"应属康王九年。《汉书·武帝

① 《史记》卷一百二十二《酷吏列传》，第3136页。《史记》卷三十《平准书》，第1424页。《汉书》卷二十三《刑法志》，第1101页。《晋书》卷三十《刑法志》，中华书局，1974年，第925页。

② "监临见知纵故弗举劾"，或可断读为"监临见知纵，故弗举劾"，"故弗举劾"表示故意不举劾相关犯罪。《晋志》之"其见知而故不举劾"，或对应此处"监临见知纵（而）故弗举劾"。

③ 《史记》卷三十《平准书》，第1424页。

④ 《汉书》卷二十三《刑法志》，第1101页。

⑤ 高恒：《汉简牍中所见举、劾、案验文书辑释》，收入其所著《秦汉简牍中法律制文书辑考》，社会科学文献出版社，2008年，第308—309页。

⑥ 宋国华：《汉代"见知之法"考述》，《咸阳师范学院学报》2008年第3期。

⑦ 同⑥。

纪》："（元狩）三年春，有星孛于东方。夏五月，赦天下。"① 元狩三年正对应康王九年，所以"夏五月，赦天下"应即本简所言"五月乙未赦"。

0223 号简的时间无疑应发生在五月丁未（13 日）文书成文之后，这说明汉中央的赦令从长安传递到临湘的时间至少需要 13 日以上，同时也说明汉中央的大赦令，颁布之后即在王国推行。

四、余论

前文我们已讨论，本案相关的八份文书实际是两套文书各抄写了四份，每份文书以"临湘令坚、长赖丞尊守丞告尉谓仓、都乡，敢告宫司空、攸、南阳、将作定王后"起首，以"敢告主"结束，而敢告者正好是"宫司空、攸、南阳、将作（或称将作定王后）"四个机构。四个机构中，宫司空是囚系之处，亦是儿、外、不识曾经的任职之所；攸县是儿、外二人户籍地；南阳是不识的户籍地；将作（定王后）则是武、儿二人服刑之处。因而我们怀疑本案两套文书各抄写四份，分别转录一份给涉案人相关的部门机构，如涉案人的户籍地、服刑地、囚系地等等，即移送给宫司空、攸、南阳、将作等处。

这种抄录文件移送涉案人相关机构的情况，在秦、汉简中均可见到。如里耶秦简 J1⑨：11：

> 卅三年三月辛未朔丁酉，司空腾敢言之：阳陵溪里士五（伍）采有赀余钱八百五十二。不采戍洞庭郡，不智（知）何县署。·今为钱校券一上，谒洞庭尉，令署所县责，以受阳陵司空——司空不名计，问何县官计付，署计年为报。已訾责其家，家贫弗能入，乃移戍所。报署主责发。敢言之。/四月壬寅，阳陵守丞恬敢言之：写上，谒报，署金布发。敢言之。/卅四年八月癸巳朔朔日，阳陵遬敢言之：至今未报，谒追。（正）敢言之。卅五年四月己未朔乙丑，洞庭叚（假）尉觿谓迁陵丞：阳陵卒署迁陵，其以律令从事。报之。当腾腾。/嘉手。·以洞庭司马印行事。
>
> 敬手。（背）②

这枚简讲述的是阳陵县士伍（不）采拖欠债务却在迁陵县为戍卒，阳陵县丞报请郡尉由士伍戍守之县索取。因这件事情牵涉两个行政单位，即阳陵县和迁陵县，所以郡尉下发文书要求士伍所戍守之迁陵县按律令行事，并将有关文书抄写一份给士伍（不）采原籍所在地阳陵县。

这种情形或与司法审判的"案发地原则"有一定的关系。审判原则上是以受理诉讼的县以上的机构为主进行。受理时，并不考虑犯罪地点与嫌疑人的籍贯，即贯彻所谓的发现地原则。③ 所以张家山汉简《奏谳

① 《汉书》卷六《武帝纪》，第 177 页。

② 陈伟主编：《里耶秦简牍校释》（第二卷），武汉大学出版社，2018 年，第 18—19 页。

③ 宫宅洁撰，徐世虹译：《秦汉时期的审判制度——张家山汉简〈奏谳书〉所见》，第 277 页。

书》“黥城旦讲乞鞫”案，其文书结尾有“腾书雍”一语。[①] 该案乞鞫人名讲，户籍所在地是汧邑，案件最初的犯案现场亦在汧邑南门外，但是案件的初审并非在汧邑，而是在毛卖所盗之牛案发的雍邑。所以复审后廷尉所作判决的复审、判决文书需转录一份给原来一审的雍邑。而本案对以上两份文书法律程序的补充在于，狱讼文书移送的单位除了涉案人的户籍地或案发地外，还可包括涉案人的囚系和服刑之地等相关机构。

第一套文书简 0118 背的右侧中部书一“报”字，文字书写草率，和正面文字书写方向相反，此字若非习字，或能说明该文书的性质。《汉书・胡建传》：“知吏贼伤奴，辟报故不穷审。”注引苏林曰：“断狱（也）为报。”[②]《后汉书・安帝纪》丁丑诏曰：“自今长吏被考竟未报，自非父母丧无故辄去职者，剧县十岁、平县五岁以上，乃得次用。”李贤注：“报谓断决也。”[③] 因而第一套文书或指将最终定罪结论移送并通报相关机构。

第二套文书以“移校九年应狱计”结尾。其行文格式和江苏邗江胡场五号汉墓出土木牍非常相似：

> 卌七年十二月丙子朔辛卯，广陵宫司空长前、丞□敢告土主：广陵石里男子王奉世有狱事，事已，复故郡乡里，遣自致移栺穴卌八年狱计，丞书从事。如律令。[④]

鲁西奇先生分析这份告地策主要是“向地下鬼神通告亡人户籍”[⑤]。宫宅洁先生认为发信者是广陵国的“宫司空”，收件人是“土主”即地下世界的主人，可知这是丧葬用的模拟文书。墓主虽有“狱事”，但已经解决，“狱计”文书和墓主一起被送往“穴（地下冥界）”。其要表达的关键点是，目前王奉世的“狱事”已经结束，换言之“毋官狱征事”不妨碍其“转移”。[⑥] 所以，本案第二套或当是向与涉案人相关的籍贯地或服刑地移送文书，用以记入当年年度的狱计簿录。

这两份文书在同一天内书写，其概述案情和判决情况的主体内容十分接近，仅仅结尾不尽相同，体现其功能的差异。文书一以“得论行武、儿、外、不识重罪。如律令。敢告主”结尾，即向各涉案人员相关机构告知判决结果。而文书二以“令人将致。其听书。仓受入髡傅衣所当依服。移校九年应狱计。它以从事。敢告主”结束，即要求有关机构诸如仓应领受刑徒的相关衣、物等，移录“校”至“九年应狱计”，且需相应无误。

以上两份文书均是从临湘发往他部门或他地的文书，或许因乙未赦令，四人依令或减刑或赦免为复作，所以这些文书均未发出，保留在临湘；当然，这八份文书亦可能是保留的副本。

另外，本文的讨论尚为粗浅，有很多存疑之处有待解决。随着走马楼西汉简整理项目的稳步推进，该案件所涉简牍将陆续公布于学界，其所反映的西汉司法制度抑或能更进一步得到研究与探讨。

---

① 张家山二四七号汉墓竹简整理小组编：《张家山汉墓竹简（二四七号墓）》（释文修订本），第 102 页。

② 《汉书》卷六十七《胡建传》，第 2912 页。

③ 《后汉书》卷五《孝安帝纪》，第 208 页。

④ 扬州博物馆、邗江县图书馆：《江苏邗江胡场五号汉墓》，《文物》1981 年第 11 期。

⑤ 鲁西奇：《汉代买地券的实质、渊源与意义》，《中国史研究》2006 年第 1 期。

⑥ 宫宅洁著，杨振红等译：《中国古代刑制史研究》，第 212、213 页。

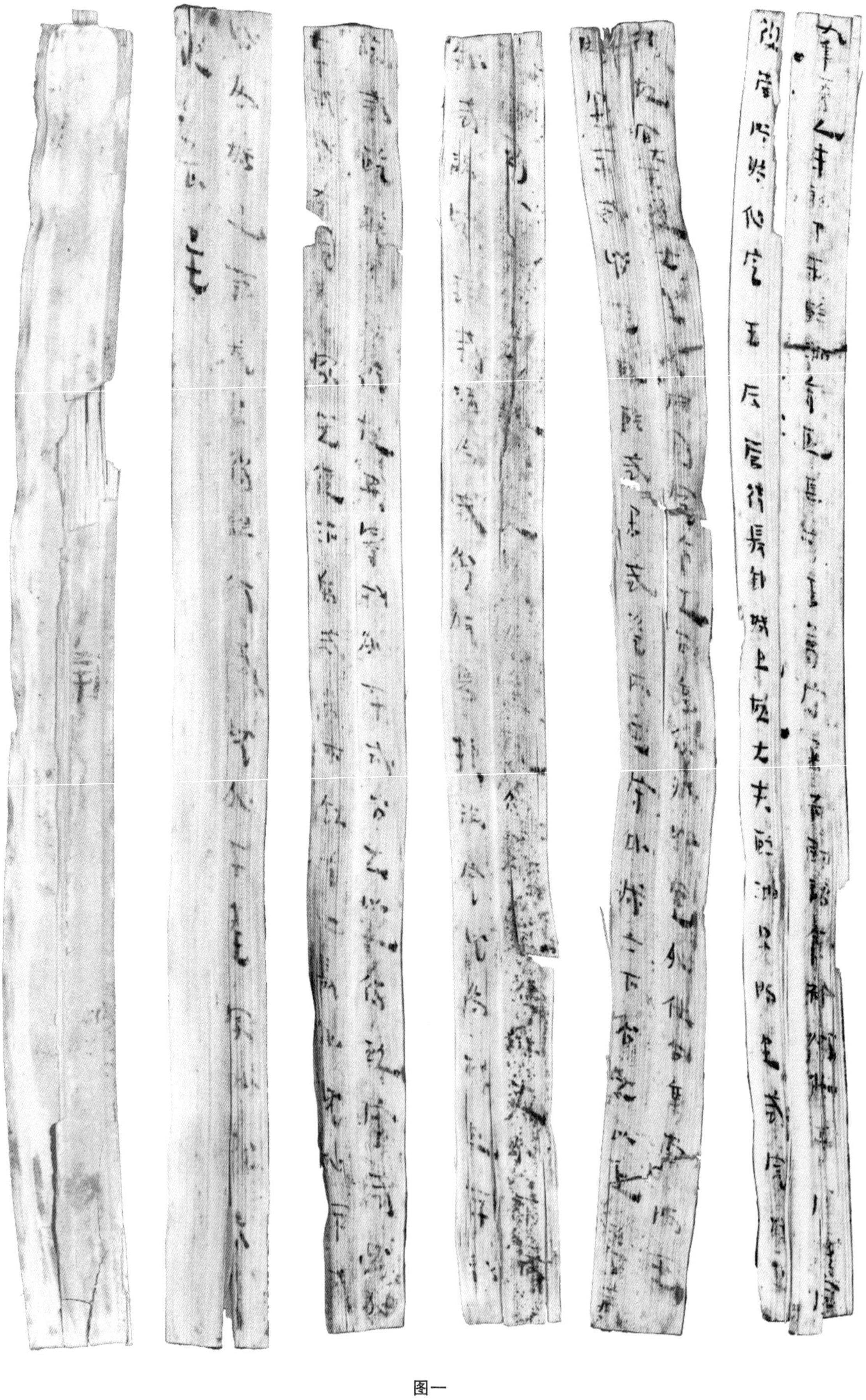

图一

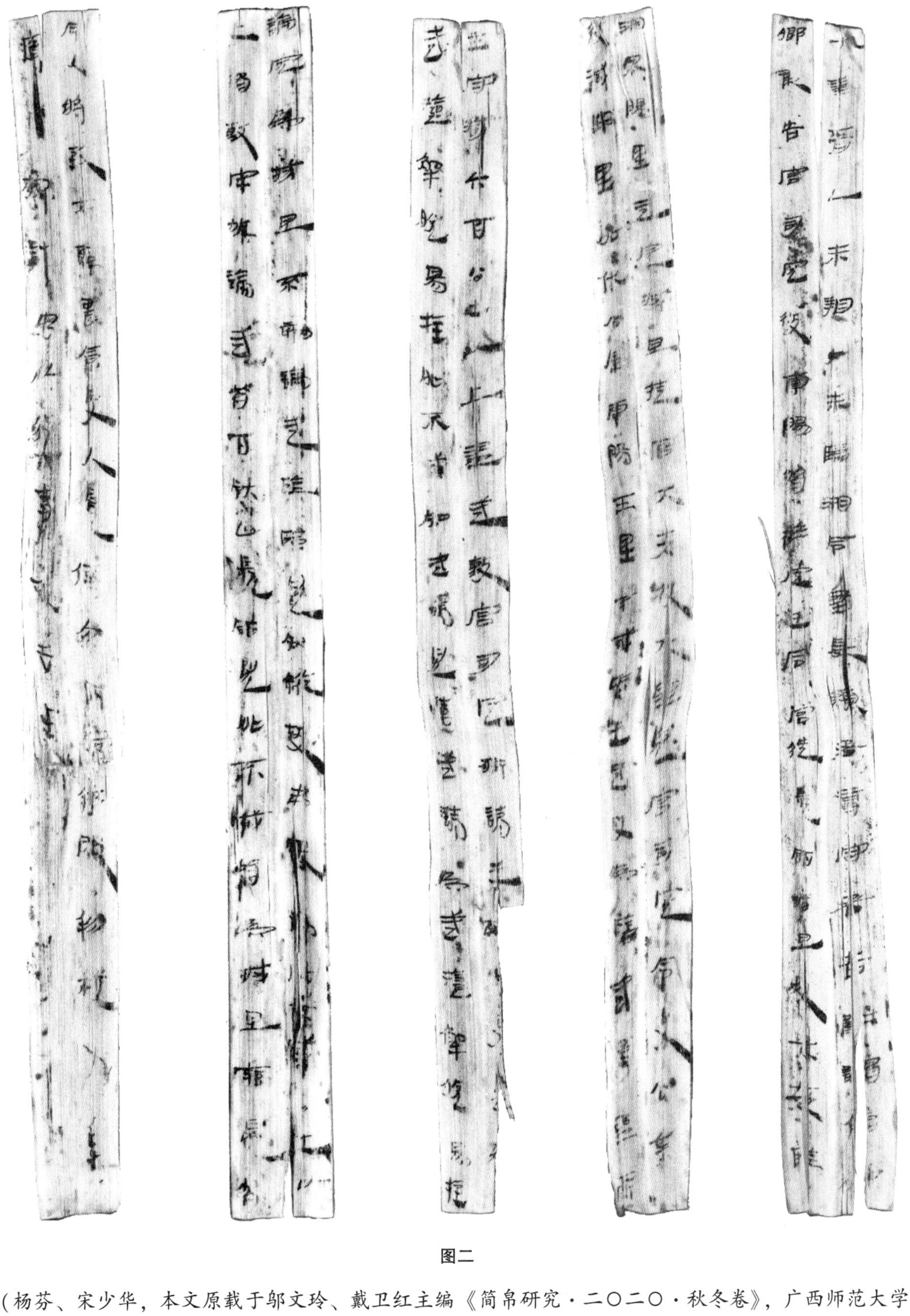

图二

（杨芬、宋少华，本文原载于邬文玲、戴卫红主编《简帛研究·二〇二〇·秋冬卷》，广西师范大学出版社，2021年）

第六节　走马楼西汉简“临湘驾论血娄、齐盗赃案”初探

长沙走马楼西汉简是汉武帝时期长沙国二代王刘庸在位时的行政文书，简牍年代为公元前 126—前 120 年之间。① 其中有不少的法律案件文书。本文就是从中选取一个关于宫司空徒血娄、齐两人因盗窃被加刑的案件，并对其进行释文整理、文义疏通、案件所涉及名物的考释及西汉时期相关的法律文书、司法制度等方面的探讨。这份文书现存四份，其中有三份比较完整，我们从中选取一份移录如下：

九年二月丙寅朔甲申[1]，临湘丞忠谓司空[2]敢告宫司空[3]、南山[4]、烝阳[5]丞主：宫司空髡钳城旦徒血娄、完城旦徒齐＝故公乘烝阳罗里、血（0127）娄士五南山成里皆坐盗铁湏[6]各一，亡，未命。[7]共盗靖园[8]高成里大夫昌钱二千、麻布[9]一匹、绪复衣[10]一、赤罗复被[11]一、青罗复函领[12]一、绪（0274）☐（麻单）衣各二、麻皂复衣[13]二②、小车检[14]一合、丝皂复绔[15]一两，黄里瘳庆☐（栱船）一栧，寿陵[16]西都士五朝练丝复衣[17]一、铜釪[18]一，不知何人米（0585）（二）石、栱船一栧，臧并直钱万三千八百九十。血娄有盗长赖[19]令史吴铜釪一，士五号卢麻单衣[20]三、米四斗、钱百八十四、节[21]一双、婴[22]一两，临湘大女合皂卑[23]（402）一、麻布六尺二寸、芨娄[24]一两，臧并直钱千三百廿八，臧皆千钱以上，得，毄牢[25]，驾论髡钳血娄、齐└，血娄笞一百二百釱左右止，齐笞百（0119）釱左止，皆为城旦籍髡笞[26]。其听书，司空受入髡傅依所当衣服[27]，移校九年应狱计[28]，除录[29]血娄、齐所共盗昌钱八（卌一、绪麻）☐（0226）单衣各一、麻皂复衣二、小车检一合、庆栱船一栧，不知何人米二石、栱船一栧靡（无），它皆见已，以与昌等。血娄、齐毋它同居会计（0593）财物以偿[30]，居[31]，皆以从事，如律令敢告主。（0300）③

---

① 参考《长沙走马楼西汉简牍考古发掘报告》。李洪财认为走马楼西汉简是长沙王刘庸时期的产物，上限可定在公元前 128 年，下限可定在公元前 120 年。见李洪财：《走马楼西汉简的断代——兼谈草书的形成时间》，邬文玲、戴卫红主编《简帛研究·二〇一八·秋冬卷》，广西师范大学出版社，2019 年，第 238—250 页。

② 简 0587 为“二”，简 0259 为“三”。

③ 另外两份比较完整的文书编号分别是 0341+0342+0259+0339+0402+0888+0881+0887、0547+0595+0587+0192+0535+0549+0596+0588+0984。

我们据其他文书将释文中残缺部分补齐了。不过，这个案件的四份文书的最后一句用语有点不同：

1. 血娄、齐毋它同居会计财物以偿，居，皆以从事，如律令敢告主。　（0593+0300）

2. ☑会计财物以偿，居，吏卒守将司之，别论，如律令☑　（0881+0877）

3. ☑血娄、齐毋它同居☑，

☑□如律令，敢告主☑　（0984）

4. 齐毋它同居会计财物以偿，居，吏卒守将司之，别从事，如律令敢告主。　（0227）

对比来看，除残缺外，有的文书中无“吏卒守将司之”；另外，文书用语存在两种情况：一是“……论，如律令敢告主”，一是“……从事，如律令敢告主”。这里“论”和“从事”含义相同，指处置、行事之义。虽在最后一句有点差异，但所表达的意思是一样的。下面我们将对文书的词句试作解释，并对案情进行分析，同时探讨案情相关的法制情况。

[1] 九年二月丙寅朔甲申，属长沙康王九年，汉武帝元狩三年（前120）。据张培瑜《三千五百年历日天象》一书，元狩三年二月丙寅朔，合于简文。本简所用为长沙王纪年，朔闰与汉中央武帝元狩三年月朔一致。

[2] 司空，这里指临湘县的司空。宋杰认为刑徒会到指定地点去服刑，有些散入到工役、匠役、军役队伍里，另一部分则被遣送到专设“司空”机构进行强制劳动。① 据简0684“血娄，司空佐疾捕得·髡钳城旦徒血娄□罪囚”，血娄是由司空捕得。同时，联系文书开头“临湘丞忠谓司空”，却未涉及其他机构来看，齐也应是由司空所捕得的。

[3] 宫司空，这里指长沙国的宫司空。走马楼西汉简有管理作为刑徒“定王后营徒”的宫司空，“定王后营徒”是指修建长沙国王刘发的王后冢茔的刑徒。宋杰认为诸侯王国也设有司空机构。“宫司空”的职能有治狱、役使刑徒劳作，监管宫廷手工业作坊的生产事务。②

[4][5] 临湘丞向临湘司空、长沙国宫司空、南山和烝阳报告案件情况。通过文书可知这四个地方分别是抓捕机构、服刑地和两人的户籍地，那么，所存的四份文书可能是分别向这四地移送的文书。

“临湘”“南山”“烝阳”是长沙国的属县。《汉书·地理志》的记载“长沙国……县十三：临湘，罗，连道，益阳，下隽，攸，酃，承阳，湘南，昭陵，荼陵，容陵，安成。”③“承阳”即烝阳。《续汉书·郡国四》记载武帝置零陵郡，该郡有“烝阳侯国，故属长沙”。④ 从走马楼西汉简看，武帝元狩三年时，尚未从

① 宋杰：《秦汉国家统治机构中的“司空”》，《历史研究》2011年第4期。

② 同①。

③《汉书》卷二十八《地理志》，中华书局，1962年，第1639页。

④《后汉书·志第二十二·郡国四》，中华书局，1965年，第3482—3483页。

长沙国中分置零陵郡，此时烝阳为长沙国属县。“南山”从简文“血娄士五南山成里”看，南山应为县。走马楼西汉简中出现了“南山长”，似为小县。又据简536，“人来言曰：乃前未伏一日，□州中有亡者，其人在宫司空，不识其何界寿（畴），即令亭长朝召令史乘之令往问，在临湘界，南山界，其人□者未=告将其”，不知“亡者”是临湘界还是南山界而派人前往调查。可见，南山应在临湘周边，与临湘相邻。血娄、齐的户籍地分别是南山和烝阳，两人已是刑徒，在宫司空服刑。所以，临湘分别向宫司空、南山和烝阳报告。

［6］铁涓，即铁锁，加在门、箱子、抽屉等物体上的封缄器。《说文新附》：“锁，铁锁，门键也。”置于可启闭的器物上，以钥匙或暗码打开的封缄器。这里血娄、齐可能是盗了关押他们的铁锁而逃亡出来了。

［7］亡，未命，传世文献有“亡命”一词，《史记》索隐引晋灼注：“命者，名也。谓脱籍而逃”；同书崔浩注“亡，无也。命，名也。逃匿则消除名籍，故以逃为亡命”。① 故“命”指名籍，“亡命”指脱离户籍，这一解释广为学者所接受。张建国据《汉书·刑法志》之“已论命复有［籍］笞罪者”，晋灼注：“命者，名也成其罪也。”② 认为论命是指经过审判、罪名成立。③ 日本学者保科季子认为“命”是法律用语，指确定罪名的司法手续。“命者”是已罪名确定的犯罪者，而已确定的罪名（刑罚名）却是被称为“名”。④ 那么作为法律上的“亡命”是指在逃的已确定罪名的犯罪者。⑤ 陈迪赞同《岳麓书院藏秦简（肆）》整理小组注释简47所说的“命，出告示缉拿”的观点，并综合保科季子的说法，认为“命”具体指秦汉时针对确定是重罪的逃亡罪犯在依靠当地官府治安力量无法捕获的情况下，予以公开缉捕的一种程序手段。律文中的“命之”为“论命之”省称，广义上说，具有“论”即定罪名的性质与作用。⑥ 欧扬认为秦及汉初简牍所见“命”是赋予刑徒身份的动词，所命之刑徒名类即“名”。“命”即“论命”，官吏赋予罪囚特定的刑徒名类。⑦ 由此，我们这里的“命 ”应是法律用语，髡钳城旦徒血娄、完城旦徒齐盗铁锁且逃亡，“未命”即“未论命”，后文中有“驾（加）论”血娄和齐，又走马楼西汉简中“驾（加）论”有时也写作“驾（加）论命”，那么，此处应是指盗铁锁逃亡这项罪未论罪。血娄、齐是在服刑期间再次犯罪，即前面所犯的罪已

① 《史记》卷八十九《张耳陈余列传》，中华书局，1959年，第2571页。

② 《汉书》卷二十三《刑法志》，第1099页。

③ 张建国：《前汉文帝刑法改革及其展开的再探讨》，收入其所著《帝制时代的中国法》，法律出版社，1999年，第194页。

④ 保科季子：《亡命小考——兼论秦汉的确定罪名手续“命”》，武汉大学简帛研究中心《简帛》第三辑，上海古籍出版社，2008年，第349页。

⑤ 同④，第352—355页。

⑥ 陈迪：《岳麓书院藏秦简（肆）60—64简试析》，邬文玲、戴卫红主编《简帛研究·二〇一八·秋冬卷》，广西师范大学出版社，2019年，第139—142页。

⑦ 欧扬：《走马楼西汉简形制史料初探》，邬文玲、戴卫红主编《简帛研究·二〇一八·秋冬卷》，广西师范大学出版社，2019年，第222—223页。

论命，后面所犯的罪未论罪。

又如简0400“以不审，驾论乘之为隶臣，去亡，未命，得，论为鬼薪输采（铜）”，乘之在逃亡前为在隶臣，中间的“未命”是指逃亡这项罪未论罪，官府捕得后，就为鬼薪了。

［8］靖园，从其后接里名看，应为县名。《汉书·王子侯表》：“洮阳靖侯狩燕，长沙定王子，（元朔五年）六月壬子封，七年，元狩六年薨，亡后。”① 又，长沙杨家山之杜家坡出土了“靖园长印”，为看守靖侯墓的长官之印。② 可见，长沙定王儿子洮阳侯刘狩燕的墓园为靖园。不过，这个案件文书的时间为元狩三年（前120）时，此时刘狩燕并没有去世，且“靖”应是谥号，所以，文书中的“靖园”应不是刘狩燕的墓园。

［9］麻布，马怡认为目前所发现先秦到汉代的麻织品实物，其原料包括葛、苎麻、大麻等三种。被称为“布之属”的，除以上三种原料外，还包括其他韧皮纤维织物。③《小尔雅·广服》曰：“麻、纻、葛曰布。布，通名也。”④

［10］复，《说文》：“重衣也。一曰褚衣。”《释名·释衣服》：“有里曰复，无里曰禅。”《急就篇》：“襜褕袷复褶绔裈，颜师古注：“衣裳施裹曰袷，褚之以绵曰复。”⑤ 复即指内絮丝绵。

绪复衣，用苎麻布做成的绵衣。绪：本义指丝。或以为纻。《说文》：“绪，丝端也。”《说文·纟部》：“纻，麻属。细者为絟，粗者为纻。”《急就篇》注：“纻，织纻为布，及疏之属也。”《诗·陈风·东门之池》：“东门之池，可以沤纻。”陆机（玑）疏：“纻，亦麻也。”《周礼·天官·典枲》：“掌布、缌、缕、纻之麻草之物”，郑注：“白而细疏曰纻。”马怡认为白而细薄的苎麻布称作“纻”。⑥

［11］复被，指内絮丝绵的被子。《释名·释采帛》：“罗，文罗疎也。”

［12］函领，尹湾汉墓有“直领”。马怡：“直领”本是衣领的样式。此处用作服装的名称。尹湾二号汉墓墓主系女性，则“直领”在汉时为女服。《急就篇》：“袍襦表裹曲领帬。”颜师古注：“长衣曰袍，下至足跗。短衣曰襦，自膝以上。一曰，短而施要者襦。”也说明直领比一般的襦要长。⑦ 此处的“函领”可能也是一种服装的名称。

［13］麻皂复衣，黑色的麻质绵衣。皂：与“阜”通，即黑色。《玉篇》：“皂，色黑也。”麻即大麻，又

① 《汉书》卷十五《王子侯表第三》，第470页。

② 周世荣：《长沙出土西汉印章及其有关问题研究》，《考古》1978年第4期。

③ 马怡：《汉代的麻布及相关问题探讨》（修订稿），简帛网，2014年12月25日。

④ 迟铎：《小尔雅集释·广服第六》，中华书局，2008年，第225页。

⑤ 张传官：《急就篇校理》，中华书局，2016年，第172页。

⑥ 同③。

⑦ 马怡：《尹湾汉墓遣策札记》，李学勤、谢桂华主编《简帛研究·二〇〇二、二〇〇三》，广西师范大学出版社，2005年，第265页。

名枲（雄株）、苴（雌株），桑科，大麻属。清段玉裁《说文解字注·麻部》：“麻，枲也。麻与枲互训，皆兼苴麻、牡麻言之。”①

［14］小车检，“车”字的图版分别有简0153、简0587，简0588，单看字形似乎为“𠦝”字，我们发现“朝”异体字中有“䡔”，即“𠦝”与“车”易混，说明“车”字中间一竖，可能分作两笔，并不连贯，所以，我们认为这个字很可能为“车”。

检：即奁，梳妆奁盒。《说文解字》：“镜奁。《离监》切音廉，本作奁。”作注为：“匣也。”《后汉书·皇后纪·光烈阴皇后》：“视太后镜奁中物，感动悲涕，令易脂泽妆具。”李贤注：“奁，镜奁也。”② 表明了奁的实用功能即装盛妆具。小车检一合，合：量词。《说文解字》：“合，口也。”《殷周文字释丛》：“字象器盖相合之形。”③ 梳妆奁盒也是带盖的。所以，小车检可能是梳妆奁盒之类的器物。

［15］丝皂复袴，指黑色丝质的裤子。汉代的袴有两种：一种是不合裆的。《说文解字·糸部》：“袴，胫衣也。”《释名·释衣服》：“袴，跨也，两股各跨别也。”这种袴的裤管并不缝合，其单位名“两”；另一种是两裆缝合的合裆袴。④ 这里的袴也以“两”为单位名，应为不合裆的袴。

［16］［19］血娄和齐逃亡后，在靖园、寿陵、长赖三地实施了盗窃。由临湘的司空进行抓捕。走马楼西汉简中有“寿陵长”，又简0739“追搜索寿陵界中□寿陵界中临湘旁”可见，寿陵似是在临湘附近的小县。从本案件中的“长赖令史”及走马楼西汉简中的“长赖长”“长赖丞守临湘丞”看，那么，长赖也是临湘附近的小县。

［17］练丝复衣，练即把生丝、麻或布帛煮熟脱胶，使之柔软洁白。《说文解字》：“练，湅缯也”，段注：“湅缯汏诸水中，如汏米然。《考工记》所谓湅帛也。已湅之帛曰练。”《释名·释采帛》：“练，烂也，煮使委烂也”。《急就篇注》：“练者，煮缣而熟之也。”经练过的丝做成的绵衣。

［18］铜鉾，“鉾”是矛的异体字。可能是一种青铜做的直刺兵器。

［20］单衣，即禅衣，指单层衣。《说文解字》：“禅，衣不重。”《大戴礼记》：“单也。”《释名·释衣服》：“有里曰复，无里曰禅。”

［21］节，或指符节，或通“栉”。《说文解字》：“栉，梳篦之总名也。”

［22］婴，妇女颈饰。《说文解字》：“婴，颈饰也。从女、賏，賏，其连也。”桂馥义证：“古人连贝为婴。”女子把贝串挂在脖子上的意义。

① 段玉裁：《说文解字注》，上海古籍出版社，1981年，第336页。
② 《后汉书》卷十《光烈阴皇后纪》，第407页。
③ 朱芳圃：《殷周文字释丛》，中华书局，1962年，第103页。
④ 孙机：《汉代物质文化资料图说》（增订本），上海古籍出版社，2008年，第273—275页。

［23］皂卑，卑同“椑”，《说文解字·木部》载“椑，圆榼也”，段注：“《汉书》曰：‘美酒一椑。’椑，椭圜也。”《急就篇》有“槫榼椑榹匕箸籫”。这里指一种黑色较浅而小的盘类器皿名称。

［24］芨娄，芨：《说文解字》：“芨，堇艹也。从艹，及声。读若急。”娄即屦，屦：古同屦，《说文解字·履部》：“履也，从履省，娄声，一曰鞮也。”而履，《说文解字》“足所依也”，可能指堇草做的鞋。

［25］血娄和齐共盗赃值钱一万三千八百九十，另外血娄一人还盗赃值钱一千三百二十八，因盗赃千钱以上被拘系于牢。走马楼西汉简另有原为临武丞的武“盗所主守钱臧六百，公士以上盗，武毄宫司空”，为髡钳城旦徒，可见，六百钱、千钱是当时的计赃等级。《二年律令·盗律》所记载是文帝刑制改前计赃等级有：盗臧值过六百六十钱，黥为城旦舂；六百六十到二百二十钱，完为城旦舂；不盈二百二十到百一十钱，耐为隶臣妾；不盈百一十到二十二钱，罚金四两；不盈二十二钱到一钱，罚金一两。①《二年律令》中的六百六十钱以上，黥为城旦舂；而武主守盗赃六百钱，髡钳为城旦。汉文帝的刑罚改制记载“诸当完者，完为城旦舂；当黥者，髡钳为城旦舂；当劓者，笞三百；当斩左趾者，笞五百”②，可见黥为城旦舂与髡钳为城旦两种刑罚于改制前后呈对应关系。到西汉末期的益阳兔子山汉平帝元始二年（2）张勋主守盗一案中，张勋主守盗赃二百五十钱以上，就髡钳为城旦了。③ 似乎在盗赃的处罚有渐重的趋势。但与《二年律令》不同的是，后两者都是主守盗，可能存在从重处罚的因素。对于《二年律令》中六百六十钱以上，到走马楼西汉简六百钱，周海锋则认为这反映了用以区分刑等的赃值数从 11 的倍数变成 10 的倍数。④

［26］籍笞，张建国利用《汉书·刑法志》废除肉刑部分中，颜师古注曰“今流俗书‘笞三百’‘笞五百’之上及‘劓者’之下有‘籍笞’字，‘复有笞罪’亦云‘复有籍笞罪’，皆后人妄加耳，旧本无也”⑤，以及汉景帝两次针对汉文帝时制定的刑制造成受笞的罪人“率多死”的问题进行改革而下的两次诏书，都提到“加笞”，认为“籍笞”即“加笞”，“籍”比“加”更好地体现了“笞”不是独立的刑罚，而是一种依附刑。⑥ 欧扬认同并通过本案件中简 0549、0596 印证了张建国的观点。同时，他还认为血娄的刑罚“髡钳笞一百、二百钛左右止”对应改制前的黥劓斩左趾为城旦，齐的刑罚“髡钳笞百钛左止”对应改制前的黥劓为城旦，笞数不合计为“三百”而称“一百”“二百”的现象，是受改制前劓和斩左趾两项刑罚分两步执行的影响。反映走马楼西汉简中刑罚具有过渡时期独特风貌。同时，“籍笞”和“钛趾”有固定搭配关系的，即

---

① 张家山二四七号汉墓竹简整理小组编：《张家山汉墓竹简（二四七号墓）》（释文修订本），文物出版社，2006 年，第 16 页。

② 《汉书》卷二十三《刑法志》，第 1099 页。

③ 张春龙：《益阳兔子山遗址三号井“爰书”简牍一组》，何驽主编《李下蹊华——庆祝李伯谦先生八十华诞论文集》，科学出版社，2017 年，第 859—862 页。

④ 周海锋：《五一简“逐捕不知何人所盗罗捽矛者未能得解书”浅析》，《出土文献》2020 年第 4 期。

⑤ 《汉书》卷二十三《刑法志》，第 1099 页。

⑥ 张建国：《帝制时代的中国法》，第 193—194 页。

本案件中出现的籍笞百釱左趾，籍笞一百二百釱左右趾。①

［27］司空受入髡傅依所当衣服，指血娄、齐被收入临湘司空，受过髡刑和穿戴相应的刑具和囚衣。“傅”指穿戴刑具和囚衣，其中，因血娄、齐受到钳和釱趾的刑罚，所以，这里的刑具包括束颈铁钳和套在脚杆上的铁圈。《汉书·陈万年附子咸传》记录：“所居以杀伐立威，豪猾吏及大姓犯法，辄论输府，以律程作司空，为地臼木杵，舂不中程，或私解脱钳釱，衣服不如法，辄加罪笞。”② 指刑徒按所受刑罚穿戴相应的刑具和囚衣，不然会受到罪罚。又益阳兔子山西汉简牍《张勋主守盗案》牍中：“数罪以重，爵减，髡钳勋为城旦，衣服如法，驾责如所主守盗，没入臧县官，令及同居会计，备偿少内，收入司空作。”③ 张勋髡钳为城旦，此处“衣服如法”中“衣服”也应指囚衣和刑具。所以，“傅依所当衣服”“衣服如法”是西汉司法文书中的法律用语。睡虎地秦简《秦律十八种·司空律》和《岳麓书院藏秦简（伍）》220—223号简都记录了刑徒穿着刑具和囚衣的具体法律规定④，其中，陈伟认为岳麓秦简伍中220—223号简中的“傅”指穿戴囚衣、刑具，可见，汉代是继承的秦代的做法。在走马楼西汉简的“宫司空令史儿等为武擅解脱易桎举劾案”中，也有“仓受入髡傅衣所当依服”，不同于司空，此处是仓应是此案的刑徒被派到仓服刑。

［28］移校九年应狱计，移送此案的狱断文书到相应的用于上计的九年（长沙康王九年）治狱统计。其中，狱计是县、郡及相应级别机构的狱讼统计文书，也是年终上计簿册的组成部分。⑤ “校”指狱断文书。秦代有狱校制度。彭浩通过《岳麓书院藏秦简（肆）》中的《狱校律》，认为各地的狱断统计（狱校）向上级报送，称作“上其校”。又通过考察河西汉简的“狱计”简，认为郡级机构制作“狱计”是由下级机构的治狱文书汇总形成的，这种上报郡级机构的治狱文书与秦的“狱校”相同。⑥

［29］除录，除，去掉。《广雅·释诂二》：“除，去也。”录：记录、登记。《广雅·释诂三》：“录，具也。”“除录”后写的是血娄和齐共盗的部分东西，除这些东西外，其他的赃物在判案之后，返还给失主。

［30］同居会计财物以偿：没有同户之人，家里也没有其他财物可以赔偿。同居，《汉书·惠帝纪》颜注则谓：“同居，谓父母妻子之外若兄弟及兄弟之子等见与同居业者，若今言同籍及同财也。”⑦ 湖南益阳兔子

① 欧扬：《走马楼西汉简形制史料初探》，邬文玲、戴卫红主编《简帛研究·二〇一八·秋冬卷》，广西师范大学出版社，2019年，第215—229页。

② 《汉书》卷六十六《陈咸传》，第2901页。

③ 徐世虹：《西汉末期法制新识——以张勋主守盗案牍为对象》，《历史研究》2018年第5期。

④ 睡虎地秦墓竹简整理小组编：《睡虎地秦墓竹简》，文物出版社，1990年，“释文 注释”第53页。陈松长主编：《岳麓书院藏秦简（伍）》，上海辞书出版社，2017年，第141—142页。

⑤ 彭浩：《河西汉简中的“狱计”及相关文书》，邬文玲、戴卫红主编《简帛研究·二〇一八·春夏卷》，广西师范大学出版社，2018年，第230页。

⑥ 同④，第230—231页。

⑦ 《汉书》卷二《惠帝纪》，第86页。

山汉简在汉平帝元始二年（2）张勋主守盗案中有“数罪以重，爵减，髡钳勋为城旦，衣服如法，驾责如所主守盗，没入臧县官，令及同居会计，备偿少内，收入司空作”。可见，同居之人有赔偿责任。“备偿”足额偿还，包含了本赃与加倍之赃。① 张勋主守盗被判为髡钳为城旦，同时还需偿还所盗的赃钱和所罚的加倍赃钱。同时，在走马楼西汉简中也有“备偿”的简文，简0532：“当更论，臧见，与当时等，靡卖田宅奴婢财物，及令同居会计备偿。书到，皆令备盗贼吏徒求捕以得，为故得，以律令从事，弗得已。”可见，西汉时期盗赃是需偿还所盗之物的。血娄和齐已偿还部分赃物，其他盗赃却没有偿还能力，也没同居之人替其偿还。

[31] 居，单独放在这里比较费解。但走马楼西汉简也有单独使用“居”的例子，简0102：“五年九月丙辰朔丁卯，都乡佐鼻敢言之：廷移临湘书曰：北平大女南坐负罚金，临湘库弗能入，居。乃四年六月中去亡，捕得，南辞：五年五月中自出。”大女南交不起罚金给临湘库，中间一个“居”字，后面却记大女南逃亡。对于此简中“居”的理解，我们可以看张家山汉简《二年律令·田律》：“贫弗能赏（偿）者，令居县官。”② 因没钱赔偿，而让其在官府服劳役抵偿债务。秦简有“居赀赎债”，它是居赀、居赎、居债的合称，指以劳役刑抵偿罚金、赎刑、债务。“居赀”指以劳役抵偿罚金，“居赎”指以劳役抵偿赎刑，“居债”指以劳役抵偿债务。《秦律十八种·司空律》简133—140记载：

有罪以赀、赎及有责（债）于公，以其令日问之，其弗能入及赏（偿），以令日居之，日居八钱；公食者，日居六钱。居官府公食者，男子参，女子驷（四）。公士以下居赎刑罪、死罪者，居于城旦舂，毋赤其衣，勿枸椟欙杕。鬼薪白粲，群下吏毋耐者，人奴妾居赎赀责（债）于城旦，皆赤其衣，枸椟欙杕，将司之；其或亡之，有罪。葆子以上居赎刑以上到赎死，居于官府，皆勿将司。③

这条律文对“居赀赎债”作了详细规定。其中，游逸飞认为：“服城旦舂劳役者一日抵偿八钱，若须官府提供饮食则只能抵偿六钱；在官府服劳役，又由官府给予饮食的男子只能抵偿三钱，女子抵偿四钱（若自备饮食，应为五钱、六钱）。”④ 由此，北平大女南应是付不起罚金而在官府用劳役抵偿罚金。那么，“居”疑与居作有关。此处单独的“居”字似可以与大女南的情况作相同的理解。因血娄和齐盗赃，虽返还了部分赃物，却因没有同居之人和财物进行偿还，所以，用罚服劳役的方式赔偿。

不过，我们发现这个案件的另两份文书中最后一句与简0300文字有些不同：

☑会计财物以偿，居，吏卒守将司之，别论，以律令☑。　（0881+0877）

① 徐世虹：《西汉末期法制新识——以张勋主守盗案牍为对象》，《历史研究》2018年第5期。
② 张家山二四七号汉墓竹简整理小组编：《张家山汉墓竹简（二四七号墓）》（释文修订本），第20页。
③ 睡虎地秦墓竹简整理小组编：《睡虎地秦墓竹简》，第51页。
④ 游逸飞：《说“系城旦舂”——秦汉刑期制度新论》，简帛网，2009年12月18日。

齐毋它同居会计财物以偿，居，吏卒守将司之，别[从]事，如律令敢告主。　(0227)

“居”字后面有“吏卒守将司之”。“将司”一词见于秦简，《秦律十八种·司空律》：“公士以下居赎刑罪、死罪者，居于城旦舂，毋赤其衣，勿枸椟欙杕。鬼薪白粲，群下吏毋耐者，人奴妾居赎赀责（债）于城旦，皆赤其衣，枸椟欙杕，将司之；其或亡之，有罪。葆子以上居赎刑以上到赎死，居于官府，皆勿将司。”整理小组认为“将司”是监管之意。① 不过，在秦简出现了“居吏”，如睡虎地秦简《秦律十八种·效律》162 简：“实官佐、史被免、徙，官啬夫必与去者效代者。节（即）官啬夫免而效，不备，代者与居吏坐之。故吏弗效，新吏居之未盈岁，去者与居吏坐之，新吏弗坐；其盈岁，虽弗效，新吏与居吏坐之，去者弗坐，它如律。”“居吏”应指留居原任的吏。② 又如《岳麓书院藏秦简（伍）》220—223 号简：“·诸当衣赤衣冒擅（毡）、枸椟杕及当钳及当盗戒（械）而擅解衣物以上弗服者，皆以自爵律论之。其辠（罪）鬼薪白粲以上，有（又）驾（加）辠（罪）一等。以作暑故初及卧、沐浴而解其赤衣擅（毡）者，不用此令。敢为人解去此一物，及吏徒主将者擅弗令傅衣服，及智（知）其弗傅衣服而弗告劾论，皆以纵自爵辠（罪）论之；弗智（知），赀二甲；告劾，除。徒出，将吏坐之，居吏弗坐。”③ 这里“居吏”与“将吏”相对，而“将吏”应是释文所指“吏徒主将者”，负责和监督刑徒“傅衣服”的吏。“居吏”则不是直接负责和监督刑徒“傅衣服”的吏。所以，“居吏”可以作为名词使用。那么，走马楼西汉简中的“居吏卒守”作为名词放到释文中，似应理解为“（司空所在或相关）的吏卒守”。因为血娄、齐作为刑徒，盗赃逃亡，被抓后加罪，为防止再次逃亡会被监管起来。而这种“吏卒守”要承担监管责任，反而与《岳麓书院藏秦简（伍）》的“将吏”相同。如此，似乎我们的断句应为“居，吏卒守将司之”，“居”为居作之义。文书中没有“吏卒守将司之”这六个字，也不影响所表达的意思。

如果将此处的“居”理解为居作之义不误的话，那么，血娄和齐作为髡钳城旦徒，仍需在官府居作抵偿他们所盗之物的债务。由此，可以体现在此时的长沙国的城旦这一刑罚已具有刑期的概念。否则，城旦仍为无期刑的话，用居作抵偿债务似乎已无意义。说明史书上记载的汉文帝“有年而免”的刑制改革在长沙国已经实施。

汉文帝“有年而免”的刑制改革，《汉书·刑法志》：“罪人狱已决，完为城旦舂满三岁，为鬼薪白粲一

---

① 睡虎地秦墓竹简整理小组编：《睡虎地秦墓竹简》，《释文 注释》第 52 页。同时《岳麓书院藏秦简（肆）》简 1978、1996：“亡不仁邑里、官，毋以知何人也，中县道官诣咸阳，郡【县】道诣其郡都县，皆系城旦舂，木专作仓，苦，令舂勿出，将司之如城旦舂。”其中“将司”也应为“监管”之义。陈松长主编：《岳麓书院藏秦简（肆）》，上海辞书出版社，2015 年，第 46—48 页。

② 里耶秦简 8-197 中的“居吏”也指留居原任的吏。陈伟主编：《里耶秦简牍校释》（第一卷），武汉大学出版社，2012 年，第 108—109 页

③ 陈松长主编：《岳麓书院藏秦简（肆）》，第 123 页。陈松长主编：《岳麓书院藏秦简（伍）》，上海辞书出版社，2017 年，第 141—142 页。

岁，为隶臣妾；……其亡逃及有罪耐以上，不用此令。”这里说到罪人亡逃，不适用“有年而免”的法令。张建国先生解释认为，按规定，罪人亡逃，不适用上述法令，那么对这些已决或未决（包括现在和将来）的逃亡的罪人，必然需要制定另一项法令，从“不用此令”的说法，应当推论它在实际存在。① 所以，我们无法看到对于逃亡罪人处理的法令。在我们这个案件中，血娄和齐作为刑徒逃亡后又盗窃，血娄原为髡钳城旦，齐为完为城旦，加罪后血娄髡钳笞一百二百釱左右趾为城旦籍髡钳笞，齐髡钳笞百釱左趾为城旦籍髡钳笞。按欧扬所列西汉刑制改革前后刑制对照表，汉景帝改加笞数之后的刑罚依次是：完为城旦舂，髡钳为城旦舂，髡钳笞百釱左趾，髡钳笞一百二百釱左右趾，弃市。那么血娄和齐的刑罚在原来的基础上均上升二等，可能与其逃亡和盗窃两项罪名有关。所以，刑徒在服刑时逃亡后的刑罚，是在原来的基础上至少加罪一等。如果说此时已具有刑期，那么，加罪后仍是服城旦的刑期。

由此，血娄和齐盗赃案的案情如下：南山成里的血娄和烝阳罗里的齐是在长沙国宫司空服刑的刑徒，后盗铁锁而逃亡。在逃亡时，两人共盗了靖园高成里大夫昌的钱二千，麻布一匹，绪复衣一，赤罗复被一，青罗复函领一，绪、麻单衣各二，麻皂复衣二，小车检一合，丝皂复绔一两；黄里瘳庆的棋船一椟、寿陵西都士五朝练丝复衣一、铜銗一；不知何人的米二石及棋船一椟，这些盗窃物值 13890 钱。血娄自己还盗了长赖令史吴的铜銗一，士五号卢的麻单衣三，四斗米、百八十四钱、节、婴；临湘大女合的皂卑、麻布六尺二寸、芨娄一两，这些值一千三百二十八钱。所有赃物值千钱以上，拘系于牢。判决血娄笞一百二百釱左右趾为城旦籍髡笞，齐笞百釱左趾为城旦籍髡笞。按判决血娄和齐得穿戴囚衣和刑具，并将这个案件记录到当年的上计的狱计中。除去所记录盗窃昌的八百四十一钱、绪麻单衣各一、麻皂复衣二、小车检一合，庆的棋船一椟；不知人名的二石米、一椟棋船等未见外，其他赃物已返还给失主。血娄和齐没有同户的人，家内无财物可以偿还，官府让其服居，以罚劳役的方式赔偿。

（熊曲、宋少华）

① 张建国：《帝制时代的中国法》，第 217 页。

第四章　简牍所见长沙国法律制度研究

第一节　走马楼西汉简狱政资料的整理与考证

长沙走马楼8号西汉古井窖出土有字简2000多枚，其中有许多与监狱管理相关的资料，前所未见，弥足珍贵。但这些简多已分散，有些字迹不甚清晰，故需做整理排序的工作，方能窥其原貌，今试整理与考证如下。

一、文本复原

走马楼西汉简今见文本皆为县廷及监狱诸部门关于监狱管理的值班报告。本文选择其中两天的报告先行整理，拟按照内容及形制排序。两天所见文书格式一致，故二者可以互相比对，并以之为排序依据，不清楚的字迹亦可根据相应的文例作释文参考。

甲午文书：

（一）七年五月丙子朔甲申〈午〉，令史寅敢言之。癸巳夜，案行廷、狱周垣、城外到城东门毋入(0544)[①] 从迹及欲纂囚城者。书实，敢言之。(0514)

按：据简文文件发出的前一天为“癸巳”，则“甲申”之“申”当为“午”之误，故本文归入甲午文书。0312简见“……城外到城东门毋入从迹及欲纂囚城者……”印证此例二简可衔接连排为一份完整的文件。

---

① 简号皆为原始编号。

（二）七年五月丙子朔甲午，扩门佐到敢言之。癸巳旦夕受囚阳馈阳

舍人营所。即索余食中毋毒药、兵刃、书。已索，即以属守狱门（0513）亭长辟。报□□□吏民久位在及欲入问诏狱事，非临湘吏毋入门者（?）。书实，敢言之。(0596)

按：0551 简见“狱门亭长辟所”，则 0513 简文末“狱门”与 0596 简文首“亭长”当可衔接，二简属同一册书。

（三）七年五月丙子朔甲午，守狱门亭长辟敢言之。辛巳尽其夜，常宿食牢狱门。诸主守囚吏卒不出狱门，外人不入狱，毋为通言语、为奸（0569）诈及投书者。旦夕受囚馈扩门佐到所，盛以具检，到廷中索余食中毋毒药、兵刃、窜书，以馈，旦属狱史吴、夕属河人。辟（0564）不入狱。非临湘吏毋入廷，及毋问诏狱囚事者。书实，敢言之。(0512)

按：同是守狱门亭长乙未日值班报告的 0753 简见“毋为通言语、为奸诈及投书者”，则此例 0569 简与 0564 简无疑能衔接。0617 简见“旦属狱史吴、夕属河人。辟不入狱”句，则 0564 简与 0512 简衔接当无问题。

（四）七年五月丙子朔甲午，临湘狱史吴、河人敢言之。癸巳尽其夜，吴、河人牢监阳复作。覆卒吏与囚居处。诸守囚者不出狱门，外人毋入狱门者及为囚通言语、为奸诈及投书者。(0769)

（五）七年五月丙子朔甲午，临湘令□寅敢言之□□□□中尉丞：狱史及卒守囚者皆在治所治囚，不擅出狱门见人及为通言语，为（0566）

乙未文书：

（六）七年五月丙子朔乙未，守狱史□敢言之。戊午夜，案行廷、狱周垣，城外到城东门毋入从迹及欲篡囚者。书实，敢（0312）

按：文末当为“言之”二字，今未见。

（七）七年五月丙子朔乙未，扩门佐到敢言之。甲午旦夕受囚阳馈（?）阳（?）令，入营所。即索余食中毋毒药、兵刃、书。已索，即以属守狱门（1801）

按：例（二）所见 0596 简，亦可能与此例 1801 简衔接。

（八）七年五月丙子朔乙未，守狱门亭长辟敢言之。甲午尽其夜，常宿食牢狱门，诸主守囚吏卒不出狱门，外人不入狱，毋为通言语、为奸诈及投书者□（0753）

（九）七年五月丙子朔乙未，临湘狱史吴、河人敢言之。甲午尽其夜，吴、河人牢临阳复作。覆卒吏与囚居处。诸守囚者不出狱门，外人毋入狱门者及为囚通言语、为奸（0771）

诈及投书者。吴旦、河人夕，受囚馈守狱门亭长辟所。馈盛以具致，狱索余食中毋毒药兵刃及窜书以馈已，乃予囚食，囚以臆，与俱。囚毄（系）及所当得瘫（应）法，不愿遂亡、自杀

伤（0551）

按：同为临湘狱史吴、河人的甲午日值班报告0769简见“为囚通言语、为奸诈及投书者”句，则0771与0551简当可衔接。其后尚缺一简，文首当如0772简所云“证不与囚相见，毋”之类。

（一〇）七年五月丙子朔乙未，司空啬夫禎敢言之。甲午尽夜，司空吏卒官属及它吏卒毋入司空狱（?）擅来见狱中人，为囚通言语。问禎□（0419）

二、内容考证

关于上述简文的年代。整理者介绍，走马楼西汉简曾出现“北平大女南，姊占定王四年产，尽今五年年廿八”的记载。定王指西汉长沙定王刘发，在位27年。从定王四年（前152）算起，二十八年后的“今五年”，据《史记·汉兴以来诸侯王年表》，当指长沙康王刘庸五年，时当汉武帝元朔五年（前124）。又整体而言，走马楼西汉简当为汉武帝早期元朔元年（前128）至元狩三年（前120）之间长沙国的官府档案。查陈垣《二十史朔闰表》①，汉武帝在位期间，只有元狩元年（前122）五月是“丙子朔”，故简文所见“七年五月丙子朔”当指此年。不过简文“七年”采用的是长沙康王刘庸的序年，时当公元前122年。那么，例（一）至（五）所见“七年五月丙子朔甲午”为“长沙康王七年五月丙子朔甲午”，即汉武帝元狩元年五月丙子朔甲午，时当公元前122年汉历5月19日。而例（六）至（一〇）所见“七年五月丙子朔乙未”为其次日。本文仅择此二日之报告进行梳理，此外尚见21日“丙申”、22日“丁酉”等的报告，容后再全面整理。

当时行政与司法合一，建筑设施亦大体相连。又，监狱施行逐层管理的方式，内外大体隔绝。以下据报告所见，逐层解析如下：

例（一）及例（六）是最外层位的值班报告：执行人是令史或者是狱史。运行时间为报告发出的前一天晚上。任务范围是巡行县廷衙门及监狱所在城墙周边，即简文所云“案行廷、狱周垣，城外到城东门”。“周垣”即周边的围墙，此处之“城”当指衙门所在城，表明当时的县廷与县狱同处一城。巡行的目的是查看是否有“入从迹及欲篡囚城者”。“入从迹”当指入城的踪迹。《汉书·淮南王安传》中有“从迹连王”，师古注：“从，读曰踪。”篡，本意为编撰。《荀子·君道》：“篡论公察则民不疑。”篡囚，当指与囚犯沟通信息。此类报告，类似西汉中期及东汉简牍所见县廷“直符书”，如《居延新简》EPT65：398：“建平三年七月己酉朔甲戌，尉史宗敢言之：乃癸酉直符，一日一夜，谨行视钱财物，臧内户封。皆完，毋盗贼发者，即日平旦付令史宗，敢言之。”② 此为屯戍机构所作值班报告，此处无监狱，故未涉及监狱事。又长沙五一广

① 陈垣：《二十史朔闰表》，中华书局，1962年。

② 甘肃省文物考古研究所等编：《居延新简——甲渠候官》，中华书局，1994年。下文简称《居延新简》。

场东汉简牍J1③：325-1-12："永初五年七月丁未朔十八日甲子，直符史奉、书佐谭敢言之。直月十七日，循行寺内狱司空、仓、库，后尽其日夜。无诣告当举劾者。以符书属户曹史陈躬、书佐李宪，敢言之。直符户曹史宋奉、书佐丞谭符书，直月十七日。"① 则同为东汉时期临湘县廷的值班报告已涉及监狱，且内容详于西汉简所见。实，《大戴礼记·文王官人》中有"身近之而实不至"，王聘珍解诂："情，实也。"书实，表白所书报告为实情。上引西汉中期及东汉简所见值班时间皆为一昼夜，则例（一）及（六）之"夜"或亦指尽夜，那么值班时或亦为一昼夜。

例（二）及（七）所见是第二层位的值班报告。报告人为"扩门佐到"，"到"为扩门佐名。由佐主门禁，表明其门岗之重要。按简文所见，此门或为县廷与监狱共用，或位于县廷与监狱之间的通道上，两个可能都存在。旦夕，指早晨与傍晚，时人一日两餐，故云。阳，囚犯名。餽，同"馈"，指饮食。《汉书·高帝纪》中有"给饷餽"，师古注："餽，亦馈字也。"营，阳舍人名。知当时囚犯阳的饮食由其舍人提供。"索余食中毋毒药、兵刃、书"是传递餐饮进监狱的必备程序。索，搜查。汉律严禁私人拥有致毒物品，张家山汉简《二年律令·贼律》："有挟毒矢若谨（堇）毒、糕，及和为谨（堇）毒者，皆弃市。或命糕谓鼷毒。诏所令县官为挟之，不用此律。"② 又："诸食脯肉，脯肉毒杀、伤、病人者，亟尽孰（熟）燔其余。其县官脯肉也，亦燔之。当燔弗燔，及吏主者，皆坐脯肉臧（赃），与盗同法。"故食物中是否藏毒是搜查的重点。兵刃，泛指凶器，严禁带入监狱。《居延新简》EPS4T2：100："以兵刃索绳它物可以自杀者予囚，囚以自杀、杀人，若自伤、伤人而以辜二旬中死，予者髡为城旦舂，及有。"此为汉囚律条款，唐律也有类似的规定，且更为详细。《唐律·断狱》载"诸以金刃及他物，可以自杀及解脱，而与囚者，杖一百；若囚以故逃亡及自伤、伤人者，徒一年；自杀、杀人者，徒二年；若囚本犯流罪以上，因得逃亡，虽无伤杀，亦准此。即囚因逃亡，未断之间，能自捕得及他人捕得，若囚自首及已死，各减一等。即子孙以可解脱之物与祖父母、父母，部曲、奴婢与主者，罪亦同"，《疏》议曰："'金刃'，谓锥、刀之属。'他物'，谓绳、锯之类。可以自杀及解脱枷、鏁，虽囚之亲属及他人与者，物虽未用，与者即杖一百。若以得金刃等故，因得逃亡，或自伤害，或伤他人，与物者徒一年；若囚自杀，或杀他人，与物者徒二年；若囚本犯流罪以上，因得金刃等物而得逃亡者，虽无杀伤，与物者亦徒二年。谓囚因得金刃及他物之故，以自解脱而得逃走，与物人罪未断之间，能自捕得及他人捕得，若囚自来归首及囚自死，或他人杀之者亦同。'各减一等'，谓徒以下囚逃者，一年徒上减；流、死囚逃者，二年徒上减。'即子孙以可解脱之物'，谓称'孙'者，曾、玄同，而与祖父母、父母；或部曲、奴婢与主者；并与凡人罪同。亦不合辄自捕捉，若官司遣捕而送者，无罪；自捕送官

① 长沙市文物考古研究所：《湖南长沙五一广场东汉简牍发掘简报》，《文物》2013年第6期。下文简称《简报》。

② 张家山二四七号汉墓竹简整理小组编：《张家山汉墓竹简（二四七号墓）》，文物出版社，2001年。下文简称《张家山汉简》。

者，同告法。若有伤杀而逃亡者，后能捕获，与物之人，各依前伤杀之罪，不合减科。”① 与汉律无疑有承袭关系。书，指私人信件之类，即后例所谓“窜书”。表明当时的监狱亦严禁携带书信之类可以串通信息的文字材料入内。属，交给。《国语·越语下》“请委管籥属国家”，韦昭注：“属，付也。”此谓囚犯阳的食物经扩门佐检查后交给守狱门亭长辟。辟，亭长名。例（二）末段见“欲入问诏狱事”句。诏狱，当指朝廷过问的官司。则囚犯阳所涉罪或与诏狱相关。简云“非临湘吏毋入门者”之“门”，当指“扩门”。谓非临湘所属官吏不得进入扩门以内区域。

例（三）及（八）为第三层位的值班报告。两天的责任人都是守狱门亭长辟。狱门是监狱本身的第一道关卡，0772 简见“狱门啬夫辟闾”，知狱门由啬夫负责管理。具体由狱门亭长专司把门及沟通内外。简云“常宿食牢狱门”，即定岗在监狱守门的岗位上，吃住皆在此，属于外围警卫，不得随意进入监狱内部。简云“诸主守囚吏卒不出狱门，外人不入狱；毋为通言语、为奸诈及投书者”，则反映当时的监狱所施行的是内外隔绝制度。守囚吏卒是负责监狱内卫的，所以不得随意外出。外人（当包括外围警卫）亦不得进入监狱牢房内。“毋为通言语”是一项严格的规定，谓警卫人员不能肆意替囚犯传话，即 0509 简所云“毋为囚通言语”。“为奸诈”指各种不法行为，“投书”指匿名信，二者皆为狱政管理所禁止。《唐律·断狱》规定甚详：“诸主守受囚财物，导令翻异；及与通传言语，有所增减者，以枉法论，十五匹加役流，三十匹绞；赃轻及不受财者，减故出入人罪一等。无所增减者，笞五十；受财（者），以受所监临财物论。其非主守而犯者，各减主守一等。”《疏》议曰：“‘主守’，谓专当掌囚、典狱之属。受囚财物，导引其囚，令翻异文辩，及得官司若文证外人言语，为报告通传，有所增减其罪者，以枉法论，依无禄枉法受财，一尺杖九十，一匹加一等，十五匹加役流，三十匹绞。‘赃轻’，谓受赃得罪，轻于减囚罪一等者。‘及不受财’，唯通言语，‘减故出入罪一等’，谓导令翻异及通传言语出入囚死罪者，处流三千里；出入流罪以下，各减本罪一等之类。虽即教导及通传言语，于囚罪无所增减者，笞五十。若无增减而受财者，以受所监临财物论，一尺笞四十，一匹加一等，八匹徒一年。‘其非主守而犯者’，谓非监当囚人，而有外人导囚翻异，有所增减，各减主守罪一等：若受赃财，于主守赃上减一等；若不受财者，于囚罪上减二等；虽通言语，无所增减，笞四十。”② 唐律之规定，重视与囚通言语及其他奸诈行为造成的后果，汉律未必如此详细，但亦当有类似的条款。简文“旦夕受馈扩门佐到”，谓早、晚从扩门佐名叫“到”的手中接受供给囚犯阳的食物。具检，封缄完备的封检，表明送给囚犯的食物前面经过经检查后已封缄盖章。余，《广雅·释诂四》：“盈也。”简文所谓“余食”，乃指从所见食物中抽出一部分进行检查。经开封检查，“毋毒药、兵刃、窜书”，才能供给囚犯食用。窜，藏匿。《国语·周语上》中有“而自窜于戎、狄之间”，韦昭注：“窜，匿也。”简文“旦属狱史吴，夕属河人”，谓

① 长孙无忌等撰：《唐律疏议》，中华书局，1985 年，第 698—699 页。

② 长孙无忌等撰：《唐律疏议》，第 700 页。

供给囚犯的餐食，早晨转交给狱史吴，傍晚则转交给狱史河人。从报告所云“辟不入狱”，表明守狱门亭长辟的任务其实只是对监狱外围的警卫，不允许进入监狱内部。与第二层位一样，第三层位的狱门亭也要说明“非临湘吏毋入廷，及毋问诏狱囚事者”。至此，此层位的任务即完成。

例（四）及（九）所见为第四层位的报告。此层位已达监狱内部。报告由狱史吴和狱史河人共同负责。简文“吴、河人牢监阳复作”，指狱史吴及河人在牢房区监督名叫阳的复作刑徒。牢，《释名·释宫室》：“狱，又谓之牢，言所在坚牢也。”简文指牢房。复作，一岁徒刑。《汉书·王子侯表》：“（平侯遂）坐知人盗官母马为臧，会赦，复作。”师古注：“有人盗马，为藏匿之，虽会赦，犹复作。复作者，徒役也。”《汉旧仪》：“男为戍罚作，女为复作，皆一岁到三月。”据简文及《王子侯表》所见，男亦曰“复作”。覆，《尔雅·释诂下》：“审也。”简文“卒吏与囚居处”乃指负责牢房内卫的吏卒与囚犯同处牢房区内。故简文云“诸守囚者不出狱门”，即平日不许随意离开监狱。又云“外人毋入狱门者及为囚通言语、为奸诈及投书者”，再次强调监狱内外相隔绝的制度。其下当有简文如0772简所见“吴旦、河人夕，受囚馈狱门啬夫辟间所。馈盛以具检，到狱，索余食中毋毒药、兵刃及窜书。已，乃予囚食。囚复朘，与俱。囚毄及所当得，应法不愿遂亡，自杀伤。证不与囚相见，毋”，但此简受囚馈于狱门啬夫辟间所，与例（三）“旦夕受囚馈广门佐到廷所”的记载不合，当属另外的一份报告，其内容或相类。例（九）所云“具致”之“致”指送餐通知书，性质与属性与“检”同，亦须封缄盖章。“囚以朘”之“朘”或读“免”，《国语·周语中》“左右免胄而下”，韦昭注：“脱也。”简文或指囚犯进食时解脱部分刑具。“与俱”则谓监囚者必须在场看守。“囚毄（系）及所当得癄（应）法”或指给囚犯佩戴的刑具及其他待遇符合法律的规定。唐律也有类似的规定，如《唐律·断狱》：“诸囚应请给衣食医药而不请给，及应听家人入视而不听，应脱去枷、鏁、杻而不脱去者，杖六十；以故致死者，徒一年。即减窃囚食，笞五十；以故致死者，绞。”《疏》议曰：“准《狱官令》：‘囚去家悬远绝饷者，官给衣粮，家人至日，依数征纳。囚有疾病，主司陈牒，请给医药救疗。’此等应合请给，而主司不为请给及主司不即给；准令‘病重，听家人入视’而不听；又应脱去枷、鏁、杻而所司不为脱去者，所由官司合杖六十。‘以故致死者’，谓不为请及虽请不即为给衣粮、医药，病重不许家人入视及不脱去枷、鏁、杻，由此致死者，所由官司徒一年。即减窃囚食者，不限多少，笞五十。若由减窃囚食，其囚以故致死者，减窃之人合绞。”①

例（五）及（一〇）皆为临湘县对其监狱管理的日常汇报，但责任人及角度不同。例（五）汇报的责任人是临湘县令。简文所见“中尉丞”当指长沙国之中尉丞，是这份汇报文件的接受者。汉卫宏《汉官旧仪》卷下：“王国置太傅、相、中尉各一人，秩二千石，以辅王。”中尉设“丞一人，皆六百石”。②《汉书·

① 长孙无忌等撰：《唐律疏议》,，第700—701页。

② 孙星衍等辑，周天游点校：《汉官六种》，中华书局，1990年，第48页。

何武传》："往者诸侯王断狱治政，内史典狱事，相总纲纪辅王，中尉备盗贼。"简文所见则王国中尉亦参与对监狱的管理。今仅见册书之第一简，内容不全面，故所见汇报内容只是监狱最里层之狱史及守囚卒的情况，表明他们始终坚守岗位，没有离开狱门及不为囚犯沟通消息。例（一〇）的责任人是司空啬夫禎。此司空当为临湘县司空，文件的接受者为临湘县廷。里耶秦简屡见司空掌司法、管理刑徒事，其与县丞及县狱的关系，如：

或遝。廿六年三月甲午，迁陵司空得、尉乘□☑（Ⅰ）

卒算簿☑（Ⅱ）

廿七年八月甲戌朔壬辰，酉阳具狱=史启敢□☑（Ⅲ）

启治所狱留须，敢言之。·封迁陵丞☑　（8-133 正）

八月癸巳，迁陵守丞陘告司空主，听书从事☑（Ⅰ）

起行司空☑（Ⅱ）

八月癸巳水下四刻走賢以來。丿行手☑（Ⅲ）　（8-133 背）

从此简可看出，秦之县丞代表县廷给县司空发出指令，然后县司空执行，而由狱史具体办理，表明县司空参与对监狱的管理。例（一〇）所见西汉的情形当相类。《汉官仪》："绥和元年，罢御史大夫官，法周制，初置司空。议者又以县道官狱司空，故复加'大'为大司空。"则县道司空，自秦以来一直存在。简文云"司空吏卒官属及它吏卒毋入司空狱（?）擅来见狱中人，为囚通言语"，亦表明司空吏卒掌外勤，监狱内部仍不能随意出入。《周礼·大司寇》中有"以圜土聚教罢民"，注："圜土，狱城也，聚罢民其中，困苦以教之为善也。民不愍作劳，有似于罢"，疏："教之者，正谓夜入圜土，昼则役之司空，困苦则归善。罢，谓困极罢弊，此圜土被囚而役，是不愍强作劳之民，有似罢弊之人也"。西汉县司空的职能当与此相类。

综上，走马楼西汉简所见狱政设多重管理与警卫。外围为衙门与监狱共有的城门及城墙，由令史、狱史等负责巡行。第二层为扩门，负责人为啬夫，由其佐具体管理。扩门或为县廷与监狱共用的通道门，亦可能是县廷通向监狱的过道门。第三层是狱门，由狱门亭长把守。以上三层都属于外围警卫。最核心的部位是牢房区，由狱史率领狱卒把守，属于内卫。平日里，内外隔绝，外人不得入内，内部守卫的吏卒不得外出。监狱有严格的管理规定：供给囚犯的食物要经过严密的检查才能送入，严禁携带毒药、刀具、信件等入内，不许与囚犯沟通信息，以防不测。因此，针对监狱管理，每天都产生五份以上的值班报告或汇总文件，我们也得以窥见当时监狱的大致面貌。

（李均明、宋少华，本文原载于中国文化遗产研究院编《出土文献研究》第十八辑，中西书局，2019 年）

第二节　走马楼西汉简刑制史料初探

2005年发掘组据简文初步判断走马楼西汉简的年代是汉武帝元朔、元狩年间①，在汉文帝、景帝刑制改革之后。通过对简文与《汉书·刑法志》的对读，可知刑制改革已在汉武帝时期的长沙国推行，简文体现了过渡期刑制的独特风貌。下文从籍笞、釱趾两点展开探讨。

一、籍笞

臣谨议请定律曰：诸当完者，完为城旦舂；当黥者，髡钳为城旦舂；当劓者，笞三百；当斩左止者，笞五百；当斩右止，及杀人先自告，及吏坐受赇枉法，守县官财物而即盗之，已论命复有笞罪者，皆弃市。

颜师古注：（前略）今流俗书本“笞三百”“笞五百”之上及“劓者”之下有“籍笞”字，“复有笞罪”亦云“复有籍笞罪”，皆后人妄加耳，旧本无也。②

以上是《汉书·刑法志》废肉刑部分③，颜注指出“今流俗书”版本无单独“笞”字，均作“籍笞”，今志文无“籍”字是颜据“旧本”校改所致。张建国认为“今流俗书”体现法令原貌。他所据之《汉书·刑法志》汉景帝改制部分，引如下：

景帝元年，下诏曰：“加笞与重罪无异，幸而不死，不可为人。其定律：笞五百曰三百，笞三百曰二百。”犹尚不全。至中六年，又下诏曰：“加笞者，或至死而笞未毕，朕甚怜之。其减笞三百曰二百，笞二百曰一百。”④

张建国认为“籍笞”即“加笞”，“籍”比“加”更好地体现了笞不是独立的刑罚，而是附于髡钳城旦舂的。他就此复原志文如下：

① 长沙简牍博物馆、长沙市文物考古研究所联合发掘组：《2003年长沙走马楼西汉简牍重大发现》（宋少华、金平执笔），《出土文献研究》第七辑，上海古籍出版社，2005年，第61页。

② 《汉书》卷二十三《刑法志》，中华书局，1962年，第1099、1100页。

③ 下文省称为“志文”，对通行版本的志文，下文称“今志文”。

④ 《汉书》卷二十三《刑法志》，第1100页。

臣谨议请定律曰：诸当完者，完为城旦舂；当黥者，髡钳为城旦舂；当劓者【籍笞】，【籍】笞三百；当斩左止者，【籍】笞五百；当斩右止，及杀人先自告，及吏坐受赇枉法，守县官财物而即盗之，已论命复有【籍】笞罪者，皆弃市。①

“当劓者籍笞，籍笞三百”句，重复“籍笞”实无必要，而颜注指出“笞三百”上及“劓者”下“今流俗书”作“籍笞”，明言两处而非一处，原文当作“当劓者籍笞……籍笞三百”，则今志文当非颜所见《汉书·刑法志》原貌，疑有脱漏。

1. 材料一：走马楼西汉简 0623 左行。

〼□□□□□人（?）等公士以上有籍笞二百至隶臣□

材料一所见走马楼西汉简“籍笞”辞例证实了张的观点，应据简文校《汉书·刑法志》诸“笞”为“籍笞”。末尾未释字墨迹漫漶，据残笔及文义当是“罪”。“公士以上有籍笞二百至隶臣罪”，即公士爵以上之人有“籍笞二百”以下至隶臣的罪。“籍笞二百”是特定刑罚的简称，其全称据志文是“髡钳城旦舂籍笞二百”，在汉景帝改笞数后这是次死刑一等的刑罚。张建国指出颜校改之后“已论命复有笞罪者”易使人误解为再犯笞这种轻罪就会被处以死刑，实则是再犯较重的“籍笞罪”才处死。② 甚确。

为了解汉“籍笞”之渊源，有必要分类梳理秦及汉初的笞。

第一，秦及汉初是存在可独立适用的刑罚笞，因此不能独立适用的笞称“籍笞”或“加笞”以区别。先探讨对吏、民独立适用的刑罚笞。

不会毄（系）城旦舂者，以亡律谕〈论〉之。（岳肆，040/2044）

不会收及隶臣妾之耐，皆以亡律论之。（岳肆，041/2048）

不会司寇之耐者，以其【狱鞫已】论，其审当此【耐而不会，耐为鬼薪。】（岳肆，042/2101）

不会，笞及除，未盈卒岁而得，以将阳辟（癖），卒岁而得，以阑癖，有（又）行其笞。（岳肆，043/1989）③

引文是岳麓书院藏秦简④《亡律》“不会”四简，其末简内容与睡虎地秦简《法律答问》第 163 简所引律文相似：

“不会，治（笞）；未盈卒岁得，以将阳有（又）行治（笞）。”今士五（伍）甲不会，治（笞）五

① 张建国：《帝制时代的中国法》，法律出版社，1999 年，第 193、194 页。

② 张建国：《帝制时代的中国法》，第 194、195 页。

③ 陈松长主编：《岳麓书院藏秦简（肆）》，上海辞书出版社，2015 年，第 52、53 页。按：岳肆·043/1989，即此简《岳麓书院藏秦简（肆）》卷内号 043，岳麓秦简编号 1989，下同。

④ 下文简称“岳麓秦简”。

十；未卒岁而得，治（笞）当驾（加）不当？当。[①] (163)

据岳麓秦简《亡律》，引文两处“不会笞”当连读。[②] 朱红林、吴雪飞等也提出此校改。[③]

阑亡盈十二月而得，耐。不盈十二月为将阳，𣪠（系）城旦舂。（岳肆，091/0185）[④]

引文是岳麓秦简《亡律》另一律条。可见秦对黔首逃亡犯罪的处罚与睡虎地秦简与岳麓秦简所见“不会笞”的处罚相同。因为逃避被执行笞而逃亡，受到的惩罚与普通逃亡一样。可见“不会笞”之“笞”是独立适用的较轻刑罚，针对官吏、黔首。

岳麓秦简有“不会阅”[⑤]，即不在规定的检阅日期报到，睡虎地秦简《秦律杂抄》有“不会肤期”[⑥]，即不在规定的牲畜评比日期报到。可见“不会”适用的情况很多，不限于刑罚。吴雪飞归纳《亡律》“不会”四简内容为“不会刑罚”[⑦]。宫宅洁主持“秦代出土文字史料の研究班”也认为“不会”四简内容即“不会+刑罚”[⑧]。然而“不会”是秦简文，“刑罚”为近现代概念，“不会刑罚”乃杂糅产物。另，“笞及除”与“𣪠（系）城旦舂”“收及隶臣妾之耐”“司寇之耐”并列，其中“系城旦舂”与“收及隶臣妾之耐”不是可独立适用的刑罚。[⑨]《北京大学藏西汉竹书（伍）》之《六博》：

·问𣪠（系）及会论者，在方中者，罪轻重未可智（知）。出在兼（廉）者，毋罪，易〈易〉解。在楬者，县治之急。(31) 在道者，久，未有夬（决）。在张者，喜。在曲者，治急。在诎者，深，难夬（决）。在长下，无罪。在高者，留久 (32) 而毋伤也，其还反（返），易〈易〉【解】。(33)

整理小组注：“论”，指决罪。《汉书·严延年传》：“冬月，传属县囚，会论府上。”颜师古注：“总集郡府而论杀。”[⑩]

引文虽非律令，但其记载的法律术语无疑源于现实。“论”字用途较广，不仅有执行刑罚的意思，也包

---

① 睡虎地秦墓竹简整理小组编：《睡虎地秦墓竹简》，文物出版社，1990年，第131页。

② 对岳麓秦简《亡律》“不会”四简的初步介绍，以及据此对睡虎地秦简《法律答问》第163简的校改。参见欧扬：《岳麓秦简〈亡律〉日期起首律条初探》，《法律史译评》第八卷，中西书局，2020年。

③ 朱、吴的论述已为刘欣欣辑录。转引自刘欣欣《秦汉〈亡律〉分类集释》，湖南大学硕士学位论文，2017年，第42页。

④ 陈松长主编：《岳麓书院藏秦简（肆）》，上海辞书出版社，2015年，第69页。

⑤ 陈松长主编：《岳麓书院藏秦简（肆）》，第147页。

⑥ 睡虎地秦墓竹简整理小组编：《睡虎地秦墓竹简》，第86页。

⑦ 转引自刘欣欣：《秦汉亡律分类集释》，湖南大学硕士学位论文，2017年，第42页。

⑧ 秦代出土文字史料の研究班：《岳麓书院所藏简〈秦律令（壹）〉译注稿その（一）》，《东方学报》第九十二册，2017年，第179—183页。

⑨ “亡不仁邑里、官者”条所见“系城旦舂”不是刑罚，参见欧扬：《岳麓秦简〈亡律〉“亡不仁邑里、官者”条探析》，杨振红、邬文玲主编《简帛研究·二〇一六·春夏卷》，广西师范大学出版社，2016年，第173页。

⑩ 北京大学出土文献研究所编：《北京大学藏西汉竹书（伍）》，上海古籍出版社，2014年，第211页。

含论罚以及收之意。[①]“不会论”是对《亡律》四简的较好统称。《二年律令·具律》：

吏、民有罪当笞，谒罚金一两以当笞者，许之。有罪年不盈十岁，除；其杀人，完为城旦舂。(86)[②]

引文“吏、民有罪当笞”，“当笞”即被判处刑罚笞，其适用于“吏、民”。《具律》另有“有罪当黥”“有罪当耐”起首的两个律条[③]，皆承“吏、民有罪当笞”条而省“吏、民”，三者当源于同一制诏。三条揭示了笞、耐、黥三者是从轻到重的三类刑罚。而《具律》第108简“皆如耐罪然”，意为其列举的行为都依据“有罪当耐”起首条文来执行刑罚，因此第121、107、108、109简也属于该系列条文。[④]

综上，可知秦及汉初存在可独立适用的笞，是一种较轻的刑罚。

另有刑徒犯新罪时独立适用的刑罚笞。张家山汉简《二年律令·具律》：

鬼薪白粲有耐罪到完城旦舂罪，黥以为城旦舂；其有赎罪以下，笞百。(120)[⑤]

鬼薪白粲犯赎罪以下罪，执行笞百。岳麓秦简《亡律》也多见对刑徒、奴婢逃亡的刑罚是笞，不赘述。

第二，秦及汉初存在作为肉刑替代执行方式的笞，应是汉文帝以籍笞替代肉刑时参考的对象。张家山汉简《二年律令·具律》：

（前略）城旦舂有罪耐以上，黥之。其有赎罪以下，及老小不当刑、刑尽者，皆笞百。（后略）(91)[⑥]

人；奴婢有刑城旦舂以下至䙴（迁）、耐罪，黥𩠐（颜）頯畀主，其有赎罪以下及老小不当刑、刑尽者，皆笞百。（后略）(122)[⑦]

第91简属于“有罪当耐”条，城旦舂有耐以上罪，实际执行黥，如果城旦舂“刑尽”，执行笞百。据“有罪当黥”条，城旦舂犯黥罪，据黥、劓、斩左趾、斩右趾、腐的肉刑轻重序列，在其已受肉刑之上再施

① 狭义的“论”指执行刑罚，参见欧扬：《秦到汉初定罪程序称谓的演变——取“当”为视角比较〈岳麓三〉与〈奏谳书〉》，王沛主编《出土文献与法律史研究》第三辑，上海人民出版社，2014年。

② 张家山二四七号汉墓竹简整理小组编：《张家山汉墓竹简（二四七号墓）》（释文修订本），文物出版社，2006年，第21页。

③ 张家山二四七号汉墓竹简整理小组编：《张家山汉墓竹简（二四七号墓）》（释文修订本），第21页。

④ 《二年律令与奏谳书——张家山二四七号汉墓出土法律文献释读》将第121简调整至第107简之前，参见彭浩、陈伟、工藤元男主编：《二年律令与奏谳书——张家山二四七号汉墓出土法律文献释读》，上海古籍出版社，2007年，第135页。按：第121、107、108、109简涉及对城旦舂、鬼薪白粲刑徒犯新罪的执行方式，其列举的诸多情况多实际执行肉刑，从字面上理解“皆如耐罪然”是解不通的。

⑤ 张家山二四七号汉墓竹简整理小组编：《张家山汉墓竹简（二四七号墓）》（释文修订本），第25页。

⑥ 张家山二四七号汉墓竹简整理小组编：《张家山汉墓竹简（二四七号墓）》（释文修订本），第21页。

⑦ 张家山二四七号汉墓竹简整理小组编：《张家山汉墓竹简（二四七号墓）》（释文修订本），第25页。

以更重一等之刑。“刑尽”指所有肉刑都已执行。① 第122简针对的是奴婢刑尽和老小不当刑等情况。

可见，作为肉刑执行替代方式的笞在汉初已经出现，在城旦刑尽、老小不当刑等特殊情况下适用。张家山汉简《二年律令·具律》：

（前略）城旦刑尽而盗臧（赃）百一十钱以上，若贼伤人及杀人，而先（91）自告也，皆弃市。(92)②

（前略）刑尽而贼伤人及杀人，先自告也，弃市。(后略)　(122)③

《汉书·刑法志》：

当斩右止，及杀人先自告，及吏坐受赇枉法，守县官财物而即盗之，已论命复有【籍】笞罪者，皆弃市。④

据引文可知，律文规定“城旦刑尽”者犯若干罪行则处以弃市，当是刑制改革之时罗列几种情况要处以弃市的渊源。在刑制改革前后都有已受死刑之次刑罚的刑徒犯新罪的处罚问题，罗列应该处死的若干情况，可以说是必然的。作为肉刑替代的笞与重刑徒犯某些新罪则处死的规定，两者都为汉文帝刑制改革制诏所借鉴。

笞在特殊情况下是肉刑的替代执行方式，在刑制改革后籍笞成为肉刑的替代刑罚，类似髡钳本是城旦春的监管方式，被纳入到改制后的刑罚体系。

第三，作为惩戒方式而非刑罚的笞，在秦及汉初很常见。

秦简以及西汉简无疑存在独立适用的对吏、民的惩戒笞。⑤ 而惩戒刑徒的笞有若干特点。一、针对刑徒，而不是官吏及黔首。二、不是刑罚的替代方式。三、刑徒并不因为被笞而改变其刑徒名类，其监管方式亦不变，这不同于刑罚和“系城旦春”。四、惩戒方式的笞，又分律令规定的惩戒与官吏较为随意的惩戒两种。睡虎地秦简《秦律杂抄》：

---

① 本文赞同“三国时代出土文字数据研究班”对“刑尽”的观点，参见彭浩、陈伟、工藤元男主编：《二年律令与奏谳书——张家山二四七号汉墓出土法律文献释读》，第128页。

② 张家山二四七号汉墓竹简整理小组编：《张家山汉墓竹简（二四七号墓）》（释文修订本），第21页。

③ 张家山二四七号汉墓竹简整理小组编：《张家山汉墓竹简（二四七号墓）》（释文修订本），第25页。

④ 《汉书》卷二十三《刑法志》，第1099页。

⑤ 如睡虎地秦简《秦律十八种》第14简：“（前略）其以牛田，牛减絜，治（笞）主者寸十。有（又）里课之，最者，赐田典日旬；殿，治（笞）卅。厩苑律。”又见《岳麓书院藏秦简（肆）》第133/1290、134/1292简：“（前略）典、老弗告，治（笞）□□。（后略）”又见张家山汉简《二年律令·行书律》第273简：“邮人行书，一日一夜行二百里。不中程半日，笞五十；过半日至盈一日，笞百；过一日，罚金二两。邮吏居界过书。”按：这些辞例中的笞针对的不是典型的犯罪，所以其是否是刑罚笞必然存在争议。

（前略）城旦为工殿者，治（笞）人百。大车殿（19），赀司空啬夫一盾，徒治（笞）五十。（后略）（20）①

这是律令规定的对刑徒的惩戒笞，“城旦为工”评为殿，则笞百以示惩戒。“徒”应指司空啬夫管理的参与修治大车的刑徒。张家山汉简《二年律令·贼律》：

父母殴笞子及奴婢，子及奴婢以殴笞辜死，令赎死。　(39)②

诸吏以县官事笞城旦舂、鬼薪白粲，以辜死，令赎死。　(48)③

即在律文没有明确规定惩戒条件的情况下，官吏可随意对刑徒施加惩戒笞，对城旦舂、鬼薪白粲这两类重刑徒，即使笞杀之，官吏也可赎罪。官吏此权正如父母对子女、奴婢的随意惩戒权。

第四，有与死刑一起执行的加笞。《肩水金关汉简》：

丑命加笞八百要斩

☐丑命加笞八百要斩

☐月丁未命笞二百弃市（削衣）　(73EJT1：93)④

这是一残碎的削衣，三行都有日期和“命”，当是刑罚执行文书簿的残片，其中两行都有的“加笞八百腰斩”当是固定搭配，“笞二百弃市”也当是固定的。与此有关的是具五刑。⑤《汉书·刑法志》：

然其大辟，尚有夷三族之令。令曰：“当三族者，皆先黥，劓，斩左右止，笞杀之，枭其首，菹其骨肉于市。其诽谤詈诅者，又先断舌。”故谓之具五刑。⑥

具五刑“笞杀之”即腰斩、弃市加笞之滥觞，两者都是在各自时代的刑罚体系中拣选出所有能残害罪人的方式，在执行死刑的场合，加诸罪人。在废肉刑后，能够给腰斩、弃市的罪人带来伤害而官吏能娴熟地执行的只有加笞。死刑加笞与本文主要探讨的替代肉刑之加笞、籍笞不同。

综上，材料一所见“籍笞二百”是刑制改革之后的特定刑罚简称，笞在秦及汉初的某些特定情况下是肉刑替代执行方式，另有独立适用的较轻刑罚笞和作为惩戒方式的笞，还有执行腰斩、弃市之时的加笞。

走马楼西汉简涉及“籍笞”刑罚执行的材料。

2. 材料二：走马楼西汉简 0549、0596。

---

① 睡虎地秦墓竹简整理小组编：《睡虎地秦墓竹简》，第 84 页。

② 张家山二四七号汉墓竹简整理小组编：《张家山汉墓竹简（二四七号墓）》（释文修订本），第 14 页。

③ 张家山二四七号汉墓竹简整理小组编：《张家山汉墓竹简（二四七号墓）》（释文修订本），第 15 页。

④ 甘肃简牍保护研究中心编：《肩水金关汉简（壹）》，中西书局，2011 年，第 16 页。

⑤ 关于具五刑，较新的研究见宋洁：《“具五刑”考——兼证汉文帝易刑之前存在两个“五刑”系统》，《中国史研究》2014 年第 2 期。

⑥ 《汉书》卷二十三《刑法志》，第 1104 页。

臧（赃）并直（值）钱千三百廿八。臧（赃）留千钱以上，得毄（系）牢。驾（加）论髡钳（0549右行）

血娄、齐└，血娄笞一百、二百鈦左右止（趾），齐笞百鈦左止（趾），皆　（0549左行）

为城旦籍髡笞。其听书司空吴人髡傅依所当衣　（0596右行）

服，移校九年癒（应）狱计除录血娄、齐所共盗昌钱八百　（0596左行）

根据走马楼西汉简诸多相关文例确认简0549、0596相连。在走马楼西汉简的诸多辞例中，"驾（加）论"多作"驾（加）论命"，"城旦籍髡笞"可见完整形式"城旦籍髡钳笞"。简文记载官吏对血娄、齐执行刑罚，血娄"驾（加）论髡钳，笞一百、二百鈦左右止（趾）"，齐"驾（加）论髡钳，笞百鈦左止（趾）"，两人"皆为城旦籍髡笞"。

首先，探讨略难解的血娄"笞一百、二百"，此类辞例在走马楼西汉简多见。"髡钳笞一百、二百鈦左右止（趾）"对应改制前的黥劓斩左趾为城旦，其籍笞分为两部分，"笞一百"的执行对应劓，"笞二百"对应斩左趾，合称"笞一百、二百"，因此籍笞数不能合计为三百，正如劓与斩左趾是两种肉刑，物理上不可能一刀执行。"笞一百、二百"颇有过渡期的独特风貌。

其次，以齐的刑罚为例，"驾（加）论髡钳，笞百鈦左止（趾），为城旦籍髡笞"。"髡""笞"出现两次。考论秦汉刑事诉讼程序的学者有刘海年①、张建国②、宫宅洁③、籾山明④、李均明⑤、高恒⑥、徐世虹⑦等，本文在诸家丰硕成果之基础上试析秦及西汉独立于定罪量刑程序的刑罚执行程序，以解释两次出现的"髡""笞"。

"髡""笞"出现两次，前为执行刑罚之目，后为赋予刑徒之名，不是重复。此句动词完整形式"驾（加）论命"，可分为"论""命"两层。其中"论髡钳笞百鈦左止（趾）"是官吏物理上执行刑罚。"皆（命）为城旦籍髡笞"是指官吏赋予两名罪囚"城旦籍髡笞"这一刑徒名类。此刑徒名类全称"城旦籍髡钳笞"意为附加了髡钳、笞的城旦刑徒，进一步证实《汉书·刑法志》本作"籍笞"而非"笞"。

刑罚执行的例子有"耐为隶臣"，"耐"是物理上执行，"（命）为隶臣"指官吏命罪人为隶臣这一刑徒名类。秦及西汉官吏执行耐与肉刑，都有上述两个层面。赋予刑徒身份的动词多用"命"，所命之刑徒名类

① 刘海年：《秦的诉讼制度》，《中国法学》1985年第1期。

② 张建国：《汉简〈奏谳书〉和秦汉刑事诉讼程序初探》，《中外法学》1997年第2期。

③ 宫宅洁著，徐世虹译：《秦汉时期的审判制度——张家山汉简〈奏谳书〉所见》，籾山明主编《中国法制史考证》第一卷丙编，中国社会科学出版社，2004年。

④ 籾山明著，李力译：《中国古代诉讼制度研究》，上海古籍出版社，2009年。

⑤ 李均明：《简牍所反映的汉代诉讼关系》，收入其所著《简牍法制论稿》，广西师范大学出版社，2011年。

⑥ 高恒：《汉代诉讼制度论考》，收入其所著《秦汉简牍中法制文书辑考》，社会科学文献出版社，2008年。

⑦ 徐世虹主编：《中国法制史》第二卷第十八章《两汉时期的诉讼程序》，法律出版社，1999年。

即“名”。物理上执行笞、耐等刑罚多称“行”。[①] 睡虎地秦简《法律答问》：

葆子狱未断而诬告人，其罪当刑为隶臣，勿刑，行其耐，有（又）毄（系）城旦六岁。（后略）（109）[②]

“行其耐”指物理上执行耐，又前引岳麓秦简《亡律》“不会笞”简有“行其笞”，即执行笞。张家山汉简《二年律令·具律》：

有罪当耐，其法不名耐者，庶人以上耐为司寇，司寇耐为隶臣妾。隶臣妾及收人有耐罪，毄（系）城旦舂六岁。毄（系）日未备而复有耐罪，完（90）为城旦舂。（后略）（91）[③]

“有罪当耐，其法不名耐者”，即律令条文规定对罪行处以“耐”，然而不“名”耐者。此“名”是动词，功能同其他辞例所见“命”，“不名耐者”指条文没有赋予罪人刑徒名类，后文都在解决此问题。[④]

“名”“命”音义都联系紧密。吴泽顺所辑《春秋繁露》音训材料有一条：“名之为言鸣与命也。”名，明耕。鸣，鸣耕。命，鸣耕。[⑤]“命”是通过“鸣”（即语言）进行的，官吏对罪人的“论命”同样通过语言，这与物理上之执行不同。前引《汉书·刑法志》之“已论命复有【籍】笞罪者”，晋灼注：“命者，名也，成其罪也。”[⑥] 晋以名训命，揭示了刑罚执行程序“命”的意义，“成其罪”，罪指刑罚，经过“论命”，官吏赋予罪囚特定的刑徒名类，其刑罚完备即“成”。前引肩水金关削衣所见腰斩、弃市之“命”即死刑执行之命。刑徒名类体系是秦汉社会有爵、无爵、刑徒的身份体系序列中不可缺少的一部分，秦简中就将其归类为“事”（身份）。

【下】而因以狱断未过六旬以赏除免为庶人者，皆当各复故吏（事），不得为庶人，各以计椯籍逐之。·廷甲　四　（岳伍·193/1685）[⑦]

据上下文此处“复故吏（事）”指恢复其过去的刑徒名类，此“吏（事）”专指刑徒名类，而睡虎地

---

① 秦简语涉物理执行，多以“行”为动词，不限于刑罚执行，见于《岳麓书院藏秦简（伍）》的，就有“吏已请行其罚”（岳伍·148/1171）、“行其劳论、赐”（岳伍·151/1669）、“行其所犯律令辠”（岳伍·169/1730）、“毋行其赏”（岳伍·190/1616）等。

② 睡虎地秦墓竹简整理小组编：《睡虎地秦墓竹简》，第119页。

③ 张家山二四七号汉墓竹简整理小组编：《张家山汉墓竹简（二四七号墓）》（释文修订本），第21页。

④ 对“其法不名耐者”，三国时代出土文字数据研究班译为“在法律上不能确定耐刑名的情况下”，专修大学《二年律令》研究会译为“在该条文中没有附带耐劳役刑规定的情况下”，石冈浩认为都可从。转引自石冈浩撰、徐世虹译：《收制废止所见西汉文帝刑制改革之发端——从爵制的混乱到刑罚的破绽》，杨一凡、寺田浩明主编《日本学者中国法制史论著选·先秦秦汉卷》，中华书局，2016年，第491页。按：诸位日本学者的意见都是指条文没有规定刑徒名类，本文与之一致，然而诸氏将刑徒名类称为“刑名”或“劳役刑”，其实刑徒名类一定，劳役、监管方式之差别也就随之而定。

⑤ 吴泽顺：《清以前汉语音训材料整理与研究》，商务印书馆，2016年，第445页。

⑥ 班固撰，王先谦补注：《汉书补注》，上海古籍出版社，2009年，第1543页。

⑦ 陈松长主编：《岳麓书院藏秦简（伍）》，上海辞书出版社，2017年，第132页。

秦简《封诊式》多见“名事里”之“事”指身份，包含了刑徒身份。而“命”在秦汉不仅指赋予刑徒名类，也可以赋予其他身份。如《二年律令·亡律》第162简：“奴婢为善而主欲免者，许之，奴命曰私属，婢为庶人，皆复使及筭（算），事之如奴婢。（后略）”①

仅就岳麓秦简《为狱等状四种》而言，涉及刑罚执行的材料多见。

表一 岳麓秦简《为狱等状四种》刑罚执行相关内容举例②

案例	刑罚执行相关内容	备注
案例〇一	（1）五月甲辰，州陵守绾、丞越、史获论令癸、琐等各赎黥。癸└、行戍衡山郡各三岁以当法。先备赎 （013—014） （2）绾等以盗未有取吏赀法戍律令论癸、琐等。□令琐等环（还）癸等钱 （015—016）	（1）有日期、主持官吏的，并且符合格式的典型论令文书 （2）绾说明论癸、琐等时的情况。揭示了官吏执行刑罚必须明确所适用的律令条文
案例〇八	（1）九月丙寅，丞相、史如论令妘赎舂 （140） （2）己卯，丞相、史如论磔☑ （141）	两者都是有日期、主持官吏的，并且符合格式的典型论令文书

可知刑罚执行程序独立于定罪量刑程序，由司法官吏主持，有确定日期，有格式规定严格的特定司法文书。官吏执行刑罚的动词为“论令”，因此可称刑罚执行司法文书为论令文书。既然刑罚执行必有确定的日期，而不在特定日期报到的都称“不会”，与前引岳麓秦简《亡律》“不会论”四简吻合。

“已论令”简称“已令”。睡虎地秦简《法律答问》：

> 廷行事有罪当罨（迁），已断已令，未行而死若亡，其所包当诣罨（迁）所。 （60）

整理者认为“已断已令”即《汉书·刑法志》“已论命”③。甚确。“已断已令”指狱已断决，且罪人已论命，即刑罚执行完毕。“已断”“已令”并列，可知论令是独立于断狱的，即当时刑罚执行独立于判决。

既然执行刑罚称“论令”，则刑罚执行之日即“令日”。

> 司空律曰：有辠以赀赎及有责（债）于县官，以其令日问之，其弗能入及偿，以令日居之，日居八（岳肆，257/0350）
>
> （中略）
>
> 食（？）居作（？）为它县吏及冗募群戍卒有赀赎责（债）为吏县及署所者，以令及责（债）券日问其入，能入者， （岳肆，260/0795）④

---

① 张家山二四七号汉墓竹简整理小组编：《张家山汉墓竹简（二四七号墓）》（释文修订本），第30页。

② 参见陈松长主编：《岳麓书院藏秦简（壹—叁）释文修订本》，上海辞书出版社，2018年。

③ 睡虎地秦墓竹简整理小组编：《睡虎地秦墓竹简》，第107页。

④ 陈松长主编：《岳麓书院藏秦简（肆）》，第153、154页。

据第0795简“以令及责券日问其人”①，有“责（债）券日”，而律文起首“以其令日问之”省略了针对“有责（债）于县官”者的“责券日”。可知，司法官吏在“令日”执行“有辠以赀赎”者的赀赎刑罚，先问被执行人的财产状况，如果有钱可入则入，无钱可入则以居作官府来抵偿赀赎，居作期从“令日”算起。“令日”指刑罚执行日。

犯较重罪而逃亡者，官吏须命之。张家山汉简《二年律令·具律》：

（前略）有罪（122）当完城旦舂、鬼薪白粲以上而亡，以其罪命之；（中略）亦以其罪（123）论命之。（后略）（124）②

引文大意：犯有当完为城旦舂、鬼薪白粲以上的罪而逃亡的，应以其“罪”（指刑罚）来命名其刑徒名类，即“完为城旦舂、鬼薪白粲以上”的一种。据“亦以其罪论命之”可知“命”之全称是“论命”，即对应《汉书·刑法志》“已论命复有【籍】笞罪者”。官吏不可能在物理上对在逃之人执行刑罚，仅能用语言文字对其“命”以刑徒名类，可知物理执行刑罚与赋予刑徒名类在特定情况下是可分的。

盗贼旞（遂）者及诸亡坐所去亡与盗同法者当黥城旦舂以上及命者亡城旦舂、鬼薪白粲舍人 （岳肆，060/2011）③

据“命者亡城旦舂、鬼薪白粲”可知，“命”的内容就是城旦舂、鬼薪白粲等刑徒名类。如此，秦汉“亡命”问题聚讼两千年之后又有了新的论证材料。保科季子梳理了历代对“亡命”的解读，认为“命”是“确定罪名手续”，周海锋引用保科季子观点来解读岳麓秦简《亡律》所见“命之”等辞例。④秦及汉初简牍所见“命者”是被论命者，“亡命者”是在逃之被论命者。若干学者主要依据东汉魏晋以后的“亡命”辞例推导秦及汉初“亡命”本义，值得商榷。⑤

综上，“耐为隶臣”可分为两个层面：论行耐，论命为隶臣。材料二之齐“驾（加）论髡钳，笞百釱左止（趾），为城旦籍髡笞”，同样可析为“加论（刑罚），（命）为城旦籍髡笞”。官吏于执行日将刑罚施加于齐之身，而“城旦籍髡笞”是刑徒名类，官吏在执行日将此身份赋予齐。刑罚“髡钳城旦笞一百釱左趾”对应文字简略的刑徒名类“城旦籍髡笞”，区分于“城旦”“髡钳城旦”等其他名类的城旦刑徒。

西北汉简可见籍笞相关辞例。《敦煌马圈湾汉简》：

---

① 此“责”不该括注“债”，此处“责”是动词索要之意，“责券日”，索要券上记载债务之日。

② 张家山二四七号汉墓竹简整理小组编：《张家山汉墓竹简（二四七号墓）》（释文修订本），第25页。

③ 陈松长主编：《岳麓书院藏秦简（肆）》，第58页。按：对本简标点有校改，改释“坐”为“作”。

④ 保科季子：《亡命小考——兼论秦汉的确定罪名手续“命”》，武汉大学简帛研究中心主办《简帛》第三辑，上海古籍出版社，2008年，第349页；周海锋：《岳麓书院藏秦简〈亡律〉研究》，杨振红、邬文玲主编《简帛研究·二〇一六·春夏卷》，广西师范大学出版社，2016年，第165页。

⑤ 主要通过东汉以后的辞例解读“亡命”的较新成果，见朱绍侯：《对几种“亡命”说的分析与评议》，《中原文化研究》2017年第4期。

迺三月壬戌玉门官大奴髡钳曹百破虏治罢都护事司马丘长钱　(789)

校释：“曹”原释为“首”。① 据图版及文义，所谓“曹”字当释“笞”，“髡钳笞百”是刑徒名类，其与材料二的齐所受刑罚相同。可知西北汉简所见的刑徒名类略不同于武帝时期长沙国。

二、釱趾

材料二血娄的刑罚是“髡钳笞一百、二百釱左右止（趾）”，而齐“髡钳笞百釱左止（趾）”。走马楼西汉简其他釱趾辞例皆类此，釱趾与髡钳、籍笞之间存在固定搭配。

滨口重国认为曹魏新律“髡刑有四”是“髡钳城旦”“髡钳城旦+笞一百”“髡钳城旦+笞二百”“釱左趾+笞二百”“釱右趾+笞二百”五种之中的四种。② 可见学界对釱趾在刑罚体系中的位置问题讨论已久。

今本《汉书·刑法志》正文无釱趾，见于注。

臣瓒曰：文帝除肉刑，皆有以易之，故以完易髡，以笞代劓，以釱左右止代刖。今既曰完矣，不复云以完代完也。此当言髡者完也。③

大意：文帝废除肉刑，都有用以替代的刑罚，因此以完替代髡，以笞替代劓，以釱左右趾替代刖。如今既已说完，不（当）重复说以完替代完。此处应当是说髡者（替代以）完。

臣瓒注针对正文“诸当完者，完为城旦舂”，却揭示了臣瓒所见志文语涉“以釱左右止代刖”，王先谦指出：“以釱左右趾代刖，寻志文定律实不然。”④ 今志文无釱趾，没有反映刑制改革法令的原貌，必经删减。

传世文献也见作为刑罚的釱趾。《史记·平准书》：

敢私铸铁器煮盐者，釱左趾，没入其器物。

《史记集解》引韦昭曰：“釱，以铁为之，着左趾以代刖也。”⑤ 引文年代是汉武帝时期，与走马楼西汉简大致同时。据材料二，引文“釱左趾”指全称为“髡钳笞百釱左止（趾）”的刑罚。韦昭注之“釱着左趾”针对《史记》“釱左趾”而言，“以代刖也”是指釱趾的意义，类似臣瓒“以釱左右止代刖”。可见

① 张德芳：《敦煌马圈湾汉简集释》，甘肃文化出版社，2013 年，第 581 页。

② 滨口重国：《汉代釱趾刑曹魏刑名》，《东洋学报》第二五卷第四号，1938 年，后收入其所著《秦汉隋唐史研究》（上卷），（日本）东京大学出版社，1966 年，第 667—681 页。转引自周东平主编：《〈晋书·刑法志〉译注》，人民出版社，2017 年，第 193 页。

③ 《汉书》卷二十三《刑法志》，第 1099 页。

④ 班固撰，王先谦补注：《汉书补注》，第 1543 页。

⑤ 《史记》卷三十《平准书》，中华书局，1959 年，第 1429 页。

“以鈦代刖”之说广为流传，并不是臣瓒、韦昭等人的事后归纳，当源于汉文帝制诏，惜今志文已不存。

东汉末年鈦趾依然是刑罚体系的组成部分。《晋书·刑法志》：

(曹操) 于是乃定甲子科，犯鈦左右趾者易以木械，是时乏铁，故易以木焉。①

韦昭说汉鈦是铁械，而曹操之时因乏铁故改为木械。可见鈦趾的执行在汉代一直没有废弃。

文献记载东汉有被称为“右趾”的刑罚。《后汉书·明帝纪》：

天下亡命殊死以下听得赎论，死罪入缣二十匹，右趾至髡钳城旦舂十匹，完城旦舂至司寇作三匹。②

张建国指出，《后汉书》等文献所见“右趾”不是指斩右趾，文帝废肉刑后斩趾从未被恢复为常刑，“右趾”指鈦右趾。汉景帝一度以斩右趾为死刑的宽宥刑。③ 本文认为文献所见“右趾”全称即材料二所见“髡钳笞一百、二百鈦左右止（趾）”。仅有一种刑罚含鈦右趾的因素，因此“右趾”可作其简称。《后汉书》所见“右趾”指次死刑一等的刑罚，与走马楼西汉简辞例吻合。

东汉出土文献亦见“右趾”这一刑罚省称。《长沙尚德街东汉简牍》：

与伯季父子奸，右止。 (254 正)④

西北汉简有鈦趾辞例。《居延汉简》：

□居延所命髡钳鈦左止洛都毋崔□ (117.32)⑤

望幸苑髡钳鈦左右止大奴冯宣 (40.1)⑥

坐施髡钳鈦左止城旦昌□等（后略） (EPS4T2.69)⑦

居延简“髡钳鈦左止”“髡钳鈦左右止”冠于人名前，可见是刑徒名类，所受刑罚分别对应走马楼西汉简中的齐、血娄。既然居延简的刑徒名类中有鈦趾的因素，可证实刑罚中含鈦趾，居延简与长沙走马楼西汉简这分别出自边疆和内地的两批出土文献在鈦趾上吻合，可知汉文帝、景帝刑制改革制诏必含鈦趾。

根据前文对走马楼西汉简及西北汉简所见籍笞、鈦趾的讨论，比勘《汉书·刑法志》，制作下表。

---

① 《晋书》卷三十《刑法志》，中华书局，1974 年，第 922 页。

② 《后汉书》卷二《显宗孝明帝纪》，中华书局，1965 年，第 98 页。

③ 张建国：《帝制时代的中国法》，法律出版社，1999 年，第 180—184 页。

④ 长沙市文物考古研究所编：《长沙尚德街东汉简牍》，岳麓书社，2016 年，第 172 页。

⑤ 简牍整理小组编：《居延汉简（贰）》，（台北）“中央研究院”历史语言研究所，2015 年，第 31 页。

⑥ 简牍整理小组编：《居延汉简（壹）》，（台北）“中央研究院”历史语言研究所，2014 年，第 131 页。

⑦ 甘肃省文物考古研究所编：《居延新简》，中华书局，1994 年，第 248 页。

表二　西汉刑制改革前后刑制对照表

<table>
<tr><th rowspan="2">汉文帝废肉刑
之前的刑罚</th><th rowspan="2">汉景帝改加笞数
之后的刑罚</th><th rowspan="2">文献所见
刑罚简称</th><th colspan="2">相应刑徒名类</th></tr>
<tr><th>西北汉简</th><th>走马楼西汉简</th></tr>
<tr><td>完为城旦舂</td><td>完为城旦舂</td><td></td><td></td><td></td></tr>
<tr><td>黥为城旦舂</td><td>髡钳为城旦舂</td><td></td><td></td><td></td></tr>
<tr><td>黥劓为城旦舂</td><td>髡钳笞百釱左趾</td><td>釱左趾</td><td>髡钳笞百；
髡钳釱左趾</td><td rowspan="2">城旦籍髡钳笞</td></tr>
<tr><td>黥劓斩左趾为城旦舂</td><td>髡钳笞一百、二百釱左右趾</td><td>籍笞二百；
右趾；
釱左右趾</td><td>髡钳釱左右趾</td></tr>
<tr><td>黥劓斩左右趾为城旦舂</td><td>弃市（又加笞二百?）</td><td></td><td></td><td></td></tr>
</table>

据表可知，《汉书・刑法志》通行版本记载的改制后的刑罚很简略，而走马楼西汉简所见的司法官吏多以全称书写刑罚，可见地方司法官吏必然知晓诸刑罚的完整形式，因此颁布郡县的废肉刑制诏不可能如今志文一般简略。因此《汉书・刑法志》所见废肉刑制诏必经班固删节，而且如前所述今志文又非臣瓒、颜师古所见志文之旧貌。详情待考。若干学者以增补少量词句的方式校改志文，成就卓著，然而循此路径是无法恢复制诏之原貌的。①

另，臣瓒注："今既曰完矣，不复云以完代完也。此当言髡者完也。"改制前后都有"完为城旦舂"，两者语境是各自时代的刑罚体系，"完"凸显其于其他刑罚的差异。改制前之"完"指未受肉刑而肢体完备，区别于肉刑，而改制后之"完"指未髡钳、加笞、釱趾，区别于髡钳城旦舂以上的刑罚。臣瓒所谓"髡者完也"符合事实，即改制前"完为城旦舂"不受肉刑，但当有髡钳等处置，只是髡不是刑罚的组成部分。②

走马楼西汉简刑制史料所见的加笞、釱趾为后世继承。张建国考证曹魏髡刑四等为："灭右趾髡钳五岁刑笞二百；灭左趾髡钳五岁刑笞二百；髡钳五岁刑笞一百；髡钳五岁刑。"考证晋髡刑四等为："髡钳五岁刑

① 相关讨论集中在"有年而免"部分，张建国提出正文窜入注文说，石冈浩据此提出北宋版《汉书・刑法志》相关部分的复原方案，陶安对石冈浩的复原作了评论。参见张建国：《前汉文帝刑法改革及其展开的再探讨》，收入其所著《帝制时代的中国法》，第191—206页。石冈浩：《北宋景祐刊〈汉书・刑法志〉第十四页的复原——围绕西汉文帝刑法改革诏文字的增减》，中国政法大学法律古籍整理研究所编《中国古代法律文献研究》第四辑，法律出版社2010年。陶安あんど：《秦汉刑罚体系の研究》，东京外国语大学アジア・アフリカ言语文化研究所2009年，第289—313页。

② 传世文献见《汉书・外戚传上》："吕后为皇太后，乃令永巷囚戚夫人，髡钳衣赭衣，令舂。"按："髡钳衣赭衣"当是"完为舂"刑徒的待遇，吕后以此待戚夫人。参见班固撰，王先谦补注：《汉书补注》，第5920页。

笞二百；（髡?）四岁刑；（髡?）三岁刑；（髡?）二岁刑。”① 西晋“累笞不过千二百”②，“累笞”即累积加笞。南朝梁有“髡钳五岁刑，笞二百”③。北齐流刑、刑罪皆加鞭笞④。北周徒刑、流刑亦皆加鞭笞⑤。隋流刑加杖⑥。明徒刑、流刑皆加杖⑦。刑罚中的釱趾在魏晋之后消亡，而加笞演变为加鞭、加杖，延续至明清。

三、小结

走马楼西汉简刑制史料反映了西汉废肉刑后不久的过渡期的独特风貌。将简文与《汉书·刑法志》对读，应将“籍笞”校改入志文，“釱趾”作为刑罚组成部分当是汉文帝制诏规定的，因此改制之后的籍笞与釱趾是有固定搭配关系的，在汉景帝改笞数之后即籍笞一百釱左趾，籍笞一百、二百釱左右趾。简文所见“笞一百、二百”是过渡期特有现象。“城旦籍髡笞”是刑徒名类。《汉书·刑法志》收入汉文帝废肉刑制诏时已对其大幅编删，而今本又非臣瓒所见旧本，增补少量词句无法复原制诏原文。在当代新出土秦汉刑制史料日渐丰富的趋势下，对刑制改革这一论题仍然有深入探讨的空间。

（欧扬，本文原载于邬文玲、戴卫红主编《简帛研究·二〇一八·秋冬卷》，广西师范大学出版社，2019年）

---

① 张建国：《魏晋五刑制度略论》，收入其所著《帝制时代的中国法》，第242—259页。

② 《晋书》卷三十《刑法志》，第929页。

③ 《隋书》卷二十五《刑法志》，中华书局，1973年，第698页。

④ 《隋书》卷二十五《刑法志》，第705页。

⑤ 《隋书》卷二十五《刑法志》，第707、708页。

⑥ 《隋书》卷二十五《刑法志》，第710页。按，《新唐书·刑法志》：“自隋以前……而流、徒之刑，鞭笞兼用，数皆逾百。”见《新唐书》卷五十六《刑法志》，中华书局，1975年，第1408页。

⑦ 《明史》卷九十三《刑法志一》，中华书局，1974年，第2282页。

第三节　再论秦汉时期的“狱”

——以走马楼西汉简为中心

有关秦汉时期“狱”的研究成果很多，诸如刘海年的《战国秦代法制管窥》一书中，就专设一节来讨论中国古代监狱及有关制度。[①] 徐世虹则在《中国法制通史》第二卷《战国秦汉》中专设一章来讨论了两汉时期的监狱制度。[②] 宋杰更是专门撰写了《汉代监狱制度研究》一书，对汉代的“监狱”作过细密的分析和研究。[③] 海外如日本的富谷至也在其所著《秦汉刑罚制度研究》一书中，专门讨论过已决罪犯关押在监狱的问题。[④] 宫宅洁更认为：“狱的基本含义是治狱的场所，亦即关押嫌疑人和证人，进行取证调查的地方，而不是关押、使役已决囚犯的场所。”[⑤] 这一点，很多学者也都有相同的认知，如日本学者滋贺秀三就指出，狱并不是配有工作场地的行刑设施等。[⑥] 其实，有关“狱”的语义和性质，狱的规模、级别和狱的吏员配置等诸多问题，似乎还是有许多讨论的空间。这里仅以走马楼西汉简中所见的“狱”及相关问题再议如下，以期大家諟正。

一、狱的语义与性质

“狱”是秦汉简牍官府文书和法律文献中最常见的语词之一，我们作过粗略的统计，狱字在睡虎地秦简中共出现了 17 次，在《里耶秦简》第一、二卷中出现过 155 次，在岳麓秦简中出现过 300 余次，在张家山汉简《二年律令》中出现过 20 次，在《敦煌汉简》中出现 8 次，《居延汉简》出现 21 次，而《散见释文合校》中才出现 4 次。应该说，现在所知的秦汉简牍材料中，“狱”在走马楼西汉简中出现频率极高，共出现了 341 次，这大概也与这批简中的狱案较多有关，故我们以走马楼西汉简为主要考察对象，兼及上列各种秦

① 参见刘海年：《战国秦代法制管窥》，法律出版社，2006 年，第 247—258 页。

② 参见徐世虹：《中国法制通史 · 战国秦汉》，法律出版社，1999 年，第 640 页。

③ 参见宋杰：《汉代监狱制度研究》，中华书局，2013 年。

④ 参见富谷至著，柴生芳等译：《秦汉刑罚制度研究》，广西师范大学出版社，2006 年，第 65—66 页。

⑤ 参见宫宅洁著，杨振红等译：《中国古代刑制史研究》，广西师范大学出版社，2016 年，第 217 页。

⑥ 参见滋贺秀三：《中国法制史论集——法典と刑罚》，（日本）创文社，二〇〇三 · 一刊，第 318 页。

汉简牍资料，对“狱”的语义及性质等相关问题再作不同层面的讨论和阐释。

《说文解字·犾部》：“狱，二犬所以守也。”清代段玉裁注：“许云所以守者，谓陛牢拘罪之处也。”可见在许慎所处的东汉时期，狱的本义是作名词用的，指的是拘押罪犯的地方。

其实，从文字构形的原理来看，“狱”字从言从二犬，当是两犬相对而吠，争讼不休之义，亦即争讼、诉讼，打官司之义。如西周晚期蔡簋铭文：“勿事（使）敢又（有）疾，止从（纵）狱。”《左传·襄公十年》：“王叔之宰与伯舆之大夫瑕禽坐狱于王庭，士匄听之。”杜预注：“狱，讼也。”《周礼·小司寇》：“命夫命妇不躬坐狱讼，故使宰与属大夫对争曲直。”有孔颖达《左传注疏·僖公二十八年》：“狱、讼，皆争罪之事也。”① 放马滩秦简中的“祠有不治者，卜狱讼，囚不吉”，更是将“狱讼”连在一起，这是将“狱”作为诉讼使用的先例。而周家台秦简中的30例“狱”字更无一不是“狱讼”连言者。这多少也说明，“狱”的本义当是争讼之义，而《说文》所释之义，当是东汉时期的认知，正如杨树达先生所言：“许君二犬守之之训，乃以汉制推说古文，故与经传狱字之义不合欤。”②

“狱”字在狱讼的语义上引申的主要义项是有关狱讼的案例，如《左传·庄公十年》：“小大之狱，虽不能察，必以情。”该义项在秦汉简牍中占有很大的比例，如《睡虎地秦简·封诊式》中就专列有“治狱”“讯狱”两大项，其中治狱项下曰：“治狱，能以书从迹其言，毋治（笞）谅（掠）而得人请（情）为上；治（笞）谅（掠）为下，有恐为败。”显然，这里的“狱”就是狱案，即有关狱讼的案例。而“讯狱”也就是因狱案而讯问的方式和法律规定。可见，至迟在战国时代，“狱”已有“狱案”的含义。

秦汉简文中，狱字用作狱案者甚多，除了上述“治狱”“讯狱”之外，诸如“初狱”“故狱”“狱事”“覆狱”“鞫狱”“狱论”“具狱”“狱簿”“狱计”等。其中有关“狱计”的认知，曾多有不同的解释。如宫宅洁就作过专门的讨论，他认为：司空送到冥界表示狱事结束的文书就是“狱计”。但他又认为，“狱计”一词也见于居延汉简，由此可知它是账簿之名。这是他在讨论江苏省邗江胡场五号汉墓出土的告地策中的“狱计”时所作出的判断，但“狱计”显然并不全是这块告地策中所表述的内涵，其本义还应是居延汉简中的所谓账簿之名，因为“计”者，乃是秦汉简牍中常见的上计的“计”，也就是每年必须上报的统计账簿，而“狱计”自然就是有关狱案统计上报的材料或卷宗。这在走马楼西汉简中反复出现，例如：

为城旦籍髡笞其听书司空吴人髡傅依所当衣
服移校九年应狱计除录血娄齐所共盗昌钱八百　（0596）
笞令人将致其听书仓受入髡傅衣所当依服移校九年
应狱计它以从事敢告主　（0580）

① 杨伯峻：《春秋左传注》（修订本），中华书局，2017年，第516页。

② 杨树达：《积微居小学金石论丛》，商务印书馆，2017年，第54页。

八年六月庚子朔丁卯攸丞逋守别治醴陵丞敢言之府

移七年醴陵狱计举劾曰库决入钱五千皆黄钱付丞　(0542)

经初步统计,“狱计”一词在走马楼西汉简中出现过10余次,大部分都是“移校九年应狱计”,如上举前两例,后一例是移七年醴陵狱计,可见“狱计”应该就是每年都要由县狱向郡以上二千石官移送的狱案数据,胡场汉墓所处告地策中“移栺穴卌八年狱计”也只是“广陵宫司空长”向“土主”移送的该年的狱案数据而已,但我们并不能将其定义为“司空送到冥界表示狱事结束的文书就是‘狱计’”。

二、狱的规模与级别

就“狱”的语义引申而言,其主要义项就是拘押罪犯、审讯狱案的场所,如岳麓秦简1258号简上就记载“廷转藏狱”,所谓“藏狱”就是将制书藏于狱所。走马楼西汉简第2061简上有“死狱中”的记载,这里的“狱”,显然也是指狱所,或者说是牢狱之所。现在有关狱所的功能和性质等问题,讨论得比较多的是:狱到底只是治狱的场所,亦即关押嫌疑人和证人,进行取证调查的地方,还是兼有关押、使役已决囚犯或刑徒的场所?比较有代表性的意见是,“狱至多是治狱的场所,而不是服役的地方”①,在秦简中随处可见狱论之后的刑徒以不同的方式遣送秦故徼或新地去服役的记载,而狱所内应该只有未论处的嫌疑人和证人,其数量应该相当有限。如走马楼西汉简中有一组有关狱政的日常上报文书②,案中所说的在押犯人竟然就“复作阳”一个人,可见其狱囚的规模是很小的。而且,“阳”的身份只是“复作”而已,尽管其饮食有舍人提供,但他并不是什么有身份地位的官吏,简文中对其看管报告的文书都是如此细密,也说明狱吏所监管的人数规模当远不是现今监狱看管罪犯的规模。

当然,秦汉时期作为治狱场所的规模也许可根据狱的级别来加以区别。传世文献记载中,多见西汉时期设置中都官狱的记载,但郡和乡亭是否有狱的设置,尚有不同的认知,一般认为,县是一定设有狱的,对此,宫宅洁作过一个分析:

> 《汉书·刑法志》载“今……天下狱二千余所”,记述了东汉班固所处时代狱的数量。如后文所述,县和侯国设有狱吏,西汉末期县、道和侯国的数量合计1587个,由于乡的数量应当是它的数倍,如果“二千余”这个数字可信的话,不要说亭,就是乡也未必设置狱。③

据此,他认为,地方上的县一定设有狱,而乡的机构中,基本常设化的囚禁设施也可以称作狱,以此来

① 宫宅洁著,杨振红等译:《中国古代刑制史研究》,广西师范大学出版社,2016年,第218页。

② 参见李均明、宋少华:《走马楼西汉简狱政资料的整理与考证》,中国文化遗产研究院编《出土文献研究》第十八辑,中西书局,2019年,第150—158页。

③ 宫宅洁著,杨振红等译:《中国古代刑制史研究》,第219页。

解释县道侯国数量与“二千余所”不完全相符的矛盾。其实，东汉班固时代对“天下狱”的数量统计就是一个概数，而用西汉末期的县道侯国的数量统计来比对也有其时代差异，可能并不太可信。其实，秦与西汉时期的狱治场所就因其级别不同而多有差异，并不能统而论之。

检索现在已刊的秦汉简牍文书中，有关狱所的记载很多，特别是在岳麓秦简中，还出现了“官人之狱”与“黔首狱”的差别：

令曰：都官治狱者，各治其官人之狱，毋治黔首狱，其官人亡若有它论而得，其官在县畍（界）中（1894）而就近自告都官，都官听，书其告，各移其县。县异远都官旁县者，移旁县。其官人之狱有与黔首连者，移（1683）黔首县，黔首县异远其旁县者，亦移旁县，县皆亟治论之。有不从令者，赀二甲└。其御史、丞相、执法所下都（1613）官，都官所治，它官狱者治之。 ·廷卒甲二（1618）①

这条令文相当完整，是秦令中“廷卒令”中编号为甲编的第二条令，它由4枚简所组成，简文中非常明确地规定，凡都官治狱，各治其官人之狱，也就是他只处理其所属官吏的狱事，而不治理黔首的狱案，如果官人之狱与黔首有关者，则移交县狱治之，这说明秦代的狱治中除了县狱之外，还有都官之狱。

都官之狱在西汉时期很常见，《汉书·宣帝记》神爵元年条注引《汉仪注》说“长安中诸官狱三十六所”，在《汉书·张汤传》注中是二十六所，沈家本认为“三”是“二”之误写。我们且不管是三十六还是二十六，它都足以说明西汉时期，在长安的中央官署中设有很多狱，即所谓“中都官狱”，沈家本的《历代狱考》和徐世虹的《中国法制通史》第二卷中将这些狱所列有表格说明，诸如“廷尉狱”“掖庭狱”“暴室狱”“上林狱”“司空昭狱”“共工狱”“若庐狱”“都船狱”“郡邸狱”“未央宫狱”“东西市狱”“居室”“甘泉居室”“内官”“请室”等等，可见西汉时期的中都官狱名目众多，可以说是每一个中央官署都有自己的治狱之所，且分别关押治狱不同级别的官员，如“廷尉狱”所关押的对象是诸侯王、二千石官及参与其犯罪者；“掖庭狱”主治妇人女官者；“上林狱”逮诸侯太子、幸臣，主治苑中禽兽宫馆事；“司空昭狱”治列侯、二千石；“若卢狱”主治库兵、将相大臣、主受亲戚妇女；“郡邸狱”治天下郡国上计者等。可以说，在长安的中央官署中，都设有专门治理所属不同职级官吏的中都官狱，这些应该都是所谓的官人之狱，而所谓黔首狱，应该就是县狱以下所治之狱。尽管这些中都官狱都集中在西汉时期，但东汉时期也间有复设者，如东汉和帝永元九年复设若卢狱就是其例，这说明两汉时期，一直就有不同级别的狱所存在。长沙走马楼西汉简是汉武帝时代长沙国的官府文书，其治狱机构多以临湘县狱为主，同时也兼有“廷狱”“宫司空狱”等不同狱名者，下面且分别作些讨论：

七年五月丙子朔甲申〈午〉，令史寅敢言之，癸巳夜案行廷狱周垣，城外到城东门毋入 （0544）

七年五月丙子朔乙未，守狱史□敢言之，戊午夜案行廷狱周垣，城外到城东门毋入从迹及欲纂囚

① 陈松长主编：《岳麓书院藏秦简（伍）》，上海辞书出版社，2017年，第119—120页。

者，书实，敢　(0312)

这是两条有关夜间巡视廷狱周垣情况的报告，这里的“廷狱”或以为是指临湘县的县廷和县狱，而不是县廷之狱。从简文可以大致判断，这“廷狱”可能还不是县廷和县狱连在一起的表述（详见下文），而可能是有廷的狱所，故二者有共同的“周垣”围绕。

除了“廷狱”两见之外，可以确定为狱名的还有“宫司空狱”：

所主守臧（赃）六百，公士以上盗，武毄（系）宫司空狱，请主毄（系）令史儿为武擅解脱易桎外，不识知武请儿，儿听武请为武擅　(0117)

城旦徒、故官大夫攸大里儿，宫司空令史、公乘攸臧郢里外、不识，皆坐武。武故为临武丞，盗所主守臧（赃）六百以上，盗臧（赃）毄（系）宫司空狱。请主毄（系）　(0229)

薄（簿）问宫司空狱未已，即得理人，钱衣已取，不欲告行，即到临湘廷中，有数吏炅、烛火、乘之，即言临湘令史多，即问理人所亡物数及亡　(0143)

所谓“武系宫司空狱”，就是武被收系于宫司空狱，也就是收系在由宫司空所具体管辖的狱所。“宫司空”一职，历史文献中少有记载，但出土的秦汉玺印中，已多次出现过“宫司空”的封泥和玺印，如西安北郊相家巷就出土过“宫司空印”和“宫司空丞”秦封泥，这也证明宫司空是秦代已有的官署和职官名。20世纪60年代，湖南长沙西汉中期墓中出土过“宫丞之印”，西汉晚期墓中曾出土过“宫司空丞之印”，[①] 两者都是滑石随葬印，现在看来，“宫丞之印”也很可能是“宫司空丞之印”的省略，如徐州出土的“楚宫司丞”为“楚宫司空丞”之省，应该是当时比较常见的省称现象。

我们知道，司空是负责器物制作与土木工程的部门，因为器物制作和土木工程需要大量的劳力，故司空还兼有管理刑徒以外劳动力的权利，因而常与狱治发生密切关系，萧吉《五行大义》所引刘向《洪范五行传》中就如此记载：

尉曹以狱司空为府，主士卒、牢狱、逋亡。

可见司空与狱官均有主管士卒、牢狱、逋亡之职责。据此，我们大致可知，宫司空虽大约是负责宫室与官署营建的官署名和职官名，但其仍与县狱有着密切的关系，走马楼西汉简中的“系宫司空狱”就说明，在西汉长沙国期间，除临湘县狱之外，至少还有一个“宫司空狱”，该狱不仅拘系囚犯，且还负责狱案的覆审等事宜。因此，也许可以大致推断，在长沙国内，还有一个与汉王朝早期所设置的“司空诏狱”相类似的“宫司空狱”，它也许是直接隶属于长沙王府，与临湘县狱同时存在，且主要负责鞫狱、覆狱的一个专门的狱治机构。

西汉时狱治主要在县，郡国之上是否有狱治之所，尚没有定论。但从相关文献的记录中可知，郡一级应

① 陈松长：《湖南古代玺印》，上海辞书出版社，2004年，第55页。

该是有专门的狱治场所的。如岳麓秦简中就有明确的记载：

廷岁以郡狱计最人数　(180/1676)①

而张家山汉简中《二年律令·兴律》中更有详细的规定：

县道官所治死罪及过失，戏而杀人，狱已具，勿庸论，上狱属所二千石官。二千石官令毋害都吏复案。　(396)②

所谓“狱属所二千石官”就是指县狱所属的郡一级狱所，而郡一级的“二千石官令无害都吏复案”正说明郡狱有复核案卷的职责和权限，这证明岳麓秦简中所见的“郡狱”在汉代肯定也是存在的，只是尚没发现有更多具体的文献记载而已。

有关狱的规模到底有多大，现在尚没发现具体的文献记载，故相关的研究多只能根据相关的关押人数规模来推论其大小而已。走马楼西汉简中的虽有一组狱政管理的上报文书，但其狱的规模也只能根据相关的文字来推断，如前文所述，该组上报的狱政文书所涉及的囚犯仅仅是一个名叫“阳”的复作者，且其狱还与县廷连在一起，故其规模应该不大，但值得注意的是，简文中明确有“门”的记录，并且有“狱门”与“扩门”之别，例如：

七年五月丙子朔庚午，临湘狱史吴、河人敢言之：癸巳尽其夜，吴、河人牢监阳复作，覆卒武与囚居处，诸守囚者不出狱门，外人毋入狱门者及为囚通言语为奸诈及投书者　(0769)

简文中的“诸守囚者不出狱门，外人毋入狱门”说得很明确，这个“狱门”当即牢狱之门，而不是办理狱案的县狱之门。值得注意的是，简文中的“狱门”还有“啬夫”或“亭长”来看管，其简文曰：

吴旦、河人夕，受囚馈狱门啬夫辟闾所。馈盛以具攘〈检〉，到狱。　(0772)

吴旦、河人夕，受囚馈守狱门亭长辟所。馈盛以具，致狱。　(0551)

这两条简文的内容大致相同，但一个是狱门啬夫，一个是狱门亭长，且名字都是“辟”，这是否是一个人同时既作啬夫又作亭长？还是两个人都叫“辟”？这尚不好确定，但有一点是无须怀疑的是，这狱门都是有专门的啬夫或亭长来看管的。而且还有“守狱门亭长”：

七年五月丙子朔甲午，守狱门亭长辟敢言之。　(0569)

也就是说，这“狱门亭长”还有临时代理者，可见这不是可以或缺的狱吏之一。值得注意的是，尽管是狱门啬夫或狱门亭长辟，他也是不入狱门的，简文中说得很明白：

七年五月丙子朔甲午，守狱门亭长辟敢言之。辛巳尽其夜，常宿食牢狱门。诸主守囚吏卒不出狱门，外人不入狱，毋为通言语、为奸（0569）诈及投书者。旦夕受囚馈扩门佐到所，盛以具检，到廷中

① 陈松长主编：《岳麓书院藏秦简（柒）》，上海辞书出版社，2022年，第142页。

② 张家山二四七号汉墓竹简整理小组编：《张家山汉墓竹简（二四七号墓）》（释文修订本），文物出版社，2006年，第62页。

索馈食中毋毒药、兵刃、簿书，以馈，旦属狱史吴、夕属河人。辟（0564）不入狱。非临湘吏毋入廷，及毋问诏狱囚事者。书实，敢言之。(0512)

这是“守狱门亭长辟”的一份上报文书，他说自己常宿食于牢狱门，旦夕在扩门佐那里收取囚犯的馈食，到廷中进行检查，但他不入狱，因狱中有守囚的狱卒负责。

简文中除了“狱门”之外，还有一个不见于其他文献的“扩门”，如：

七年五月丙子朔甲午，扩门佐到敢言之。　(0513)

李均明先生在解读这段简文时指出：报告人为“扩门佐到”，“到”为扩门佐名。由佐主门禁，表明其门岗之重要。按简文所见，门或为县廷与监狱共享，或位于县廷与监狱之间的通道上，两个可能都存在。①按，所谓“扩门”，当即狱门之外的扩展之门，也就是说，牢狱之外还有一个外拓的空间，这个空间是由“扩门佐”所控管的，外人不得擅入。故囚犯“阳”的“馈食”只能送到“扩门佐到所”，再由“狱门亭长辟”到扩门来收取馈食，在狱史的监管下，到廷中检查后再交给狱卒。

其实这里的“廷中”到底是哪里？也还是一个可以讨论的问题，如果说是县廷之中，那狱门啬夫或狱门亭长哪有必要早晚都拿馈食到县廷之中去检查呢？故这“廷中”就是扩门到狱门之间的“廷”，它极可能既是办理狱案的县廷，也是狱门与扩门之间的廷（庭）院，故狱门亭长才有可能到扩门佐那取到馈食，然后在廷中检查，检查完后才从狱门递送进去。或者说，从扩门到狱门之间也可能就是县廷办案之地。如果是这样的话，那所谓廷狱，就很可能是廷、狱相连的狱治之所。

秦汉时期的狱可能并不都是走马楼西汉简中所描述的廷狱这种规模，在《汉书·酷吏传·义纵》篇记载：“于是徙纵为定襄太守。纵至，掩定襄狱中重罪二百余人，及宾客昆弟私入相视者亦二百余人。”这里的“定襄狱”当指定襄县狱，它居然可收容重罪二百余人，可见规模不小。其实，秦汉简牍中有关狱所名的记载，多少可以印证这一点，如《里耶秦简》中就出现了“狱府”之名：

它毄（系）狱府，去亡。　(2287)

沅狱府　(1713)

2287 简文中的“它”是人名，它因罪而被拘系于“狱府”，结果逃亡了。这里将狱治之所称为“狱府”，可见该狱的规模并不只是一个牢狱之所而已。1713 简中的“沅”当是临沅之残存者，“沅狱府”应该就是临沅狱府，这说明“狱府”也就是县狱之所，之所以称为“府”，也许是因为其狱治的规模比较大。

既然有“狱府”，那自然就有具体的事曹来处理狱案，故《里耶秦简》中多有“狱东发”“狱西发”的记载，这里的“狱东”“狱西”并不是指狱的方位，而是“狱东曹”“狱西曹”的简称：

① 参见李均明、宋少华：《走马楼西汉简狱政资料的整理与考证》，中国文化遗产研究院编《出土文献研究》第十八辑，中西书局，2019 年，第 153 页。

狱东曹□　(9-3349)

廷狱东发▨　(9-1640)

▨行狱南辟▨　(9-2702)

以书致署狱西发，勿留。　(9-453)

迁陵狱东发以邮▨

行洞庭▨　(9-610)

9-3349简上是明确说明“狱东曹”者，准此，9-1640、9-610简上的“狱东”应当是“狱东曹”之省，9-2702简上的“狱南”也应该是“狱南曹”之省，“狱西发”者，即狱西曹发，“廷狱东发”者，即廷狱东曹所发出，“迁陵狱东发，以邮行洞庭”也就是迁陵县狱东曹所发出的文书，以邮行的方式发往洞庭郡。由此可见，县狱之内设有东、南、西曹（应该还有狱北曹），且各自均有签发文书的功能和权限，那县狱之规模，肯定不只是一个审案的县廷和关押囚犯的牢狱而已。因此，秦简中的狱府，可能是比较客观地说明了秦代的县狱机构之状况，汉承秦制，特别是在西汉中期以前，这种狱制当不会有太大的改变。因此，从现在所刊布的秦汉简牍数据来看，我们还应该仔细地梳理这方面的数据，并不宜简单地将秦汉时期的狱推论为仅仅是关押嫌疑人和证人，进行取证调查的地方。

三、狱的吏员配置

秦汉时期的狱既然有狱府、狱曹、犴门、狱门等多种机构，其所属吏员自当不少，这里我们虽无法统计治狱吏员的具体数量，但仍可大致梳理一下有哪些与狱有关的不同职级的吏员设置情况。

一般来说，见诸于文献的狱吏有狱丞、狱掾、狱史等，我们通过对秦汉简牍文献的检索发现，“狱丞”多出现在《居延汉简》中，“狱守丞”多出现在《肩水金关汉简》中，“狱掾”则多出现在《敦煌汉简》中，从《里耶秦简》到走马楼西汉简，其所载的狱吏主要是“狱史”及其佐吏而已，这多少也说明，同样是狱吏，如狱史、狱丞、狱掾之类名称，其职能大小可能没多少区别，但其使用的时代和区域或许有所差异。

除了狱史、狱丞、狱掾之类的狱吏之外，《里耶秦简》中还有“覆狱卒史”的记载：

九月庚辰，迁陵守丞敦狐却之：司空自以二月叚（假）狼船，何故弗蚤（早）辟，至今而誧甫曰谒问覆狱卒史衰、义。衰、义事已，不智（知）所居。其听书从事／慶手。　(8-135)

大家知道，“卒史”是郡二千石官的主要属官之一，这里的“覆狱卒史”当即郡二千石官所派遣用于“覆狱”的属官之一，也可以算是狱吏中级别较高的一种，但“卒史”并不是专属的狱吏，最常见、最主要的狱吏还是“狱史”。

经粗略统计，在2000余枚走马楼西汉简中，狱史一共就出现了129次，可见狱吏中最常见的确是狱史，而且其秩禄很低，大约是百石左右，但其掌管的狱事却相当繁杂。

走马楼西汉简中的“狱史”除单独使用外，一般后面都附有人名，如“狱史胡人”“狱史巴人”“狱史吴人”“狱史光甲”之类，此外，在“狱史”前面还多有限制定语，如：

三年七月具狱史钉爰书……　(0399)

三年七月乙酉具狱狱史钉爰书……　(0633)

三年六月乙丑具狱昭陵狱史削爰书……　(0133)

五年九月丙辰朔丁卯守狱史它爰书……　(0041)

这里的“具狱史”就是“具狱狱史”的省称，而“具狱昭陵狱史”就是昭陵具狱狱史的分述，“守狱史”也就是代理狱史。① 此外，这批简中的狱史主要是临湘县狱的狱史和宫司空狱史，其他如“具狱昭陵狱史”仅出现了1次而已。比狱史秩级高的有“主系令史”：

九年四月丁丑狱史河人爰书，□

秩四百石主系令史兕坐劾，髼　(1550)

简文中的“秩四百石”应该是对“主系令史”的秩级描述，如果是的话，那“主系令史”的级别肯定比狱史要高，而且他只是主管抓捕罪犯的令史而已，在其上，还有“主系啬夫”：

☐朔丙寅主系啬☐　(1328)

这是一片残片，首尾都残断了，但根据文义可以判断，“啬”字之后肯定是残掉了“夫”字，而主系啬夫显然是负责抓捕罪犯的主管，其秩级当高于令史的四百石。在令史之下，还有“主系佐”：

·簿问主系佐客人丁未夜盗戒　(1522)

这“主系佐”当即主管抓捕罪犯的啬夫或令史的佐史，其秩禄应该比较低，属于斗食类的最基层小吏。除了“具狱狱史”之外，还有“具狱亭长”和“狱门亭长”，如：

五年七月丁卯具狱亭长庚爰书……　(0010)

七年五月丙子朔乙未，守狱门亭长辟敢言之　(0569)

大家知道，秦汉时期是乡村每十里为一亭，设亭长，负责该十里范围内的治安管理等事项，其秩级是比县低二级的最基层官吏，走马楼西汉简中的“具狱亭长”和“守狱门亭长”显然不是十里之亭的亭长，而应该是一个与亭长的秩级相同，或者说与“具狱狱史”的身份一样，其秩禄也不到百石的基层小吏的泛称。

与“狱门亭长”相似的还有“狱门啬夫”，“啬夫”的身份职级应该与“亭长”差不多，随着有关啬夫

① 参见陈松长：《长沙走马楼西汉古井出土简牍概述》，《考古》2021年第3期。

资料的不断出土，大家已认识到，啬夫既可以是县啬夫，也可以是乡啬夫或田啬夫，简文中的“狱门啬夫”虽同样是啬夫，但其秩级、权限和管理范围是大不相同的，他所主管的范围就是狱门而已，不过既然是啬夫，那其手下肯定也有狱佐之类的最底层吏员，如：

狱佐经年乃谒报，敢言之。（0483）

狱小史应☑（1579）

□●即狱走居行□（1458-b）

三枚简上的“狱佐”“狱小史”“狱走”都是狱卒的专称，他们应该都是汉代狱治过程中最底层的具体治狱人员。

四、结语

以上是根据长沙走马楼西汉简中的新出材料，再次对秦汉时期“狱”的性质及相关问题所展开的一些讨论。我们认为，“狱”的本义当与诉讼有关，尽管《说文解字》中将其解读为狱所，其实，这是据其本义引申的结果。在秦汉时代，“狱”的规模是因级别的不同而有差异的，诸如中都官狱、郡狱、廷狱、司空狱等，其级别不同，规模自然各不一样，但各自多有狱府、狱曹、狱门、扩门之类的狱内管理机构。与此配套，狱的吏员配置，会因时代的不同而有所差异，如狱史、狱丞、狱掾等最常见的狱吏专称，就多少有着不同时代的历史痕迹，至于“覆狱卒史”“狱门啬夫”“狱门亭长”“主系啬夫”“主系佐”“扩门佐”“狱佐”“狱小史”“狱走”等之类的狱吏，那都是秦汉时期的治狱属吏，他们应该是秦汉狱吏系统中不可或缺的组成人员。

（陈松长，本文原载于《华东政法大学学报》2022年第1期）

第四节　走马楼西汉简所见赦令初探

走马楼西汉古井出土简牍大部分为长沙国使用的行政文书，包含多件司法文书，其中涉及三次汉代的赦令，即正月壬寅赦、四月丙辰赦、五月乙未赦。不过，有些遗憾的是，虽然整理组已复原编联了若干件司法文书，但还有若干残简未能找到归属，尤其是多枚涉及赦令的残简，仅有少量能够准确编联，其余只能大体判断可能与某个司法案例有关。即便如此，这些残简对于了解汉代的大赦制度，尤其是赦令的法律效力，具有重要的价值和意义。

一、走马楼西汉简所见“赦令”

走马楼西汉简中涉及正月壬寅赦、四月丙辰赦、五月乙未赦等三次汉代的赦令，这里分别略述如下。

首先，关于“正月壬寅赦”。根据整理小组欧扬先生的复原研究，走马楼西汉简中有一桩司法案件涉及一位名叫张乘之的临湘令史，因对被劾论为追捕劫匪时回避逗留之罪的判决不服进行乞鞫，但未果。他最初被判耐为司寇，乞鞫后被加论为隶臣，于是逃亡，又被捕获判为鬼薪输采铜。他打算到南郡乞鞫，还未到达目的地，在州陵被人当作逃亡者举劾，加论为髡钳城旦。他认为这些判决都不当，于是自行到南山长处进行申诉。经过调查核实，证明以往对张乘之的判决的确不当，相关官员均有鞫狱不审之责。但因为相关行为发生在“正月壬寅赦前”，所以不予追究，同时撤销对张乘之的全部指控和判决，恢复他的爵位和职务。不过从相关文书记录来看，虽然撤销了对张乘之的判决，但并未立即恢复他的职位，而是又经历一番曲折。该案从元年持续至九年，才最终得以澄清结案。

其司法文书简册中有两处提及“正月壬寅赦”：

1. （前略）卒史则、令（0410）史忠、亭长意、守卒史重、守长裹、丞祒佚与狱史猷、则、尊、监、黝、持、丑人以鞫狱皆不审，先在正月壬寅赦前不论。它若劾、辞。（除）乘之司寇、隶臣、鬼新（薪）、命髡钳城旦作二岁罪（0351）

2. □□□丑人以鞫狱皆不审，先在正月壬寅赦前未论，除乘之司寇、隶臣、鬼新（薪）、命髡钳城旦作二岁罪，复故爵，用若故官（后略）。　（0338）

综合上述两则简文来看，参与审理判决张乘之案的13位司法官吏，包括卒史则、令史忠、亭长意、守卒史重、守长寰、丞柖侠与狱史献、则、尊、监、黲、持、丑人，皆应承担“鞫狱不审”之责，但因为经历“正月壬寅赦”，免予追究。以往判决张乘之的多项罪名和处罚全部撤销，包括耐为司寇、隶臣、鬼薪、髡钳城旦作二岁罪。所谓“命髡钳城旦作二岁罪”，根据简560、280所言“命髡钳城旦会赦以令作二岁罪”，可知张乘之本被判处为髡钳城旦，因为遇到赦令得以减免为“作二岁”。这里虽然没有明确指出是哪一次赦令，但综合来看，应该也是“正月壬寅赦”。涉及该案的司法文书中，没有提及“正月壬寅赦”的具体年代。但从相关记录来看，该案于三年、五年皆有调查审理，于七年则有张乘之自占书功劳，并希望恢复自己职位的请求，八年有尉史上呈张乘之请求恢复职位的文书。由此推测，“正月壬寅赦”应该颁布于七年之前，甚或可能在五年至七年之间，因三年和五年的文书中未涉及赦令免罪的内容。

其次，关于“四月丙辰赦”。根据整理小组雷长巍先生的复原研究，走马楼西汉简中有一桩关于临湘少内禁钱计有误的司法案件，即“长沙临湘少内禁钱误脱案”。有关机构在核校时发现临湘少内提供的输送太仓的物品统计账目与太仓实际收到的物品登记账目不一致，于是进行追查，最终确认是临湘少内佐在制作物品输送统计账目时出现失误，漏计了五年输送的部分物品。由于相关行为发生在“四月丙辰赦”前，免予追究责任。从相关纪年来看，该案的调查审理时间从五年持续至七年。

该案的司法文书简册中有两处简文涉及“四月丙辰赦”：

3. 别言夬。谨问是服。临湘少内禁钱计实付大仓右仓禾稼计，五年所输茹卵一石、韦橐二，六年茹(0326) 卵一石、韦橐二合、青笥二合，报计六年，并［为校。少内］监主治六年计误脱五年所输茹卵［一石、韦］(0141) 橐二弗计。在四月丙辰赦前，谨以缪书上谒，元年谒言相府。敢言之。 (0124)

4.［输茹卵］一石、韦橐二弗计。在四月丙辰赦前，谨以［缪书上］谒，元年谒言相府。敢言之。(0297)

第3条中的三枚简内容连贯，可以编联。第4条虽未编联，但从内容来看应与第3条相同。根据文书记录，临湘少内禁钱计出现错误的原因在于，五年、六年都向太仓输送了茹卵一石、韦橐二，要求记账时都计入六年，一起核校，但临湘少内在计六年的账目时，遗漏了五年所输送的物品，没有计入。因相关行为发生在“四月丙辰赦”前，免予追究责任，要求将错误的统计文书原件上呈，由元年呈送相府并予以说明。从前后文意来看，这里的“元年”应为人名。另一枚简中可见“元年自证”之语：

5. 不在大食〈仓〉，已与令史农夫是服。曰：佐坚坐计六年误脱。案：计五年所输茹卵一石、韦橐二，聂广各尺五寸，袤四尺五寸，写真券往来书上谒报，临湘以缪书上谒，元年自证。主者敢言之。(0203)

从司法文书中的明确纪年来看，该案的审理调查从五年四月持续至七年七月。其中提及的“四月丙辰赦”，应该颁布于五年至七年之间。

此外，还有几枚简文中提及“四月丙辰赦”或者“丙辰赦”：

6. 治其计误脱，弗为校牒，在四月丙辰赦前，责有它重罪，坐留临湘牛造里张乘之上书传满五日亡命耐　（0212）

7. 曰长沙宫司空复狱，完城旦辰乞鞫罪当除，会丙辰赦，论……☑长买行宫司空长事、狱史行、燕、犀、时、襄除辰作罪，免为庶人，辰☑以不审毋驾论，罚辰金一两……敢言之☑　（0852）

8. 报为案不具及误脱不署斗☑丙辰赦前，以令不论，其□☑　（1769）

这些简文均属司法文书档案，不过因为前后文缺失，无法了解案件详情，只能大致做一些推测。第6条大意是一位名叫责的官吏，在制作统计账目时有误脱，未按规定制作校牒，依律应当受到处罚，因相关行为发生在“四月丙辰赦”前，免予追究。但责还犯有擅自滞留张乘之的上书超过五日等其他严重罪行，大约是在赦令之后的行为，因而会受到相应的处罚。第7条大意是一位名叫辰的完城旦，在乞鞫除罪时，恰逢“丙辰赦”，按照赦令，完城旦罪应减免为复作，但当时负责审理的几位司法官吏可能是受了辰的请托，直接将辰免为庶人，免除了他的复作罪，因此这几位官吏犯了鞫狱不审之罪，一并受到处罚。第8条大意是某人在制作统计账目时不完备，且有误脱，没有署斗数，因相关行为发生在“丙辰赦”前，按照赦令，免予追究。

第三，关于“五月乙未赦”。长沙走马楼西汉简中有好几桩司法案件涉及“五月乙未赦”。

一是“令史儿等为武擅解脱易桎举劾案”。根据整理小组杨芬、宋少华、杨勇先生的编联复原和研究，走马楼西汉简中有一桩关于令史儿等擅自为系囚武解脱桎梏的司法案件。杨芬、宋少华先生曾经联合撰文，讨论过此案，并公布了其中两份文书的内容。这里引述如下：

9. 九年五月乙未朔丁未，临湘令坚、长赖丞尊守丞告尉，谓仓、都乡，敢告宫司空、攸、南阳、将作定王后：【定】王后营徒髡钳城旦、故大夫临湘泉阳里武，完城旦（0118正）徒、故官大夫攸大里儿，宫司空令史、公乘攸臧郢里外，佐、公乘南阳平阳里不识，皆坐。故临武丞武盗所主守钱臧六百，公士以上盗，武（0518）系宫司空，请主系令史儿为武擅解脱易桎。狱史外、不识知武请儿，听武请，为武解脱易桎。论完儿为城旦，不劾（0573）论武，监临见知纵故弗举劾，外、不识，公士以上，得，系牢。武、儿、外、不识皆有它重罪，坐，复治，驾武笞百、釱左止，髡钳儿、外、不识，（0589）皆为城旦籍髡笞。得论行武、儿、外、不识重罪，如律令。敢告主。（0582）

报　（0118背）

10. 九年五月乙未朔丁未，临湘令坚、长赖丞尊守丞告尉，谓仓、都乡，敢告宫司空、攸、南阳、将作定王后：定王后营徒髡钳城旦、故大夫临（0591）湘泉阳里武，完城旦徒、官大夫攸大里儿，宫司空令史、公乘攸臧郢里外，佐、公乘南阳平里不识，皆坐。武故为临武丞，盗所（0594）主守臧六百，公士以上盗，武系宫司空狱，请主系令史儿为武擅解脱易桎。外、不识知武请儿，听武请，为武擅解脱易桎。(0546) 论完为城旦，不劾论武。监临见知纵故弗举劾，外、不识，公士以上，得，系牢。驾论武笞百、釱止，髡钳儿、外、不识，皆为城旦籍髡笞。(0207) 令人将致，其听书，仓受入髡傅衣所当依服，移校九年应狱计。它以从事。敢告主。(0598)①

根据文书记录来看，案情并不复杂：临武丞武监守自盗，赃值六百钱，被系于宫司空，主系令史儿听从武的请求擅自为其解脱桎梏刑具，宫司空令史外和佐不识知情不报，未举劾令史儿。第一次审理时，儿因擅自为武“解脱易桎”，被判为完城旦，没有论及武的行为，外和不识则因“监临见知纵故弗举劾”而被收系于牢。第二次审理时，加论武笞百、釱左趾，髡钳儿、外和不识，皆被判为“城旦籍髡笞”，即城旦加髡和笞。从文书纪年来看，该案发生于九年初，于当年五月丁未日，由临湘令坚等负责完成调查审理，并提出了结正报告。

该案的司法文书目前已经复原出 8 枚较为完整者，尚有部分散简未能编联，其中 0223 号简涉及“五月乙未赦”：

11. □擅解脱桎，纵，故弗举劾，狱未断，会五月乙未赦，遣自致，复作。敢言之。　(0223)

杨芬和宋少华先生指出，此简应与该案有关，其中“五月乙未”应属康王九年。据《汉书·武帝纪》，汉武帝元狩三年五月有“赦天下”之举：“（元狩）三年春，有星孛于东方。夏五月，赦天下。”② 元狩三年正对应康王九年，所以“夏五月，赦天下”应即本简所言“五月乙未赦”。并进一步认为，0223 号文书的生成时间应在五月丁未（13 日）审理结正报告文书之后，这说明汉中央的赦令从长安传递到临湘的时间至少需要 13 日以上，同时也说明汉中央的大赦令，颁布之后即在王国推行。③ 0223 号简所言“狱未断，会五月乙未赦，遣自致，复作”，表明令史儿等人的判决还没有最终得到长官的批复执行，当地就收到了“五月乙未赦令”。因此，根据赦令的规定，减免了对儿等人的判决处罚，由“城旦籍髡笞”改为“复作”。根据 0128 号残简“复作，系外、不识、儿、武作县官各二岁□□鞫敢言之”，可知令史儿等人经过“五月乙未赦”的减免，只需“复作县官二岁”。这里涉及赦令与复作的关系等问题，详见后文。

二是“亭长黄襄坐捕人首匿案”。走马楼西汉简中有一桩涉及亭长黄襄因抓捕女子阳都犯藏匿罪的司法案件，不过留存的相关文书资料不多，从内容来看，其中 0215 号简和 0815 号简可以编联：

12. 九年六月甲子朔庚午，御府丞客夫守临湘丞告尉，谓南乡、仓，少内啬夫：亭长官大夫邓里黄襄坐捕□□女子字阳都首匿（0215），命髡钳、笞百、釱左止为城旦。可捕得阳都，弗劾，纵阳都，得

① 杨芬、宋少华：《长沙走马楼西汉简〈宫司空令史儿等为武擅解脱易桎弗举劾案〉初步考察》，邬文玲、戴卫红主编《简帛研究·二〇二〇·秋冬卷》，广西师范大学出版社，2021 年。

② 《汉书》卷六《武帝纪》，中华书局，1962 年，第 177 页。

③ 同①。

系牢，狱未断，会五月乙未赦，以令复作襄县官二岁，其听书，以　(0815)

根据文书记录来看，亭长黄襄奉命抓捕女子阳都，本有线索可捕获阳都，但他未举劾上报致使阳都得以逃脱，依律犯了“首匿”罪，应判处“髡钳、笞百、釱左止为城旦”，因遇到“五月乙未赦”获得优免，按照赦令改判为“复作县官二岁”。该文书的生成时间为“九年六月庚午”，五月乙未赦令应颁布于此前。

三是“中乡小男申、庚坐首匿案”。下述这枚文书简当与此案有关：

13. 九年六月甲子朔庚午，告尉，谓仓、中乡：小男扶里申、庚皆坐首匿命弃市，男子信狱未断，会五月乙未赦，以令复作申、庚县官三岁，其听　(0166)

根据文书记录可知，中乡扶里的小男申、庚二人因藏匿一位名叫信的男性罪人而犯了“首匿”罪，依律应被判处弃市死刑，因遇到“五月乙未赦”获得优免，按照赦令改判为“复作县官三岁”。该文书的生成时间亦为“九年六月庚午”，五月乙未赦令应颁布于此前。

此外，还有一些案件涉及“五月乙未赦”，不过相关文书简较为残断零散，有些墨迹也比较漫漶，部分文字难以辨识，比如：

14. 九年六月甲子朔庚午，御府丞客夫守临湘丞告尉谓仓、中乡□□□□□故五大夫临湘徭里得毄(系)牢，狱未断，会五月乙未赦。　(1272)

15. □□□□宛男子□□□□□□□□□狱未断，会五月乙未赦，以令复作田县官三岁，其听书仓受髡所当依……　(0167)

16. 九年六月甲子朔庚午，御府丞客夫守临湘丞谓仓：敢告酉阳丞主，酉阳士五东里辟□坐□鬬以刀创烝阳沩里汉左劢一所，得毄(系)牢(0555)，满半月弗举劾，狱未断，会五月赦，以令复☑校九年应狱计尉安阳乡以从☑(1574)

17. 囚大男寂谅以辜一日死，辞不当证以辜死，狱未狱(断)，会五月乙未赦，以令复作……如律令(0572)

18. 告纵都亭以□去时□□□□□☑会五月乙未赦，已论，复作县官二岁☑　(0688)

19. ☑丞客夫守临湘丞告尉谓仓☑青肩坐□□纁□啬里士☑(1329)月乙未赦，以令复作青肩二岁☑书仓人入少内受入移九☑(0768)

20. 氏事不可行，在五月乙未赦前☑□实□□□□为庄氏并上言☑　(2079)

21. 乙未赦，不治，遣自致☑　(1406)

22. ☑五月乙未赦　(1530)

虽然无法得知这些案件的详情，但根据残存的文书记录，可知这些经历“五月乙未赦”的案件当事人的刑罚都得到了相应的减免，减免大体根据罪行的轻重分为几种情况：一是弃市死刑重罪减为复作三岁；二是城旦以上罪减为复作二岁；三是轻罪全部减免，诸如前文提及的“鞫狱不审”“治计误脱”等，不予追究。根据其他汉简资料，还有一种情况是鬼薪、白粲罪减为复作一岁。比如敦煌悬泉汉简ⅡT0216②：615“诸以赦令免者：其死罪令作县官三岁，城旦舂以上二岁，鬼新、白粲一岁”。从有纪年的文书简来看，五月乙未赦令至少应颁布于九年六月庚午之前。而且不论是文书内容较为完整的“令史儿等为武擅解脱易桎弗举劾案”“亭长黄襄坐捕人首匿案”和“中乡小男申、庚坐首匿案”，还是内容残存较少的几个案件，案情都不太复杂，文书出现的纪年皆只有九年，表明这些案件从发生到审理结案的时间较短，据此可以判定其中所言“五月乙未赦令”大体也颁布于九年。

上文大致梳理了长沙走马楼西汉简司法文书中所见的四月壬寅赦、四月丙辰赦、五月乙未赦的情况，不过由于在简文中皆未提及明确的纪年，这三次赦令的颁布年代只能根据相关年代信息进行推定。走马楼西汉古井出土简牍大部分为长沙国使用的行政文书，这一点毋庸置疑。关于这批简牍文书的年代范围，发掘者和整理者在多篇文章中进行了详略不等的探讨，大体将其确定在长沙王刘庸在位时期，即刘庸元年至九年，其中长沙王刘庸元年、二年的历朔与相关事件为追记，因此这批简牍文书实际产生与行用的时间当在公元前126年至前120年之间。当然，对于这一看法，也有学者提出不同意见，认为这批简牍的年代跨度更大。比如胡平生认为“五年七月癸卯朔”应为长沙王刘鲋鮈五年七月癸卯朔，即汉武帝太始元年（前96）。① 晋文认为《都乡七年垦田租簿》之“七年”并非长沙王刘庸七年，而是长沙国吴右七年（前179），即汉文帝前元元年。②

综合文书中的时间节点来看，“正月壬寅赦令”和“四月丙辰赦令”颁布的时间范围是五年至七年之间，“五月乙未赦令”颁布的时间是九年，且在九年六月庚午之前。这至少意味着在五年至九年之间颁布过三次赦令。这一线索或许有助于进一步推定长沙走马楼西汉简的年代范围，从而确定其究竟属于哪一代长沙王。如果元年至九年的纪年，皆为某一代长沙王的纪年，在位年数达到和超过九年的有吴右、吴著、刘发、刘庸、刘鲋鮈、刘建德等多人。但在位五年至九年期间经历过三次赦令且明确包括四月、五月赦令的，只有刘庸时期。刘庸五年至九年，对应汉武帝元朔五年（前124）至元狩三年。根据《汉书·武帝纪》，元朔六年、元狩元年、元狩三年皆有“赦天下”的举措：

> （元朔）六年春二月，大将军卫青将六将军兵十余万骑出定襄，斩首三千余级。还，休士马于定襄、云中、雁门。赦天下。③
>
> （元狩元年）夏四月，赦天下。

---

① 胡平生：《走马楼西汉简“牒书传舍屋壖垣坏败”考释》，《胡平生简牍文物论稿》，中西书局，2012年，第281页。

② 晋文：《走马楼西汉简〈都乡七年垦田租簿〉的年代问题》，《山东师范大学学报（社会科学版）》2021年第3期。

③ 《汉书》卷六《武帝纪》，第172页。

丁卯，立皇太子。①

（元狩三年）夏五月，赦天下。②

元朔六年、元狩元年、元狩三年分别对应刘庸六年、七年、九年。其中“（元狩元年）夏四月，赦天下”，应即走马楼西汉简所见“四月丙辰赦”。元狩元年四月丁未朔，丙辰日为十日。“（元狩三年）夏五月，赦天下”，应即走马楼西汉简所见“五月乙未赦”，元狩三年五月乙未朔，乙未日为一日。略有疑问的是，“元朔六年二月赦天下”，与走马楼西汉简所见“正月壬寅赦”，时间不太吻合，相差一个月。从《汉书》中的记载来看，汉代初年于正月赦天下者，为数不多，只有汉高祖十一年（前196）、汉景帝三年（前154）、宣帝元康二年（前64）和甘露二年（前52），且汉景帝三年正月赦天下有明确的日干支，为“正月乙巳”，均不能与相应时段内长沙王纪年之五年至七年相合。如此看来，存在两种可能性，一是《汉书·武帝纪》记载的月份有误，二是走马楼西汉简的记载有误。走马楼西汉简中有两处涉及“正月壬寅赦”，其中一处文字清晰，另一处略有残损漫漶，大体尚可辨识。按照常理推断，在司法文书中将涉及减免罪人刑罚的关键性赦令写错的概率较低。更有可能是《汉书》记载不够准确。据《汉书·卫青霍去病传》载：“明年（元朔六年）春，大将军青出定襄，合骑侯敖为中将军，太仆贺为左将军，翕侯赵信为前将军，卫尉苏建为右将军，郎中令李广为后将军，左内史李沮为强弩将军，咸属大将军，斩首数千级而还。月余，悉复出定襄，斩首虏万余人。”《汉书·武帝纪》云：“（元朔）六年春二月，大将军卫青将六将军兵十余万骑出定襄，斩首三千余级。还，休士马于定襄、云中、雁门。赦天下。”据此，元朔六年春颁布赦令，应在卫青第一次出定襄获胜之后。这里的“春二月”有可能是“春正月”之误。据张培瑜《三千五年历日天象表》，元朔六年正月甲申朔，有壬寅日，为十九日，二月为癸丑朔，无壬寅日。因此，如果推定“正月壬寅赦”颁布于元朔六年，即刘庸六年，则应以“正月”赦天下为是。

二、赦令与复作

众所周知，大赦具有赦免刑事责任、减免刑罚的效力。但史籍中的记载十分简略，有时只有“大赦天下”“赦天下”等寥寥几个字，略微详细的记述也不过“其赦天下殊死以下”，或者“自殊死以下，皆赦除之”，或者“其大赦天下，自殊死以下谋反大逆诸犯不当得赦者，皆赦除之”等。“皆赦除之”的表述，往往让人误以为大赦可以消灭全部刑罚，得到赦免的罪人可以立即获得自由。不过实际情形远非如此简单，出土简牍资料表明，汉代对于大赦令所针对的范围、人员、罪行以及相应的刑罚减免办法等，有十分详细的律

① 《汉书》卷六《武帝纪》，第174页。

② 《汉书》卷六《武帝纪》，第177页。

令规定。比如，敦煌悬泉汉简中有如下资料：

23. ·铸伪金钱，奴婢犯贼杀伤主、主适妻以上，律皆不得赦。在蛮夷中得毋用期。赦前有罪后发觉，勿治。奏当上，当上勿上。诸以赦令免者：其死罪令作县官三岁，城旦舂以上二岁，鬼新、白粲一岁。 （敦煌悬泉汉简ⅡT0216②：615）[①]

从内容来看，此简是关于赦令的律令条文。其中规定了哪些犯罪行为不在赦免之列，以及对不同刑等的罪犯和刑徒如何有区别地减免刑罚：盗铸金钱者、奴婢故意杀伤主人与主人嫡妻者，不在赦免之列；在蛮夷中不适用赦令；赦令颁布之前所犯的罪在赦令颁布之后才发觉的，不予追究；凡是符合赦免条件者，按相关规定减免刑罚：死刑者免除死罪而改为劳作三年，城旦舂以上至死刑之间的劳役刑，包括五年刑期的髡钳城旦刑和四年刑期的完城旦刑，皆减免为二年刑期的劳作；三年刑期的鬼薪、白粲刑减免为一年刑期的劳作。

这些通过赦令获得减免的刑徒被称为“复作”。正如何四维（Hulsewe A. F. P）所指出的那样，大赦对于刑徒的好处，就是让他们成为“复作”。[②] 不过，对于“复作”的具体含义，以往注释家有不同的意见。《汉书·宣帝纪》“女徒复作淮阳赵征卿、渭城胡组”条注引了李奇和孟康的说法：

李奇曰：复作者，女徒也。谓轻罪，男子守边一岁，女子软弱不任守，复令作于官，亦一岁，故谓之复作徒也。孟康曰：复音服，谓弛刑徒也，有赦令诏书去其钳钛赭衣。更犯事，不从徒加，与民为例，故当复为官作，满其本罪年月日，律名为复作也。[③]

颜师古赞成孟康的说法，何四维亦赞成，而沈家本则赞同李奇的说法。[④] 仅以女子为复作的说法已经被学者们予以纠正，比如陈直先生早年即根据居延汉简指出：“复作之名，男女兼称，并非专属于女徒之称。”[⑤] 实际上，在《汉书》中就可以找到男子为复作的证据，如《汉书·王子侯表》：“平侯刘遂，坐知人盗官母马为臧，会赦，复作。”[⑥] 居延汉简出土后，在汉简中发现的复作多为男性，比如：

24. 复作大男蔡市。 （居延汉简 60.2[⑦]）

25. 居延复作大男王建。 （居延汉简 37.33）

26. 夫以主领徒复作为职，居延茭徒髡钳城旦大男厮殷署作府中寺舍。 （居延汉简 560.2A）

---

① 胡平生、张德芳：《敦煌悬泉汉简释粹》，上海古籍出版社，2001 年。本节所引悬泉汉简，如未特别说明，皆出自此书。

② Hulsewe A. F. P, *Remnant of Han Law*, Vol. 1 , Leideng E. J. Brill, 1955, P. 240-242.

③ 《汉书》卷八《宣帝纪》，第 235 页。

④ 沈家本：《历代刑法考》，中华书局，1985 年，第 1535 页。

⑤ 陈直：《史记新证》，天津古籍出版社，1979 年，第 72 页。

⑥ 《汉书》卷十五《王子侯表》，第 452 页。

⑦ 谢桂华、李均明、朱国炤：《居延汉简释文合校》，文物出版社，1987 年。本节简称《合校》。本节所引居延汉简，如未特别说明，均出自此书。

27. 复作大男冯常　（《肩水金关汉简》73EJT22：137）①

实际上，正如陈俊强先生指出的那样，沈家本、何四维等人都忽略了《汉书·爰盎晁错传》中臣瓒对“复作”的解释。晁错上书建议文帝移民实边，提到希望文帝“募罪人及免徒复作令居之”。臣瓒对“免徒复作令居之”的解释是：“罪人遇赦复作竟其日月者，今皆除其罚，令居之也。”这显然与孟康的说法相近。大赦使刑徒得以脱掉刑具钳釱及赭衣，恢复庶人身份，如果再犯罪，与一般庶民一样，不会被以累犯起诉。不过，他们仍需要在官府劳作至刑期届满为止，这种身份在法律上称为“复作”。可见，“复作”只是获得部分赦免，但并没有完全免除“罚”。② 上引敦煌悬泉汉简中关于死刑、城旦舂、鬼薪、白粲等，遇到赦令能够减刑而不能完全免罚的资料，正可与之相互印证。

敦煌悬泉汉简中还有一则残断的简文，虽然文意不全，但可以看出其与赦令减免罪刑的规定有关：

28. 三岁，城旦舂二岁，鬼新、白粲一岁，故乇作罢者，减复作各半，前当免，日疑者复作☐（A 面）

宗庙□□天下非杀人、盗宗庙［服］御物，它皆赦除之。具为令。·臣请五月乙卯以前，诸市☐（B 面）　（悬泉汉简Ⅱ0216②：437）③

简文开头“三岁，城旦舂二岁，鬼新、白粲一岁”，可与内容相近的完整简文对照理解，如前引第 23 条“诸以赦令免者：其死罪令作县官三岁，城旦舂以上二岁，鬼新、白粲一岁”。走马楼西汉简中关于因赦令而减免刑罚的资料，更是进一步彰显了赦令与复作之间的关系，比如前引第 12 条，黄襄因罪应判处“髡钳、笞百、釱左止为城旦”，“会五月乙未赦，以令复作襄县官二岁”；又如前引第 13 条载，小男申和庚因罪应判处“弃市”死刑，“会五月乙未赦，以令复作申、庚县官三岁”。

敦煌悬泉汉简中还有涉及刑徒遇赦时减免刑期为复作时，如何计算剩余劳作期限的资料：

29. 三年闰月乙丑，论髡钳城旦，作尽四年三月己卯，积作二月十六日，未满四岁九月十日。会二月丙辰赦令，当复作二岁。三月庚辰，赦作尽五凤二年三月乙丑，积作二岁七日。书到，如律令。（悬泉汉简Ⅱ T0114④：339）

张俊民先生对本简的时间及内容作了比较详细的考证，指出本简应是某件官文书的一部分，内容涉及某个人

① 甘肃简牍保护研究中心等编：《肩水金关汉简（贰）》，中西书局，2012 年。

② 参见陈俊强：《魏晋南朝恩赦制度的探讨》，台北文史哲出版社，1998 年，第 28 页。吴荣曾先生认为复作是一种轻刑，其服役期较城旦、鬼薪、司寇为短，仅一年或数月。参见其所著《汉简中所见的刑徒制》，《先秦两汉史研究》，中华书局，1995 年。

③ 本简释文最初见于胡平生、张德芳：《敦煌悬泉汉简释粹》，上海古籍出版社，2001 年，后来张俊民先生作了多处校订。此处所引即为张俊民先生所校订的释文。参见其所著《悬泉汉简所见赦令文书初探》，卜宪群、杨振红主编《简帛研究·二〇一一》，广西师范大学出版社，2013 年。

在三年闰月乙丑日被判处“髡钳城旦”，到四年三月己卯这一天，合计劳作了2个月零16天，距离判处的劳作期限还差4年9个月零10天，因为遇到二月丙辰赦令，这个人的劳作期限减免为两年。三月庚辰这一天，根据赦令改判这个人劳作到五凤二年三月乙丑日，合计劳作两年零七天。从相关资料来看，因赦令免罪为复作的刑徒，只要劳作满相应的期限，即可免为庶人，回归故郡。比如肩水金关汉简73EJT34：6云：“五凤三年十二月癸卯朔庚申，守令史安世敢言之：复作大男彭千秋，故陈留郡陈留高里，坐伤人论，会神爵四年三月丙辰赦令，复作县官一岁十月十日，作日备，免为庶人。道〈遣〉自致。谒移陈留过所县道河津函谷关，毋苛留止，如律令。敢言之。十二月庚申，居延令弘、守丞安世移过所县道河津函谷关，毋苛留止，如律令。掾守令史安世。”①

罪行较重的刑徒遇到大赦时，会被减免为相应的复作，而刑等比较轻的刑徒如司寇等在遇到大赦时，则径直免为庶人，令其回归故郡。敦煌悬泉汉简ⅠT0309③：198、185、195是有关罪人赦归故郡文书云：“神爵四年五月甲子朔辛巳，悬泉置啬夫弘移冥安，司寇大男冯奉世，故魏郡内黄共里，会二月丙辰赦令，免为庶人，当受故郡县，为传遣，如律令。”② 肩水金关汉简中亦有罪人因赦令免为庶人请求回归故县、相关机构为其出具通关凭证的文书：

30. 河平四年二月甲申朔丙午，仓啬夫望敢言之：故魏郡原城阳宜里王禁自言，二年戍属居延，犯法论，会正月甲子赦令免为庶人，愿归故县。谨案：律曰：徒事已，毋粮，谨故官为封偃检，县次续食，给法所当得。谒移过所津关，毋苛留止。原城收事。敢言之。二月丙午，居令博移过所，如律令。掾宣、啬夫望、佐忠。 （肩水金关汉简73EJT3：55）③

在关塞出入人员的登记中，也可以见到有获赦之人出入关塞，比如肩水金关汉简3EJT37：870号：“戍边乘橐他曲河亭、南阳郡叶邑安都里柏尚，年卅五，会赦，事已。轺车一乘，牛一头。二月乙丑，南入。”3EJF3：207：“广地候史□□葆……年□，会赦，归昭武。”

另外，在某些大赦令中，会特别规定“毋有复作”。比如武帝元封二年（前109）六月诏曰：“甘泉防生芝九茎，赦天下，毋有复作。”所谓“毋有复作”意即获得赦免的人员，可以全部免除刑罚，直接恢复为庶民，而无需像通常的赦令所规定的那样充当一定期限的“复作”。敦煌悬泉汉简即有一则涉及“毋有复作”规定的赦令资料：

31. 丞相臣定国、御史大夫臣万年昧死言：制曰：兴故吏一人，自□□□诸犯法不当得赦者，皆赦除之，毋有复作。具为令。臣请正月癸亥以前 （悬泉汉简ⅡT0215④：8）

① 甘肃简牍博物馆等编：《肩水金关汉简（肆）》，中西书局，2015年。

② 张俊民：《敦煌悬泉置探方T0309出土简牍概述》，长沙市文物考古研究所编《长沙三国吴简暨百年来简帛发现与研究国际学术研讨会论文集》，中华书局，2005年。

③ 甘肃简牍保护研究中心等编：《肩水金关汉简（壹）》，中西书局，2011年。

简文中的丞相定国和御史大夫万年，应分别是宣帝时期的丞相于定国和御史大夫陈万年。于定国任丞相的时间和陈万年任御史大夫的时间大体相当，皆为甘露三年（前51）至初元五年（前44）之间。由此可知，此简的年代亦当在这一范围之内。

三、赦令与债务免除

大赦除了具有减免刑事责任的效力之外，也具有免除民事责任的效力。从云梦睡虎地秦简中的相关资料来看，秦代的盗窃犯罪遇到赦令之后，所盗窃的赃物可免予追讨。比如，《法律答问》云：

32. 或以赦前盗千钱，赦后尽用之而得，论可（何）殹（也）？毋论。[①]

意思是，“有人在赦令颁布前盗窃一千钱，赦令颁布后将钱全部花费而被拿获，应如何论处？不予论处。”可见，即使是盗赃金额高达一千钱的盗窃重罪，只要遇到赦令，就会获得赦免而免予处罚，哪怕是在赦令颁布之后才花光盗赃款而被抓获，也不会受到追究。只是此处问答仅涉及赃款已经被花费光了的情况下不予追讨，不能确定如果在赃款没有被花费光的情况下遇到赦令是不是要进行追讨，而且也无法确定这里所针对的盗窃是指盗窃官有财物还是私人财物。不过这种不追讨赃款的做法，似乎也为汉代所继承。王符《潜夫论·述赦》批判频繁的大赦造成了恶劣的影响，使得“老盗服赃而过门”，“亡主见物而不得取”。[②] 如果王符的说法可靠，则在汉代遇到大赦时，物主也没有追赃权。

汉代的大赦令通常附随减免租赋、免除逋贷的内容，其免除的皆为国家与百姓之间的债务。出土简牍资料表明，对官有财物造成损失的官吏，在遇到赦令时可以免除赔付责任。比如，敦煌悬泉汉简中有如下资料：

33. □失亡，当负，在二月甲辰赦令前□（削衣）　（悬泉汉简 VT1812②：88）

34. ☑□□二，佐董延年失亡一匹，马宣失亡，当负，在二月甲辰赦令前，今以实出。☑□十二，其五新、一完、四可缮补、二敝不可用。　（悬泉汉简 VT1812②：168）

35. 效谷移三月谷簿，出粟百卅七石九斗四升。县泉置啬夫欣书言，故啬夫赵欣食毋传者、治酒、给过客，不宜出，出当负，在二月　（悬泉汉简 VT1812②：251）

36. ☑月茭簿，出茭二千五百石。县泉置啬夫欣书言，校不备，故啬夫赵欣、唐霸主，当负，在二月　（悬泉汉简 VT1812②：342）

37. 赦令前，今以实出。校不以时收责，猥以赦令出除，解何？　（悬泉汉简 VT1812②：277）[③]

---

① 睡虎地秦墓竹简整理小组编：《睡虎地秦墓竹简》，文物出版社，1978年，第102页。

② 王符：《潜夫论》卷四，文渊阁四库全书本，第696册，第385页。

③ 张俊民：《悬泉汉简所见赦令文书初探》，卜宪群、杨振红主编《简帛研究·二〇一一》，广西师范大学出版社，2013年。后文所引悬泉汉简，如未特别说明，皆出自此。

上述诸简皆与“二月甲辰赦令”有关。根据张俊民先生的研究，简文中涉及的新旧两个皆名欣的悬泉置啬夫存在的时间是成帝建始元年（前32），悬泉汉简ⅡT0214②：104“入校小石千七百九十石，又驿骑置马三匹，卒二人，谷卅三石。建始元年三月甲子，县泉啬夫欣受故啬夫欣”，表明新旧两个啬夫欣交接的时间是建始元年。据《汉书·成帝纪》，建始元年二月有大赦天下之举，与简文“二月甲辰赦令”相合。第33条中的“失亡”即物品遗失，“当负”即应当赔付。因为相关行为发生在二月甲辰赦令之前，不予追究。第34条中属于物资出入登记簿，担任佐的董延年和马宣都遗失了某种物品，按照法律规定应当赔偿，但因为事情都发生在二月甲辰赦令之前，所以不予追究。第35条的出入簿中有一笔涉及137石9斗4升的粟的支出不符合规定，被前任啬夫赵欣提供给没有传信凭证的人、用于治酒和招待过客了，按规定应当赔偿，但因事发在二月甲辰赦令之前，免予追究。第36条和第37条可以编联，内容涉及一笔2500石茭的支出账目核校有误，按规定应当赔偿，但因相关行为发在二月甲辰赦令之前，亦免予追究。悬泉汉简中还有不少类似的资料，比如：

38. 出緣一匹。初元年十一月中，厩佐孟广意亡，当负，以三月戊子赦令除。 （悬泉汉简ⅤT1311③：63）

根据简文，元帝初元元年（前48）年十一月中，厩佐孟广意丢失緣一匹，按律应当赔偿，因逢三月戊子赦令，免予赔偿。所谓“三月戊子赦令”，应该是初元二年（前47）三月所颁布的赦令。据《汉书·元帝纪》，初元二年三月有赦天下之举，与简文的时间相合。又如：

39. 出牛车亶轴六枚：其三故啬夫奉光主，三啬夫遂成主。皆当负，未入，在四月丙寅赦令前，今以实出。 （悬泉汉简ⅡT0216②：329）

根据简文，在前任啬夫奉光和现任啬夫遂成手中各遗失或者损毁了三枚牛车的车轴，按规定两人都应该赔偿，但却都没有赔偿，由于事情均发生在四月丙寅赦令之前，所以不予追究。

居延汉简中也可以见到类似的残简，比如C30简：“甲渠正月尽三月四时出折伤牛车二两，吏失亡，以赦令除。”根据简文，甲渠候官某年第一季度的物资统计簿显示，有二辆牛车残损，被属吏所丢失，因为适逢赦令，故免予赔偿。

从走马楼西汉简的资料来看，统计物资账目出现失误的罪责，也可因赦令予以免除。比如“长沙临湘少内禁钱计误脱案”中，虽统计物资账中漏计了输送太仓的部分物品，但因发生在“四月丙辰赦前”，只需将“缪书”上呈相府予以说明即可，相关责任人并未受到处罚。又如第6条简载，一位名叫责的人制作统计账时有“误脱”，且“弗为校牒”，因其“在四月丙辰赦前”，并未受到追究。第8条载，某人在制作统计账时不完备且“误脱不署斗”，因在“丙辰赦前，以令不论”，免予处罚。

另外，私自占有田地进行耕种的行为，如遇大赦，似亦可免予追究。长沙五一广场简牍中有如下资料：

40. 钱以偿冯等。及邯坌（葬）费直尽予，不卖连，素田自给。康䝴（垦）田积八岁，应赦令不治，敕连还应何钱，以田畀连。有书。今连复自　（木牍 CWJ1③：325-1-20）[①]

这是一件涉及田产纠纷案件的司法文书中的部分内容，由于未见前后简文，详情不得而知。其中提到“康垦田积八岁，应赦令不治”，当是指一位名叫康的人，私自占有田地自行耕种了八年，符合赦令的有关规定，因而不予追究责任。五一广场东汉简牍文书 CWJ1③：325-1-103，也涉及自行耕种的土地经过大赦之后的归属问题：

41. 君追贼小武陵亭部

辞曹史伉，助史修、弘白：民诣都部督邮掾自言，辞如牒。案文书，武前诣府自言，部待事掾杨武、王伦，守史毛佑等考，当畀，各巨异。今武辞，与子男溃䝴（垦）食，更三赦，当应居得。愿请大吏一人案行覆考如武辞。丞优、掾遗议请属功曹选得吏当，被书复白。永初元年正月廿六日戊申〈戌〉白。　（木牍 CWJ1③：325-1-103）[②]

这是一件辞曹呈送给长官的文书，内容大意是：一位名叫武的人与儿子自行耕种了一些土地，前往所属官府机构申述，希望将这些土地明确归属到自己名下。官府第一次派出的吏员进行调查之后，认为这些土地应该归还，与武的说法相去甚远。于是武再次到官府申述，认为自己与儿子耕种的土地，经过了三次大赦，应该归自己所有，希望官府派遣一位大官重新进行调查。鉴于此，县丞等官吏经过讨论，建议由功曹挑选合适的吏员来处理这起案子。虽然这两件文书均不完整，没有官府最后的判决结果，但其中都提到，遇到大赦时，不仅不追究百姓自行耕种土地的责任，且长期耕种的土地还可以归自己所有，这可能是当时的惯例，所以当事人才有相应的田地诉求。东汉时期，大赦免除百姓拖欠公家债务当已成为习惯做法。甚至由于有些地区的百姓故意拖欠租税，希望等到大赦的时候一并得到减免。甚至由于老百姓连年拖欠租赋，官府财政日渐枯竭，出现“仓空无米，库无钱布”的窘况，迫使地方长官上书请求皇帝今后颁布赦令时，不要免除老百姓拖欠的租赋。[③]

以上所见赦令中免除的皆是国家与百姓之间的债务。那么，汉代大赦是否也可以免除私人之间的债务呢？目前见到的相关资料较少，但也可窥见一斑。姚磊先生缀合了肩水金关汉简中的两枚残简，其文如下：

自言幸得以赦令除，用券约责普，普服负不得除　（肩水金关汉简 73EJF3：60+283）

该简表明，一个名叫普的人，以为遇到大赦，他的债务也被免除了。但根据券约，他的债务没有被免除。原因可能是他的债务不在大赦的有效时间范围之内。

---

① 长沙市文物考古研究所等编：《长沙五一广场东汉简牍选释》，中西书局，2015 年。

② 同①。整理者已经指出，文书末尾所署的日干支“戊申”应是“戊戌”之误。

③ 长沙市文物考古研究、中国文物研究所编：《长沙东牌楼东汉简牍》，文物出版社，2006 年，第 77 页。

五一广场东汉简中包含一桩“女子王绥不当复还王刘衣案”，以往整理者在《五一广场东汉简牍选释》[1]一书中公布过部分简文，后来杨小亮先生对此案的司法文书档案做了较为全面的编联复原。大致的案情是，女子王刘意图向女子王绥赎回典当的衣物，遭到王绥的拒绝，于是王刘向官府提起诉讼。经过调查审理得知事情真相是，女子王刘丈夫的继母基按照其父亲的授意，未经允许私自将她的衣物抵给女子王绥当了一万钱，约定如到期不赎回，王绥有权自行出售衣物以弥补自己的损失。到期后，王绥多次通知基赎回，但基说王刘无钱赎回，让王绥自行出售衣物，于是王绥卖掉了衣物。简牍文书中说，在王刘提起的诉讼尚未判决时，“会赦令，绥不当复还刘衣”，意思是因为颁布了赦令，所以王绥不应当再归还王刘的衣物。[2] 似乎暗示，私人之间的债务遇到赦令可以免除。

从相关记载来看，后世可能也有大赦免除私人债务的情况，比如《魏书·孝庄帝纪》载永安二年八月庚戌朔诏曰：“诸有公私债负，一钱以上、巨万以还，悉皆禁断，不得征责。”[3] 在唐五代宋初的敦煌契约中规定的违约担保责任中，有一类被称之为“恩赦担保责任”或者“恩赦排除责任”。其典型的表述为“或有恩赦流行，亦不在论理之限”，或者“中间如有恩赦，不在免限”，或者“或遇恩敕大赦流行，亦不在论理之限”等。[4] 霍存福研究先生指出，敦煌吐鲁番借贷契约中的“公私债负停征，此物不在停限”“后有恩赦，不在免限”等抵赦条款，是民间社会对抗国家赦免私债的契约表现，始于北魏时期的国家对私债的赦免，针对的是“偿利过本，翻改券契”等民间高利贷行为。唐、五代及南宋、元初的赦令，延续了这一传统。而这一赦免的初衷，也波及无息借贷，致使抵赦条款也出现在无息借贷的契约中，反映了民间防御意识的加强。契约中的抵赦条款的反复出现与国家免除民间债负赦令的频繁发布，反映了民间高利贷与国家控制的长时间博弈。至明清时期，国家不再以赦令的形式免除私债，契约中的抵赦条款也随即消失。[5]

（邬文玲，本文原载于《社会科学战线》2022 年第 4 期）

---

① 长沙市文物考古研究所等编：《长沙五一广场东汉简牍选释》，中西书局，2015 年。

② 杨小亮：《长沙五一广场东汉简牍册书编联复原研究》，清华大学博士学位论文，2021 年，第 141、145 页。

③ 《魏书》卷一〇《敬宗孝庄帝纪》，第 263 页。

④ 参见罗海山：《唐宋敦煌契约“恩赦”条款考论》，《当代法学》2013 年第 2 期。

⑤ 霍存福：《敦煌吐鲁番借贷契约的抵赦条款与国家对民间债负的赦免——唐宋时期民间高利贷与国家控制的博弈》，《甘肃政法学院学报》2007 年第 2 期。

第五节　秦汉时期的“命罪”及其管理模式探析

一、问题的提出

张家山汉简《二年律令·具律》中，有针对罪犯逃亡后“命之”的条文：

1. 有罪当完城旦舂、鬼薪白粲以上而亡，以其罪命之；耐隶臣妾罪以下，论令出会之。其以亡为罪，当完城旦舂、鬼薪白粲以上不得者，亦以其罪论命之。　（简 122—124）①

简文公布后，针对条文中的“以其罪命之”“论令出会之”，学者们进行了探讨。整理小组根据《汉书·刑法志》注引晋灼之语，将“命”解释为“确认罪名”，② 嗣后彭浩等人特别解释律文之意为：“有完城旦舂、鬼薪白粲以上罪行而逃亡者，虽然尚未做出正式判决，也要按确定罪名对待。”③ 日本学者保科季子在检讨《史记》《汉书》汉唐旧注的基础上，指出“命”是确定嫌疑人罪名的司法手续，而《捕律》中的“命者”当意为罪名已被确定了的在逃犯。④ 丁义娟在保科季子的基础上，指出汉代将逃亡者按照刑罚轻重分“命者”和其他亡人，完城旦舂、鬼薪白粲以上罪刑较重的逃犯是适用“命”的实质性条件。⑤ 周海锋认为“命之”是发生在抓捕逃亡刑徒而不得之后的一个举措⑥。欧扬对走马楼西汉简“驾（加）论命”考察后指

① 张家山二四七号汉墓竹简整理小组编：《张家山汉墓竹简（二四七号墓）》，文物出版社，2001 年，“图版”第 17 页，《释文》第 150 页。最新公布的张家山 M336 汉简记录了文帝时期的《汉律十六章》，其中《具律》简 134—135 所载律文与之一致。荆州博物馆编：《张家山汉墓竹简（三三六号墓）》，文物出版社，2022 年，“图版”第 52 页，“释文”第 182 页。

② 张家山二四七号汉墓竹简整理小组编：《张家山汉墓竹简（二四七号墓）》（释文修订本），文物出版社，2006 年，第 25—26 页。

③ 彭浩、陈伟、工藤元男主编：《二年律令与奏谳书——张家山二四七号汉墓出土法律文献释读》，上海古籍出版社，2007 年，第 141 页注四。

④ 保科季子：《亡命小考——兼论秦汉的确定罪名手续“命”》，武汉大学简帛研究中心主办《简帛》第三辑，上海古籍出版社，2008 年，第 345—350 页。

⑤ 丁义娟：《简牍所见汉代缉捕逃亡之“命”的有关制度研究》，收入其所著《肩水金关汉简初探》，中国农业科学技术出版社，2019 年，第 167—180 页。

⑥ 周海锋：《岳麓书院藏秦简〈亡律〉研究》，杨振红、邬文玲主编《简帛研究·二〇一六·春夏卷》，广西师范大学出版社，2016 年，第 165—166 页。

出，动词完整形式“驾（加）论命”可分为“论”“命”两层，“论”是官吏物理上执行刑罚，“命”多用于赋予刑徒身份。①

从简文可知，律文“以其罪命之”和“以其罪论命之”所涉的“其罪”，均应是“完城旦舂、鬼薪白粲以上”的较重罪名。简文后段的补充说明，显示在刑罪的轻重这点上，不区分“真罪”② 与“以亡为罪”。此前研究对于与戴罪逃亡相关的“以其罪命之”解释比较充分，但是对于与之相对的“论令出会之”——其关键点是“论令”还是“出会”，则存在误解；关于地方官府如何通过“命罪”对狱案实施分类管理和社会治理等问题，还存在进一步探讨的空间。笔者在参与整理长沙走马楼西汉简过程中，发现刑讼案例中有多处材料可资细致研究，故草成此文，以求教于方家。

二、再论表示重罪逃亡的“命罪” 与“命者”

与“命罪”相关的史料，除了上引《二年律令·具律》的条文，西汉法律文书中多有存在，如新近出土的走马楼西汉简中有多例“命某人某罪”的表述：

2. 充与长始、库后行丞事鞫，驾（加）论命卯髡钳笞百釱左止为城旦。 （走马楼西汉简，简0013左行）③

3. 辰阳狱史光甲与丞邮以劾，驾（加）论命卯髡钳笞百釱左止为城旦，籍髡笞。 （走马楼西汉简，简0048右行）

4. 九年六月甲子朔庚午，告尉，谓仓、中乡：小男扶里申、庚皆坐首匿命弃市男子信，狱未断，会五月乙未赦，以令复作申、庚县官三岁，其听 （走马楼西汉简，简0166）④

5. 九年六月甲子朔庚午，御府丞客夫守临湘丞告尉，谓南乡、仓、少内啬夫：亭长官大夫邓里黄襄坐捕□□女子字阳都首匿命髡钳笞百釱左止为城旦。可捕得阳都，弗劾，纵阳都，得，毄（系）牢，狱

① 欧扬：《走马楼西汉简刑制史料初探》，邬文玲、戴卫红主编《简帛研究·二〇一八·秋冬卷》，广西师范大学出版社，2019年，第222页。

② 《二年律令·亡律》简168“其真罪重”注：“真罪，指亡人本身之罪。”参见彭浩、陈伟、工藤元男主编：《二年律令与奏谳书》，第157—158页。

③ 本节写作时，走马楼西汉简牍尚在整理中。笔者是整理小组成员，故得以获取待刊简牍图版及释文。以下走马楼西汉简牍未加注者，皆为待刊简牍。

④ 邬文玲：《走马楼西汉简所见赦令初探》，《社会科学战线》2022年第4期。简文断句作“小男扶里申、庚皆坐首匿命弃市，男子信狱未断”，文意难解，后仔细理解句意，是申、庚首匿男子信坐罪，狱未断，会赦以令复作，因此改为“小男扶里申、庚皆坐首匿命弃市男子信，狱未断”，明确信为“命弃市”罪，申、庚是因首匿男子信而坐罪。另走马楼西汉简0538有：“大女交坐首匿临湘命弃市□，吴人论弃交市。”（陈松长：《长沙走马楼西汉简中的“定邑”小考》，《出土文献》2022年第1期。标点有改动。）“命弃市□”即逃犯论定为命弃市罪，大女交因首匿逃犯而与其同罪。

未断，会五月乙未赦，以令复作襄县官二岁，其听书，以　（走马楼西汉简，简 0215+0815）①

上述材料是汉武帝时期长沙国的诉讼文书②。材料 2 与材料 3 中，治狱官吏认为卯犯罪后逃亡，需加罪一等，故加论卯“命髡钳笞百釱左止为城旦”。③ 官吏在给卯论定刑罪时，卯尚在逃亡中，但县廷官吏仍然给卯缺席论定“命罪”。材料 4 中男子信“命弃市”，小男申、庚坐首匿罪，也应论弃市，但碰上大赦，改为以令复作县官三岁。④ 简文中虽无“亡”字，然申、庚坐首匿罪，可知他们首匿的“命弃市男子信”为戴罪逃亡。⑤ 材料 5 中女子阳都犯了首匿罪，所首匿的逃犯罪名为“命髡钳笞百釱左止为城旦”。居延新简中也有残简“移魏郡元城逻书曰命髡钳笞二百☐”（简 EPT51：470）⑥，意即魏郡元城县向居延移送的逻书⑦上，注明逃犯罪名为“命髡钳笞二百☐”，所残部分很可能也是“为城旦”。

另外，传世文献中还出现了“某人亡命某罪”的表述形式：

6. 侯延寿嗣，五凤三年，坐知女妹夫亡命笞二百首匿罪，免。　（《汉书·王子侯表上》“陆元侯”条）⑧

7. 天下亡命殊死以下，听得赎论：死罪入缣二十匹，右趾至髡钳城旦舂十匹，完城旦舂至司寇作三

---

① 邬文玲：《走马楼西汉简所见赦令初探》，《社会科学战线》2022 年第 4 期。简文断句作“阳都首匿，命髡钳、笞百、釱左止为城旦”。本简与简 0166 相同，坐首匿罪者是阳都，而阳都首匿的是被论定为“命髡钳笞百釱左止为城旦”的逃犯，故改句读。

② 长沙简牍博物馆、长沙市文物考古研究所：《长沙市走马楼西汉古井及简牍发掘简报》，《考古》2021 年第 3 期。

③ 张家山汉简《二年律令·亡律》简 164 有残，整理者缀作：“城旦舂亡，黥，复城旦舂。鬼薪白粲也，皆笞百。”彭浩、陈伟、工藤元男主编：《二年律令与奏谳书：张家山二四七号汉墓出土法律文献释读》，第 156 页。周波在彭浩和吴雪飞的基础上，认为应是遥缀，因而补作：“城旦舂亡，黥，复城旦舂。鬼薪白【粲亡，黥为城旦舂。】其自出也，皆笞百。”参见周波：《说张家山汉简〈二年律令〉几枚简的拼缀与释读问题》，李学勤主编《出土文献》第十四辑，中西书局，2019 年，第 303—306 页。律文明确了逃亡后会加重罪刑一等。

④ 敦煌悬泉汉简有汉律：“诸以赦令免者，其死罪令作县官三岁，城旦舂以上二岁，鬼新白粲一岁。”（Ⅱ0216②：615）参见胡平生、张德芳：《敦煌悬泉汉简释粹》，上海古籍出版社，2001 年，第 15 页注释 1。以首匿罪论弃市的另见走马楼西汉简 0538：“六年十一月乙酉朔丙戌，司空啬夫敢言之：狱书曰：定邑中大夫□士五□□大女交坐首匿临湘，命弃市□吴人论弃交市。”参见陈松长：《长沙走马楼西汉简中的“定邑”小考》，《出土文献》2022 年第 1 期。

⑤ 丁义娟已经指出：“‘命’的适用对象一定是逃亡者，但‘命’不是指逃亡本身。”参见丁义娟：《简牍所见汉代缉捕逃亡之“命”的有关制度研究》，《肩水金关汉简初探》，第 168 页。

⑥ 李迎春：《居延新简集释（三）》，甘肃文化出版社，2016 年，第 289 页。

⑦ 刘自稳指出，逻书是治狱机构申请他部门抓捕或遣送涉案人员或文书材料的文书。参见刘自稳：《逻书新论——基于湖南益阳兔子山遗址 J7⑥：6 木牍的考察》，《文物》2021 年第 6 期。

⑧ 师古注曰：“妹夫亡命，又有笞罪，而藏匿之，坐免也。”补注引沈钦韩曰：“谓其妹夫有笞二百罪，亡命，延寿知而首匿，故免。非谓亡命后又有笞罪也。”班固撰，王先谦补注：《汉书补注》卷一五上《王子侯表第三上》，上海古籍出版社，2008 年，第 608 页。原标点为“坐知女妹夫亡命笞二百，首匿罪”，然走马楼西汉简“可思首匿案”中明确有“命髡钳笞百二百二百釱左右止（趾）城旦”（简 2125 左行），可知“命”后所接为“笞二百首匿罪”。颜、沈所注皆有误。

匹。 （《后汉书·明帝纪》建武中元二年明帝诏）①

材料6陆元侯刘延寿的妹夫首匿逃亡犯，本来只会论定为首匿罪，但他犯罪后逃亡，故需加论为“命笞二百首匿罪”，刘延寿坐知情不举报而被免。② 材料7明帝诏书中针对逃亡犯的“命殊死以下”，包含了后述“命死罪”“命右趾”“命髡钳城旦舂”“命完城旦舂”和“命司寇作”等多种较重的“命罪”。③

以上材料有一个共同点，即并未指出逃犯由于何种行为触犯法律，而是明确记载逃犯论处的罪名为“命某罪”。而对于那些没有逃亡或已被抓捕者，文书中就只用“论某罪”或“加论某罪”。④ 如走马楼西汉简《宫司空令史儿等为武擅解脱易桎弗举劾案》中，武已经被论为髡钳城旦，系于宫司空狱，武请主系令史儿擅自为他解脱桎梏，被发觉后，官吏加论武笞百釱趾为城旦。⑤ 另血娄、齐一案，由于二人已经被抓捕，“毄（系）牢”，故“驾（加）论髡钳血娄、齐，血娄笞一百、二百釱左右止（趾），齐笞百釱左止（趾）”。⑥ 武、血娄、齐皆已系于狱中，即使罪刑较重，并且再次犯罪，但“加论”后面也不加“命”。而在“乘之案”中，临湘令史张乘之受到举劾，被判定在追捕劫匪时犯有回避逗留之罪，论处耐为司寇。他对判决不服，向上级乞鞫，又以乞鞫不审加论为隶臣，逃亡后被捕得，又被加论为鬼薪输采铜。他打算逃到南郡乞

① 《后汉书》卷二《显宗孝明帝纪》，中华书局，1965年，第98页。

② 《汉书·王子侯表上》载毕梁侯刘婴：“元封四年，坐首匿罪人，为鬼薪。”（中华书局，1962年，第447页）另载安郭于侯刘传富：“元康元年，坐首匿死罪免。”（第468页）这两处首匿，均未加“命”字，表明坐罪者未有逃亡。

③ 张新超认为明帝诏书中的“完城旦舂至司寇作三匹”当为“完城旦舂至司寇作如司寇三匹”。参见张新超：《试论秦汉刑罚中的司寇刑》，《西南大学学报（社会科学版）》2018年第1期。《后汉书·明帝纪》载永平十五年（72）春二月诏为“完城旦至司寇五匹”（第118页），未有“舂”与“作”；《章帝纪》载章和元年（87）九月诏有“系囚鬼薪、白粲已上，减罪一等，输司寇作”（第158页），“鬼薪、白粲”对应“司寇作”，则可能当时有“司寇作”这一省称。东汉虽然在皇帝诏令中还出现“亡+命某罪”或“亡+命者”含义的表述，但保科季子的研究表明，从西汉中期以后，“亡命”已经具有了更宽泛的意义，在东汉初年逐渐演化为“脱离户籍”的含义（保科季子：《亡命小考——兼论秦汉的确定罪名手续“命”》，武汉大学简帛研究中心《简帛》第三辑，第352—355页）。陈松长、周海锋也认为，到了东汉，一切刑徒在逃者都被称作“亡命者”。参见陈松长等著：《岳麓秦简与秦代法律制度研究》，经济科学出版社，2019年，第43页。

④ 张建国在张家山汉简《奏谳书》释文公布后就对秦汉刑事诉讼程序作了考察，指出基本程序是告劾、讯、鞫、论、报，论相当于判决。参见张建国：《汉简〈奏谳书〉和秦汉刑事诉讼程序初探》，《中外法学》1997年第2期，后收入其所著《帝制时代的中国法》，法律出版社，1999年，第305—313页。日本学者籾山明根据更多的简牍材料复原秦汉时代的诉讼制度，审判被称作“论”，即“按照已确定的罪状适用刑罚”。参见籾山明著，李力译：《中国古代诉讼制度研究》第二章《秦汉时代的刑事诉讼》，上海古籍出版社，2018年，第68—76页。

⑤ 走马楼西汉简0207，原简文为“驾论武笞百釱止，髡钳儿、外、不识，皆为城旦籍髡笞”。此据杨芬、宋少华：《长沙走马楼西汉简〈宫司空令史儿等为武擅解脱易桎弗举劾案〉初步考察》，邬文玲、戴卫红主编《简帛研究·二〇二〇·秋冬卷》，广西师范大学出版社，2021年，第236页。

⑥ 走马楼西汉简0549+0596。参见欧扬：《走马楼西汉简刑制史料初探》，第221页。

鞫，逃至南郡州陵县，① 被临沩县以重罪逃亡“驾（加）论命乘之髡钳为城旦”，南山移送临湘的文书称作“临湘命髡钳城旦乘之”（简 0180）。不久碰上大赦，乘之依令复作二岁。案件的最终结果是张乘之没有回避逗留，官府撤销全部指控和判决，恢复他的爵位和职务，简 0351 和简 0338 均记为“除乘之司寇、隶臣、鬼新（薪）、命髡钳城旦、作二岁罪”②，而简 0337+0400 作“司寇、隶臣、鬼新（薪）、完〔城〕旦命髡钳罪”。“命髡钳城旦”“完〔城〕旦命髡钳罪”和其他罪名并列，与材料 6 中的“命笞二百首匿罪”一样，表示一个完整的罪名，是对逃亡在外的张乘之缺席审判论定的“命罪”。材料 4、5 中，舍匿逃犯者被论定的罪名即为“首匿命某罪”，意味着他们与被舍匿者同罪。③ 故而，“驾（加）论”与“命”在诉讼程序中含义不同，材料 1 中针对罪犯逃亡的“以其罪论命之”和材料 2、3 针对逃亡罪的“驾（加）论命卯髡钳笞百釱左止为城旦”均应按欧扬的理解，意为“论定为命某罪”，而不是将“论命”连读为一词。

因此，材料 1 的“以其罪命之”，实际上是对逃亡犯“命完城旦舂”“命鬼薪白粲”及“命”更重刑罪的通称。《汉书·淮南厉王刘长传》载丞相张苍等人上奏刘长的罪行有“为亡命弃市诈捕命者以除罪”，晋灼曰：“亡命者当弃市，而王藏之。诈捕不命者而言命，以脱命者之罪。”④ 晋灼对“命弃市”的理解基本上是正确的。

检诸出土文献，对犯有较重刑罪的逃亡犯定罪称“命”，在秦代法律中就有明确规定，如岳麓秦简《亡律》中有：

8. 城旦舂亡而得，黥，复为城旦舂；不得，命之。自出殹（也），笞百。　（岳肆，047/2009）⑤

9. 城旦舂司寇亡而得，黥为城旦舂，不得，命之。其狱未鞫而自出殹（也），治（笞）五十，复为司寇。　（岳肆，050/1976）⑥

10. 佐弋之罪，命而得，以其罪罪之。自出也，黥为城旦舂。它罪，命而得，黥为城旦舂。其有大辟罪罪之，自出殹，完为城旦舂。　（岳肆，051/2081+052/2039）⑦

---

① 岳麓秦简《奏谳状》中有“州陵守绾”，陈松长认为有可能是郡守。参见陈松长：《岳麓书院藏秦简中的郡名考略》，《湖南大学学报（社会科学版）》2009 年第 2 期。陈伟则明确指出应按《汉书·地理志》归为南郡属县。陈伟：《“江胡”与“州陵”——岳麓书院藏秦简中的两个地名初考》，《中国历史地理论丛》2010 年第 1 期。本案中州陵很可能为南郡属县。

② 邬文玲：《走马楼西汉简所见赦令初探》，《社会科学战线》2022 年第 4 期。邬文玲将“命髡钳城旦作二岁罪”连读，但实际是先“命髡钳城旦”，再“会赦以令复作二岁”，是两个时间有先后、轻重有不同的罪名，故应断开。

③ 张家山汉简《二年律令·亡律》有：“匿罪人，死罪，黥为城旦舂，它各与同罪。”（简 167）彭浩、陈伟、工藤元男主编：《二年律令与奏谳书：张家山二四七号汉墓出土法律文献释读》，第 157 页。

④ 《汉书》卷四十四《淮南衡山济北王传》，第 2141—2142 页。

⑤ 陈松长主编：《岳麓书院藏秦简（肆）》，上海辞书出版社，2015 年，第 54 页。

⑥ 陈松长主编：《岳麓书院藏秦简（肆）》，第 55 页。“命之”后原为逗号，此处标点据朱红林《〈岳麓书院藏秦简（肆）〉疏证》（上海古籍出版社，2021 年，第 60 页）改。

⑦ 陈松长主编：《岳麓书院藏秦简（肆）》，第 55—56 页。

根据材料 8、9，已论定为城旦舂的罪犯逃亡后未捕得，就要“命之”。虽然没有明确“命”为何罪，但根据前文，所论应与捕得同罪，因而是“命黥城旦舂”，也即“命罪”同样会比真罪加一等，律文为承上省略。材料 10 所列“佐弋之罪”和“它罪”之后虽未有“亡”字，但后面接“命而得”，就意味着在“命”之时，罪犯已逃亡。“佐弋之罪”的自出是“黥为城旦舂”，说明犯“佐弋之罪”者在被“命”之后捕得，比“黥为城旦舂”会更重。① 因此，这三条材料中，所“命”之罪皆为重罪。

西汉文帝时期的张家山汉墓 M336 竹简《亡律》也有规定：

11. 城旦舂亡，黥，复城旦舂。鬼薪白粲亡，黥为城旦舂。不得者皆命之。　（《汉律十六种》，简 230）②

12. 有罪命而得，以其罪论之。完城旦舂罪，黥之。鬼薪白粲罪，黥以为城旦舂。其自出者，死罪黥为城旦舂，它罪完为城旦舂。　（《汉律十六种》，简 251—252）③

材料 11 原断句为“黥复城旦舂”，其意为在原判罪基础上施黥刑，仍旧服城旦舂罪，因而改为“黥，复城旦舂”。本条律文规定鬼薪白粲罪以上逃亡者，要加重为黥城旦舂。未被捕得的，要“命之”。材料 12 明确规定，完城旦舂罪和鬼薪白粲罪逃亡之后的命罪为“黥城旦舂”。如果逃亡犯自出的，则死罪减为黥城旦舂，其他罪完为城旦舂。这两条材料同样说明“命罪”者皆为重罪。

上述被论定为“命某罪”的人皆是逃亡在外的重罪犯，这些罪犯被通称为“命者”。岳麓秦简《亡律》中就有“命者”的表述：

13. 盗贼旞（遂）者及诸亡坐所去亡与盗同法者当黥城旦舂以上，及命者亡城旦舂、鬼薪、白粲舍人室、人舍、官舍，主舍者不智（知）其亡，赎耐。其室人、舍人存而年十八岁者及典、田典不告，赀一甲。伍不告，赀一盾。当完城旦舂以下到耐罪及亡收、司寇、隶臣妾、奴婢阑亡者舍人室、人舍、官舍，主舍者不智（知）其亡，赀二甲。其室人、舍人存而年十八岁以上者及典、田典、伍不告，赀一盾。　（岳肆，060/2011+061/1984+062/1977+063/2040+064/1979）④

14. 作其数，及命者旞（遂）盗贼，亡司寇、隶臣妾、奴婢阑亡者，吏弗能审而数，其县道啬夫

① 朱红林认为“佐弋之罪”或脱“大辟”或“死罪”之类的刑罚名称。朱红林：《〈岳麓书院藏秦简（肆）〉疏证》，第 61 页。

② 荆州博物馆编：《张家山汉墓竹简（三三六号墓）》，第 195 页。

③ 荆州博物馆编：《张家山汉墓竹简（三三六号墓）》，第 198 页。

④ 陈松长主编：《岳麓书院藏秦简（肆）》，第 58—60 页。

(岳肆，094/2122)①

材料13中，整理小组将“命者”单独断开，但律文中，“命者”包含的是“亡城旦舂、鬼薪、白粲”这几种重罪逃犯，而后文的“亡收、司寇、隶臣妾、奴婢阑亡者”虽然也是逃犯，但由于是轻刑，故不加“命者”，因而“命者”需与后文连读。② 材料14中，整理小组标点作“命者旞（遂），盗贼亡，司寇、隶臣妾、奴婢阑亡者”，日本京都大学读简班认为当读作“及命者，旞（遂）盗贼，亡司寇、隶臣妾”③，石洋指出“及”字之前“……作其数”列举的应是和后面“命者……吏弗能审而数”对等的某种违法行为，他认为“旞”更准确的意义是失控、逃脱，“命者旞”连读不成立，故认同京大读简班的断读。④ 他们对“旞”的理解正确，但与材料13对照可知，盗贼罪刑较重，此处的“命者”即“旞（遂）盗贼”，应连读，官吏需要“审”的，就是这些“命者”和“亡司寇、隶臣妾、奴婢阑亡者”之名数。

“命者”有时需要跨郡县追捕，因而需要向上级报告。西汉时代的简文有载：

15. 五年九月丙辰朔丁丑，仓啬夫唐行都乡事敢言之：廷移邑陵书曰：亭长柯服求命者郡、诸侯，今有劾，谒移长沙内史，下属县，即在界中，勿与从事。　（走马楼西汉简，0084）⑤

16. 命者县别课，与计偕。谨移应书一编。敢言之。（正）印曰昭武丞印。（背）（居延汉简，简47.6）⑥

材料15中，邑陵的亭长柯在他郡和长沙国属县“服求命者”，属于跨郡县追捕“命者”。从材料16可知，昭武县上计时按上级规定将“命者”单独统计上报，这些“命者”就是昭武县重罪逃犯。保科季子列举了居延新简和悬泉汉简中的“亡人命者”，指出应理解为各自独立的“亡人、命者”。⑦ 丁义娟进一步指

① 陈松长主编：《岳麓书院藏秦简（肆）》，第70页。整理小组将简093与简094连读，但日本京大读简班认为两简都缺失了前后简，故不能连读。参见日本“秦代出土文字史料の研究班”：《岳麓书院所藏简〈秦律令（壹）〉译注稿その（一）》，《东方学报》92，2017年。译文参见日本“秦代出土文字史料研究班”撰，张奇玮译：《岳麓书院所藏简〈秦律令（壹）〉译注一（下）》，西北师范大学历史文化学院等编《简牍学研究》第十辑，甘肃人民出版社，2020年，第142—145页。

② 陈迪认为“命者”是与“亡城旦舂、鬼薪白粲”并列的单独一类，在秦时特指犯有“黥城旦”以上确定之刑罚的罪犯。陈迪：《〈岳麓书院藏秦简（肆）〉60—64简试析》，邬文玲、戴卫红主编《简帛研究·二〇一八·秋冬卷》，第132—143页。但陈文并未将其与后文的“亡收、司寇、隶臣妾”作综合考察，故理解有误。

③ 秦代出土文字史料研究班撰，张奇玮译：《岳麓书院所藏简〈秦律令（壹）〉译注一（下）》，第142页。

④ 石洋：《岳麓秦简肆〈亡律〉所见“旞”字补说——兼论几则关联律文的理解》，邬文玲、戴卫红主编《简帛研究·二〇二〇·春夏卷》，广西师范大学出版社，2020年，第79—99页。

⑤ 本简图版最早刊于日本二玄社所编《简牍名迹选2·湖南篇二》，编号为“走马楼前汉简5”，胡平生作了释文校订。胡平生：《〈简牍名迹选2〉所刊“走马楼前汉简”释文校订》，武汉大学简帛研究中心主办《简帛》第七辑，上海古籍出版社，2012年，第215页。此次整理释读又有所订正。

⑥ 简牍整理小组编《居延汉简（壹）》，（台北）“中央研究院”历史语言研究所，2014年，第155页。

⑦ 保科季子：《亡命小考——兼论秦汉的确定罪名手续“命”》，武汉大学简帛研究中心主办《简帛》第三辑，第346—349页。

出，适用“命”之的重罪逃犯才被称为“命者”，其他逃亡者只能称为“亡人”。① 二人的理解应无问题，但“命者”在文书中可以有不同的表述形式，走马楼西汉简中有：

17. 五年二月己丑朔丁酉，服捕命未得者尉史骄爰书：命男子卯自诣，辞曰：故公大夫，沅阳昌里，为沅阳仓佐，均镡成库佐。 （走马楼西汉简，0040右行）②

结合上引材料2和3可知，卯由于被认为犯有某种刑罪而逃亡，被治狱吏“驾（加）论命卯髡钳笞百鈦左止为城旦”，卯就成了“命者”。当他向官府“自诣”③ 时，文书中显示他的身份为“命男子”，即已论较重刑罪的男性逃犯。④ 简文中负责抓捕他的官吏全称为“服捕命未得者尉史骄”，说明这个尉史骄的任务是追捕本县那些逃亡在外的“命未得者”。

还有一种情况就是，从罪案发生到判决需要一段时间，犯有重罪的逃犯尚未论定“命罪”，就已经被抓捕归案。对于这些在逃犯“未命”就被捕得的情况，走马楼西汉简中也有几处材料：

18. 齐故公乘烝阳罗里，血娄士五南山成里，皆坐盗铁湏各一，亡，未命……得，毄（系）牢，驾（加）论髡钳血娄、齐 （0547+0595、0549）

19. 宫司空鞫，论耐【乘】之为司寇。气（乞）鞫不审，去亡，未命，得，驾（加）论耐鬼新（薪）输采铜。 （1656+1607）

这两个案件均涉及罪犯有逃亡的情况。材料18中，齐与血娄由于盗铁湏被劾，他们戴罪逃亡，在官府论定“命罪”之前就被捕得，故判决时就只用“驾（加）论”。材料19的乘之已论耐为司寇，由于“乞鞫不审”又加上逃亡，会加罪二等耐为鬼薪。他逃亡之后，也是“未命”就被捕得，最终判决为“驾（加）论耐鬼新（薪）输采铜”。因此，对于鬼薪白粲以上的逃犯，诉讼文书可能会注明其状态是“已命”还是“未命”。如睡虎地秦简有：

20. 爰书：男子甲缚诣男子丙，辞曰：“甲故士五（伍），居某里，乃四月中盗牛，去亡以（已）命。丙坐贼人□命。自昼甲见丙阴市庸中，而捕以来自出。甲毋（无）它坐。” （《封诊式·□捕》，

---

① 丁义娟：《简牍所见汉代缉捕逃亡之“命”的有关制度研究》，第175页。

② 参见宋少华：《长沙走马楼西汉简牍所见年代、疆域琐议——以走马楼西汉简牍为中心》，中国文化遗产研究院编《出土文献研究》第二十辑，中西书局，2021年，第302页。

③ 根据岳麓书院藏秦简所出律条“子杀伤、殴詈、投（殳）杀父母，父母告子不孝及奴婢杀伤、殴、投（殳）杀主、主子、父母，及告杀，其奴婢及子亡，已命而自出者，不得为自出”（陈松长主编：《岳麓书院藏秦简（肆）》，第43页，简013/1980+014/2086），卯罪已命，其自首不得称“自出”，因而为“自诣”。然万荣认为“自诣”在某些情况下与“自出”“自告”性质相类，但不是法律术语。万荣：《秦汉简牍“自告”、“自出”再辨析——兼论“自诣”、“自首”》，《江汉论坛》2013年第8期。

④ 卯本来是公大夫的爵位，但由于犯罪，已经被削去爵位，故只称男子。

简 17—18）①

对简文中的“去亡以命”，整理者注：“应即亡命。”但从爰书中甲的陈述可知，甲四月中犯盗牛重罪后逃亡，② 官吏“已命”其罪，甲试图以抓捕丙缚诣官府来将功抵罪。“以”通假为“已”，在睡虎地秦简《法律答问》中即有用例“以乞鞫及为人乞鞫者，狱已断乃听”，整理者注：“以，此处读为已。”③ 因此“去亡以命”可与材料 19 的“去亡，未命”相对，断句为“去亡，以（已）命”，表明甲已经论定“命罪”而成为“命者”。

对于重罪犯逃亡，官府大多会论定“命某罪”，但也有专门表示某一类罪行的“某罪命者”，还有由于某种原因存在“有罪当命未命”的情况，如张家山汉简《二年律令·捕律》有：

21. 群盗命者，及有罪当命未命，能捕群盗命者，若斩之一人，免以为庶人。所捕过此数者，赎如律。　（简 153）④

本条律文，整理者和研究者均标点为“群盗、命者”。但《二年律令·盗律》有：“智（知）人为群盗而通歓（饮）食、馈遗之，与同罪；弗智（知），黥为城旦舂。其能自捕若斩之，除其罪，有（又）赏如捕斩群盗法；弗能捕斩而告吏，除其罪，勿赏。”（简 63—64）⑤ 律文明确了“捕若斩之”所针对的罪名是群盗，还有专门的“捕斩群盗法”，而且一般刑罪也不可能直接“斩之”。从后面的“有罪当命未命”来看，前面的“群盗命者”应该表示“有罪当命已命”。如果“群盗”与“命者”并列，是不可能有“当命已命”这一层含义的。只有“群盗命者”连读，表示“群盗已命者”，才能与“有罪当命未命”在逻辑上并列。因此，“群盗命者”表示“命群盗者”，即已论定为群盗的逃亡犯。其后的“有罪当命未命”，表示犯罪达到了“命罪”的程度，但由于某种原因，官吏并未“命”其罪，罪犯也因而并未成为“命者”，但在法律上还是与“命者”同等对待。⑥

秦汉史籍和简牍法律文书中与“命罪”相关的史料相当多，但从上引典型材料可以看出，材料体现的时

① 睡虎地秦墓竹简整理小组编：《睡虎地秦墓竹简》，文物出版社，1990 年，第 150 页。

② 根据张家山汉简《奏谳书》案例 17，秦王政二年，盗牛之罪“论黥为城旦”，是为重罪。彭浩、陈伟、工藤元男主编：《二年律令与奏谳书——张家山二四七号汉墓出土法律文献释读》，第 359—360 页。有关简中“去亡”的解释，参见邹水杰：《论秦及汉初简牍中有关逃亡的法律》，《湖南师范大学社会科学学报》2019 年第 1 期。

③ 睡虎地秦墓竹简整理小组编：《睡虎地秦墓竹简》，第 120 页。白于蓝另引马王堆帛书《战国纵横家书》中的多个用例，表示“以”与“已”相通在战国秦汉较为常用。白于蓝编著：《简帛古书通假字大系》，福建人民出版社，2017 年，第 18 页。

④ 彭浩、陈伟、工藤元男主编：《二年律令与奏谳书——张家山二四七号汉墓出土法律文献释读》，第 152 页。

⑤ 律文标点参见王伟：《张家山汉简〈二年律令〉杂考》，简帛网，2021 年 3 月 12 日。

⑥ 睡虎地秦简《法律答问》有“捕亡完城旦，购几可（何）？当购二两”（简 135）（睡虎地秦墓竹简整理小组编：《睡虎地秦墓竹简》，第 125 页）这里的“亡完城旦”即逃亡的完城旦，罪行达到当“命罪”的程度，但由于某种原因，简中并未以“命者”为称。

代主要是秦及西汉，“命者”主要是判处鬼薪白粲以上较重刑罪的逃犯。接下来的问题是，对于较轻刑罪的逃犯，诉讼文书中的表述又要如何理解呢？

三、“出会”与“不会”是针对较轻刑罚的用语

材料1中针对轻刑犯有“耐隶臣妾罪以下，论令出会之”，彭浩等人认为“论令”与“论命”都是确定罪名之意，“论令”一句大约是耐隶臣妾以下的逃亡者，犯人自首之后才开始确定罪名。① 保科季子进一步指出，“命”和“令”都是“论”（刑罚量定）之后的司法手续，因而推测“令”是以已被拘禁的罪犯为对象，而“命”是以在逃的罪犯为对象的。② 丁义娟认可“耐隶臣妾罪以下”同样是针对逃亡犯的，适用于“耐隶臣妾罪以下”刑罚较轻逃犯的“令”，适用方式是“令出会之”，即敦促其自出。③ 但律文确实读不出“犯人自首”之意，简文用“出会”而非“自出”，明显意味着在官吏已经论定罪罚的情况下，与“自出”有异，④ 简文同样也无罪犯已被拘禁的含义。因而上述研究总让人觉得与事实有出入。

查检文献，新出秦汉简中也有相似的内容，如岳麓秦简肆《亡律》：

22. 诸䙴（迁）者、䙴（迁）者所包去䙴（迁）所，亡□□得，䙴（迁）处所，去亡而得者，皆耐以为隶臣妾；不得者，论令出会之，复付䙴（迁）所县。（岳麓秦简肆，071/1931+072/2123）⑤

从律文可知，这些与迁罪相关的人逃亡而被捕得，全部耐为隶臣妾；逃亡后没有被捕得的，“论令出会之”。这与材料1的用语相同，可以理解为论定他们到官府来接受“耐为隶臣妾”的处罚。⑥ 结合材料21的“有罪当命”，可以认为这些“耐为隶臣妾以下”的轻刑罪犯属于“有罪不当命”者。但问题在于，“论令出会之”里边，哪个词才是与轻罪逃犯相关的司法用语呢？

查检秦代法律令与轻罪逃犯相关的法律规定中，很多并没有“令”，而是直接使用“不会”：

23. “不会治（笞），未盈卒岁得，以将阳有（又）行治（笞）。”今士五（伍）甲不会治（笞）五

---

① 彭浩、陈伟、工藤元男主编：《二年律令与奏谳书——张家山二四七号汉墓出土法律文献释读》，第142页注释五。

② 保科季子：《亡命小考——兼论秦汉的确定罪名手续“命”》，第352页。

③ 丁义娟：《简牍所见汉代缉捕逃亡之“命”的有关制度研究》，第173页。

④ 岳麓秦简规定：“子杀伤、殴詈、投（殳）杀父母，父母告子不孝及奴婢杀伤、殴、投（殳）杀主、主子、父母，及告杀，其奴婢及子亡，已命而自出者，不得为自出。”（简013/1980+014/2086）参见陈松长主编：《岳麓书院藏秦简（肆）》，第43页。

⑤ 陈松长主编：《岳麓书院藏秦简（肆）》，第62页。

⑥ 朱红林释为：“抓不到者，贴出告示命令逃亡者自首。”参见朱红林：《〈岳麓书院藏秦简（肆）〉疏证》，第76页。

十；未卒岁而得，治（笞）当驾（加）不当？当。（睡虎地秦简《法律答问》，简 163）①

24. 赀赎未入去亡，及不会赀赎而得，如居赀赎去亡之法。（岳麓秦简肆，简 023/1932）②

25. 不会毄（系）城旦舂者，以亡律谕〈论〉之。

不会收及隶臣妾之耐，皆以亡律论之。

不会司寇之耐者，以其【狱鞫已】论，其审当此【耐而不会，耐为鬼薪】。（岳麓秦简肆，040/2044、041/2048、042/2101）③

26. 不会笞及除，未盈卒岁而得，以将阳癖（癖），卒岁而得，以阑癖，有（又）行其笞。（岳麓秦简肆，043/1989）④

学界对这几条材料的分析理解已经很深入了，"不会"的基本含义是逾期不去接受惩罚。⑤ 材料 24 将"去亡"与"不会"并列，皆按"居赀赎去亡之法"论，明确"不会"相当于逃亡；材料 25 皆按逃亡之法或亡律论之，加重处罚。⑥ 这些罪犯"不会"的刑罚或财产处罚分别是笞、赀赎、系城旦舂、收、耐为隶臣妾、耐为司寇，均为鬼薪白粲以下的轻刑或财产刑。⑦ 因此，针对轻刑逃亡的法律术语是"不会"，而非"论令"。需要注意的是，简文用的是"不会隶臣妾之耐""不会司寇之耐"以及"当此耐而不会"，说明不管是耐为隶臣妾还是耐为司寇，逃亡皆表示为"不会耐"，即不去接受耐刑。欧扬根据岳麓秦简"不会阅"

① 睡虎地秦墓竹简整理小组编：《睡虎地秦墓竹简》，第 131 页。但整理者将"不会治（笞）"断读为"不会，治（笞）"，《岳麓书院藏秦简（肆）》公布后，吴雪飞认为应连读，指罪人被处笞刑后，不应官府征召而前往服笞刑（吴雪飞：《利用岳麓简校勘睡虎地简两则》，简帛网，2016 年 11 月 28 日）。其观点现已被学界接受。

② 陈松长主编：《岳麓书院藏秦简（肆）》，第 46 页。原标点作"赀赎未入，去亡及不会赀赎而得"，日本京都大学读简班已作了改读，参见日本"秦代出土文字史料研究班"撰，张奇玮译：《岳麓书院所藏简〈秦律令（壹）〉译注一（上）》，西北师范大学历史文化学院等编《简牍学研究》第九辑，甘肃人民出版社，2020 年，第 126 页。金秉骏对秦汉简牍中作为连接词的"及"作了详细探讨。金秉骏：《作为标志的"虚词"：秦汉时期法律中"及"的语法功能》，武汉大学简帛研究中心主办《简帛》第十八辑，上海古籍出版社，2019 年，第 91—132 页。

③ 陈松长主编：《岳麓书院藏秦简（肆）》，第 52 页。

④ 陈松长主编：《岳麓书院藏秦简（肆）》，第 53 页。欧扬认为本简应与材料 22 的三条简文连读。欧扬：《岳麓秦简〈亡律〉日期起首律条初探》，周东平、朱腾主编《法律史译评》第八卷，中西书局，2020 年，第 67—68 页。

⑤ 彭浩：《谈〈岳麓书院藏秦简（肆）〉部分竹简的归类》，《出土文献与法律史研究现状学术研讨会论文集》，暨南大学出版社，2017 年，第 1—6 页。欧扬：《岳麓秦简〈亡律〉日期起首律条初探》，周东平、朱腾主编《法律史译评》第八卷，第 68 页。

⑥ 岳麓秦简《亡律》有："奴婢毄（系）城旦舂而去亡者，毄（系）六岁者，黥其颜頯，毄（系）八岁者，斩左止，毄（系）十岁、十二岁者，城旦黥之，皆畀其主；其老小不当刑者，毄（系）六岁者，毄（系）八岁；毄（系）八岁者，毄（系）十岁；毄（系）十岁者，毄（系）十二岁。皆毋备其前毄（系）日。"（简 037/2129+038/2091+039/2071）（陈松长主编：《岳麓书院藏秦简（肆）》，第 51 页）虽然本条律文是针对奴婢逃亡，但能明显看出，逃亡之后会加重刑罚。

⑦ 对于"系城旦舂"，岳麓秦简有："阑亡盈十二月而得，耐。不盈十二月为将阳，毄（系）城旦舂。"（陈松长主编：《岳麓书院藏秦简（肆）》，第 69 页，简 091/0185）可知"系城旦舂"在刑罚等级上要轻于耐罪，明显属于轻刑。

和睡虎地秦简“不会肤期”，指出“不会”适用的情况很多，不限于刑罚。① 的确如此。睡虎地秦简《封诊式》“封守”条有“亡，不会封”②，表示不去接受查封。岳麓秦简中有“其有物故，不得会傅，以故逋”③，意即由于特殊原因，不能前来傅籍。另外，秦简中还有用“弗会”的词例：

27. 可（何）谓“逋事”及“乏繇（徭）”？律所谓者，当繇（徭），吏、典已令之，即亡弗会，为“逋事”；已阅及敦（屯）车食若行到繇（徭）所乃亡，皆为“乏繇（徭）”。（睡虎地秦简《法律答问》，简164）④

28. 有罪去亡，弗会，已狱及已劾未论而自出者，为会鞫，罪不得减。（岳麓秦简肆，015/2087）⑤

29.【●】具律曰：有狱论，征书到其人存所县官，吏已告而弗会及吏留弗告、告弗遣，二日到五日，赀各一盾；过五日到十日，赀一甲；过十日到廿日，赀二甲；后有盈十日，辄驾（加）赀一甲。（岳麓秦简肆，230/1392+231/1427）⑥

材料27的“亡弗会”，是当服徭而“亡不会徭”，即逃亡以规避服徭，是谓“逋事”。这与已经前去检阅或已经到达徭所再逃亡的“乏徭”不同。材料28的“弗会”是“有罪去亡”，表示有罪逃亡而不去接受处罚。根据其后的“已狱及已劾未论”，说明只要官府已经完成审讯或已有劾状，虽然还没有论定其罪，但这种逃亡还是定性为“弗会”，即使“自出”来接受判决，也不得减罪。当然，从律条中的“自出”来看，罪犯前来“会鞫”，可能就不会加罪了。材料29是在官吏已经将征书告知的情况下，当事人逾期不去出席判决，就要受到额外的处罚。虽然“弗会”只有三则词例，表示的意思与“不会”也基本相同，但与“不会”后面要接具体的事情或罪罚不同，“弗会”后面一般不接特定的宾语，而是单独表示逾期不到，或不出席判决。

---

① 欧扬：《走马楼西汉简刑制史料初探》，第218页。朱红林也列举了岳麓秦简和睡虎地秦简中“会”与“不会”的部分简文。朱红林：《〈岳麓书院藏秦简（肆）〉疏证》，第32页。

② 睡虎地秦墓竹简整理小组编：《睡虎地秦墓竹简·封诊式》，第149页，简9。

③ 陈松长主编：《岳麓书院藏秦简（肆）》，第64页，简078。

④ 睡虎地秦墓竹简整理小组编：《睡虎地秦墓竹简》，第132页。

⑤ 陈松长主编：《岳麓书院藏秦简（肆）》，第43页。原整理标点为“为会，鞫”，华东政法大学出土法律文献研读班改读。华东政法大学出土法律文献研读班：《岳麓简秦律令释读（一）》，王沛主编《出土文献与法律史研究》第八辑，法律出版社，2020年，第169—170页。今从之。

⑥ 陈松长主编：《岳麓书院藏秦简（肆）》，第144页。

材料 28 中，与逃亡“弗会”相对的是自出“会鞫”，即前来接受鞫审。秦汉简中还有多处提到“会某事”：

30.【●】狱校律曰：略妻及奴骚悍，斩为城旦，当输者，谨将之，勿庸（用）传□，到输所乃传之。罨（迁）者、罨（迁）者包及诸罪当输□及会狱治它县官而当传者，县官皆言狱断及行年日月及会狱治者行年日月，其罨（迁）、输　（岳麓秦简肆，232/1419+233/1425）①

31. □会狱治，诣所县官属所执法，即亟遣，为质日，署行日，日行六十里。　（岳麓秦简肆，234/1304）②

32. 卅四年十二月，仓徒簿最：

男卅人会逮它县。

女六十人会逮它县。　（里耶秦简，10-1170）③

33. 令史駐与义发新黔首往，候视反盗多，益发与战，义死。修（攸）有（又）益发新黔首往毄（击）破。凡三辈，駐并主籍。其二辈战北当捕名籍、副并居一笥中，駐亡不得，未有以别智（知）当捕者。……·问：南郡复吏到攸，攸遝駐未来，未有新黔首当捕者名籍。駐来会建〈逮〉曰：义死，自以有罪，弃籍去亡。　（张家山汉简《奏谳书》，135—137、151—152）④

材料 30《狱校律》涉及的是“会狱治它县官而当传者”⑤，规定户籍所在地县官要将这些去异地县官“会狱治者”出发的日期记录在文书中。材料 31 显示，“会狱治”者所在县官的属所执法要立即发遣，并且要记录行程和日期。因此，这两处“会狱治”表示犯罪者需要去别的县接受狱治，也即犯罪者需要配合官府狱治的整个过程，因而“会狱治”是在犯罪者没有逃亡行为时的用法。材料 32 显示迁陵县仓的作徒中，有 1 名男子、2 名女子由于“会逮它县”，⑥ 即接受别的县的逮书而前往，整个十二月均不在迁陵。⑦ 材料 33 中，令史駐在新黔首战败之后逃亡，在覆狱时前来“会逮”，也是在限定时间内接受南郡治狱吏逮系，就不会按

① 陈松长主编：《岳麓书院藏秦简（肆）》，第 145 页。

② 陈松长主编：《岳麓书院藏秦简（肆）》，第 145 页。

③ 里耶秦简博物馆、出土文献与中国古代文明研究协同创新中心中国人民大学中心编著：《里耶秦简博物馆藏秦简》，中西书局，2016 年，第 130 页。按：本牍为汇总簿籍，内容较多，此处为节选。

④ 彭浩、陈伟、工藤元男主编：《二年律令与奏谳书——张家山二四七号汉墓出土法律文献释读》，第 364—365 页。

⑤ 陈炜祺在排比了秦简和《汉书》中多例“狱治”用法后指出，“狱治”是一种特定的司法形式，表示立案治理之义。陈炜祺：《汉代的“下狱死”现象与司法实践中的矛盾和困境》，河南大学高等研究院《人文》编辑部编《人文》第四卷，中国社会科学出版社 2020 年，第 180—182 页。

⑥《汉书·淮南衡山济北王传》载淮南厉王太子曰“臣愿会逮”，颜注：“会谓应逮书而往也。”（第 2151 页）

⑦ 这种“徒簿最”表示一个月累积数字的汇总。秦始皇三十四年十二月为大月，计 30 日，一名男子整月不在岗累计就是“男卅人”，两名女子累计为“女六十人”。

逃亡法处罚。[①] 案件最后论定，攸县县令庫被耐为鬼薪，拘系于官府，包括䟴在内的其他六名官吏罪行较轻，不拘系。[②] 正因为令史䟴犯罪较轻微，不拘系，因而他只需前来“会逮”，而不会派吏抓捕、拘系。这就是鬼薪白粲以上的重罪逃亡用“命罪”，而耐为隶臣妾以下轻罪逃亡用“不会”的缘由。[③]

这种将“系”与“会”对举的情况，北大汉简《六博》简31中有占问刑罪之记载：“问毄（系）及会论者，在方中者，罪轻重未可智（知）。出在兼（廉）者，毋罪，易〈易〉解。在楬者，县治之急。在道者，久，未有夬（决）。”[④] 对于“会论”，整理小组注引《汉书·严延年传》颜师古注：“总集郡府而论杀。”[⑤] 但根据后文“罪轻重未可智（知）”“毋罪”等情形可知，此处的“会论”与“总集郡府而论杀”之意不同。欧扬以材料24、25之“不会”与“会论”相对[⑥]，确为正解。因而此处“问毄（系）及会论”指占问是否被会拘系及需要接受刑罚之事，涉及罪行的有无、轻重、系治的久暂等等，表明时人理解“系”与“会”是就重罪与轻罪而言的。前引简文中的“不会笞”“不会收”“不会赀赎”“不会系城旦舂”“不会耐”，均为不接受论罚或论罪，而“会鞫”“会狱治”“会逮”等，则是接受和配合官府狱治的执行。

厘清了重罪与轻罪处理方式的不同，再来看传世文献材料，就会明白无碍。《后汉书·光武帝纪》有：“七年春正月丙申，诏中都官、三辅、郡、国出系囚，非犯殊死，皆一切勿案其罪。见徒免为庶（民）〔人〕。耐罪、亡命，吏以文除之。”章怀注：“耐，轻刑之名。亡命谓犯耐罪而背名逃者。”[⑦] 此注理解有误。诏书应该是针对“系囚”“见徒”和“耐罪亡命”三类人，未判决的“系囚”不案其罪，已在服刑的“见徒”免为庶人，而对在逃的“耐罪亡命”，则由官吏发公文除其罪。耐罪是轻刑，不用官府拘系；亡命是逃亡的命者，不在官府控制之内，因而需要官吏发公文或告示解除其罪犯身份。如果“耐罪亡命”只是犯有耐罪逃亡的，那么重罪逃犯就不在除罪之列，这与“非犯殊死”是相悖的，因此当断句为“耐罪、亡命”，与材料7中“天下亡命殊死以下”所指一致，也即诏书明确了犯殊死以下的所有罪犯，不管在押的还是在服刑的，也不管是否逃亡，均除其罪。敦煌悬泉汉简中有“☐□□命者、亡人，吏以文徐〈除〉，勿令自出。赦

---

① 《史记·孝文本纪》载文帝十三年：“五月，齐太仓令淳于公有罪当刑，诏狱逮徙系长安。太仓公无男，有女五人。太仓公将行会逮，骂其女。”［《史记》（修订本），中华书局，2014年，第535页］淳于公“会逮”，就是接受诏狱吏的逮系。

② 张家山汉简《奏谳书》案例18：“·当之：庫当耐为鬼薪。庫毄（系）。”（简159）“讯者七人，其一人毄（系），六人不毄（系）。”（简160）彭浩、陈伟、工藤元男主编：《二年律令与奏谳书——张家山二四七号汉墓出土法律文献释读》，第365页。

③ 岳麓秦简《卒令丙四》中对狱奏文书有规定：“其狱奏殹（也），各约为鞫审，具傅其律令，令各与其当比编而署律令下曰：以此当某某，及具署罪人毄（系）不毄（系）。”（简113/1707+114/1712）陈松长主编：《岳麓书院藏秦简（伍）》，上海辞书出版社，2017年，第105页。虽然令文中没有明言系狱还是不系的标准，但从常理考虑，应为按罪刑轻重决定。

④ 北京大学出土文献研究所编：《北京大学藏西汉竹书（伍）》，上海古籍出版社，2014年，第211页。

⑤ 《汉书·酷吏严延年传》载：“冬月，传属县囚，会论府上。”（第3669页）

⑥ 欧扬：《走马楼西汉简刑制史料初探》，第218页。

⑦ 《后汉书》卷一《光武帝纪》，第51页。原标点将“耐罪亡命”连读。

前有罪，令未到▨”（Ⅱ90DXT0115②：160）①，显示出在西北边关，针对罪刑轻重不同的“命者、亡人”，地方官府皆发文除其罪，或与此类诏令有关。

四、论定“命罪”与罪犯逃亡的管理模式

不管是“命者”，还是“不会”者，就秦汉法律规定来说，都是已经论定罪罚的逃亡罪犯，其目的是逃避刑罪或处罚。对于官吏而言，罪犯逃避处罚，就是挑战和侵害官府的权威，因此官府一定会阻止罪犯逃亡事件的发生。如何有效阻止逃亡，又不显著增加政府的行政成本，事关秦汉地方官府的社会治理能力。

从理想的法治角度看，如果能将所有违法犯罪者拘系起来，审讯判决后按律处置，一定会震慑罪犯，极大减少违法犯罪行为的发生，树立起官府与法律的权威。但是，行政管理并非万能，官府不可能对所有事务都进行直接管理。岳麓秦简中就有关于罪犯被拘系于官府，导致大幅增加行政成本的记录：

34. ●罪人久毄（系）留不决，大费殹（也）。·诸执法、县官所治而当上奏当者：·其罪当耐以下，皆令先决论之，而上其奏夬（决）。·其都吏及诸它吏所自受诏治而当先决论者，各令其治所县官以法决论之，乃以其奏夬（决）闻。·其已前上奏当而未报者，亦以其当决论之。·其奏决有物故，却而当论者，以后却当更论之。·十六　（岳麓秦简伍，078/1034+079/1007+080/1006+081/0999）②

这条令文明确显示，对需要上奏的罪案，罪犯长久拘系于官府而不判决，③会导致行政费用大幅增加，因此，对耐罪以下者，“皆令先决论之”，以减轻官府的羁押成本。因而对隶臣妾以下的轻罪犯不拘系于官府，而是让他们在法律与官府权威的规范下自觉前来接受处罚，很大程度上是官府考量行政成本的结果。

然而罪犯在与官府的博弈中有自己的算计。自犯罪行为发生起，罪犯就会考虑是接受官府的罪罚，还是想办法逃避法律的制裁。从秦汉文献的记载来看，有相当多的人选择了逃亡。④通过上文的材料可以得知，在秦及西汉“以刑去刑”⑤的法治思想背景下，地方官府先依法论定逃犯的罪名，使之成为“命者”，再派遣吏徒求捕，是当时的通行处理方式。上引材料 17 中，尉史骄的职责为“服捕命未得者”，在武陵郡内抓捕逃亡的“命者”。材料 15 显示，邑陵亭长柯受命前往其他郡国服求命者，也即县级官府可以派出官吏对命者

① 本简图版尚未公开发表，此释文据王子今：《汉代西北边境关于“亡人”的行政文书》，《秦汉称谓研究》，中国社会科学出版社，2014 年，第 480、482 页。

② 陈松长主编：《岳麓书院藏秦简（伍）》，第 65—66 页。

③ 游逸飞指出“系”的时间可为判决、行刑之前，为拘禁之意。游逸飞：《说“系城旦舂”——秦汉刑期制度新论》，（台北）《新史学》2009 年第 3 期。简文中应指判决之前的拘禁。

④ 张功：《秦汉逃亡犯罪研究》第 2 章，湖北人民出版社，2006 年，第 57—74 页。

⑤ 蒋礼鸿：《商君书锥指·靳令》，中华书局，1986 年，第 81 页。

实施跨郡县的追捕，体现出地方官府之间对犯罪行为的协同治理。① 走马楼西汉简中有残简 0660 载“捕得临湘命髡钳釱左止☐”，即官吏捕得已命髡钳罪者的记载。然而，走马楼西汉简“不智（知）何人盗士五（伍）当时狱书”显示，官府论定逃犯“命罪”之前，还要经历“亡满卅日不得”的过程：

35. 四年七月癸亥朔辛卯，都乡啬夫拾敢言之：狱书曰：六月癸丑夜，不智（知）何人盗外宛士五（伍）当时越葸禅衣、宛男子不准铜钫、关仲孺絣禅衣各一，亡。书到求捕，亡满卅日不得，报。今谨求捕不智（知）何人，亡满卅日不得。敢言之。 （0439+0137+0145+0217）

36. 孺絣禅衣各一。辟问，不智（知）何人，亡，满卅日不得，臧（赃）平贾（价）并直钱三千六百卅，佐误直。它若劾。驾（加）论【命不】智（知）何人髡钳笞百☐ （0657+1555）

37. 不准铜钫一、关仲孺絣禅衣一，臧（赃）平贾（价）并直钱三千六百卅，不智（知）☐□□不得。驾（加）论命不智（知）何人髡钳笞百釱左止为城旦，籍髡笞☐ （0387+0202）

从狱书和定罪案卷可知，一个不知姓名的窃贼偷盗了当时、不准、关仲孺三人的衣物后逃亡，都乡收到县廷狱书后派吏求捕，但满 30 天仍未捕得，按规定发文书向县廷汇报。虽然窃贼尚未定罪，但县廷的“狱书”表明了都乡求捕行动的“正义性有皇权和国法为保障”。② 罪犯逃亡满 30 日之后，虽然县廷仍然没有掌握罪犯是何许人，官吏仍然根据窃贼所盗衣物 3630 钱的评估价值，加重论定逃犯“命不智（知）何人髡钳笞百釱左止为城旦，籍髡笞”。也就是说，要在窃贼逃亡满 30 天未被捕得或没有自首的情况下，官府才能“加论命”其罪，使之成为“命者”，以此程序阶段性结案。至于罪犯是谁，在论定“命罪”时并不重要。走马楼西汉简中还有一例吏徒求捕 30 日不得的较完整案卷：

38. 七年三月丁丑朔癸未，尉史充国敢言之：狱书曰：不智（知）何人非从（纵）火时擅从（纵）火，烻燔梅材、茭草。书到，益开吏徒求捕。③ 亡满卅日不得，报。今谨求捕不智（知）何人非从（纵）火时擅从（纵）火者，亡满卅日不得。谒报。敢言之。 （0194+0192）

39. 七年三月丁丑朔癸未，临湘令寅谓南乡，告尉、别治长赖、醴陵，敢告寿陵、西山主：不智（知）何人非纵火时擅纵火，烻燔梅材、茭草。不智（知）何人亡满卅日不得、出，驾（加）论命不智

① 西北汉简中多有亭长跨郡国“逐命”“逐亡命”的文书，如 1990 年悬泉置遗址采集汉简有：“初元年闰月癸巳朔丙辰，敦煌大守千秋、长史奉、丞破胡谓过所河津：遣冥安亭长张常乐逐命三辅、大常、上郡、西河，乘用马二匹，当舍传舍。从者如律令。三月癸亥西。”（90DXC：109）红外线图版和释文见张德芳、石明秀主编：《玉门关汉简》，中西书局，2019 年，第 207 页。

② 王子今《汉代西北边境关于“亡人”的行政文书》，第 477—478 页。马克斯·韦伯强调“理性的国家作为垄断合法暴力和强制机构的统治团体”（马克斯·韦伯著，约翰内斯·温克尔曼整理，林荣远译：《经济与社会》下卷，商务印书馆，1997 年，第 730 页），这种合法暴力的垄断使用，在很大程度上体现为地方官府的社会治理和对犯罪行为的打击。

③ “开吏徒”即“发吏徒”，走马楼西汉简中为避长沙定王刘发之讳，多处将“发”写作“开”。

（知）何人耐为隶臣，得、出，有后请（情）。□□□　(0176+0181)①

这个不知姓名的纵火者逃亡后，尉史听令增派吏徒求捕，“亡，满卅日不得”，也无人前来自首。在得到尉史的汇报后，县廷狱吏“驾（加）论命不智（知）何人耐为隶臣”。② 有关“纵火”，里耶秦简 9-1861 记秦始皇二十六年（前 221）二月，洞庭郡给属县文书中有“且烧草矣”，明确官府需要储备“干萑及菅茅”等干草，但二月开始，烧草开耕的季节就要到来。③ 而纵火者在季节未到时就放火烧草，导致失火延烧了梅材和茭草。对于非纵火时擅纵火的处罚，王勇即引长沙尚德街东汉简“非纵火时擅纵火，烧山林□司寇”④作了说明。按律令规定，这位纵火者本应论为司寇，但由于其戴罪逃亡已满 30 天，因而加罪一等“命耐为隶臣”。

从狱书来看，非纵火时擅纵火导致梅材、茭草被烧，对官府财产造成了损失，需要纵火者赔偿，⑤ 因此狱书要求官府多发吏徒求捕。虽然失火是轻刑，但由于涉及财产赔偿，需要派吏徒求捕，求捕 30 日不得就需“命罪”。这说明对罪犯是否“命罪”，除了罪刑较重以外，还与是否需要赔偿财物损失有关。

据走马楼西汉简这两则案例可以说明，治狱官吏对罪犯逃亡缺席论定“命罪”的前提之一，是超过 30 天罪犯未被抓捕或没来官府自首。⑥ 而官吏在 30 日之后对逃亡罪犯缺席论定“命罪”的方式，实行阶段性结案。这显示出西汉地方官府对逃犯未能抓捕的案件采取先阶段性结案再以“命者”的名义让尉史或亭长继续求捕的管理模式。

秦及西汉地方官府会面临数量不等的犯罪逃亡案例，县廷或狱曹也会存留这些“命者”的案卷。青岛土山屯西汉后期堂邑令刘赐墓所出木牍中，M147：25-7 正面书写《堂邑盗贼命簿》，七行，记载所捕盗贼及定罪情况；M147：25-10 正面分两栏书写，上栏为《盗贼命簿》，七行，记载所捕盗贼数量及定罪情况，下栏

① 这两条材料参见王勇：《对走马楼西汉简“非纵火时擅纵火”的考察》，中国文化遗产研究院编《出土文献研究》第十八辑，中西书局，2019 年，第 159—160 页。

② 简 0855 有：“☐史吴驾（加）论命不智（知）何人耐为隶臣，得、出有后请，当处□□。”从简文来看，也是指本案。

③ 陈伟主编：《里耶秦简牍校释》（第二卷），武汉大学出版社，2018 年，第 374 页。

④ 图版见长沙市文物考古研究所编：《长沙尚德街东汉简牍》，木牍 212/2011CSCJ482②：25-2 正面上栏，岳麓书社，2016 年，“彩色图版”第 117 页，“释文”第 221 页。

⑤ 张家山汉简《二年律令・贼律》有：“贼燔城、官府及县官积冣（聚），弃市。贼燔寺舍、民室屋庐舍、积冣（聚），黥为城旦舂。其失火延燔之，罚金四两，责所燔。”（简 4—5）彭浩、陈伟、工藤元男主编：《二年律令与奏谳书——张家山二四七号汉墓出土法律文献释读》，第 91 页。说明汉初失火导致官府和人民财产损失的，有“罚金四两”的处罚，还需要赔偿损失。

⑥ 张家山汉简《奏谳书》高祖八年十月的案例 14 中载有令：“・令曰：诸无名数者，皆令自占书名数。令到县道官盈卅日，不自占书名数，皆耐为隶臣妾，锢，勿令以爵、赏免，舍匿者与同罪。”（简 65—67）《二年律令・捕律》：“吏将徒，追求盗贼，必伍之，盗贼以短兵杀伤其将及伍人，而弗能捕得，皆戍边二岁。卅日中能得其半以上，尽除其罪；得不能半，得者独除。”（简 141—142）参见彭浩、陈伟、工藤元男主编：《二年律令与奏谳书——张家山二四七号汉墓出土法律文献释读》，第 351、148—149 页。这说明律令中对吏民的 30 日期限由来已久。

为《君视事以来捕得他县盗贼小盗伤人簿》，七行，记载所捕他县盗贼小贼伤人情况；M147：25-8 正面上栏为《囚簿》，六行，记载囚徒定罪及输铁官情况。① 虽然这些木牍的内容尚未发表，但从标题和内容简介来看，《盗贼命簿》之“命”，显然为针对罪犯逃犯“命罪”之“命”，故记载了抓捕“命者”和定罪的情况，但未有徒刑实施的记录。而记载囚徒定罪的《囚簿》，不仅与《命簿》分开统计，而且明确记录囚徒被输铁官，正显示出在逃的“命者”与在系囚徒在刑罚实施上的不同。1973 年，肩水金关出土了一片汉牍削衣：

40. ☐丑，命加笞八百要斩。

☐□丑，命加笞八百要斩。

☐月丁未，命笞二百弃市。 （73EJT1：93）②

此削衣是从一方木牍削下，仅残存右边三行的下部，文字清晰，“命”前面均为月日干支，表示论定“命罪”的时间，前面残损之处可能记载了“命者”的“名县爵里”，因而这也应该是一份《命簿》残牍。

县廷《命簿》是县中“命者”情况的汇总簿籍，而每位“命者”都有一份单独的“命籍”。走马楼西汉简有记载“命籍”的残简：

41. 庆上亭长阳命藉（籍），庆之尉，写阳命☐ （简 1069）

42. 名故爵里它坐，移真命藉（籍），毋去往来内缠封印，勿令可奸。 （简 0860）

43. 腾，腾尉，攸、烝阳上命藉（籍），属曹□☐ （简 0960）

虽然这 3 枚简为残简，文义不连贯，难以知晓简文的确切含义，但从残简中可知“命籍”由县廷治狱吏制作与管理，经县尉认可后，需要上报给上级官府。材料 42 表明，在需要的情况下还得将“真命籍”密封移送给其他机构。材料 16 有“命者县别课，与计偕”，也表明郡国会对县中“命者”的抓捕情况进行考核，上报的也应是《命簿》。土山屯汉牍《盗贼命簿》与《要具簿》等木牍叠放在一起，或与上计考核有关。有关《命簿》的保存机构，肩水金关汉简中有：

44. 居延部终更已事，未罢，坐伤人亡命。今闻命籍在顿丘邑狱，愿自诣。它如爰书。七月甲辰入。（73EJT37：776A）③

从背面的习字可知这是一枚两行简。从残存的简文来看，终更在居延部已经服徭完成，④ 但尚未办完遣

① 青岛市文物保护考古研究所、黄岛区博物馆：《山东青岛土山屯墓群四号封土与墓葬的发掘》，《考古学报》2019 年第 3 期。

② 彩色图版见甘肃简牍保护研究中心等编：《肩水金关汉简（壹）》上册，中西书局，2011 年，第 16 页。

③ 红外线图版见甘肃简牍博物馆等编：《肩水金关汉简（肆）》中册，中西书局，2015 年，第 120 页。从图版可以看出，“七月甲辰入”为后书。简背习字有“元康四年”等字，可知事件发生在宣帝时期。

④ 杨振红指出，秦汉时代的“事”非专门指徭役，而是“服事”之义，泛指赋税与徭役。杨振红：《出土“算”“事”简与两汉三国吴时期的赋役结构》，《出土简牍与秦汉社会（续编）》，广西师范大学出版社，2015 年，第 162—165 页。在本简中，应可理解为服徭。

归家的手续，其间伤人逃亡。终更在居延部伤人逃亡，居延部已论命其罪，并制作了命籍。可能因为终更是顿丘人，其命籍已从居延移送至顿丘，保存在终更户籍所在地的顿丘邑狱。因此土山屯汉简中，登记堂邑本县逃犯的簿籍称为《盗贼命簿》，而捕得他县盗贼的就只称《君视事以来捕得他县盗贼小盗伤人簿》，虽然这些伤人者应该都是逃犯，但他们的“命籍”应是保存在他们籍贯所在县。

从以上列举的材料可知，记录“命罪”“命者”与《命簿》、“命籍”的律令和狱案文书主要集中在秦及西汉时期，在已知的东汉狱讼文书中基本不见相关名词，以下仅举长沙五一广场东汉简牍中的一个案例：

45. 府告临湘：前却，趣诡课左尉邽充、守右尉夏侯弘逐捕杀小史周讽男子冯五、无什，及射伤乡掾区晃、佐区期，杀弟贼李凑，劫女子王绥牛者师寇、蒋隆等，及吏杀民贼朱祉、董贺、范贺，亭长袁初、殷弘，男子王昌、丁怒、李高、张恭及不知何四男子等不得。令充、弘诣府对。案：祉、贺、初、昌、怒、寇、高、四男子等所犯皆无状，当必禽（擒）得。县、充、弘被书受诡逐捕连月，讫不捕得，咎在不以盗贼责负为忧，当皆对如会。恐力未尽，且皆复假期。记到，县趣课充、弘逐捕祉、贺、高、隆、四男子等，复不发得。充、弘诣府对，会十六年正月廿五日。令卅日勉思谋略，有以自效。有府君教。长沙大守丞印。□□□□……

〼开 （《选释》21，木牍 CWJ1③：291）①

牍文所记为长沙太守府告临湘县的教记，临湘县发生了杀人、伤人及劫牛等案件，但临湘左、右尉逐捕连月，也没能捕得罪犯，太守府命令临湘在接下来的 30 日内加紧逐捕，务必将罪犯抓捕归案。也就是说，虽然已经逐捕连月，但郡县并未给逃犯缺席论定“命罪”，而是继续派亭长逐捕，因此东汉中后期的文献与狱案文书中再未出现“命罪”与“命者”的记载，显示东汉中后期地方官府对罪犯逃亡的管理模式发生了改变。

五、结语

秦代崇尚法家，建立严密繁苛的法律制度，西汉承秦之制，以法为治是地方社会治理的基调。官府强调刑律的结果，就是地方行政中刑讼案件大量增加。董仲舒指出，秦朝之时，“赭衣半道，断狱岁以千万数”。②《盐铁论·刑德》谓：“昔秦法繁于秋荼，而网密于凝脂。”③ 但出于行政成本的考虑，地方官府对罪刑轻重不同的罪犯采取不同的处理方式。在案情判决和罪刑论定过程中，鬼薪白粲以上的重刑犯需要拘系于

---

① 彩色图版见长沙市文物考古研究所等编：《长沙五一广场东汉简牍选释》，中西书局，2015 年，第 8 页，“释文注释”见 139—140 页。从图版可知，本牍为君教牍，上端残损部分应为“君教诺”和“几月几日”，但案件正文并无缺损。

② 《汉书·食货志》，第 1137 页。

③ 王利器：《盐铁论校注》，中华书局，1992 年，第 565 页。

官府，针对这些重罪逃亡或者逃亡犯罪累加达到鬼薪白粲以上的，在判决时就需要加重论定“命罪”，这些逃犯就被称为“命者”。在逃犯尚未捕得时，文书中称这些“命者”为“命未得者”。有些逃犯在逃亡过程中，官府尚未论定其罪，文书上就会载明为“去亡未命”，以区别于已经论罪的“已命”之逃犯。而对于耐隶臣妾罪以下的轻罪，除非涉及官府财产赔偿，罪犯不会被拘系，官吏只是责令他们“出会”，即在规定日期内前来官府接受处罚。如果逾期不前来接受处罚，即为“不会”，有时也作“弗会”。重刑犯在与政府的博弈中，往往选择逃亡，以逃避刑律的制裁和官府的处罚。为了维护官府和国法的权威，使社会有序运转，官府除了派遣吏徒求捕，法律还规定对逃亡者的刑罪加重一等，以期减少罪犯逃亡的发生。

走马楼西汉简狱案文书表明，犯有较重刑罪或造成官府财产损失的罪犯逃亡后，地方官府首先会派吏徒求捕30日，在求捕不得或罪犯没有自首的情况下，官吏会对案件进行缺席审判，给逃犯论定其“命罪”。“命罪”皆在所犯之罪上增加“笞一百”“笞二百”不等的处罚或加重一等刑罪，以这种方式实现阶段性结案。有时官吏并不知晓逃亡犯的姓名与身份，但官吏会同样论定其“命罪”。根据所论“命罪”，县廷狱吏制作“命者”的“命籍”，并汇总成《命簿》，以便尉史或亭长继续实施抓捕。罪犯的“命籍”可能会传送回其籍贯所在县，而一县的《命簿》需要在上计时向上级汇报，接受郡国的考核。

秦及西汉文献中记载了较多与“命罪”相关的材料，但并未涵盖所有的罪犯逃亡。东汉中期以降，传世史料和简牍文献中对罪犯逃亡不再缺席“命罪”，而是继续派吏逐捕，显示出东汉对罪犯逃亡的管理模式已经发生了变化。

（邬水杰，本文原载于《社会科学》2023年第7期）

第五章　简牍所见长沙国历史地理研究

第一节　走马楼西汉简牍所见年代、疆域琐议

——以走马楼西汉简牍为中心

走马楼西汉简牍内容丰富，简文记载了数量众多的政区的县名、职官名，且纪年干支明确，对于重新观察长沙国政区疆域的变迁，提供了十分重要的出土文献史料。拙文拟根据初步整理的部分相关的简文，对相关问题略作补说和初步的探讨，以就教于方家。

一、简牍年代补证

简牍年代的确定对于考察政区疆域的变迁关联密切，政区版图的盈缩并废随着历史的流动而变化，故这种考察须将对象置于一定的时空框架下加以研究，方可有的放矢，不至流于空泛。关于走马楼西汉简牍的年代问题，课题整理组的意见，大都赞成在武帝元朔元年至元狩三年，即公元前128—前120年之间。[①] 笔者曾

① 长沙简牍博物馆、长沙市文物考古研究所联合发掘组：《2003年长沙走马楼西汉简牍重大考古发现》（宋少华、金平执笔），中国文物研究所编《出土文献研究》第七辑，上海古籍出版社，2005年，第57—64页。杨芬：《读长沙走马楼西汉简札记——纪年与证律》，邬文玲、戴卫红主编《简帛研究·二〇一八·秋冬卷》，广西师范大学出版社，2018年，第230—237页。李洪财：《走马楼西汉简的断代——兼谈草书的形成时间》，邬文玲、戴卫红主编《简帛研究·二〇一八·秋冬卷》，广西师范大学出版社，2018年，第238—251页。欧扬：《走马楼西汉简刑制史料初探》，邬文玲、戴卫红主编《简帛研究·二〇一八·秋冬卷》，广西师范大学出版社，2018年，第215—229页。李均明、宋少华：《长沙走马楼西汉简狱政资料的整理与考证》，中国文化遗产研究院编《出土文献研究》第十八辑，中西书局，2019年，第150—158页。王勇：《对走马楼西汉简"非纵火时擅纵火"的考察》，中国文物研究所编《出土文献研究》第十八辑，中西书局，2019年，第159—167页。杨芬、宋少华：《长沙走马楼西汉简〈宫司空令史儿等为武擅解脱易桎弗举劾案〉初步考察》，邬文玲、戴卫红主编《简帛研究·二〇二〇·秋冬卷》，广西师范大学出版社，2021年，第235—252页。长沙简牍博物馆、长沙市文物考古研究所：《长沙市走马楼西汉古井及简牍发掘简报》，《考古》2021年第3期。陈松长：《长沙走马楼西汉古井出土简牍概述》，《考古》2021年第3期。熊曲、宋少华：《长沙走马楼西汉简临湘驾论血娄、齐盗赃案初探》，（韩国）庆北大学人文学术院《东西人文》第15号，2021年，第137—156页。

撰文从出土的纪年朔日干支、相关谥号、职官、人名辨析及个别简牍（“长沙顷王”五年简）纪年干支书误等几个方面探讨了简牍的年代。[①] 所得结论与课题整理组是大体一致的。近有学者对个别简牍，如“都乡七年垦田簿”的年代提出了疑问，进而认为：“《田租簿》的年代应确定在长沙国吴右七年（前 179），亦即汉文帝前元元年。走马楼西汉简的年代也有进一步探讨的必要。”[②] 上述质疑对于简牍年代深入探讨当大有裨益。笔者以为，年代问题至为重要，它是这批简牍所有问题讨论的基础，若在历史时间坐标不清晰的状态下，讨论空间存在的一切事物，任何讨论或质疑都只能泛泛而论，缺乏较坚实的根基。这里不再赘述已发表简报、论文中的观点、依据，仅就年代问题再补充若干简文材料，展开讨论。

简文举例：

1. 便移五年计，余口四千二百廿七。案阅实四千二百七十四，其卌九口计后年。计余口多其实二人，长以下为书误，事不可行。五年九月丙辰朔戊午，长沙内史卒史乙、中尉守卒史癸别有案，移便以律令从事，言夬（决）移献（谳）中尉府。毋留/卒史乙、守卒史癸。　（0042）

2. 受多其实二人，长以下为书误，事不可行。定主者名、爵、里、它坐，遣。谨案：长路人、丞非子、令史沂、啬夫胜、佐快。主路人　（0090）

3. 五年九月丙辰朔甲戌，便丞非子敢告临湘丞主，案赎罪以下，写劾、辟、报爰书，移书到，令史可论路人、快，言　（0347）

4. 择，余口皆公乘。路人，临湘乐成里；非子，郴畸里；沂、快，官大夫；胜、不更。沂、胜，便都里；快，昌里。路人前征快上五年户计。左内　（0346）

便，今湖南郴州永兴县地。《汉书・高惠高后文功臣表》云：“孝惠六年（前 194），便顷侯吴浅，以父长沙王功侯，二千户。”元鼎五年（前 112）吴千秋“坐酎金免”，国除。《水经注・耒水》：便县，“故惠帝封长沙王子吴浅为侯国”。马孟龙先生认为：便国在“景帝中六年（前 144）由长沙国迁往南郡”[③]。笔者赞同马孟龙说，认为原便国北迁南郡之后，原便县复用旧名，隶属长沙国。简文所见便之长、丞、啬夫、令史、佐等职官名，皆为县级长吏及属员之名，说明此时便县已复旧名，不为侯国。便县恢复旧称当在公元前 144 年之后，可证该简的年代不会早于公元前 144 年。此案例涉及两条纪年朔日干支，皆为“五年九月丙辰朔”，历日分别为戊午、甲戌，应为长沙王刘庸的纪年。查检张培瑜《秦汉初朔闰表》《三千五百年历日天象》、李忠林《秦至汉初朔闰表》及陈垣《二十史朔闰表》，自惠帝五年至武帝太初改历之前（前 190—前 104），诸帝、后在位期间，每改元之第五年九月的朔日干支与简文纪年朔日相比对，除武帝元朔五年与刘庸

① 宋少华：《再论走马楼西汉简牍的年代》，（韩国）庆北大学人文学术院《东西人文》第 16 号，2021 年，第 489—513 页。

② 晋文：《走马楼西汉简〈都乡七年垦田租簿〉的年代问题》，《山东师范大学学报（社会科学版）》2021 年第 3 期。

③ 马孟龙：《西汉侯国地理》（修订本），上海古籍出版社，2021 年，第 27 页。

五年九月相合外，余皆不合；且景帝中元六年（前144），便国北迁南郡之后，刘氏长沙国自定王刘发至剌王刘建德止，诸王自纪年中，其五年九月朔日干支与之相合者，亦唯第二代王刘庸已，余皆不合。其五年九月之三日为戊午，十九日为甲戌，当月之中两个历日的排入均无冲突。故简例所涉年代当在武帝元朔五年（前124），见表一、表二：

表一　西汉惠帝至武帝诸纪元五年九月朔日干支比对表

帝后名	惠帝	高后	文帝		景帝		武帝					
纪年	五年（前190）	五年（前183）	前元五年（前175）	后元五年（前159）	前元五年（前152）	中元五年（前145）	建元五年（前136）	元光五年（前130）	元朔五年（前124）	元狩五年（前118）	元鼎五年（前112）	元封五年（前106）
月朔	九月己卯（戊寅）	九月己亥（戊戌）	九月壬午	九月己酉	九月戊戌	九月戊午	九月丙寅	九月辛卯	九月丙辰	九月辛巳	九月丙子	九月辛丑

表二　西汉刘氏长沙国诸王纪年之五年九月朔日干支比对表

诸侯王名	定王发（前155—前129）	康王（戴王）庸（前128—前101）	顷王鲋鮈（前100—前84）	剌王建德（前83—前50）
王纪年	五年（前151）	五年（前124）	五年（前96）	五年（前79）
汉纪年	景帝前元六年	武帝元朔五年	武帝太始元年	昭帝元凤二年
月朔	九月癸巳（壬辰）	九月丙辰	九月壬寅	九月甲子

注：据陈垣《二十史朔闰表》、张培瑜《中国先秦史历表》《三千五百年历日天象》、李忠林《秦至汉初朔闰表》制作。

简文举例：

5. 五年八月丁亥朔丙午，沅陵长阳、令史青肩行丞事，敢告临沅、迁陵、充、沅阳、富阳、临湘、连道、临沩、索、门浅、昭陵、姊（秭）归、江陵主；写劾　（0107+0095）（图一）

6. ⍁□沅陵归⍁

移书，辟，□居众徒出入，岁余日弗归，吏卒主者□⍁

佐襄劾，敢言之：沅陵廷谨写移，上谒，以律令从事，敢言之。佐襄⍁　（0087）

沅陵，秦置为县，汉承之。《水经注·沅水》："施水（今荔溪）北流会于沅，沅水又东径沅陵县北，汉故顷侯吴阳之邑也。"《汉书·高惠高后文功臣表》云："沅陵顷侯吴阳，以父长沙王功侯。（高后元年）七月丙申封，二十五年薨。孝文后二年，顷侯福嗣，十七年薨。孝景中五年，哀侯周嗣，薨，亡后。"① 《史记·惠景间侯者年表》云："（景帝）后三年（前141），侯周薨，无后，国除。"② 简例5、6所见沅陵长、沅陵廷，称长而不称相，应是沅陵侯无后除国后复用县名，县官长之称。简文产生的年代当在景帝后元三年（前141）之后。简例5所载"五年八月丁亥朔"，据张培瑜《秦汉初朔闰表》，武帝建元五年、元光五年、元朔五年、元狩五年、元鼎五年、元封五年之八月朔日分别为丙申、辛酉、丁亥、壬子、丁未、壬申，唯元朔五年八月丁亥朔，二十日为丙午，与之相符。李忠林《秦至汉初朔闰表》与同。故可推知该简的纪年为武帝元朔五年（前124）八月二十日。

简文举例：

7. ☐□行丞相事，告中二=千=石〈=〉、郡守、诸侯相下☐

☐□□遣吏是服，处实入所，以律☐　(0378)（图二）

8. 六年六月辛亥朔癸酉，临湘令越、库啬夫繇行丞事，敢言☐

移主爵都尉五年爵计举一牒，临湘监扎□小□☐　(0275)

9. 令史事，相史以缪出入计者，毋上校，书到言，胜？依衣□□□

三月庚午，长沙内史齐客行长沙相事，□长如行长史事，告内史□□[印]移　(0216)

上举简文所见官职秩级除"二千石""郡守""诸侯相""长沙相"外，其"丞相""中二千石""主爵都尉"皆属中央职官。《史记·孝景本纪》："中五年（前145）……六月丁巳……更命诸侯丞相曰相。"③ 又："中六年（前144）更命廷尉为大理，将作少府为将作大匠，主爵中尉为都尉，长信詹事为长信少府，将行为大长秋，大行为行人，奉常为太常，典客为大行，治粟内史为大农。"④《史记·五宗世家》："太史公曰：……自吴楚反后，五宗王室，汉为置二千石，去'丞相'曰'相'，银印。"⑤《汉书·景帝纪》："（中元）五年（前145）……更名诸侯丞相为相。"⑥《汉书·百官公卿表上》载："景帝中五年（前145）令诸侯王不得复治国，天子为置吏，改丞相曰相，省御史大夫、廷尉、少府、宗正、博士官，大夫、谒者、郎诸官长丞皆损其员。"⑦ 此举《史记》《汉书》相关记载内容皆相同。

汉初诸侯王国丞相与汉丞相地位相当，至景帝平息吴楚七国之乱后，中元五年（前145）改称相，降至

① 《汉书·高惠高后文功臣表》，中华书局，1983年，第621页。
② 《史记·惠景间侯者年表》，中华书局，1975年，第985页。
③ 《史记·孝景本纪》，第445页。
④ 《史记·孝景本纪》，第446页。
⑤ 《史记·五宗世家》，第2104页。
⑥ 《汉书·景帝纪》，第148页。
⑦ 《汉书·百官公卿表》，第741页。

与汉九卿同列，禄秩相同于中二千石。《汉书·景帝纪》："后元年（前 143）……三月，赦天下，赐民爵一级，中二千石、诸侯相爵右庶长。"① 阎步克赞同"中二千石"的"中"指中央、京师之说，认为"中二千石"秩级的产生反映了中央官相对于地方郡国官地位的提升。② 陈侃理撰文对此做了进一步阐述："正如劳榦指出并经由阎步克充分论证的那样，'中二千石'本义是中央的二千石官，'中'指中央、京师，与地方的郡国相对。大约在汉景帝中五年或稍后，中二千石成为一个更高的秩级，从二千石分化出来……加上表示职类的'中'字，有意使之专属于中央官，避免制度性地用于地方官职。"③ 陈文指出："景帝后元年时，主要对应列卿官职的中二千石秩级已经形成，诸侯相的禄秩与中二千石相同。但上引史文并不以'中二千石'涵盖诸侯相，这说明'中二千石'意味着'中央'二千石官，而诸侯相非汉之中央官，即便俸禄同于列卿中二千石，亦不能称'中二千石'。"④ 孙正军在归纳中二千石秩级形成诸说，即文帝时说、景帝时说和武帝时说之后，引证文献与他人研究成果，对诸说再加辨析认为："尽管文景二朝记载已零星出现似乎显示彼时存在'中二千石'的文字，但这些'中二千石'都不能被确切推定为中二千石秩级，而更有可能维持其原初的中央二千石之意，中二千石成为秩级大约要等到武帝即位之后，从上举数例也可看出，中二千石秩级的形成并不晚至太初元年，极有可能在武帝在位前期的建元、元光时期即已形成。"同时，孙正军为其论点加注引《汉书·武帝纪》"建元元年冬十月，诏丞相、御史、列侯、中二千石、二千石、诸侯相举贤良方正直言极谏之士"这条文献时，仍谨慎认为："上述文字仅见于《汉书·武帝纪》，《史记》叙述此次举贤良方正均未言及举荐者官职，而遍览西汉察举贤良、孝廉等诏令，迄未见到'中二千石、二千石、诸侯相'的表述，东汉则较常见……笔者怀疑上述记载并非武帝诏令原文，其书写极有可能受到东汉察举诏令书法的影响，故不能据以推测中二千石秩级在建元初业已形成。"⑤ 这一颇显迟疑的态度，反映出作者观察事物的审慎。其实孙正军正文中的推论还是颇为严谨准确的，拙文所举简例 7 为其论点提供了一条出土文献的佐证。简书对官职表述序次为"中二千石、二千〈石〉、郡守、诸侯相"，除"二千"后漏抄"石"字重文符及增加"郡守"二字外，其表述序式与武帝建元元年举荐诏令并无大差异。故可证《汉书·武帝纪》所载之诏令当无误也，实乃当时朝廷诸类相关文书（包括察举诏令文书）的规范表述。上述诸学者对"二千石""诸侯相"秩级属性以及中二千石秩级形成的时间的讨论与辨析，对于我们进一步认识走马楼西汉简牍的年代颇有帮助。由此可推上举简例的年代可在景中之后，太初之前。

---

① 《汉书·景帝纪》，第 150 页。

② 阎步克：《从爵本位到官本位：秦汉官僚品位结构研究》，生活·读书·新知三联书店，2009 年，第 285—322 页。

③ 陈侃理：《汉代二千石秩级的分化》，出土文献与中国古代文明研究协同创新中心中国人民大学分中心编《出土文献的世界：第六届出土文献青年学者论坛论文集》，中西书局，2018 年，第 145—150 页。

④ 同③。

⑤ 孙正军：《汉武帝朝的秩级整理运动——以比秩、中二千石、真二千石秩级的形成为中心》，《文史哲》2020 年第 5 期。

此外，简例8有见“主爵都尉”职官，主爵都尉本为中朝官，郡国不置。《汉书·百官公卿表》云：“主爵中尉，秦官，掌列侯。景帝中六年更名都尉，武帝太初元年更名右扶风，治内史右地……列侯更属大鸿胪。”① 可证该简年代在景中六年（前144）之后。

以上简例所见“丞相”“中二千石”“诸侯相”“主爵都尉”“长沙相”等官职秩级名，参诸文献，其变更出现皆在景中元五年（前145）、六年（前144）至武帝建元年间，其使用通行当在此后的一段时期内。其变更时间明确，具有鲜明的时代政治印记。所举简文的性质或是朝廷下颁的诏书政令，或是朝廷某职府下移的行政文书，或是长沙国内部通行的文书。简文显见“中二千石”“主爵都尉”“长沙相”等职秩名，其年代只能是晚至景中五年（前145）之后至武帝建元、元光年间（前140—前129）。

简文举例：

10. 九年五月乙未朔丁未，临湘令坚、长赖丞尊守丞告尉谓仓、都

乡，敢告宫司空、攸、南阳、将作定王后。定王后营徒髡钳城旦、故大夫临　（0591）

11. 湘泉阳里武，完城旦徒、官大夫攸大里儿，宫司空令史、公乘

攸臧郢里外，佐、公乘南阳平里不识，皆坐。武故为临武丞，盗所　（0594）

12. 主守臧六百，公士以上盗，武毄宫司空狱，请主毄令史儿为

武擅解脱易桎。外、不识知武请儿，听武请，为武擅解脱易桎。　（0546）

13. 论完为城旦，不劾论武，监临见知纵故弗举劾，外、不识，公士以

上，得，毄牢。驾论武笞百、钛止，髡钳儿、外、不识，皆为城旦籍髡笞。　（0207）

上举简例为长沙国临湘县移告有关部门的关于临武丞武等人同谋共犯重罪，复治后的案决文书，案情分析详见对该案的初步考察一文。② 简文有见“定王后营徒”一词，“定王”乃长沙王刘发的谥号，刘发逝于武帝元光六年（前129），“定王后”当为刘发之嫡妻，“定王后营徒”为修造定王后陵墓茔域的刑徒。由是可推知，定王之妻或为刘庸（定王嫡子）之母，当逝于其夫之后，彼时或在世，其陵墓尚在营造之中。从简文“九年五月乙未朔丁未”纪年朔日看，当为刘氏第二代长沙王刘庸在位时的第九年。刘庸于武帝元朔元年（前128）继嗣王位，其九年当为刘庸在位时的王国纪年，而此时朝廷的纪年则为后来追记的武帝元狩三年（前120），简文所记纪年朔日干支与张培瑜《秦汉初朔闰表》、李忠林《秦至汉初朔闰表》武帝元狩三年五月皆相合。尤应指出的是，涉案的宫司空狱史外与佐不识是因“监临见知纵故弗举劾”触犯了“见知之法”而判罪。“见知之法”又称“见知故纵，监临部主”之法。此法令文景间尚未出，产生于武帝元光年间（前

① 《汉书·百官公卿表》，第736页。

② 杨芬、宋少华：《长沙走马楼西汉简〈宫司空令史儿等为武擅解脱易桎弗举劾案〉初步考察》，邬文玲、戴卫红主编《简帛研究·二〇二〇·秋冬卷》，广西师范大学出版社，2021年，第235—252页。

134—前129）。《史记》《汉书》皆有载，可为互证。《史记·酷吏列传》云："赵禹，斄人……今上时，禹以刀笔吏积劳，稍迁为御史。上以为能，至太中大夫，与张汤论定诸律令，作见知，吏传得相监司。用法益刻，盖自此始。"①《汉书·百官公卿表下》云武帝"元光六年，中大夫赵禹为中尉"②，是知元光六年（前129）赵禹已迁为中尉，其作"见知之法"当在此年迁中尉前。《汉书·张汤传》云："武安侯为丞相，征汤为史，荐补侍御史。治陈皇后巫蛊狱，深竟党与，上以为能，迁太中大夫。与赵禹共定诸律令，务在深文，拘守职之吏。"③《汉书·武帝纪》："（元光）五年（前130）……七月……乙巳，皇后陈氏废，捕为巫蛊者，皆枭首。"④《汉书·外戚传·孝武陈皇后》云："元光五年，上遂穷治之，女子楚服等坐为皇后巫蛊祠祭祝诅，大逆无道，相连及诛者三百余人。"⑤ 由上引文献可知，巫蛊案事发于武帝元光五年七月间，张汤因治狱有功，深得武帝赏识，擢迁太中大夫。由此可推知，赵、张二人共定诸律令，作"见知"之法，当在武帝元光五年（前130）七月之后至元光六年（前129）之间。通过对举例简文"定王后""见知之法"产生时间的辨析以及简文所载纪年朔日干支的比对，可推知，"临武丞武案事"只能是发生在武帝元光六年之后的事件，其王九年之纪对应的年代应当是武帝元狩三年（前120）。

联系到前揭《再论走马楼西汉简牍的年代》论文所举之有关简牍年代的若干论据，基本上可推测出走马楼西汉简年代的大体时间。⑥ 当然，拙文所做的年代补证只是针对大部分简牍的年代而言，亦不排除在日后整理研究中仍有发现年代或早或晚简牍的可能。故对走马楼西汉简牍年代的讨论，当会随着简文的陆续刊布持续相当一段时间。目前整理研究尚处在初始阶段，年代证据关键节点的找寻，恐要在对简文内容深入研究与整体贯通之后，方有可能清晰把握。

---

① 《史记·酷吏列传》，第3651页。

② 《汉书·百官公卿表》，第771页。

③ 《汉书·张汤传》，第2638页。

④ 《汉书·武帝纪》，第164页。

⑤ 《汉书·孝武陈皇后》，第3948页。

⑥ 关于"都乡七年垦田租簿"相关年代的讨论，本注略作一点补充，不涉及田租率的讨论。经课题组成员细心比对缀合，另梳理出几枚与之相关带有同一纪年的简文，兹择录其一："八年十月甲辰朔丁卯，都乡守啬夫武敢言之，廷移临湘书曰：或遝七年豤（垦）田租簿，田百一十九顷七十五亩，租千五百六十五石三斗。出其田二顷六十一亩半，租卅三石八斗六升，乐。"（简0368+1564+1584）此简乃某县都乡官员向所辖县廷报告的文书残篇。推测简文大意，为某都乡守啬夫武根据县廷移来临湘县所发遝书中征调涉案治狱所需"七年垦田租簿"一事，对此所作出的相关情况说明的报告。如推测无大误的话，此简文尚有两点值得关注：一、此"都乡"非临湘之都乡，而是它县之都乡，简文与"七年垦田租簿"案事有关；二、简文"八年十月甲辰朔丁卯"之纪年干支，检张培瑜《秦汉初朔闰表》，与高祖八年十月丁未（丙午）朔、吕后八年十月丙戌朔、文帝前元八年十月庚午（己巳）朔皆不合，李忠林《秦至汉初朔闰表》同。景、武时期各改元之纪皆无八年，而吴氏长沙国在位八年以上吴臣、吴右、吴著诸王，其八年十月的历朔干支亦不合，唯刘氏长沙国刘发、刘庸的八年十月朔日干支与景帝中元三年（前147）十月、武帝元狩二年（前121）十月相合，廿四日为丁卯，故简文所涉年代似不会早于景中三年（前147）。以上补说，聊备于此，仅供参考。

二、出土简牍所见县道职官名与文献所载对比

西汉一朝二百余年间，吴、刘二氏长沙国的疆域的变迁是一个动态的过程。周振鹤先生曾在其《西汉长沙国封域变迁考》一文中指出："县的设置与并省在二百年的过程中是经常发生的……亦不要以为《汉志》所载的县存在于整个西汉一代……长沙国各个阶段内实领县若干，我们无从确定。我们所知道的不过是一定时期内某些县的增减而已。"① 走马楼出土的西汉简牍所见县名的数量众多，除可与《汉志》所载长沙、武陵、桂阳、零陵四郡所领县名相对应外，尚有不少新见县名或相当于县级机构的官府名称。另外，县政机构的长吏、佐官、属员亦多见其中，兹罗列如下：

县、道、侯国：

临湘、长赖、南山、南阳、西山、定邑、定园、寿陵、邑陵、靖园、益阳、临沩、罗、醴陵、攸、安成、昭陵、连道、鄮、烝阳、镡成、临沅、门浅、迁陵、零阳、义陵、辰阳、充、索、沅陵、酉阳、无阳、郴、舂陵、便、叶（侯国）、临武、零陵、都梁（侯国）等。

县、乡职官：

临湘令、丞、尉，临湘少内、少内佐，内官长，临湘司空、司空啬夫、监葆啬夫、司空佐，临湘库、库啬夫，都乡啬夫、都乡佐，中乡佐，东乡啬夫，南乡啬夫、佐，南阳长，长赖长、丞、令史，南山长、佐，南山库，西山长、佐，罗丞，益阳佐，攸丞，醴陵丞，烝阳丞，鄮长、丞、佐，昭陵狱史，门浅长，沅陵长、丞，辰阳丞、令史、狱史，义陵佐，酉阳丞，沅阳丞、佐、仓佐，无阳长、令史、雎夷乡啬夫，镡成库佐，便长、丞、啬夫、令史、佐，舂陵长、丞，临武丞，零陵将田佐、仓佐等。

现将《汉书·地理志》所载长沙、武陵、桂阳、零陵四郡国属县依其排列顺序与简文所见县、乡、里名（并附职官名等）列表对比如下：

① 周振鹤：《西汉长沙国封域变迁考》，文物编辑委员会编《文物集刊》第2辑，文物出版社，1980年，第179—188页。

表三　《汉志》所载长沙、武陵、桂阳、零陵四郡国属县与简牍所见县道名（附乡、里、职官名）对比表

	长沙国（内史）		武陵郡		桂阳郡		零陵郡	
出处序号	《汉志》	走马楼西汉简	《汉志》	走马楼西汉简	《汉志》	走马楼西汉简	《汉志》	走马楼西汉简
1	临湘	临湘令（0118）、丞（0201）、尉（0205）、右尉（0539）、左尉（0327）、尉史（0421）、令史（0796）、门下亭长（0399）、少内佐（0231）、内官长（0324）、司空啬夫（0509）、守狱门亭长（2019）、狱史（0771）、扩门佐（0418），监葆啬夫（0250）、库啬夫（0275）、漻阳乡（0441）、安阳乡（0574）、南乡啬夫（0401）、中乡佐（1280）、泉阳里（0232）、牛造里（0754）、高成里（0158）、娗年里（0133）、当阳里（0796）、邸里（0489）、平里（0243）	索	索（0107+0095）	郴	郴（0225）（0447）、畸里（0346）	零陵	零陵将田佐（0611）、仓佐（0611）
2	罗	罗丞（0861）	孱陵		临武	临武丞（0125）（0518）	营道	
3	连道	连道（0175）（0188）、始里（0694）	临沅	临沅（0257），丞（1857），临沅食官、廐（0017）、庄里（0406）	便	便长（0346）、丞（0347），令史、啬夫、佐（0090）（0374），都里（0346），昌里（0346）	始安	
4	益阳	益阳（1735）、益阳佐（1225）	沅陵	沅陵长、丞、令史（0107）	南平		夫夷	
5	下隽		镡成	镡成（0154）镡成库佐（0040）	耒阳		营浦	

续表

	长沙国（内史）		武陵郡		桂阳郡		零陵郡	
出处序号	《汉志》	走马楼西汉简	《汉志》	走马楼西汉简	《汉志》	走马楼西汉简	《汉志》	走马楼西汉简
6	攸	攸丞（0861）、令史（1045）、大里（0229）、臧郢里（0229）	无阳	无阳长（0121），令史（0121），守令史（0078），脽夷乡啬夫（0052），狱史、守狱史（0008），亭长（0011），安居里（0080），共里（0003），皇里（0011），安成里（0006）	桂阳		都梁	都梁侯（0266）（0270）
7	鄮	鄮长（1024）、鄮主（0015）、丞（0086）、佐（0079）	迁陵	迁陵（0107+0095）	阳山		泠道	泠道（0275）
8	承阳	烝阳（0175），烝阳丞（0491），都乡（0669），罗里（0127），沩里（0555）	辰阳	辰阳丞（0040）、令史（0046）、狱史（0040）	曲江		泉陵	
9	湘南		酉阳	酉阳丞（0555），东里（0555）	含洭		洮阳	
10	昭陵	昭陵（0447），昭陵狱史（0133）	义陵	义陵佐（0006），都乡（0094）	浈阳		钟武	

续表

	长沙国（内史）		武陵郡		桂阳郡		零陵郡	
出处序号	《汉志》	走马楼西汉简	《汉志》	走马楼西汉简	《汉志》	走马楼西汉简	《汉志》	走马楼西汉简
11	荼陵		佷山		阴山			
12	容陵		零阳	零阳（0358）		舂陵长（0530）		
13	安成	安成（1434）	充	充（0107+0095）、充丞（2119）		叶侯使者（0279）（0283）		
14		长赖（0176）、丞（0118）、令史（0339）、都乡啬夫（0132）、仓啬夫（0344）、樱里（0795）		门浅（0095）、门浅丞（0313）				
15		南山长（0395）、佐（0557）、令史（0795），成里（0595）	沅阳	沅阳（0048）（0095）、沅阳佐（0004）、仓佐（0040）				
16		西山（0796）、西山陵长（0337）、西山主（0134）、佐（0599）						
17		南阳（0175）、南阳长（0335）、南阳库（1335）、平阳里（0125）						
18		定邑（0306），定邑长（0214），定邑主（0306），令史（0557），千秋里、延年里（0522）						
19		定园长（0214）						
20		寿陵（0796）、寿陵主（0176）、寿陵长（1535）、寿陵西都（0153）（0197）						
21		靖园（0274）、高成里（0274）、黄里（0585）						
22		临沩（0556），丞（0620）、狱史（0620）						
23		醴陵（0175）、醴陵丞（0542）						
24		邑陵（0340）（0796）						

《汉志》所载荆南地区长沙、武陵、桂阳、零陵四郡国所辖县，实为汉元帝年间的版图。通过对上表所列县名比较，知《汉志》所载长沙国所辖十三县，汉简可见九县，如临湘、罗、连道、益阳、攸、酃、烝阳、昭陵、安成，未见下隽、湘南、荼陵、容陵四县。另见溢置长赖、南山、定邑、靖园、临沩、醴陵等县级或类县级行政机构十一个；《汉志》所载武陵郡所辖十三县，汉简可见十一县，如索、临沅、沅陵、镡成、无阳、迁陵、辰阳、酉阳、义陵、零阳、充，未见孱陵、佷山二县，另见门浅、沅阳二县；《汉志》所载桂阳郡辖十一县，汉简可见三县，如郴、临武、便，未见南平、耒阳、桂阳、阳山、曲江、含洭、浈阳、阴山八县，另见春陵、叶侯国；《汉志》所载零陵郡所辖之九县一国，汉简可见二县一国，如零陵、泠道、都梁国，未见营道、始安、夫夷、营浦、泉陵、洮阳、钟武七县。考虑到简牍文书在被处理时曾遭焚烧、填埋、残损严重及笔者统计疏漏等因素，[①] 不排除还存在遗漏县、道、侯国名的情况。

尽管如此，若排除在国都首善之地周边因特殊原因新溢置的县或类县级机构，以及武帝元朔之后开边增置的新县与封削省并县、道、侯国的情况，简文所见县名大多可与《汉志》相对应。虽然，比较之对象因年代的不同，其领辖属县已发生较大的变动，但所见县名却与汉初、中期的状态相差无几（详见下节的论析）。如果再联系简文所载的具体内容加以观察，似乎很难把此时长沙国的行政范围局限在一郡之地。虽然已有研究认为景帝二年（前155）封其庶子刘发为长沙王时，已除武陵、桂阳两支郡，至武帝时期又行推恩之令，元光、元朔年间封置长沙王子侯十五国，别属汉郡，[②] 但出土纪年简牍记载的诸多事例所展现的另外一幅同一时空框架下长沙国政区历史图景，似乎与以往学者研究结论存在一定的差距。例如前揭所举《宫司空令史儿等为武擅解脱易桎弗举劾案》《长沙走马楼西汉简临湘驾论血娄、齐盗赃案初探》[③] 及《西汉刘氏长沙国含长沙、武陵两郡考述》[④] 等相关探讨文章，其中的原因仍然须做进一步的观察与讨论。

三、武帝前期长沙国疆域的新观察

西汉长沙国的疆域变迁与其政区沿革是密切相关的。众多学者皆知《汉书·地理志》所载长沙国所辖十三县之范围，实为元帝初元三年（前46）复置长沙国后的情形，非指汉初以来的变迁状况。其间百六十年

---

① 长沙简牍博物馆、长沙市文物考古研究所：《长沙市走马楼西汉古井及简牍发掘简报》，《考古》2021年第3期。

② 周振鹤：《中国行政区划通史·秦汉卷》，复旦大学出版社，2017年，第436—446页。周振鹤：《西汉政区地理》，商务印书馆，2017年，第127—136页。马孟龙：《西汉侯国地理·西汉侯国建置沿革综表》，上海古籍出版社，2013年，第510—540页。

③ 杨芬、宋少华：《长沙走马楼西汉简〈宫司空令史儿等为武擅解脱易桎弗举劾案〉初步考察》，邬文玲、戴卫红主编《简帛研究·二〇二〇·秋冬卷》，第235—252页。熊曲、宋少华：《长沙走马楼西汉简临湘驾论血娄、齐盗赃案初探》，（韩国）庆北大学人文学术院《东西人文》第15号，2021年，第137—156页。

④ 王勇：《西汉刘氏长沙国含长沙、武陵两郡考述》，待刊。

错杂的疆域盈缩与政区变化究为如何，自上世纪八十年代起即已为不少学者所加关注并予以缜细地爬梳，或为专文论述，或辟专著详考。① 这些颇具开创性、系统性的研究成果，极大地推进了这一学术课题认识的广度与深度，廓清了诸多学术史上的疑难点。其中周振鹤先生的《西汉政区地理》《中国行政区划通史·秦汉卷》可谓是成果卓著者。氏著首次系统地梳理了西汉二百年全部郡国级政区的变迁状况，分别阐述了各郡国政区变迁的动态化过程。周振鹤先生将汉长沙国（郡）政区沿革划分为五个阶段，即长沙国（前202—前157）—长沙郡（前157—前155）—长沙国（前155—前48）② —长沙郡（前48—前46）—长沙国（前46—8）。在此基础上，笔者按周振鹤先生五个阶段的思路，参酌其他学者意见，略加梳理其属县，概述如下：

第一阶段（前202—前157）：高帝五年（前202），以长沙郡、武陵郡置长沙国封吴芮。吕氏七年（前181），以南部数县析置桂阳郡。文帝后元七年（前157），长沙国除，长沙、武陵、桂阳皆为汉郡。

长沙国长沙内史所辖县（前202—前157）：临湘县、罗县、连道县、益阳县、湘南县、昭陵县、承阳县、鄙县、安成县、艾县、攸县、荼陵县、容陵县、洮阳县、舂陵县、夫夷县、泉陵县、都梁县、耒阳县、便县、叶平县③、建成县、宜春县。

长沙国武陵郡所辖县（前202—前157）：义陵县、沅陵县、无阳县、迁陵县、辰阳县、酉阳县、零阳县、佷山县、充县、上衍县、门浅县、镡成县、索县、临沅县。④

长沙国桂阳郡所辖县（前181—前157）：郴县、临武县、南平县、桂阳县、零陵县、营浦县、泠道、龁道（疑后省并）、观阳县（疑后省并）、营道。

第二阶段（前157—前155）：国除入为汉郡，属县略。

第三阶段（前155—前48）：景帝前元二年（前155），重置长沙国。武陵郡、桂阳郡自文帝后元七年长

---

① 傅举有：《长沙国述略》，《求索》1984年第3期。《长沙国的疆域》，《轪侯家》1991年第3期（内部数据）。周振鹤：《西汉政区地理》，人民出版社，1987年。周振鹤：《西汉长沙国封域变迁考》，文物编辑委员会编《文物集刊》第2辑，文物出版社，1980年，第179—188页。周振鹤：《中国行政区划通史·秦汉卷》，复旦大学出版社，2017年。罗庆康：《长沙国研究》，湖南人民出版社，1998年。马孟龙：《西汉侯国地理》，上海古籍出版社，2013年。

② 周振鹤：《中国行政区划通史·秦汉卷》第八章第三节《长沙国（郡）、武陵郡、零陵郡、桂阳郡沿革》，复旦大学出版社，2017年，第436—446页。又，长沙国（郡）沿革五个阶段之第三阶段印为“长沙国（前155—前141）”，疑为印误，宜更为“长沙国（前155—前48）”（第436页）。

③ 周振鹤：《中国行政区划通史·秦汉卷》第八章第三节《长沙国（郡）、武陵郡、零陵郡、桂阳郡沿革》，“叶平侯国（前125—前112）……今地无考，或亦在攸县附近”（第442页）。

④ 周振鹤：《中国行政区划通史·秦汉卷》第八章第三节《长沙国（郡）、武陵郡、零陵郡、桂阳郡沿革》，周氏认为：“汉初武陵郡有门浅、上衍两县，不知何时废也。地望不明。”镡成，“元鼎六年平南越后，镡成方属武陵。治所在今湖南靖州苗族侗族自治县南，确址无考”。孱陵，“武帝初年仍属南郡辖，不知何年改隶武陵”。索、临沅，“宣帝时期由长沙国削入”武陵郡（第441页）。

沙国除后入汉，自此不复属长沙国。又武帝元鼎六年（前111）平越后，析桂阳郡另置零陵郡，亦入汉不属王国，长沙国实为一郡之地。汉廷益其南郡汉水南岸数县属长沙，故其北界抵“波汉之阳”。武帝元光六年（前129），置安成、宜春（豫章）、容陵三王子侯国，别属汉郡。元朔四年（前125），置路陵、攸舆、茶陵、建成、安众、叶六王子侯国，别属桂阳郡。元朔五年（前124），置（安道）、[①] 舂陵、夫夷、都梁、洮阳、泉陵县五（六）[②] 王子侯国，别属桂阳郡。宣帝元康元年（前65），又置复阳、钟武、高城三王子侯国。[③] 前65年之后剌王建德有罪削八县：索、临沅削入武陵郡，华容、竟陵、郢县削归南郡，耒阳、便县削入桂阳郡，艾县削入他郡。

长沙国所辖县（前155—前48）：临湘县、罗县、连道、益阳、湘南县、昭陵县、承阳县、安平县、阳山县、下隽县。

第四阶段（前48—前46），国除入为汉郡，属县略。

第五阶段（前46—8）。元帝初元三年（前46），复置长沙国。或因长沙国户数过少，遂取安成、容陵、茶陵、攸四县益之。[④] 这便是为读者所熟知载于《汉书·地理志》元延绥和之际（前9—前8）的长沙国政区版籍。

《志》曰：“长沙国秦郡，高帝五年为国。莽曰填蛮。属荆州。户四万三千四百七十，口二十三万五千八百二十五。县十三：临湘、罗、连道、益阳、下隽、攸、酃、承阳、湘南、昭陵、荼陵、容陵、安成。”[⑤] 哀帝建平四年（前3）置湘乡侯国，平帝元始五年（5）置承阳侯国、昭陵侯国，皆别属汉郡。[⑥]

此一考证的成果与研究方法，为我们认识汉长沙国政区疆域在长达200余年间的动态变化，勾勒出一幅基本清晰的轮廓并开拓了一条新的探索路径，较之前贤的研究推进了一大步。随着时间的推移，在本世纪初走马楼西汉简的发现与整理，将使我们有可能借助出土文献材料对相关问题进行更为深入的观察与思考。

通过初步的观察比较，据纪年简牍所载，在武帝元朔至元狩年间（前128—前120）汉长沙国政区呈现了许多新的情况，为传世文献与以往研究成果所不载。例如长沙国内史政区属县的数量就已超出了前揭“第三阶段”的数量，出现了不少新的县名或类似县级机构名称。如长赖、南山、靖园、西山、西陵、寿陵、邑陵、定陵、定邑、定园、醴陵等。

简文举例：

---

① 马孟龙：《西汉侯国地理》（修订本），第537页。

② 马孟龙：《西汉侯国地理》（修订本），第537、539、540页。

③ 周振鹤：《中国行政区划通史·秦汉卷》，第436页。

④ 周振鹤：《中国行政区划通史·秦汉卷》，第436页。

⑤ 《汉书·地理志》，第1639页。

⑥ 周振鹤：《中国行政区划通史·秦汉卷》，第446页。

14. 九年五月乙未朔丁未，临湘令坚、长赖丞尊守丞告尉谓

仓、都乡，敢告宫司空、攸、南阳、将作：定王后营徒髡钳城旦　(0583)

15. 十五日与贼寇已私日失入时尊六枚，寇相入☑

……即徙定陵，上到雁泽渚□□□　(0686)

16. 九年正月丙申朔辛酉，铁官长齐守临湘令，丞忠，敢告定邑主：定邑令史

辛与行事长南山长行、佐齿皆坐，劾监临主守县官钱盗之（正）。

二月戊寅，临湘佐 □□以来，掾遂、狱史生（背）　(0557)

17. 二月丙寅，定园长衾行定邑长事移书

□□令史生?　(0214)

18. 九（七）年三月丁丑朔癸未，临湘令寅谓南乡告尉、

别治长赖、醴陵，敢告寿陵、西山主：不智何人非纵　(0176)

19. 追搜索寿陵界中，□寿陵界中临湘旁　(0739)

20. 三年二月辛未朔壬戌，宫司空丞仆谓司空，敢告西山、寿陵、长赖、邑陵：临湘令

史公乘、当阳里它人，坐追劾人者回辟逗留，毄牢，遂亡满卅日不得。驾论命　(0796)（图三）

21. 三月甲申，长沙内史齐客、邸长始守丞谓临湘、宫司空、食官、寿陵、采铜、烝阳、

南阳、连道邑、别治醴陵：移牒，临湘长一短二；采铜、宫司空、食官、烝阳各一；醴陵(0175)（图四）

22. 烝阳罗里。血娄，士五，南山成里。皆坐盗铁涓（锁）各一，亡，未命。共盗

靖园高成里大夫昌钱二千、麻布一匹、缯复衣一、赤罗□一、青　(0342)

以上所举文例中，定陵、定邑长、定园长、寿陵主、西山主、邑陵等名称的出现，当与定王刘发或刘氏长沙国王室陵域所在有关。据长沙近五十年来对西汉长沙国王陵的考古勘探调查与考古发掘成果已获知，吴氏长沙王与刘氏长沙王的陵域均位于湘江西岸的丘陵地带，陵区整体略呈南北向狭长条状。吴氏长沙王陵区主要分布在南半部，其南起天马山，北至咸嘉湖、象鼻嘴山、狮子山一带。刘氏长沙王陵区主要分布在北半部，其东南自桃花岭，西北达蜈蚣蒂山、风盘岭一线。①

西汉自始，帝王陵寝旁即置陵邑，汉功臣王侯亦可置邑移民。《史记·淮南衡山列传》："乃徙城阳王王淮南故地，而追尊谥淮南王为厉王，置园复如诸侯仪。"《汉书·霍光传》载，光薨，"发三河卒穿复土，起冢祠堂。置园邑三百家，长丞奉守如旧法"。以上所举是否皆为县名，尚可不必遽下结论。简例 14、15、16、17 所见定王后营（茔）、定陵、定邑、定园之名出现应在刘发去世，朝廷颁谥之后，当是武帝元朔元年（前

① 何旭红：《汉代长沙国考古发现与研究》，岳麓书社，2013 年，第 49—51 页。

128）之后的产物。据《史记·诸侯王表》载，景帝前元元年（前156）“复置长沙国”。前元二年三月甲寅为“定王发元年”。《史记·五宗世家》：“（发）立二十七年卒。”“定王”乃长沙王刘发的谥号，定陵当为定王刘发的陵墓，定王后茔当指王后的茔墓。定园、定邑分别或为定王与王后陵园与陵邑的日常管理机构。简例19、20所见寿陵、邑陵、西山或与涉及欲绵延百代，占地面积更为广大的长沙王陵区域内不同类别的管理机构，如山林、苑囿、池泽等有密切关联。当然亦不排除继续沿用已被除国的汉初所封异姓吴氏长沙国已设地名、陵园名的可能。简例18所见“西山”，在益阳兔子山7号井出土的惠帝五年七月的木牍文书（简J7⑦：305）亦可见。[①] 说明该县名至少在汉初就已设置，亦不排除设置年代有更早的可能。简例22所见“靖园”则有可能原为吴长沙国第五代王吴著［谥靖王，薨于文帝后元七年（前157），因无后国除］的寝园[②]，疑为国除之后渐更为县治。简例18、21、22所见“别治长赖”“别治醴陵”及“西山”“南山”等名，疑为分布在王国都畿临湘县附近新设机构的治所，或为王国新设机构，或与临湘丞、尉治所有关。虽然上述机构名称之后常见缀有长、丞、尉、令史等职官名及乡里名，见前揭所列长沙国（内史）县乡里名对比表，是否确为县名，仍须对其政区边界与所辖乡里作进一步观察，但可以推定与加强王国都畿周边的治理及规划新建的刘氏王陵茔域的安全当有一定的关联。

长沙国与原支郡及属县的关系也呈现不一样的面貌。简文中仍多见原支郡及属县名，如武陵、义陵、临沅、索、充、零阳、沅陵、迁陵、酉阳、辰阳、无阳、镡成、便、烝阳、郴、舂陵、临武等，甚至已封王子侯国的叶[③]、都梁侯国名亦见且有往来。[④] 王国与支郡、属县之间的互动颇显频繁，其隶属关系未见明显脱钩迹象，在事关王国的賨米钱赋的征收调输、县佐将田雇佣收禾、各种计簿的考课举缪纠误、监临官员职务犯罪、捕亡缉盗案劾审决等一些重大紧要事务、事件中，仍见其上对下行使有效管理的状态。“遣吏是服，处实入所”乃下行文书中常见的官方指令用语，时见王国相关部门的掾史参与并主导其间。另也有见支郡属县的主官、长吏代守王国内史丞的职事，这种除迁调任的情况表明，应是王国尚能在其管辖范围内实施有效行政的一种常态。

简文举例：

23. 五年九月丁巳狱史巴人、胡人讯襄人，要道辞曰：府调无阳四年賨糴（粜）卖取钱输临沅食

① 张春龙、张忠炜：《湖南益阳兔子山遗址七号井出土简牍述略》，《文物》2021年第6期。

② 《史记·诸侯王年表》，第829页。

③ 马孟龙：《西汉侯国地理》（修订本）：“叶，元朔四年，武帝封长沙定王子刘嘉为叶侯，《汉志》叶属南阳郡，前面曾引述周振鹤先生的观点，南阳郡之叶侯乃由长沙迁置而来。今按，《待时轩印存》著录有一方西汉滑石印‘叶阳邑长’滑石印是湖南地区西汉墓葬特有的随葬物，可证西汉长沙国确有‘叶（阳）县’，即刘嘉初封之地。”（第272页）

④ 马孟龙：《西汉侯国地理》（修订本）：“都梁置年，元朔五年（前124）六月，废年，莽。长沙王子，地望，今湖南隆回县桃花坪街道。”（第539页）

官、厩，偿所赎童贾（价）钱，皆急缓。夷聚里相去离远，民贫难得，襄人令译士五搞收债义

溪溪叟人，环言：得五椊船一櫻士五定所，当米八斗；肠七十五斤，士五强秦、麐、仆各廿五斤，非搞家賨肠。襄人自责，得士五共吸为大男共来予肠十五斤，士五工期为☐　（1792+0017）

24. 五年九月丙辰朔辛酉，无阳长婿、令史巴人行丞事，敢告临湘主：案赎罪

以下写劾，辟爰书。移书到，令史可论，倚言夬（决）属所长沙内史府如律令。敢言之。（0121）

25. 二〈三〉年四月丙申，将田义陵佐僮、沅阳佐卯，出赁安成里公乘伉充、南阳

公乘午等，连□上粟，卯实不与僮共出钱缯以付充等，僮诈以卯名为券书。

四年二月乙未朔戊戌，将田沅阳佐卯劾。　（0006）

26. 四年五月甲子朔庚寅，案事，长沙相史驾、武陵守卒史纵、辰阳令史野劾。

六月丙申，案事，长沙相史驾、武陵守卒史纵移辰阳：以律令从事，言夬（决）相府/相史驾、卒史纵　（0046）

27. 五年二月己丑朔丁酉，服捕命未得者尉史骑爰书：命男子卯自

诣，辞曰：故公大夫，沅阳昌里，为沅阳仓佐，均镡成库佐。镡成遣卯趣作仓役无阳、义陵、沅阳。相史驾、卒史纵劾卯以诈为书辟负辟偿臧（赃）六百以上，移辰阳，辰阳辟归镡成，镡成以吏亡鞫论，免卯削爵为士五。

辰阳狱史光甲与丞邮　（0040）

28. ☐（毋辨）护，不胜任。得，轂牢。以不胜任论，免非子

☐（移校五）年应狱计。使、郴以从事。司空除轂　（0225）（图五）

29. 四月辛卯，长沙侯行长沙内史事、舂陵长始守丞敢言之。少府谨写移，

敢言之。/守史郢、书佐丙。内史齐客告归。①　（0530）（图六）

简例23、24为“无阳脽夷乡啬夫襄人收賨案”中的案讯文书内容。案情大意：长沙王刘庸五年（前124），王国某府急调无阳县（属武陵郡）四年“賨”，粜卖为钱输给临沅食官、厩，用以偿还抵押的童（重）价钱。事发紧急，而无阳所在地蛮夷聚落之间相离甚远，民贫难以征得。在征税的过程中，脽夷乡啬夫襄人因纳税券书交付等方面出现问题，与多名纳賨者发生纠纷，引发了一桩诉讼案。简文所见此案似由无阳县长、丞将案劾文书移送临湘县（可能由上级部门指定）复审后，将审决结果移呈报备长沙内史府。

① 不限于县丞、内史丞，这里的守丞当为副职的泛指。对“守丞”含义多有讨论，笔者赞从孙闻博先生之说，即守丞是县丞在职、因故不在署时的一种权宜设置，丞归即罢，不具有试守性质。参见孙闻博：《里耶秦简“守”、“守丞”新考——兼谈秦汉的守官制度》，卜宪群、杨振红主编《简帛研究·二〇一〇》，广西师范大学出版社，2012年，第66—75页。

简例25、26、27为："义陵将田佐僮诈以卯名共出为券书案"的劾文书内容。卯乃沅阳昌里人，公大夫，先后事沅阳仓佐、镡成库佐。镡成曾遣其出作无阳、义陵、沅阳仓役。长沙王刘庸二年（前127），两人受命同为"大农将赁人田无阳界中"，各自管理所负"将田"事务。僮为避负偿雇佣者钱缯（佣者赁资），诈用卯名共出为券书，致使卯被案讯论罪，卯因此逃亡，后又自出投官申述冤情。案情的发生、审理在长沙王刘庸三年（前126）至五年（前124）间，审理过程几经反复，颇为曲折。主理此案的长沙国相府曾前后两次派员审理，结果却各不相同。因议题与整理规定所限，拙文所举简例，仅为披露案情前期阶段的少许部分，理案过程未作过多展开。尽管如此，从简例26已知，此由长沙国相史驾、武陵守卒史纵、辰阳县令史野联署举劾，再经驾、纵案核后移交辰阳县审理，审决结果须呈交相府言决。简例27即为辰阳县尉史上报卯自出后的案讯爰书。从上举二则案例中可见，自賨税征缴，枲钱输给到将田雇赁，狱事审理等诸多方面，长沙国对武陵支郡及其属县，依然行使着有效的行政管辖权，其隶属关系并未发生改变。接下来我们将目光移向长沙内史地与桂阳郡。

简例1、28为"便移五年户计余口书误案"中的劾文书内容，便县因上报王五年（前124）户计人口数出现误差，长沙内史府、中尉府掾史经审查后发现有误举劾，便县长吏及属员一干人等皆因"书误"事而获罪。此案移交便县审理后，移决报备中尉府。值得注意的简例28，似为对便丞非子的判决文书，简文虽有残缺，但文意尚可明白。拙文前揭第一节"简牍年代补证"所引简例4，已知便丞非子为郴县畸里人。另据已发表的"临武丞武案"的判决文书可知，狱事已决，经报上级机关审批后的判决文书当移送涉案人员的原籍所在地、案发地、服刑地等相关部门，各自移录当年狱计册簿，做到相应无误。① 此一法律程序与当时施行的司法审判的制度设计有关。文中"便、郴以从事"为省文，按规范的文例复原，即为："（移）便、郴以（律令）从事。"从文书的用语及运行方向看，显然属于下行文书。便，当指长沙国（内史）之便县。郴，应指桂阳郡治之郴县。两县同时受命按照上级指令办事，除朝廷外，桂阳郡与长沙国的从属关系，孰上孰下，就值得再观察了。联系相关简文来看，很显然这一指令来自长沙国。

简例29有见桂阳郡之属县舂陵长吏，代守王国内史丞的记载。其用语呈上行文书格式，疑为向朝廷或王国报告的文书，所言者之一乃代守长沙内史丞事的舂陵长始。舂陵按其辖属关系当为桂阳郡属县。马孟龙考其地望有二：即今湖南宁远县柏家坪镇柏家村东南与湖北枣阳市吴庄镇舂陵村。② 《汉书·王子侯表》："舂陵节侯买，长沙定王子。（元朔五年）六月壬子封，四年薨。元狩三年（前120），戴侯熊渠嗣，五十六年薨。元康元年（前65），孝侯仁嗣。侯敞嗣，建武二年（26），立敞子祉为城阳王。"③ 《后汉书·城阳恭

---

① 杨芬、宋少华：《长沙走马楼西汉简〈宫司空令史儿等为武擅解脱易桎弗举劾案〉初步考察》，邬文玲、戴卫红主编《简帛研究·二〇二〇·秋冬卷》，第250页。

② 马孟龙：《西汉侯国地理》（修订本），第452页。

③ 《汉书·王子侯表》，第469页。

王祉列传》："节侯买，以长沙定王子封于零道之舂陵乡，为舂陵侯……元帝初元四年（前45），徙封南阳之白水乡，犹以舂陵为国名。"① 武帝元朔五年六月封刘买为舂陵侯，舂陵县即为其封国，县之长吏当为其侯相。何以出现舂陵长名？推测其原因：一则或是简文所记乃是元朔五年六月之前事，时尚未封置刘买侯国。因简文仅署该月"四月辛卯"历日，检张培瑜《秦汉初朔闰表》，知除元朔三、四年外，元朔元、二、五年的四月中皆有辛卯日。李忠林《秦至汉初朔闰表》同。故推舂陵长始守内史丞事，当在其中的某年。笔者根据相关简文所载内史齐客在任期间涉处有关案事的时年，推测简例29的年代在元朔五年四月的可能性较大。二则或是舂陵侯国初封之时，仅取二三乡之地，颇类尹湾汉简中平曲县之事例，② 疑割舂陵县而建侯国。从舂陵长始代守长沙内史丞职事观察，这种临时的调迁应属于长沙国的职权分内之事。安作璋、熊铁基认为："汉初王国二千石官，均由中央代置，二千石以下官，始由王国自置……景帝以后，定制四百石以上官吏均由中央派遣，王国仅得自置四百石以下官。"③ 周长山认为："县道长吏的任免权根本握于丞相之手。而对属县负有监督指导之责的郡国守、相，则可以在县道长官出现空缺之时，命人代行其职。"④ 邹水杰认为，县令长"从任用类型来看，从州郡县属吏与朝廷郎官中，通过功次和察举迁升为令长是当时最主要途径，由郎官、博士直接出补令长也是重要的补充……但他们同时又要受郡守的制约。郡守可自选官吏以行或守的形式暂代县令长之职，或使能吏一人兼摄多县之事"⑤。彼时长沙国属县令长的任命权属究归何处？须待进一步观察研究。拙文在此只是对观察的对象提出一些推测：若排除长沙国范围内与舂陵重名者，舂陵倘若确为桂阳汉郡之属县，长沙国是不大可能径从汉郡调迁属县长吏代守内史丞之职事的，由此似可表明彼时桂阳及舂陵尚隶属长沙国并受其辖治。

简例10、11、12、13为"宫司空令史儿等为武擅解脱易桎弗举劾案"的劾文书内容。武为临武县丞，大夫，临湘泉阳里人。因监守自盗，初判髡钳城旦，定王后营徒。后因发现武还犯有其他重罪，复治加判其罪。复治"临武丞武案"还涉及武被关押在王国宫司空狱期间，擅自为其解脱刑具以及虽负监管之责却未为加举报的数位吏员。有关案情的讨论，已有文章披露，兹不做展开。⑥ 关于"临武丞武案"初审与复治一事值得讨论，据已公布的该案两份判决文书，知初审时，"武系宫司空狱"，"儿"为"主系令史"，"外""不识"皆为"狱史"，似表明武帝时期，长沙国宫司空是设置有监狱的。虽有学者研究认为，郡国"不单独置

---

① 《后汉书·城阳恭王祉列传》，中华书局1973年，第560页。

② 周振鹤：《中国行政区划通史·秦汉卷》，第118—120页。

③ 安作璋、熊铁基：《秦汉官制史稿》，齐鲁书社，2007年，第725页。

④ 周长山：《汉代地方政治史论》，中国社会科学出版社，2006年，第67页。

⑤ 邹水杰：《两汉县行政研究》，湖南人民出版社，2008年，第170页。

⑥ 杨芬、宋少华：《长沙走马楼西汉简〈宫司空令史儿等为武擅解脱易桎弗举劾案〉初步考察》，第235—252页。

狱”。[①] 但据新出简牍数据观察，此一问题仍有可探讨的空间。关于复治的情况，其与张家山出土《奏谳书》案例十五“醴阳令恢盗县官米案”审判程序颇为近似。该案例十五的案发地是南郡的醴阳，恢任县令之地，而案审地却非恢供职之地的江陵县。[②] 近年来，有研究者指出：“汉初存在由同级的县向上奏报它县长官犯罪的司法实践，或者说可以进一步推测这一实践背后是有具体的规定作为制度依据……郡治所在县的县令将郡管辖的特殊身份犯罪案件上报至中央，由皇帝最终裁决。”[③] 管笑雪认为：“案件很可能是由受案县道在呈报南郡之后，由南郡转交江陵县审理……江陵县对案件的调查审理反映出地域回避的制度设计……类似于‘异地审理’。”[④] 目前有关《奏谳书》其他案例的审判程序的讨论，大致可归为两种类型。一类如案例十七“士五毛盗牛案”[⑤]，可视为“案发地县廷管辖”的类型。[⑥] 另一类如案例十五“醴阳令恢盗县官米案”，可视为“案发异地审理”的类型，这与涉案者的官秩身份是否有关以及还有无其他类型仍可作进一步观察。参考上述学者的意见，笔者认为，武帝时期上述两种类型的案审程序皆可能同时并存，根据“临武丞武案”及公布的相关简文资料来看，此案更相近于“案发异地审理”的类型。从“临武丞武案”审判程序上观察，自案件发生地“武”供职之地临武县到案件初审地王国宫司空狱，再至复审地国治临湘县，其中并无看到因制度程序及地域上的距离出现阻隔与影响，或是超越常规的特事办理，表明这是在长沙国辖域范围内的按当时法律程序处理的一起重要司法案件，亦表明汉廷相关的法律制度设计在郡国同时得以推行。至于王国审判案件中涉及有爵者甚至是高爵犯罪者，例如“临武丞武案”中武为大夫爵，主系令史儿为官大夫爵，宫司空令史外、佐不识皆公乘爵，是否论决后需上报朝廷审批，仍可继续讨论。临武应指桂阳郡之临武县，是简文所见在地理空间上位于最南端之县，今之临武县距郴州的公路距离尚有百余公里，古代实际距离则当更远。郴县时为桂阳郡治所在，《湖南通志·地理志》：“临武，今桂阳州之临武、嘉禾县地。郴县，今郴州、宜章、兴宁、桂阳、桂东及桂阳州地。”[⑦] 武任临武县丞，临武为桂阳郡属县，武因职务犯罪，先是收械于长沙国宫司空狱，由王国司法部门判处重刑，发配充作修造长沙定王后（定王之妻）陵墓的刑徒。其后又因另外发现武与狱史外、不识还犯有其他重罪而移临湘县复治，加判其罪（此亦属于小范围的“案发异地审理”）。从政

① 宋杰：《汉代监狱制度研究》，中华书局，2013 年，第 183—184 页。

② 张家山二四七号汉墓竹简整理小组编著：《张家山汉墓竹简（二四七号墓）》（释文修订本），文物出版社，2006 年，第 98 页。

③ 陈迪：《〈岳麓书院藏秦简（伍）〉053—055 简小考》初稿，第八届“出土文献与法律史研究”学术研讨会论文，2018 年 11 月。

④ 管笑雪：《秦至汉初特殊身份者审判程序研究》，华东政法大学法律古籍整理研究所《出土文献与法律史研究》第十辑，法律出版社，2021 年，第 58—59 页。

⑤ 张家山二四七号汉墓竹简整理小组编著：《张家山汉墓竹简（二四七号墓）》（释文修订本），第 100—102 页。

⑥ 彭浩：《谈〈奏谳书〉中秦代和东周时期的案例》，《文物》1995 年第 3 期。

⑦ 光绪十一年（1885）重修本。

区空间观察，是从桂阳郡临武县→长沙国宫司空狱（可能在临湘）→定王后陵墓（临湘）→临湘县狱；从时间维度上观察，案情发生在第一代长沙定王发薨年（前129）之后，至第二代长沙王刘庸九年（前120）之间。在这一基本明确的时空框架之下，从发生的一系列相互关联的事件与空间场景转换中可以清楚地观察到：武帝元朔、元狩之际的长沙国依然对临武县行使着有效的行政管辖。由此而延伸到桂阳郡，其隶属长沙国的关系应该是清楚的。倘若桂阳郡已为汉郡，临武县为桂阳郡之属县，长沙国何以越界捕人，临武丞更是不会因犯罪而被递解到国治临湘审决，罚作刑徒与复治其罪的；反之，长沙国又如何能在桂阳汉郡的管辖区域内拥有临武县这样一块飞地。上述的推论若属合理的话，从临武县所处地理位置上观察，长沙国的政区疆域当广至桂阳郡。关于桂阳郡始建年代，传世文献记载较为简略，认为在汉初高帝置。《汉书·地理志》云："桂阳郡高帝置。"①《水经注校证·耒水》：桂阳郡"汉高帝二年分长沙置"②。后来学者的研究则倾向于吕后、景帝之时。王国维《汉郡考》："汉郡之增，实在孝景之世……是岁七国反，既平其地又以其余威削诸侯，于是……得武陵、桂阳于长沙。"③ 董远成亦承此说，认为："至汉景帝吴楚七国之乱时……把原来长沙国的南部地区，相当于《汉志》桂阳、零陵两郡之地，从长沙国划出，改为直属于汉朝的桂阳郡。"④ 周振鹤认为，桂阳郡"吕后七年分长沙内史置。初置时属长沙国，文帝后元七年，长沙国除，入为汉郡，自此不复属王国"⑤。诸位学者的论析或自有理据，然而检阅走马楼出土西汉简牍，却很难见到有关记载桂阳郡的只言片语，但凡涉及桂阳郡相关的属县、职官、案事等等，颇难见其郡级长吏抑或掾史的踪影或活动的行迹，给人一种模糊不清，难以确定的印象。与前揭所举简例25、26、27"义陵将田佐僮诈以卯名共出为券书案"中有见"武陵（郡）守卒史纵"的明确记载成了鲜明的对照。笔者以为：吕后七年，置桂阳郡属长沙国的可能性是存在的，然景帝重置刘氏长沙国至武帝前期，桂阳郡恐未设置，其辖境统属于长沙内史。当然，造成此模糊印象或有其他的原因，如因出土简牍残损、缺失严重，导致有关记载桂阳郡的简文阙如以及笔者存在的认知局限等等。为慎重起见，拙文在论述中仍假定桂阳郡已设置为前提展开讨论，并由此提出以上一些初步的看法。关于武陵郡的归属，前揭简文反映颇为清晰，其属长沙国甚明，且有学者专文论述⑥，此不赘。

对于简文所记载的与众多复杂事案交织一起频繁出现的原支郡诸属县之名而言，如果在简牍的时间断代没有出现太大的误差，同时排除有关县名重复的话，似乎在表明这一时期长沙国政区的有效管控范围，仍大致维持在汉初疆域版图内，当然不排除个别属县或有变动或除没。特别是简例28、29、10、11、12、13涉及

① 《汉书·地理志》，第1594页。

② 郦道元著，陈桥驿校证：《水经注校证》，中华书局，2007年，第915页。

③ 王国维：《观堂集》卷十二《林汉郡考》，《王国维遗书》第二册，上海古籍书店，1983年。

④ 董远成：《楚秦汉时期长沙地区历史地理概述》，《湖南省博物馆馆刊》第六辑，岳麓书社，2010年，第178页。

⑤ 周振鹤：《中国行政区划通史·秦汉卷》，第441页。

⑥ 王勇：《西汉刘氏长沙国含长沙、武陵两郡考述》，待刊。

到桂阳郡所属的郴县、舂陵县、临武县。郴为桂阳郡治所在，舂陵、临武为桂阳郡之属县，临武县更在诸王子所封侯国之南。桂阳郡所属之三县以及前揭所言之都梁侯国、叶侯国均与长沙国内史府、中尉府及属县行政发生交集往来，却少见该郡行政作为之影响，是故除桂阳郡的归属与设置当值斟酌外，其中是否还隐匿着中央朝廷更深的谋划与心机，亦值得考虑。从武帝元光、元朔年间封置长沙王子侯国的地域位置观察，众侯国皆错置在长沙国南部及桂阳郡的东西两侧，东侧为罗霄山脉之西缘一线，西侧为雪峰山脉东缘一带，唯独空留耒、便至郴、桂阳一线的交通便道地域未加封置，是否与朝廷平越之意暗合，颇值留意。南越国与朝廷的关系貌合神离，素非融洽，双方关系时缓时急。长沙国与其接境，吕后、惠、文之际，南越国屡启事端，频生战事，景、武年间，其王佯称病不朝，图谋不轨。朝廷虽剿抚并用，亦未见获有大的功效。《史记·南越列传》载："孝景时，（佗）称臣，使人朝请。然南越其居国窃如故号名，其使天子，称王朝命如诸侯。"[①]"……佗孙胡为南越王……称病，竟不入见……（太子）婴齐代立，即藏其先武帝玺……固称病，遂不入见，遣子次公入宿卫。"[②] 元鼎四年（前 113），"汉使安国少季往谕王、王太后以入朝，比内诸侯……（吕）嘉遂出，分其弟兵就舍，称病，不肯见王及使者。乃阴与大臣作乱"[③]。由此可见，南越国不臣之心由来已久，平越之意或早在汉武广开三边的谋略之中。在封置长沙王子侯的同时有意留此通道，便于朝廷储备粮草、屯输兵马、养精蓄锐，以待时变。桂阳郡是秦汉以来通往岭南的主要出发地，在秦开凿通达岭南的四条通道中，除一道位于豫章郡外，余三道皆位于桂阳郡境内。此三道："一是由湖南零陵溯湘江而上，经严关、秦城，从湘桂走廊的灵渠入漓江，沿西江而达番禺等岭南各地；二是自湖南道县溯潇水越九嶷塞而南达广西贺江再南通西江；三是自湘水支流耒水而达郴州，由此南越骑田岭，出阳山关，沿湟水东南行，经湟溪关、洭浦关，从北江而南达番禺。"[④] 元鼎四年（前 113）朝廷遣使入越宣旨，命南越王、王太后入朝，比内诸侯之时，卫尉路博德便已屯兵桂阳待使者，以防生变，说明朝廷早已提前做好了两手准备。元鼎五年（前 112），趁南越国发生内乱，朝廷发兵五路出击，其一路即由"卫尉路博德为伏波将军，出桂阳，下汇水……咸会番禺"[⑤]。所发的进军路线正是出桂阳（治郴），越骑田岭后下湟水（今连江）的骑田岭道，由此说明桂阳郡战略地位的重要。通道不封侯国的原因也是考虑到防止侯国与岭外暗通款曲，急变之时凭塞阻逆，合纵反叛。暂不收桂阳为汉郡，由其自便，或是"王国境内无侯国"之法在特殊情况下的一种变通实施方式。马孟龙对

① 《史记·南越列传》，中华书局，1975 年，第 2970 页。

② 《史记·南越列传》，第 2970—2971 页。

③ 《史记·南越列传》，第 2972—2973 页。

④ 王元林：《秦汉时期南岭交通的开发与南北交流》，《中国历史地理论丛》2008 年第 4 期。

⑤ 《史记·南越列传》，第 2975 页。《汉书·武帝纪》："遣伏波将军路博德出桂阳，下湟水；楼船将军杨仆出豫章，下浈水；归义越侯严为戈船将军，出零陵，下离水；甲为下濑将军，下苍梧。皆将罪人，江淮以南楼船十万人。越驰义侯遗别将巴蜀罪人，发夜郎兵，下牂柯江，咸会番禺。"（第 186—187 页）

长沙王子侯国发生迁徙数量如此之高的原因分析，对我们认识这一问题或有所启发。他认为：西汉的长沙国位于长江以南，而江南地区因生产力低下，自然环境恶劣，在武帝以前一直是不封置侯国的地区。汉武帝也考虑到桂阳郡自然环境恶劣又与南粤国接壤，属边郡范畴，分封在当地的王子侯不仅入朝长安路途遥远，还会受到来自南粤国的军事威胁这些因素。“于是在要求长沙王裂地分封子弟的同时，还制订了一套折中方案，允许长沙王子侯用减少封户作为交换，迁离桂阳郡和豫章郡。可见武帝在制定推恩令的同时，对长沙国的特殊情况也有所顾及，针对长沙王子侯国制定了‘减邑内徙’的政策。”① 那么除了顾及长沙王子侯国这些特殊情况而采取的政策外，有无可能在为实行更大的战略企图的行动措施上，因长沙之桂阳战略地位的特殊，制定了一种朝廷与王国双方相宜且具有一定弹性的权宜之策，羁而不发，张弛有度。由此笔者姑妄揣测，彼时桂阳郡地仍隶属长沙国，或径由内史辖治，其归属汉郡的时间或在武帝元鼎年间平越稍前（图七）。

四、余论

三十多年前，周振鹤先生在史料不足，更无众多出土简牍资料可资借鉴的情况下，以一己之力，独立完成《西汉政区地理》这部划时代意义的专著，博瞻通贯，嘉惠学林，功莫大焉。其勾勒各郡国政区变迁的动态化过程的方法，已为业内所称道。时至今日，根据新出简牍所提供的丰富信息所展示的鲜活细节追溯探寻其产生的动因，逐步复原长沙国政区地理，使之更趋近历史的真实，不仅是一个由浅入深、由表入里的过程，更是一个由面到点的补充完善的过程。以上所言也是后学在前辈学者所创导的研究思路与方法的基础上，继续依循“政区地理”所开辟的道路，不断探索前行的心愿与目的。正如周先生在其《西汉政区地理》重印前言所说：“近三十年来，秦汉简牍的出土不绝如缕，而且还有新简继续出土的趋势。这些新出土的简牍有已经出版行世的，还有许多来不及整理发表的。许多简牍的释读已经而且还会继续使秦汉政区地理的面貌更趋于丰满完善……细部总有新史料会进行补充与校正。”② 诚如所言，在这一点上我们以为，走马楼西汉简牍对于长沙国乃至秦汉政区地理研究而言，恰恰是使之更趋于丰满完善的不可或缺的重要部分。

总之，走马楼出土的西汉简牍文献以及与之带来的新材料，引发的新问题，无疑为我们再观察长沙国政区的变迁开启了一扇新的视窗，必将引导我们更加深入地观察了解王国政区及其社会在其动态运行的过程中所呈现出来的复杂的历史面相。笔者识浅，拙文只是对初步观察的某些表象，提出一些肤浅与不成熟的看法，疏谬之处，敬期方家批评指教。

---

① 马孟龙：《西汉侯国地理》（修订本），第 276 页。

② 周振鹤：《西汉政区地理》，“重印前言”第 1 页。

图一　简例 5

图二　简例 7

图三　简例 20

图四　简例 21

图五　简例 28

图六　简例 29

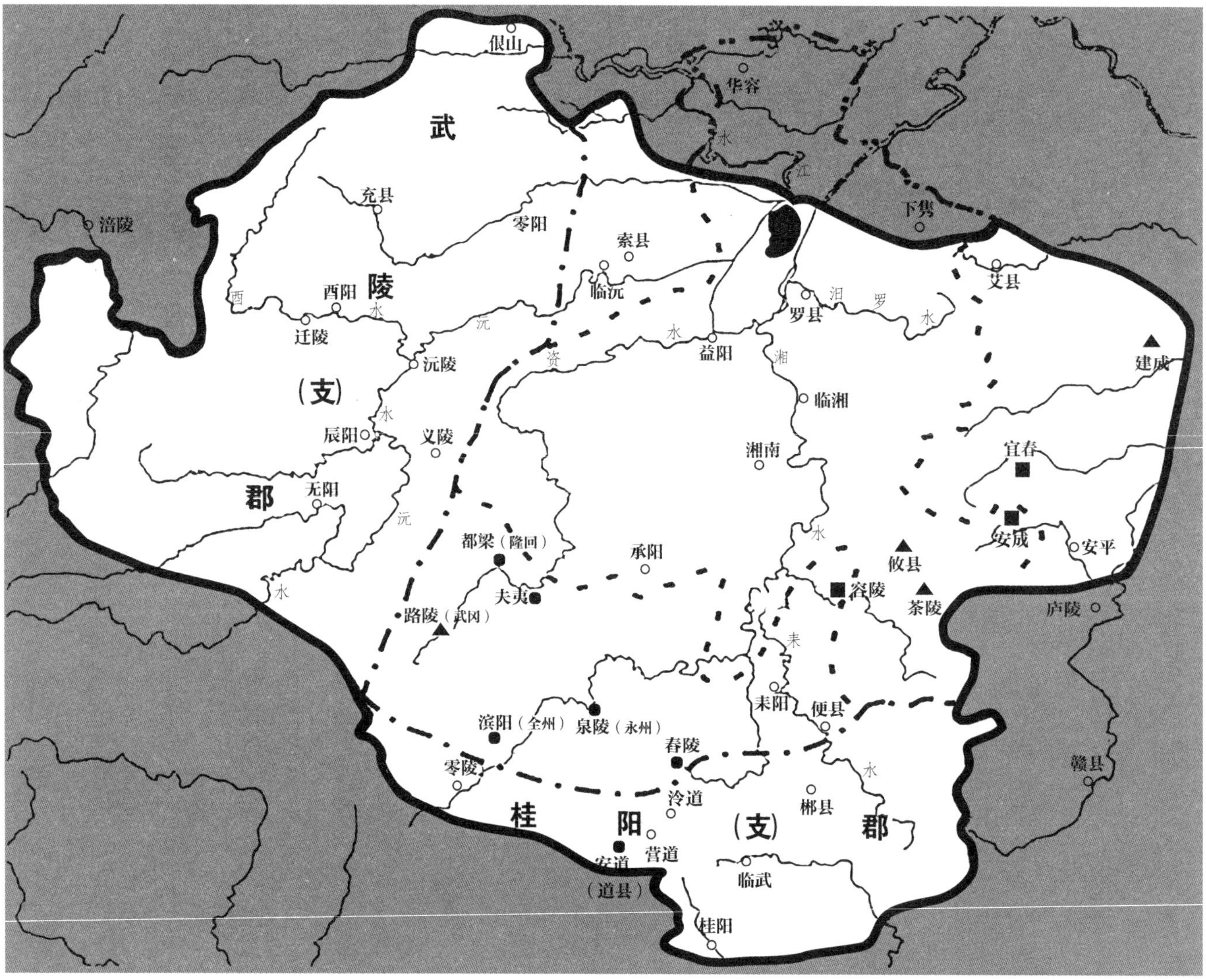

■ 武帝元光六年王子侯国
▲ 武帝元朔四年王子侯国
● 武帝元朔五年王子侯国

—·—·— 景帝三年七国之乱前长沙国界
------ 元帝初元四年长沙国界

图七　西汉长沙国刘氏王子侯元光、元朔年间封置示意图①

（宋少华，本文原载于中国文化遗产研究院编《出土文献研究》第二十辑，中西书局，2022 年。）

① 本图据周振鹤《中国行政区划通史·秦汉卷》（上）第 226 页图 2-24，以及马孟龙《西汉侯国地理·西汉侯国建置沿革综表》（修订本）第 510、528、529、537、539、540 页改绘。

第二节　走马楼西汉简所见地名考述

2003年，在长沙市走马楼东侧湖南省供销社综合楼工程基建工地编号J8的古井中出土了2600多枚走马楼西汉简。这批简的时间断限在公元前126年至公元前120年（汉武帝元朔三年至元狩三年），性质为西汉刘氏长沙国官府文书。① 这批文书集中反映了西汉中期长沙国的社会面貌，其中包括了许多地名信息，部分地名与史籍记载有出入，部分可与其他出土资料相佐证，本文就长沙走马楼西汉简所见长沙内史、靖园、攸、豫章南部都尉考述如下。

一、长沙内史

走马楼西汉简记载有“长沙内史”，如“长沙内史充”（0533）、“长沙内史齐客”（0175、0500、0530、0235、0335、0372、0507），记载了充、齐客曾任长沙国长沙内史。简0530还记载了长沙内史齐客告老还乡后，因长沙内史一职缺，故由长沙侯代为行使长沙内史：

四月辛卯，长沙侯行长沙内史事、舂陵长始守丞敢言之：少府谨写移，敢言之丿守史郢书佐丙·内史齐客告归　（0530）

高帝置诸侯王以掌治其国，各诸侯王国比拟汉廷设置了官职体系：

有太傅辅王，内史治国民，中尉掌武职，丞相统众官，群卿大夫都官如汉朝。景帝中五年令诸侯王不得复治国，天子为置吏，改丞相曰相，省御史大夫、廷尉、少府、宗正、博士官，大夫、谒者、郎诸官长丞皆损其员。武帝改汉内史为京兆尹，中尉为执金吾，郎中令为光禄勋，故王国如故。……成帝绥和元年省内史，更令相治民，如郡太守，中尉如郡都尉。②

从《汉书·百官公卿表》对诸侯王的记载，可知内史为西汉诸侯王国内的官职，其职责为治理诸侯国民，内史至成帝绥和元年（前8）时被省置。西汉对内史一职的设置因之于秦，《汉书·百官公卿表》对

① 陈松长：《长沙走马楼西汉古井出土简牍概述》，《考古》2021年第3期。

② 《汉书》卷十九《百官公卿表第七上》，中华书局，1962年，第741页。

“内史”有所说明：“内史，周官，秦因之，掌治京师。”① 故走马楼西汉简所见充、齐客曾任的“长沙内史”为一官职名。《史记·儒林列传》也记载有“长沙内史”：“（申公）弟子为博士者十余人：孔安国至临淮太守，周霸至胶西内史，夏宽至城阳内史，砀鲁赐至东海太守，兰陵缪生至长沙内史，徐偃为胶西中尉，邹人阙门庆忌为胶东内史。”② 诸侯国内史具体格式为诸侯国国名+内史，申工的弟子兰陵缪生担任过长沙内史。且长沙内史这个机构称为“长沙内史府”，见于走马楼西汉简 0121、0501、0667。③

除作为官职名外，在走马楼西汉简中“长沙内史”还作为地域名称存在，属于长沙国京畿地区，与武陵郡有所区别。

五年九月丙辰朔丁丑，仓啬夫虹行都乡事，敢言之：廷移邑陵书曰：亭长柯服求命者郡、诸侯，今有劾谒移长沙内史下属县，即在界中，勿与从事，遣诣 （0084）

邑陵各案界中不在，便报临湘·今谨案柯不在长赖界中，谒报临湘，以从事，敢言之。 （0340）

上述两枚简叙述了同一件事：由简 0084 可知在五年九月二十二日，仓啬夫虹代行都乡事处理了一封来自邑陵的文书：邑陵要求长沙内史下属县内如有发现亭长柯的踪迹，不要配合他从事并遣其至某地；结合简 0340，可知长赖上书临湘，上报在长赖县内未找到亭长柯。由简 0084“长沙内史下属县”，可知“长沙内史”是一个整体地域的名称，且长沙内史下辖了县。从上文可知，至少在西汉武帝时期，长沙国仍设置了内史，表示长沙国治所所在直辖地区。走马楼西汉简中表示地域概念的“长沙内史”即为传世文献所言西汉长沙国下辖长沙郡，可由此推知西汉长沙国内京畿所在的直辖区域称为内史，其具体格式为国名+内史。

汉初时，为巩固胜利成果及表彰功臣集团，汉高祖进行了大量的分封，汉王朝与各诸侯王国实际上是处于并立的地位，④ 故诸侯国中央官职系统比拟汉王朝进行设置。《汉书·地理志》：“本秦京师为内史。”颜师古注曰：“京师，天子所都畿内也。秦并天下，改立郡县，而京畿所统，特号内史，言其在内，以别于诸郡守也。”⑤ 秦内史本就是京师所在地，具有地域的含义。武帝改汉王朝内史为京兆尹，以区别诸侯国内史，此处的“内史”是延续秦对京师所在地的命名传统，为地域名，“武帝改汉内史为京兆尹……故王国如故”⑥。诸侯国内的郡县设置应也仿照汉廷，设有内史及各支郡以方便管理，⑦ 诸侯国内史地即诸侯国京师所在直辖

① 《汉书》卷十九《百官公卿表第七上》，第 736 页。

② 《史记》卷一百二十一《儒林列传》，中华书局，1959 年，第 3122 页。

③ 长沙内史作为官职名及官职机构，详见陈松长、陈湘圆：《走马楼西汉简所见长沙国职官建置论考》，《社会科学战线》2022 年第 4 期。

④ 马孟龙：《东郡之置与汉初关东控御政策》，《历史研究》2021 年第 4 期。

⑤ 《汉书》卷二十八《地理志第八下》，第 1639—1640 页。

⑥ 《汉书》卷十九《百官公卿表第七上》，第 741 页。

⑦ 西汉时内史设置承秦设置，内史是京师所在地，不设郡守，以显示其京畿地位。有关于西汉内史的性质分析参见马孟龙：《西汉侯国地理》（修订本），上海古籍出版社，2021 年，第 110 页。

地区。

在景帝中二年（前 148）之后，为削弱诸侯国势力，景帝对诸侯国疆域进行削减：

吴楚时，前后诸侯或以適削地，是以燕、代无北边郡，吴、淮南、长沙无南边郡，齐、赵、梁、楚支郡名山陂海咸纳于汉。诸侯稍微，大国不过十余城，小侯不过数十里，上足以奉贡职，下足以供养祭祀，以蕃辅京师。而汉郡八九十，形错诸侯间，犬牙相临，秉其阸塞地利，强本干，弱枝叶之势，尊卑明而万事各得其所矣。①

以上叙述似为一静态描述，即在平七国之乱后景帝立刻着手并完成了对各诸侯国的削地，但实际上，对各诸侯国削地的过程是一长时段的动态过程，不可能在景帝时就形成了汉郡与诸侯国之间犬牙参差之势。②从走马楼西汉简可见，长沙国与汉郡仍有明显区分，此可显示汉廷所辖之地与诸侯国所辖之地在管理上有界限划分。乘之案中张乘之在经历了几次乞鞫仍不得鸣冤后，企图前往汉郡即南郡去乞鞫：

以罪不当气（乞）鞫汉郡 （0620）

欲复气（乞）鞫，弗听，即去亡，欲之汉县，治后请（情） （0405）

简文所示“汉郡”“汉县”，即明显为与长沙国有所区别的汉廷掌控地。但从张乘之申请并试图前往南郡乞鞫，可知汉廷与长沙国之间的清楚划分随景帝及武帝的一系列削藩措施已经渐失限制，已不复汉初王国与汉廷之间存在津关限制（在文帝时就已经开放了津关限制，“除关，无用传”③），④此亦可知削减诸侯国势力及疆域是一动态变化的过程，并不是一蹴而就的。⑤

---

① 《史记》卷十七《汉兴以来诸侯王年表第五》，第 803 页。

② 周振鹤认为长沙国的辖郡情况要分两个时期看待：吴氏长沙国时期，长沙国辖域最大，下辖有长沙（含有《汉志》记载的桂阳郡与零陵郡）、武陵两郡；刘氏长沙国时期，因景帝打压诸侯国势力且刘发不受宠，故在长沙定王刘发分封之初，仅辖有长沙郡（即简文中“长沙内史”）一地，因推恩令故长沙国分封出的王子侯国别属他郡，此一分封持续了较长一段时期，在宣帝时期削长沙国八县地之后，刘氏长沙国辖县逐渐减少，直至最后形成《汉志》所记长沙国仅十三县的规模。此说法渐成为学界共识，但因走马楼西汉简的记载，这一认识需要加以修正。见周振鹤：《西汉长沙国封域变迁考》，文物编辑委员会编《文物集刊》第 2 辑，文物出版社，1980 年，第 179—188 页。

③ 《汉书》卷四《文帝纪》，第 123 页。

④ 需认识到汉王朝与王国之间的津关限制等政策，不仅明确表明了汉王朝与诸侯国之间有明显界限，也体现了汉廷对诸侯国的防范之意，具体表现在汉初刘邦推行的“孽诸侯”策略。汉初之“孽诸侯”策略：以限制关西人力、物资流入王国为内容的津关政策，以迁徙诸侯国富户、豪强于关西为内容的移民政策，以重建诸侯以削夺诸侯国封域为内容的侯国封置政策等。见马孟龙《西汉侯国地理》（修订本），第 167 页。因不同时期的形势变化，对该政策会有一定程度的放宽，如文帝时开放津关限制。

⑤ 严耕望：《秦汉地方行政制度》，北京联合出版公司，2020 年，第 10—30 页。

相关学者已经对诸侯国内是否存在内史进行过讨论，但对西汉时部分诸侯国存在内史仍存疑。① 就上文所说，诸侯国的内史有两层含义：一为官职机构，掌治国民；二为地域名，指诸侯国京师所在直辖地。故对于诸侯国内史的存在，亦需要从这两层含义分别讨论。当内史作为官职机构时，仅就《汉书·百官公卿表》对诸侯国官职体系的描述，可知官职内史是每一个诸侯国内都存在的，且是管理整个诸侯国的官职机构，如在走马楼西汉简中称作“长沙内史府”，与长沙相府、长沙中尉府三府并立，为长沙国的中央机构；但当内史作为地域名时，传世文献并未对此有明确说明，只能侧面地从相关记载中推测出诸侯国内有政区内史存在。故钱大昕所揭“汉立诸侯王国俱有内史，与京师官称相等，且王国各有所领之郡，国都则内史治之，与郡守权不殊”②，是将内史看待为官职机构，以此认为在汉初各诸侯王国内都存在有内史。马孟龙也认为“高帝十年赵国、燕国、齐国、梁国、楚国、荆国都城所在之邯郸郡、广阳郡、临淄郡、砀郡、彭城郡、吴郡皆应称作内史。只有淮南国、长沙国的情况不明”③。但马说也是基于发现诸侯国内有作为官职的内史而得出的结论，以上两说虽然得出了与本文一致的结论，但仍须注意以上两说对内史的两个含义有所混淆。周振鹤在《行政区划的等第变化》一文中认为：“秦汉首都所在郡地位崇高，而且名称特别，以其长官职称命名。”④ 从此可知周先生应是将内史视为官职名称，并认为秦汉以官名作地域通名，秦汉时期的首都内史包含有官职名和地域名两重含义，即《中国行政区划通史·秦汉卷》所言“行政建置上，诸侯王国亦效仿汉制，内史统王国都城附近，较远之地则制支郡以辖”⑤。关于诸侯国的情况，周振鹤在《西汉长沙国封域变迁考》一文中认为“景帝以前的各诸侯王国，跟中央政权一样，亦分内史和支郡”⑥，但周说是直接视内史为地域名，与钱说和马说的立论点有明显的不同。

马孟龙认为长沙国内是否有内史情况不明，但从走马楼西汉简所见，在汉武帝时期刘氏长沙国国内仍存有内史，可知吴氏长沙国应亦存内史。⑦ 据以上学者的结论结合走马楼长沙简所见“长沙内史”，可明确从

---

① 钱大昕最早对西汉诸侯国内是否有支郡进行过讨论，之后周振鹤、马孟龙、游逸飞等学者对此问题仍有关注，认为西汉诸侯国内仍存有内史、支郡。马孟龙认为汉初郡制与王国郡制不全等同。钱大昕：《潜研堂集》卷十六《汉百三郡国考》，上海古籍出版社，2009 年，第 264 页。周振鹤：《西汉长沙国封域变迁考》，文物编辑委员会编《文物集刊》第 2 辑，文物出版社，1980 年，第 179 页。游逸飞：《战国至汉初的郡制变革》，台湾大学博士学位论文，2014 年，第 217—296 页。马孟龙：《西汉侯国地理》（修订本），第 121—125 页。

② 钱大昕：《潜研堂集》卷十六《汉百三郡国考》，第 264 页。

③ 马孟龙：《西汉侯国地理》（修订本），第 122—125 页。

④ 周振鹤：《中国历史政治地理十六讲》，中华书局，2013 年，第 221 页。

⑤ 周振鹤、李晓杰、张莉：《中国行政区划通史·秦汉卷》，复旦大学出版社，2015 年，第 110 页。

⑥ 周振鹤：《西汉长沙国封域变迁考》，文物编辑委员会编《文物集刊》第 2 辑，第 184 页。

⑦ 周振鹤先生在《西汉长沙国封域变迁考》中认为吴氏长沙国封域“由长沙内史和高祖年间所置的两个边郡桂阳和武陵组成”，周先生直言长沙内史，未有详细说明，见周振鹤：《西汉长沙国封域变迁考》，文物编辑委员会编《文物集刊》第 2 辑，第 179 页。

汉初至汉武帝时期，在诸侯国内的都城所在地都统称为内史，其格式如上文所揭，为诸侯国名+内史。

诸侯国辖域是否由内史和支郡一起构成是需要分情况而论的。在汉初时应如周振鹤而言，诸侯国内分有内史和支郡，但在景帝中五年（前145）诸侯国势力逐渐被打压后，部分诸侯国应该只辖有内史地，① 部分诸侯国辖域至少在景帝中五年（前145）至成帝绥和元年（前8）仍由其治所所在的内史和支郡构成，如刘氏长沙国由长沙内史和武陵郡构成。至“成帝绥和元年省内史”②，成帝绥和元年（前8）掌民政的内史一职被裁撤，诸侯国内的内史一地也失去了诸侯国京畿地的意义，其时名为诸侯国地，实为一郡之地。

二、靖园

靖园在《汉志》中无载。孝文帝三年（前177）为长沙靖王元年，孝文帝后七年（前157）靖王薨，无后国除。③《史记·外戚世家》：“薄太后母亦前死，葬栎阳北……置园邑三百家，长、丞以下吏奉守冢，寝庙上食祠如法。而栎阳北亦置灵文侯夫人园，如灵文侯园仪。”④ 孝文帝为其外祖母设置“园邑”，由此可知“靖园”就是指“靖王之园邑”，为祭祀长沙靖王的园邑。1954年，长白沙M2（原误为长沙杨家山杜家坡M2）出土了“靖园长印”，陈松长认为靖园是“长沙靖王之陵园”，并根据该印出土墓葬年代为西汉中期推测靖园“曾在很长时间内有专职的园长管理”。⑤ 高至喜根据该墓所出半两泥钱及陶器组合认为此墓年代为西汉早期中段，并认为靖园长是长沙靖王吴著的陵园之长。⑥ 宋少华认为靖园为定王刘发庶子洮阳靖侯刘狩燕的陵园。⑦ 据《汉书·王子侯表》：“洮阳靖侯狩燕，长沙定王子，元狩六年薨。”⑧ 洮阳靖侯在元狩六年（前117）去世，走马楼西汉简的时间断限为公元前126—前120年（汉武帝元朔三年至元狩三年）⑨，洮阳靖侯的去世时间晚于走马楼西汉简最晚时间断限，其陵园设置当在靖侯去世之后，故靖园不可能是洮阳靖侯的陵园。

史书中虽未对诸侯国陵园奉邑设置制度有详细记录，但从一些记载中仍可窥见设置细节：

---

① 见周振鹤：《西汉政区地理》，商务印书馆，2017年，第7页。

② 《汉书》卷十九《百官公卿表第七上》，第741页。这里的“内史”或不仅指官职名，亦指诸侯国京畿地区。

③ 《史记》卷十七《汉兴以来诸侯王年表第五》，第829、838页。

④ 《史记》卷四十九《外戚世家》，第1971页。

⑤ 陈松长：《湖南古代玺印》，上海辞书出版社，2004年，第51页。

⑥ 高至喜：《长沙西汉早、中期墓分类研究》，《湖南省博物馆馆刊》第十二辑，岳麓书社，2016年，第194—195页。

⑦ 宋少华：《略谈长沙象鼻嘴一号汉墓陡壁山曹嫘墓的年代》，《考古》1985年第11期。

⑧ 《汉书》卷十五《王子侯表》，中华书局，1962年，第470页。

⑨ 陈松长：《长沙走马楼西汉古井出土简牍概述》，《考古》2021年第3期。

1.《史记·淮南衡山列传》：“乃徙城阳王王淮南故地，而追尊谥淮南王为厉王，置园复如诸侯仪。”①

2.《汉书·武五子传》：“帝初即位，（帝）〔下〕诏曰：‘故皇太子在湖，未有号谥，岁时祠，其议谥，置园邑。’有司奏请：‘……愚以为亲谥宜曰悼（皇），母曰悼后，比诸侯王园，置奉邑三百家……园置长、丞，周卫奉守如法。’”②

3.《汉纪·孝元皇帝纪》：“（永光四年）秋七月，罢卫思后园及戾后园。冬十月乙丑，罢祖宗庙在郡国者。……诸陵分属三辅……又罢先后父母奉邑。”③

《史记·淮南衡山列传》记载了给淮南王按照诸侯王的等级置园邑。《汉书·武五子传》记载了西汉诸侯王可设置园邑，诸侯王园邑奉邑规模为三百家。《汉纪·孝元皇帝纪》记载“卫思后园及戾后园”和“先后父母奉邑”先后被罢免，应劭注解“先后父母奉邑”：“先后为其父母置邑守家，以奉祭祀，既已久远，又非典制，故罢之。”④ 说明设置奉邑的用途有二，分别是守冢和祭祀，且诸侯王园邑当即指诸侯王奉邑。王学理将帝陵的陵园和陵邑分开，并认为陵园广义指陵墓的整个茔域，狭义为陵城之内，陵园即为在陵墓外筑墙垣形成的区域。⑤ 刘瑞据文献认为：“诸侯王陵墓旁修建‘陵邑’规模较小，因此其并不称为‘陵邑’而只称‘园’或‘园邑’。”⑥ 由此可知，诸侯王陵园不等同于诸侯王园邑，诸侯王陵园的范围应小于诸侯王园邑，诸侯王园邑即其奉邑。刘瑞和马孟龙据《汉纪·孝元皇帝纪》记载“罢卫思后园及戾后园”，认为在汉元帝永光四年（前40）朝廷全面废除陵园奉邑制度，诸侯王园邑设置应在此后逐渐停止。⑦ 刘瑞在《西汉诸侯王陵墓制度研究》中对诸侯王陵置园邑的情况进行分析：

从戾后园、悼园设置看，当时应不存在如帝陵一样大规模为诸侯王陵移民置园邑的情况。诸侯王园邑更可能是划定一定范围的符合要求的户口数所居住的地区为园，而不是如陵邑一样在一个帝陵附近建一个新的城市，移民进入。因此诸侯王园邑可能仅是改变这些人、户的户籍统属关系，但并不改变其世代居住的居住点。⑧

即“园邑”是由既有乡里行政单位改置而来，与侯国的设置方式类似，故马孟龙认为诸侯王园邑设置年

① 《史记》卷一百一十八《淮南衡山列传》，第3080—3081页。

② 《汉书》卷六十三《武五子传第三十三》，第2748页。

③ 荀悦：《汉纪》中卷第二十二《孝元皇帝纪》，中华书局，2002年，第391页。

④ 《汉书》卷九《元帝纪第九》，第292—293页。

⑤ 王学理：《王学理秦汉考古文选》，三秦出版社，2008年，第115—116页。

⑥ 刘瑞、刘涛：《西汉诸侯王陵墓制度研究》，中国社会科学出版社，2010年，第423页。

⑦ 马孟龙：《荆州松柏汉墓简牍所见“显陵”考》，《复旦学报（社会科学版）》2015年第3期。刘瑞、刘涛：《西汉诸侯王陵墓制度研究》，第426页。

⑧ 刘瑞、刘涛：《西汉诸侯王陵墓制度研究》，第424—425页。

代应为其去世之后。① 总的来看，马孟龙认为“诸侯王陵园奉邑不仅规制与皇帝外戚陵园奉邑相当，设置方式也基本一致，两者在制度层面具有共同性”②。

基于上，靖园应设置于孝文帝后七年（前 157），即吴氏长沙靖王所薨之年，靖园应在永光四年（前 40）全面废除陵寝园邑制度之后被罢。“靖园长”应是吴氏长沙国靖王园邑长，靖园设长与史籍记载诸侯王园邑设长相对应，“靖园长印”出土墓葬年代为西汉早期中段，也证明靖园在被设置后又存续了一段时间。靖园应是由长沙国原有的县或乡改置而来。走马楼西汉简 0274 有靖园下辖里的记载：

娄，士五、南山成里，皆坐盗铁湏各一，亡，未命。共盗靖园高成里大夫昌钱二千、麻布一匹、绪复衣一、□罗复被一、青罗复函领一、绪　(0274)

〼【麻单】衣各二、麻皂复衣二、小车检一合、丝皂复绔一两。黄里瘳庆【栱船】一櫻　(0153)

简文中“靖园高成里大夫昌”所包含信息为：昌是人名，大夫是昌的爵位，靖园高成里是昌的籍贯所在地。靖园下辖有高成里，说明靖园应为县级行政单位，故下辖有里。简 0274 可与简 0153 编联，简 0153 中记载有“黄里瘳庆”，“瘳庆”为人名，“黄里”是“瘳庆”的籍贯，根据走马楼西汉简中地名简写原则，“黄里”应为靖园下辖里。简 0445：“园黄里，名爵里定，毋它坐（？）〼”该简简首完整，根据上文推测黄里为靖园下辖里，可知该简中的“园”应指靖园。靖园下辖有里，也可知靖园当指吴氏长沙靖王吴著的园邑，而非陵园。走马楼西汉简载有“定园长”（0214），定园长的性质是陵园长，在走马楼西汉简中同时出现定邑和定园，也说明“园邑”与“陵园”性质不同。

靖园的地望可据象鼻嘴一号西汉墓进行推断。1978 年象鼻嘴一号西汉墓被发掘，封土堆高 10—12 米，“象鼻嘴位于长沙市湘江西岸溁湾镇北约二公里”，此墓的葬具由‘梓宫’、‘便房’、外藏椁和‘黄肠题凑’等构成，显然墓主的身份和地位是属于诸侯王一类的人”③。长沙市文物考古研究所认为湘江西岸的陡壁山、象鼻嘴一带为西汉长沙国王室墓所在地之一，面积约 12 万平方米，图一为象鼻嘴一号西汉墓的位置示意图。

关于象鼻嘴一号墓的墓主人，学界有许多讨论：《长沙象鼻嘴一号西汉墓》认为该墓的年代为文景时期，晚不过元狩五年（前 118），因此墓主人为长沙靖王吴著的可能性较大，但也不排除是长沙定王刘发。④《三十年来湖南文物考古工作》认为该墓为“西汉中期偏早的墓葬，即在汉景帝至汉武帝时期”⑤。俞伟超认为

---

① 马孟龙：《荆州松柏汉墓简牍所见“显陵”考》，《复旦学报（社会科学版）》2015 年第 3 期。

② 同①。

③ 单先进、熊传新：《长沙象鼻嘴一号西汉墓》，《考古学报》1981 年第 1 期。

④ 同③。

⑤ 湖南省博物馆：《三十年来湖南文物考古工作》，《文物考古工作三十年：1949—1979》，文物出版社，1979 年，第 316 页。

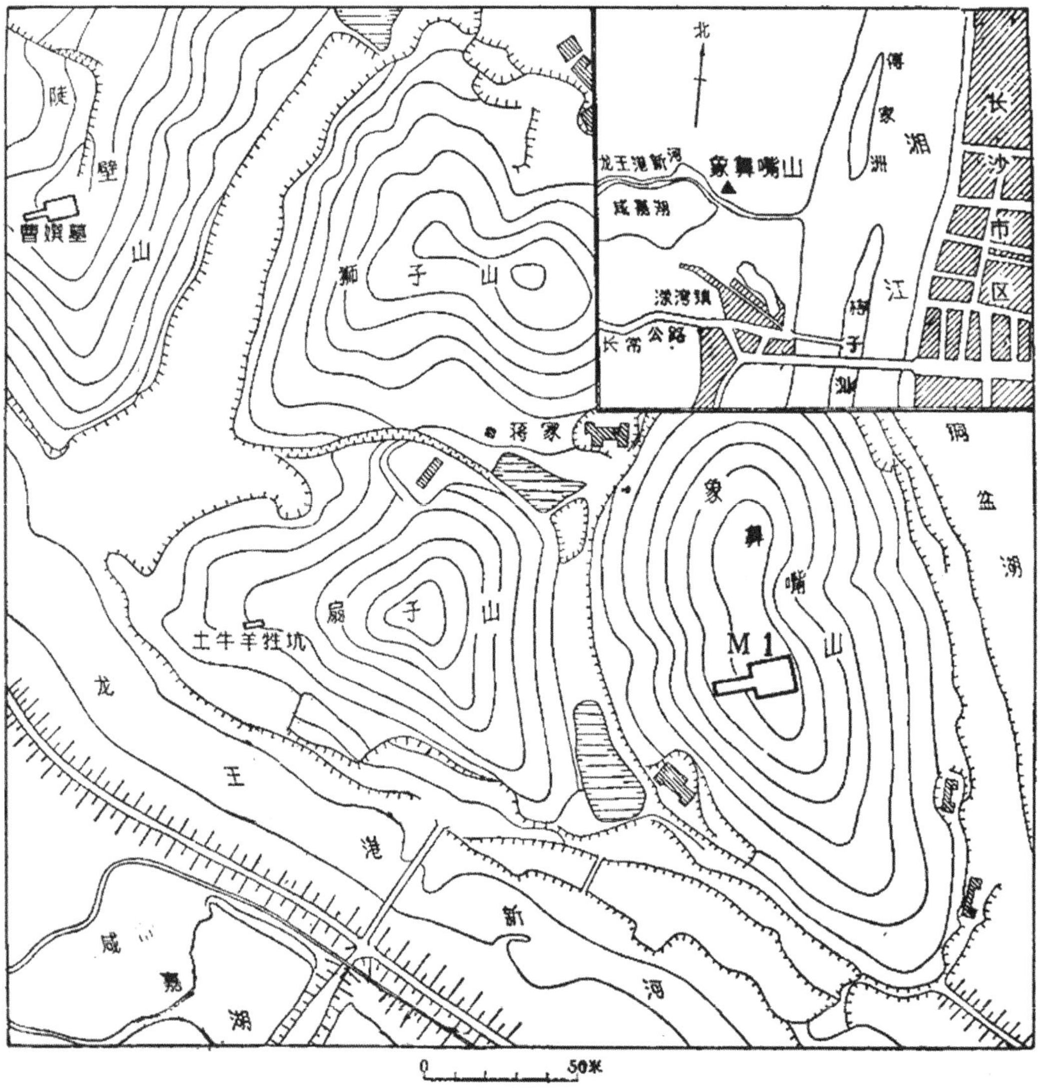

图一 长沙象鼻嘴一号西汉墓位置示意图①

该墓为文景时期的长沙恭王或靖王墓②。黄展岳认为该墓属于文景时期的吴氏长沙国王室墓。③ 高炜认为象鼻嘴一号墓“应是某代吴氏长沙王墓地”④。宋少华根据该墓形制为“黄肠题凑”，所出土的陶器形制与长沙地区西汉早期墓陶器形制基本相同，出土“郢称”和吕后时期的八铢半两泥钱，以及该墓附近发掘了七八十座西汉中小型墓葬，说明该墓为吴氏长沙国王室墓葬无疑，认为象鼻嘴一号墓可能是属于第二代长沙王吴臣

① 摘自单先进、熊传新：《长沙象鼻嘴一号西汉墓》，《考古学报》1981年第1期。

② 俞伟超：《汉代诸侯王与列侯墓葬的形制分析——兼论“周制”、“汉制”与“晋制”的三阶段性》，《中国考古学会第一次年会论文集·1979》，文物出版社，1980年，第335页。

③ 黄展岳：《考古杂记（一）》，《考古与文物》1983年1期。

④ 高炜：《汉代“黄肠题凑”墓》，《新中国的考古发现和研究》，文物出版社，1984年，第444页。

或第三代长沙王吴回的墓葬。[①] 黄展岳认为“咸嘉湖三墓的出土物明显属于文景时期……足证咸嘉湖地区应是吴氏长沙国家族墓地”[②]。高至喜认为象鼻嘴一号墓的墓主人很可能是吴氏长沙国第五代长沙靖王吴著[③]。

由上可知，学界多认为象鼻嘴一号墓为吴氏长沙靖王的墓地。黄展岳认为“诸侯王（后）陵一般均位于各国都城附近，多选在山岗上营建，如果都城所在地无山岗，则选择在高亢的坡地上营建”[④]，刘瑞认为“诸侯王陵寝位于王都附近”[⑤]，据此，若靖园为长沙靖王的园邑，则靖园应位于湘江西岸咸嘉湖地区，且在象鼻嘴一号墓周边位置。

三、攸县

攸县是《汉志》所载的西汉长沙国十三县之一。张家山汉简《奏谳书》中记载有攸县，故知攸县在秦已有。长沙走马楼西汉简中载有攸县：

九年五月乙未朔丁未，临湘令坚、长赖丞尊守丞告尉谓仓、都乡，敢告宫司空、攸、南阳、将作定王后：王后营徒髡钳城旦、故大夫临湘泉阳里武，完城旦（0118）徒、故官大夫攸大里儿，宫司空令史、公乘攸臧郢里外，佐、公乘南阳平阳里不识，皆坐。故临武丞武盗所主守钱臧六百，公士以上盗，武（0518）

八年六月庚子朔丁卯，攸丞逋守别治醴陵丞，敢言之：府移七年醴陵狱计，举劾曰：库决入钱五千，皆黄钱付丞　（0542）

简0118和简0518因为涉案人员中有攸县人和南阳人，故需报送相关信息给其户籍所在县。简0542是攸县丞逋代理别治醴陵县丞处理事务的文书，鹰取祐司认为“（守官）本职和被代理官职都属同一郡”[⑥]，别治

① 宋少华：《略谈长沙象鼻嘴一号汉墓陡壁山曹嫘墓的年代》，《考古》1985年第11期。

② 黄展岳：《汉代诸侯王墓论述》，《考古学报》1998年第1期。

③ 高至喜：《长沙西汉早、中期墓分类研究》，《湖南省博物馆馆刊》第十二辑，岳麓书社，2016年，第190页。

④ 同②。

⑤ 刘瑞、刘涛：《西汉诸侯王陵墓制度研究》，第427—437页。

⑥ 鹰取祐司撰，魏永康译：《汉代的“守”和“行某事”》，周东平、朱腾主编《法律史译评》第六卷，中西书局，2018年，第108页。

醴陵为长沙内史辖[1]，故攸县也应为长沙内史辖县。此外，“守官者要兼理本职和主官的职务”[2]，故攸县丞在代理醴陵县丞时对攸县和醴陵两县的工作都要进行处理，考虑文书传递效率以及处理效率，推测两县距离应较近，以方便有效处理两县工作。从简 0542 及简 0118 可知，攸县至少在八年六月庚子朔丁卯至九年五月乙未朔丁未为长沙国属县，九年五月乙未朔丁未为长沙康王九年五月十三日，即为武帝元狩三年（前 120）五月十三日。《史记·建元已来王子侯者年表》记载攸舆侯国于元朔四年（前 125）三月乙丑初置，攸舆侯刘则因篡死罪于太初元年（前 104）国除，[3] 则西汉攸舆侯国的存在时间为公元前 125—前 104 年。由此可知，《史记》所记载攸舆侯国的存在时间与长沙走马楼西汉简所记攸县存在时间有所抵牾。《史记·王子侯表》司马贞《索隐》载：“今长沙有攸县，本名攸舆。”[4] 此记载应来源于《水经·洣水注》：“（攸水）西北流径其县北，县北带攸溪，盖即溪以名县也。汉武帝元朔四年，封长沙定王子则为攸舆侯，即《地理志》所谓攸县者也。”[5] 故知攸县因攸水而得名，且在攸水之南。[6] 对于攸县本名为攸舆一说仅有《索隐》记载，故清儒赵一清质疑此说认为：“本名攸舆乎？凡此皆无以辨之。”[7] 据走马楼西汉简所记载攸县在攸舆侯国被分封后仍存在，且属于长沙内史管理，说明攸县与攸舆侯国同时存在过，攸县与攸舆侯国不能够划等号，攸舆侯国或是分攸县所置，故攸县与攸舆侯国同有攸之名，为区分两地，攸舆侯国加“舆”以方便区分。“舆”与“余”同为鱼部字[8]，“舆”与“余”双声叠韵，可相通。“舆”，《说文》释为：“车舆也。”[9]“余”有“末、非主要”的意思。[10]《书·禹贡》：“导弱水，至于合黎，余波入于流沙。”[11] 何休《〈春秋公羊传注疏〉序》：“恨先师观听不决，多随二创，此世之余事，斯岂非守文持论，败绩失据之过哉！”徐彦疏：“余，末也。”[12] 据此，

---

① 王勇：《走马楼西汉简中的“别治醴陵”与“别治长赖”》，武汉大学简帛研究中心主办《简帛》第二十三辑，上海古籍出版社，2021 年，第 219 页。

② 鹰取祐司撰，魏永康译：《汉代的“守”和“行某事”》，周东平、朱腾主编《法律史译评》第六卷，中西书局，2018 年，第 100 页。

③ 《史记》卷二十一《建元已来王子侯者年表》，第 1095 页。

④ 《史记》卷二十一《建元已来王子侯者年表》，第 1095—1096 页。

⑤ 郦道元著，陈桥驿校证：《水经注校证》，中华书局，2013 年，第 3221 页。

⑥ 马孟龙认为：安成、容陵、攸、荼陵四侯国在初元元年长沙国因无后国除时已经废除，故四县当于该年回属长沙郡，元帝在初元四年以长沙郡地分封长沙国，这四县当也属于长沙国地所辖（马孟龙《西汉侯国地理》（修订本），第 268—269 页）。但对攸县而言，经过上文分析，攸县并不能与攸舆侯国等同，长沙走马楼西汉简所见攸县应一直属于长沙国管辖，攸舆侯国在太初元年国除后被废为县，并不明确其是否回属于长沙郡，如回属于长沙郡，或直接与原攸县合并管理。

⑦ 赵一清：《东潜文稿》卷下《辨证汉书地理志三》，辽宁教育出版社，1998 年，第 87 页。

⑧ 郭锡良：《汉字古音手册》（增订本），商务印书馆，2010 年，第 178 页。

⑨ 许慎撰：《说文解字》，中华书局，2013 年，第 302 页。

⑩ 汉语大词典编辑委员会、汉语大词典编纂处编：《汉语大词典》第十二卷，汉语大词典出版社，1994 年，第 544 页。

⑪ 孙星衍：《尚书今古文注疏》卷三，中华书局，1986 年，第 186 页。

⑫ 何休注，徐彦疏：《春秋公羊传注疏》，上海古籍出版社，1990 年，第 2 页。

“攸舆”或意为攸县剩下的地域。

攸舆侯国在分封后，根据推恩令其地应别属汉郡。《西汉长沙国封域变迁考》认为：“从元光六年起至元朔五年止，桂阳郡坐得长沙国的八个县：容陵、攸、荼陵、洮阳、泉陵、舂陵、都梁、夫夷。”① 周振鹤认为攸舆侯国应该为桂阳郡所有，但从走马楼西汉简见位于攸县以南的便、郴至少在元狩三年（前120）之前都为长沙内史所辖，② 从地理位置来看，攸舆侯国只可能别属于在其东的豫章郡，而不可能越便、郴二县属桂阳郡管辖，故笔者认为攸舆侯国属于豫章郡管辖。③《中国行政区划通史・秦汉卷》认为元帝初元三年，复置长沙国，攸县回属。④ 从上文可知攸舆侯国应别属豫章郡，在太初元年（前104）国除后，其地不可能再归还长沙国攸县管理，只可能以侯国地恢复为县或合并入豫章郡下辖与之相近的县中，故《汉志》所载攸县与攸舆侯国在元朔四年（前125）时就已经没有关系了，《汉志》中的攸县即为走马楼西汉简所记之攸县，一直属于长沙内史管辖。攸县本名即为攸，攸舆即表示从攸县分出。汉攸县位于今湖南省攸县东北⑤，上文提到攸县在攸水以南，故攸县与攸舆侯国或是以攸水为界分属于长沙内史和豫章郡。

▨先以证律辨告，乃讯辟曰：公乘攸根里为罗丞，临湘移辟书，临湘不审案问报辟，书二月中到，即与令史不识、尉史方时杂案不识　（0861）

从简0861及简0518可知，攸县下辖有根里、臧郢里、大里。

四、豫章南部都尉

走马楼西汉简0270记载了“豫章南部都尉都梁”，但“章”字迹较为模糊。将走马楼西汉简所见“豫”与“章”列表如下：

豫					
简号		0270	0266		
章					
简号		0270	0562	0848	2133

① 周振鹤：《西汉长沙国封域变迁考》，第182—183页。
② 陈守琪：《长沙走马楼西汉简所见地名辑证》，湖南大学硕士学位论文，2023年，第47—51页。
③ 马孟龙也认为“攸舆侯国初封别属豫章郡”，见马孟龙：《西汉侯国地理》（修订本），第272页。
④ 周振鹤、李晓杰、张莉：《中国行政区划通史・秦汉卷》（上），复旦大学出版社，2015年，第437页。
⑤ 周振鹤、李晓杰、张莉：《中国行政区划通史・秦汉卷》（上），第437页。

从上表可知，简0270中的“豫”字迹比较清楚，左边是为“阝”，右为“象”。简0270中的“章”只有上半部分相对比较清晰，作，与简0848和简2133中“章”的上半部分写法一样，尽管简0270中“章”的下部分字迹比较模糊，但将走马楼西汉简所见“章”的字形对比，该字应为“章”。故“豫章”应指汉郡豫章郡。

严耕望据传世文献认为“汉初承秦，郡亦置尉。其于王国则称中尉。景帝中二年，更名郡尉为郡都尉”。① 由此可知，景帝中二年（前148）郡尉即改名为郡都尉，诸侯王国所置尉称为中尉。走马楼西汉简出现了长沙国中尉府，如简0042：“五年九月丙辰朔戊午，长沙内史卒史乙、中尉守卒史癸别有案，移便以律令从事，言夬（决），移副中尉府。毋留。/卒史乙、守卒史癸。”其间可见“中尉守卒史”和“中尉府”，按文意当指长沙国中尉府，此亦可证严耕望说。由此可知部都尉为汉郡专设，简0270中的“南部都尉”当为汉郡所设，而豫章郡正为汉王朝所辖郡。

然传世文献未记载有“豫章郡南部都尉”，《汉志》载新淦县为豫章郡都尉治所所在地，② 此记载与走马楼西汉简记载的“豫章郡南部都尉”相矛盾。但这两处记载分别处于两个时段，《汉志》所载为西汉末成帝元延三年（前10）九月的政区情形，③ 走马楼西汉简所见豫章郡南部都尉至早设于都梁侯国被设（即元朔五年，前124）之后。可从“部都尉”设置背景和目的来解释这种情况。关于“部都尉”的设置，严耕望有甚为精微的论述：

> 秦迄汉武帝初，边疆初郡或但置都尉，不置郡守，颇类后汉之属国。盖初郡蛮夷错杂，首重军事，此外更无所事事故也。其后制度日密，边郡皆置太守，而都尉且分数部，各典一区（数县）之武职……边郡分部置都尉的规律有二：第一，边郡置尉较内郡为多。第二，其名称治所排列因郡所边临者而异。如北方沿边诸郡都尉类作东西排列，以面对匈奴；他如乐浪郡置南、东两尉，以面对朝鲜；陇西置南部尉，广汉置北部尉，以夹制氐、羌。④

当时南越尚未被收复，豫章郡在元鼎六年（前111）前为边郡，即全祖望所指出：“南粤、闽粤未平，故桂阳、庐江、豫章、会稽皆为边。”⑤ 设置豫章郡南部都尉主要是为了抵御南边的南越，其军事目的较强，

---

① 严耕望：《秦汉地方行政制度》，第147页。

② 《汉书》卷二十八《地理志第八上》，第1593页。

③ 马孟龙：《西汉侯国地理》（修订本），第77—82页。

④ 严耕望：《秦汉地方行政制度》，第155—156页。

⑤ 全祖望撰，朱铸禹汇校集注：《全祖望集汇校集注·汉书地理志辑疑》卷二，上海古籍出版社，2000年，第2510页。

豫章郡设南部都尉是为收复南越所作准备之举，是西汉武帝时的国防方针。[①] 边郡部都尉的设置多见于武帝时，以武帝元鼎六年（前 111）为分界线，之前豫章郡与南越相接是为西汉边郡地，之后南越国被西汉收归，西汉得南越地，豫章郡由边郡成为内郡。故在元鼎六年收复南越后，豫章郡南部都尉可被裁撤，此时作为内郡的豫章郡所设都尉为各郡必设的都尉，故在新淦县设《汉志》记载豫章郡都尉治所。

（陈守琪）

① 学界对部都尉的讨论多从部都尉的设置原因、设置规律、设置用途展开，见严耕望《秦汉地方行政制度》（见正文所引）。陈梦家：《汉简缀述》，中华书局，2004 年，第 125—134 页。陈威廷在严说和陈说的基础上总结了《汉志》中记载的都尉规律，认为“部都尉是于武帝时拓展边疆，于新设之郡所置，协助郡太守统御军队，以增强新郡武装以及情报侦察通报能力，是武帝时期一种新的体系。”边郡部都尉的设置反映的是汉代对于边疆防线的因应措施，可反映汉代基本的国防方针。见陈威廷：《论西汉郡（部）都尉治所设置》，梁安和、徐卫民主编《秦汉研究》第八辑，陕西人民出版社，2014 年，第 88—96 页。

第三节　走马楼西汉简中的“定邑”小考

“定邑”一词，史书上没有记载，但在长沙走马楼西汉简中却多次出现，例如：

之佐固衣器，今捕得定邑延年里士五□午曰：乃十二月

中与定邑男子唐固与劫夺桨侯使者，今固有它　(0522)

这是一枚比较完整的两行简，简文“定邑延年里士五”和“定邑男子唐固”中的“定邑”都是用来标明其名籍所在地的县邑名，不仅如此，简文中还有“定邑主”“定园长”“定邑长”之类的官名，如：

九年正月丙申朔辛酉，铁官长齐、守临湘令丞忠敢告定邑主：定邑令史

辛与行事长南山长行、佐齿皆坐，劾监临主守县官钱，盗之　(0557)

二月丙寅定园长衾行定邑长事，移籍？　(0214)

简文中的“定邑主”或相当于铁官长和临湘令丞一类的官，因为“敢告”一词是汉代同级吏员之间常用的套语①，故“定邑长”应该就是类似于县长一类的县治长官，“定园长”则是可以代行定邑长职事的官名，这些特殊官名同时出现，足以说明定邑在第二代刘姓长沙王刘庸在位期间，应该是汉初长沙国内与一般县治同级别、同功能的一个特殊治所，但其性质和职能如何，其管辖的范围和权限如何，这似乎都是值得关注和讨论的问题。

首先，我们来讨论一下定邑之名的来源和性质。

从字面上看，“定邑”之名肯定来自第一代刘姓长沙王刘发，因为他死后谥号为定，这在简文中就有记录，如：

北平大女南，母姊占：定王四年产，尽今五年，年廿八。　(0109)

所谓“定王四年产，尽今五年，年廿八”，就是定王四年时出生，到今王五年，即第二代长沙王刘庸在位第五年，年龄廿八岁。通过计算可知，从定王四年到今王五年，正好是廿八年。简文中是在今王五年时所写，故直接以已故第一代长沙王刘发的谥号来纪年，说明定王之名，早为民间所熟知。

《汉书·百官公卿表》中也明确记载有长沙定王刘发，故定邑当是定王之邑的省称。但这“定邑”是定

---

①　参见苏卫国：《小议简牍文书中的“告”“谓”句式——秦汉官文书用语研究之一》，卜宪群、杨振红主编《简帛研究·二〇〇五》，广西师范大学出版社，2008 年，第 222—234 页。

王生前所设还是他死后所设呢？如果是定王生前所设，当时应该不叫定邑，因为“定”是他死后的谥号，定王生前不可能用其死后的谥号来称名。如果是死后所设的邑，那其性质和职能都会有本质的不同。

如果说是定王生前所设之邑，那此邑当是陵邑之邑，也就是仿照汉高祖以来设置陵邑的做法所营建的以守陵为目的的诸侯王陵邑之治所。

我们知道，自汉高祖刘邦采纳刘敬的建议，将关东豪强巨贾移置关中，在长陵附近设置长陵县邑以来，其后惠帝设置安陵邑，景帝设置阳陵邑，武帝设置茂陵邑，昭帝设置平陵邑，在几大皇帝陵寝区建成了历史上有名的五陵原，是西汉早中期“强本弱枝”的重要举措。这些陵邑的设置，名义上是为皇帝看守陵园，实际上是为了阻止地方豪强坐大，加强中央集权。由于关东豪强巨贾的大量汇集，实际上使五陵原变成了西汉早中期的繁华县邑。

长沙走马楼西汉简中的“定邑”或许就是定王生前参照其父辈所设陵邑制度设置的一个为其守陵的县邑，也许是因为不敢僭越名分，不敢以陵邑自称，故仅称为邑，但其邑的性质和功能也许应该是与五陵邑一样的，只是规模大小和迁移对象有所不同而已。

但是，五陵邑是高祖以下各位帝王生前营建陵墓时，为迁移关东豪强巨贾而设置的邑治，其邑名都与诸帝王的谥号无关，如果定邑也是仿此而建，怎么会以定王死后的谥号来命名呢？这显然不合情理。细思之，或许有三种可能的解释：

一是定王生前在营建陵墓时，所设置的陵邑可能另有专名，到了刘庸继位后，才改用定王的谥号来称其邑。

二是定王死后，第二代刘姓长沙王为守护其父亲陵墓而专设的邑。

相比来说，第二种说法的可能性不大，因为历史上尚没有继位者为其先人建置陵邑的先例；且作为一个陵邑来说，也不是很短的时间内能建好并实施具体管理的。史书上记载，汉成帝在建昌陵的时候，由于选址不对，动用了大量的人力物力，结果搞了 5 年尚未成规模，连门道都没打通，后来只好废弃而重新改建延陵。由此也可知，在第二代刘姓长沙王刘庸继位后的短短几年内，应该不太可能会新建或新置一个县邑来管理其父亲的陵寝。

三是定邑既不是定王生前所建，也不是其继任者为其死去的父王所建，而可能是第二代刘姓长沙王为其母亲，也就是为简文中所见的“定王后”所专置的采邑。因为“定王后”在简文中曾多次出现，如：

九年五月乙未朔丁未，临湘令坚、长赖丞尊、守丞告尉谓：仓都乡敢告宫司空、

攸南阳将作、定王后，王后营徒髡钳城旦、故大夫、临湘泉阳里武完城旦　(0118)

九年五月乙未朔丁未，临湘令坚、长赖丞尊告尉谓：仓都乡敢告宫

司空、攸南阳将作、定王后：定王后营徒髡钳城旦、故大夫、临湘泉阳里武完为　(0232)

将作，定王后，定王后营徒…… （0240）

九年五月乙未朔丁未临湘令坚、长赖丞尊、守丞告尉谓：仓中乡敢

告宫司空、攸南阳将作、定王后：定王后营徒髡钳城旦、故大夫、临湘泉阳 （0525）

九年五月乙未朔丁未临湘令坚、长赖丞尊、守丞告尉谓：

仓都乡敢告宫司空、攸南阳将作、定王后：定王后营徒髡钳城旦 （0583）

九年五月乙未朔丁未临湘令坚、长赖丞尊、守丞告尉谓：仓都

乡敢告宫司空、攸南阳将作、定王后：定王后营徒髡钳城旦、故大夫、临 （0591）

九年五月乙未朔丁未临湘令坚、长赖丞尊、守丞告尉谓：仓都乡敢

告宫司空、攸南阳将作、定王后：定王后营徒髡钳城旦、故大夫、临湘泉阳 （0597）

这几条简文的内容完全相同，所记的时间都是“九年五月乙未朔丁未”，所记的内容都是有关定王后营徒“武”的一个案件，简文记载的内容是由“仓都乡”向宫司空、攸县南阳乡将作和定王后报告的。这里有两点值得注意：一是第二代长沙王刘庸在位九年的时候，定王后还健在；二是简文中将定王后与宫司空和南阳将作并列，说明其位阶并不高，所得的俸禄应该也不多，故刘庸将定邑作为其采邑以供其母亲俸禄也不无可能。但是，据史书记载，所谓采邑，是只享受俸禄而无治理权的邑，如《史记·吕太后本纪》记载：

今王有七十余城，而公主乃食数城。王诚以一郡上太后，为公主汤沐邑，太后必喜，王必无忧。

《集解》如淳曰：“《百官表》列侯所食曰国，皇后、公主所食曰邑，诸侯王女曰公主。”瓒曰：“天子之女虽食汤沐之邑，不君其民。”

据《集解》所释，皇后、公主所食叫邑，该邑为给皇后、公主生前提供俸禄，但皇后、公主并不主管其邑所辖之百姓，也就是说，皇后、公主对其采邑是没有治理权限的。但我们在走马楼西汉简中所看到的“定邑”又显然不是所谓“汤沐之邑”，因为该邑有相对比较完备的官吏建制，除了上揭定邑主、定邑长之外，简文中还有“定邑中大夫”一职，如：

六年十一月乙酉朔丙戌，司空啬夫敢言之，狱书曰：定邑中大夫

□士五□□大女交坐首匿临湘，命弃市□吴人论弃交市。 （0538）

大家知道，中大夫是秦、汉时所置的皇帝侍从官员，是郎中令的属官，其秩比二千石，掌议论，侍从皇帝左右，无定员，多至数十人。汉武帝太初元年（前104）更名光禄大夫。定邑也有中大夫，这多少说明定邑的建制是按定王生前作为长沙国王的模式安排的，中大夫既然是皇帝的侍从官员，那他是否也可以作为王后的侍从呢？这在简文中多少还有点痕迹可寻，如：

赐中大夫四人车四乘从后，次宗室贵人□□骖乘 （0059）

这里“赐”的主语很可能是第二代长沙王刘庸，他赐给四位中大夫车四乘，其目的是要他们去侍从定王

后。如果这种解释不是很离谱的话，那这很可能是定王去世后，继位者刘庸所做的善后之举。

此外，残存的简文里，还有这么一条：

丁（?）子将中大夫骄（?）给事□夫章郭中□□　（2133）

这里的“丁子”尚有待其他简文的缀合才能解读，简文中的文字笔画也不很清楚，属读比较困难，但“中大夫”却很清楚地存在，它说明中大夫在定邑确实存在，虽然文献记载其秩比二千石的官阶太高，但其在定邑之中，也许并不享受二千石的真实俸禄。它的存在，说明定邑为定王后采邑之说显然无法解释“定邑中大夫”的职官名义。

简文中除了“中大夫”三见之外，还有“定庙长”一职：

□年九月乙亥朔己丑，定庙长昌之行临湘令事，丞忠告尉谓，库令史公乘

坐自占七年功，未实。卅三岁功墨误以为年卅二，少实一岁，为书误事□　（0552）

简文中的“定庙长”“行临湘令事”，这说明“定庙长”的身份不低，他可以代行县令之事，那也就意味着他具有与县令平级的地位。所谓“定庙”，应该就是定邑之庙，也就是祭祀定王的宗庙，这一点，简文中多少有些线索可寻：

☑曰大夫，临湘高成里为，定庙学子，八月丁未奉祠☑

☑等廿人沽酒饮，可有顷皆醉，㝅年与嬴弟临湘☑　（0158）

这是一枚两行竹牍，前后均有残缺，但从第一行牍文大致可知，临湘高成里的为是定庙学子，在八月丁未这一天奉命祠祀，这说明定庙肯定是定王之庙，是祭祀定王的专设场所。

定庙作为祭祀定王的宗庙所在，除有主管的定庙长之外，简文中还有所谓“庙府”者，如：

□□五月丙子朔癸卯庙府啬夫□敢言之廷移烝阳书曰使高昌正直于六年受刍卅四石校棐一

受为报今已受，愿（?）移烝阳令官以物若校已以受烝阳都乡刍稾计付临湘庙府祠费计六年

□□官佐□□白准遣真自致敢言之　（0669）

这是一枚三行竹牍，第一行中有“庙府啬夫”之官名，第二行中有“临湘庙府祠费”的文字，它说明定邑内不仅有定庙，而且这庙还有府一级的管理机构，并且有“庙府啬夫”一类的专职主管，他们有统计庙府祠费的职责和义务。

除了“庙府”和“庙府啬夫”之外，简文中还多见“庙厨啬夫”之称，如：

☑斗食庙厨啬夫始行丞事

☑案死（?）此尉史主治七年狱　（1000）

九年庙厨啬☑　（1714）

输七年同里□□六石□……□□百卅六石三钧十斤

毋刍茭以钱六千六百七十五□钱九千五百卅九予庙厨啬夫援约为 (0859)

简 1000 中“庙厨啬夫”的食禄才“斗食”，但他也可以“行丞事”，由此可见前文所述的“定庙长”“行临湘令事”并不是很奇怪的事，因为定庙之内不仅有“府啬夫”，而且还有“厨啬夫”，这多少说明定庙是一个很有规模的管理机构，其“啬夫”的级别或与定邑主、定邑长相近。

湖南出土的汉代官印中，曾有一方“长沙顷庙”滑石印①，其尺寸大小和形制与“长沙祝长”“长赖长印”“孱陵长印”等基本相同，可见其职阶很高，故其长可以代行临湘令事自不足为怪。

简文中除了有定庙长之外，还有“定园长”，而且他也能代“行定邑长事”。如：

二月丙寅，定园长衾行定邑长事，移籍（？）

□□令史生（？） (0214)

这里的“定园”应即定邑之陵园，《史记·外戚世家》：“薄太后母亦前死，葬栎阳北……置园邑三百家，长丞已下吏奉守冢，寝庙上食祠如法。”② 所谓“园邑”，应该就是陵园之邑的简称，与陵邑之名应该相同，故我们称“定园”为定邑之陵园当大致不差。因此，定邑的陵园之长代行定邑长事，也无越格之处。

除了上述所见定邑官名之外，在前面所引述的简 0557 还有“定邑令史”。大家知道，令史是县级属吏的通称，其俸禄或有不同，但职事基本相同，都是以掌文书事务为主的属吏。这在秦汉简牍中常见，如我们在走马楼西汉简中就检索出 134 条，诸如“临湘令史”“长赖令史”“司空令史”等，简文中的“定邑令史”虽只出现了一次，但其作为定邑的令史，其职属当与“临湘令史”“长赖令史”完全相同，这多少也说明，定邑的职官设置，也应该与临湘、长赖等县治一样，不会有太大的差别。

此外，定邑除了有相当齐备的职官设置外，还有收系坐罪人员的地方和机构，如：

劫夺叶侯使者钱衣，都田将及固母皆毄临湘，今使狱史后具

狱，案：与合以畀后，今已，合以畀后，固母毄定邑，已案，定邑以 (0279)

朔丙辰……守临湘令郭丞壬（？）守丞□告定邑

主，案固母坐首匿，固得，毄定邑□□，以律令从事 (0306)

这两枚简上的“毄定邑”与同简所说的“毄临湘”语义完全相同，简文中的“固母”曾系临湘，经狱史审定后改系定邑，这不仅说明临湘与定邑平行，而且也说明定邑内也有狱治的机构和场所，这也就是说，定邑也是有狱治司法权的治所，它对其辖内的百姓自有其治理权限，且与临湘之类的县治有着密切的互动。

通过对上述简文内容的讨论和分析，我们大致可知，定邑大概是长沙王刘发生前仿效其父辈所建长陵邑、阳陵邑、茂陵邑一样的陵邑建制所建，原来此邑当另有专名，在定王去世后，才改用其谥号命名。该邑

① 陈松长：《湖南古代玺印》，上海辞书出版社，2004 年，第 58 页。

② 《史记》卷四十九《外戚世家》，中华书局，1963 年，第 1971 页。

具有完整的县邑职官配置，对邑内百姓的治理权，与临湘县、长赖县等一样，是长沙国下属的一个特殊的县治所在。至于它的管辖范围和具体地望，简文中没有记载，我们只能根据现有的长沙王陵公园的考古材料来大致判断。定邑所在位置大致在现今的湘江西岸，即定王陵附近，其管辖的范围除了陵邑内的百姓之外，应该还包括定王陵的日常维护和各类祠祀活动的安排和管理，故其所设机构中有定庙、定园、庙府、庙厨等用于陵庙祭祀与管理的宗庙机构，以保证定王陵祭祀与定王陵周边百姓治理的正常运转。

（陈松长，本文原载于《出土文献》2022 年第 1 期）

第四节　走马楼西汉简中的“别治醴陵”与“别治长赖”

走马楼西汉简是武帝早期长沙国的行政文书，其中多次出现关于“别治醴陵”“别治长赖”的记载。在简文中，“别治醴陵”“别治长赖”又常省作“醴陵”“长赖”，从内容判断，应该是县一级的行政单位。然而，根据《汉书·地理志》的记载，西汉县级政区分为县、道、邑、侯国四种，并没有称为“别治”的类型，其中也没有醴陵、长赖。本节拟根据简文内容，并结合相关记载，探讨别治醴陵、别治长赖的特征及设置原委，所得结论难免有推测的成分，权作抛砖引玉，还望方家指正。

一、别治醴陵、长赖为县级行政单位

“别治某地”的文例在以往所见西汉文献中是存在的。尹湾汉简《东海郡下辖长吏名籍》列有：盐官长琅邪郡东莞徐政、盐官丞汝南郡汝阴唐宣、盐官别治北蒲丞沛郡竹薛彭祖、盐官别治郁州丞沛郡敬丘淳于赏、铁官长沛郡相庄仁、铁官丞临淮郡淮陵龚武、铁官别作□丞山阳郡方与朱贤。① 这里出现了盐官“别治北蒲丞”“别治郁州丞”以及铁官“别作□丞”。根据尹湾汉简《东海郡吏员簿》，西汉东海郡设伊卢、北蒲、郁州三盐官，下邳、□两铁官，但只有伊卢盐官、下邳铁官设有长、丞，其他盐、铁官只设丞。② 将这两份表结合起来看，很明显东海郡盐官共有一长三丞，其中盐官长徐政、盐官丞唐宣的官署应该设在伊卢，而盐官丞彭祖、淳于赏的官署分别在北蒲、郁州；铁官共有一长二丞，其中铁官长庄仁、铁官丞龚武的官署应该设在下邳，而铁官丞朱贤的官署在□。也就是说，这里“别治北蒲”“别治郁州”是指东海郡盐官（治伊卢）派丞去管理在北蒲、郁州的分支机构，“别作□”与此类似，是指东海郡铁官（治下邳）派丞去管理在□的分支机构。所谓“别治”，主要是强调于独立的官署治事。

将某一机构或政区的部分官员在独立官署治事视为“别治”，是我们对“别治”一词的通常理解。汉代地方长官中都尉、县尉有自己单独的治所驻地，在学者眼中，他们与郡太守、县令长就属于“别治”。严耕望在

① 连云港市博物馆等编：《尹湾汉墓简牍》，中华书局，1997年，第93—94页。

② 连云港市博物馆等编：《尹湾汉墓简牍》，第84页。

论述秦汉县佐官时曾说："又尉常以部为称，故多与令长别治。"① 汉代都尉往往与太守别治，都尉官署并不一定在各郡首县，故而《汉书·地理志》多在某郡某县下标注"都尉治"。如东海郡首县是郯，都尉治则在费；临淮郡首县是徐，都尉治则在盱眙。也有一郡设二、三都尉的，如会稽郡首县是吴，其西部都尉治钱唐、南部都尉治回浦；广汉郡首县是梓潼，其都尉治绵竹，又有北部都尉治阴平道。汉代各县通常设县尉一二名，县尉与令长亦经常别治。《水经注·江水》载"江水又右迳阳岐山北，山枕大江，山东有城，故华容县尉旧治也"，"江水自龙巢而东得俞口……江之北岸上有小城，故监利县尉治也"，② 这里县尉官署是在县城之外的小城。

在以往所知的语境中，"别治某地"应该是个动宾短语，指另外在某地治事，其前面得有官员或机构名。但是走马楼西汉简中的别治醴陵、别治长赖却是名词性短语，而且重心在后，故而"别治"两字时常省略。为便于理解，我们将走马楼西汉简记载有别治醴陵、别治长赖的部分简文引录如下：

九年五月乙未朔辛酉别治长赖都乡啬夫声行丞事敢告临湘丞主，劾曰，男子志自诣，为竹遂亭长，署城东门亭，病满三月当免，尉史方劾　（简 0132）

三月甲申长沙内史齐客、邸长始守丞谓临湘、宫司空、食官、寿陵、采铜、烝阳、南阳、连道邑、别治醴陵，移牒临湘长一短二。采铜、宫司空、食官、烝阳各一，醴陵　（简 0175）

七年三月丁丑朔癸未临湘令寅谓南乡，告尉、别治长赖、醴陵，敢告寿陵西山主，不智何人非纵（简 0176）

☐夫别治长赖仓啬夫唐行丞事移临湘丿守令史忠（?）☐□捕驾以私印封　（简 0344）

八年六月庚子朔丁卯攸丞逋守别治醴陵丞敢言之，府移七年醴陵狱计，举劾曰，库决入钱五千皆黄钱，付丞　（简 0542）

八年五月辛未朔壬申南山令史熹敢告临湘令史，男子戍自诣。辞：故不更，别治长赖稷里，为都乡啬夫主治七年垦田租簿不故不以实，不亡。临湘以亡驾论命戍完为　（简 0795）

简文中的别治醴陵、别治长赖应该是县级行政单位，这在简 0795 中体现得尤为清楚。这枚简虽然不是完整文书，但意思很好理解。南山令史熹在发往临湘的文书中提到，男子戍自行到官府投案，供称自己原本是不更，住在别治长赖稷里，在给都乡啬夫编制前一年的垦田簿时没有故意做假，也没有逃亡。睡虎地秦墓竹简《分诊式》中的"乡自出"载："乡某爰书：男子甲自诣，辞曰：'士五（伍），居某里，以乃二月不识日去亡，毋（无）它坐，今来自出。'"③ 南山令史熹这份文书的内容与秦简中的"乡自出"爰书在体例上完全能够对应，文书中的"别治"不可能是某官员或机构的谓语动作，别治长赖稷里表示男子戍的居处。西

① 严耕望：《秦汉地方行政制度》，（台北）"中央研究院"历史语言研究所，1990 年，第 220 页。

② 郦道元著，陈桥驿校证：《水经注校证》，中华书局，2007 年，第 802 页。

③ 睡虎地秦墓竹简整理小组编：《睡虎地秦墓竹简》，文物出版社，1990 年，第 163 页。

汉对人口的登记包括“名县爵里”，籍贯通常用所属县加所属里来标识，别治长赖就是成所属的县。

别治醴陵、别治长赖是县级行政单位，从其官员设置亦能体现出来。西汉县廷吏员设置情况，可参见尹湾汉简《东海郡吏员簿》中对东海郡各县吏员的详细记录，如海西县有“令一人，秩千石；丞一人，秩四百石；尉二人，秩四百石。官有秩一人、乡有秩四人，令史四人，狱史三人，官啬夫三人，乡啬夫十人，游徼四人，牢监一人，尉史三人，官佐七人，乡佐九人，亭长五十四人。凡百七人”①。前引走马楼西汉简0132“别治长赖都乡啬夫声行丞事”是别治长赖都乡啬夫声代理别治长赖丞的职务，简0344“别治长赖仓啬夫唐行丞事”是别治长赖仓啬夫唐代理别治长赖丞的职务，简0542“攸丞逋守别治醴陵丞敢言之”是攸丞逋代理别治醴陵丞的职务，这是别治醴陵、别治长赖设县丞、官啬夫、乡啬夫的明确记载，其中官啬夫是县下属机构的长官，乡啬夫是县下辖各乡的长官。此外，走马楼西汉简0339记有“血娄有（又）盗长赖令史吴铜釪一”。长赖令史是长赖县廷的主要属吏。秦汉之际陈婴为东阳令史、夏侯婴为沛县令史，汉武帝时李寿为新安令史、“成”为巨野令史，他们都是县令史。

走马楼西汉简中与“别治”有关的资料还有一条，即简0096中的“☐□宫司空县邑别治园承”。由于没有上下文，这条简文意思不是很明确。考虑到别治醴陵、别治长赖是县级行政单位，文中的“别治”很可能与县、邑是并列关系，所谓“县、邑、别治园”大致相当于岳麓书院藏秦简“诸盗牧马、牛、羊县官园者，皆用此令”条中出现的“县官园”。②

二、别治醴陵、长赖可能寄治于临湘

别治醴陵、别治长赖可省称醴陵、长赖。前引走马楼西汉简0175中的“别治醴陵”在再次提到时便径称“醴陵”。别治醴陵、长赖作为县级行政单位，规模应该不大，它们均不见于《汉书·地理志》，可见西汉晚期即已都被废除。长赖在传世文献中没有记载，但长沙五一广场出土东汉简有：

> 辄部贼曹掾黄纳、游徼李临逐召贤。贤辞：本临湘民，来客界中，丞为洞所杀。后贤举家还归本县长赖亭部杆上丘，去县百五十余里。书到，亟部吏与纳并力逐召贤等，必得，以付纳 （CWJ1③：264-30）③

简文中贤自述为“临湘民”，后来全家还归“本县长赖亭部杆上丘”。长赖在东汉时期只是临湘县下辖的亭部名。

---

① 连云港市博物馆等编：《尹湾汉墓简牍》，第79页。

② 陈松长主编：《岳麓书院藏秦简（伍）》，上海辞书出版社，2017年，第50页。

③ 长沙市文物考古研究所等编：《长沙五一广场东汉简牍选释》，中西书局，2015年，第231页。

醴陵虽不见于《汉书・地理志》，却见于汉初。《史记・惠景间侯者年表》载吕后四年封长沙相越为“醴陵侯”。司马贞《索隐》释“醴陵”曰：“县名，今在长沙。”梁玉绳《史记志疑》称：“考《水经・漉水注》谓县为此侯封国，然《汉志》长沙十三县无醴陵，至后汉始有之，盖是乡名，因曾为侯国而置县也，当由临湘县地分置。”① 他们都认为越的醴陵侯国是在东汉长沙郡醴陵县地。但事实上，西汉的醴陵侯国与东汉的醴陵县并非同一地。张家山汉简《二年律令・秩律》载吕后二年汉廷直辖的县邑中有“醴陵”，并且“醴陵”是记在“秭归、临沮、夷陵”与“孱陵、销、竟陵”等南郡属县之间，显然也应是南郡属县。吕后四年封给长沙相越的应该就是《秩律》中的醴陵县。有学者怀疑《秩律》中的“醴陵”可能是“醴阳”的误写。由于荆州松柏汉墓所出记有武帝早期南郡属县的35号木牍文书中，“醴阳”正好也是在“夷陵”与“孱陵”之间，似乎很好地印证了这一说法。但醴阳不见于汉及汉以前的传世文献，而《史记》《汉书》均记载汉初有“醴陵侯”，《秩律》中的醴陵不宜简单认为是误写，包括醴陵、醴阳属改名等其他情况的可能性也是存在的。

越尽管是以长沙相获封，其侯国更应该是在南郡境内，而非长沙国。在越之前，已有利仓以长沙相获封轪侯。轪侯国的地望或认为在今湖北浠水县境，或认为在今河南光山县境，总归不在汉初的长沙国。陈苏镇认为：“汉初轪侯的封邑无论在今光山还是在今浠水，都在淮南国境内。”② 而据松柏汉墓出土的35号木牍文书记载，轪侯国在武帝早期已经明确为南郡所统辖。《史记・惠景间侯者年表》记载，越“以卒从，汉王二年初起栎阳，以卒吏击项籍，为河内都尉，〔用〕长沙相侯”。李开元指出：“醴陵侯越，汉二年从起内史栎阳，当为旧秦吏卒或汉征召之关中兵。”③ 可见越并非长沙王吴芮旧臣，而是刘邦功臣。马孟龙指出，汉初分封功臣，“多遵循故国本籍受封原则”，而且“京畿无侯国”“关西无侯国”是西汉始终贯彻的侯国封置政策。④ 越作为秦人，既不能封在关西，将他封在秦占据有70余年而被视同秦地的南郡自然是合理的选择。《史记・吕太后本纪》记吕后四年封侯的有“诸侯丞相五人”，《集解》引徐广曰：“中邑侯朱通、山都侯王恬开、松兹侯徐厉、滕侯吕更始、醴陵侯越。”据《史记・惠景间侯者年表》，朱邑“用吕相侯”，王恬开“用梁相侯”，徐厉“用常山丞相侯”。山都属南阳郡，汉初为中央直辖；松兹属庐江郡，汉初为淮南国地；中邑属渤海郡，而《史记・齐悼惠王世家》载吕后二年立吕台为吕王时“割齐之济南郡为吕王奉邑”。可见，与醴陵侯越同时受封的中邑侯朱通、山都侯王恬开、松兹侯徐厉都不是封在任相的王国境内。只有“用楚相侯”的吕更始，其滕侯国是在当时楚国境内。

《秩律》中醴陵书写于夷陵、孱陵之间，应该位于两县之间的长江沿岸。何慕考证认为，汉初醴陵县大

① 梁玉绳：《史记志疑》，中华书局，2015年，第622页。

② 陈苏镇：《汉文帝“易侯邑”及“令列侯之国”考辨》，《历史研究》2005年第5期。

③ 李开元：《汉帝国的建立与刘邦集团》，生活・读书・新知三联书店，2000年，第171页。

④ 马孟龙：《西汉侯国地理》，上海古籍出版社，2013年，第155—156页。

致是在“今湖北省松滋、公安一带的长江南岸”。① 这里既然始终不曾是长沙国的范围，与长沙国内的别治醴陵自然不是一地。有学者认为汉初醴陵县的位置也可能在更偏南一点，如晏昌贵认为，《秩律》中的醴陵“也可能在今湖南岳阳一带”，当地“汉初属南郡亦属可能”。② 邓玮光则怀疑，醴陵可能在孱陵以南澧水附近的零阳地区。③ 那么是否有可能醴陵位于南郡与长沙国边界地带，并曾在西汉前期由南郡改属长沙国，而成为长沙国内的别治醴陵呢？这种可能性同样应该不存在。

走马楼西汉简中有如下简文：

> 七年正月戊寅朔戊子库啬夫繇行丞事告尉，谓南乡，不智何人非从（纵）火时擅纵火，烻燔梅材、茭草，书到，益关吏卒徒求 (0138)
>
> 七年三月丁丑朔癸未尉史充国敢言之：狱书曰，不智何人非从（纵）火时擅从（纵）火，烻燔梅材、茭草，书到，益关吏徒求捕。亡满卅日不得报。今 (0194)
>
> 七年三月丁丑朔癸未临湘令寅谓南乡，告尉、别治长赖、醴陵，敢告寿陵西山主，不智何人非纵（简0176）火时擅纵火，烻燔梅材、茭草。不智何人亡满卅日不得、出，驾论命不智何人耐为隶臣。得、出，有后请皆□□ (0181)

这几枚简属同一文书，记载的是长沙国临湘县的一件失火案。由于临湘南乡“不知何人非纵火时擅纵火”引起失火，七年正月行临湘丞事的库啬夫繇要求临湘尉发关吏徒抓捕纵火者。但纵火者逃匿超过三十日仍未捕得，当年三月临湘令寅再次发文，将缉拿文书中纵火者的罪名提高到耐为隶臣。值得注意的是，临湘令寅发出的文书，其收文机构除案发地临湘南乡与“主盗贼”的临湘县尉外，还有别治长赖、醴陵。临湘要求别治长赖、醴陵参与排查与抓捕南乡的纵火犯，说明别治长赖、醴陵只可能是在临湘境内或其周边。而临湘与南郡不相接，《汉书·地理志》记载，直到西汉后期，长沙国在临湘以北仍有益阳、罗等县。因此，不管界线如何变动，别治醴陵也不可能在汉初属南郡。

别治醴陵与醴陵侯国既然不是一地，那它就跟别治长赖一样，在以往所见西汉文献中其实没有记载。汉代县邑的延续性较强。张家山汉简《二年律令·秩律》中记录的汉廷直辖县邑大体都延续到了汉末，可见西汉废撤县邑的情况比较罕见。然而别治长赖、醴陵却在西汉后期双双被撤，并且传世文献中没有留下任何它们存在过的迹象，这说明它们作为县级行政单位，规模肯定是比较小的。与此同时，它们与临湘县似乎也有着不同寻常的关系。前引临湘令寅所发缉拿临湘南乡纵火犯的文书，不仅收文机构中有别治长赖、别治醴

---

① 何慕：《张家山汉简〈二年律令·秩律〉所见吕后二年政区及相关问题》，武汉大学硕士学位论文，2006年，第12—14页。

② 晏昌贵：《〈二年律令·秩律〉与汉初政区地理》，中国地理学会历史地理专业委员会、《历史地理》编辑委员会编《历史地理》第二十一辑，上海人民出版社，2006年，第45页。

③ 邓玮光：《简牍所见西汉前期南郡属县（侯国）考》，《中国历史地理论丛》2011年第4期。

陵，而且对它们的文书用语与对尉一样，用的都是“告”。这不由得让人怀疑别治长赖、别治醴陵可能是寄治于临湘的县级行政单位。

走马楼西汉简中有如下简文：

五年九月丙辰朔丁丑仓啬夫虹行都乡事敢言之，廷移邑陵书曰，亭长柯服求命者郡诸侯，今有劾，谒移长沙内史下属县，即在界中勿与从事，遣诣　（简 0084）

邑陵。各案界中，不在，便报临湘·今谨案柯不在长赖界中，谒报临湘以从事，敢言之。　（简 0340）

这两枚简间尚有缺文，但应该属同一文书。其中“谒移长沙内史下属县”是邑陵书中的内容。邑陵亭长柯出来抓捕通缉的罪犯，因被人揭发犯罪，邑陵请长沙内史告知属县，如果柯在县境内，不用配合他处理事务，并且将他遣送至某地。临湘县廷接到任务后，应该又将任务分配到了属乡，要求各乡巡查界内，如果柯不在，则报告给临湘。这份文书便是代理临湘都乡啬夫职事的仓啬夫虹给县廷的回文。值得注意的是，虹在回复中称“今谨案柯不在长赖界中”。“柯不在长赖界”的情况需要由临湘都乡啬夫上报，反映出长赖应该没有独立辖区，其管辖范围很可能就在临湘都乡境内。

三、别治醴陵、长赖可能是管理王陵奉邑的特殊政区

别治醴陵、长赖寄治于临湘，笔者推测与西汉时期的王国陵寝制度有关。西汉有在帝陵、皇太后陵附近设县级政区陵邑的做法。陵邑的功能首先是奉祀陵园，同时也能接纳移民，当时关中各陵邑的居民主要就是迁徙而来的关东豪强富户。由于帝陵陵邑充实京师、强干弱枝的政治作用相当明显，诸侯王国是否能设置陵邑也就未免令人怀疑。然而设置陵邑的初衷终究是“奉山园”，汉初王国制度又仿自朝廷，西汉王陵陵邑尽管不见于传世文献，却并非没有踪迹可寻。徐州狮子山楚王陵曾出土“长平邑印”，黄盛璋结合此前徐州龟山楚王陵出土“北平园”铭铜器，指出“北平邑必为楚元王自立之陵邑，如秦始皇陵之丽山园与丽邑”。①不过，王国自立陵邑的制度在景帝时期应该就结束了。景帝平定七国之乱后“令诸侯王不得复治国”，此后诸侯王逐渐“唯得衣食租税”，自然不可能再自行立县。黄盛璋在前引文考证出，徐州狮子山楚王陵入葬的官印都是废印，而且是在景帝中三年、五年令省王国诸官后变为废印的。“北平邑印”列于其间，可见北平邑这个楚国王陵陵邑也在这时候取消了。

王陵陵邑被取消后，西汉诸侯王仍可以建陵园、置奉邑。《史记·齐悼惠王世家》记载：“齐厉王立五年死，毋后，国入于汉。齐悼惠王后尚有二国，城阳及菑川。菑川地比齐。天子怜齐，为悼惠王冢园在郡，割

① 黄盛璋：《徐州狮子山楚王墓墓主与出土印章问题》，《考古》2000 年第 9 期。

菑东环悼惠王冢园邑尽以予菑川，以奉悼惠王祭祀。”齐国废除后，武帝将齐悼惠王的陵园、奉邑划归菑川国，可见齐悼惠王陵园的奉邑至西汉中期仍得以保留。事实上，西汉中期对于诸侯王陵园置奉邑是有明确规定的。《汉书·武五子传》记载：宣帝继位后为父母“置园邑”，有司奏请“亲谥宜曰悼（皇），母曰悼后，比诸侯王园，置奉邑三百家”。官员们建议按照诸侯王陵园的标准，给宣帝父母“置奉邑三百家”，可见当时诸侯王陵园按照制度都会有奉邑，其规模是三百户。“别治”这种县级行政单位可能就是王陵陵邑废除后，新出现的用于管理王陵奉邑的特殊政区。

从前面的分析可知，别治醴陵、长赖虽然是县级行政单位，却寄治于临湘县，而且规模相当小，长赖的管辖范围甚至是在临湘下属的都乡境内。推测它们是管理长沙国王陵奉邑的特殊政区，虽没有明确的文献依据，却符合情理。西汉景帝后诸侯王不能自置陵邑，但由于此前有建县的传统，王陵奉邑仍设县级行政单位进行管理应该最能为大家接受。事实上，西汉建立以来，皇帝为外家所建的陵园奉邑也是设长、丞进行管理。《史记·外戚世家》载：文帝追尊薄太后父为灵文侯，“会稽郡置园邑三百家，长、丞已下吏奉守冢”。不过，诸侯王失去治国权后，不能迁徙民户充实陵园，诸侯王奉邑按制仅“三百家”，这个规模通常尚不足以立县。《汉书·武五子传》记载，宣帝为父母“置园邑”后八年，“益奉园民满千六百家，以为奉明县”，马孟龙据此认为“1600户是汉宣帝时期立县的主要标准”。[①] 因此，王陵奉邑虽设县级行政单位，却寄治于位处的县邑，便是合理的选择。而且这种做法其实也有类似的先例可循。《三辅黄图》卷六《陵墓》载：“高帝葬太上皇于栎阳北原，因置万年县于栎阳大城内，以为奉陵邑。”[②] 高祖父亲的万年邑便是设置在栎阳城内。

“别治”作为县级行政单位，在以往所见的文献中都没有出现，反映出这种类型的县级行政单位规模不大，同时存在的时间也可能不长。《汉书·元帝纪》记载：元帝永光四年罢废在郡国的祖宗庙，将诸陵邑分属三辅，并下诏“今所为初陵者，勿置县邑，使天下咸安土乐业，亡有动摇之心”，彻底废除了设置陵邑的制度。不久又“罢先后父母奉邑”，全面废除陵园奉邑制度。帝陵陵邑由于规模较大，得以改置成普通的县级政区。但王陵奉邑只有三百户的规模，由于户数过少，“别治”这种特殊政区便只能撤置为乡里，隶属于寄治的县了。于是《汉书·地理志》中记录的县级政区中既没有醴陵、长赖，而且也没有“别治”这种类型。

西汉先后有吴氏长沙国和刘氏长沙国。考古界认为，西汉长沙王陵主要分布在湘江西岸的低矮丘陵，东南至天马山，东北至桃花岭、风篷岭，西北至蜈蚣蒂山一带。在这近30平方公里的范围内，目前已发现长沙王陵墓（含长沙王后陵）遗迹点共计23处，包括已发掘的陡壁山“曹嫘”王后墓、望城坡“渔阳”王后

---

① 马孟龙：《荆州松柏汉墓简牍所见“显陵”考》，《复旦学报（社会科学版）》2015年第3期。文中又引葛剑雄《中国人口史》对《汉书·地理志》中平帝元始二年各郡国户口数的统计数据，当时“县平均户数最少的郡国是郁林郡，每县约有1040户”，而得出“西汉县级政区的户数多在千户以上”的结论。

② 陈直校注：《三辅黄图校证》，陕西人民出版社，1980年，第140页。

墓等①。当然，也有个别王陵不在这个区域，例如长沙定王刘发的陵墓就可能是在湘江东岸。王先谦《汉书补注》引王先慎曰："《通志》定王墓在长沙东门外，及其母唐姬墓各高十三丈，其间相去三丈。"② 1951年在当时还是长沙东郊的杨家山发掘过长沙王室刘骄墓、长沙王后墓，考古界一度认为刘氏长沙王的陵墓应集中在杨家山一带。湘江西岸的长沙王陵区与长沙国都城临湘隔水相望，这里与接近汉临湘城的杨家山一带，西汉时期都应在临湘县都乡境内。

走马楼西汉简记载：

> 九年五月乙未朔丁未临湘令坚长赖丞尊守丞告尉，谓仓、都乡，敢告宫司空、攸、南阳，将作定王、定王后营，徒髡钳城旦故大夫临（简0591）湘泉阳里武、完城旦徒官大夫攸大里兕、宫司空令史公乘攸臧郢里外、佐公乘南阳平里不识，皆坐武故为临武丞监所（简0594）

临湘县廷的这份文书发给宫司空、攸、南阳是由于牵涉的兕、外、不识户籍在攸、南阳，而且外、不识还是宫司空属官，发给仓是由于仓是管理刑徒的机构，而发给都乡则应该是由于要营造的定王、定王后营在临湘都乡。作定王、定王后营，大概就是在定王、定王后陵周围修建垣墙，属于对其陵园的维护。前面推断别治长赖的管辖范围可能是在临湘都乡境内，与长沙王陵所在位置一致。别治醴陵的地望，从走马楼西汉简文无法推断。《后汉书·郡国志》载东汉长沙郡有醴陵县，应该是析临湘县南境设置的。不过，即便还有现在完全不知晓的长沙王陵，照理也不会离临湘城太远，不至于会划给醴陵，别治醴陵与东汉的醴陵县也可能不是一地。③

从前引简0181临湘令寅通缉南乡纵火犯时"告尉、别治长赖、醴陵"判断，临湘境内可能有且只有这两个"别治"类型的县级行政单位。④ 由于走马楼西汉简是刘氏长沙国第二代长沙王刘庸时期的文书，如果以上推断不误，别治长赖、醴陵中的一个必然是管理长沙定王刘发的陵园奉邑，另一个则可能是管理长沙王吴芮的陵园奉邑。《汉书·韦贤传》载：元帝时韦玄成等奏请，"太上、孝惠庙皆亲尽，宜毁。太上庙主宜瘗园，孝惠皇帝为穆，主迁于太祖庙，寝园皆无复修"，为元帝采纳；成帝即位后匡衡奏言，"卫思后、戾太子、戾后园，亲未尽。孝惠、孝景庙亲尽，宜毁"，为成帝采纳；哀帝即位后又有孔光、何武奏言，"迭毁之

---

① 何旭红：《汉代长沙国考古发现与研究》，岳麓书社，2013年，第49—50页。

② 王先谦：《汉书补注》，书目文献出版社，1995年，第1112页。

③ 许慎：《说文解字·阜部》："陵，大阜也。"沅湘一带多丘陵山地，汉代这里以"陵"为地名相当普遍，仅郡县名便有武陵、零陵、孱陵、沅陵、迁陵、荼陵、昭陵、容陵等。醴，意为"甘甜的泉水"。《文选·扬雄〈甘泉赋〉》："蔚西海与幽都兮，涌醴汩以生川。"李善注："涌醴，醴泉涌出也。"丘陵山地普遍都有山泉，取名醴陵的可能不止一处。

④ 走马楼西汉简0313，整理者初释为："□年□月乙丑朔庚辰别治门浅丞福敢告临湘。"但别治长赖、别治醴陵在走马楼西汉简中屡次出现，而别治门浅仅此一例，且竹简在所释"别治门浅"四字处开裂，墨迹亦较淡。门浅见于里耶秦简，秦代为洞庭郡属县，汉初当属吴氏长沙国，可能在武陵郡。若释文无误，本文认识当作修正。因暂无较好的解释，这里仅指出此简的存在，提请读者留意。

次，当以时定……孝武皇帝虽有功烈，亲尽宜毁”。按照礼制，西汉皇室亲尽毁庙，其陵园不再维修，只有“祖宗之庙世世不毁”。陵园设置奉邑，是为了保证陵园日常维护和奉祀活动的经济支出。毁庙与陵园不再维修后，也就没有了保留奉邑的必要。吴氏长沙国共传五世，至文帝时因无后而除国。吴氏长沙国被废除后，历代长沙王的陵园奉邑会被汉廷接管，能继续保留陵园奉邑的只有始封王吴芮。① 《史记·齐悼惠王世家》中，齐国被废除后，武帝只是将齐悼惠王的陵园、奉邑划归菑川国，而不涉及其他齐王，也说明王国被废除后，应该只有始封王的陵园奉邑能够保留。

四、余论

《汉书·百官公卿表》载：“列侯所食县曰国，皇太后、皇后、公主所食曰邑，有蛮夷曰道。凡县、道、国、邑千五百八十七。”汉代县级政区因职能不同而区分为县、道、邑、侯国。当时曾存在“别治”这种类型的县级行政单位，是以往所不了解的。根据走马楼西汉简的记载推断，别治醴陵、别治长赖没有自己的独立辖区，而是寄治于长沙国的首县临湘。如果将边界视为行政区划的基本要素，那么别治醴陵、别治长赖还称不上完整的政区，只能说是准政区。② 地方行政机构的寄治现象在我国古代并不罕见，《后汉书·五行志》便记载，安帝时“凉州叛羌为害大甚，凉州诸郡寄治冯翊、扶风界”。不过，这里可能只是将凉州诸郡的官府搬到了冯翊、扶风，而与“别治”型县级行政单位性质更为接近的是东晋的侨州郡县。东晋为安置北方流民而设置的侨州郡县，完全寄治于他们侨居的南方郡县，《宋书·州郡志》载：京兆“初侨立，寄治襄阳”，南阴平“永嘉流寓来属，寄治苌阳”。侨州郡县因侨人而设置，起初并无实土，但负责管辖侨人户口。

由于别治醴陵、别治长赖是寄治于临湘，而且走马楼西汉简中并没有出现醴陵令长或长赖令长，如果怀疑别治醴陵、别治长赖只是临湘县廷的派出机构，也属正常。西汉通常一县一丞，但长安等大县却是一县多丞，确实可能每个县丞分在不同官署分别治事。但别治醴陵、别治长赖肯定不是这种情况，因为别治长赖不仅有丞、令史等县廷官员，也有自己的都乡、仓等县属机构，所管辖人口的籍贯在户籍上也是登记为别治长赖。而前引简 0175 长沙内史齐客发出的文书中，别治醴陵与临湘、烝阳、南阳、连道并列，显然也应直属

① 走马楼西汉简 0595 中有“共盗靖园高成里大夫昌钱”，简 0158 又有“曰大夫，临湘高成里，为定庙爵子”。长沙曾出土“靖园长”印，靖园被认为是长沙靖王吴著的陵园。吴著是吴氏长沙国末代长沙王，但在位有 21 年，其陵园应该在其去世前早已建成。高成里可能是吴著在世时就设置的其寿陵奉邑户的居里。吴氏长沙国被废除后，高成里被汉廷接管，成为临湘县下辖的里。简 0158 是标注身份的文例，“临湘高成里”是“名县爵里”中的“县”与“里”。而“靖园高成里”的“靖园”，应该只是指明高成里所在位置，而非县级行政单位。

② 《汉书·韦贤传》载，平帝时大司马王莽奏：“本始元年……谥孝宣皇帝亲曰悼园，置邑三百家。至元康元年……益故奉园民满千六百家，以为县。”这里的“县”可能不是“奉明县”的省称，而是指宣帝将其父亲的奉邑从“别治”改置为具有独立辖区的完整意义上的县级政区。

长沙内史。事实上，“别治”型县级行政单位尽管没有独立辖区，而且规模不大，地位却并不比普通的县低。

“守”有代理之意，前引走马楼西汉简 0591 中长赖丞尊代理临湘丞的文书用语是“守”，简 0542 中攸丞代理别治醴陵丞也是用的“守”。而关于守官的任命原则，大庭脩认为，守官是“卑秩（或卑位次）的官兼任高秩（或高位次）之职”。① 鹰取祐司不完全赞同他的意见，他在统计肩水金关汉简中的事例后，指出存在秩级相同的县尉守本县丞的事例，但同时也发现“县令长、鄣候职位”的守官者“仅限于长吏”，并认为这种情况可能与官员晋升限制有关，“守官被任命不只是补充空缺，还是为了从事被代理者固有的职务”。②由此推断，攸丞“守”别治醴陵丞，别治长赖丞“守”临湘丞，说明别治醴陵、长赖的地位尽管可能低于长沙国首县临湘，但与其他长沙国属县相比，应该是不相上下的。西汉帝陵陵邑属县级政区，但地位比一般的县要高，西汉县令通常秩千石到六百石，而吕后时增长陵令秩至二千石。与此相应，西汉前期王陵陵邑在王国内的地位应该也会比一般的县要高。尽管“别治”型县级行政单位规模远小于一般的县，性质亦已与陵邑相去甚远，但毕竟是从王陵陵邑衍生而来，由于习惯观念的影响，在王国内仍能维持不低于一般县的地位。

西汉前后期的政区体制有很大不同。从前期皇帝与诸侯分治天下，到后期在全国范围确立专制皇权的中央集权，西汉政区体制需要随其进程不断做出调整，尤其是王国地区，调整幅度必然更大。《汉书·地理志》清楚呈现了西汉末年的行政区划，张家山汉简《二年律令·秩律》中吕后时朝廷直辖区域县级政区完整名录，荆州松柏汉墓中的南郡政区数据等出土材料，亦加深了我们对西汉政区的了解。但走马楼西汉简中的别治醴陵、别治长赖表明，西汉地方政区演变过程中的具体情况，可能还有许多我们不知晓的内容。“别治”型县级行政单位不见于其他记载，走马楼西汉简中的材料亦有限，必须承认本文结论带有推测的成分，相信随着出土材料的日益丰富，我们对它的认识会更加确切。

（王勇，本文原载于武汉大学简帛研究中心主办《简帛》第二十三辑，上海古籍出版社，2021 年）

① 大庭脩著，林剑鸣等译：《秦汉法制史研究》，上海人民出版社，1991 年，第 438 页。

② 鹰取祐司著，魏永康译：《汉代的“守”与“行某事”》，周东平、朱腾主编《法律史评译》第六卷，中西书局，2018 年，第 103 页。

第五节　汉景帝以武陵、零陵、桂阳属长沙史实考论

——以走马楼西汉简为中心

《史记集解·五宗世家》引应劭语曰："景帝后二年，诸王来朝，有诏更前称寿歌舞，定王但张袖小举手。左右笑其拙，上怪问之，对曰'臣国小地狭，不足回旋'。帝以武陵、零陵、桂阳属焉。"① 清儒对此说已有颇多疑议，大致集中于未书定王来朝及零陵郡时尚未置郡两方面。如《史记会注考证》引王先谦曰："史表景帝后二年，不书定王来朝。疑应氏误记。"② 梁玉绳《史记志疑》中同样提出"御览五百七十四误以劭说为史本文"，并引全祖望《经史问答》云："是妄言也。武陵、桂阳并未尝属长沙，而零陵至武帝始置郡。安得如劭所言？"③ 唯近人王叔岷先生于《史记斠证》认为应氏所考当别有所据："惟'二年'作'三年'，'来朝'作'来日'，无零陵二字。汉书应注'属焉'作'益焉'。史表景帝后二年或三年，并不书定王来朝。应说当别有所据，恐非误记。"④

周振鹤先生考察景帝间王国分封情况，认为景帝分封诸子，除江都王外，皆以一郡之地，并认为应劭所言"甚为荒唐"："其一，零陵郡时尚未分置；其二，汉代诸王益封，至多数县，绝无益郡之理，何况刘发'无宠'。不过这条记载从反面证明刘发之封，仅有长沙一郡。武陵、桂阳乃中央所有。"⑤ 周先生所言景帝年间零陵郡尚未分置及其他王国未有益郡之事的事实阐述确然，但随着走马楼西汉简的出土及整理不断有进展，为讨论刘氏长沙国时期武陵、桂阳郡的归属提供了新的突破口。《2003年长沙走马楼西汉简牍重大考古发现》一文中即已提到，走马楼新出汉简多处涉及武陵郡及其属县，远远超出文献所载范围，且武陵等属县使报临湘的文书呈上行文书格式，故应氏所言应有所据。实际上汉武帝时长沙国的疆域仍广至多郡，范围较大。⑥

---

① 《史记》卷五十九《五宗世家》，中华书局，1959年，第2100页。

② 泷川资言考证：《史记会注考证》，上海古籍出版社，2015年，第2693页。

③ 梁玉绳撰，贺次君点校：《史记志疑》，中华书局，1981年，第1179页。

④ 王叔岷：《史记斠证》，中华书局，2007年，第1971—1972页。

⑤ 周振鹤：《西汉政区地理》，商务印书馆，2017年，第131页。

⑥ 长沙简牍博物馆、长沙市文物考古研究所联合发掘组：《2003年长沙走马楼西汉简牍重大考古发现》（宋少华、金平执笔），中国文物研究所编《出土文献研究》第七辑，上海古籍出版社，2005年，第64页。

本文就走马楼西汉简所出《汉书·地理志》所载武陵、桂阳二郡辖县相关简文入手，考察走马楼汉简时代二郡与长沙国之间的关系，并对《史记集解》引应劭言的史实进行再探讨。

一、武陵郡为长沙国支郡的考察

走马楼西汉简出有大量地名相关简文，《汉志》所载武陵郡所辖十三县，在走马楼汉简中得见索、临沅、沅陵、镡成、无阳、迁陵、辰阳、酉阳、义陵，零阳、充，计十一县，① 多数见于法律文书中。

在此当中，能够极为明确地体现出武陵郡、《汉志》载武陵郡辖县及长沙国之间的关系的案例包括“无阳乡啬夫襄人敛賨案”（以下简称“襄人”案）与“将田佐僮诈卯名为书案”（以下简称“卯劾僮”案）。为方便讨论，现将案件中与本文直接相关的材料移录如下②：

1. “襄人”案部分材料

五年三月己未朔丁丑，长沙相史倚案事劾。

三月丁丑，长沙相史倚案事，移无阳服捕，以律令从事。言夬（决）属所，移献（谳）相府。/相史倚　（0047）

五年九月丁巳，狱史巴人、胡人讯襄人。要道辞曰：府调无阳四年賨，糶（粜）卖取钱，输临沅食官、厩，偿所赎童贾（价）钱，皆急缓。　（1792+0017）（节选）

五年九月辛酉，狱史巴人爰书：案：相府狱属临湘，赎罪以下即移。　（0002）

五年九月丙辰朔辛酉，无阳长婿（始）、令史巴人行丞事敢告临湘主：案赎罪以下写劾、辟、爰书，移书到，令史可论。倚言夬（决）属所、长沙内史府，如律令，敢言之。　（0121）

2. “卯劾僮”③ 案部分材料

四年五月甲子朔庚寅，案事长沙相史驾、武陵守卒史纵、辰阳令史野劾。

六月丙申，案事长沙相史驾、武陵守卒史纵移辰阳，以律令从事。言夬（决）相府。/相史驾、卒史纵　（0046）

---

① 按《汉书·地理志》：武陵郡，户三万四千一百七十七，口十八万五千七百五十八。县十三：索，孱陵，临沅，沅陵，镡成，无阳，迁陵，辰阳，酉阳，义陵，佷山，零阳，充。走马楼西汉简中目前未见孱陵、佷山二县，而孱陵见于松柏35号汉墓所出“南郡免老簿”木牍“孱陵免老九十七人”。松柏木牍的年代，整理者按墓葬同出武帝建元、元光历谱推定为武帝早期时物，即武帝早期时孱陵尚属南郡。

② 本文所引走马楼西汉简材料，简号按出土情况编排，案件名称按整理小组成果，下文不再赘述。

③ 本案例定名及内容可参看杨芬、宋少华：《长沙走马楼西汉简〈卯劾僮诈为书案〉所见“将田”“部”“将大农田”诸问题小议》，武汉大学简帛研究中心主办《简帛》第二十五辑，上海古籍出版社，2022年。

五年二月己丑朔丁酉，服捕命未得者尉史骄爰书：命男子卯自诣，辞曰：故公大夫沅阳昌里，为沅阳仓佐，均镡成库佐。镡成遣卯趣作仓役无

阳、义陵、沅阳，相史驾、卒史纵劾卯以詐（诈）为书辟负辟偿臧（赃）六百以上，移辰阳，辰阳辟归镡成以，镡成以吏亡鞫，论免卯，削爵为士五（伍）。辰阳狱史光甲与丞邮　（0040）

“襄人”案中“府”调无阳县四年賨赋，令将其粜卖取钱，输临沅食官厩。该案与“府”关的官署共出现3处，第1处为简0047“移谳相府”，第2处为简0002“相府狱属临湘”，第3处为简0121“言央属所长沙内史府”。由此可见，该案所涉及的“府”有“长沙相府”和“长沙内史府”。若调无阳县四年賨赋之“府”为武陵太守府，则武陵郡应当如“卯劾僮”案所示，有相关府吏介入本案调查，但从简文来看，处理本案的相关官吏有狱史胡人、巴人、无阳长始和相史倚等，并未出现武陵太守府中的相关属吏，故此处的“府”暂时排除为武陵太守府。

考察《汉书·百官公卿表》：“诸侯王，高帝初置，金玺盭绶，掌治其国。有太傅辅王，内史治国民，中尉掌武职，丞相统众官，群卿大夫都官如汉朝。景帝中五年令诸侯王不得复治国，天子为置吏，改丞相曰相，省御史大夫、廷尉、少府、宗正、博士官，大夫、谒者、郎诸官长丞皆损其员。”① 诸侯王相掌治百官，即王国诸官署皆在相府的管辖范围，而内史负责治理百姓。从具体职掌来看，调取赋税输入他官应当为相府的职责，且简0002有“相府狱属临湘”语，由此“襄人”案中的“府”应为长沙相府。长沙相府拥有管辖王国诸官之权，能够调动长沙国支郡管辖县的税赋输入。賨赋作为税收的一种，长沙相府能够越过武陵郡太守府直接向无阳县下达命令，抽调无阳的賨赋，并将其粜卖取钱输入武陵郡的临沅县。若武陵郡直属汉中央，则长沙相府并无权发布这样的命令，只有当武陵郡属长沙国、为其支郡时，无阳县才会受理职掌上拥有“治百官”的长沙相府的命令。综上，我们可以初步判断武陵郡在走马楼西汉简时代应为长沙国支郡。

“卯劾僮”案为将田义陵佐僮、沅阳佐卯中，根据简0046简文及简末签名，本案由长沙相史驾、武陵守卒史纵共移辰阳进行审理，并言决长沙相府。按“言央（决）”，岳麓秦简整理小组释为“上报判决结果”②，即最终上报的处理狱案的最高官署为长沙相府，这与汉县需要将司法结果上报至郡，再由郡在狱计中汇总至汉中央的程序相悖：就“卯劾僮”案所见案件审理流程而言，长沙相府是为辰阳县的最高司法管辖官署。又根据前述相史驾及卒史纵共同处理劾文书来看，武陵郡卒史对辰阳同样拥有对劾文书案事的职责。《汉书·地理志》载辰阳为武陵郡属县，而其案件上报的最高机构为长沙相府，则辰阳—武陵—长沙的行政级别一目了然，进一步证实武陵郡为长沙国支郡。

上引两则材料虽为个案分析，但我们可由此得出如下结论：

---

① 《汉书》卷十九《百官公卿表》，中华书局，1962年，第741页。

② 参见朱汉民、陈松长主编：《岳麓书院藏秦简（叁）》，上海辞书出版社，2013年，第109页。

其一，长沙相府能够向武陵郡属县无阳直接下达命令，抽调长沙支郡武陵属县无阳四年賨赋，将之粜卖取钱，输临沅食官厩。

其二，武陵郡卒史对劾文书同样有案事的职责，但辰阳县的最高司法管辖官署是为长沙相府。

从“襄人”案简0002狱史巴人的爰书中可知，本案为异地诉讼案件。王安宇先生认为，西汉时期赎罪以下的轻罪，不得随意征逮异地当事人。即居延简157・13、185・11：“律曰：赎以下，可檄，檄，勿征沓。”① 简0002亦有“赎罪以下即移”，由简0121“移书到”可证，简0002的“移”指的是移送案件相关文书至案件归属地，而非人员的移送。从简0047与简0121可看到，此处的法律运行模式是由武陵支郡所辖的无阳县进行异地诉讼调查，经调查后认为本案“赎罪以下”，适用于前文所引律文，即将案卷文书发往属地临湘县，不需将当事人征逮到临湘，由“令史可论”后，将审判结果“言夬长沙内史府”，最终将审判文书“移谳长沙相府”。

“卯劾僮”案从案件程序上看，本案劾程序的发起由相史驾、武陵守卒史纵、辰阳令史野三人进行，后本案的“辟”程序由辰阳县进行，而由镡成对僮进行鞫、论，最后按简0046所见“言夬相府”。

综上而言，从案件审理流程上来看，“襄人”案与“卯劾僮”案分别代表了在案件审理流程中，根据案件归属地的不同所呈现的两种审理模式：倘若案件发生地在长沙国支郡县，案件归属地在临湘，则按照“支郡县—临湘—内史—相府”的流程进行案件审理；倘若案件发生地在武陵支郡辖县，归属地也在武陵支郡辖县，则按照“支郡县—支郡—相府”的模式进行审理。通过两种不同的案件审理流程模式，我们亦可从中一窥史书阐之未详的支郡辖县、支郡及王国之间的领属关系：武陵郡对其所辖的诸县自然有相当的管辖权力，但就法律程序而言，案件受理的最高机构仍然为长沙相府，且长沙相府亦可越过武陵支郡直接向其下属的诸县下达命令。

根据上考武陵郡与长沙国的领属关系，应劭语似乎有迹可循，而以武陵郡益长沙国，从侯国的设置上亦能看出端倪。按马孟龙先生所列“文帝十一年侯国名目综表”，文帝时期武陵郡领有陆梁、沅陵二侯国，②后沅陵侯国于景帝中五年因无后而国除，陆梁侯国于元鼎五年坐酎金而国除。

沅陵侯国亦见于虎溪山汉简所出《计簿》。出土《计簿》为西汉初年沅陵侯国的乡、里、聚等行政设置、吏员人数、户口人民和田亩赋税等项目的详细记录③，按邹水杰先生考得，虎溪山汉墓的年代为汉文帝后元元年，《计簿》即为文帝时期沅陵侯国总体面貌的体现。然而，再根据马孟龙先生统计整理的景帝中五年及元光五年侯国名目表④，武陵郡在此期间除去此前所置的陆梁、沅陵（元光五年时已除）二侯国外，再

① 王安宇：《秦汉时期的异地诉讼》，《中国史研究》2019年第3期。

② 马孟龙：《西汉侯国地理》（修订本），上海古籍出版社，2021年，第161页。

③ 湖南省文物考古研究所编著：《沅陵虎溪山一号汉墓》（上），文物出版社，2020年，第117页。

④ 马孟龙：《西汉侯国地理》（修订本），第191—192页。

无增加新的侯国，换言之，刘氏长沙国建国后，于武帝元光、元鼎年间所封王子侯国分列于豫章、桂阳，亦有其后徙南阳郡者，而从不见武陵郡增益侯国。长沙与武陵郡境相接，却未见封侯国别属武陵，实在令人生疑。

七国之乱后，景帝对全国范围内行政区划进行大幅调整，收夺王国支郡，以新封侯国置汉郡，此前王国境内的侯国亦须迁至汉郡。结合上列走马楼西汉简材料所明确透露出的武陵郡辖县、武陵郡及长沙国的关系来看，武陵郡在景帝中五年至元光五年未增有新的侯国，是因其为长沙国支郡，须遵守“王国不辖侯国”的原则。

二、《汉志》 桂阳郡辖县与长沙国关系考察

学界对桂阳郡的始置时间以及与长沙国的归属关系多有考述，但目前仍存在争议。① 走马楼西汉简中，与武陵郡及其辖县的相关简文所呈现出的明确的行政区划等级的情况不同，作为郡名之“桂阳”未曾得见，而这批简文中所见《汉志》桂阳郡辖县仅有便、郴、临武三县，及《汉志》零陵郡辖县舂陵、零陵（原属桂阳郡）二县。

“便”集中见于“便移五年计书误”案中，该案概要为便县移送五年人口账目与案阅人口不符：便上计人口为四千二百廿七，然而案阅实际人口为四千二百七十四，多出四十九人当在第二年上计，实际上的差错为二人。根据后来的调查，之所以出现这样的问题是因为书写失误。从本案相关简 0042“五年九月丙辰朔戊午，长沙内史卒史乙、中尉守卒史癸别有案，移便以律令从事，言决，移献中尉府”可知，本案调查的经办人为长沙内史府守卒史乙与中尉府内史癸，最高定罪官署为长沙中尉府。按前引《百官公卿表》“内史治国

① 关于桂阳郡的始置时间，尽管《汉志》“桂阳郡”下注有“高帝置。莽曰南平。属荆州”，但当前学界对其仍存在讨论。周振鹤先生最初认为在“高帝五年或稍后，分长沙郡南部边县置桂阳边郡”（周振鹤：《西汉政区地理》，第 136 页）。何介钧先生同样提出可将桂阳郡建置时间定在高祖五年（前 202）长沙国分封之后到十二年（前 195）高祖死之间的某个时期（何介钧：《汉桂阳郡建置时间考》，中国地理学会历史地理专业委员会编《历史地理》第二辑，上海人民出版社，1982 年，第 87 页）。张修桂先生认为尽管桂阳郡在建制时间上为“高帝置”无误，但“桂阳郡仍属吴芮分长沙郡所置，绝不应理解为高帝直接建置”（张修桂：《中国历史地貌与古地图研究》，社会科学文献出版社，2006 年，第 567 页）。何旭红先生则认为桂阳郡之置同汉与南越国的斗争息息相关，并认为“隆虑侯周灶率军击南越发生于吕后七年（前 181）。因此，吕后七年前后始置桂阳郡的可能性较大”（何旭红：《汉代长沙国考古发现与研究》，岳麓书社，2013 年，第 197—198 页）。《秦汉卷》同样将桂阳郡的始置年代系于吕后七年，“吕后七年分长沙内史置，初置时属长沙国”（周振鹤、李晓杰、张莉：《中国行政区划通史 · 秦汉卷》，复旦大学出版社，2016 年，第 441 页）。新出益阳兔子山简 J7⑦：305 见有“五年七月庚辰朔丙申，内史阳谓观川、桂〼□便、荼陵、郴采锡，西山、昭陵、泠道啬夫□〼”，按整理者所言，“五年七月庚辰朔”，应为汉惠帝五年七月；同时据“观川、桂阳”多次出现，可推知“桂”下残字当为“阳”。该简所见地名虽多见于《汉志》所载桂阳及零陵郡辖域内，但从文书运作来看为内史直接下达各县长吏，由此推断至少惠帝五年时桂阳郡仍不存在，上述各县为内史直辖，“桂阳郡之设应如周振鹤所言，‘疑吕后七年分长沙内史置’”（湖南省文物考古研究所、中国人民大学历史系：《湖南益阳兔子山遗址七号井出土简牍述略》，《文物》2021 年第 6 期）。本节以新出简牍成果，结合《汉书 · 高后纪》“（七年）秋九月，燕王建薨。南越侵盗长沙，遣隆虑侯灶将兵击之”，桂阳郡之置当与南越国侵扰长沙边邑、隆虑侯周灶率军击南越相关。本文以吕后七年置为是。

民，中尉掌武职”可知，长沙内史府负责长沙国境内的“治民”，长沙中尉府则负责王国军事相关事务。便县移送的五年人口账目与案阅不符，此事直接交由长沙内史府与中尉府二官属进行调查。可见，便县在行政上为长沙内史直辖。

“便”“便侯”之称同见于走马楼西汉简，本文在此一并加以辨别：按《史记·惠景间侯者年表》，惠帝元年封长沙王子吴浅为便侯，此处便侯国“最初为《汉志》桂阳郡之便县”。[①] 又松柏汉墓35号木牍见有“便侯国”，属南郡，整理者根据墓葬所出武帝建元、元光年间历谱，推定其属武帝早期。[②] 按其年代脉络，便侯国于武帝早期前即已徙至南郡。走马楼西汉简出现侯国之名时，皆言“某侯”，如“都梁侯”“叶侯”，简文所见“便侯”则为已徙至南郡之便侯国。0039简有“□年正月辛酉秭归令贵行南郡大守事，丞[到]、属□书[佐则]、便侯相持[嚋]、[土丞]□、令史企、啬夫莫当、佐[齐]出钱四千八百买□□□□□☑”，即涉及便侯的财产纠纷案即为南郡太守出面。至于便侯国在桂阳郡的始封之地在其后复为便县，即《汉志》“桂阳郡”下之“便”，在走马楼西汉简的时代为长沙内史所直辖。又据马孟龙先生考得《功臣表》下注有“编”、《汉志》南郡下有“编县”，大概即是元鼎五年（前112）除南郡便侯国为县时，为了与当时桂阳郡的便县相区别，于是将南郡的便侯国改为编县。[③]

郴，《汉志》桂阳郡首县[④]，走马楼西汉简中数次出现郴，原简或残断严重不可识，唯“便移五年计”案所收0225简见有“☑年应狱计，便、郴以从事。司空除毄”。该简便、郴并记，推断长沙康王五年（元朔五年）时郴县与便县为同一郡（国）所管辖。如前所证，便县为长沙内史直辖，郴县当与便县一样，同属长沙内史直属县。

临武，《汉志》所载桂阳郡辖县，在走马楼西汉简中集中见于“令史儿等为武擅解脱易桎”案中。按简0594、0546载“武故为临武丞盗所主守臧六百，公士以上盗，武毄宫司空狱”即故临武丞武因为盗取主守六百钱，被系狱于宫司空。黄盛璋先生曾提出，凡冠以“宫”字，应皆属诸侯王国，中央则不冠。[⑤] 简文中的

---

① 见周振鹤主编：《中国行政区划通史·先秦卷》（复旦大学出版社，2009年），“南郡（临江国）、江夏郡沿革”下“便侯国”条，第433页。

② 王明钦等：《湖北荆州纪南松柏汉墓发掘简报》，《文物》2008年第4期。

③ 马孟龙：《松柏汉墓35号木牍侯国问题初探》，《中国史研究》2011年第2期。

④ 郴在《汉志》中为桂阳郡所辖县之首，根据一般理解，郴当为桂阳郡治，后世地理类典籍亦作郴为“汉桂阳郡治”，如《水经注》卷三十九“郴旧县也，桂阳郡治也”，《读史方舆纪要》卷八十二“秦置郴县，汉为桂阳郡治，后汉以后因之”等。便、郴、临武三县武帝前期为长沙内史所辖，则桂阳郡治在西汉早期或另有所处。何旭红先生即提到《汉志》年代前的桂阳郡治不当仅仅局限于郴县，营浦县在马王堆《地形图》中所标识方框较其他县更大，且根据实际考古调查，营浦城面积达35万平方米，远超同时期长沙国一般县城规模。由此营浦县曾为桂阳郡治所或未可知。参看何旭红《汉代长沙国考古发现与研究》，岳麓书社，2013年，第271页。

⑤ 黄盛璋：《邗江胡场汉墓所谓“文告牍”与告地策谜再揭》，《文博》1996年第5期。

“宫司空”应为长沙国宫司空。武作为临武县县丞，因坐盗主守钱而系狱于长沙国宫司空，或可推知出此时临武县由长沙国直接管辖，官吏犯罪需要系狱于长沙国宫司空之中。同时，该案所见八份文书中有明确纪年为“九年”，即武帝纪年元狩三年（前120）。可见，元狩三年时临武县亦属长沙国管辖。

走马楼西汉简还见有舂陵，简0530载“四月辛卯长沙仆行长沙内史事舂陵长始守丞敢言之少府谨写移　敢言之丿守史郢书佐丙・内史齐客告归”。舂陵，按《后汉书》：“敞曾祖父节侯买，以长沙定王子封于零道之舂陵乡，为舂陵侯……仁以舂陵地势下湿，山林毒气，上书求减邑内徙。元帝初元四年，徙封南阳之白水乡，犹以舂陵为国名。”[①] 可见，舂陵侯国在始封时处于《汉志》零陵郡境（时为桂阳郡），后因自然环境恶劣请求内徙，改封南阳。《后汉书》中所载舂陵乡，谭其骧先生据1973年马王堆汉墓出土古地图中“舂陵”二字外加有代表县治的方框符号，认为舂陵在元朔之前早已是县，而非《后汉纪・光武纪》及《后汉书・城阳恭王祉传》中所记“封于零道之舂陵乡”之“舂陵乡”。[②] 简0530所见“舂陵长”同样可证得其为《汉书・百官公卿表》所载“县令、长，皆秦官，掌治其县。万户以上为令，秩千石至六百石。减万户为长，秩五百石至三百石”之减万户的一县之“长”。按前所述走马楼西汉简中出现的侯国皆称“某某侯”，简文称“舂陵长”而未称“舂陵侯”，可见此简年代当在舂陵侯国始置前，即元朔五年（前124）前。又整理者依简文纪年考得走马楼西汉简的年代上限为公元前126年，下限为公元前120年，[③] 对照李忠林先生所排《秦至汉初（前246—前104）朔闰表》[④]，处于走马楼西汉简年代范围内且四月有“辛卯”日，唯见元朔三年（前126）四月庚午朔与之相合，亦与前述“元朔五年前”相证。除此之外，简文还提到始为长沙内史守丞，若舂陵属桂阳郡，作为桂阳郡县长的始不太可能跨郡为长沙内史守丞。故可推知，元朔三年（前126）时，尚未封为侯国的舂陵县由长沙内史直接管辖。

按前所述，涉及武陵郡、武陵郡辖县及长沙国三者并见的文书时，从文书行文格式、官员秩级、案件审理流程上皆呈现出“武陵郡辖县—武陵（支）郡—长沙国”较为明确的行政级别逐级递增的形式。而涉及桂阳郡辖县的情况则不同，走马楼西汉简中未见“桂阳”之名，同时原桂阳郡南部营浦、营道、南平、泠道、桂阳等县均不见于走马楼西汉简。但按走马楼西汉简揭示，至少可以得出两条结论：

第一，至元朔五年长沙国集中分封一批王子侯国后，《汉志》所载属桂阳郡之便、郴、临武三县仍为长沙内史直属县。

第二，舂陵侯国于元朔三年（前126）时尚作为舂陵县为长沙内史直接管辖，据《汉书・王子侯表》于元朔五年（前124）封为侯国。

---

① 《后汉书》卷十四《宗室四王三侯列传第四》，中华书局，1965年，第560页。

② 谭其骧：《马王堆汉墓出土地图所说明的几个历史地理问题》，《文物》1975年第6期。

③ 宋少华：《长沙市走马楼西汉古井及简牍发掘简报》，《考古》2021年第3期。

④ 李忠林：《秦至汉初（前246至前104）历法研究——以出土历简为中心》，《中国史研究》2012年第2期。

由此，走马楼西汉简中所出现的应属于《汉志》桂阳郡辖县并非以“县—支郡—长沙国”的结构而存在，而是由长沙内史直辖，下章将对此进行进一步探讨。

三、景帝后二年及元朔五年刘氏长沙国疆域考察

《王子侯表》所载元光六年（前129）及元朔四年（前125）、五年（前124）集中分封的王子侯国，除今地无考的叶、安众侯国外，[①] 以走马楼西汉简所见元朔五年后仍属长沙的便、郴、临武一线为界，以东有安成、宜春、路陵、荼陵、攸舆、建成侯国，以西包括夫夷、舂陵、都梁、洮阳侯国。进一步整理其始置时间，可以看到长沙国对便、郴、临武一线以东的王子侯国的分封时间分别集中于元光六年及元朔四年，而对其以西的侯国的分封皆于元朔五年（表一）。我们同样可以按照此种规律分两部分进行讨论。

表一　元光、元朔年间所封长沙王子侯国

侯国名	始置年代	始置地
安成侯国	元光六年	豫章郡
宜春侯国	元光六年	豫章郡
句容侯国	元光六年	豫章郡
容陵侯国	元光六年	豫章郡
路陵侯国	元朔四年	桂阳郡
攸舆侯国	元朔四年	豫章郡
荼陵侯国	元朔四年	豫章郡
建成侯国	元朔四年	豫章郡
安众侯国	元朔四年	桂阳郡
叶侯国	元朔四年	桂阳郡
夫夷侯国	元朔五年	桂阳郡
舂陵侯国	元朔五年	桂阳郡
都梁侯国	元朔五年	桂阳郡
洮阳侯国	元朔五年	桂阳郡

① 马孟龙：《西汉侯国地理》（修订本），第528—529页。

便、郴、临武一线以东的王子侯国中，安成、宜春于元光六年（前129）封于豫章郡，荼陵侯国《王子侯表》下注封于桂阳，治今茶陵县东北。① 又容陵侯国《王子侯表》注南阳，实在其间曾发生过迁徙，初封时当位于今湖南省安仁县清溪镇。② 马孟龙先生曾对《汉表》下注县名和下注郡名的体例特点进行了考察分析，认为班昭在为前代侯国地理方位进行标识时采用两种不同的方法，即对于地理方位明确的侯国，通过标注东汉县名来予以定位，意在说明前代侯国位于本朝某县境内；而对于地理方位不明的侯国，只标注其在西汉的上属郡，意在说明该侯国在西汉隶属某郡管辖。与此同时，班昭在复原前代侯国隶属关系时所采用的政府籍册与《汉志》所录元延三年（前10）全国行政版籍并不完全一致。③ 上文提到，自北向南的便、郴、临武三县在元朔五年（前124）时仍为长沙国所辖，若按《汉志》将元朔四年（前125）初置时的荼陵侯国归入桂阳郡，则无法解释桂阳郡何以越过便-郴-临武一线管理荼陵侯国，由此可知荼陵侯国初封地当位于豫章郡。容陵侯国的情况与此相同。④

容陵侯国与荼陵侯国之间的“攸”则需要进一步讨论。攸县早见于张家山汉简《奏谳书》“南郡卒史复攸□等狱簿”案中，属秦苍梧郡，其后汉攸县基本沿袭了秦攸县。《水经注》卷三十九“洣水”条下有“汉武帝元朔四年，封长沙定王子则为攸舆侯，即地理志所谓攸县者也”⑤，即认为攸舆侯国本为长沙攸县。而就走马楼西汉简所见地名而言，长沙王八年、九年纪年的简文中分别见有“攸”，如“八年六月庚子朔丁卯攸丞逋守别治醴陵丞敢言之府”（0542），“九年五月乙未朔丁未，临湘令坚、长赖丞尊守丞告尉谓仓、都乡，敢告宫司空、攸、南阳、将作定王后”（0118）。“攸”又集中见于走马楼西汉简“令史儿等为武擅解脱易桎”案，现将与本文直接相关的材料列举如下：

九年五月乙未朔丁未，临湘令坚、长赖丞尊守丞告尉谓仓、都乡，敢告宫司空、攸、南阳、将作定王后：定王〖后〗营徒髡钳城旦、故大夫临 （0591）

湘泉阳里武，完城旦徒、官大夫攸大里儿，宫司空令史、公乘攸臧郢里外，佐、公乘南阳平里不识，皆坐。武故为临武丞盗所 （0594）

该案八份文书有明确纪年“九年五月乙未朔丁未”，“九年”即武帝元狩三年（前120），所涉及的人物按“爵位+所在县、里+姓名”的格式记录，如故大夫临湘泉阳里武，官大夫攸大里儿，公乘攸臧郢里外，佐、公乘南阳平里不识等。“攸大里”无“侯”之称，从文例来看，可推知当为县名。由此可知，攸在元狩

① 周振鹤编著：《汉书地理志汇释》，安徽教育出版社，2006年，第487页。

② 据马孟龙先生新考，位于今永乐江（《水经注》之“容水”）西岸的湖南省安仁县清溪镇为宽阔的冲击盆地，且此地分布有大量的汉魏遗址，极大可能为汉容陵县所在地。参看马孟龙：《西汉侯国地理》（修订本），第405—406页。

③ 马孟龙：《西汉侯国地理》（修订本），第53页。

④ 马孟龙先生在《西汉侯国地理》（修订本）（第276—277页）中同样将荼陵、容陵二侯国的始封地归于豫章郡。

⑤ 郦道元著，陈桥驿校证：《水经注校证》，中华书局，2007年，第917页。

三年（前120）时为长沙国内史属县。

按《王子侯表》，元朔四年（前125）三月乙丑封长沙定王子则于攸舆侯国，后太初元年（前104）“坐篡死罪囚，弃市”，侯国除。如此看来，走马楼西汉简中元狩三年（前120）所见的“攸”县与前124年已封之攸舆侯国显然相并而存。根据马孟龙先生所考，《王子侯表》中攸舆侯国下注“南阳”并非“桂阳”之讹，而是后迁徙至南阳郡，初封当别属豫章郡。迁往南阳郡后，原攸舆侯国地恢复为县。① 然而，倘若此时原攸舆侯国已迁至南阳郡，其故地恢复攸县之称，则攸县应别属豫章，不当属长沙内史。但根据简0542“攸丞逋守别治醴陵丞”，若此时攸县为汉郡属县，则作为汉室命卿②的逋试守属长沙国的“别治醴陵”，且还是在武帝因淮南、衡山案制定《左官律》之后，显然不合常理。因此，长沙王八年、九年时攸县当属长沙国。故可推知，随着攸舆侯国迁往南阳郡，攸县重归长沙国所领有。

攸县复归长沙国，其原因或与武帝在淮南、衡山案后，彻底削弱诸侯王对王国控制，诸侯王“惟得衣食税租，不与政事”，使得汉中央不再需要削弱长沙国这类贫弱的诸侯国有关。且根据武帝之后颁布的《左官律》，攸舆侯国作为分封的王子侯国亦在其列，其吏员作为“左官”难以融入汉郡体系，相反同为诸侯国的长沙国则更显合适。同样的例子还有攸舆侯国左近的容陵侯国、荼陵侯国等，分别于元鼎五年（前112）、太初元年（前104）国除后，复置为县，亦从豫章郡分出，回属长沙国。

便、郴、临武一线以西的夫夷、都梁、洮阳、泉陵四侯国，尽管在走马楼西汉简中并未作为县名出现，但由舂陵侯国的地望及推恩令“诸侯王以私恩自裂地”的要求判断，夫夷、都梁、洮阳、泉陵在封为侯国前同样属于长沙国，其后作为“裂地”而封的王子侯国别属桂阳。至于零陵县，尽管走马楼西汉简中见有“零陵”，但仅有一简，且上下残断、字迹漫漶难得其义。整理小组原释为“□故佐□守囚卒零陵将田□仓□”，笔者将原简红外图版进行优化处理后，认为“零陵”后接二字不当为“将田”。走马楼中出现的“将”字所书之书手虽然不同，但皆能看出较为明显的左右结构，如下所示：

	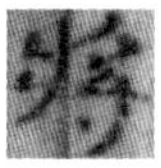	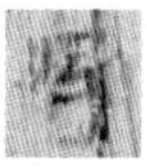		
0006	0038	0081	0525	0814

而0611简所见“将”字经过优化处理，并非为左右结构：

0611原简原释为“将”字：，0611简图版优化后原释为“将”字：。

不仅如此，走马楼多处见有“将田”，与地名同见时皆呈现为“将田+地名（目前所见地名为县一级行

① 马孟龙：《西汉侯国地理》（修订本），第271—272页。

② 按《续汉书·百官志》“县万户以上为令，不满为长。侯国为相。皆秦制也。丞各一人。尉大县二人，小县一人”引应劭汉官曰：“大县丞左右尉，所谓命卿三人。小县一尉一丞，命卿二人。”见《后汉书》卷一百一十八《百官五》，第3623页。

政区划）”的书写形式，如0037简“将田义陵”、0426简“将田沅阳”，如按原释作“□故佐□守囚卒零陵将田□仓□”，则与现有文例不符，与后文亦不能承接。

而整理小组原暂作不识的“仓”后的字，经优化处理后，对照文字编及文例，笔者认为此字应为“仓啬夫”之“啬”。

走马楼西汉简中“啬”大致有如下写法：

		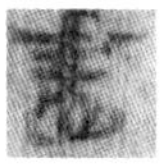	
0011	0084	0275	1805

对照0611简“仓”下原不识字：。

该字与0084简所见“仓啬夫”之“啬”字从字形及结构上看呈较一致的形态。因此，对照整理小组原释文，该简至少出现了佐（或某佐）、守囚卒、仓啬（夫）三种官职。“零陵”后所接字虽不识，但至少亦可判断与上述三种官职秩级并列，故而推断此处“零陵”为零陵县。然而，根据现有的信息仍无法判断零陵县是否在走马楼西汉简的年代中处长沙国地域内。

通过上述对景帝后二年（前142）之后、元光六年（前129）长沙定王分封王子侯国前对长沙国领县的复原，可推知景帝时长沙国所领有的“桂阳”之地，应为《汉志》桂阳、零陵的部分辖域，且这部分辖域之上的县并非以“县—支郡—长沙国”的行政结构而存在，而是由长沙内史直属，如图一阴影区域所示。

图一①

① 图中各县地望以周振鹤先生《西汉政区地理》第128页图为底本，参考《历史地图集》和《汉代长沙国考古发现与研究》第220页图，并与《秦汉卷》“荆州刺史部地区郡县沿革”章第436—446页相对照。说明：该图阴影部分为本文按走马楼西汉简考得长沙国疆域增益后“至少包含”的辖域范围。

按前文所考，走马楼西汉简时代相当于《汉志》武陵郡全境之地归属长沙，而桂阳郡的情况则较为复杂：目前所见至少便和郴于元朔五年（前124）之时、临武于元狩三年（前120）之时仍属长沙国管辖，且为长沙内史直辖属县；舂陵在元朔三年（前126）时作为县为长沙内史直辖，按《汉志》当于元朔五年（前124）封为侯国划桂阳郡管辖。结合元朔五年（前124）后侯国分封情况及对走马楼西汉简中出现的诸县归属的考察，元朔五年（前124）时长沙国的辖域范围如图二所示。

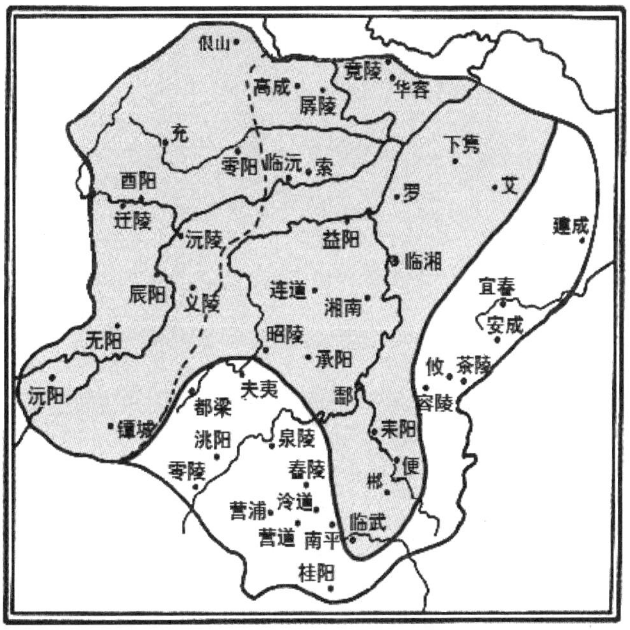

图二①

根据图一所示长沙国疆域扩大后“至少包含”的范围，“（景）帝以武陵、零陵、桂阳属焉”一事似有迹可循，但“武陵、零陵、桂阳”之语却不甚准确：刘氏长沙国在景帝年间所增加的疆域当包括武陵郡全境及《汉志》桂阳、零陵郡的部分属县，后者为长沙内史直辖。

四、长沙国增益地区设置的思考

通过走马楼西汉简所载相关材料，长沙国辖有武陵支郡及《汉志》桂阳、零陵郡的部分属县，给“帝以武陵、零陵、桂阳属焉”史实带来了相当的证据，但由于缺乏便、郴、临武三县在分置桂阳郡时、刘氏长沙国初置时所属行政区划的材料，以及马王堆《地形图》中最东之县为南平—桂阳一线，亦未包括便、郴、临

① 各县地望同图一，图中“攸”县此时为攸舆侯国。说明：该图阴影部分为本文按走马楼西汉简考得元朔五年侯国分封后长沙国“至少包含”的辖域范围。

武三县,[①] 给判断《汉志》所载桂阳郡辖县与长沙国间隶属情况带来了两种可能性：便、郴、临武究竟是在刘氏长沙国初封时已为长沙内史所领有[②]，还是初属桂阳郡、其后与武陵郡一同赠予长沙国？

马孟龙先生通过梳理出土文献与传世文献的线索，将“王国不辖侯国”格局形成的上下限断为景帝中元四年（前146）至武帝元光六年（前129）间，并进一步将这一时间范围精确至“景帝中五年八月至中六年四月之间。以中六年初的可能性为大”[③]。便侯国的迁徙当与此格局的形成有关。然而，其迁徙的原因同样存在两种可能性：其一，便侯国在景帝二年（前155）刘氏长沙国初封时属长沙内史，景帝中元六年（前144）之后基于此政策迁至汉郡；其二，吴氏长沙国领有武陵、桂阳二支郡，便侯国位于时桂阳郡境，后吴氏长沙国除，便侯国随政区变动属桂阳郡；而后景帝增益刘氏长沙国地，便侯国由于被划入王国境内，需迁往汉郡。

首先讨论第一种可能性，即便、郴、临武三县在刘氏长沙国初置时即已为长沙内史所直辖。此时长沙国所增益之地仅有武陵一郡，处于武陵郡境内的陆梁侯国需迁至汉郡。[④] 长沙月亮山M25出土有“陆糧（梁）尉印”[⑤]，墓葬相对年代为文景之际[⑥]；“尉”前无侯、国之称，可推知此处“尉”为陆梁县尉。而考察《汉志》，无“陆梁”县之载[⑦]，此处作为县之“陆梁”极有可能是陆梁侯国迁出后，其地恢复为县，因其后政区变动而失载于《汉志》。按王国不辖侯国在景帝中元六年（前144）左右，陆梁侯国若发生迁徙，当在此时或稍后。又出土“陆糧（梁）尉印”的月亮山M25墓葬断代为文景之际，陆梁恢复为县应在此之前；而应劭“帝以武陵、零陵、桂阳属焉”语在景帝后元二年（前142），已接近月亮山M25的年代下限，陆梁侯国因武陵郡属长沙而迁出即应在此时。

接下来讨论第二种可能性，即“（景）帝以武陵、零陵、桂阳属焉”确有此事。在这种情况下，长沙国所益“桂阳”之地，应为《汉志》桂阳、零陵郡的部分辖县，且这些县在当时直属长沙内史。《史记集解》记事，其一误在径以将《汉志》桂阳、零陵二郡所辖之地不加甄别而言之，其二误在将吴氏长沙国国除后的

---

① 参看谭其骧:《二千一百多年前的一幅地图》，马王堆汉墓帛书整理小组编《古地图论文集》，文物出版社，1977年，第17页。

② 关于便、郴、临武三县的归属，马孟龙先生认为桂阳郡直至景帝二年封刘发为长沙王才分长沙南部地区置，而便、郴、临武则至少在武帝初年仍为长沙国所辖。参看马孟龙:《西汉侯国地理》（修订本），第173、178页。

③ 马孟龙:《西汉侯国地理》（修订本），第232、240页。

④ 据《史记·高祖功臣侯者年表》，陆梁侯既“受令长沙王”，其封地必在吴氏长沙国境内。又，《汉志》武陵郡“义陵”下有“鄜梁山，序水所出，西入沅”，马孟龙先生据此认为“鄜、陆古音相近，陆梁侯国或在鄜梁山附近”。参看《汉书》卷二十八《地理志》，第1595页；马孟龙:《西汉侯国地理》（修订本），第479页。

⑤ 古“糧”“梁”音义相通，原释为“陆暴尉印”，后改释“陆糧（梁）尉印”。参看《长沙西汉“陆暴尉印”应为“陆梁尉印”》，《考古》1979年第4期。

⑥ 陈松长:《湖南古代玺印》，上海辞书出版社，2004年，第8页。

⑦ 史籍载“陆梁”为泛指“陆梁地”，如《史记·秦始皇本纪》：“三十三年，发诸尝逋亡人、赘婿、贾人略取陆梁地，为桂林、象郡、南海，以适遣戍。”见《史记》卷六《秦始皇本纪》，第253页。

桂阳郡域、《汉志》所载桂阳郡域与景帝年间长沙国南部实际所属的疆域混为一谈。

根据《史记·汉兴以来诸侯王年表》，“吴楚时，前后诸侯或以適削地，是以燕、代无北边郡，吴、淮南、长沙无南边郡，齐、赵、梁、楚支郡名山陂海咸纳于汉”①，汉初王国与中央政权一样将其封域分为内史和支郡（“外接胡越”的称边郡），吴氏长沙国的封域由长沙内史和两个边郡桂阳、武陵组成②，刘氏长沙国在景帝大力削藩后则不当拥有南边支郡。长沙国在走马楼西汉简的时代确领有武陵支郡，但与吴氏长沙国不同的是，南边“桂阳郡”并非作为完整的支郡属于长沙国，只是便、郴、临武、舂陵诸县皆为长沙内史直辖，长沙内史的范围实际上比先前多有扩大。因此，即使景帝后元二年（前142）增益长沙国疆域后，所增益之地与“长沙无南边郡”的记述仍然不相冲突。

由此，在未有更多新材料支撑的情况下，便、郴、临武与长沙国之间的隶属关系所呈现出的两种可能均有其合理性。而无论桂阳郡辖域在吴氏长沙国除之时属上述哪一种可能性，都确有景帝后元年间增益长沙国地一事，《史记集解》或根据某些材料，将“益地”一事与长沙国在增益辖地后的实际疆域不加区别，混作一谈——“桂阳、零陵”当是史家记事在政区划分上的“以后称前”，因景帝年间刘氏长沙国辖“桂阳郡”之地与《汉志》所载桂阳、零陵郡的属县部分重合，径以“武陵、零陵、桂阳”概言之。

此外，若第二种可能性成立，既然以武陵作为长沙国支郡，为何桂阳郡并未尽属长沙，我们仍需要考虑景帝对长沙国地域的增益何以做出此种设置。

吴氏长沙国时代分长沙国南部为桂阳郡，负有抵御南越入侵之任；而至刘氏长沙国，这一设置在七国之乱后则显得不甚合理，按《汉书·诸侯王表》“景遭七国之难，抑损诸侯，减黜其官”③，七国之乱后适逢强干弱枝、削弱王国势力、防止其作乱之际，将直接与南越接壤的桂阳郡域全部划分给长沙国显然不合“抑损诸侯”的做法。同时，桂阳在地理位置上的战略意义，本就与抵御南越入侵息息相关。马王堆汉墓《地形图》及《驻军图》的出土阐明了该地区存在体系完备、部署严密的驻军，在与南越国的临军对垒中着重其防守价值。走马楼西汉简时代桂阳、营浦、泠道等未属长沙之诸县，又恰好与马王堆《地形图》所包含的区域大部分相合。就桂阳郡设置之初即具备的战略意义而言，这部分区域当作为军事防备区及缓冲地带，亦作为长沙国与南越国之界，为汉中央所直属。由此，七国之乱后，上述不属长沙国的桂阳、营浦、泠道等诸县一带本着“秉其阸塞地利，强本干，弱枝叶”之势，其存在意义在于既对南越国进行直接的军事守备，又将长沙国与南越国相间隔，防止其勾结作乱，亦对长沙国起到管控之态，其军事防线同样也能够对内地平民聚落进行有效保护。

---

① 《史记》卷十七《汉兴以来诸侯王年表第五》，第803页。

② 周振鹤：《西汉长沙国封域变迁考》，文物编辑委员会编《文物集刊》第2辑，文物出版社，1980年，第179页。

③ 《汉书》卷十四《诸侯王表第二》，第395页。

五、结语

以往学者多认为刘氏长沙国自分封之初乃至其延续过程中始终仅领有一郡之地，而武陵、桂阳直属汉中央无疑。但随着出土材料的不断释读，我们需要重新考虑《史记集解》引应劭言的正确性。本节以走马楼西汉简为核心，重新探讨对刘氏长沙国行政区划的传统认知，结合《汉书·地理志》《王子侯表》等传世文献及诸前人学者对长沙国诸县及王子侯国地望的考证，认为，景帝间确以汉中央属郡增益长沙之地，但并非能够以“武陵、桂阳、零陵”概言之。通过对长沙国行政区划的复原与动态分析，亦可发现其设置与当时汉中央的政治形势息息相关。七国之乱后，汉室不断加强中央集权，同时着手大幅削弱诸侯王对封国的控制，基于南疆政治形势的需要，景帝并未令长沙完全领有桂阳全郡，其南部区域仍自成“桂阳”一郡，直属中央。

走马楼西汉简所出官文书作为一手出土材料，重构了我们对刘氏长沙国行政区划的认知。但走马楼西汉简在其所处年代属于需要被销毁的一批文书，尽管因尚未燃尽便被匆匆填埋，让我们得以幸运地窥得其面貌，由于其记录并不完整，本节在考释过程中所基于的出土材料仍然有限，所得的结论亦未必一定是当时长沙国行政区划的实态。行政区划的面貌往往处于动态变迁的过程，以期更多出土材料的重见天日，使我们能够更好地窥得两汉时期长沙国的沿革全貌。

（李知默、黄鑫鑫）

第六章　简牍所见文字、名物问题研究

第一节　走马楼西汉简中的文字异写现象例说

长沙走马楼西汉简是西汉中期，即汉武帝元狩元年（前 122）前后，长沙国第二代刘姓长沙王刘庸在位期间的官府文书。① 这批简共有 2600 多枚，内容虽都是行政、司法文书，但并不是同一个书手所写，故其书体风格多有差异，但不管其书体风格差异多大，其所书写的字体大都是隶书（间有章草），这批简上的隶书文字给我们一个明显的感觉就是书写自由随意，同一个文字的异写现象相当突出，这种文字的大量异写使这批简牍文字的形体变化多样，而这也给西汉中期的异体字分析提供了众多新的材料。

这里，我们之所以不直称其为异体字，是因为学界对异体字的认识多不统一，即便如裘锡圭先生所举的八类狭义的异体字②，严格地说也都是所谓的“异构字”，即用不同的构形方式或用不同的部件构成的异体字，它也没包括我们所说的异写字，这里所说的异写字，主要是指因书写变异而造成的异体字。③ 因此，本节主要从文字学角度，对长沙走马楼西汉简中的文字异写现象进行列举性考察和分析，以期初步梳理一下西汉中期文字异写现象的种类，并在此基础上，对其异写的原因试作一些讨论。

简文中异写字的现象很多，往往是同一个书手，所写的同一个字，其笔画或偏旁构件都可以随意变化，但仔细查看，这种随意性又往往有其异写演变的痕迹可寻。如简文中比较常见的“钱”字，就有多达七八种形体，这些异写的字，如果不在上下文的语义环境中，多有不认识的可能。如 1014 和 1037，这两个字

---

① 长沙简牍博物馆、长沙市文物考古研究所联合发掘组：《2003 年长沙走马楼西汉简牍重大考古发现》（宋少华、金平执笔），中国文物研究所编《出土文献研究》第七辑，上海古籍出版社，2005 年，第 61 页。

② 裘锡圭：《文字学概要》，商务印书馆，1988 年，第 205—208 页。

③ 参见王丽娜：《试谈异体字的定义及类型》，《忻州师范学院学报》2009 年第 1 期。

单独拿出来，一下子难以辨认，但如果我们将这些形体各异的“钱”字排出来，则其异写变化的线索还是很清楚的：

①  1001	②  1037	③  1037	④  1037
⑤  1013	⑥  1013	⑦  1014	

这7个“钱”字，有的还出自同一条简上，如1037简中出现3次，但每次都不一样，由此可见其字的书写相当自由。但有趣的是，这个字左边的“金”旁很少变化，右边却在不断的变化中，这也许是此字的右边在当时尚未定型，故书手可以随意书之。仔细观察，其未定型的主要表现反映在点画的变异之中。如以第一个字形作为定型的形体来看其他6个字形，其笔画的变异都有迹可寻，如第②个字与第①个字的差别，主要是结尾的那一斜笔变成了点画而已；而第③个字与第②个字的差异是上面的一点穿过了三横画，变成了一笔长斜画；第④个字则将上面的三横省掉了一笔，变成了两横；第⑤个字则是三横都不横穿那一竖笔，变得与“片”字的构形相仿；第⑥个字则是将那一长斜笔断成两截，且中间错位，并将下部简化成了“下”字；第⑦个字则是在将那一长斜笔断开错位的同时，其收尾还向右横拖来强化原来的勾笔，形成一种特殊的形体。

又如“临湘”的“临”字，在简文中也是一个常见的字，其同形异构的现象也很严重，我们稍加检索，就发现有很多不同的形体：

①  1201	②  1133	③  1172	④  1175
⑤ 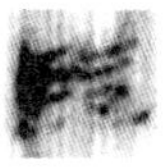 1134	⑥  1135	⑦  1143	⑧  1129

我们且以比较标准的第一个字形来看其他7个字形的变异，其变化主要表现在文字构件的简省和简化方面。如第②个字是用两横笔来替代了“口”这个构件；第③个字则是在第②个字基础上省略了一个“口”；

第④个字则是将第③个字的上面一横改写到了“口”的下面；第⑤个字则省掉了上面的一撇，且将“口”这个构件写成了倒三角形；第⑥个字在第④个字的基础上，将“口”简化为三点，带有了章草的意味；第⑦个字则将下面的三个“口”简省为两笔，已经是章草的写法了；第⑧个字则更是有意的草化，其右下的三个“口”就用一笔取代了，这种草化，其实都是书写者对文字随意异写所造成的。

这种文字异写的现象在走马楼西汉简中可以说是比比皆是，我们从文字构形的原理来分析，这种文字异写的现象，大都表现在下列几个方面：

1. 随意增减笔画

笔画的增减是最常见的异写现象之一，有些笔画的增减并不影响文字的形体辨认，如“券”字，其正体中间应该是两横，作1007，但简文中或增笔为三横，如1001，很多则省简为一横，如1005、1007，这种笔画的增减可以说还没有影响到对其“券”字形体的认知和判断，尚不会有文字理解的歧义。再如“所”字，其正体当是1030，但简文中多次写作1021、1023和1030，值得注意的是，同是1030简，一个写为正体，一个则多加一笔，这一笔实际上没有任何文字构形上的意义，仅仅是一种起装饰作用的羡笔而已，故同样无碍于对其字形的认知。但除了这种情况外，有些字的笔画增减或可直接影响文字的释读，如“物”字右边所从的“勿”，作为声符本是很固定的，但简文中却在“勿”字的上面再加一撇，写作1004、1004，这就很不好辨认，初一看还以为是某个构件的省略，核之上下文，它显然就是一个“物”字，这多加的一撇，也就是书手任性的羡笔而已。又如“溪”字，左边“水”旁，右边上从“手”，1080简中写作，这是比较规范的写法；但在1003简中却写作，右边“奚”字所从的“手”省了一笔，讹成了“匕”或“口”，如果单独辨认，真不知是何字，只有在上下文中才能确定这就是“溪”字随意简省笔画所形成的异写字。再如1133简上“昭陵”的“昭”字，竟然写作，左边的“日”写作“口”，合起来就完全不知是什么字了，而衡之上下文可知，这只能是“昭”字，因书手随意地简省笔画，实际上造成了一个不识的讹字，故这类随意增减笔画的异写字，是应该清理和剔除的对象之一。

2. 笔画夸张变形

文字的构形笔画不论是哪种字体，都有一个制度的制约，如果特别夸张，那往往会造成新的异写字，简文中较有代表性的如“智”字，就因笔画夸张变形而几不可识，如在1001简中写作，在1007简中写作，均不敢直接认知，因其左上写成了“夫”，右上写作长捺的“戈”，下面则写得像个“目”字，将三者组合起来一看，初似一个新的不认识的字，而此字给人最大的错觉就是右上那一斜笔，拉得那么夸张，完全将下面的所谓“目”字框于其内，给人以全新的感觉。其实，这就是“智”字的夸张异写，其中左上省了“矢”字的一撇，右上将“于”字的竖笔夸张变形为一长斜笔，再将下面的“口”简省为一笔，从而变形为这个比较特殊的形体。这种夸张变形，我们也可从其他异写的字体中看到其渐变的痕迹。如1079简中“智”

写作，这应该是基本保存原形的“智”，唯一的变形只是右上部的“于”讹变成了“戈”；到1003简中“智”就写作，其左上的“矢”省了一撇，而右上的“戈”字的第二横又毫无道理地加了一小竖，把本要居中的“口”挤到一边去了。再由此则夸张变形成1007简中的“智”，这也就并不奇怪了。

再如“丞”字在简文中很常见，其正体当是1175简中的“丞”，字形作，但我们在其他简中看到，“丞”的异写字很多，或写作1170、1129、1129和1126，其中1126简中的“丞”字就是比较典型的笔画夸张变形者，它有意地将中间那一竖特别夸张地拉长，然后用短横画来取代“丞”字的其他笔画，从而构成这个特别夸张变形的字。虽然这种夸张变形的构形方式并不是很普及，但在走马楼西汉简的文字异写中，仍是一个不可忽视的现象。

3. 构件简省

文字构件的省略，是异写的常见现象之一，它包括两种情况：一种是构件的完全省略，如“受”字写作1228、1001，这是在异写的过程中，将两手之间的文字构件“舟”给完全省略了；另一种是构件并没有完全省掉，而是构件本身发生的异变。如“智”字写作1001，是将文字构件中的“口”简省为一个短横。又如“临”字写作1129，将三口简省草化为两笔，“为”字写作1181，将上部的手简省为一斜笔；“蘁”字写作1037，将下面的“田”简省为两点，这都是草化简省的常见现象。再如“若”写作1126，将草字头简省为短竖折横的笔画，这也是因草化而产生的构件简省。此外，个别的构件简省似乎并没有多少理据，如1077简中出现的“强是”二字，分别写成，如果不是前面出现过“强是”二字，那真难以辨认是两个什么字，其中的“是”字还勉强可以说是草化的结果，但“强”字右边的异写就基本不可解释，感觉是一种未写完的状况，如果真是如此的话，或许我们可称其为是一种书写过程中不经意留下的构件简省。

4. 构件同化、异化

除了文字构件的省略简化之外，文字构件的同化现象也时有表现，其中最有代表性的是作为偏旁部首的“木”和“牛”这两个构件基本不分，完全同化，也就是以“牛”为偏旁的字，大都写作“木”，最典型的是简文中有一组检查传舍状况的简，其中“牡牝瓦”的“牡牝”二字共出现了14次，其左边的“牛”旁基本上都写成了“木”旁，作1030、1036，与这批简中1030简上所写的“枚”字形体完全相同。不止如此，简文中的“物”字更有特别写作从“木”者，其文字异写成1001。

文字构件既有同化现象，更有同一个构件的异化现象，如前面所列举的“钱”“临”等字，都是同一构件异化的结果。再如“证”字，分别作1003、1011、1080，一看就知其左右两边的构件都有异化，如左边的“言”，1080简上的字就简省了一横，而右边的“登”，则出现了不同的异写，异化非常严重，不仅是上部“癶”分别讹成了“非”和“羽”的变体，其下部的“皿”也是“豆”这个构件异化的结果。更有意思的是，同样是讹成了“皿”，其形体也不相同，其中1080和1011两个字的“皿”还基本保存了其中两竖的构形特征，而1030简上的“皿”则完全异化，它将“皿”字构形中的两短竖合并简省为一短竖，然后上接“口”形，下加一长横，其形体既与“皿”有异，又与“豆”这个构件发生了一些关系，这样，同是一个“证”字的构件异化，也就产生了不同的异写字形。

这种构件异化现象的例子还有很多，例如同一个“尉”字就写成1038、1038、1132，三个字的异形主要也是对尉字左下构件“示”的异化结果，其中第一个将中间一竖上伸，写成了一个“未”，第二个则将下面的左右两笔连成一横，讹成了一个“主”，第三个则省了中间的一竖，变成了三横，这种构件的异化，平添了异写字的各种不确定性。再如“案”字中的构件“女”就多被书写者随便地异化，分别作1046、1046和1047，其中1046简上的两个“案”字都不同形，一个写作一横两竖，一个则写成一横三竖，但不管是两竖还是三竖，都与“女”的构件相差很远，只有1047简上的构件才与其正体1150较为接近，因此，我们可以说，文字构件的异化乃是异写字的主要类型之一。

文字构件的异化还表现在以不同的构件来构形，如“都”字，简1259就写作，左边的构件很清楚，是“者”，其所构成的文字也就是我们现在熟知的“都”字，但简文中好几次写作、1004，1005，1076，将其左边的构件“者”写成了类似于“耆”。其实“者”和“耆”的形体差别是很大的，而“都”不可能由“耆”和“邑”组合而成，故抄写者是明显地将“都”字“者”这个构件误写成了“耆”的形状，故这种异写字实际上已是所谓“异构字”范畴了。

长沙走马楼西汉简文字的异写现象这么丰富，这多少说明西汉早中期的文字构形尚无规范定型，尚处于一种相对自由随意的时期。我们知道，秦汉之际是隶变的重要时期，当时的秦隶、古隶都处在不定型的演变当中，最有代表性的如睡虎地秦简中的“秦隶”和马王堆帛书中的“篆隶”“古隶”等，都形成于当时文字异写、异构最丰富的时期，特别是马王堆帛书抄写的时代下限在汉文帝十二年（前168），它与走马楼西汉简的书写时代（前128—前120）相隔不到50年，且都是长沙国首府临湘的产物，其时的长沙国自汉初吴芮被封为长沙王以来，一直偏安于一隅，少有战争的破坏，故其文化的传承是必然的事。这种文化的传承自然包括文字书写定式和文字构形特征等各个方面，特别是其书手可能都出自长沙国本地，都是在长沙国这块土地上生长起来的，他们之间的文化传承也是很自然的事，故这批简文中的文字构形和异写现象或多或少保存着秦汉时期简帛文字的一些痕迹和影子。

例如，简1080中有一个字写作，最开始或释为从“土”的“埍”字，但其左边并不是从“土”，而是从“士”，右边也不是从“目”，而是从“咠”。另外，简1001中还有一个左边从“女”，右边写得比较潦草的字，或释为“娟”，其实，其右边也不是从“目”，而是“咠”的异写，是秦文字中“婿”的异写字，应该隶定为从“女”从“咠”，也就是“婿”的秦文字遗存。《说文解字·士部》：“壻，夫也。从士，

胥声。”“婿，壻或从女。”① 可知在许慎的时代仍认为“婿”是“壻”的或体，两者是一个字。睡虎地秦简《魏户律》中出现两个“赘婿”的“壻”，都写作从“士”从“咠”②，与此形体完全相同。由此可知，简文中这个字也就是睡虎地秦简中“壻”字的直接传承，故比较完整地保存了秦文字的一些构形特点。

除了秦简文字的遗存之外，我们还发现这批简文中不少文字构形直接源自长沙马王堆帛书中的古隶字体，其中最有代表性的如“受”字，在1001简中就出现了三次，分别写作或，其上部的手完全竖了起来，这种写法在其他秦汉简牍中相当少见，唯独在马王堆帛书中可以找到与其相近的文字形体。如马王堆帛书《战国纵横家书》中的“受”字就有写作的③，两相比较，简文中只是将“舟”这个构件省略了而已，其他的笔道和构形可以说完全相同，而以“受”为偏旁构件的“辞”字也均写作1001或1080，其构形特点也与马王堆帛书《战国纵横家书》中的“辞”字构形基本相同。与此相类似的还有一个“声”字的构形也颇有代表性，这个字分别写作1078和1132，其构形的部件组合比较有意思，该字基本取自马王堆帛书《老子》甲本中的“声”字，在帛书中这个字写作，两相比较，形体基本相同，不同的是该字的下部将“耳”讹写成了“邑”，从文字异写的角度来看，这很可能是简文的书手并不清楚“声”字所从义符的意义，故形近而讹所造成的。

这种直接取法长沙马王堆帛书文字而又在构形上略有差异的异写现象，在很大程度上反映了这批简文的书写者直接或间接地传承了西汉早期马王堆帛书抄写时代的文字构形特点。这或许也说明，这批简文的文字构形特征和异写现象并不是一蹴而就的，而应该是秦汉之际简帛文字构形和书写特点的一种延伸和发展。这也正好说明，西汉中期长沙国书手们所表现出来的异写现象和构形特征都不是凭空出现的，它与秦汉之际的简帛文字之间不仅时代接近、地域相同，或许书手之间还有师承关系，故其在文字构形和书写方面保存并演绎着秦汉简帛文字的特征也就不足为奇了。

（陈松长，本文原载于邬文玲、戴卫红主编《简帛研究·二〇一八·秋冬卷》，广西师范大学出版社，2019年）

① 许慎：《说文解字》，中华书局，1963年，第14页。

② 睡虎地秦墓竹简整理小组编：《睡虎地秦墓竹简》，文物出版社，1990年，第174页。

③ 陈松长：《马王堆简帛文字编》，文物出版社，2001年，第154页。

第二节　“将田”小考

在长沙走马楼西汉简中，出现了一个比较陌生但又很值得关注的语词，即本节所要讨论的“将田”。经初步检索，这个语词在长沙走马楼西汉简中共出现了5次，为方便讨论，先仅将相关的部分简文录之如下：

二年四月丙申，将田义陵佐僮、沅阳佐卯出赁安成里公乘伉充……

四年二月乙未朔戊戌将田沅阳佐卯劾。　(0006)

将田义陵佐僮移连薪上粟，……　(0037)

将田佐僮效絣缯四匹一丈九尺二寸直钱千九百七十一，……　(0049)

三年三月乙丑四月丙申丙午将田义陵佐僮……　(0081)

通过比较可以发现：0049号简文中的“将田佐僮”应该是前面所列0006与0037两枚简上所记的“将田义陵佐僮”的省写。我们知道，“义陵”是汉代所置的县名，属武陵郡，后属长沙国管辖，其地望位于现今的湖南省溆浦县内。这里作为县名的“义陵”可以省略，而作为身份标识的“将田”可能比县名更为重要，而“将田”后面直接加“佐”字，这也说明“将田”应该是一个有佐官的官名，既然有佐官，那也就意味着“将田”并不是最底层的基层官吏。

简文中“将田”的佐官还不止一个，且可以分属于不同的县，如0006号简文中就记载，一个是“将田义陵佐”，一个是“将田沅阳佐”。“沅阳”这个地名史书缺载，但1998年在湖南黔阳黔城镇107号战国墓中曾出土过一枚鼻纽的“沅阳”印章①，可见“沅阳”之名，早已有之。我们根据文意推断，“沅阳”与“义陵”既然在简文中并列出现，那它应该与“义陵”一样，也是武陵郡或长沙国所辖的一个县名。而且，“义陵”和“沅阳”既然都有“将田”佐，那“将田”在当时应该是一个县一级必备的常见职官，其执掌的对象虽是田亩之事，但其级别也许并不低。

从字面上理解，“将田”就是掌管田事，“将”也就是率领掌管的意思。如《睡虎地秦墓竹简·法律答问》中就有“将司”一词：“将司人而亡，能自捕及亲所智（知）为捕，除毋（无）罪，已刑者处隐官。”②其中所谓“将司”，也就是监管、执掌之义，故所谓“将田”也应该就是掌管与田事有关的事务。在汉代，

---

① 陈松长：《湖南古代玺印》，上海辞书出版社，2004年，第27—28页。

② 睡虎地秦墓竹简整理小组编：《睡虎地秦墓竹简》，文物出版社，1990年，第123页。

与此相类似的有“将作”这种官名，《汉书·百官公卿表》：“将作少府，秦官，掌治宫室，有两丞、左右中候。景帝中六年更名将作大匠。属官有石库、东园主章、左右前后中校七令丞，又主章长丞。”颜师古注：“东园主章掌大材，以供东园大匠也。”① 对此，王伟曾考证曰：

始见于汉代文献的将作少府与少府名称上相似，属官名称、种类和职能大体相同，且张家山汉简《二年律令·秩律》中有少府但并没有出现将作少府。种种迹象表明，将作少府机构是吕后二年之后至景帝中六年之前，整合了秦时少府和中尉部分属官和职能后来新组建的一个机构。因为秦时少府属官左右司空、太/泰匠和东园（大）匠三者与汉代的将作少府（属官有东园主章）都有掌管宫室和陵园的土木工程建筑等基本雷同的职能；又“东园大匠”与“东园主章”有连带关系（颜师古注：“东园主章掌大材，以供东园大匠也”），所以我们认为“将作少府”是从少府机构中抽调“左右司空”“太/泰匠”和“东园大匠”，又从中尉机构分置“左右中候”，将以上四个部门的职能整合后新组建的一个机构，以专司“掌治宫室”之职。因其主体是由少府析置，故名“将作少府”。因“将作少府”远远没有少府那样多的属官和繁复的职能，故“景帝中六年更名将作大匠”也只是恢复旧名，使“掌治宫室”的职能与其“将作大匠”的名称相符而已。②

这里我们无意详细讨论“将作少府”的属官或职能，只是用以说明秦代就有“将作”这种特殊的官名，其字面意义也就是主管制作。有意思的是，“将作少府”在西汉景帝中元六年（前144）更名为“将作大匠”，其执掌范围相同，都是掌宗庙、陵寝、宫室及其他的土木工程营建，而“将作大匠”作为官名又可简称为“将匠”，据《通志·氏族四》载三国有“吴中散大夫将匠彧”③，很显然，这“将匠”也就是监管各类工匠的官名。准此，所谓“将田”也应该就是监管田事的官名。

众所周知，这种管理农事的官在秦代大都叫田官，具体的官名在里耶秦简中就有“左公田、旬阳左公田”（8-63）、田官（8-145）、田官佐（8-580）、田官守（8-672、8-764、8-1102、8-1328、8-1566、8-1574、8-2246）、田守（8-2138）和田典（8-2145）等。其中的“田官”“田守”“田典”应该都是性质一样但级别不同的管理田事的官，他们所管理的“田”都是官田或公田，岳麓秦简中有好几条“县官田令”，所谓的“县官田”也就是官田或公田的另称。

此外，在已刊布的一些秦代玺印和封泥中也多见一些与田官有关的资料，如秦玺印中有“成纪右田”“泰上寖左田”“小廄南田”“右公田印”等，秦封泥有“西田□□”“北田”和“南田”等，由此可见，秦代从中央到地方都有管理“县官田”的机构，如秦封泥中的“郎中西田”就应是郎中令机构所属的田官。

① 《汉书》卷十九《百官公卿表》，中华书局，1962年，第733—734页。

② 王伟：《新见秦代官名官署名考》，待刊。

③ 郑樵：《通志二十略·氏族略四》，中华书局，1995年，第154页。

此外，秦封泥中还有“大田丞印”“旱田之印”“右大田丞”等田官类职官和官署，尽管这些农官的种类很多，其级别和隶属关系并不是很清楚，但迄今为止所见的秦至汉初的出土文献资料中都没出现过“将田”这种官名，长沙走马楼西汉简的时代比较明确，它是汉武帝中期长沙国的行政文书，故大致可以判读，简文中的“将田”应该是西汉中期以后才出现的一种田官的专称。

由上述可知，简文中的“将田义陵佐”和“将田沅阳佐”说明“将田”肯定是一种田官，但它到底是什么级别、什么类型的田官呢？检看长沙走马楼西汉简中的一些简文，我们还发现，“将田”还可以分开表述为“将大农田”，如：

迺元年县遣将大农田□　(0162)

迺二年中将大农田无阳　(0049)

从这两枚简可知，所谓“将田”，很可能是“将大农田”的省称，亦即受命掌管大农所属公田的意思。简文中的“大农”应即“大司农”的简称，《史记·平准书》：“桑弘羊为治粟都尉，领大农。”①《汉书·百官公卿表》：“治粟内史，秦官，掌谷货，有两丞。景帝后元年更名大农令，武帝太初元年更名大司农。”②走马楼西汉简在汉武帝太初元年之后的简牍，其简文中仍多以“大农”指称“大司农”，如：

……六年大仓上校大农府，它如律令……　(1508)

这里所说的“大农府”当即大司农府。我们知道，简文中的“大仓”即“太仓”，也就是古代京城储存谷物的大仓，《史记·平准书》：“太仓之粟，陈陈相因。”③ 同时，“太仓”也是大司农的属官，故简文中的“大仓上校大农府”，也就是大司农的属官太仓要将京城储存谷物的校对结果上报大司农府。可见，简文中的“大农府”也肯定是“大司农府”省称。

据《汉书·百官公卿表》可知，大司农的“属官有太仓、均输、平准、都内、籍田五令丞，干官、铁市两长丞。又郡国诸仓农监、都水六十五官长丞皆属焉”。④ 可见大司农手下不仅有掌管“籍田”的令丞，而且各郡国的“诸仓农监、都水六十五官长丞”都是他的属下，其执掌范围之大可见一斑。而所谓“籍田”，也就是皇帝征用民力所耕种的田，换句话说也就是所谓“县官田”或“公田”，大司农要管好这些“籍田”，除了令丞和郡国农监之外，各郡县应当都有其代为管理的官员，这里所讨论的“将田”可能也就是受大司农之命在各县监管“籍田”的官吏。

当然，这“将田”应该并不是大司农的属官，因为大司农的属官除了文献中所记载的令丞、长丞之外，见于简文的主要是“卒史”，如：

---

① 《史记》卷三十《平准书》，中华书局，1959 年，第 1441 页。

② 《汉书》卷十九《百官公卿表》，第 731 页。

③ 《史记》卷三十《平准书》，第 1420 页。

④ 《汉书》卷十九《百官公卿表》，第 731 页。

五年二月己丑朔丁酉大农卒史熹劾。 （0054）

……大农卒史令卯助僮赁人去连出都田所得☐ （0094）

大家知道，“卒史”是郡一级最常见的属官，走马楼西汉简中，“卒史”出现了30多次，多为太守卒史或中尉卒史之类，这里的“大农卒史”一个叫“熹”，一个没有名字，从简文的内容判断，这卒史很可能就是同一个人，他作为大司农的属官，既能弹劾官员，也能调派官佐完成各类任务，由此可见其权力之大。

我们说“将田”可能并不是大司农的属官，而只是一种为大司农监管各县公田的官员而已，是因简文中有明确说明，如简0162就明确注明是“迺元年县遣将大农田”，其意思也就是县里指派“将田”去掌管、监管大司农所管辖的“籍田”或公田。这也就多少说明，“将田”并不是大司农的直接属官，他并不需要大司农亲自指派，而应该是各县根据大司农的要求委派的临时官员，而这些官员在各县还都配备有佐官听其调遣。

此外，我们在长沙走马楼西汉简文中还发现，“将田”除了拆开作“将大农田”之外，还有“镡成佐胡为大农将赁人田无阳界中”（简0004）的记载。同样是“将大农田”，但更为具体地为大农去管理雇佣有劳力之人去耕作官田。此处“将赁人田”和“将大农田”的结构相同，都是把“将田”拆开组合的语词，但“将田”作为掌管田事的本来意义并没有因为拆开而产生歧义。

由此我们大致可以推论，“将田”一词原本应该就是一个掌管田事，或者说是掌管“县官田”或“公田”的动宾结构的语词。可能是其使用频率太高，且与大司农的直接管辖有关，故各县派遣去为大司农管理公田的官吏都以此为荣，因而这个词渐渐演变为一个有具体任务和佐吏的官名而保存在走马楼西汉简中。

（陈松长、刘国庆，本文原载于李学勤主编《出土文献》第十四辑，中西书局，2019年）

第三节　走马楼西汉简中的人名杂识

长沙走马楼西汉简是汉武帝元朔、元狩年间（前126—前120）长沙国的官府文书，数量达2000余枚，内容相当丰富，涉及长沙国的行政运作、吏民管理、狱案审论、赋税征收等诸多方面，特别是在不同的狱讼文书中，出现了大量人名，这些人名从字数来看，无非是单名和双名而已。但简文中不少人名初看都匪夷所思，多须根据上下文语境才能判断，且多带有当时长沙国的地域特色，故不揣浅陋，杂识数条如下。

一、以国名为人名者

我们在《里耶秦简》（贰）中曾看到有用“越人”作为人名者，如：

卅三年四月辛丑朔丙午，司空腾敢言之，阳陵逆都士五越人有赀钱千三百卌四，越人戍洞庭郡，不智何县署·今为钱校券一，上谒令洞庭尉，今越人署所县责以守阳陵司空，司空不名计，问何县官计付，署计年为报，已訾其家，家贫弗能入，乃移戍所报署主责发，敢言之。（9-8）①

由于这人名出现的频率不高，故或可视为取名的偶然现象。但走马楼西汉简中，以国号作为人名者数量却不少，除了不见“越人”之外，多见“胡人”“巴人”“吴人”“代人”等，如：

五年九月辛酉，狱史巴人爰书……（0002）

狱史胡人爰书……（0003）

五年九月己未御史吴人讯……（0004）

七年五月丙子朔庚午临湘狱史吴人敢言之……（0769）

□问代人等曰：国人何□来（？）代人曰：蛇等黄见路有偕不……（0267）

其中“巴人”在简文中出现了3次，都是很明确的人名；“胡人”出现了13次，也毫无歧义地是人名；“吴人”出现了21次，其中有些看上去好像不是人名，但放在其他上下文中就发现，它还是人名，如：

乡即亡相往郧（？）之代人婴吴人寸等皆曰诺其八月生一□夜可半时代人伯子婴吴人寸等即俱去亡其八月生四日丙晏食□（时?）

① 湖南省文物考古研究所编著：《里耶秦简》（贰），文物出版社，2017年，“释文”第3页。

婴吴人寸亡卢旁竹中伯子（?）即之邓（?）车（?）卢可□回（?）环□代人婴吴人寸等曰伯新往视囚得婢（?）□□已告婢（?）弗入代人婴吴 （2116）

简文中的“代人婴吴人寸”看上去好像是两个人，即代国人名婴和吴国人名寸者，但我们很快就发现，“代人婴”还可以写作“代人伯子婴”，而“吴人寸”也可以写作“吴人婴伯子”，如：

方□□下代人婴吴人寸等即拜与可思言曰有死罪生平未尝得谒毋今有

□□邓车来代人伯子婴吴人寸等即起拜与邓车言邓车谓伯子曰我前 （0581）

灵、代人、吴人、寸等即环，复之可思□

寸、吴人、婴、伯子等人坐食已，即卧，留可 （0475）

且“吴人”或“代人”又多有单独使用者，如上例0004简、0769简和0267简所记，故我们完全可以判断，所谓的“代人婴吴人寸”应该是四个人的名字，故应点读为“代人、婴、吴人、寸”。有意思的是，在0267简上还有“国人”作人名者，可见以原出生地作为人名者，既是其名数登记时的操作使然，也可能是作为区别流民来源的一种方式所造成的习惯称谓。

除了上列人名外，类似的还有“翟人”，即古翟狄之人，准此，我们大致可以确定，里耶秦简中的“越人”当即越国之人的省称，而凡这类古国名后面加“人”作为人名者，应该多与其来源有关。秦汉之际，因战事而人口迁徙的现象实为日常，长沙国在西汉初年是受战争骚扰相对较少的诸侯国，故各地避难之人流亡或避难至长沙国，这当是很自然的事，而当这些流民迁徙到长沙国所辖的县乡占报其户籍名字时，可能当先报其来自何地或何国，或许是这种出生地的标记比其实际名字更容易区分，或者是当这些人占报名数时本身就没有名字，故就以其所报的来源地作为人名在使用。值得注意的是，这些以诸侯国国名作为名字者还不是一般的刑徒，而是“狱史”“守狱史”或“御史”一类的官吏，故可知这类人名也并不存在所谓的国别歧视，而应该是一种习惯成自然的特别称名方式。

二、以其所从事的职业为人名者

最有代表性的是“农夫”这个名字，学界刚接触时，往往将其作为泛指的农夫来理解，但当它反复出现时，我们发现它竟是一个人名：

六年六月癸亥朔乙卯，右仓佐□敢言之，廷下临湘书，使令史农夫输六年茹卯一石及所盛饬物受

为报，今已受谒移临湘，定以如校，付大仓、右仓禾稼计＝六年大仓上校大农府，它如律令，农夫敢言之。 （0508）

简文中“农夫”一共出现过12次，且都是在“令史”之后作人名使用，故其作为人名本无异议，值得

注意的是，“农夫”的取名当与其家庭所从事的职业有关，也许是其世代为农，故其父母给其取名为农夫，但简文中所见的这位“农夫”并不是务农者，而是临湘县的一位令史，这或许也说明从事农田劳作者的子弟通过努力，也很有可能擢升为官吏。

再如简文中有名叫“车”或“车当”者，如：

曰：邓车归之室，可思问邓车曰：路人安在？邓车曰：□　(0267 右行)

□□□书一□便侯相特□令史意啬夫车当佐会出钱万一千八百九十买□寺薄土二韦轻（?）□周倚□二扇□　(0031)

0267 简上的人名应该是姓邓名车，而 0031 简上的是双名，即“车当”，简文中的“令史意、啬夫车当、佐会”是三个不同身份的人，这是没什么问题的，但“车当”为人名实在有点新鲜，我们怀疑，这“当”字很可能是“铛”之省字，“车铛”应该是车的一个组构建，该“啬夫”以车铛为名，很可能因其家所从事的职业与车有关，这与“邓车”之名“车”的命名来源应该也有一定的关系。

三、以野兽兕、狸、蛇、蛙为人名者

应该说古人以动物为名者是比较常见的，但一般多以祥瑞勇猛之禽兽命名者，如“龙、虎、熊、凤”之类，现代依然，但走马楼西汉简中则多见以现代人看来比较阴鸷的动物来命名者，如：

□问代人等曰：国人何□来？代人曰：蛇等黄见路有偕不……　(0267 左行)

简文中的“蛇”作为人名就比较特别，而 0078 简上的人名更加有趣：“……问庸人公乘野、狸、豹等皆未得钱……”三位“公乘”分别叫“野”“狸”“豹”，其中“野”作人名很可能是没经人工驯化的意思，如野马、野牛之类，放在这里正好与后面的“狸”“豹”等野兽可以呼应。

简文中以野兽、蛇、狸为名者，我们认为，多少也反映了西汉中期长沙国的某些地域特征，古长沙地处卑湿之地，蛇类和狸、豹常见，到唐代的柳宗元笔下还有“永州之野产异蛇”之说，故当时之人以之为名，既是日常习见使然，也有可能是趋吉避凶的一种称名之法也未可知。

此外，“兕”为古代一种似牛的野兽，《尔雅・释兽》：“兕，似牛。”郭璞注：“一角，青色，重千斤。”可知“兕”也是一种凶野之兽，但也作为人名使用，如：

□□狱史河人讯武，兕为武解脱云：毋奸诈，何解？辞曰：武坐盗所主守

□令史兕为武解易枉，毋它=如辞。　(0309)

简文中“兕”共出现 30 次，都是作为一位令史的名字出现在一个与“武”有关的爰书之中。

当然，除了猛兽之外，也有以“麏”“蛙”为人名者，如：

□曰前令共木收賨义中，共木言曰得麐、仆、强秦肠各廿五斤，凡七十五斤……　（0016）

辞曰：公乘临湘当阳里，乃年卅岁（？），

所买大婢温，温有子，男，名蛙，后不识　（0479）

简0016中的“麐”即“麞”，即獐子，似鹿而小，无角，性机警，善跳跃，是南方山野中常见的一种野生动物。以“麐”为名，肯定与其所处的环境中常见此物有关。

简0479中直接说明“大婢温”的儿子名叫“蛙”，以“蛙”为名，应该也与其所处地理环境多水多田多蛙有关系。

四、以表时间语词为人名者

一般用作人名的时间语词多见“年”“万年”“岁”“万岁”之类，这都是人们祈盼人生长久愿望的一种直接表现，走马楼西汉简也有用“万年”作人名者，如：

……六月癸亥大仓令正里丞万年谓右仓……　（0507）

简文中的“里丞”就名叫“万年”，但比较有意思的是，简文中还有一些用表时段的语词来作人名者，比较少见，如：

九年六月甲子朔甲戌南乡佐当时爰书　（0057）

在一般语境中，“当时”就是一个表时段的副词，可这里很明确，这位“南乡佐”的大名就叫“当时”。除此之外，还有用“始”“午”“旦”“夕”作人名者，如：

四月辛卯长沙侯行长沙内史事舂陵长始守丞敢言之……　（0530）

九月丁卯仓啬夫午行鄮丞事敢告临湘丞主……　（0086）

七年五月丙子朔甲午，扩门佐到敢言之：癸巳旦夕受囚阳馈，阳　（0513）

吴、旦、河人、夕受囚馈狱门啬夫辟闾所馈盛以具攘〈检〉……　（0772）

旦、夕受囚馈，广门佐到所盛以具检，到廷中索余食中毋毒药、兵

刃、窜书已，以馈旦、属、狱史吴、夕、属、河人、辟不入狱，非临湘史毋入　（0617）

如果说用“始”“午”作为人名还不至于太令人误解的话，那“旦”“夕”分作人名，且连接在一起出现，就有点令人迷糊，如初看0513的简文，好像“旦夕”是一个人的名字，但在简0772中，“旦”和“夕”又是分开的，是知“吴旦河人夕”一共是四个人，应该分开读为“吴、旦、河人、夕”，故0513简中的“旦夕”显然是两个人的名字，这一点，在简0617中也就更加明确。

五、以居住位置为人名者

所谓的居住位置，乃是指取名者所处的居住区域或生存位置，如：

……守史郢书佐丙·内史齐客告归。　（0530）

以“郢”为名，其人当是郢地之人。大家知道，楚人多将都城称之为“郢”，历史上有“纪郢”（湖北荆州）、“鄢郢”（湖北襄阳），还有安徽的寿春也称郢都，可知“郢”是一个区域比较广的地名，但都不在汉代长沙国的区域范围之内，此人以郢为名，当是郢地之人后来在长沙国为吏者。

再如，简文中还有以“城”“里”作为人名者，如：

上校长沙内史府，敢言之·四月辛卯临湘令城、都水丞广行丞事……　（0501）

九年六月甲子朔庚午，御府丞客夫守临湘丞告尉谓南乡仓少内啬

夫、亭长官大夫邓里、黄襄坐捕……女子字阳却首匿□　（0578）

简0501中的“城”是“临湘令”的名字，简0578中的“邓里”即姓邓名里的南乡仓“少内啬夫”。这类以“城”“里”为名者，也许与其家居住城邑乡里有关。

另外，简文中还有以“路人”“河人”取名者，如：

曰，邓车归之室，可思问邓车曰，路人安在？邓车曰□……　（0267）

□年十一月丙戌狱史河人吴以……　（0277）

简文中的“路人”为名者，当取其路边所居的意思为名，而“河人”者，或以为是河畔所居之人的意思，应该也与其家所居住的位置有关。

六、以特殊身份为人名者

所谓特殊身份，即其本人或家族因种种原因有其身份特征者，如：

……便侯丞胜、令史意、掾啬夫可丁、佐虏见出钱万四千八百……　（0024）

“虏”作为人名，就很可能其家或家族有过被虏的历史，而虏作为一种身份，在秦汉简牍文献中并不罕见，如岳麓秦简中就专门有一条有关“虏”的律文：

虏学炊（吹）梂（枸）邑、坏德、杜阳、阴密、沂阳及在左乐、乐府者，及左乐、乐府讴①（2149）

① 陈松长主编：《岳麓书院藏秦简（肆）》，上海辞书出版社，2015年，第65页。

律文中的“虏”就是被俘虏过来的一类人，这些人还被派遣去乐府“学吹”，这说明其身份虽是“虏”，但并不是一种罪名，故走马楼西汉简中以“虏”来取名，也可能仅仅是说明其特殊身份而已。又如：

☐曰前令共木收賨义中，共木言曰得麐、仆、强秦肠各廿五斤，凡七十五斤…… (0016)

“仆”是很常见的一个表示身份的词，所谓的吏仆、家仆之类都是，这在秦汉简牍文献中常见，且还经常“仆、养”连用，如：

·仓律曰：毋以隶妾为吏仆、养、官【守】府∟，隶臣少，不足以给仆、养，以居赀责（债）给之；及且令以隶妾为吏仆、 (1370)

养、官守府，有隶臣，辄伐〈代〉之∟，仓厨守府如故。① (1382)

简文中以“仆”为人名者，其取名之义应该与其本人的特殊身份有关。再如，简文中还有以“齐客”为名者：

三月甲申长沙内史齐客邸长始 (0175)

四月辛卯，长沙傒行长沙内史事，舂陵长始守丞敢言之，少府谨写移，敢言之丿守史郢书佐丙·内史齐客告归。 (0530)

这位长沙内史的名字叫“齐客”，从字面上解读，其名字很可能是齐地门客的意思，这也许就意味着这位内史并不是长沙国本地人，而是从齐国来的门客，也许正因为是门客出身，故地位并不低，他这名字在简文中出现过 8 次，都是“长沙内史”的身份。而 0530 简中还有“内史齐客告归”的记载，这“告归”是因“长沙傒行长沙内史事”之后的告老归乡还是告假归休，我们不得而知，但“告归”二字也多少透露出此人以“齐客”为名的些许信息。

七、其他特殊人名

除了上揭六大类之外，还有一些其他名字也非常特别，多容易引起误解，值得多多关注。如：

无阳蛮夷士五搞言：雎夷乡啬夫襄人敛賨，搞家当出賨米，毋米，予襄人五棒船一艘，当肠七十五斤，工期钱三百，当米未有数，于铁米二石四斗，皆弗家与，券书 (0052)

简文中的“搞、襄人、工期、于铁”都是人名，特别是“工期”作为人名，最容易引起误读，“工期钱三百”就很容易理解为作工期间所得的钱三百。再如：

七年五月丙子朔丙申，扩门佐到敢言之：…… (0418)

① 陈松长主编：《岳麓书院藏秦简（肆）》，第 122—123 页。

七年五月丙子朔乙未，扩门佐到敢言之：……　（1801）

“到”是一个最常见的动词，秦汉简牍中“书到为报”也是很常见术语，但这条简文中的“到”确毫无疑问是个人名，且出现过6次，由是可知当时也有以这种最常见动词取名者，如果不在特定的上下文中，那常常会引起误读。再如：

……长以下为书误事，不可行……　（0090）

“误事”的“误”本是一个表示差评的动词，但也有用作人名者，如：

五年四月戊子朔戊子，少内佐误敢言之：……　（0504）

由此可知当时的取名也许并不一定像现代人一样要求吉利或美好，故当然可以用今人认为负面或贬义的语词来作人名使用。

八、结语

以上仅就我们研读所及，对走马楼西汉简中的一些比较特殊的人名进行了初步梳理，应该说，这种梳理还较为浅显，但从这些人名的不同类别大致可以判断的是，汉代人的名字也许并不像我们现在取名一样单一，有些人名可能并不是他出生时父母给的，很多可能也没有正式的名字，只是在迁转流徙的过程中，在居作地或居住地申报户籍名数时登记的名字而已，如我们所讨论的所谓“胡人、巴人、吴人”这一类人的名字，就很可能是按其原居住地所属国别的一个大概的名字，当这个名字用久了以后，习惯上也就成为了某一个人的专名了。此外，那些以特殊身份和职业作人名者，应该都属于这种类型。

（陈松长，本文原载于中国文化遗产研究院编《出土文献研究》第二十辑，中西书局，2022年）

第四节　走马楼西汉简所见“译人”及相关问题试论

走马楼西汉简显示，汉武帝时期长沙国的司法诉讼存在以“楚言”作为通行语的现象。正因如此，当时长沙国存在“译人”这一群体，其不仅参与司法诉讼，还参与一定的行政事务，前往蛮夷居住区收缴“賨”。该群体是政府和蛮夷民之间沟通的纽带，有助于长沙国治理蛮夷民。西汉长沙国“賨”的缴纳形式多样，但以米作为衡量标准，其他物品要折合成米来缴纳，呈现出当时蛮夷地区经济不发达、货币流通欠缺的生产情况。透过对“译人”群体及相关问题的考察，有利于更好地了解长沙国的民族关系状况。

走马楼西汉简是西汉武帝时期长沙国的官文书档案，记载了当时长沙国政治、经济、法制、社会等方面的诸多信息，具有重要的学术价值。其中有关“译人”① 的记载值得关注，其不仅在司法活动中扮演着重要角色，还参与一定的行政事务，是沟通蛮夷民与政府之间关系的纽带。通过这一视角下相关问题的考察，相信对认识该时期长沙国的民族关系颇有助益。

一、相关简文解析

走马楼西汉简中有一组简记载了一个与蛮夷收賨有关的经济纠纷案件。因该案件简文较多，故这里仅选取有代表性的几枚进行讨论。

〼狱史胡人爰书：以襄人、搞辤（辞）证律告麿、强秦、仆，麿、强秦、仆皆不能楚言，即以襄人、搞辤（辞）证不言请（情），择（译）讯人出入罪人律，出择（译）共里不更当，令讯麿、仆、强秦，当曰：强秦、麿、仆

〼秦、仆，□□轻半士五共搞来言曰：为胣夷主襄人收賨，麿、仆、强秦予搞肠各廿五斤，不智（知）当米数，搞去后，不识日强秦、麿、仆之田，到栖溪涌见一吏〼　(0003)

〼□巴人、胡人讯襄人要道辤（辞）曰：府调无阳四年賨糴（粜）卖取钱输临沅食官厩，偿所赎童贾（价）钱皆急缓，夷聚里相去离远，民贫难得，襄人令译士五搞收〼

① 这里所说的“译人”在走马楼西汉简中称作“择（译）”或“译”，为便于理解和行文，文章中均用“译人”称谓来代指这一身份。

☐☐船一艘士五定所，当米八斗，肠七十五斤，士五强秦、麐、仆各廿五斤，非搞家賨肠，襄人自责得士五共吸为大男共来予肠十五斤，士五工期为☐　(0017)

无阳蛮夷士五搞言脽夷乡啬夫襄人敛賨，桥家当出賨米，毋米予襄人五梓船一艘，当肠七十五斤，工期钱三百，当米未有数，于铁米二石四斗，皆弗家与券书。　(0052)

这三枚简中前两枚是木制两行简，单面书写。0003 简文中的“择”，整理小组释读为“译”。缘何要读为“译”?《说文·言部》:“译，传译四夷之言者。从言，睪声。”① 因两者均从“睪”得声，故在古文献中可通。汉尧庙碑载:“后嗣乖散，各相土译居。”② 其中的“译”假借为“择”即为例证。另从内容看亦有张家山汉简及唐律的佐证，《二年律令·具律》载:

证不言请(情)，以出入罪人者，死罪，黥为城旦舂；它各以其所出入罪反罪之。狱未鞫而更言请(情)者，除。吏谨先以辨告证。　(一一〇)

译讯人为诈伪，以出入罪人，死罪，黥为城旦舂；它各以其所出入罪反罪之。　(一一一)③

其中的“译”，整理者注为:“译，翻译……此指翻译少数民族语言。”④ 这个“译”出现在律令条文显示的司法活动中，与传世文献及西北汉简中常见的少数民族外交事务中的“译”似有不同。⑤《唐律疏议》亦载:“诸证不言情，及译人诈伪，致罪有出入者，证人减二等，译人与同罪。”⑥ 其内容与走马楼西汉简基本相同，因而文中的“择”读为“译”是很有道理的。

简文中“襄人”和“搞”均为人名，其中“襄人”的身份为脽夷主，也就是 0052 简中的“脽夷乡啬夫”。“麐”“强秦”“仆”也应是人名，身份属于在长沙国生活的蛮夷群体，这一点从简文所载其均要缴纳賨钱可证。“楚言”应为当时长沙国的一种地方汉语方言。“译共里不更当”中的“译”不应与后边的“共里”组合为里名，因为在同一案例的其他简中出现“共里”作为里名的有多处。这里的“译”就是指“译人”，是一种身份。“当”是人名，其籍贯和爵位为共里不更，身份为“译人”。“轻半”和“栖溪涌”均为地名。

0017 简中的“要道”为律令格式语，可能指精要或核心内容。这里“搞”的身份也是“译人”，“非搞家賨肠”一句说明“搞”本人也应是蛮夷民。0052 简“无阳蛮夷士五搞”进一步证明其蛮夷身份。此外，

---

① 段玉裁:《说文解字注》卷五，上海古籍出版社，1988 年，第 101—102 页。

② 洪适:《隶释》卷一《孟郁修尧庙碑》，中华书局，1985 年，第 12 页。

③ 张家山二四七号汉墓竹简整理小组编:《张家山汉墓竹简(二四七号墓)》(释文修订本)，文物出版社，2006 年，第 24 页。

④ 张家山二四七号汉墓竹简整理小组编:《张家山汉墓竹简(二四七号墓)》(释文修订本)，第 24 页。

⑤ 有关西北汉简中“译人”的活动情况，参见王子今、乔松林:《“译人”与汉代西域民族关系》,《西域研究》2013 年第 1 期，后收入王子今《秦汉称谓研究》，中国社会科学出版社，2014 年，第 395—406 页。

⑥ 长孙无忌等:《唐律疏议》卷二五《诈伪》，中华书局，1983 年，第 475 页。

0052简中的“工期”从0017简“士五工期”看应为人名，则“于铁”也是人名。该简文是讲“襄人”收賨却不予券书，“搞”言其“歛賨”的具体情形。

除上述三枚简外，日本学者西林昭一先生在《简牍名迹选》中公布过这一案例其他两枚简的照片和释文。① 张俊民、胡平生等先生分别对释文作过疏解。刘乐贤先生又在前面几位学者的基础上作了很好的释读和内容阐释。② 今以刘先生重新隶定的新释文为基础，对存在的一些问题再作补说。为论述之便，现将其所作释文逐录于下：

简1：

□狱。亭长南爰书，先以证律辨告搞，乃讯。辤（辞）曰：士五无阳夫里堉子，吏令为曳皇人择。迺二月中不识日，啬夫襄人在轻半，令挢收责溠溪，曳人□☑

☑船一艘当米八斗，士五强秦、磨、仆予肠各廿五斤，凡七十五斤。搞令安居士五周乘船下，搞先去溠溪，中环轻半襄人所，收责（债）得船☑

简3：

襄人自（?）责，得五栙船一艘士五定所当米八斗，肠七十五斤，士五强秦、磨、仆各廿五斤。令安居士五周乘船，船未到，襄人不得受定船，去。去后，周船到，搞有（又）令临中曳☑

是下船属襄人。襄人在所后长始问挢以所责得船、肠，对曰：已予襄人，襄人不予挢券书。今问强是，强是不以船属襄人，襄人不受船，船在强是所。挢所以予襄人肠☑

简1中“□狱”的未识字，整理小组暂定为“具”，“具狱”也是常见的司法术语。走马楼西汉简中尚有“三年六月乙丑具狱昭陵狱史削爰书”一句可为佐证。“爰书”前一字，三位学者均释为“南”，整理小组释作“庚”，我们认为释“庚”为确。未识字图版作，走马楼西汉简中的“南”字图版多作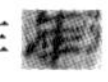（0057）、（0125），而“庚”字图版作，从字形上可见，未识字上为两横笔很明显，而“南”为一横画。简文“庚”字笔画与待识字很接近，故该字或应释作“庚”。如此，“具狱”与“亭长庚爰书”之间或许应该连读，胡平生先生断句为确。简文中的“挢”，整理小组释作“搞”，③ 这里暂从整理小组意见。

“无阳夫里堉子”一句中“夫里”应释为“共里”。走马楼西汉简0011简有“士五无阳皇里与共里大女妹子方风……”的记载，说明“皇里”和“共里”均是“无阳”的里名。“堉子”刘乐贤先生疑为赘婿之

---

① 引自刘乐贤：《谈走马楼西汉简中的两条简文》，《首都师范大学学报（社会科学版）》2013年第6期。

② 参见张俊民：《对长沙走马楼西汉简牍几条简文的认识》，简帛网，2009年7月18日。胡平生：《〈简牍名迹选2〉所刊“走马楼前汉简”释文校订》，张德芳主编《甘肃省第二届简牍学国际学术研讨会论文集》，上海古籍出版社，2012年，第415—420页。刘乐贤：《谈走马楼西汉简中的两条简文》，《首都师范大学学报（社会科学版）》2013年第6期。文章以下所引三位先生之说，皆据此，故不另出注。

③ 2018年5月，走马楼西汉简整理小组在长沙简牍博物馆举行第一次集体读简会，会后整理本释作“搞”。

子，并认为其身份是前面的“搞”。我们认为，这里的“壻子”并不是指赘婿之子，而应为人名，其与“搞”并不是同一个人。

“吏令为臾皇人择”一句，“吏令”的对象是“壻子”，这里的“吏”恐也不是专指“啬夫襄人”，可能是官吏泛称。简中的“择”也应如0003简一样当读作“译”，指翻译。由此“壻子”的身份应是长沙国司法活动中的“译人”。关于“臾皇人”，胡平生先生认为应是指“居住在臾皇里的人”，这一观点大体无误，需补充一点的是，这些“臾皇人”应是与前文强秦、麐、仆等类似，属于长沙国中不懂“楚言”的蛮夷人。因为这些人不懂“楚言”，所以在司法讯问中需要“壻子”这样的翻译人来翻译。

“船一樓当米八斗”，胡平生先生认为：“一艘船和‘当米八斗’都是士伍定交出的用于抵债的。‘当米八斗’似指欠债方所欠原本不是米，现在按照相当于八斗米的抵债。”刘乐贤先生认为，这句话是说“士伍定原来欠啬夫襄人八斗米，现用一艘船抵债。”其实，士伍定所欠并非船和米，而是賨，只不过当时西汉长沙国所收賨均要换作米来征收，士伍定无米，故用船抵。“当米八斗”是船与米之间的等量换算。

简3中“襄人自责”的“自”刘乐贤先生指出应存疑。现在通过0017简“襄人自责得士五共吸为大男共来予肠十五斤”辞例可见，释为“自”字应无问题。

通过以上讨论，现将这两枚简文重新隶定如下：

[具]狱亭长庚爰书：先以证律辨告搞，乃讯。辤（辞）曰：士五无阳共里壻子，吏令为臾皇人择（译）。迺二月中不识日，啬夫襄人在轻半，令搞收责溠溪，臾人□☑

☑船一樓当米八斗。士五强秦、麐、仆予肠各廿五斤，凡七十五斤。搞令安居士五周乘船下，搞先去溠溪，中环（还）轻半襄人所，收责（债）得[船]☑　(0080)

襄人自责，得五棒船一樓士五定所当米八斗，肠七十五斤，士五强秦、麐、仆各廿五斤。令安居士五周乘船，船未到，襄人不得受定船，去。去后，周船到，搞有（又）令临中臾☑

是下船属襄人。襄人在所后长始问搞以所责得船、肠，对曰：已予襄人，襄人不予搞券书。今问强是，强是不以船属襄人，襄人不受船，船在强是所。搞所以予襄人肠☑　(0077)

通过对上述几枚简的简要解读，我们可窥探该案件所透露的些许信息。案件大体内容为“啬夫襄人”向蛮夷收賨，因“弗予券书”及可能存在私自敛财行为而引起的复杂经济纠纷案。案件涉及不少蛮夷群体，他们因语言不通，故在长沙国司法诉讼、社会管理等方面与政府之间的沟通需要中介即“译人”来进行。接下来我们从这一视角出发，结合上述简文和传世文献，对相关问题作些讨论，以期更好地认识西汉长沙国政府与蛮夷民之间的互动关系。

二、走马楼西汉简所见“楚言” 及“译人”

从0003简的内容看，在当时的长沙国“楚言”应是流行于社会中的一种汉语方言，官府在司法诉讼中也采用“楚言”来讯问。“强秦”“仆”“麏”及“臾皇人”等在长沙国生活的蛮夷人群正是因为不会讲“楚言”，致使其在司法活动中会遇到一些障碍。

首先，“楚言”，汉扬雄《方言》对其多有记载。通观《方言》一书，其体例大致为对语词标注“通语”即当时通行语；其次，“某地语”即某地方言；再次，“某地某地之间语”即介于两者之间。如《方言》载：“虔、儇，慧也。秦谓之謾，晋谓之恳，宋楚之间谓之倢，楚或谓之𧬂。自关而东，赵魏之间谓之黠，或谓之鬼。”① 汉代的“楚言”分布区，扬雄《方言》大致作了划分，据张伟然先生的研究，当时“楚言”流行的区域包括与陈楚江淮合为陈楚江淮方言区，南面与南楚区毗连，西边与梁益区交界，北与郑周韩区、宋卫区相连，东南与吴越临近。大致包括今湖北省及东南面的大片区域。② 该区域显然包括了湖湘地区。

秦汉时期，“楚言”较盛行，这或许与学者所言汉文化的主流事实上是楚文化有关。文献中多有反映，《汉书·贾谊传》：“夫习与正人居之，不能毋正，犹生长于齐不能不齐言也；习与不正人居之，不能毋不正，犹生长于楚之地不能不楚言也。”③《风俗通义》引《汉书注》：“沛人语初发声皆言其，其者，楚言也，高祖始登帝位，教令言其，其后以为常耳。”④ 许慎《说文解字》中的方言资料也以“楚”为最多。说明“楚言”在楚地之盛行，甚至有些个别语言还成了官方通用语。其实，楚地少数民族能讲“楚言”的情形在先秦时期即大有人在，体现了语言视角下蛮汉文化的交流及蛮夷汉化的情形。如《吕氏春秋·用众》：“戎人生乎戎，长乎戎，而戎言不知其所受之；楚人生乎楚，长乎楚，而楚言不知其所受之。今使楚人长乎戎，戎人长乎楚，则楚人戎言，戎人楚言矣。”⑤ 但从走马楼西汉简看，当时不能讲“楚言”的蛮夷人群也不在少数。

从简文可知，在西汉武帝时期，因为长沙国有大量的蛮夷人，且这些人并不懂得和使用“楚言”。故而长沙国的司法事务需要有专门从事翻译的“译人”。另一个因素得从秦汉司法讯问的方式说起，秦汉时期的司法讯问程序最初均是采用口头讯问的方式，然后通过官吏记录从而形成正式的爰书。睡虎地秦简《封诊式》“治狱”条载：

---

① 钱绎：《方言笺疏》，中华书局，2013年，第3页。

② 张伟然：《楚语的演替与湖北历史时期的方言区域》，《复旦学报（社会科学版）》1999年第2期。

③ 《汉书》卷四十八《贾谊列传》，中华书局，1962年，第2248页。

④ 应劭撰，王利器校注：《风俗通义校注》卷六《声音》，中华书局，1981年，第313页。

⑤ 许维遹：《吕氏春秋集释》卷四《用众》，中华书局，2009年，第101页。

治狱能以书从迹其言，毋治（笞）谅（掠）而得人请（情）为上；治（笞）谅（掠）为下。有恐为败。[1]

又“讯狱”条：

凡讯狱，必先尽听其言而书之，各展其辞，虽智（知）其訑，勿庸辄诘。其辞已尽书而毋（无）解，乃以诘者诘之。[2]

《封诊式》告诉我们秦汉司法爰书的书写程序即先听其辞，后书其言。由此，司法讯问的关键就在于当事人或证人的言辞，蛮夷民不会“楚言”自然无法与司法官吏沟通，故需要“译人”的存在。

那么“译人”是一个什么样的群体呢？当然这些人均兼通“楚言”和蛮夷语，这是前提条件。对其身份因材料较少难以作出全面准确判断，就简文中出现的“当”“搞”“壻子”三人来看，其爵位普遍较低，甚至无爵，可见社会地位并不高。且蛮夷亦可充当“译人”。

秦汉文献对司法活动中的“译人”记载甚少，以致无法了解这一群体的更多信息。但唐代相关司法文书却对“译语人”有较多记载，如阿斯塔那61号墓出土的《唐西州高昌县上安西都护府牒稿为录上讯问曹禄山诉李绍谨两造辩辞事》中有“身是胡，不解汉语”[3]，210号墓出土的《唐西州高昌县译语人康某辩辞为领军资练事》中有“高昌县译语人康”[4]，唐代的这两则案例均是司法文书，可见高昌县的司法活动中也存在不懂汉语的少数民族需要翻译人员的情况，这一情景与走马楼西汉简“强秦”“仆”等不会“楚言”的情况类似，“译语人”明显同于走马楼西汉简中的“译人”。汉唐律令的承继关系可窥一斑。这类群体因垄断了司法诉讼中的语言沟通，进而也会有一定的权利，如律文中多次提及的“译人诈伪”行为，直接反映了汉唐司法诉讼中“译人”违法乱纪、扰乱司法秩序的现象很普遍。法律对此予以规范，以保证有序的司法运行秩序。

三、“夷聚里”与收

两汉时期，长沙多蛮夷，《汉书·西南夷传》：“西北有长沙，其半蛮夷，亦称王。”颜师古注：“言长沙之国半杂蛮夷之人。”[5]《后汉书·冯绲列传》：“时长沙蛮寇益阳，屯聚积久，至延熹五年，众转盛，而零陵

① 陈伟主编：《秦简牍合集·释文注释修订本》（壹），武汉大学出版社，2016年，第264页。

② 陈伟主编：《秦简牍合集·释文注释修订本》（壹），第265页。

③ 国家文物局古文献研究室、新疆维吾尔自治区博物馆、武汉大学历史系编：《吐鲁番出土文书》第6册，文物出版社，1985年，第471页。

④ 国家文物局古文献研究室、新疆维吾尔自治区博物馆、武汉大学历史系编：《吐鲁番出土文书》第6册，第72页。

⑤ 《汉书》卷九十五《西南夷两粤朝鲜传》，第3851—3852页。

蛮贼复反应之，合二万余人……又武陵蛮夷悉反，寇掠江陵间……”① 如何对这些蛮夷实施有效管理，成为当时长沙国面临的一个重要问题。

走马楼西汉简0017简文中出现“夷聚里”一词，所谓“夷聚里”应该是指当时蛮夷的聚居区。说明长沙国的蛮夷在当时的居住形式多呈聚落形态分布。“聚”，《说文解字》：“聚，会也。邑落云聚。”段注曰：“邑落谓邑中村落。”② 王彦辉先生考察过秦汉“邑”“聚”的变迁，认为文献中“聚”有三义，其中之一即是少数民族开始定居之后的松散聚居状态。③ 这里的“聚”当作此解。但“里”字的出现，多少也说明当时的编户化情形，我们知道“里”是秦汉时期一种基层的行政管理机构，秦汉时期，国家不断把“聚”纳入到乡里控制体系中，实施统一管理，收取赋税，维持乡里秩序。“夷聚里”的出现说明当时刘姓长沙国将已归附之蛮夷聚居区纳入乡里管理体系。里与里之间相距较远和分散的状态，说明这些里的设置很可能是建立在原来蛮夷聚居的自然聚落基础上的，每一个蛮夷聚落设置一个里。这一情况或说明在西汉中期，长沙国的蛮夷编户化应已取得一定进展，而传世文献类似内容的记载体现在东汉，《后汉书·度尚列传》：“初试守宣城长，悉移深林远薮椎髻鸟语之人置于县下，由是境内无复盗贼。”④

虽然在蛮夷聚居区建立“里”这一行政单位进行管理，但“夷聚里相去离远”的实际情况还是降低了政府的有效管控。那么政府通过什么样的方式进行管理呢？《后汉书·卫飒列传》的一段记载谈及政府对故越地流民的管理方式时提到与走马楼西汉简相类似的情形：

> 先是含洭、浈阳、曲江三县，越之故地，武帝平之，内属桂阳。民居深山，滨溪谷，习其风土，不出田租。去郡远者，或且千里。吏事往来，辄发民乘船，名曰“传役”。每一吏出，徭及数家，百姓苦之。飒乃凿山通道五百余里，列亭传，置邮驿。于是役省劳息，奸吏杜绝。流民稍还，渐成聚邑，使输租赋，同之平民。⑤

材料虽是描述南方越地流民的生存状态、官府治理的方式，但相距不远的长沙地区亦可以此作参照。“民居深山，滨溪谷，习其风土，不出田租”或也应是蛮夷编户化之前普遍生存状态的写照。派遣吏员进行管理、收取“赋税”是政府对归义蛮夷聚居区普遍实施的管理方式。

从简文看，西汉长沙国对蛮夷聚居区进行管理有通过“译人”这一中介身份者来进行的情况。走马楼西汉简0052简中的“襄人”是雎夷乡啬夫，“襄人令译士五搞收”一句表明“搞”即是“襄人”手下的“译人”，“襄人”委托译人“搞”负责替其到蛮夷聚落收賨。

---

① 《后汉书》卷三十八《冯绲列传》，中华书局，1965年，第1281页。

② 段玉裁：《说文解字注》卷八，第387页。

③ 王彦辉：《秦汉时期的乡里控制与邑、聚变迁》，《史学月刊》2013年第5期。

④ 《后汉书》卷三十八《度尚列传》，第1286页。

⑤ 《后汉书》卷七十六《循吏列传》，第2459页。

“賨”指賨钱，是秦汉时期归义蛮夷向官府缴纳的一种赋税形式。《说文解字·贝部》：“賨，南蛮赋也。”① 战国秦汉以来，南蛮地区蛮夷缴纳賨布和賨钱的记载在文献中多见。《后汉书·南蛮西南夷传》：

汉兴，改为武陵。岁令大人输布一匹，小口两丈，是谓賨布。

及秦惠王并巴中……其君长岁出赋二千一十六钱，三岁一出义赋千八百钱。其民户出幏布八丈二尺，鸡羽三十鍭。汉兴，南郡太守靳强请一依秦时故事。

至高祖为汉王，发夷人还伐三秦……不输租赋，余户乃岁入賨钱，口四十。②

张家山汉简《奏谳书》中蛮夷大男子“毋忧”言：“变（蛮）夷大男子岁出五十六钱以当徭赋”，又“律变（蛮）夷男子岁出賨钱以当徭赋”③，可见秦及汉初的律令中对蛮夷缴纳的“賨”在形式上多以钱、布来缴纳，而布亦属货币的一种。但走马楼西汉简的记载告诉我们，当时，蛮夷缴纳賨的方式并非只有钱、布的形式，简文中除“钱三百”外，又有“賨肠”“賨米”“五梌船”等，亦属于蛮夷缴纳賨的方式，甚至有的简文还明确提及“賨物”。就“賨”来看，其最初应该就是指具体物品，北大汉简《苍颉篇》中有“戎翟给賨，百越贡织”④，明显这里的“賨”相当于“织”，应该也是一种物品。

还有一种现象，当时长沙国在收賨时允许当地蛮夷缴纳物品，但最终要以米作为衡量标准，所缴賨物要置换成一定量的米来缴纳，甚至钱也要以米来置换。“工期钱三百当米未有数”即是这一情况的反映。可见，在西汉长沙国，虽然律令中规定賨的缴纳形式多以钱、布来收缴，但由于蛮夷区域的广大，地区经济发展情况的不同，货币流通不足的情况是存在的，因而在实际的操作事务中也允许以賨物来缴纳賨的形式存在，但要以米作为衡量标准。收賨的事务则是由啬夫委托兼通“楚言”、身份是蛮夷的“译人”来完成的。

四、结论

通过前文的讨论，我们可得主要结论如下：

（一）西汉武帝时期长沙国的司法诉讼普遍使用“楚言”作为官方通行语，针对蛮夷不通“楚言”的情况还专门设有司法翻译人员即“译人”。“译人”不仅存在于长沙国的司法领域，在行政事务比如对蛮夷征赋税的收賨事务中亦有“译人”参与。走马楼西汉简显示当时长沙国存在“译人”这个群体，其爵位普遍较低，有些“译人”是蛮夷，且本身也是需缴賨的百姓。这些“译人”群体对长沙国蛮夷治理事务做出了

---

① 段玉裁：《说文解字注》卷六，第282页。

② 《后汉书》卷八十六《南蛮西南夷列传》，第2831、2841、2842页。

③ 张家山二四七号汉墓竹简整理小组编著：《张家山汉墓竹简（二四七号墓）》（释文修订本），第91页。

④ 北京大学出土文献研究所编：《北京大学藏西汉竹书》（壹），上海古籍出版社，2015年，第15页。

较大贡献。但由于简文内容尚未全部披露，有关这一群体的生存状态尚不能确知。

（二）长沙国蛮夷地区“夷聚里”情况的出现，说明早在西汉中期，长沙国蛮夷编户化的情况已经比较乐观，政府在蛮夷聚居区设置“里”这一基层行政机构有助于对蛮夷社会的治理。

（三）针对蛮夷地区的收賨，以往据传世文献所载多以为仅收取賨钱，然透过走马楼西汉简可见，西汉长沙国对蛮夷地区征收賨钱的形式主要以物品为主，船、肠、钱、米均可作为賨的缴纳形式，但賨物均要以米为衡量标准来折算，最后要折合成米这一形式。

（王博凯，本文原载于邬文玲、戴卫红主编《简帛研究·二〇一九·春夏卷》，广西师范大学出版社，2019 年）

第五节　“鹿车”称名考析

——从走马楼西汉简所见“井鹿车”说起

长沙走马楼西汉简中有几例“井鹿”“井鹿车”“鹿车”及相关词语。经初步检索，“井鹿车”在简文中出现了2次，“井鹿”“鹿车”各出现了1次。为论述方便，先将走马楼西汉简中与“井鹿车”相关的简文移录如下：

0019：案传舍西北乡（向）庑牡瓦十一犯仰井鹿皆不见马磨皆坏败

0021：案传舍二千石舍西南乡马庑屋败二所并袤丈五尺广八尺牡牝瓦各十九枚竹马仰四井鹿车一具不见马磨坏败

0027：案邸传舍西第二舍大屋牡瓦十枚牝瓦三樚（椿）垣一败一所袤四丈四尺牡瓦十五枚牝瓦十枚竹卧内户扇一井鹿车一具皆不见。

0026：案传舍五王第一至第四舍皆坏败牡牝瓦各七十枚井坏败鹿车一具马犯十一枚袤丈四尺皆不见马磨坏败

长沙走马楼西汉简是汉武帝早期长沙国的官府文书档案①，上述简文是有关汉代传舍中屋瓦、门扇、墙垣、井磨等建筑构件、生活器具的破损及保存情况的上报文书。通过比较“井鹿一具不见”“井鹿车一具不见”“井坏败，鹿车一具……不见”等释文，可以发现“井鹿车”或可简称为“井鹿”或“鹿车”，三者应指同一器物，且均与井有关。根据其器量单位“具”，可以看出“井鹿车”是一种可以独立使用的器具。那么，简文中“井鹿车”究竟是何名物？它是一种运载工具，还是具有其他功用的一种生活器具？

笔者认为，要弄清楚“井鹿车”的形制功用，首先明白“井鹿车”之“鹿”的含义。简文中“井鹿车”之“鹿”应是指“鹿卢”。“鹿卢”是古时用以升降重物的滑车（滑轮），商代就已出现，在春秋战国时期多为军用。②《墨子城守各篇简注》载“连弩机郭用铜一石三十斤。引弦鹿卢收。”注：“鹿卢一作辘轳，亦下文之磨鹿（一作蠷辘），今称滑车。”③ 汉晋时期，鹿卢广泛应用于社会生活，多用于起重牵引，比如贵族下

---

① 长沙简牍博物馆、长沙市文物考古研究所联合发掘组：《2003年长沙走马楼西汉简牍重大考古发现》（宋少华、金平执笔），中国文物研究所编《出土文献研究》第七辑，上海古籍出版社，2005年，第61页。

② 张春辉等编著：《中国机械工程发明史》（第二编），清华大学出版社，2004年，第76页。

③ 岑仲勉：《墨子城守各篇简注》，中华书局，1958年，第40—41页。

棺。《礼记·檀弓下》载“公室视丰碑”，郑玄注：“丰碑，斲大木为之，形如石碑，于椁前后四角树之，穿中，于间为鹿卢，下棺以綍绕。天子六綍四碑，前后各重鹿卢也。”① 汉代出现了专用于汲取井水的“井鹿卢”，《汉书·枚乘传》载：“福生有基，祸生有胎；纳其基，绝其胎，祸何自来？泰山之霤穿石，单极之绖断干。”颜师古引孟康曰：“西方人名屋梁谓极。单，一也。一梁，谓井鹿卢也。言鹿卢为绠索久锲，断井干也。”② 据此可知，“井鹿卢”的主体构件包括绳索、鹿卢及井架。与文献相互印证，在汉代画像石、砖和墓葬壁画等考古资料中也发现了不少“井鹿卢”图像，如辽阳三道壕发现的汉墓壁画、四川成都出土的东汉盐场画像砖、山东诸城和嘉祥宋山出土的汉画像石上均有“井鹿卢”图像。③

可见，汉代“井鹿卢”已普遍用于社会生活，走马楼西汉简中的“井鹿”“井鹿车”“鹿车”很可能就是指汲水工具“井鹿卢”。传舍作为汉代官吏公出的主要住宿机构和休息场所，需为过往官员提供住宿和饮食服务，水井和汲水工具“井鹿卢”作为常备的生活设施和器具显得尤为重要，因此在传舍日常巡视检查时，有坏败和缺损的情况传舍吏需如实上报。“井鹿车”不是运载工具，为什么名称中含“车”字？其实这现象比较普遍，比如古代农具绞车、滑车、筒车、纺车等，也都不用于运载，却以“车”命名，究其原因，可以发现这些农具的最大共同点是都有转动的轮轴，与车轮相关。因此“井鹿卢”称“井鹿车”，又简称“鹿车”，就比较容易理解了。

然而，汉晋时期的古籍文献中也屡见“鹿车”一词，它与走马楼西汉简文中的“井鹿车”“鹿车”有何关联？为方便讨论，现将史籍中“鹿车”的相关记载择其要者摘引罗列如下：

1.《搜神记》卷一：“汉，董永，千乘人，少偏孤，与父居，肆力田亩，鹿车载自随。父亡，无以葬，乃自卖为奴，以供丧事。主人知其贤，与钱一万，遣之。”

2.《史记》卷九十九《列传三十九·刘敬传》：“刘敬者，齐人也。汉五年，戍陇西，过洛阳，高帝在焉，娄敬脱挽辂。”注引《集解》苏林曰：“一木横鹿车前，一人推之。”孟康曰：“辂音胡格反，挽音晚。”《索隐》：“挽者，牵也，音晚。辂者，鹿车前横木，二人前挽，一人后推之。”

3.《后汉书》卷二十六《列传第十六·赵憙传》：“更始败，憙为赤眉兵所围……仲伯以妇色美，虑有强暴者，而己受其害，欲弃之于道。憙责怒不听，因以泥涂仲伯妇面，载以鹿车，身自推之。”注《风俗通》曰：“俗说鹿车窄小，裁容一鹿。”

4.《东观汉记》卷一四：“贤见林身推鹿车，载致弟丧，乃叹曰：‘当今之世，谁能行义？我虽小人，何忍杀义士！’因亡去。”《御览》卷七七五引《风俗通》云：‘鹿车窄小，裁（载）容一鹿也。或

① 《礼记集解》卷十一，中华书局，1989年，第281页。

② 《汉书》卷五十一《贾邹枚路传第二十一》，中华书局，1962年，第2360—2361页。

③ 李趁友：《汉代的辘轳及其发展》，《农业考古》1984年第1期。

云乐车，乘牛马者，剉斩饮饲达曙，今乘此虽为劳极，然入传舍，偃卧无忧，故曰乐车。无牛马而能行者，独一人所致耳'。"

5.《三国志·魏书·司马芝传》："司马芝，字子华，河内温人也。少为书生，避乱荆州，于鲁阳山遇贼，同行者皆弃老弱走，芝独坐守老母。贼至，以刃临芝，芝叩头曰：'母老，唯在诸君！'贼曰：'此孝子也，杀之不义。'遂得免害，以鹿车推载母。居南方十余年，躬耕守节。"

6.《晋书》卷九六《列女》："其后为石季龙徙之于山东，宋氏与夫在徙中，推鹿车，背负父所授书，到冀州，依胶东富人程安寿，寿养护之。"

对上引古籍中的"鹿车"，至今已有不少学者作过研究。关于"鹿车"的形制和功用，学者们意见一致，认为"鹿车"是一种用人力推载的独轮车，主要是便于狭路上行车，由于阻力较小、载量较高以及一人驾驶的简便条件，成为古今民间普遍使用的运载工具。① 鹿车只用人力推不用牲畜牵挽，其车轮装于车子前部，文献记载的鹿车多用于载人，偶尔也装载棺木等物。② 由此可知，史籍中所说的"鹿车"与走马楼西汉简文中的"井鹿车""鹿车"形制功用并不相同，前者是人力推载的独轮车，后者则是用于汲水的"井鹿卢"。为什么两个功用不同的器物称名却相同？探讨一下"鹿车"称名的由来，或许我们可以从中得到解释。

关于"鹿车"的称名由来，学者们众说纷纭，难成定论。最早的解释见于《太平御览》卷七七五引应劭《风俗通》佚文："鹿车窄小，裁（载）容一鹿也。或云乐车……无牛马而能行者，独一人所致耳。"对于应劭这一说法，孙机认为，所谓鹿车"裁容一鹿"不一定是望文生义的说法，因为四川彭县出土的汉画像砖上的鹿车，只装载一件羊尊，羊尊与鹿尊相类，若此车改装为鹿尊，就与此说相合了。③ 李立新认为，鹿车实为"乐车"，从功能、意义方面，都能作出合理的解释，但指出鹿车并不是独轮车的最早源头，他引证江苏邳州庞口村出土的"孔子问师"画像中的"一轮车"，认为此一轮车乃是"辇"，因辇具备鹿车的所有要件，因此辇是鹿车的前身。④ 清人沈涛认为，鹿裘即是粗糙之裘比附鹿车，鹿车乃车之麤者。⑤ 杜朝晖同意沈说，认为鹿车实为麤车，意指在制作方法上较为简单粗糙的车。他引证敦煌写卷文献资料，指出"鹿"是"麤"的俗字，俗讹变化造成传世文献中两者混用不分，"麤车"俗写为"鹿车"。⑥ 王振铎认为："鹿车从车形而得名，如魏晋以来所谓'鹿角车'即'鹿车'的别名；或从历碌之声而来称辘轳车，省作鹿车；鹿车又称'乐车'，可能是由于'鹿''乐'两字音近，谐声之字又转会意，也有可能'乐'字的篆文写法

---

① 王振铎遗著，李强整理补著：《东汉车制复原研究》，科学出版社，1997年，第23页。

② 孙机：《"木牛流马"对汉代鹿车的改进及其对犁制研究的一点启示》，《农业考古》1986年第1期。

③ 孙机：《中国古舆服论丛》，文物出版社，2001年，第91页。

④ 李立新：《鹿车考析》，《民族艺术》2010年第3期。

⑤ 沈涛：《铜熨斗斋随笔》，《续修四库全书》第1158册，上海古籍出版社，1994—2002年，第681页。

⑥ 杜朝晖：《"鹿车"称名考》，《中国典籍与文化》2011年第4期。

与鹿车的平面结构形近，故鹿车又称‘乐车’。”①

上述学者各说均注重对“鹿车”之“鹿”的文字考证，而没有从鹿车的车体构造特征方面作出考虑。《风俗通》以“鹿车‘裁容一鹿’而得名”的说法不能令人信服，因为“鹿”的身材并不矮小，且“鹿”非家畜并不常得，鹿车的主要用途必然不是用来运载鹿的。孙机将“裁容一鹿”比附为“裁容一鹿尊”，但鹿车作为民间实用性很强的运载工具，为什么要装载祭祀用的鹿尊？李立新的“乐车”说有望文生义之嫌，所说“辇是鹿车前身”的观点也有待商榷，不仅“孔子问师”故事的真实性存疑，且“孔子问师”的画像石是汉代的，所画内容不能反映出此小车是春秋时已有，还是汉人想象附加上的。② 杜朝晖从训诂文字学方面来考证“鹿车乃车之麤者”，虽指出鹿车粗陋的一面，但未从外形结构特征上来考虑，且从下层劳动人民角度出发，鹿车这种运载工具方便好用，绝不会嫌其粗陋。王振铎以“乐”字篆文字形比附“乐车”说法有些牵强，所说“鹿角车”实为兵车，与鹿车形制并不同；将“辘轳车”省作“鹿车”缺乏语言学证据，因为“辘轳”二字是联绵词，不能分开释义。③

笔者认为“鹿车”这种制造简陋的手推独轮小车，作为下层社会普遍使用的一种实用性很强的运载工具，若不是发明的工匠命名，就是下层劳动人民流传沿用下来的名称，其名称一定通俗明了，能明显反映其主要构造特征。结合走马楼西汉简中出现的“井鹿车”“鹿车”等语词，笔者推测“鹿车”的称名可能与“井鹿卢”有关，作为独轮车的“鹿车”很有可能是由“井鹿卢”发展而来的。

事实上，汉代“井鹿卢”已经具备了“鹿车”早期样式的车体结构特征。四川地区先后发现了几方和“鹿车”有关的汉画像砖，比如，四川彭州义和出土画像砖、四川新都新农出土画像砖（图一、图二）、四川广汉新平出土画像砖、四川彭州升平出土的汉代画像砖等。④ 据这些汉画像砖图像来看，汉代“鹿车”均有双辕，双辕前端固定轮轴，轮辋突出辕前面，两辕中部装有横木用来放置货物；有的“鹿车”在双辕后部还装有两条车腿，用以支撑车体的平衡。我们再观察比较下“井鹿卢”的图像（图三、图四）⑤，汉代“井鹿卢”一般都是在井口两侧竖起两根井架，井架上端装有一横轴，横轴贯穿一根细腰圆木，汲水的绳子置于圆木上，一端拴住陶罐，另一端拽在手中，汲水时用力下拉绳索带动圆木转动。显而易见，“鹿车”和“井鹿卢”的结构非常相近，将竖立的“井鹿卢”平置放倒，就成可手推的“鹿车”。“井鹿卢”的两根井架犹如“鹿车”的手推双辕，井架中部横轴贯穿的短圆木加大直径犹如“鹿车”的车轮，将“井鹿卢”上端遮

① 王振铎遗著，李强整理补著：《东汉车制复原研究》，第 57 页。

② 关玉玲：《有关汉代鹿车的几个问题》，《阴山学刊（社会科学版）》2016 年第 6 期。

③ 杜朝晖：《“鹿车”称名考》，《中国典籍与文化》2011 年第 4 期。

④ 曾磊：《四川地区出土“酒肆”画像砖解读》，《四川文物》2016 年第 5 期。

⑤ 李文信：《辽阳发现的三座壁画古墓》，《文物参考资料》1995 年第 5 期。黄展岳：《汉代人的饮食生活》，《农业考古》1982 年第 1 期。

盖物卸除，在井架中部增装一放置货物的横梁，则两者形制相差无几了。由此，“井鹿卢”差不多具备了“鹿车”的几个主要构件，极有可能是“鹿车”的前身。“井鹿卢”与“鹿车”最主要的共同点就是都只有一个滚动的“鹿卢”，“鹿卢”在春秋战国之际就已问世，后经过改进，在“井鹿卢”上得到利用。到汉代，“井鹿卢”又演变发展成为独轮载物手推小车，不得不说是古代人们的智慧创造。每一种生产工具的形成都具有历史继承性的特点，因此“鹿车”的形成并非一蹴而就，也有其发展的过渡形式阶段，容易出现器物同名却功用不同的情况，走马楼西汉简文中“井鹿”“井鹿车”“鹿车”等语词的出现就是最明显的例证。

其实，也有学者对于“鹿车”与“鹿卢”的关系作出了探讨。瞿中溶最早提出：“‘鹿车’之‘鹿’，当是‘鹿卢’之谓，即‘辘轳’也。”① 刘仙洲赞同瞿说，认为：“因为这种独轮车是由一个轻便的独轮向前滚动，就把它叫作‘辘轳车’或‘鹿卢车’，并简称为‘辘车’或‘鹿车’。”② 史树青指出：“鹿车”就是一个轮轴的车，“鹿车”之“鹿”字的偏旁可增可减，应作“辘轳”解，是轮轴类的引重器。③ 瞿中溶、刘仙洲和史树青三位先生提出“鹿车由鹿卢而来”的观点，很有见地，但却将“鹿卢”与“辘轳”混淆不分，然而两者实质上有较大的区别。

其一，“辘轳”二字为后起字，乃汉以后常语。《文心雕龙义证》载“并辘轳交往，逆鳞相比”，引范文澜注：“案‘辘轳’二语，《文镜秘府论》引作‘鹿卢交往’，逆鳞相批。《汉书·隽不疑传》：‘櫑其剑。’颜注引晋灼曰：‘古长剑首以玉作井鹿卢形。’‘鹿卢’亦作‘辘轳’。”又引《考异》：“‘鹿卢’即‘辘轳’，见《西京赋》，‘辘轳’乃后起字。”④ 我们查阅古代文献，发现汉晋以前的确多见“鹿卢”而不见“辘轳”，而许慎《说文解字》中也未收入“辘轳”二字，可见“辘轳”二字至少在汉代以前历史文献中还未出现。

其二，“辘轳”与“鹿卢”的形制不同。如上文所述，“鹿卢”即“滑车”，在春秋战国之际就已经出现，多应用于起重，将“鹿卢”安装在井架上则是专用于汲水的“井鹿卢”。“辘轳”实际指的是“曲柄辘轳”。有学者从已出土考古资料考证出，这种曲柄辘轳在北宋中晚期才开始得以普遍出现。⑤ 山西地区的宋金时期壁画墓中先后发现了不少曲柄辘轳的图像⑥，从这些图像反映的汲水场景来看（图五、图六）⑦，一般是在井口一侧竖起两根井架，在井架上固定一横轴，横轴贯穿圆木，圆木一端装有弯曲手柄，将绳子一端拴住水罐，另一端系紧在圆木上，汲水时摇动曲柄，绳索环绕圆木将水罐吊起。辘轳手柄转动的半径大于圆木的

---

① 瞿中溶撰，刘承干校：《汉武梁祠画像考》，北京图书馆出版社，2004年，第307页。

② 刘仙洲：《我国独轮车的创始时期应上推到西汉晚年》，《文物》1964年第6期。

③ 史树青：《有关汉代独轮车的几个问题》，《文物》1964年第6期。

④ 刘勰撰，詹锳义证：《文心雕龙义证》，上海古籍出版社，1989年，第1221页。

⑤ 史晓雷、张柏春：《我国单曲柄辘轳普遍应用的年代考》，《农业考古》2010年第4期。

⑥ 朱晓芳、王进先、李永杰：《山西长治市故漳村宋代砖雕墓》，《考古》2006年第9期。

⑦ 张德光：《山西绛县裴家堡古墓清理简报》，《考古通讯》1955年第4期。长治市博物馆：《山西长子县小关村金代纪年壁画墓》，《文物》2008年第10期。

半径，因此，与“井鹿卢”相比，“辘轳”不仅能改变用力方向，还具有省力的功用。对于“鹿卢”与“辘轳”的区别，张春辉说：“辘轳的前身是滑车……将滑车形式略作改变就成辘轳。”① 刘仙洲也曾指出：“汲水工具由桔槔向前发展的两步是，第一步发展是应用滑车，把向上用力改变为向下用力，第二步发展是由滑车改为辘轳，因为滑车只能变换用力的方向，便于用力，而辘轳则有省力的功用。”② 然而，“滑车”即“鹿卢”，所以“鹿卢”实质是“辘轳”的前身。再比较一下“辘轳”与“鹿车”的图像，可以发现，“辘轳”的外形与“鹿车”的整体形态完全不同，二者的结构差异大，且“辘轳”出现的时代比“鹿车”晚，所以“鹿车”不可能由“辘轳”发展而来。

对于“鹿车”这一称名的使用时期，学界也有不同意见，有学者认为“鹿车之名仅流行于汉魏两晋南北朝时期，到隋唐突然消失”③，也有学者指出“在文字上，从汉到魏晋仍在使用鹿车这一名称，但到北宋时期就出现了独轮车、独轮小车的名称”④。但实际上，“鹿车”这一称名的使用时期不仅限于两汉魏晋南北朝，甚至到隋朝，仍被广泛使用。《资治通鉴·隋纪五》载：“帝自去岁谋讨高丽，诏山东置府，令养马以供军役……又发鹿车夫六十余万，二人共推米三石，道途险远，不足充糇粮，至镇，无可输，皆惧罪亡命。”⑤ 又《南史·姚察传》载：“炀帝即位，授太子内舍人。及改易衣冠，删定朝式，预参对问。大业二年，终于东都。遗命薄葬，以松板薄棺，才可容身，土周于棺而已。葬日，止麤车即送厝旧茔北。”⑥ 可见，到隋朝，“鹿车”作为实用的运载工具，这一称名仍在普遍使用，甚至还出现了专职推挽鹿车的“鹿车夫”这一社会群体。

唐朝时，“鹿车”不再作为实用运载工具出现在文献中，但首次出现了“独轮车”的名称，如《唐诗纪事》载：“临行，留一章与其僧云：行若独轮车，常畏大道覆。止若圆底器，常恐他物触……”⑦ 到北宋时期，“独轮车”这一称名在史籍中频繁出现，《梦溪笔谈》卷九《人事一》载：“柳开少好任气，大言凌物。应举时，以文章投主司于帘前，凡千轴，载以独轮车；引试日，衣襕，自拥车以入，欲以此骇众取名。”又《梦溪笔谈》卷二三《讥谑》载：“行人以独轮小车，马鞍蒙之以乘，谓之‘木马’，挽车者皆衣韦袴。”⑧ 关于宋代独轮车的形制，《东京梦华录》载：“又有独轮车，前后两人把驾，两旁两人扶拐，前有驴拽，谓之‘串车’，以不用耳子转轮也。般载竹木瓦石。但无前辕，止一人或两人推之。”⑨ 可见，宋代“独轮车”的

① 张春辉等编著：《中国机械工程发明史》（第二编），清华大学出版社，2004 年，第 76 页。

② 刘仙洲：《中国古代农业机械发明史》，科学出版社，1963 年，第 48—49 页。

③ 李立新：《鹿车考析》，《民族艺术》2010 年第 3 期。

④ 刘仙洲：《我国独轮车的创始时期应上推到西汉晚年》，《文物》1964 年第 6 期。

⑤ 《资治通鉴》卷一百八十一《隋纪五》，中华书局，1956 年，第 5655—5656 页。

⑥ 《南史》卷六十九《列传第五十九》，中华书局，1975 年，第 1691 页。

⑦ 计有功：《唐诗纪事》，上海古籍出版社，1987 年，第 1798 页。

⑧ 沈括著，胡道静校证：《梦溪笔谈校证》，上海古籍出版社，1987 年，第 397、736 页。

⑨ 孟元老撰，邓之诚注：《东京梦华录注》，中华书局，1982 年，第 114 页。

车体结构与汉代的“鹿车”仍然类似。

唐宋时期，“鹿车”虽不再作为实用的运载工具出现在文献中，但“鹿车”之名仍未消失，而屡见于唐宋诗歌中。如唐诗“郦原虽不无端醉，也爱临风从鹿车”“暗识归山计，村边买鹿车”①，又宋诗“去国双蓬鬓，还山一鹿车”“挂冠神武莫踌躇，家具何妨载鹿车”②，在这些诗歌中，“鹿车”一词常与“醉酒”“归隐”等词对应出现，暗指“刘伶好酒”的典故。《世说新语·文学》注引《名士传》曰：“伶，字伯伦，沛郡人，肆意放荡，以宇宙为狭。常乘鹿车，携一壶酒，使人荷锸随之，云：‘死便掘地以埋。’土木形骸，遨游一世。”③ 因此，唐诗宋词中出现的“鹿车”，并不是实用的运载工具，而是作为一种意象，借以表现文人雅士清贫守节或放荡不羁的艺术形象，引申出“鹿车”所具有的独特文化内涵。

综上所述，走马楼西汉简中的“井鹿车”是指汲水工具“井鹿卢”，古籍中作为独轮车的“鹿车”可能由“井鹿卢”发展而来，故“鹿车”的称名与“井鹿卢”有关，且与“辘轳”没有关联。“鹿车”至迟在汉代中期已经出现，主要流行于两汉魏晋南北朝时期，隋朝仍在民间普遍使用，到唐宋时期，出现了“独轮车”这一名称，“鹿车”一词不再作为实用运载工具在文献中出现，却作为一种意象屡见于唐诗宋词中。“鹿车”作为我国独轮车的最初传统造型，由于它轻巧灵便，自古以来成为我国古代民间重要的运载工具，被广泛用于社会生活的各个方面，在农业工具发展史上具有重要的意义。

---

① 《全唐诗》卷六百三十一、卷六百一十二，中华书局，1980 年，第 7242、7060 页。

② 《全宋诗》第三十九册，北京大学出版社，1998 年，第 24300、24695 页。

③ 刘义庆著，余嘉锡笺疏：《世说新语笺疏》，中华书局，1983 年，第 209 页。

图一　四川彭州义和鹿车画像砖
（《四川文物》2016 年第 5 期）

图二　四川新都新农出土鹿车画像砖
（《四川文物》2016 年第 5 期）

图三　辽宁辽阳三道壕汉墓壁画鹿卢图
（《文物参考资料》1955 年第 5 期）

图四　山东诸城汉墓画像石鹿卢图
（《农业考古》1982 年第 1 期）

图五　山西绛县裴家堡金代壁画墓中的辘轳图
（《考古通讯》1955 年第 4 期）

图六　山西长子县小关村金代壁画墓中的辘轳图
（《文物》2008 年第 10 期）

（吴美娇，本文原载于《出土文献》2020 年第 3 期）

图书在版编目（CIP）数据

长沙走马楼西汉简牍研究 / 陈松长主编. —长沙：岳麓书社，2024. 3
ISBN 978-7-5538-2050-7

Ⅰ. ①长… Ⅱ. ①陈… Ⅲ. ①简（考古）—研究—长沙—西汉时代
Ⅳ. ①K877.54

中国国家版本馆CIP数据核字（2024）第058062号

CHANGSHA ZOUMALOU XIHAN JIANDU YANJIU

长沙走马楼西汉简牍研究

主　　编　陈松长
出 版 人　崔　灿
责任编辑　王文西　邱建明　鲁云云　包文放
责任校对　谭敏求
装帧设计　帧艺坊文化

岳麓书社出版发行
地　　址　湖南省长沙市爱民路47号
直销电话　0731-88804152　0731-88885616
邮　　编　410006

版　　次　2024年3月第1版
印　　次　2024年3月第1次印刷
开　　本　635 mm × 965 mm　1 / 8
印　　张　49.5
字　　数　559千字
书　　号　ISBN 978-7-5538-2050-7
定　　价　360.00 元
承　　印　雅昌文化（集团）有限公司

如有印装质量问题请与本社印务部联系
电　　话　0731-88884129